U0613776

同治重修涪州志

（清）吕绍衣等 修 （清）王应元 傅炳墀等 纂

曾超 校注

重庆市涪陵区地方志办公室 整理

國家圖書館出版社

图书在版编目（CIP）数据

同治重修涪州志 /（清）吕绍衣等修；（清）王应元、傅炳墀等纂；曾超校注；重庆市涪陵区地方志办公室整理 . — 北京：国家图书馆出版社，2019.6
ISBN 978-7-5013-6625-5

Ⅰ . ①同… Ⅱ . ①吕… ②王… ③傅… ④曾… ⑤重… Ⅲ . ①涪陵区—地方志—清代 Ⅳ . ① K297.193

中国版本图书馆 CIP 数据核字（2018）第 270802 号

书　　名	同治重修涪州志
著　　者	（清）吕绍衣等 修 （清）王应元、傅炳墀等 纂
	曾超 校注
	重庆市涪陵区地方志办公室 整理
责任编辑	于春媚
助理编辑	潘肖蔷

出版发行　国家图书馆出版社（北京市西城区文津街 7 号　100034）
　　　　　（原书目文献出版社　北京图书馆出版社）
　　　　　010-66114536　63802249　nlcpress@nlc.cn（邮购）

网　　址	http://www.nlcpress.com
排　　版	九章文化
印　　装	重庆金润印务有限公司
版　　次	2019 年 6 月第 1 版　2019 年 6 月第 1 次印刷

开　　本	787×1092（毫米）　1/16
印　　张	56.25
字　　数	850 千字

书　　号	ISBN 978-7-5013-6625-5
定　　价	150.00 元

版权所有　侵权必究

本书如有印装质量问题，请与读者服务部（010-66126156）联系调换。

《涪州志》整理委员会

主　任：周　烽

副主任：余成红

成　员：张仲明　曾小琴　冉　瑞　童泓萍

　　　　彭　婷　赵　君

删繁就简，经世致用

——点校历代《涪州志》序

　　方志是详细记载一地的地理、沿革、风俗、教育、物产、人物、名胜、古迹以及诗文、著作等的史志。它是国史的基础材料，犹如高楼大厦的一砖一瓦；它是时代的毛细血管，可窥见大众百姓的脉搏跳动。方志文本分门别类，取材真实，内容丰富，剪裁得当，保存了相当复杂多样的社会信息，是研究历史，特别是地方史的重要的参考资料。《全国地方志联合目录》收录我国历代地方志八千二百多种，每种都注明卷数、版本、纂修者及藏书单位等信息，便于使用者参考阅览。

　　历代《涪州志》即是中国方志的组成部分。

　　涪陵地处长江、乌江交汇处。地连五郡，舟会三川，百物辐辏，人文畅茂，自古为水陆要冲，商贸名城。《禹贡》记载属梁州之域，战国为巴子国都，秦置枳县以来，历代王朝都在此设郡、州、县等治所。具有两千多年的建城史的涪陵，积淀了丰富的历史文化，历代的涪陵地方志都有较为详细的辑录。涪陵的地方志书，可考的始于北周。散见于史册的有北周的《涪陵地图记》，唐代的《涪州图经》，宋代的《涪州新图经》《涪陵记》《龟陵志》《龟陵新志》等八种。明代亦有《涪州志》。清代有官修《涪州志》五种。可惜由于朝代更迭和其他大灾人祸造成的社会动荡，清康熙之前所修的地方志书皆已散佚，对了解、研究涪陵地方史造成了难以弥补的巨大损失，令人扼腕。

　　中国有盛世修志的传统，历朝历代帝王对修国史相当重视。一方面，新王朝建立，即修前朝史，一朝一朝延续下来，成为惯例。另一方面，各地方官员对修方志也异常热情。康熙以来，先后担任涪州知州的董维祺、郭宪仪、多泽厚、徐树楠、德恩、吕绍衣等就亲自主持过《涪州志》的修纂工作。据文献记载，涪陵自明嘉靖以来，已有明嘉靖三十年《涪州志》，清康熙二十二年《涪州志》，清康熙五十三年《涪州志》，清乾隆五十年《涪州志》，清道光二十五年《涪州志》，清同治九年《涪州志》，清光绪三十一年《涪州小学乡土地理》(又名《涪乘启新》),民国十七年《涪陵县续修涪州志》等八种方志。但长期以来这些宝贵的地方史志资料因印数有限,藏本奇缺,已经作为古籍文物加以保护,极少与广大读者见面。上世纪八十年代以来,国家启动地方志编纂工作,历代方志也只是极少数修志人员有条件参阅,因岁月流逝和保护手段有限,加之古籍图书纸张发黄易碎,有些古籍孤本几近毁损。这一方面有可能造成珍贵的地方文献资料的巨大损失,另一方面又对广大干部群众了解本土历史知识、增加历史学养、培养爱国爱乡的情感造成了无形的隔膜和障碍,方志的赓续文脉、资政育人的特殊功能未能得到充分有效的发挥。

回顾历史,是为了更好地前行。

习近平同志指出:"历史是最好的老师。""历史上发生的许多事情也可以作为今天的镜鉴。中国的今天是从中国的昨天和前天发展而来的。要治理好今天的中国,需要对我国的历史和传统文化有深入的了解,也需要对我国古代治国理政的探索和智慧进行积极总结。""我们不是历史虚无主义者,也不是文化虚无主义者,不能数典忘祖,妄自菲薄。中华传统文化源远流长、博大精深,……中华民族在长期奋斗中开展的精神活动、进行的理性思维、创造的文化成果,反映了中华民族的精神追求,其中最核心的内容已经成为中华民族最基本的文化基因。"

近年来,各级党委政府认真贯彻习近平总书记关于学习历史知识、提高历史学养、借鉴历史经验、提升治国理政本领的系列讲话精神,掀起新的一波整理、出版地方志书的热潮,以满足广大干部群众了解历史的需要。

根据国务院《地方志工作条例》的规定,国务院办公厅《全国地方志事业发展规划纲要(2015—2020年)》关于"开展旧志点校、提要、考录、辑佚等工作"的要求和涪陵区人民政府的部署,我办积极有序开展历代《涪州志》的点校、整理出版工作。目前,清康熙五十三年《重庆府涪州志》,清乾隆五十年《涪州志》,清道光二十五年《涪州志》,清同治九年《重修涪州志》,清光绪三十一年《涪乘启新》和民国十七年《涪陵县续修涪州志》等六种方志经过整理后,出版了影印本。同时,组织了几位地方史专家对上述各种《涪州志》进行了点校注释,由国家图书馆出版社出版发行。

本次点校主要做了以下几项工作:

1. 将书中古文的句读基本搞清,加上现代汉语使用的标点符号。

2. 对异体字进行简单疏理，改为规范简体字。

3. 将繁体字改成简体字（部分人名用字除外）。

4. 将文中部分词语、典故进行简单注释或说明。

5. 将行文格式由竖排改成横排，以符合今天大众阅读习惯。

6. 对方志的内容一律保持原貌，未敢增删。

　　限于历史学养，我们这次点校注工作虽倾注了大量精力，但仍有许多疏漏和错误，热切希望得到广大读者和方家的批评指正，以便我们今后修订补正。

重庆市涪陵区地方志办公室

2018 年 9 月

校注凡例

一、清吕绍衣等修，清王应元、傅炳墀等纂的《同治重修涪州志》（以下简称《同治志》）点校底本以涪陵区史志办提供的清同治版为依据，同时参照《中国地方志集成》本；《典礼备要》以《中国地方志集成》本为底本。

二、《同治志》点校主要与［道光］《重庆府志》互为参证，同时兼及［康熙］《重庆府涪州志》、［乾隆］《涪州志》、［道光］《涪州志》、民国《涪陵县续修涪州志》等，分别简称《康熙志》《同治志》《道光重庆府志》《乾隆志》《道光志》《民国志》。

三、《同治志》校注主要工作有五，其一标点断句；其二记载异文；其三介绍人物史迹；其四增补史料；其五反映前辈、时贤成果，为后续研究提供线索。

四、校注使用简体字，文字横向排版，施加现代汉语标点符号。

五、历朝帝王年号加注公元纪年。

六、因各种原因无法释读之字用"■"表示，原缺字用"□（原缺）"表示，有疑义性之字用"［？］"表示。

七、《同治志》校注更多参考了笔者在涪陵枳巴文化、白鹤梁题刻文化、涪陵历史名人文化等方面的研究成果。

目　录

同治八年冬十
有一月開雕

重修涪州志叙

　　《禹贡》撮九州山川疆域、土宜物产、田赋职贡、要荒风气、道里遐迩于一千一百九十四言中，罔弗赅、罔弗确，数千百年后了如也。今人志弹丸邑，或生是长是，耳熟目习，固宜亲切言之；乃匪失冗则失滥，匪失陋则失诬；体例舛驳，文字芜秽，绪类丝棼，俾阅者眩眯莫得其要领，所在稗也，非志也；失志而稗，可乎？

　　涪州，旧涪陵郡。山川疆域、物产田赋暨郡县之沿革，人物之蔚蒸，风气之变迁，凡兹大端，其亦必有志也，固也。顾旧志毁于明末，国朝虽数修葺，而今所传殊乏善本。同治滇、发两逆变乱后，权州刺史江右柳村吕公、吴中保之徐公皆有志于施政之要，而借邑乘之缺略未备，先后以纂修委元。辞既弗获，爰于邑中三数博雅君子共操铅椠焉！搜采宁博，稽考宁详，诹访宁确，义法宁严，商订宁密；于以薙繁，于以锄谬，于以刊俗而蕴伪，总期简括典核，事实详明，于政教风俗、甄民孳物，备劝惩、昭法戒，有所裨益焉！庶几其志也，非稗也。数月书成，得十六卷，以视《蜀梼杌》《蜀后记》《南裔志》《耆旧传》《华阳国志》，若刘知几所评："足以各志其本国，以明此一方者"；固远弗逮，而意则犹是也，夫乃或议为词约则弗邕，体质则弗耀。噫！是说也，吾请与之读《禹贡》。

同治九年（1870）岁在庚午仲夏之月小满后二日

春圃王应元[一]撰

海云周元龙书

注释：

　　[一] 王应元：字春圃，清道光同治间涪州人，咸丰举人。曾与吕绍衣、傅炳墀等同修《同治重修涪州志》。他是倡议重建涪州文峰塔的十余位举人之一，参见《涪邑文峰塔记》。有《正阳桥碑记》、同治九年《涪州志》序言、《明贵州威清道布政司参政刘四仙家传》等传世。

重修涪州志序

志犹史也。代异事，史异书，地异方，志异载。州志续修于道光乙巳（道光二十五年，1845），去今二十余年耳。城廓犹是，疆域犹是，山川形胜、土宜物产、户口习俗，与夫人物之昭著、司牧之代迁，政之沿革、事之损益，其递嬗于二十余年间者，今不异昔也，志曷急乎尔？然而平陂者，运也；治乱者，时也；殄除寇逆、靖安边土者，皇朝武功之盛也。咨访故实纪载见闻者，又二三学人之责也。慨自粤逆首祸，滇匪肆虐，涪陵僻处东川亦被蹂躏。同治初元石逆窜其南、周逆踞其北，曹、蓝渠魁亦用猖獗；山川不足以限之，形胜不足以御之。蒿莱满目，村落为墟，土物荒矣；虎豹在邑，哀鸿遍野，户口蹙也；士马奔腾，兵民剽悍，习俗敝矣；至若义夫烈妇临难捐躯、官司绅董存城守隘，其志节与勤劳均有足多焉。若再更数年，遗老凋零、传闻罔据，必将名湮灭而不彰，其他沿革损益之端可知已。然则安危异势，常变异时，天道迁于上，人事殊于下，以今视昔，俨隔沧桑，志固可缓乎哉？

丁卯（道光十一年，1831）春，墀自薇垣告归，即有志于是。适江右吕柳村司马来权州篆，慨时势之变迁而惜邑乘之缺略，遂以纂修委墀暨春圃王君，惧弗胜，爰与诸博雅君子朝夕商榷、共操铅椠，凡八阅月，得书十六卷，付之剞劂。视旧志文损十之二，事增十之五，考古又加详焉。纵拟之古史远有弗逮，然以涪人志涪事，地不越二三百里之遥，时不逾二三十年之近，咨访较确，纪载较详，其足以信今传后无疑也。且可见我皇上庙谟宏远，不遗要荒，即五千里外弹丸小邑，虽几陷于潢地，卒全登于衽席。今之饮和食德、饔飧鼓舞、群然咏歌太平于无既者，伊谁之赐？其当大书特书为何如耶？乃或议是为不急之务？吁，亦妄矣！

同治九年（1870）岁在庚午季夏月立秋后二日

紫卿傅炳墀[一]撰

治安王柄书

注释：

［一］傅炳墀:《涪陵历史人物》第 93-94 页《清光绪〈云南通志〉总纂傅炳墀》云：傅炳墀（1832-1892），字紫卿，一字练谱，号少岩，涪陵李渡镇人。清同治四年（1865）崇绮榜进士，授内阁中书。历任云南邱北、陆凉、元谋等县知县。5 次充云南乡试同考官，学识渊博，淹贯经史，专于诗文。《涪陵市志》有傅炳墀诗咏赞李渡，云："赤甲山前古戌屯，江流浩淼抱云根。楼台夜月长庚渡，花柳春风太乙门。下界星辰浮水国，上方钟磬落烟村。年年送别河梁客，黄草峡西欲断魂。"傅炳墀书法苍古，神似香光，丰致洒然，文名遍布滇黔。著有《薇云山馆杂存》，总纂光绪《云南通志》，与吕绍衣、王应元合纂《重修涪州志》16 卷。参见《历代名人与涪陵》第 157 页《〈云南通志〉总纂傅炳墀咏李渡》、《涪陵文史资料选辑》第三辑第 133 页汪长春《涪陵市书画名人录·傅炳墀》、《李渡镇志》第 284 页。

重修涪州志序

郡县之有志，其来旧矣。《周礼》：职方氏辨九州之土。凡户口之盈虚，山川之陇塞，与夫财产赋入之多寡、民俗风教之得失，侲邪离绝，览者寓目得之，其言最为精简，原本《禹贡》之书而少变焉。嗣是班固志地理，首详郡国；京璠作春秋地名，后之史家咸准此例。至唐，杜氏《通典》详列四到，马端临《通考》一书搜述繁富，综兼十道四蕃之旧，隐括列郡三方之制，自下州小邑，荒陬彝徼，凡列在舆图，靡不采摭事实，证其轶说。盖任昉《地记》之所不录，马彪《郡国》之所未及，简兹收择，未有不备于籍者。国朝《大清一统志》萃诸名家之学，蔚为百代鸿规。自京畿列省而下，属在郡县各自为志，俾得据以信今传后而补史氏之未备焉。则江淹所言"修史之难，无出于志，固后来君子之事也"。

涪州旧隶巴郡，为夔渝门户，边连黔徼、两江环抱，其间万山丛绕、控扼维胜，户口繁殷，财货舳集，风气纯美，号为近古，隐然为蜀东第一重镇。绍衣署令华阳，走檄来典是州。尝以暇日流览此邦之胜，观古贤人之遗迹，玩其江山秀杰之气；竦峙而层叠，激驶而清深，宜乎淑漓之积钟为地脉，而伟人才士接踵辈出，甲于两川东西者千百余年，于今有由然也。州故有志，不修且三十年。自辛酉、壬戌间，发、滇两逆迭次扰乱，凡忠节死事所在固不乏人，而旧志文献流传亦不无挂漏，无以信今而传后，以为邑志殆不可不葺也。爰集州人士在籍者商榷修之，未成而绍衣适去。州人士次年志成，走书成都以序请，窃喜初志之成而州人士不忘所自，亦犹有溯江始于滥觞之意，因不辞而为之序。

同治九年岁庚午春日题于蓉城客寓

江右吕绍衣撰

宾城金科朗书

重修涪州志凡例

一、涪志毁于明季兵燹，创于康熙初年。原本既失，文献无征。二三遗老就见闻所及，编茸成帙，后虽累经修纂，而明以前事实存仿佛于万一耳。兹编网罗放矢，自周秦迄今，搜讨所得，已十之六七，至限于耳目者，尚俟博雅。

一、旧志分十二纲八十六目，今编为九纲六十一目，赅简明确，庶免杂乱之病。

一、山川关隘所以设险也，旧志虽列为一目，仅载其名而已。今仿顾宁人先生《利病全书》《方舆纪要》例，叙中夹议，俾阅者于形胜扼塞、慎固封守之要，寓目得之，庶不为无益之言。

一、《秩官志》类多次国朝官师于历代之后，体例殊舛。兹编汇叙列朝秩官，而国朝则另为一目，所以尊朝廷而重官守也。

一、《人物志》先贤、士女、忠孝、节烈有国史及表志记传者，旧志编入艺文，今悉归入本名下，于志体方合。至有缀小传数语者，胥据旧志及此次采访编录其事迹。无考，按类只载其名。

一、乡评盖棺论定，凡志皆然。兹于现在人物，闻见虽确，概不收录。至所登忠孝节义，悉采舆论之公，不敢妄加褒扬，亦不敢故示贬抑。

一、《碑记目》中仿《金石录》《金石存》《金石古文》《金石粹编》例，摹刻古名贤手迹，非独好古嗜奇为山川生色也，实以效王安国缮花蕊夫人诗入三馆之意，以备观风者采焉。

一、艺文必有关掌故及风化所系，间登一二。非此，虽名家大集，概不收录。至现在诸名作，虽有关系，亦避嫌，不遽登载。

一、凡志艺文，胥依文体类编，不循朝代先后，此选家体例。则然若志乘，则列朝掌故，或即因文以见。孔子删书，例炳千古。兹编概依朝代先后，非故与选家抵牾也，阅者鉴诸。

一、兹编集古今名志数十部，折衷体例，纰漏颇少。至若法《春秋》之谨严，参太史之雅洁，是在后之续修是志者。

重修涪州志姓氏

主修

 署涪州知州德化吕绍衣_{柳村}

 署涪州知州德清徐浩_{保之}

 署涪州知州东湖陈枝莲_{芗墀}

总纂

 邑人王应元_{春圃}

 邑人傅炳墀_{紫卿}

修纂

 邑人谭孝达_{云初}

 邑人周元龙_{海云}

协纂

 邑人李树滋[一]_{黼堂}

 邑人文人蔚_{品兰}

 邑人周庄_{六衢}

 邑人赵衔宜_{鹤书}

参订

 邑人潘文樵_{寿樵}

 邑人贺太璞_{琢山}

 邑人高伯楷_{君棣}

 邑人周熙尧_{寿田}

 邑人李瑞_{云卿}

 邑人赵宗宣_{少卿}

邑人周作霖_{雨人}

邑人张釜_{北岩}

邑人车致远_{仁孚}

邑人潘廷彦_{醒亭}

邑人邹增吉_{迪村}

采访

邑人汪绍洋、蔡茂林、余东昇、夏寿昌、申璨、刘本恬、王炳歧、刘雯、瞿炳昶、李鸿、钟近仁、周际虞、徐炳奎、刘锦章、廖炳烈、杨仲芳、刘炤[二]、傅世维、王融、朱锡龄、蒋次元、黄东明、王德昭

校勘

张为霖

绘图

邑人刘均祥_{善甫}

邑人张元善[三]_{春云}

邑人陈品卿

注释：

［一］李树滋：字黼堂，拔贡。曾任同治《重修涪州志》协纂。还是重修涪邑文峰塔监修人之一，事见濮文升《涪邑文峰塔记》，该记收录于李世权《石刻涪州》中国戏剧出版社，2014 年，第 350-351 页，下引该书均用此本。

［二］刘炤：职员。在同治《重修涪州志》的编撰过程中，是采访之一。他还是重修涪邑文峰塔倡议人之一，事见濮文升《涪邑文峰塔记》，该记收录于李世权《石刻涪州》第 350-351 页。

［三］张元善：《涪陵文史资料选辑》第三辑第 134 页汪长春《涪陵市书画名人录》云：张元善（1827-1902），字春云，涪州人。性泛爱，好奇尚。工诗能画。画竹气韵飘举，不求小巧，而多放情卒笔。画人物山水气韵天然。其论山水，以苍逸奇远为佳。曾为同治《重修涪州志》插图，写绘平西坝山水。

重修涪州志总目

附录：旧志纂修姓氏

康熙庚子年纂修

邑人刘之益、何诜虞、文珂、陈命世、夏道硕、向牖墀。

康熙甲申年重修

州牧董维祺

邑人冯懋柱、夏景宣、刘衍均、向玺、何洪先、张元隽、廖鹄、陈辅世、何宪先、彭宗舜。

乾隆乙巳年重修

州牧多泽厚

邑人陈于宣、彭宗古、周煌、周兴岱、张永载、潘鸣谦、向岜、陈治、陈朝书、刘宗元、陈鹏飞、周兴沅、毛振翮、何启昌、熊德芝、潘喻谦、夏岳、熊德藩、毛佩荪、陈廷璠、邹澍宁、熊德芸、何浩如、陈祖烈、黄廷鉴、陈祖训、周宗泗、陈祖范、熊德葵、向士壁、舒国珍、何道璨、潘颐、石钟灵、陈蛟腾、彭学鸿、夏浩、杜昱。

道光乙巳年重修

州牧德恩

邑人石彦恬、舒廷杰、王用予、李树滋、周克恭、彭应桂、秦葆恬、杨旦、陈克家、韦葆初、周熙尧、何锦涵、谭步东、李文寿、况抡标、蒲蔚然、何杰、夏郁兰、高璹、李树屏、周廷捷、盛爕元、汪际奎、陈禹畴、易谔彦、高伯钰、鲁克英、何爕、刘建镛、熊士焜、谭登岸、彭彤臣、杨文达、谭辉宇、周廷枚、罗家驹、张玉山、毛步蟾。

涪州孜圖

色人譚孝建書

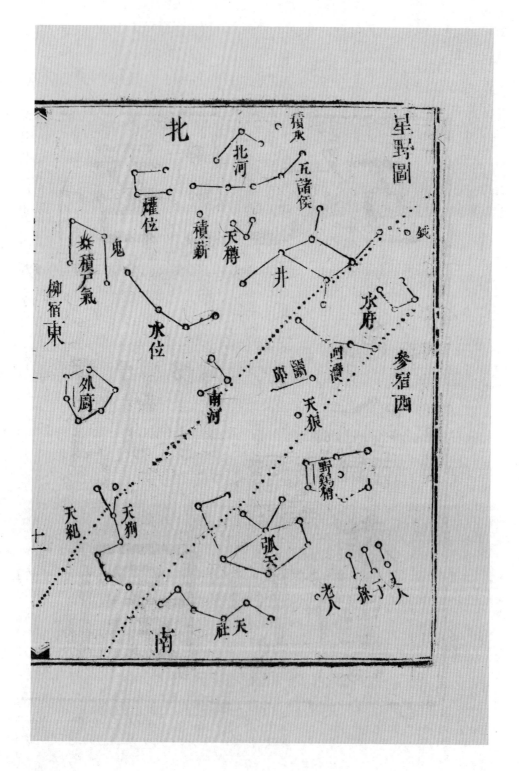

星野图

《旧志》图甚寥寥，于前贤芳躅、山川胜概弗及，于兹集三人之长，潘君似村写中峰一图，笔力苍横；张生杰云绘全境五图，颇称明确；竹图十四则刘生善甫笔也。寓万化于尺度中，自饶秀韵。善甫十五能文，每作一图辄往游云间。画一日，远观迩察必得其情而后归，一挥而就，庶于山灵无负耳。周元龙[一]题。

注释：

[一]周元龙：《涪陵文史资料选辑》第三辑第134–135页汪长春《涪陵市书画名人录》云：周元龙（1830–1903），字海云，涪州人。性善重谊，好学博识。咸丰辛酉（1861）拔贡。曾任直隶州州判、知县加同知衔。政令严肃，廉明勤慎。善诗工书，颇得"兰亭""洛神"笔意。尤精行草。同治八年（1869）任《重修涪州志》修纂时，亲书《重修涪州志叙》等，笔法苍劲，有书卷之气，栩栩于毫素间，名盛一时。

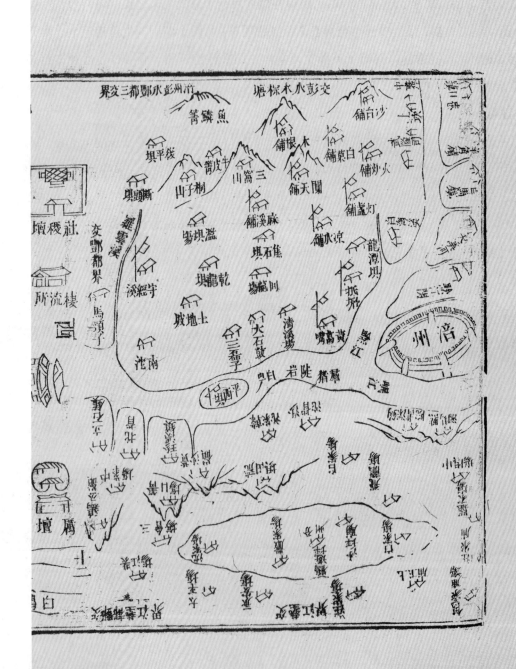

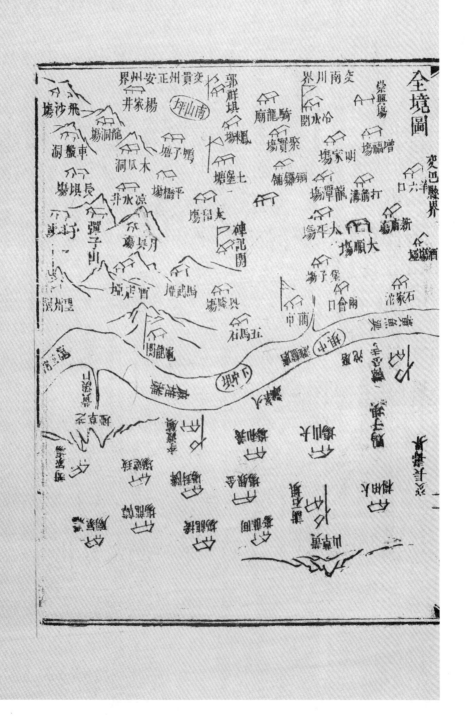

全境图

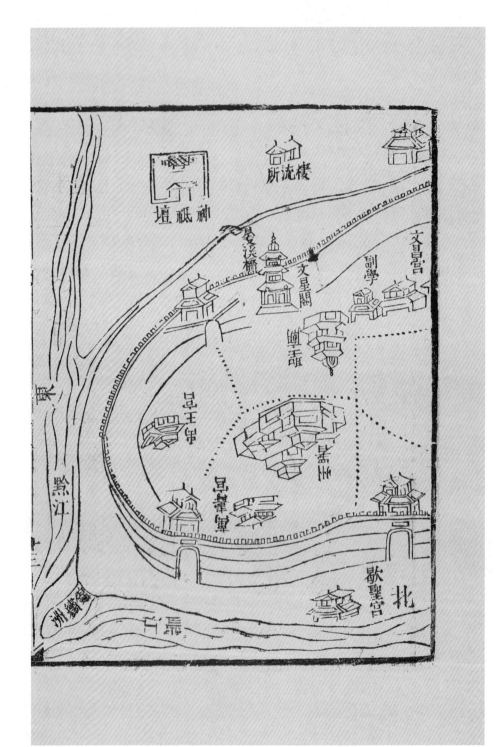

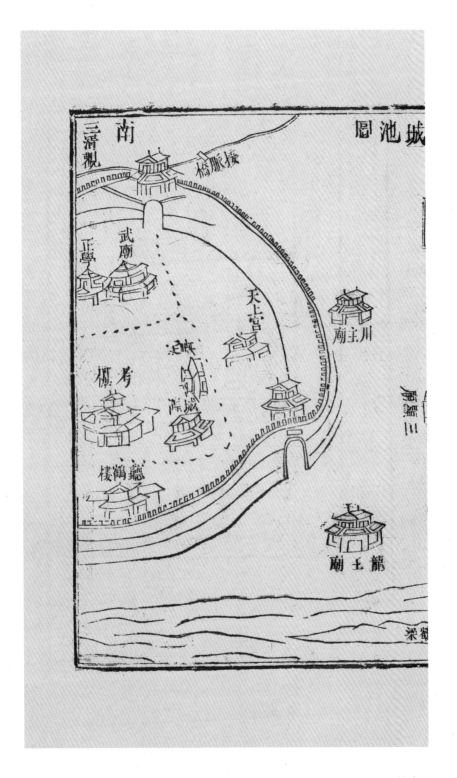

城池图

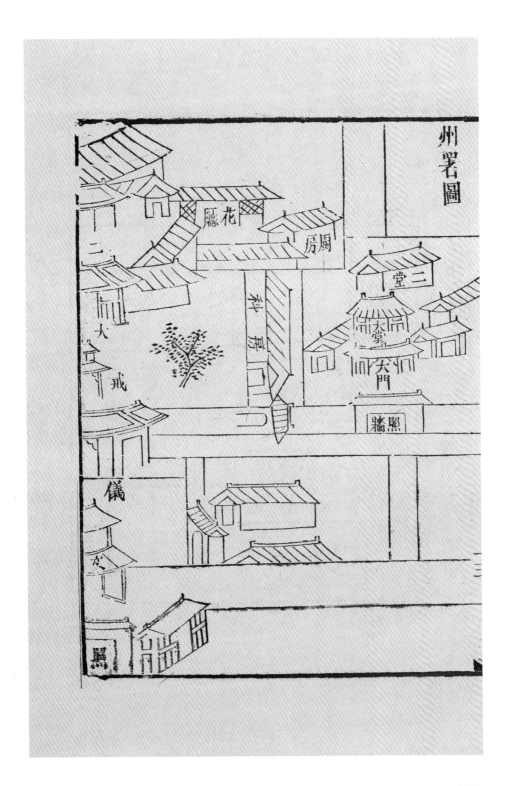

州署图

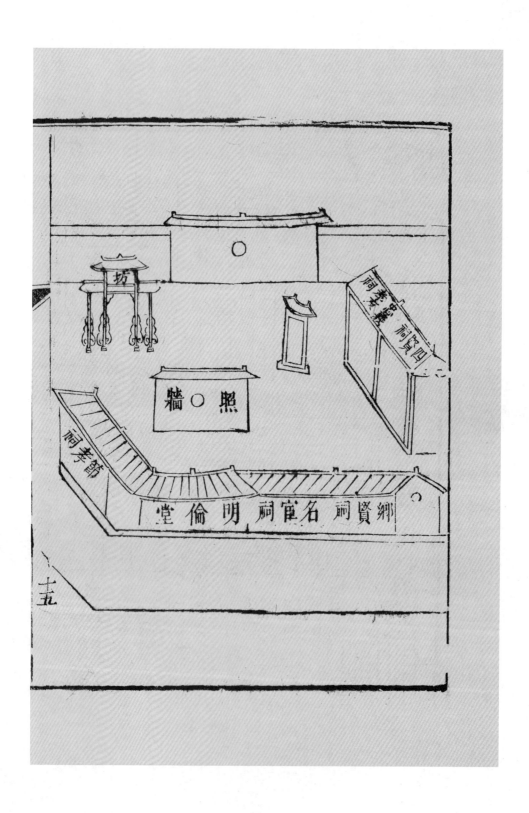

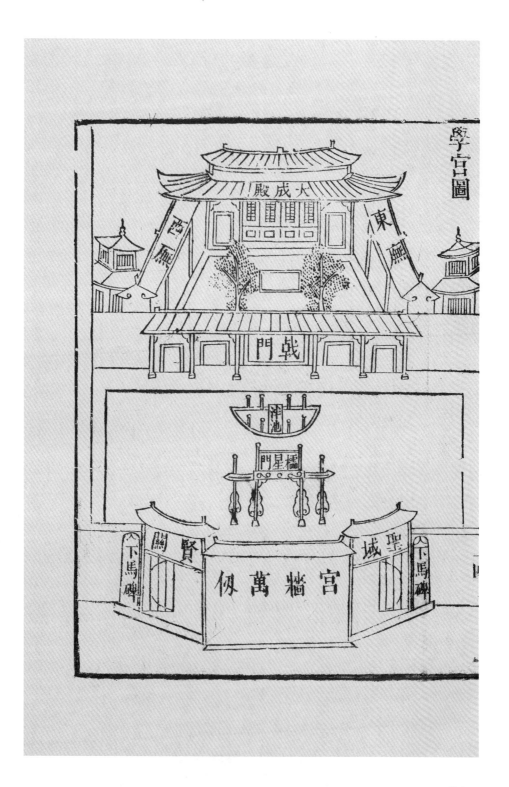

学宫图

涪陵六景陵十景圖

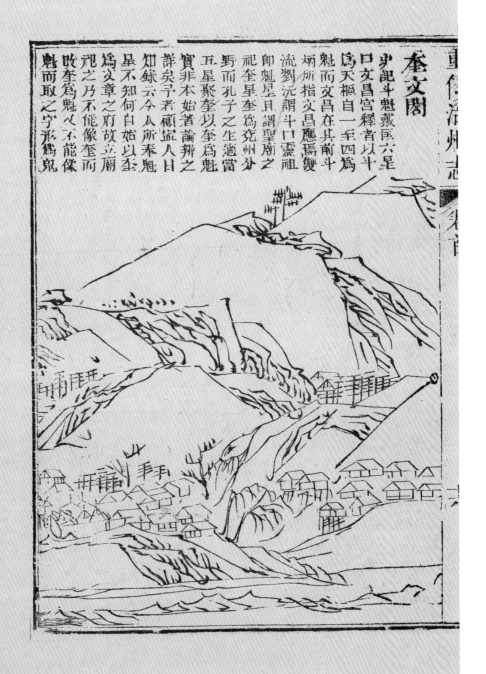

奎文閣

史記斗魁戴匡六星
口文昌宮釋者以斗
為天樞自一至四為
魁而文昌在其前斗
炳所指文昌應焉雙
流劉沅謂斗口靈祖
即魁星月謂聖廟之
祀奎星奎為兗州外
野而孔子之生適當
五星聚奎以奎為魁
實非本始著論辯之
詳矣亏者頑窳人曰
知錄云今人所奉魁
星不知何自始以奎
為文章之府故立廟
祀之乃不能像奎而
改奎為魁乀不能像
魁而取之字形為鬼

重修涪州志卷首

北巖

此崖為州城一大屏幛
其巔高松挺立雲自成隊
伏山喬削壁橫筱
下為注易洞鈞深
堂諸勝水鳴竹嘯
頻緣紛紅最宜
長夏

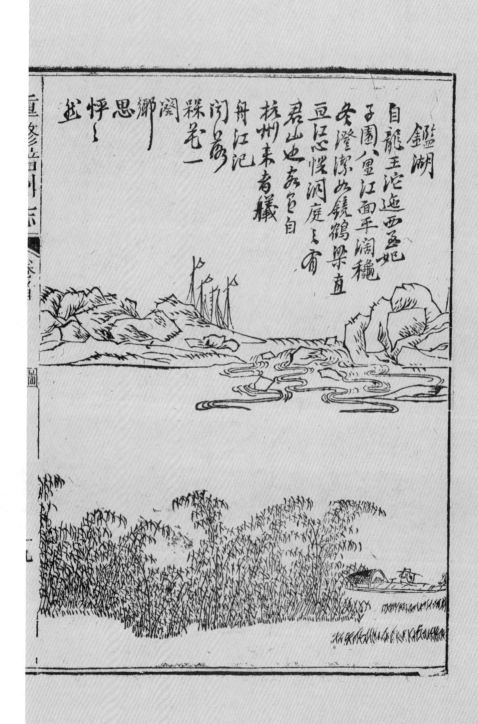

鑑湖

自龍王沱迤西至姚
子園八里江面平瀾穩
冬澄潔如鏡鶴梁直
亘忍愰洞庭之有
君山也赤宦自
杭州來有犧
舟江汜
閣影
鄉
思
閣一
株老一
忾忾
越

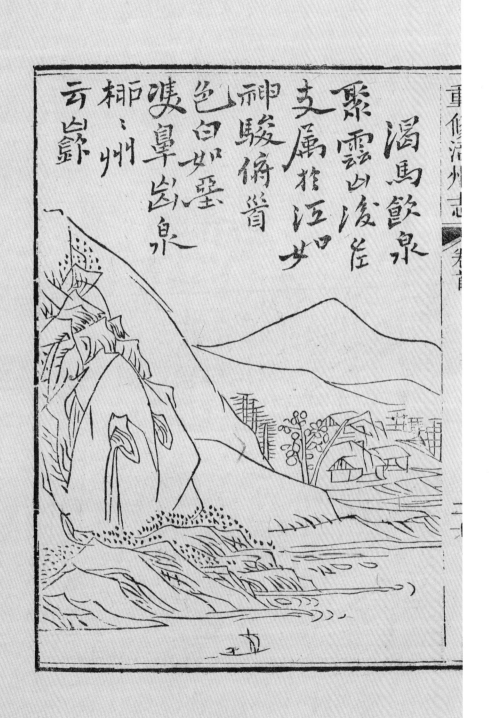

渴馬飲泉

聚雲山後在

支屬於江口

神駿俯首

色白如堊

凌阜崗泉

椰；州

云嶺

重修涪州志　卷前

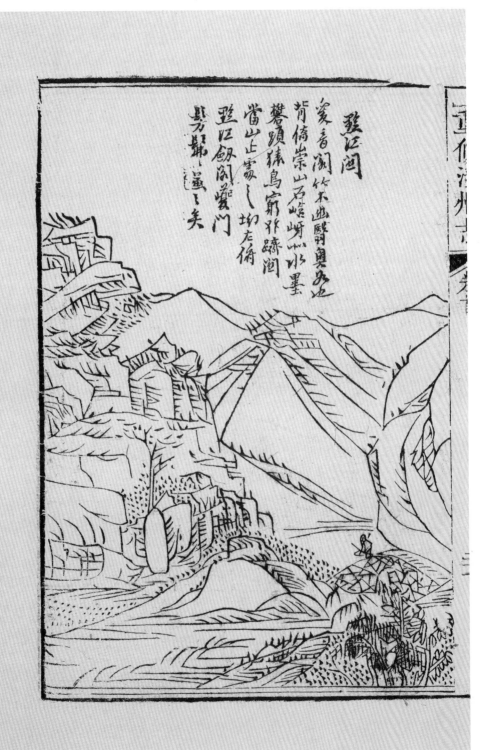

黔水

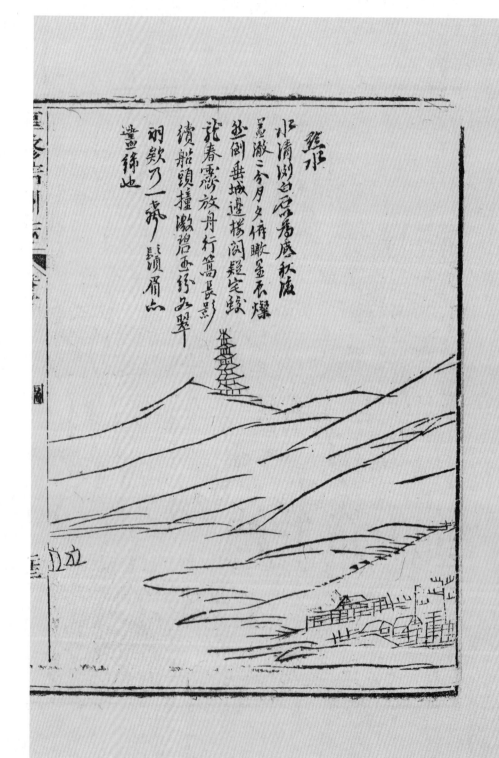

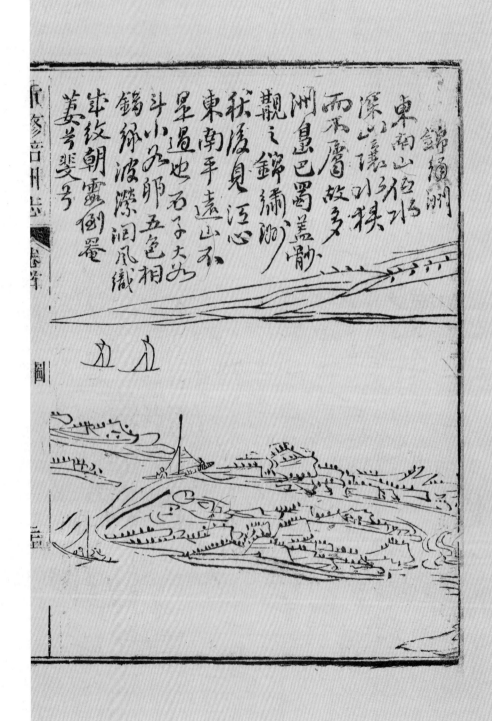

錦屏洲

東南山佰水
深山讓小秩
兩水層故多
洲皇巴蜀蓋勝
觀之錦繡洲
秋後見涳心
東南平遠山不
星遇也石子大小
斗小郎五色相
錦綠波滌涧風織
牽絞朝靈倒罄
姜芋斐斐号

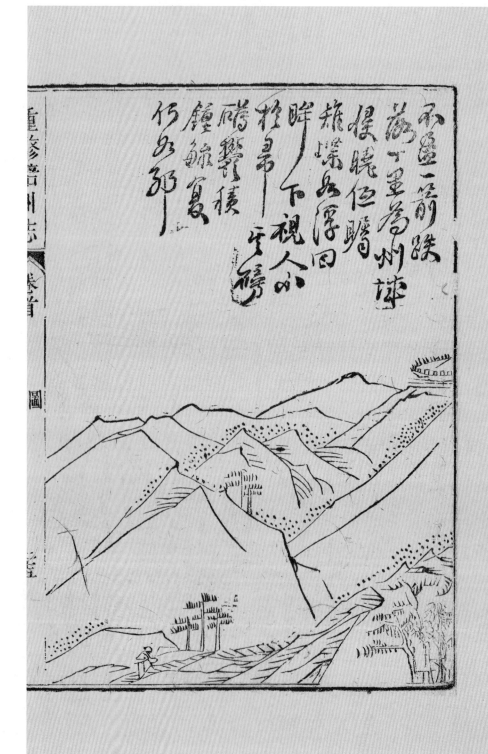

不盈二箭跌
海于重為州球
喉嚨伍眺
榷蝶兵澤口
晔下視人小
椎昂年標
磋饗積
鐘毓裦
行多邪

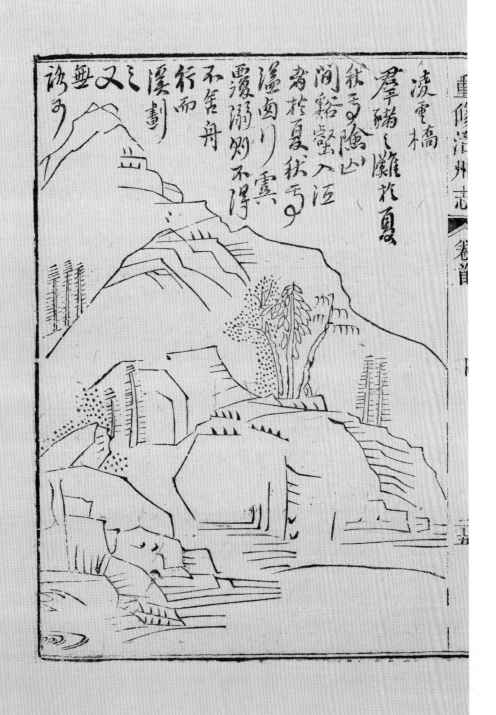

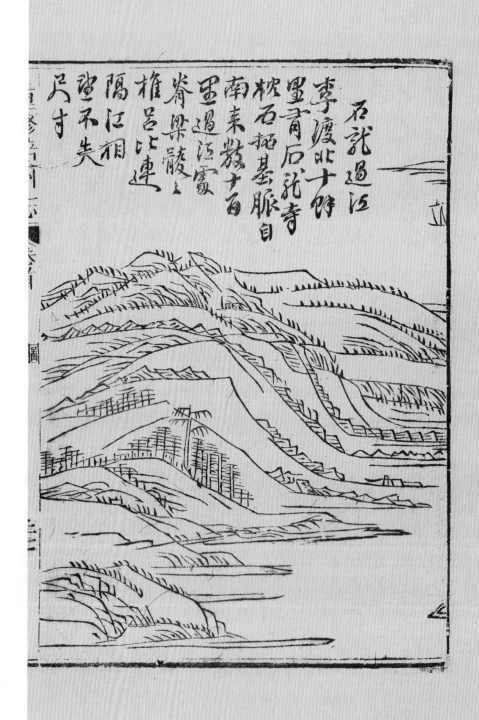

石䂬過江

李渡北十餘
里青石䂬寺
枕石柜基脈自
南來數十百
里過江霄
脊梁骸之
椎呂比連
隔江相
望不失
尺寸

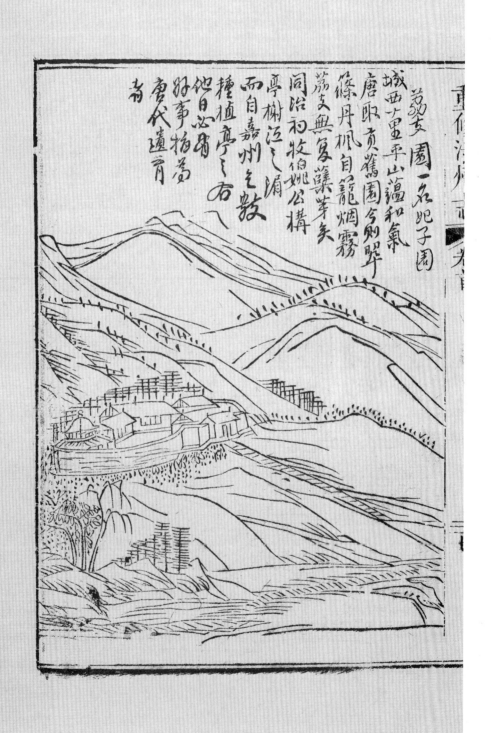

荔枝園一名妃子園
城西大里平山藹和氣
唐取貢荔園今則翠
篠丹楓自籠烟霧
荔支無復藂茅矣
同治初牧伯姚公搆
亭榭亭之右
而自嘉州之湄
種植亭之右
仰自必屑
好事拍為
唐代遠育
為

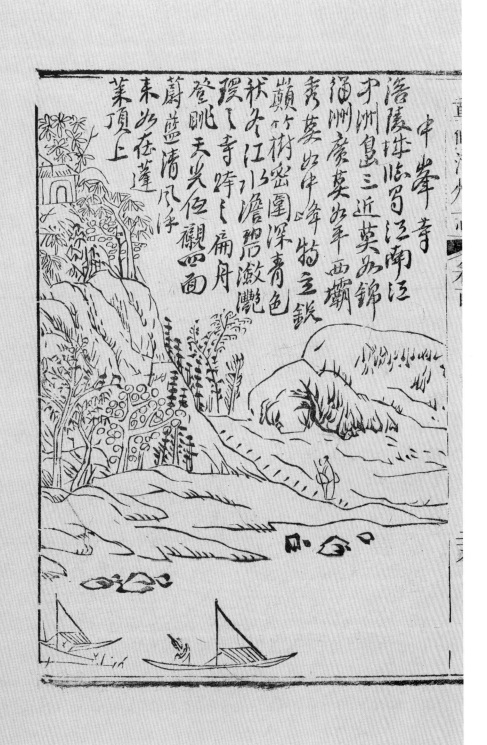

中峯寺

涪陵坪临写江南江
于洲岛三近莫如锦
涸洲广莫如平西坝
秀莫如中峰物之铁
巅竹树密围深青色
袱冬江水澹碧潋艷
环下寺峙偏舟
登眺天吴伍襯四面
蔚蓝清风浮
末少在莲
茉顶上

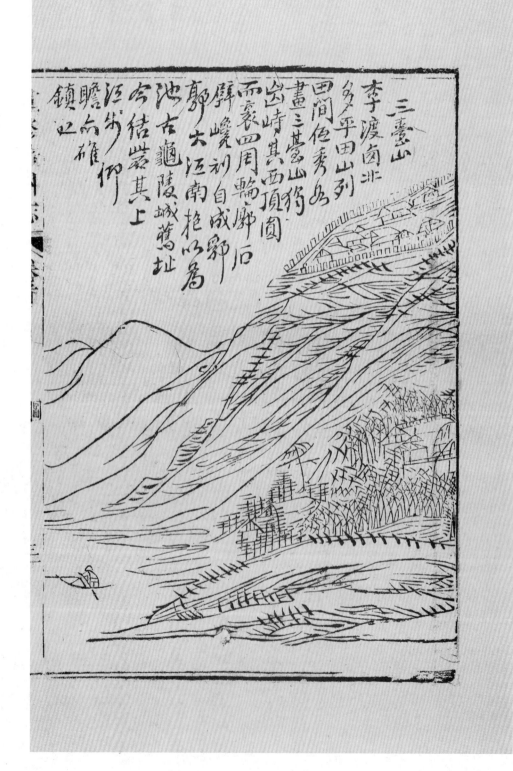

三臺山

李渡鎮北

多人平田山列

田間佢秀為

畫三臺山狀

岑崎其西頂圓

而裹四周輪廓石

壁嶙峻初自成郛

郭大江南抱以為

池古酋陵城舊址

今結巖其上

江尔亦

瞻而雄

鎮迆

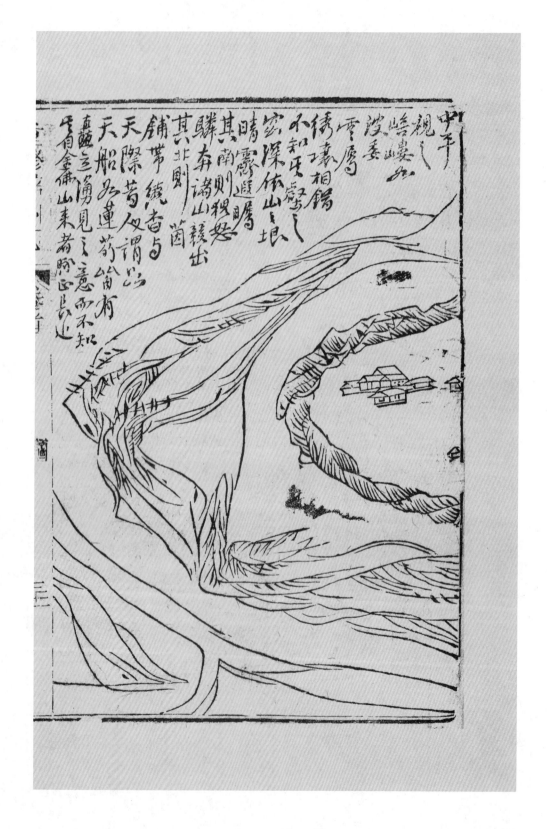

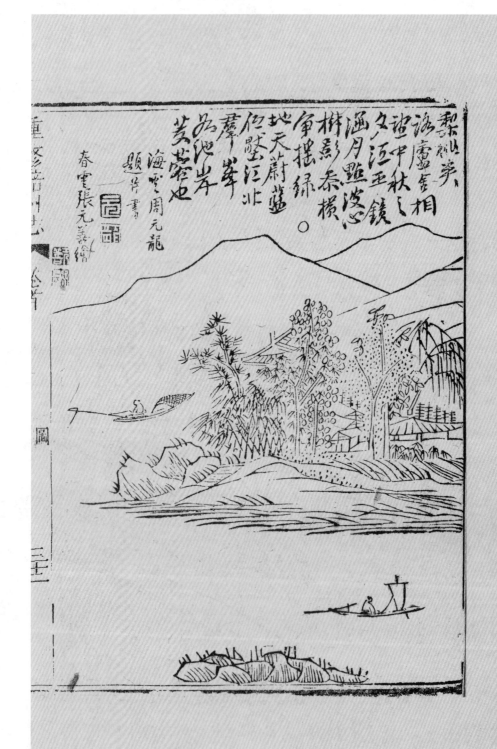

同治重修涪州志卷一　舆地志

星野　沿革　山川　疆域　户口　里甲<small>场市附</small>　物产　田赋　盐法　茶课　水利　风俗

星　野

《汉书》：巴蜀分[一]井鬼参。《华阳国志》：巴，其星东井舆鬼。涪陵，巴之南鄙。考《河图括地象·天文占候次舍》[二]：诸书分野皆应井鬼之次。又天市右垣第四星属巴。五星金星兼主巴，其进退迟速，所以候兵皆观象者所必察也。

注释：

[一] 分：即分野。中国古代地学、天文学术语。指与星次相对应的地域。古人依据星纪、玄枵、娵訾、降娄、大梁、实沈、鹑首、鹑火、鹑尾、寿星、大火、析木等十二星次的位置划分地面上州、国的位置与之相对应。就天文说，称为分星；就地面说，称为分野。

[二]《河图括地象·天文占候次舍》：书篇名。《河图括地象》，又称《河图括地象图》，汉代谶纬之书《河图》中的一种，专讲地理，但内多神话。

步天歌[一]

井：八星横列河中静，一星名钺井边定，两河各三南北正。天樽三星井上头，樽上横列五诸侯。侯上北河西积水，欲览积薪东畔是。钺下四星名水府，水位东边四星序。四渎横列南河里，南河下头是军市。军市团圆十三星，中有一个野鸡精。孙子丈人市下列，各立两星从东说。阙邱二个南河东，止下一狼光蒙茸。左畔九个弯弧弓，一矢拟射顽狼胸。有个老人南极中，春秋出入寿无穷。

注释：

［一］《步天歌》：以诗歌形式介绍中国古代全天星官的著作。有多个版本传世，最早版本始于唐代，最广为人熟知的是郑樵《通志·天文略》版本，称为《丹元子步天歌》。本书所用《步天歌》系通行本，即《丹元子步天歌》，但文字略有差异。

鬼：四星册方似木匮，中央白者积尸气。鬼上四星是爟位，天狗七星鬼下是，外厨六间柳星次。天社六个弧东倚，社东一星是天纪。按：舆鬼四星，天目也。主视明察奸谋。中央白气为积尸，有气无形，主祀祭丧葬。不官五星，客彗守犯。

沿　革

巴不自春秋始也，国亦非今巴县。《竹书纪年》：夏启八年，帝使孟涂如巴莅讼。时渝州为涂山氏。考涂山氏，肇自人皇，为蜀君，掌涂山之国，为启外家而生于是。《巴志》云：巴子之时，陵墓多在枳。古人葬不越乡，陵墓在枳，其国亦必在枳也。今以巴县为巴国，岂启方君天下而所生之地听巴之并有涂山氏而国其地耶？然则孟涂莅讼之巴，当即枳县。在夏时已名巴，巴之号止不自春秋始也。［一］

注释：

［一］此为原书眉批，非正文。

涪州，《禹贡》梁州之域，春秋时巴国地。秦属巴郡，置枳县。巴子之时，陵墓多在枳，其畜牧在沮，今东突峡下畜沮是也。又立市于龟亭北岸，今新市里是也。《龟陵志》［一］云：风土煦暖，五月半早稻已熟，便可食，七八月间收割已，是故有乐温之号。《华阳国志》曰：涪陵，巴之南鄙，从枳县入，沂涪水枳县，即今涪州所理是也，与荆楚相接，汉为巴郡涪陵县。建安（196—220）中，涪陵令谢本以涪陵广大，自州牧刘璋［二］，分置丹兴［三］、汉葭［四］二县以为郡，璋乃分涪陵立永宁、丹兴、汉葭，合四县置巴东蜀国都尉，理涪陵。蜀先主改为郡。宋白［五］曰：先主以地控涪江，于此立郡，领汉平、汉葭二县。丹兴，见黔江县。晋永和中移涪陵郡治，汉李成［六］复县，宋齐仍为涪陵郡，周又徙治汉平县，隋开皇初郡废，属梁州总管府。十三年（593），改汉平为涪陵县，属巴郡。

唐武德元年（618）置涪州，_{刘昭曰：于涪州涪陵镇置。}在蜀江之南，涪江之西，故为名，属江南道。《旧唐书》云：涪州涪陵郡，武德元年（618）以渝州之涪陵镇置。万州南浦郡，武德二年（619）析信州置，俱属山南东道。上元二年（761）因黄莘峡有獠贼结聚，江陵节度请隶于江陵，置兵镇守。天宝初改涪陵郡。元和三年（808），中书侍郎、平章事李吉甫奏涪州去黔府仅三百里，输纳往返不逾一旬，去江陵一千七百余里，途经三峡，风浪没溺，颇极艰危，请隶于黔府。乾元初，复为涪州。元和三年（808），黔中置观察使，兼领涪州。至德二载（757）置荆南，领十二州，及黔中之涪州，后置夔、峡。分荆南，领夔、峡、涪、忠、万五州。五代属蜀。宋亦曰涪州，属夔州路。咸淳三年（1267）移置三台山。宋熙宁八年（1075）熊本击平渝州诸蛮，置南平军，以渝州、南州、涪州隆化隶焉。绍兴分十六路，一曰夔州，统夔、忠、达、开、万、涪、黔、施、播、思；军三：云安、梁山、南平；监一：大宁。元复旧治。至元二十年（1283），以州治涪陵及乐温二县省入，属重庆府。明仍曰涪州，_{编户十里，}领县二，_{彭水、武隆，}隶重庆府。国朝因之，康熙七年（1668）并武隆县人焉。

注释：

[一]《龟陵志》：涪州古志。宋代杨兴曾为之作序，参见本志卷二《舆地志·碑记目》。

[二]刘璋（？－220）：字季玉，江夏竟陵（今湖北天门）人。东汉末年割据军阀之一。继父亲刘焉担任益州牧，后为刘备所败，迁往荆州公安（今湖北公安），220年病逝于荆州。

[三]丹兴：今重庆黔江县。东汉建安六年（201），益州牧刘璋接受涪陵县令谢本建议，析涪陵县置涪陵、永宁、丹兴、汉葭四县。丹兴县治设于今城东街道（古称楠木坪）。归巴东属国校尉管辖。

[四]汉葭：今重庆彭水县汉葭镇。东汉建安六年（201），益州牧刘璋接受涪陵县令谢本建议，析涪陵县置涪陵、永宁、丹兴、汉葭四县。

[五]宋白（936-1012）：字太素，大名人。年十三，善属文。建隆二年（961）擢进士第。乾德初（963），试拔萃高等，授著作佐郎。太宗擢为左拾遗，权知兖州。尝三掌贡举，颇致讥议。仕终吏部尚书。卒，谥文宪。白尝与李昉等编《文苑英华》一千卷，《宋史》本传又有《文集》一百卷，《文献通考》并行于世。

[六]汉李成：即李氏成汉政权。按：成汉（303-349），也称成，五胡十六国时期之"十六国"之一。西晋末年，秦、雍二州连年荒旱，略阳、天水等六郡氐族和汉人等不

得不流徙至梁、益地区就食。元康六年（296），氐首领李特率民入蜀。301 年李特在绵竹聚众起义。303 年称大将军，李特及其弟李流死后，特子李雄继领部众，攻下成都，据有益州，建立成汉。后李寿改国号为汉。都成都，盛时有今四川东部和云南、贵州的各一部分。347 年，成都为东晋权臣桓温夺取，两年后残余势力被东晋消灭，历七主，46 年。

涪陵郡，属县七，户二万，去洛三千七百八十五里。东接朐䏰，西接蒋县，南接涪陵，北接安汉。建安六年（201），刘璋分巴为三，先主置涪陵郡。延熙中车骑将军邓艾，李本作芝，吴、何本作义，邓艾碑作义，为都督，治阳关。延熙十七年（254），省平都、乐城、常安三县。咸熙元年（264），但四县，以镇西将军陇西怡思和为太守、二部守军。

枳县，郡东四百里，治涪陵水会。土地确瘠，时多人士，有章、常、连、黎、牟、杨，郡冠首也。

废枳县。今州治。汉县，属巴郡。胡三省曰：汉之涪陵，今彭水县也。今之涪陵，乃汉枳县也。《史记》苏代[一]曰：楚得枳而国亡[二]，即此。汉因置枳县，后汉因之。晋亦属巴郡，宋、齐仍旧，后周废。贾耽《四裔[夷]县道记》[三]：涪陵故城，在蜀江南、涪江西。其涪江南自黔中来，由城之西。沂蜀江十五里，有鸡鸣峡。上有枳城，即汉枳县。晋永兴元年（304）李雄据蜀后，枳县荒废。桓温定蜀，别立枳县于今郡东北十里。周武帝保定四年（564），涪陵守领田思鹤[四]归化，于故枳城立涪陵镇。隋开皇十三年（593），移汉平县镇城，仍改汉平为涪陵县，因镇为名。唐涪州治涪陵，实汉之枳县。《寰宇记》[五]：枳县城在巴县北五十里，误也。《城邑考》：州城，明初因旧址修筑。成化初，瓮以石，有门五，城周四里。

注释：

[一]苏代：参见《历代名人与涪陵》第17—20页《纵横家苏代劝说燕王因楚得枳而亡国为戒》。

[二]楚得枳而国亡：源出《战国策·燕策》。

[三]《四裔[夷]县道记》：书名，唐代地志，贾耽著。"裔"当为"夷"，音同而误。

[四]田思鹤：《涪陵历史人物》第12页《北周涪陵镇统领田思鹤》云：田思鹤，西魏盘瓠田氏大姓首领。西晋咸和三年（328），今黔江、彭水等地少数民族起义，占领古黔中之地，即今黔江、彭水、武隆、涪陵、南川、黔东北等地，史称"地没蛮僚"。北周武帝保定四年（564）"蛮州"田思鹤顺应历史发展潮流，带领蛮族民众重返正朔，在故枳城（今重庆市涪陵区）"以地内附"，北周遂于故枳城设立涪陵镇，委任田思鹤为最高军政统领。田思鹤归周，唐代李吉甫《元和郡县志》、宋代乐史《太平寰宇记》

等史籍均有记载。《涪陵辞典》"田思鹤归附"条云:"307-312年（西晋永嘉年间）以后,因李雄农民起义军建立的成汉政权与晋王朝的残酷争战,大量巴蜀土著东下荆湘（今湖北、湖南一带）,南方僚民等乘机进入,布满山谷。后来统治巴蜀的东晋、南齐等政权,终因鞭长莫及,未能完全控制。至公元6世纪时,今渝东南一带为樊瓠族田氏大姓势力控据,其首领为田思鹤。557年（西魏恭帝三年）,大将宇文觉取代恭帝建立北周,不久派大军入蜀平定各地割据势力,采取恩威并重政策:若归顺则其首领就地封赏,对抗则武力扫平。564年（北周保定四年）田思鹤鉴于先辈教训,遂于故枳城（今涪陵城）宣布以其所辖之地（约西晋涪陵郡范围）归附北周,顺应历史潮流,使黎民百姓免于残酷战乱之苦,促进了该地区的社会稳定和经济发展。归附后,北周于故枳城设涪陵镇,仍以田思鹤为最高军政首领。"另参见《历代名人与涪陵》第33页《北周涪陵镇军政统领田思鹤》。

　　[五]《寰宇记》:即《太平寰宇记》,北宋乐史撰,二百卷,是继《元和郡县志》后又一部现存较早较完整的地理总志。

汉平废县。州东北二十里,汉枳县地。三国汉建兴^[一]中置县,属涪陵郡。晋因之,宋、齐仍旧,后周涪陵郡治焉。隋开皇初,废郡,仍移县于涪陵镇。十三年（593）,改为涪陵县,即今州治。胡氏曰:汉平故城,在罗浮山北,岷江之南白水入江处侧近云。

丹兴、汉发、万宁废县。建安六年（201）,刘璋分置三巴,涪陵谢本白璋求以丹兴、汉发二县为郡。初以为巴东属国,后遂为涪陵郡。〇丹兴县,蜀时省,山出名丹。〇万宁县,孝灵帝时本名永宁。〇汉发县,有盐井,诸县北有獽蜑,又有蜑夷也。

采安废县。《括地志》云:寡妇清台山,俗名贞女山,在涪州采安县东北七十里也。

汉复城。州南九十里,蜀先主置县,属涪陵郡。晋徙涪陵郡治此,宋、齐因之。后周移郡治汉平县,省入焉。

废黔州。汉之涪陵县也。《华阳国志》:涪陵,巴之南鄙,蜀汉置涪陵郡于此,延熙十一年（248）,涪陵人处倓旦^[一]反,邓芝^[二]讨平之。晋仍属涪陵郡。《太康地记》:涪陵在江之东是也。永庆以后,没于蛮獠。后周保定四年（564）,蛮帅首领田思鹤归化,因以涪陵地置奉州,寻改为黔州。说者遂以黔州为秦之黔中,非也。胡三省曰:汉涪陵地大而远,唐之夔、费、思、播及黔府五州,悉涪陵地。晋季多故,涪陵陷于蛮獠,延至西魏。《图记》不传,后周始置州,授蛮帅田思鹤,寻曰黔州。隋人因之,大业中又改黔安郡。因周、隋州郡,遂与秦汉黔中郡交互难辨,今湖广之辰、奖、锦、叙、溪、澧、朗、施八州,是秦汉黔中地,与涪陵隔越峻岭。岭之东有沅江与诸溪并会,而东注于洞庭湖。岭之西有巴江水,亦名涪陵江,自牂牁北历播、费、思、黔等州,北注岷江,以山川言之,涪陵与黔中炳然自分也。唐、宋皆置都督、节度于此。至明降为属州之邑,盖因革不同也。又《读书杂记》曰:杜氏《通典》云:黔州治彭水县,即今之黔中,汉之武陵地。权载之《观察使厅壁记》有云:黔州地近荆楚,候如巴蜀,五溪襟带蛮獠聚落。《寰宇记》曰:刘先主于五溪蛮地置黔安郡,即今黔州。《一统志》则云:自孙吴至梁皆为黔阳地,皆未考黔州之为涪陵也。

唐光启三年（887），置武泰军节度使于黔州，天复三年（903），王建移军于涪州，黔
州属焉，以王宗本为武泰留后。

注释：

　　［一］徐巨：《涪陵历史人物》第7页《三国涪陵反蜀首领徐巨》云：徐巨，生卒
年不详。涪陵郡（治今重庆彭水）大姓首领，蜀汉时期反蜀首领。蜀后主延熙十三年
（250），涪陵大姓徐巨起兵反对蜀汉政权，被车骑将军邓芝讨平。《华阳国志·巴志》云：
"乃移其豪徐、蔺、谢、范五千家于蜀，为猎射官。分羸弱配督将韩、蒋，名为助郡
军。遂世掌部曲，为大姓。晋初，移弩士于冯翊莲勺（今陕西渭南县东北）。其人性质
直，虽徙他所，风俗不变，故迄今有蜀、汉、关中、涪陵，其为军在南方者犹存。"徐
巨反蜀事件，《华阳国志》卷一《巴志》、《三国志》卷四十五《蜀书·邓芝传》、《水经
注》卷三十六《延江水》、同治《增修酉阳直隶州志》卷十《武备志·兵制》、同治《增
修酉阳直隶州志》卷二十二《武功志》、光绪《黔江县志》卷三《武备志·武事》等书
均有记载或转述。

　　［二］邓芝：《涪陵历史人物》第6页《三国蜀汉名将邓芝在涪陵》云：邓芝
（？－251），字伯苗，义阳新野（今河南新野）人。据《水经注》记载："江水东迳阳关
巴子梁。江之两岸，犹有梁处，巴之三关，斯为一也。延熙（238－257）中，车骑将军
邓芝，为江州都督治此"。阳关，即涪陵城西龟龙关，又名鬼门关。据《华阳国志》记
载："延熙十三年（250），大姓徐巨反，车骑将军邓芝讨平之……乃移其豪徐、蔺、谢、
范五千家于蜀，为射猎官，分羸弱配督将韩、蒋，名为助郡军，遂世掌部曲，为大姓。"
邓芝带兵征战涪陵（今重庆彭水），由阳关经过枳县，溯乌江而上，进军彭水，讨伐徐
巨之乱。至今，在涪陵、彭水、武隆等地还有不少关于邓芝将军征战涪陵的传说和故事。
另参见《历代名人与涪陵》第28－29页《三国蜀汉车骑将军邓芝治阳关》。

　　信宁废县。 县西百里。刘昭曰：隋置信安县，以境内有信安山而名。唐武德二年（619），改曰信宁，属义州。贞观十一年（637），州
废，遂属黔州，宋因之。嘉祐八年（1063）省入彭水县，明属县。界有巡司戍守，今废。

　　龟陵废县。 在今治西大江滨，其形似龟，城其上，名龟陵城。后徙，今为东堡寨。东门外石壁，刊有碑文。云：涪守臣杨口奉命相视
三台，申阃创筑，宋咸淳丙寅（二年，1266）春记。按《全蜀艺文志》有杨兴《龟陵县志序》或即杨兴《旧志》[一]。咸淳三年（1267）移治三台山。
考之史，咸淳元年（1265）乙丑，据年代亦当以此为近，至今寨内石兽尚存。

注释：

［一］蓝勇主编《稀见重庆地方文献汇点》（下）道光《重庆府志》卷之九《艺文志》第 928 页云：《龟陵志》（旧《通志》），杨兴序。

温山废县。《新唐志》：涪州有温山县，本属南潾州，亦武德初所置。《九域志》[一]：熙宁三年（1070），省为镇，入涪陵。《旧志》：在州西北一百一十里。旧作乐温县，误。

注释：

［一］《九域志》：即《元丰九域志》，北宋地理总志，王存等编。

汉葭废县。在州东百里，后汉建安中，刘璋置汉葭县，属巴郡。三国汉改属涪陵郡，晋、宋因之，后周废。

羁縻州涪州、峒连州俱属马湖府。

武隆废县。州东南百七十里，东至黔江县二百三十里，汉涪陵、枳县二地，属巴郡。唐武德二年（619）析置武隆县，属涪州。宋因之，宣和初，改为枳县。绍兴元年（1131）复故。元仍曰武龙。明初改龙为隆，仍属涪州。县无城，编户二甲。今省。

义众郡，《寰宇记》：夜郎郡有且兰郡，汉武时使发南夷兵征南越，且兰不从，乃反。汉发巴蜀校尉击破之，遂平南夷，为牂牁郡。乐史注云：今涪州之义众郡也。义众即今石柱。

三亭县，西首百九十余里，别有酉阳城，乃刘蜀所置，非汉之酉阳也。《贞观地志》云：刘蜀所置酉阳为汉酉阳，盖误记汉涪陵之地也。

山川　附形胜关隘

州，南通武陵，西接牂牁，地势险远，人兼獠獛。《华阳国志》曰：涪陵，巴之南鄙也。从枳县入，沂涪水，秦司马错[一]由之取楚黔中地。此涪水即指黔江。今自州以南，山川回环，几及千里，唐宋时尝以黔江控扼形要，即今黔江县。往往置镇设兵以兼总羁縻州郡。唐以黔州为都督府，督思、辰、施、播等州，兼领羁縻数十州。宋亦置军镇领羁縻州，至五十有六。明初以黔并入于涪。州之险实倍于前代。《四裔考》云：武隆一县，为州之要地，牂牁、黔楚。指臂东西，北枕巴江，南通贵竹，三面皆界于土司。酉阳之咽喉，石砫之项背，而真州则又胸腹之患也。南蛮有事，全蜀之患，武隆实先当之。《志》云：武隆难先全蜀，险扼诸蛮。然则州之形胜益可知矣。

注释：

[一] 司马错：《涪陵历史人物》第 1 页《秦国名将司马错与涪陵》云：司马错，夏阳（今陕西韩城）人。生卒年不详。秦惠文王九年（前316）巴蜀相攻，秦惠文王欲趁机灭蜀，遂召开国事会议。张仪提出东进攻韩，司马错力主南下伐蜀，秦王采纳伐蜀之议。同年冬，灭蜀。继而攻灭巴、苴。秦昭襄王二十七年（前280），司马错率领陇西以及巴蜀兵十万人，从陇西出发，沿着蜀地而下，攻打楚国的黔中（今湖南西部及贵州东北部），迫使楚国献出汉北和上庸（今湖北西北部）给秦国。《华阳国志》卷三《蜀志》云："司马错率巴蜀众十万，大船舶万艘，米六百万斛，浮江伐楚，取商於之地为黔中郡。"司马错的进兵，由陇西进入四川，然后进入重庆，顺长江达枳（今重庆涪陵区），于乌江逆流而上进军彭水一带，再深入到今渝东南和黔东北地区。司马错的此次用兵，可以说是古代乌江下游规模最大的一次水战。战后，秦国重新设立了黔中郡。黔中成为秦国一统天下的后方基地。另参见《历代名人与涪陵》第 14-15 页《秦将司马错溯巴涪水取商于》。

后山，自南川县来，至州境高凤庵，纯巨石巇巀。蠢空起，若凤阁龙楼，缥缈天际。下由冷水关[一]，_{城南一百六十里}，宝项寺，经九颗印、大岭、碑记关[二]，_{城南一百里}，左右派分。右出为太和场、鸭子塘、月兴场、子耳坝、台子山、凤凰山，诸山纡回百余里，薮泽环织，薪蒸赡足，州人取资群山，胥东界涪陵江而止。左出为蔺市坪，周轮悬崖峭壁，溪堑环绕。其上百余里，平畴绣壤，为长里菁华所聚。正干由马武[三]垭、靖远关，_{城南三十里}，脱卸起伏。至望州关[四]，高耸入云，关锁其岭，俯瞰州城。关路通南、綦，明末张献忠[五]由此路绕出綦江破重庆。关顶峰擘为三，右支直插涪陵江，扼险为黔江关。_{城东南十里}，路通彭水县、南川县、贵州之正安州。左支趣江凹处为鹅颈关，_{城西五里}，稍后一山抱鹅颈而前界大江，屹然止。聚云寺冠其上，临江凿石壁为龟龙关，_{城西十五里}，路通长寿县、巴县。中支由望州关迤逦而下十里，注两江交汇处为州城。夫州城为腹心，望州关为咽喉，黔江、龟龙为左右臂，前襟两江，后控靖远，联四边要塞，慎固封守，固东川一大关键也，独涪陵保障乎哉！

注释：

[一] 冷水关：蓝勇主编《稀见重庆地方文献汇点》（下）第 469 页云："冷水关，州

南百三十里，接南川县界。"

[二] 碑记关：蓝勇主编《稀见重庆地方文献汇点》（下）第469页云："碑记关，州南八十里，又名乐丰关。"

[三] 马武：《涪陵历史人物》第3页《东汉名将马武与涪陵》云：马武（前15-61），字子张，南阳（今河南南阳）湖阳人，是昆阳大战中浴血奋战的"十三太保"之一，位列东汉"云台二十八将"之中，被封为杨虚侯。东汉建武二十五年（39），马武受命率兵征讨武陵蛮，途经枳县（今重庆涪陵区），屯兵马武垭，"马武坝"因此得名，现为马武镇政府所在地。相传马武在枳地行军，路过今涪陵小溪，一匹战马掉落溪中，该溪因名"落马溪"，溪旁一个山洞，又被命名为"落马洞"。早在南宋时代，"落马洞"就已演变成为"涪陵十大景观"之一，惜今已不存。马提幹《涪陵十韵》云："滩急群猪沸，崖高落马悬。"这里，"落马"即指涪陵马武坝南的"落马洞"。另参见《历代名人与涪陵》第23页《东汉大将马武枳地留名》、《神奇涪陵》第11页《司马错浮江伐楚》。

[四] 望州关：蓝勇主编《稀见重庆地方文献汇点》（下）第469页云："望州关，州南十里，明曾英御献贼于此。"

[五] 张献忠：《涪陵历史人物》第69-70页《张献忠在涪陵》云：张献忠（1606-1646），字秉吾，号敬轩。延安柳树涧人。明末农民起义领袖，大西政权建立者。崇祯十六年（1643）五月后张献忠领导的摇黄十三家袁韬、刘维明等部已经进入到涪州长江北岸一带，并攻破诸多大小城堡。十七年（1644）正月击退分守道刘龄长所部官军围攻，张献忠亲率大军第三次入川。正月破夔门，二月攻万州（今重庆万州），因长江水涨，屯兵忠州（今重庆忠县）葫芦坝。五月，40万大军从忠州溯江西上，左岸步兵，右岸骑兵，水军江中押粮，前后40里。时四川巡抚陈士奇令部将赵荣贵守梁山（今重庆梁平），分守道刘龄长、涪州知州冯良谟、参将曾英守涪州，扼乌江与长江要口。六月上旬，起义军逼近梁山，赵荣贵望风披靡。初八日，起义军从乌江东岸突破，攻下涪州城，追敌至城南望州关，曾英受伤，只身脱逃，刘龄长等败走南川。十一日，起义军分两路进取重庆、南川、綦江等地。二十一日，攻下重庆。进克成都。张献忠攻占涪州，在涪州留下了诸多的地名和传说。黄旗，位于涪陵城西长江北岸，传说张献忠插过大黄旗，故名，今仍有黄旗之名。插旗山，位于乌江东岸，传说张献忠于此插过旗帜而得名。涪陵城西有杨柳巷，传说张献忠进城时为保护平民百姓、各家各户于门前插杨

柳枝条作为记号而得名。另参见《历代名人与涪陵》第120-122页《张献忠攻下涪州》。

　　铁瓦寺山，自巴县、南川至州境。铁瓦寺竖起脊梁，介脊与巴县分界，百里许至五堡山，濒江五峰攒峙其中，支分派别，为明家场、太平场、大顺场。诸山四周，轮廓巉崖，阴壑上开，平野纵横数十里。弥望苍松郁郁，中错田畴以下山势，右抱新庙子、酒场垭、两会口等处，皆沃壤，山实全涪左臂云。

　　北山坪，雄障大江北岸，自忠州逶迤而来。至州境磜磜磴，突起一峰，峰顶瞰南沱以下，大江在百里外，如冰纹，如偃月。诸山鳞次以百数计，最著者高兴、得胜、大石坡等寨，深林密箐。迢递至尖山子，龙跳虎蹲，山势一振。左干至珍溪镇而止，镇路通陕、甘，滨临大江，俨然左翼。右干合帽盒、屯旗、合掌诸山，直趋三台山一带，界大江止，<small>中有缺头、芝草、凉风垭各隘口。</small>如右翼然。尖山子正干跌落为金井坝，沃野云畴，一望无际。平陆中忽起胜概，屏风玉立，拱护州城，则北山坪也。绝顶为铁柜城山，<small>诸葛武侯屯兵于此。</small>层递而下，濒江面为北崖寺，宋程伊川注《易》于此，为涪州名胜。

　　鹤游坪^[一]，<small>治北百四十里。</small>磜磜磴北干也。一落千丈，下为裴江场，绿野青畴，小山连缀，蜿蜒起伏。至双碑卡，峣峗高踞者为鹤游坪，高十余里，横四十里，纵一百二十里。《锦里新编》谓：形如天船，四周轮廓皆垩岩削壁，路绕丫肠盘之字而上，居人于扼塞处设卡寨。坪外东西山缭绕曲屈，拱护如莲瓣。坪其蒂也，分州衙署居中，烟火万家。前明科第簪缨，甲于涪属，为州北第一屏障。然形胜既擅，擘画宜周，我冯之足以敝寇，寇扼之亦足以困我。窃揆险则易守，高则易瞭，阔则难攻。遇有警，坪下居民清其刍粮，徙人之。画方隅以守中屯，兵勇置信炮，官弁率之往来策应，联合声势以备战守，则主客劳逸之形燎如也。五代太原城周四十里，宋屡用师攻之难克，围之难合，樵汲饷运，面面可通。独后诸国下坪之形胜，殆不让此。乃教匪之乱三至难入，滇逆之来一鼓而下，果地利之未足恃耶？毋抑人谋之未臧也！夫鹤坪，大江之郛。大江，涪城之郭。守鹤坪则寇无敢窥江，靖大江则寇无自临城。教匪之乱，其大较也。绸缪未雨者，其可忽诸？坪下三十里，北界垫江县，西至观斗山包家庙，界长寿县。其中土田饶沃，物产丰腴。山脉迤逦，连接黄草山，直趋黄草峡，襟带新宁、梁、垫、长寿诸水，合入大江。

注释：

　　[一] 鹤游坪：蓝勇主编《稀见重庆地方文献汇点》（下）第469页云："鹤游坪，州

北一百里，巡司分驻。"

　　插旗山，涪陵江东岸，拱抱州城。其下扬鼓岩、刘家山，群峰合沓，与北岸诸山犬牙相错，东锁江流，州城门户也。山麓设抵塘，为黔、彭、酉、秀孔道。山脉由彭水县隐隐隆隆入州境，桐梓山穹窿高起，峰峦稠叠，岩壑深邃。至火炉铺、阅天铺，顿跌陡起为牛皮箐，高耸云霄，九月飞雪，州域第一高山也。居人鲜少，瓯脱艰树艺土。物宜者莜、稗、洋芋、蹲鸱、麻、茶。岁祲有司，辄抚恤。左干背涪陵江，纡回数百里，至土坎下五里为武隆司。水路至州城一百四十里，陆路至州城二百里。右干分狗子水、交鄮都县界。大木峡、铜矿山、梯子岩，纵横辟阖，崇山巨薮，中多平畴，编户东里，旧皆武隆县境。隋唐以前，没于蛮獠，径路纷歧，壑谷错延遟，控驭最难。宋元以后，华人满布。惟地旷民贫，牧守不能穷诘。奸凶则土猾，鱼肉乡农，生计日蹙也。入云里，山水盘互，物产沃饶百余里，山尾脊界大江而止。濒江为清溪关[一]，治东三十里。亦曰清溪镇。唐开成三年（838）牂牁蛮寇涪州之清溪，镇兵却之，即此。正干由牛皮箐、三窝山、雨台山趣涪陵江，昂首为插旗山，山脚数石梁磜硐剓刿，横扼涪陵江口，与大江水对面，撑触锦绣洲，若断若连，又州城第一关锁焉。

　　注释：

　　[一]清溪关：蓝勇主编《稀见重庆地方文献汇点》（下）第468页云："清溪关，在州东，南唐开成三年（838），牂牁蛮寇涪州之清溪镇，即此地。"

　　弹子山，涪陵江西岸，旧武隆县境。高二十里，山石若龙骨。砂土为肤浅，仅二三寸，苦竹丛生。根不受石风，日薄蚀叶，毵毵如蜎毛，顶有寺址仅存。大风起则砂石旋飞，高可想也。山自南川县金佛山来，虬盘龙互，向背迷离。右干为焦汪寨、东山寨、分水岭、木花洞、龙洞，交正安界。群峰纷纠，岩壑峥嵘，铁、煤、油、麻、漆、蜜外无他产，瘠卤硗确殆百里。至万家营、羊角碛等处，界涪陵江而止。左干为南山坪、红荷岭，岭凹为红荷关，峭岩对峙，形若斧，高攒刲霄，惟羊肠一线。关外即南川界，路通贵州。咸丰十一年（1861），发逆由贵州从此路入涪州境。关内三十里即弹子山，州南诸水会南川县河，沿山至大溪河，入涪陵江，群山截江止。

　　许雄山[一]，治南七里。誓虎碑[二]在许雄山下，广汉县令神道。俗传为誓虎山，近碑仆，虎入城，县官设祭，复立，虎遂止。宋马提干诗：许雄山共峻，马援坝相连。

注释：

［一］许雄山：蓝勇主编《稀见重庆地方文献汇点》（下）第469页云：许雄山，州南七里。许雄，《涪陵历史人物》第7-8页《西晋名将许雄》云：许雄，生卒年不详。据《资治通鉴》记载，晋惠帝太安二年（303）三月，晋益州都督罗尚遣督护何冲、常深攻李流，涪陵民药绅亦起兵攻流。"朝廷遣侍中刘沈假节统罗尚、许雄等军，讨李流"。"永兴元年（304）三月，诏权统巴东、巴郡、涪陵以供军赋。"在涪陵征战期间，许雄曾经在涪陵城南山头安营扎寨，后该山被命名为许雄山。许雄山是涪州城南大梁子山脉一个山头的名字，该山周围，有许多古代寨门城堡，至今仍然巍然可见。另参见《历代名人与涪陵》第29-31页《西晋将领许雄名留涪州》。

［二］誓虎碑：蓝勇主编《稀见重庆地方文献汇点》（下）第469页云：誓虎碑，《碑目考》：在许雄山下，广汉县令神道俗传为誓虎碑，碑仆，遂有虎入城，设祭立碑，虎害遂止。

鹰舞山，治南五十里。每春三月，有群鹰翔舞其上，土人以鹰多少卜岁丰歉。《重修山寺引》载《艺文》。

五花山^{［一］}，城西二十里。五山排列如花。合掌山^{［二］}，在城西北五十里。二山相对，合如掌。下有毛家泉，日三潮。

注释：

［一］五花山：蓝勇主编《稀见重庆地方文献汇点》（下）第469页云："五花山，州西三十里，五山排列。"

［二］合掌山：蓝勇主编《稀见重庆地方文献汇点》（下）第469页云："合掌山，州西北五十里，两山对合如掌，下有毛家泉，一日三潮，祷雨辄应。"

独石山，治南一百七十里。清凉寺，大山陡落，草蛇灰线。半里许，突起一山，高数十丈，长约百丈，通无罅漏，碏磊若铁，实一石也。顶盘虬松一颗，根透石身，殆数百年物。

赤甲山，黄草峡东。据《诸葛武侯纪事》：赤甲山在李渡之上，蔺市之下。蜀汉时赤甲军多取其民。《杜诗注》谓：在夔州者，误也。

虹舞岭，治南七十里。蜿蜒若虹舞，上多秀石，高插云霄，乡贤蔺希夔名以云峰，以云生灭为晴雨验也。巅一巨石高约二丈，阔丈许，上著石三，高广寻丈二，离立一跨之跻。其上摇摇欲活，数人力推，反不为动。岭坳巨石累累，断而仍连其数七。方正不欹，巨石中空，可坐百人，名神仙洞，相传曾有神女止此。幽邃处竹树翁翳，粉垣朱户，疏槛长廊，则云峰寺也。去蔺希夔万松窝宅里许。

龙头岩，自凤凰山来，蜿蟺夭矫，延长二十里。头角峥嵘，宛然神物。又狮子岩，形如踞狮。其下怪石窅窊，古木葱蒨。四时之气，变态百出。

晒红袍，蔺市坪东北。石壁方广数十丈，色红。晴火鲜艳，甚则雨。

白鱼池，蔺市西南。有石如碑，嵌削壁中。形象天然，遥望莹白如玉。

老林口，岩壁镌有“隆化县界分水”六字。

仙女洞，望州关之阳。洞口丛茶蓊蔚中石笋，森列如人。

青烟洞，籤口关下。夹岸峭削，右岩怒瀑直注，如长虹俯饮。洞藏瀑内刻神龙象，旱暵祷雨处也。常有青烟罨霭，袅娜空际。

古佛洞，治南八十里。削壁千寻，黝然圆广十余丈。缘梯而登，佛像宛然。

落马洞、马武垭、南软岩，直下数千尺，路缘岩唇。其下，水声轰怒，闻十数里，行人耸慄。

响水洞，茆里铺左近。悬流千丈，陡落深潭。晴雨久，水声雷吼，雨岩瓮之，二十里内外隐隐如地震。

祖孙石，宋坪里许。两水夹流，二石矗起数十丈。顶着小石，若卵、若棋、若仰盂、若覆瓦。古柏二株，铁干葐蒀。眺就之登陟者必缘树，然凌绝顶者尟矣。旁小石尤夥，如长官就道，仆从相随；如主人起立，奴婢周旋。千形万状，不可殚述。里许一石，稍小，嵌空玲珑，缭曲通人。石隙，古棺一具，苔衣渍碧，半为土掩。

种松山[一]，城东二里。《舆地纪胜》：州产松屏石，出山间。相传尔朱先生种松于此。映山之石皆有松纹。

注释：

[一] 种松山：蓝勇主编《稀见重庆地方文献汇点》（下）第468页云：“种松山，州东二里。《舆地纪胜》：州产松屏石，出山间。相传尔朱先生种松于此。映山之石皆

有松纹。"

铜矿山[一]，治东百里。萃崒嵯峨，五十里有开采炉冶遗迹。按：明万历间矿使四出，或即其时欤！其上有雨台、鸡石诸峰，若庐山之金阙、香炉也。峰各有碣，字漶漫不辨。祷雨群祀，碣下旋移之则雨。麓为鱼泉，洞出嘉鲤。鳞金色，鲜而肥，江鱼远不逮。

注释：

[一]铜矿山：蓝勇主编《稀见重庆地方文献汇点》（下）第468页云："铜矿山，州东八十里，有开铸遗迹。"

挂榜岩[一]，铜矿山岸。广数十丈，莹洁如晶。下有铜庳厂，入之可三四里。

注释：

[一]挂榜岩：蓝勇主编《稀见重庆地方文献汇点》（下）第468页云："挂榜岩，州东一百里，山石明如水晶，横数百丈，下有一洞，广三四十里，可容万人。"

罗浮山[一]，城东百二十里。汉平故城在山北。

注释：

[一]罗浮山：蓝勇主编《稀见重庆地方文献汇点》（下）第468页云："罗浮山，州东百二十里，白水入江处。《名山记》：昔罗浮真人居此。"

崇山[一]，城东百三十里。袤延数十里。苜蓿荟蔚，土人资以葵牧。

注释：

[一]崇山：蓝勇主编《稀见重庆地方文献汇点》（下）第468页云："崇山，州东百三十里，绵亘四五十里，居民借此牧畜。"

鱼窗子崖[一]，城东八十里。石壁屏立。洞口狭，才通人。窅窕百步，渐深渐阔。中有澄潭，广可二亩，多潜鱼。春夏盛涨，渔者恒结队裹粮焉。

注释：

[一]鱼窗子崖：蓝勇主编《稀见重庆地方文献汇点》（下）第468页云："鱼藏子岩，

州东八十里，岩壁有门，入门数百步积水，春夏多鱼。"

　　雨坛山[一]，治东百里。其高插天，云雾暧叇。上有断碣，刻"祷雨坛所"四字，祷之恒应。又银瓶山遥望如胆瓶，欹侧。俗名搭耳山。
　　注释：
　　[一]雨坛山：蓝勇主编《稀见重庆地方文献汇点》（下）第468页云："州东百五十里，山高多雾，祷雨立应。"

　　石马冈，州东七十里。相传公输般刻马，石上迹若新。
　　石门[一]，《寰宇记》：涪陵均堤东十三里有石门，门东有石鼓，侵晨叩之，其声清越。
　　注释：
　　[一]石门：蓝勇主编《稀见重庆地方文献汇点》（下）第468页云："石门，《寰宇记·周地图记》云：涪陵均堤东十三里有石门，门东有石鼓，清晨叩之声远。"

　　焦崖，《水经注》所谓东望峡也。
　　石瓮碛，《舆地纪胜》：在州东。又《省志》：相传在东渡高峰之上。
　　清溪洞[一]，治东。《舆地纪胜》：在高松乡崖岸，有石洞二，自洞门入里许有湫。
　　注释：
　　[一]清溪洞：蓝勇主编《稀见重庆地方文献汇点》（下）第468页云："清溪洞，《舆地纪胜》：在高松乡崖岸，有石洞二处，其一自洞门入约里许，有湫水一泓。"

　　琴台山[一]，治东八十里。高秀埒游蓝山，山腰蟹泉一泓，谚传：巨蛙窟之月，夕斯鸣，若中音节，非直百年物也。蟹今不复见。
　　注释：
　　[一]琴台山：有琴台寺。蓝勇主编《稀见重庆地方文献汇点》（下）第469页云："琴台寺，州西四十里，明何以让庐墓处。"

　　大尖山，治南三十里。高出云表，自麓至巅三十余里。东望云、万诸山，俯瞰酆都仙都山，近如当膝，北穷新宁、梁、垫，平畴千里，惟仙女山岌嶪相等也。

白岩山[一]，涪陵江南。相传王真人修炼于此。白壁万寻，石洞窍山腰，人鸟迹绝。

注释：

[一]白岩山：蓝勇主编《稀见重庆地方文献汇点》（下）第468页云："白岩山，小江之南，王真人修炼处，上有二洞，人迹罕到。"

纱帽石，群猪滩下。水落一石如进贤冠，矻立江干。沙积年丰。菜花兆科第。

右江南诸山洞壑名胜

朱砂坪，蔺市对岸。产丹砂，近犹多红石。

舌壁山，城西五十里。《记》载《艺文》。

晏子山[一]，城西五十里。晏亚夫读书处。

注释：

[一]晏子山：蓝勇主编《稀见重庆地方文献汇点》（下）第469页云："晏子山，州西南五十里。"

尖峰，治北百五十里。矗立锐耸如笔，宛然可撷。明参政谭棨、谭臬故居及墓在峰麓。

尖山坡，鹤游坪东。笔形，倒插云际，愈远愈似。

圣人崖，治北六十里。有湘江子像。

文笔山，沈家场东。峦形圆起，如埕如盖。字库卓立，文笔意也。

雨台山，在白家场。萃崒秀蒨，祷雨立应。

甘家山，叠嶂青葱。明白侍郎故宅在山麓，基位尚存。

莲花崖，凹处有清泉瀱沸，四时不绝。

八轿石，沈家场南。大石方足面圆顶如轿，前后小石离立者八，若舆夫然。

望天石，鹤游坪无为寺侧。高丈许，大十围，根削束如，层履其颠，动摇欲倾，实不可转也。

鹿鸣洞，鹤游坪北。轩豁宏厂，修篁掩映，别饶佳趣。

石虎崖，严家场东，岭石如虎头，身宛然。

磊垛石，保和寨下。五石层垒，大小相间若塔，撼其本而未动。

诸葛山^[一]，清溪对岸。相传武侯屯兵，故名。

注释：

［一］诸葛山：蓝勇主编《稀见重庆地方文献汇点》（下）第 469 页云："诸葛山，州北四里，相传忠武侯屯兵于此。"

星宿山，在州西北五十里。

夫子坪^[一]，脉自黄草山逦迤来，突兀耸矗如屏风。相传晏亚夫读书处。

注释：

［一］夫子坪：蓝勇主编《稀见重庆地方文献汇点》（下）第 469 页云："夫子坪，州西八十里，州人晏亚夫肄业处。"

高洞三滩，鹤游坪北。两水汇流，石梁横亘，飞流数十丈。其下乱石矶之，激而趵出，细如万斛珠玑，巨如白龙歕沫。倒射盈寻，旋转为沱，雷鸣数十里。晴雨久，声益澈。居人为旱雨雨晴验，并祷祀焉。

青狮岭、白象山，在珍溪镇。两山环拱，右狮若，左象若，俯仰相望，形状宛然。

佛耳崖，在珍溪。有磨崖碑，刻"兄弟观澜"四大字，末署明文林郎丹坪，征仕郎南坪。

厂口崖，治北百里。出水孔卡上里许，山腰石洞豁寮，可容庳厦，钟乳挂结如来、观音像，玲珑百状。前明白侍郎勉磨岩刻擘窠大字，四洞迥天然。

锦幄山，治西北六十里。顶如仰釜，四围幄幕，野花春灿，萋菲成文，南岫东岳庙侧有摩岩宋碑刻擘窠"锦幄山"三字，小字序文漫漶，惟"大宋"及"年"字可辨。

见凤崖，北山西邑，去城十五里。石壁刻有"见凤"二字。

　　　　　　　　　　　　　　　　右江北诸山洞壑名胜

白础厓，涪陵江东六十里，滨江。岩壁千寻，腰际有石，莹然如玉。

观音洞，羊角碛北洞。据绝壁，石径萦纡，苍苔滑足，挽藤蔓乃得上。洞口圆厂，就中撑架小阁，半面凌虚。倚窗瞰江，水蔚如翠蓝。入之邃数十里中，隐隐有水声琤玕，若琴筑。两旁钟乳成佛像及鸟兽形。

剑环石，司西里许。石梁横插江心，如剑断水。

白马石，司西三十里。江岸白石如马，下饮江中。一石两端起中凹，波摇石动，宛然鞍鞯。

右涪陵江西诸山洞壑名胜

七甿山，《舆地纪胜》：在武隆司北十五里。《旧志》：石山壁间有七孔得名。

金子山，治东百里。其地多风，绝顶有寺。古木翳蔽，厂门高眺，綦、南诸山如接，俯瞰涪陵江，萦纡劲折，百里一碧。

武隆山，《寰宇记》：唐武隆县以山名。《一统志》：谓之龙桥山，在武隆东五十里，山形如龙。下有洞，逶迤修迥。

神凤山[一]，司东里许。

注释：

[一] 神凤山：蓝勇主编《稀见重庆地方文献汇点》（下）第 468 页云："神凤山，在州东，武隆县东十里。"

嶓头山，司西南十里。方巅圆麓，卓立江圻。

挂榜山，司东五里。层崖两壁，高约百丈，长三里许。

老君洞，治东南百有十里，削壁数十丈。山半石洞，圆广，容屋。钟乳抟成老子像，头大如斛，高二丈，端坐俨然。

仙女山，司东三十五里。山半石洞幽邃，相传有仙女住此，飞升不复见。

避风石，城东百里。一名风碑岭。春夏村农祭石则风，不为厉。

右涪陵江东诸山洞壑名胜

大江，自长寿县流入州界，至城东涪陵江水合焉。又东北入酆都县境。《水经注》：江水自明月峡东至梨香溪，历鸡鸣峡。江之南岸，旧有枳县治[一]。《方舆览胜》：谓之蜀江，自成都登舟十三程至此，合黔江。

涪陵江，在城东。《通鉴纲目集览》：涪水自思州之上费溪发源，经黔州溉，与施州江会流，又经彭水、武隆二县凡五百里，与蜀江会于涪州之东。《志》云：自思州境流入黔州界，分流为施州。江其正流，经彭水、武隆二县，凡五百余里，与蜀江会于州之东。以来自黔中，亦名黔江。其水渊澄，清澈可鉴毛发，盖即乌江下流矣。庾仲雍云：别江出自武陵水，经延江水，从鳖县东屈北流，自巴郡涪陵县注更始水。郦道元曰：更始水即延江支分之始，盖皆涪陵江矣。昔司马错沂舟取黔中地，即此。《寰宇记》：自万宁县西北二百八十里至关头滩。滩长百步，悬崖倒水，舟楫莫通。又有江门滩，在县前江中。《旧志》：自彭水江口镇入武隆界一百二十里，至白马滩[一]入州界。又百一十里至州东入大江。按：防江易于防边，防小江易于防大江。大江平阔湍急，不可渡处百里不过三四。涪陵江两崖夹峙，若神斧刻画，飞走迹绝，安流可渡处，百里不过三四。就其可渡处筑炮台，立望楼，即仓猝有事，随置暗桩，开伏濠，浮木龙，定板竿，守以团民。每扼要地屯兵勇，一哨往来策应，虽悍贼不能飞渡也。同治元年发逆贿勇弁得渡，流毒南方数千里，然则天险终无如人，何也？明末左南宁云：诸将无不受贼金钱者，独臣左手接贼钱，右手即断贼头耳。由是观之，后之君子，其慎所守哉！其知所守哉！

注释：

[一]白马滩：蓝勇主编《稀见重庆地方文献汇点》（下）第470页云："白马滩，《州志》：在武隆司西三十里，滩石形如白马，故名。"

黔江，《方舆纪要》：在县治南。自彭水县东北流入境，又折而西北流入涪州界，县三十里有白马滩，西五里有石床滩，皆以形似名。又有关滩[一]，在县东五里，两山排列，中多巨石，江经其间，飞湍激怒，声震如雷。《旧志》：县前有蜀江门滩，即关滩矣。今有关滩公馆。<small>按黔江即涪陵江也。《方舆纪要》：于涪陵江后复载黔江或别有所见，今并存之。</small>

注释：

[一]关滩：蓝勇主编《稀见重庆地方文献汇点》（下）第470页记载："关滩，《州志》：在武隆司东五里。两山排立，中多巨石，飞湍激怒，声震如雷。宋范成大诗：黄

沙翻浪攻排亭，潎淖百尺呀成坑。坳洼眩转久乃平，一涡熨帖千涡生。篙师绝叫驱川灵，鸣铙飞度如奔霆。水从峨来如浊泾，夜榜黔江聊濯缨，玻璃彻底镜面平。忽思短棹中流横，钓丝随风浮月明。"

巴江三峡，《华阳国志》：郡东枳有明月峡、广德屿，故巴亦有三峡。沮有东突峡，三峡也。

锦绣洲[一]，两江合流处。《一统志》：在铜柱滩下。《九域志》：名锦绣湖，谚名珠子坝，水落则见。土人能织锦屬，因名。城中昔有锦绣阁。范成大《行纪》：辛亥发恭州，嘉陵江自利、阆、果、合等州来合大江，百四十里至涪州乐温县，蒲氏墨旧出此县。大韶死久矣，其族犹卖墨，不复能大，佳亦以价贱故也。七十里至涪州排亭之前，波涛汹涌如屋，不可泊，船过涪，入黔江，泊此江。自黔江来合，大江怒涛，水色黄浊，黔江乃清冷如玻璃，其下悉是石底。自成都发舟，至此始见清江，涪虽不与蕃部杂居，旧亦夷俗，号为四种人。四种人者，谓华人、巴人及廪君与盘瓠之种也。节录。

注释：

[一]锦绣洲：蓝勇主编《稀见重庆地方文献汇点》（下）第470页记载："锦绣洲，在铜柱滩下，水落则出。《寰宇记·周地图记》：铜柱之东有锦绣洲，巴人盛以此洲人能织锦屬，故名。"《涪陵辞典》第29页云："锦绣洲，位于涪陵城乌江口，今名金盘碛，枯水期长500米，宽180米，高出江面5-6米东卵石河漫滩。20世纪50年代以前与长600米、宽180米的萝卜市碛相连。其后开凿灌口人工航道而分成两个部分。两个原来相连东碛坝，古代称锦绣洲。[宋]乐史《太平寰宇记·涪州》引北周《涪陵地图记》云：'铜柱滩东，有锦绣洲，巴人盛以此。洲人能织锦屬，故以名之。'"

鸡鸣峡[一]，城西十五里。《水经注》：江水历鸡鸣峡，陶中丞《蜀游日记》：火峰滩南圻有白马、石崇岩耸峭，即古鸡鸣峡也。按《旧志》道里，即今之龟龙关。其地两岸山俱高，有峡关。西有渴马饮泉，石岩耸峭，色白，所谓白马石者即此，则鸡鸣峡当即龟龙关。火峰滩无峡，去州城四十里。陶中丞记鸡鸣峡有火峰滩南圻者，误也。

注释：

[一]鸡鸣峡：蓝勇主编《稀见重庆地方文献汇点》（下）第469页云："鸡鸣峡，州西十五里。《水经注》：江水东至黎乡历鸡鸣峡，江之南岸有枳县治。"

陶制军澍《蜀轺日记》：自桓侯不语滩三十里入涪州境，过黄草峡即《水经注》之黄葛峡也。又过黄鱼岭横梁、马绊诸滩，皆险绝，水声轰然。凡三十里至蔺市。开庆中，蒙古将纽璘造浮桥于蔺市，以杜援兵是也。北圻有二山，方其顶而峻，其背有石峡，围绕如圈，几形。教匪滋事时，居民结寨其上，遂成村落。昔郦道元谓黄葛峡山高险绝无人居，今此居民却以宅险而安。又过磨盘、麻堆诸滩，凡三十里，至李渡。相传李白渡此。曹能始诗：涪陵李渡最繁华，不借词人枉自夸。又过龟龙峡、妃子园，唐时于此置荔支驿，七日而至长安，香味犹生。按：荔支，诸书多言南海，惟蔡君谟《荔支谱》言涪州。东坡亦言：天宝岁贡取之涪。又过火峰滩，南岸有白马石，崇崖耸峭，即古鸡鸣峡。涪州，古巴郡地，巴先王墓在焉。蜀汉置涪陵郡，或云汉置涪陵郡，在今彭水县。今涪陵，汉枳县。《史记》苏代曰：楚得枳而国亡，即此。涪江自贵州大定境经贵阳、遵义、平越、石阡、思南各府境，至酉阳之龚滩，而湖北来凤、利川、咸丰之水入之，至彭水之江口而正安州水入之，北流至武隆入州境，绕城东门外，入于大江。此水上源曰乌江，乃贵州省北第一大水，源流长二千三百里，土人谓之黔水。秦司马错由此水以取楚黔中，盖三省咽喉也。有"小重庆"之目。_{节录。}

龙王沱^[一]，城西门外。大江洄漩盛涨，江心盘涡三，连缀而东，大容数间屋。每岁夏秋，官司示禁重载。设有救生船。

注释：

[一] 龙王沱：蓝勇主编《稀见重庆地方文献汇点》（下）第 469 页记载："龙王沱，州西北一里。又名鉴湖。水涨三漩最险。"

铜柱滩^[一]，治东。《寰宇记》：马援^[二]始欲铸铜柱于此。又云：昔人维舟，见水底有铜柱，故名。

注释：

[一] 铜柱滩：蓝勇主编《稀见重庆地方文献汇点》（下）第 470 页记载："铜柱滩，《寰宇记》《周地图记》云：涪陵江中有铜柱滩，昔人于此维舟，见水底有铜柱，故名。滩最峻急，俗传马援始铸柱于此，误。"

[二] 马援，《涪陵历史人物》第 2-3 页《东汉著名军事家马援与涪陵》云：马援（前 14-49），字文渊，扶风茂陵（今陕西兴平）人。东汉著名军事家。因功累官伏波将军，

封新息侯。建武二十四年（48），武陵五溪蛮（即雄溪、樠溪、酉溪、潕溪、辰溪）反叛朝廷，东汉政府遂派武威将军刘尚前去征剿，因冒进深入，结果全军覆没。马援虽然年已 62 岁，毅然请命南征，光武帝刘秀遂派马援率领中郎将马武、耿舒、刘匡、孙永等人率 40000 人远征武陵。在征战中，马援屯兵涪陵马援坝，其地在今涪陵望州关一带。为纪念南征胜利，马援还在长江、乌江交汇处的"锦绣州"立铜柱以为汉夷边界。对此，涪陵方志多有记载。清乾隆《涪州志·古迹》云："马援坝，州南五里，一坝平衍，昔马伏波入五溪住此，故名。"马援南征五溪，屯兵涪陵，进军壶头，历代诗家多有诗作。马提干《涪陵十韵》就称："许雄山共峻，马援坝相联"。参见《历代名人与涪陵》第 20–22 页《东汉名将马援名留涪州》、《神奇涪陵》第 11–13 页《马援、马武屯兵涪陵》。

龟龙滩[一]，聚云山麓竖起，脊梁西向，插入江。狞恶断怒江，自北岸南折来注射其阴，盛涨成坎，高数尺，上水险。

注释：

[一] 龟龙滩：蓝勇主编《稀见重庆地方文献汇点》（下）第 469 页云："龟龙滩，州西十里龟龙山下。"

麻堆滩[一]，李渡南岸五里。水中蠢石，高大数倍。龟龙滩湍湸澎沸，上水尤恶。设救生船。水落愈险。

注释：

[一] 麻堆滩：蓝勇主编《稀见重庆地方文献汇点》（下）第 469 页云："麻堆滩，州西三十里，小水最险。"

剪刀峡，城西四十里。北岸石梁斜亘江心，长数百丈，广数十丈，前高后俯。水涨没梁，惊涛拍岸，声闻数十里。水涸成港，岸汊线路可通。同治元年（1862），滇、发两逆之乱，居民保梁自固者数百家，然亦幸贼踪未及，蠠之其为鱼矣。

火峰滩，_{亦名河凤，}治西四十里。夏月，上水险。

香炉滩，治西六十里。水半落，上水险。

磨盘滩，石家沱东五里。下水船最险，夏秋尤甚。滩石上诗云：盘石镇江心，滢洄二水分。龙宫真咫尺，海屋最分明。末署州人陈可则题。按陈墓在石家沱北岸，有石兽二，相传任宛平县令，告归削滩石，水势稍杀。

　　横石滩[一]，《方隅[舆][二]纪要》：在州西大江中，水名黄石滩。《后汉记[纪][三]》：岑彭[四]破侯丹于黄石。章怀太子贤[五]曰：即黄石滩也。杜佑曰：今谓横石滩，亦谓之石梁。《水经注》：江水自涪陵东出百里而届于黄石，今黄石在涪陵西。

　　注释：

　　[一]横石滩：蓝勇主编《稀见重庆地方文献汇点》（下）第469页记载："横石滩，在州西。俗名二石滩。《寰宇记》：在郡北。后汉建武十一年，岑彭破公孙述将侯丹于黄石。章怀太子曰：即横石滩。"

　　[二]隅：当为舆。《方舆纪要》，王象之著。南宋地理总志。

　　[三]记：当为"纪"。

　　[四]岑彭（？ -35）：字君然，东汉初南阳棘阳（河南新野）人。新莽时为本县长，继降绿林军，属刘缤。再归刘秀，任刺奸大将军，从其转战河北。刘秀即位后，任为廷尉，行大将军事，封舞阴侯。曾镇压荆州等地东农民军，屠戮民众极多。后率军进攻公孙述，进至成都附近，为公孙述所派刺客所杀。

　　[五]贤：即李贤。唐太宗之子，为章怀太子。

　　横梁、马绊二滩，相隔里许。陶云汀《蜀游日记》：横梁、马绊诸滩皆险绝，水声轰然。凡三十里，至蔺市有救生船。

　　黄鱼岭滩[一]，黄草峡东北岸。大石斜插入江，夏月洪涛腾涌，上下水均险极。设有救生船。

　　注释：

　　[一]黄鱼岭滩：蓝勇主编《稀见重庆地方文献汇点》（下）第469页云："黄鱼岭滩，州西一百里，即黄草峡出口处，大水最险。"

右大江上游滩险

　　状元堆，两江交汇处。水半涨，甚险。

群猪滩[一]，《方舆纪要》：州东十里。水落见群石如猪。按：夏初江水半涨，雪浪澒湃，盘涡犬牙交错，非练习水性者不能棹，涨盛盘涡无数，险恶，极不可行矣。滩声若雷，深夜尤澈。设有救生船。

注释：

[一]群猪滩：蓝勇主编《稀见重庆地方文献汇点》（下）第470页记载："群猪滩，州东北十里。水落群石如猪水，涨喷溅最险。"

陡崖子滩[一]，群猪下五里。险亚群猪。谚云："群猪陡岸，高挂灵牌。有事才往，无事莫来。"设有救生船。

注释：

[一]陡崖子滩：蓝勇主编《稀见重庆地方文献汇点》（下）第470页记载："陡岩子滩，州东北十五里，夏月大水最险。"

门涝子滩，陡崖东五里。大水险。

银杯子滩，门涝东二十里。大水险。

舀鱼背滩，水半落，险。

百牵滩，治东五十里。江半涨益险。设有救生船。按：《方舆纪胜》：以舟行至此，牵挽维艰也。

庙基子滩，珍溪西十里。水落，险。

三官滩，治东六十里。水半落，险。

土捞子滩，治东七十里。水落，最险。

屏风滩，治东八十里。南沱盘涡三，下有簸箕石。舟行至此，官傍北放棹，稍失入涡则沈，触石则碎。半涨及盛涨均险。屏风即南沱之唇齿也，因以名滩。

右大江下游滩险

白浪滩，城东门外。水西乱石周回，江势东趣，盛涨澎湱鼎沸，上下水俱恶。

鸡子滩，白浪滩南半里，形如鸡，张两翼。江心石碛，累累其背也。南数十步，一石昂立则其头。水发滩，截江断，长里许。按：涪陵江水力悍于蜀江，深春日暖，黔中崇山邃壑，积雪消融，则涨甚于夏秋。谚云："三月鸡子，四月白浪。"

边滩^[一]，治东南百里。道光三年（1823）四月初三日夜分，大雨雹，山泉骤发，崖崩。两巨石截踞江心，水激雷震，半涨险绝，舟触石则不可救。下滩，乱石层削，大者如车轮。盛涨，盘涡汹涌与上滩勒。按：涪陵江自边滩迤南，水急滩险，舟用厚木板，左偏其尾，两梢不设柁，取转侧灵便，谓之厚板船。

注释：

[一]边滩：蓝勇主编《稀见重庆地方文献汇点》（下）第470页记载："边滩，崩崖新成。"

大角梆滩，边滩上二里。山麓凸起，截水际，激湍悍怒。下有巨塞旁出，夏秋雨集，山水暴注，奔流灌江，势相敌，下水极险。

曲尺子滩，边滩上游里许。石碛塞流，碨而高。盛涨，上水险。

老君洞滩，边滩南十五里。东屼巨石礧砢，石脊隐见水际，雪浪层卷，高丈许。上水极险，盛涨则平。

小角梆滩，老君滩上三里。一石碛逆插江西，滩狭而高，水势迅激，旧凿石以大缆贯之，引其端属船头木桩，用二木横架。桩上数人轮转，引缆绕桩，复以缆穿崖鼻，倒牵而前，舟乃得上。盛涨则平。

羊角碛滩^[一]，武隆司北二十里。乾隆五十年（1785）六月初九日，山崩成滩。乱石棋布，亘五六里。江势抱碛，转狭处壅水高数丈。上游关滩、石床滩转平，疾流箭注，浅湘汹涌。秋涸，险绝。半涨亦恶。上下船必出所载，虚舟乃可行也。

注释：

[一]羊角碛滩：蓝勇主编《稀见重庆地方文献汇点》（下）第470页记载："羊角碛，崩崖新成。"

石床滩^[一]，羊角碛上游三里。水中石如展床，方广约八九丈，涸极则现。江滨层石叠碨。盛涨，冲激迅悍。自羊角碛成滩后，水势遂杀。

注释:

[一]石床滩:蓝勇主编《稀见重庆地方文献汇点》(下)第 470 页记载:"石床滩,《州志》:在武隆司西五里。"

武隆滩,上游江面颇阔,及滩,一束旁纳溪水,滩势狭急,驶北飞奔,环抱武隆司署。秋涸,上水险。下为鞯箭石,斻舡森树。半涨,雪浪掀天,大小舟不可行。

关滩,司上游十里。两山合沓,石激湍飞,上刻"澎湃飞雷"四大字,尾署陈邦器题。《旧志》载陈观察题。

横梁子滩,关滩上游十里。巨石横陈,延衮二十余丈。水盛涨,盘涡三,若鼎足然。上下船多停泊以待水落。

峡门口滩。自关滩入峡,两山嵌巇二十五里至此。万山如画,豁然开朗,滩流湴荡。秋涸,江心一碛亘之峡口。盘涡大如屋,上下水俱险。

土捞子滩,司上游四十里。东岸岩咢岈嶙,水趋东流,南折而西驶,中有石梁。截江高起,舟行如箭,转掕稍失,触梁则碎。水落,上下均险。

　　　　　　　　　　　　　　　　　　　　　　　　右涪陵江滩险

梨香溪,纳西南诸溪水,至两会口渐平阔,北至蔺市入于江。春夏江涨,水逆入数十里,停滀不湍。轻舟溯洄两岸,衡庐相望,绿树成阴,清风徐来,遥指垂杨,蘸水恍若越中行也。

袁家溪,治西三十五里。源出马武垭,经麻堆坝、张家坝入于江。张家坝,十里平畴,溪流曲折,竹树夹岸,掩映可爱。

青羊铺河,治南诸溪合流,会梨香溪。

龙潭子,治西南百三十里。诸溪水汇为黑潭,阴森可畏,相传龙窟其中。下流复潴潭二。旱久不涸,巨鱼见则灾异生。北流合梨香溪。

东流溪,治南。源发马家沟,过小坝,沿碑记关,下八节滩,沐落马洞,波滂雷吼。会小溪,入涪陵江。

开池,治东三十里。出刚铁,土人以为文刀,本《元和志》。

牛渡滩，涪、南交界。两邑捐资设义渡。

石花园，城西七十里。怪石棋布，江岸如花。无名氏诗云："琼葩何日放前津，古岍横陈满地春。若使多情逢米老，临江端合拜花神。"

右江南诸水

大内江，源始新宁县，经梁、垫、忠州至太平场入州北境，屈而西至土主庙、高滩与小内江合流，西至麟凤场，入长寿境之龙溪河，会大江。

小内江，自垫江西山发源，至高滩入大内江。

筱溪，自黄草山发源，东流至平滩，合芭蕉溪水，南入于江。

渠溪河，治东，源发忠州涫井，至沙沱入江。

韩公沱，石家沱北岍。石壁凿韩公、韩婆像，舟人祀之，祈祷恒应。

黄草峡，城西九十里。杜工部有诗，见《艺文》。

右江北诸水

大溪河[一]，治东南。源出綦江，经南川县城西北流入州境，纳境东南诸水潴为鸭子塘，可方小艇。东八十里汇入涪陵江。

注释：

[一] 大溪河：蓝勇主编《稀见重庆地方文献汇点》（下）第 470 页记载："大溪河，源出南川县西北，流至武隆司南入涪陵江，即《寰宇记》所谓白水也。"

大木棕河，治东。自麻王河发源，至木棕滩西入涪陵江。又，小木棕河自印溪发源，至木棕铺汇大木棕河。

信水[一]，《省志》：在武隆司南二十里。峡口其泉如沸，日三潮，每至高丈余。

注释：

[一] 信水：蓝勇主编《稀见重庆地方文献汇点》（下）第 470 页记载："信水，在州东南。旧《通志》：在武隆县南二十里，峡口其泉如沸，日有三潮，每至高丈余。"

白鱼渡，长西里界。里人捐资设义渡。

龙宝潭[一]，《省志》：在武隆东北七十里。古箐凄其，人鸟两绝。扶藤而入，幽径可十里许，忽平沙映旷野，曲窦泻清泉，别有幽境。

注释：

[一]龙宝潭：蓝勇主编《稀见重庆地方文献汇点》（下）第 468 页记载："龙宝潭，州东南。《通志》：在武隆县东北七十里。古箐凄其，人鸟两绝。扶藤而入，幽径可十里许，忽平沙映旷野，曲窦清泉，别有幽境。"

三门峡，城东南四十里。涪陵江岈两壁，峭拔数百丈，石色晕赭，斧劈鳞皴。下户中一石，离立，大可合抱，毛羽襜褤，苔衣密氅，绿身白味。水落，俨然一鹦鹉也。土人以苔燥润占岁丰歉。又名鹦哥峡。

右涪陵江诸水

疆　域

州治，在重庆府东，地方六百余里，西达府治三百四十里，至省陆路一千二百里，水程一千七百里，至京师五千六百二十里，水程七千六百里。

东九十里至三华山，抵酆都县界。

东南一百七十里，抵武隆司。

南一百六十里至冷水关，抵南川县界。

西南一百五十里至铁瓦寺，抵巴县界。

西一百五十里至羊鹿口，抵巴县界。

西北百里至黄草山，抵长寿县界。

北二百二十里至观斗山，抵垫江县界。

东北一百二十里至马颈子立石镇，抵酆都县界。

并入武隆县疆域

东一百三十里至木棕河，抵彭水县界。

东北九十里至鱼鳞箐分水岭，抵酆都县界。

西北八十里至分水岭牛皮箐，抵州界。

南七十里至蒲溪镇，抵贵州正安州界。

西南一百七十里至高坎，抵南川县界。

武隆距州南一百七十里。

里　甲

明编户一十三里。国朝定鼎编户三里一十八甲。康熙七年（1668）武隆并入。编户二里，一十三甲。共五里三十一甲。

长滩里：首甲、上二甲、下二甲、上三甲、下三甲、上四甲、下四甲。附场市：蔺市镇、乾隆间，署州牧袁公锡夔以镇民逾年无讼事，旌以"君子乡"三字。石家沱、大山场、酒店垭、五马石、马武垭、铜锣铺、龙塘子、冷水关、青羊铺、石壁有羊迹，故名。鸭子塘、凤来场、太和场、子耳坝、弹子山、青龙镇、酒场垭、新庙子、增福场、聚宝场、大顺场、太平场、龙洞场、飞沙场、庙垭子、明家场、两会口、堡子场、兴隆场、白涛溪、义和场、大柏树、桂馨场、三窝山场、新场、麻溪塘、焦石坝场、罗云坝场、干龙坝场。

白石里：首甲、上二甲、下二甲、上三甲、下三甲、上四甲、下四甲。附场市：李渡镇、致远场、石龙寺、苟家场、罗家庙、白家场、沈家场、麟凤场、回龙场、沙平场、包家庙、中坝场、严家场、韩龙场、汪家场、土主庙、金银场、飞龙场、罗家场、干家场、二会场、箐口场、裴江庙。

罗云里：首甲、二甲、三甲、四甲。附场市：韩家沱、清溪场、珍溪镇、北背镇、南沱镇、龙驹镇、义和场、鸡冠场、中峰场、黄沙岭、荒田坝、白家场、土地坡。

东里：一甲、二甲、三甲、四甲。

西里：一甲、二甲、三甲、四甲、五甲、六甲、七甲、八甲、又七甲。附场市：土坎场、白马镇、朱家嘴、羊角碛、阆天铺、白果铺、木根铺、滥坝子、鱼鳞箐、接龙场、火炉铺、桐子山、沙台铺、郭祥坝、龙洞场、上堡塘、木棕铺、关滩镇、巷口镇、石床场、双河场、新滩镇、仓沟场、兴隆场、木花洞、永顺场、黄柏椛、义和场、广兴场、和顺场、飞沙场_{重出}、阡口场、凉水井、新庙、百顺场、土沱场、中嘴场、大木峡、土地坳、后平坝、西岍场、弹子山、平桥场、车盆洞、崇兴场。

户　口

明季叠经兵燹，民人转徙，图籍散佚，以前户口无征。国朝休养生息，岁有加增，至嘉庆元年（1796），总计四万五千六百十六户，男妇共计十六万六千七丁口。

武隆归并涪州，总计四万一千二百五户，男妇共计九万四千七百三十九丁口。

同治八年（1869），总计十八万六千八百六十七户，男妇共计五十四万一千八百九十八丁口。

物　产

土植五谷，牲具六畜，园蔬畦菜，供日用恒品者无不宜也。若夫木宜松、柏、榆、柳、枫、樟、杞、榕、杉、杨、楝、椿、槐、梓、楤、桐、桐、棬、梧桐，花宜牡丹、芍药、山茶、石榴、梅、桂、兰、菊、芙蓉、绣球、芭蕉，果宜桃、李、杏、梨、佛手、樱桃、橘、柚、枣、栗、枇杷、龙眼、荔支、香橼、橄榄、黄皮果，水有菱芡、芰荷、荸荠，蔓有辛蒟、西域葡萄，园有芳蒻、香茗，竹有慈、斑、荆、紫、刺竹、凤尾、琴丝，竹木之瑰者有桃支、灵寿、相思。孟郊诗云：娟娟笼晓烟，即指相思竹也。筍曰合欢，美称冬笋。植之佳者曰甘蔗，药称黄连、厚朴、巴戟天椒、朱萸、甘葛、半夏、蚊蛤、菖蒲。药之仙者有丹砂、黄精，货称油、铁、糖、漆、松油、松烟、丝麻、靛纸，故商贾云集，所在懋迁。武隆多高山，产洋芋、红薯、蹲鸱、苦荍、蔓菁、豁头、鹅掌、回麦，贫民资以食焉。毛羽之属虎、豹、狐狸、麋鹿、豺狼、山羊、麂、獾、文雉、翡翠、鸳鸯、吐绶、锦鸡、竹凤、八哥、鹧鸪，禽之珍者曰山胡。苏东坡和子由诗云云，其见赏于骚人墨客若此。他奇状异形，人无能名者尤夥。地滨两江，鳞介之产不可殚述。《华阳国志》云：山有大龟，其甲可卜。其缘可作叉，世号灵叉。又为他境所无，称特产。近有种罂粟以牟利，获虽百倍蓰，仍不若植桑柘以养蚕、艺木棉以织布，务本计者之为多也。山水精英，元气盘洹，百产丰腴，洵我涪殷富之征也。<small>此外，内江之石猫鱼，荻溪之葛仙米，清溪之大虾，鸾峰坪之薏苡，鹤游坪之萱花，皆特产也。</small>

田　赋　<small>明以前无考</small>

国朝康熙六年（1667）四川田地皆分上、中、下三等，按亩征粮，详载《赋役全书》。自康熙六年（1667）起至康熙五十三年（1714）止，新旧劝垦上、中、下田地二千四百四十九顷九拾亩九分八厘八毫，共实征丁条粮银一千八百八十两六钱七分一厘三毫零。

武隆归并涪州，自康熙七年（1668）起至康熙五十三年（1714）止，新旧劝垦上、中、下田地一百二十顷七十七亩四分二厘，共实征丁条粮银一百三十四两七分一厘八毫零。

自康熙五十四年（1715）后劝垦加赋无从考核，现在上、中、下田地共一万零六百八十三顷三十四亩九分一厘，每年额征地丁正银五千三百七十三两六钱九分七厘加一伍，火耗银八百零六两零五分四厘，遇闰之年加闰银一百六十七两一钱九分五厘，加闰耗银二十五两八钱零一厘。

总共征收正耗连闰银六千三百七十二两七钱四分七厘。<small>以上正解。</small>

谨按：乾隆五年（1740）特诏四川所属，地处边徼，山多田少，田赋向分上、中、下三等，如上田、中田不足五分，下田与上地、中地不足一亩，以及山头、地角石杂沙之瘠地，不论顷亩，悉听开垦，均免升科，仰见圣朝轸念民依无微弗至。涪州地半硗确，苦不耐旱。然石岩少附微土者悉皆树艺，所以正供历无逋欠，无烦催科焉。

杂办课程

盐课正税羡截银四千九百二十五两一钱。

洇江井榷课羡余银三十两零三钱二分九厘二毫

茶课正税羡截银一百四十两零二钱。

藩司颁发契尾征收田房税银向无定额，尽征尽解。嘉庆十五年（1810）奉文加增，每年征银一千零六两三钱四分。

当课银十两。

鱼课银九钱一分六厘二毫。

夔关、涪口杂税，系十日折报串票，按季缴司。

税银提贮州库，年底申解夔州府。<small>以上杂解。</small>

支领各款

社稷、山川各坛，春秋祭银六两。

文庙，春秋祭银二十六两。

文昌庙，春秋祭银十四两。

武庙，春秋祭银十六两。

忠孝、节义祠，春秋祭银二两。

厉坛，岁祭三次，银二两。

知州，一员。俸银八十两，养廉银六百两。

州同，一员。俸银六十两，养廉银一百五十两。

吏目，一员。俸银三十一两五钱二分，养廉银九十两。

巡检，一员。俸银三十一两五钱二分，养廉银九十两。

学正，俸薪银四十两。

训导，俸薪银四十两。

廪生，原额三十名。每名岁支饩粮银三两二钱。遇闰，每名加银二钱六分六厘六毫零。连闰，共银一百零四两。

知州额设民壮、皂隶、捕役、禁卒、更夫共六十一名，共工食银三百八十二两。斗级、仓夫六名，共工食银三十六两。

知州额设衙役、忤作，共四名，共工仓银八十一两。

吏目衙役，六名，共工食银三十六两。

巡检衙役，十名，共工食银六十两。

儒学门斗、膳夫，四名，共工食银二十四两。

拨支秀山县正佐各官养廉银二十五两四钱七分八厘。遇闰，共支银五十两零五钱三分九厘。

黄鱼岭、横梁、马绊设救生船一支。龙王沱、麻堆滩设救生船一支，白洴设救生船一支。三共水手十八名。每名月支工食银六钱，共工食银一百二十九两二钱。

群猪、陡岩二处设救生船二支。二共水手十二名。夏秋二季共工食银四十三两二钱。

盐　法

原额射洪县水引四百四十三张。乾隆六十年（1795）请增犍为县水引八十张，又增富顺县水引五十张，合计水引五百七十三张。每张征税银三两四钱零五厘，共征正税银一千九百五十一两零六分五厘。每张征截角银六钱，共征截角银三百四十三两八钱。射引每张羡余银四两八钱九分五厘，富引每张征羡余银五两五钱九分五厘，犍引每张征羡余银二两二钱九分五厘，共征羡余银二千六百三十二两零三钱五分。

以上总共征正税羡截银四千九百二十五两一钱。

浼江井灶配陆引六百六十三张，系彭水县商运酉阳、秀山二处行销正课羡余，共征银三十两零三钱二分九厘二毫，嗣因浼江井被水冲漏，其引改配犍为详请开除榷课未准，仍归旧商认纳。乾隆二十五年（1760）盐宪清查水涸，复据灶户呈请，宽缓开淘于老井。崖壁上新凿一井，设三十六灶，配陆引三百三十六张。内存八十张，配销本井，其余二百五十六张仍改赴犍为买配。

查验转江 附

射洪、中江、三台、盐亭、犍为、蓬溪、富顺等县引盐，并由重庆经厅文移押送来州，投引、挂号、分裁、引纸、截角、查验、换船，转江运至贵州思南等府发卖。在州对船过载，不准起岸贮店，以防挽越。

酉阳、秀山、彭水、黔江、咸丰、来凤等县，计口引张，配运犍为、富顺二厂花巴盐觔，到州挂号查验，换船转江。

茶课 附

原额茶引肆拾张，征税银二十三两七钱二分。咸丰元年（1851）加增茶引一百六十张，征税银九十四两八钱八分，加羡截票息银二十一两六钱。

以上总共征正税羡截票息银一百四十两零二钱。

水利

云里金钗堰。溪流经中，居人左右筑堤堰，分接溪流，各倚山麓，纡回曲达入田处建闸，时其泄闳地势，坡陀曼衍，闸门鳞次，不减西川陆海，岁灌田可熟数千石。

散水坝，平畴数百顷，苦旱涸。道光初，截溪流，甃筑长堤十余里，引水灌溉，不溢不竭，虽旱暵，弥望芃芃。

云里马滩河，停滀处可航舟。势稍低，岸旁土沃而质疏，农苦旱。道光初，土人凿堰，接溪流，肇工于委，渐进数百丈，旧迹宛然。修复之，沾溉数十百家。

彭家岩，石骨荦确。山趾古井一方，广寻尺，泉澄碧溧冽，沁心脾。盛暑，居人竞汲取，远近馈售，甘之者若惠泉焉。溢流溉澋数百亩。

小马武垭，山坳一涔，大数弓。水浑浊，趵突而出，汇为渠，灌田百余顷。有妇秽之，遂涸，谷不登。里人虔祷，复出。

双分堰，在蔺市坪自文家灏萦纡数十里而来。石梁斛峛，横截水，夹石梁流，土人厮引二渠，灌田数百亩。

瀑布岩，北拱坝南。高水湍悍，悬流百尺，盛旱不绝。穿渠山麓，溉田亩以数百计。

老龙洞，治东五十里。上下二洞，上洞水出而湫，下洞淢汩突出，灌田数百顷。泄之，绕清溪场入江。

枇杷洞[一]，治东八十里。通洫，溉田百顷。石柱一搘，出洞口二尺许，如龙爪握珠然。

注释：

[一] 枇杷洞：蓝勇主编《稀见重庆地方文献汇点》（下）第470页云："枇杷洞，洞水可溉田百余亩。"

修鳞洞[一]，治东百里。盛夏寒风谡谡，洒浙毛发，水可灌田，旱愈湾涌。

注释：

[一]修鳞洞：蓝勇主编《稀见重庆地方文献汇点》（下）第470页云："修鳞洞，洞水可溉田百余亩。"

碧溪河[一]，治东。源出垫江县来，经酆都，至云里高滩，南流入境，潴为渠，溉田千亩。

注释：

[一]碧溪河：蓝勇主编《稀见重庆地方文献汇点》（下）第470页云："碧溪河，下高滩有堰水，可溉田千余亩。"

罗云坝，三堰一、柞马一、枇杷一。游蓝坝中，腴田数千亩，平衍而右渐低。三溪距上源异派同流，二防分泄，盛旱不为灾。

观音洞，廓可十余亩。奇石玲珑，如柱立大石，盖之内壁石龛匪人工可就，下地出泉，清冽味甘，缭而曲瀹之，灌田百顷。

风　俗

《华阳国志》：涪陵郡，巴之南鄙也。从枳县入，沂涪水，本与楚商於之地接，秦将司马错由之取楚商於地为黔中郡也。汉后恒有都尉守之。旧属县五，去洛五千一百七十里。东接巴东，南接武陵，西接牂牁，北接巴郡。山险水滩，人多戆勇，多獠蛮之民。县邑阿党斗讼必死。无蚕桑，少文学。惟出茶、丹、漆、蜜、蜡。汉时赤甲军常取其民，蜀丞相亮亦发其劲卒三千人为连弩士，遂移汉中。延熙十三年（250），大姓徐巨反，车骑将军邓芝讨平之。见元[玄]猨缘其山，芝性好弩，手自射猨，中之。猨子拔其箭，卷木叶塞其创。芝叹曰：嘻！吾伤物之性，其将死矣！乃移其豪徐、蔺、谢、范五千家于蜀，为猎射官。分羸弱配督将韩、蒋，名为助郡君[军][一]，遂世掌部曲，为大姓。晋初，移弩士于冯翊莲勺。其民质直好义，士风敦厚，有先民之流。而其失在于重迟鲁钝，俗素朴，无造次辨丽之气。孝武帝后五教雍和，秀茂挺逸，英伟既多，而风谣旁作，故朝廷育忠贞尽节之臣，乡党有主文歌咏之音。其人性质直，虽徙他所，风俗不变，故迄今有蜀、汉、关中、涪陵；其为军在南方者犹存。按：涪州，元以来所称獠蜑及四种民靡孑遗矣。明末，献忠、姚黄蹂躏后，土著千万家仅存一二。今之州人胥国朝康熙间三藩平后来自外境，最先至亦只历六七代，故风气迥非曩时也。惟乾隆间酉、秀改土归流，州属小溪一带，地硗确，曾安插土苗数十家。

注释：

［一］君：当为军，音同而误。

涪邑山川灵秀，孕毓英隽。喜诵读，或延师专课，或负笈相从。家诵户弦，邑之文风，在川东称最。椎鲁者力农，锄雨犁云，子妇丁男，共习劳苦。有从事商贾者，往来都邑，游遨荆楚，以货殖起家百亦一二焉。重信义，崇俭朴，犹有纯茂之风云。

节　序

正月元旦，爇香烛，肃衣冠，拜天地、神明、祖父。余日卑幼往来，拜尊长，扫墓，宴会亲友贺新禧。上九后数日，夜张灯火，陈百戏，庆元宵。农初举趾，童子入学。

二月三日，祀文昌。童稚放风筝为乐，里社建清醮。祈谷，大傩。平畴播谷。

三月清明，上塚，标纸钱。采茶，剪桑养蚕，种豆，收罂粟。高山播种。

四月，蚕豆树，获麦，插秧，刈麻。蚕始眠，桑叶稀。早蚕入箔。

五月，禾苗秀，农人耘田，恒数十为耦。击金鼓，唱田歌。妇女结队锄原草。五日，治角黍，采艾，插蒲，饮雄黄酒，龙舟竞渡。十三日，祀关帝，曰单刀会。

六月，获菽，曝书，晒衣。乡村演傀儡，祀川主、谷神。收玉麦，杀草储粪。

七月，低田获稻。女子捣凤仙花，染指甲，乞巧。中元建盂兰会，祀先祖，荐新。高粱熟，酿酒。农人报赛。

八月朔子刻，望云气，卜来岁丰歉。高田获稻。初三祀灶，中秋祀月。妇孺结伴，鼓乐送瓜，迎梓潼，兆宜男，饷以酒食、果饼。农锄犁畴，陇潴冬水。

九月重九，登高。佩茱萸，食米糕、醉菊酿，种罂粟、蚕豆及麦，剪茅乘屋。民间吉凶嘉宾，多自是月后卜日举行。

十月朔日，土人祀牛王，平治道途，锄草莱，粪田畴，伐薪为炭。

十一月，芸罂粟，妇女纺绩，机声轧轧，常深夜不辍。

十二月二十三日，妇女荐果饼，祀灶。余日，屠羊豕，治酒醴，速宾亲曰：年酒，换桃符宜。春帖。除夕，卑幼拜尊长。辞年，爆竹喧村，音乐间作，恒彻夜不寐焉。

重修涪州志卷二　舆地志

古迹　碑目　垄墓

古　迹

新市里。《巴志》。

龟亭。《巴志》。

怀清台。《括地志》: 在涪州采安县东北七十里也。

丹穴。《史记注》徐广曰: 涪陵出丹。

阳关。治西。《华阳国志》: 巴子所置三关之一也。汉时恒有都尉守之。蜀汉延熙中车骑将军邓芝以江州都督治阳关是也。《水经注》: 江水东迳阳关巴子梁，即横石滩也。《括地志》: 涪州之阳关，夔州鱼腹县之江关，峡州巴山县之捍关，此三关也。

马援坝[一]。治南五里。《后汉书》: 马援讨五溪蛮，有两道可入: 从壶头则路近而水险，从充则途夷而运远。不如进壶头扼其咽喉，充贼自破。遂由涪进壶头，贼乘高守隘，水逆船不得上。会暑盛，士卒多疫死，援亦中病。因穿两岸岩为室，以避炎气。

注释:

[一] 马援坝: 蓝勇主编《稀见重庆地方文献汇点》(下) 第 468-469 页记载:"马援坝，《州志》: 州南五里。一坝平衍，昔马伏波入五溪住此，故名。又州西五十里有马武垭，亦云马武屯兵处。按: 建武二十五年，马援讨五陵蛮，军次下隽，进营壶头，贼乘高守险，水疾船不得上。会暑，士卒多疫，援亦中病。穿崖为室，以避炎气。旋卒。考武陵蛮在今湖南辰、沅间，下隽，今辰州府沅陵县，壶头山在府东百三十里，连武陵桃源界。《水经注》: 山高百里，广园三百连。山下水际有新息侯停车处，山径曲，多险。其中纤折千滩，到不经涪。马武虽从征五溪，亦无由屯兵，州西所谓援坝、武垭，或音同而傅会尔。"

马武垭。治西南六十里。相传汉马武曾屯兵于此。

铜柱滩。治东。《寰宇记》：马援始欲铸铜柱于此。又云：昔人维舟，见水底有铜柱，故名。

铁柜山。治北五里。横亘江北，与州治相望，俯临长江，屹立如柜。相传诸葛武侯曾屯兵于此。旧城犹存，一名石瓮碛，一名吴君山。山下为北岩[一]，即程伊川先生注《易》之所。

注释：

[一] 北岩：蓝勇主编《稀见重庆地方文献汇点》（下）第469页记载："北岩山，大江之北，即伊川夫子注《易》处。宋陆游诗：舣船涪州岸，携儿北岩游。摇楫横大江，褰裳蹑高楼。雨昏山半失，江涨地欲浮。老矣宁再来，为作竟日留。乌帽程丈人，闭户本好修。骇机一朝发，议罪至窜投。党禁久不解，胡尘暗神州。修怨以稔祸，哀哉谁始谋。小人无远略，所怀在私仇。后来其鉴兹，赋诗识岩幽。"

歇圣滩[一]，城北关外。蜀汉张桓侯收川镇阆时，常往来于此。宋大观中于祠前掘地，得三印，佩钩、刁斗上刻侯名。仍沉之，以镇滩险。

注释：

[一] 歇圣滩：蓝勇主编《稀见重庆地方文献汇点》（下）第470页记载："歇圣滩，在州北。相传汉张桓侯被刺，其首流注至此，歇一宿去，至今蝇蚋不生，后人塑像，庙祀之。宋大观中，邑人于庙前得三印及珮钩、刁斗，上镌桓侯名。张士环诗：天下英雄只豫州，阿瞒不共载天仇。山河割据三分国，宇庙威名丈八矛。江山祠堂严剑佩，人间刁斗见银钩。空余诸葛秦川表，左袒何人复为刘。"

三仙楼，涪州北岩东。谓尔朱先生、兰真人、王帽仙三仙也。

赤甲戍，治西。《旧志》：汉末为赤甲兵所聚。

齐涪陵王邸[一]，治西枳县故城。齐中兴元年（501），宝融即位于江陵，遥废齐主宝卷为涪陵王，盖郡王也。未至邸，遇弑，追废为东昏侯。

注释：

[一] 齐涪陵王邸：蓝勇主编《稀见重庆地方文献汇点》（下）第470页云："齐涪陵王府，州治在州西枳县故城，误。东昏并未至涪，何有王府也。"

宝月帖，《谭苑醍醐》：秦子明，涪州人，买石摹刻《僧宝月古法帖》十卷，载入黔中，壁之绍圣院。宝月帖在隋开皇帖、唐升元帖之前，比之金薄匮纸、银锭擩痕者，优劣当悬矣。

荔枝园，《方舆纪胜》：妃子园在涪州之西，去城十五里。唐时，以驿递驰载，七日七夜至京，人马毙于路者甚众。《方舆胜览》：蜀中荔枝，泸、叙之品为上，涪州次之，合州又次之。蔡君谟《荔谱》曰：贵妃嗜涪州荔枝，岁命驿致，时之词人多所称咏。张九龄赋之以托意，白居易刺忠州，既形于诗，又图而序之。苏东坡诗云：天宝岁贡取之涪。盖当时南海与涪州并进也。咸丰十年（1860）州牧姚公兰坡倡捐建亭榭，树荔枝以存旧迹。

李渡[一]，治西三十里。相传李白曾过此，因名。

注释：

[一]李渡：蓝勇主编《稀见重庆地方文献汇点》（下）第 469 页记载："李渡，州西三十里。青莲流夜郎渡此，故名。"

黄草峡，治西一百里。《水经注》：涪州西有黄葛山，高险绝，无人居，即黄草峡也。《杜诗注》亦曰：峡在涪州，西有黄葛山，高险绝，无人居。

相思岩、相思竹，杨升庵《谭苑醍醐》：《扶竹解》，武林山西旧有双竹，院中所产篁嫩篠，皆对抽并胤。王子敬《竹谱》所谓扶竹譬犹海上之桑，两两相比，谓之扶桑。竹之笋，名曰合欢。按：《律书注》：伶伦，取嶰谷之竹。阳律亦取雄竹吹之，阴吕亦取雌竹吹之。蜀涪州有相思岩，昔有童子、仙女，相悦交赠。今竹有桃钗之形，亦有柔丽之异。岩名相思岩，竹名相思竹。孟郊诗云：竹婵娟，笼晓烟。指此竹也。

点易洞[一]，北岩石壁有洞，宋程伊川注《易》于此。石彦恬题有"伊洛渊源"四字，刻洞壁。

注释：

[一]点易洞：蓝勇主编《稀见重庆地方文献汇点》（下）第 471 页记载："程子点易洞，在岩半。"

钩深堂[一]，程伊川谪涪，即旧普净院辟堂，黄山谷为题"钩深堂"三字。宋嘉定间州守范仲武[二]塑像祀之。

注释：

[一]钩深堂：蓝勇主编《稀见重庆地方文献汇点》（下）第 469 页记载："钩深堂，《方舆考》：堂在北岩，即普净寺。程颐谪涪时，辟堂注《易》。黄庭坚扁曰：钩深。《旧志》：在涪州北。嘉定丁丑，范仲武请为北岩书院。又有洞曰点易洞，旧传伊川先生遗迹。"

　　[二]范仲武:《涪陵历史人物》第28—29页《北岩书院的创建人范仲武》云:范仲武(1164—1225),字季克,号仲烈,江西丰城人,出生于当地范氏名门。庆元五年(1199)进士。历任临江军新喻县主簿、常德府录事参军、吉州太和县知县、安丰军通判、知军。嘉定九年(1216)任安徽安丰军(由安丰县升为安丰军,辖寿春县)知军。宁宗嘉定十年(1217),范仲武出任涪州知州,当年创建涪州北岩书院,据《方舆览胜》所载,"嘉定丁丑年(1218),范仲武请为北岩书院正堂奉安伊川先生塑像",并相继建尹公(焞)祠、谯公(定)祠和碧云亭、致远亭等北岩景观。参见《历代名人与涪陵》第91页《南宋涪州知州范仲武在北岩的遗迹》、《涪陵文史资料选辑》第三辑第114页汪长春《涪陵市书画名人录》。

　　乐温县蒲氏墨,范成大《行纪》:蒲氏墨旧出此。大韶死久矣,其族犹卖墨,不复人佳,以价贱故也。

　　排亭,范成大泊舟排亭,浊浪汹涌,移橛涪陵江。

　　宋板淳化帖,石彦恬记云:帖,年大将军[一]家故物也。雍正间,大将军有罪被逮,籍没,蕲水王公国英时令宛平,转得收藏,载以归,世称蕲帖。自此始,王官至广东都转运使,子孙宦游,帖听庋阁,迄少拓本行世。道光甲辰(二十四年,1844),余自闽中解宦归蜀,避水鄂渚间,王氏子携此求售,倾资购之。资尽,遂留鄂,命工拓出。公于知好夫法帖之名。宋以前只碑本单行,若刻集石部实椎轮淳化也。泉州马蹑祖本亡矣。贾似道半间堂银钉本已就湮泐,今所行者唯肃府枣木板。钩手、刻手逊此,不啻数等,论古者当求之神韵耳。旧说阁帖卷首有"臣王著模"四字,卷末圣旨抬高一字者最是则然矣。吾友李司马石筠闻之,自武穴来贺,口诵"空斋画静闻登登"句,入门一笑,曰:从此可名涪帖矣。余曰:然此物往在王侯卿相家,而何缘入吾手耶?乃记而刻于后。甲辰嘉平记,时在江夏。

　　注释:

　　[一]年大将军:指年羹尧。

　　碧云亭[一],点易洞侧。宋州守范仲武建。每岁春,率僚佐耆老劝农于此。

　　注释:

　　[一]碧云亭:蓝勇主编《稀见重庆地方文献汇点》(下)第471页记载:"碧云亭,宋范仲武建。"

　　洗墨池[一],三畏斋左侧。岩溜潺湲,石凹积水成洼,上刻"涪翁洗墨池"五字。

注释：

[一] 洗墨池：蓝勇主编《稀见重庆地方文献汇点》（下）第 471 页记载："洗墨池，黄鲁直。"

三畏斋[一]，宋尹和靖从伊川，于北岩石镌"尹子读书处"。州牧晴湖张公补斋，榜曰：三畏，奉和靖木主。为曲廊小轩，甃石成池。小桥亘之，莳竹辟径。缭以石栏，泠缘蔛薪，景其幽邃。

注释：

[一] 三畏斋：蓝勇主编《稀见重庆地方文献汇点》（下）第 471 页记载："三畏斋，在洞之东，和靖读书处也。"

桂岩[一]，《省志》：涪州南长滩里内。岩下有古桂树，花不常开，其年有士登科则花。岩上有"桂岩"二字。

注释：

[一] 桂岩：蓝勇主编《稀见重庆地方文献汇点》（下）第 469 页记载："桂岩，在州南长滩里。岩下有古桂树，花不常开，其年有士登科则花，石上镌'桂岩'二字。"

石门，《寰宇记》：石门。《周地图记》云：涪陵均堤东十三里有石门。门东有石鼓，清晨叩之，其声清越。

致远亭[一]，三畏斋右侧。宋嘉定间州守范仲武建。

注释：

[一] 致远亭：蓝勇主编《稀见重庆地方文献汇点》（下）第 471 页记载："致远亭，宋范仲武建。"又 469 页云："致远亭，《旧志》：在州北点易洞侧，宋守范仲武建。"

吴公堂，宋太守吴光辅疏城南溪水，后其孙信仲仍守涪陵，乃临溪建堂。明晏亚夫居此，遂名晏溪。

晏溪堂，在今东门外天庆宫，晏亚夫旧宅也。后有石泉，壁镌"清洌泉"三字，末署"古恕斋"。《志》：又断碑二。

风月台，《一统志》：在涪温山废县北。曰虎山，山有石龛，名曰风月台。

黄舣沱[一]，治西五里。黄山谷舣舟于此。

注释：

[一] 黄舣沱：蓝勇主编《稀见重庆地方文献汇点》（下）第 469 页记载："黄舣沱，

《州志》：在州西五里。宋黄山谷尝舣舟于此，因名。"

白云书院，治南百有二十里。凤凰山高耸矗云，平张两翼。登眺，目穷数百里。前明刘司谏秋佩先生故里也。麓有八卦岩[一]，司谏少时读易处。及劾逆，受廷杖日，岩崩，见天然八卦图。书院则山后脉也。弟奇山建永思楼，辟最乐洞，日与先生啸咏其间。宅下溪山佳胜处曰七星桥，先生所建。

注释：

[一]八卦岩：蓝勇主编《稀见重庆地方文献汇点》（下）第469页记载："八卦岩，州南一百里，明刘莅讲《易》于此，后在京廷杖之日，岩壁崩裂，有天然八卦图。"

白马寨[一]，在州南，宋置。旁有白马盐场。大观四年（1110）寨废。

注释：

[一]白马寨：蓝勇主编《稀见重庆地方文献汇点》（下）第469页记载："白马镇，在州南。《舆地纪胜》：白马津在武隆县北三十五里，有盐官。《州志》：宋置白马寨，今曰白马镇。"

咸泉，《郡志》云：武隆县距白马津东三十余里。江岸有咸泉。初定康[一][康定]间有程运使，舟次鹊岸，闻江中有硫磺气，袭人，谓此必有咸泉。召工开之，果有咸脉。时两岸薪蒸赡足，乃迁忠州灶户，教以煮盐之法。至四百余灶，由是两岸林木芟薙童然。又咸井沟，治东百里。水可为盐，曾经汲煮。井口有二釜覆之，莫详所自。

注释：

[一]定康，当为"康定"。

白马盐场，《九域志》：涪陵县有白马驿盐场。《舆地纪胜》：白马津在武隆司三十五里。有盐官。宋置白马寨，今白马镇。

白鹤梁[一]，尔朱真人浮江而下，渔人有白石者，举网得之，击磬方醒。遂于梁前修炼，后乘白鹤仙去，故名。

注释：

[一]白鹤梁：蓝勇主编《稀见重庆地方文献汇点》（下）第469页记载："白鹤滩，州西一里。旧《通志》：尔朱真人浮江而下，渔人有白石者举网得之，击磬方醒，遂于涪西滩前修炼，后乘白鹤仙去，因以名滩。"

花园，治西七十里。宛平县令陈可则先生故宅也。宅右池榭亭址犹存，石壁镌诗云：扫石云依席，鸣琴鹤在阴。故人今已约，徐上快哉亭。

又擘窠书"高山流水"字四。

学士印，龟龙关下一石，方八尺，高丈许。四面壁立而杀其上，纽长尺余。明张丹坪先生有诗刻纽上。水落则见沙积，岁丰。

碑记目

汉涪陵太守阙[一]

注释：

[一] 汉涪陵太守阙：蓝勇主编《稀见重庆地方文献汇点》（下）第 470 页记载：汉涪陵太守阙，《碑目考》：汉涪陵太守庞肱阙，庞士元之子。汉后帝时尝为涪陵太守。淳熙中，贤良任子宣舟过涪陵，于小民家见汉隶隐然，遂载以归。碑在左绵任贤良家，至今犹存。此事得之夔路，钤干冯田乃任之甥。

题云：汉涪陵太守庞肱[一] 阙。肱，庞士元之子。汉后帝时，尝为涪陵太守。淳熙中，贤良任子宣舟过涪陵，于小民家见汉隶隐然，遂载以归。碑在左绵任贤良家，至今存。此事得之夔路，钤辖冯田乃任之甥。

注释：

[一] 庞肱：《涪陵历史人物》第 6-7 页《三国涪陵名宦庞肱》云：庞肱，即庞宏，字巨师，湖北襄阳人。洪适《隶续》有《汉故涪陵太守庞厷神道》作庞厷，同治《涪州志》引王象之《涪州碑目·汉涪陵太守庞肱阙》作庞肱。庞肱，出身在世家大族襄阳庞氏书香之家。其父是三国蜀汉先主刘备的重要谋士庞统。据《华阳国志》《三国志》等书记载，庞统随先主刘备入益州，弟庞林为荆州治中从事，乃将庞肱托付于庞林。庞统战殁，"统父庞公悼长子之逝，乃使林抱庞宏至家，亲养之"。庞肱弱冠，"多从荆襄名士学"。刘备定益州，思庞统之功勋，命使迎庞肱入川，先主刘备亲往探视。刘备为汉中王，又使军师将军诸葛亮持符节至庞肱居，进行慰问。蜀汉建兴年间（223-237），后主刘禅征召旧臣后裔，乃启用庞肱，使其承袭庞统关内侯爵位。庞肱"刚简有臧否，甚轻尚书令陈只，与只不睦。只怀恨，乃数进言于后主，时宠只，乃从其言，渐远之"。延熙十三年（250）五月，涪陵属国大姓徐巨结连大姓数千家并夷民反叛蜀汉，攻杀都尉。蜀汉政府派遣车骑大将军邓芝督诸军讨之，庞肱

随军，后庞肱为涪陵太守。"抚夷民，轻赋税，民爱之，德行闻于诸郡，然为只所抑，终不能迁。"延熙十七年（254），辖境有扰民者，庞肱乃往郡下抚民，一日行舟行于乌江鹿角沱，覆舟溺水而死。后人因名其滩曰庞滩，坡曰嚎丧坡。又今涪陵有庞吏坝，系庞肱昔日故所。同治《涪州志》云：庞肱，庞士元子，守涪陵，有善政，崇祀名宦祠。

唐千福院水泉记。光启中太守张潜撰。

李文定公神道碑。在报恩光孝禅寺，张方平撰。

普净院记。在涪陵江北。治平间校书郎傅耆记。

誓虎碑。在许雄山下。广汉县令神道，俗传为誓虎山，碑仆，虎入城。县官设祭，复立，虎遂止。

古书山碑。去乐温县四十里。按山上石刻云：唐大历间，有人修此山路，于石穴中得蚪斗书数轴，古书之号以此。

宋山谷碑[一]。在涪陵县廨厅。

注释：

[一] 山谷碑：蓝勇主编《稀见重庆地方文献汇点》（下）第468页云："山谷碑，《碑目考》：在涪陵县廨厅。"

《涪陵纪书录》。纪伊川、和靖诸贤语录。

花蕊夫人诗序。熙宁五年（1072），臣安国奉诏定蜀民所献书可入三馆者，得花蕊夫人诗，乃出于花蕊手而词甚奇，与王建宫词无异。

建自唐至今，诵者不绝口而此独遗弃不见收，甚为可惜也。臣谨缮写入三馆而归，口诵数篇于丞相安石。明日与中书语及之，而王珪、冯京愿传其本，因盛行于时。花蕊者，伪蜀孟昶侍人，事在国史，安国题。

予守涪陵，历数载矣。戊辰冬，偶于署之艮隅瞥见残碣数寸，其字全者十九，缺者五。盖宋花蕊夫人费氏宫词百首之二也。原词云：翔鸾阁外夕阳天，树色花光远接连。望见内家来往处，水门斜过篦楼船。内人追逐采莲归，惊起沙鸥两岸飞。兰棹把来齐拍水，并船相对湿罗衣。二词乃百中之粹，而望见内家、内人追逐之句，尤其天然声情不可磨灭者，且字体袅娜多姿，虽落落如晨星，复何憾焉！按：《通志·涪郡古迹》载王安国花蕊诗句，此石当为安国熙宁五年（1072）定蜀时所刻。序云：得花蕊夫人诗，乃出于花蕊手，此刻或即摹花蕊手迹，未可知矣。东坡居士曾书此词三十首，刻之晚香堂帖中，则当时见重于文人学士，争诵流传，略其人而取其才，大概可想见。今适得残碣，不忍抛掷，因属长子承基将原石嵌之壁间，复摹勒于石，俾好古者览之。嘉庆己巳（1809）二月北平李忻识。

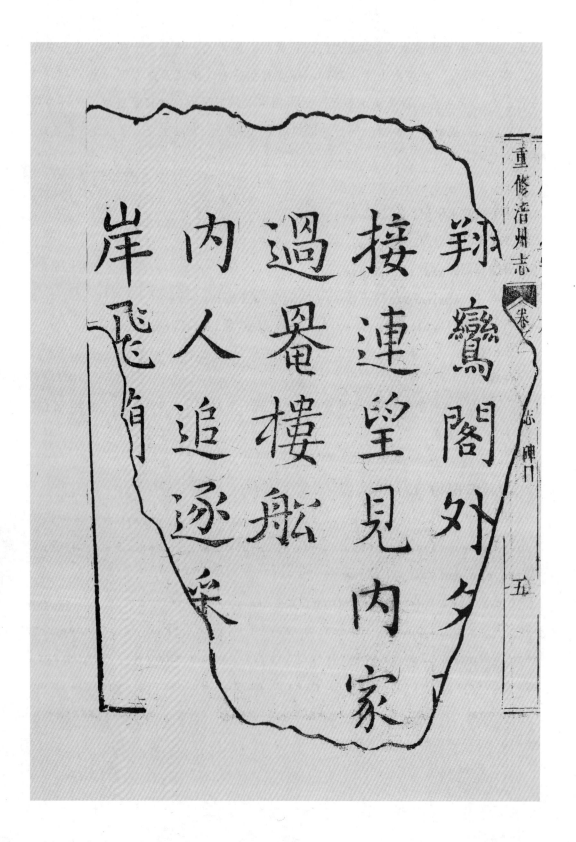

《龟陵志》。_{杨兴序。}

《新志》。_{郑鉴序。}

右碑记十一，见宋王象之《蜀舆地碑记目》

刘让阁道题字。_{建宁元年（168）。《隶释》云：相传在蜀中阁道。《字原》云：在涪州。}

题共十六字。《金石录》误合绵竹令王君神道为一碑。

绵竹令王君神道。_{《字原》云：在涪州。}

题云：广汉绵竹令王君神道，凡九字。《隶释》云：微杂篆体，绵字作曰下，略与县字相混，故赵氏误作广汉县令，而谓其借芩为令也。案：《金石录》又误合刘让阁道题字为一碑，故以为建宁元年（168）十月造。而此碑则无年月，《字原》既辨其误，又云建宁元年（168）立，何也？

广德元年（763）碑。

《寰宇记》云：开宝四年（971）黔南上言：江心有石鱼见，上有《古记》云：广德元年（763）二月，大江水退，石鱼见。部民相传丰稔之兆。_{按：此碑，李调元编入黔江县，误矣。开宝（968—973）间，涪陵隶黔州，故黔南上言耳。今江心广德石刻石鱼尚存。宋端拱元年（988）朱转运有诗序，淳熙五年（1178）陶侍卿石刻唐刺史郑令珪上其事可证也。}

右碑记三，见《蜀碑记目补》。

朱转运诗序。

涪州江心有（一）^[一]巨石，隐于深渊，石旁^[二]刻二鱼。《（右）[古]^[三]记》云：鱼出，岁必大丰。端拱元年（988）十二月十有四日，昂自瞿塘回遵，路于此^[四]，知郡琅琊王公［□］^[五]云：石鱼再出，来^[六]岁复稔。昂往而视之，果如所云^[七]。因歌圣德，辄成一章。

注释：

［一］"一"：《水下碑林——白鹤梁》《白鹤梁题刻辑录》《三峡国宝——白鹤梁题刻汇录与考索》《白鹤梁题刻文献汇集校注》均无。据《白鹤梁题刻辑录》第 32 页清晰

拓片，当删。

　　[二]"旁"：《水下碑林——白鹤梁》《白鹤梁题刻辑录》《三峡国宝——白鹤梁题刻汇录与考索》《白鹤梁题刻文献汇集校注》均作"旁"。据《白鹤梁题刻辑录》第 32 页清晰拓片，原字为"傍"。按："傍""旁"义同。《涪陵历史文化研究》云："傍""旁"互通，但不宜径改。

　　[三]"右"：《水下碑林——白鹤梁》《白鹤梁题刻辑录》《三峡国宝——白鹤梁题刻汇录与考索》《白鹤梁题刻文献汇集校注》均为"古"，形近而误。按：《古记》，系指涪陵古代的地记一类书籍。且该术语在白鹤梁题刻中多见。如《谢昌瑜题记》等。

　　[四]"路于此"：《水下碑林——白鹤梁》作"途于此"。《白鹤梁题刻辑录》作"途□□"。《三峡国宝——白鹤梁题刻汇录与考索》《白鹤梁题刻文献汇集校注》均作"途于此"。据《白鹤梁题刻辑录》第 32 页拓片，"途"字极为清晰。

　　[五]"知郡琅琊王公"：《水下碑林——白鹤梁》作"知琅琊公□"，官职知郡，缺"郡"；姓氏则缺姓"王"。《白鹤梁题刻辑录》《三峡国宝——白鹤梁题刻汇录与考索》《白鹤梁题刻文献汇集校注》均作"知郡琅琊王公□"。

　　[六]"再出，来"：《水下碑林——白鹤梁》《三峡国宝——白鹤梁题刻汇录与考索》作"再出水"，有误；《白鹤梁题刻辑录》作"□□，来"；《白鹤梁题刻文献汇集校注》作"再出，来"，据《白鹤梁题刻辑录》第 32 页拓片，"来"字极为清晰。

　　[七]"往而视之，果如所云"：《水下碑林——白鹤梁》《三峡国宝——白鹤梁题刻汇录与考索》均作"往而视之，果如所说"；《白鹤梁题刻文献汇集校注》作"往而视之，果如所云"；《白鹤梁题刻辑录》作"往况□□□，□如所说"。据《白鹤梁题刻辑录》第 32 页拓片，"云"字误。

　　朝请大夫、行尚书（户）[库][一]部员外郎、峡路诸州水陆计度转运使、柱国朱昂［上］[二]。

　　注释：

　　[一]"户"：《水下碑林——白鹤梁》《白鹤梁题刻辑录》《三峡国宝——白鹤梁题刻汇录与考索》《白鹤梁题刻文献汇集校注》均为"库"，可更之。

　　[二]"上"：《水下碑林——白鹤梁》《白鹤梁题刻辑录》《三峡国宝——白鹤梁题刻

汇录与考索》《白鹤梁题刻文献汇集校注》均有"上"。据《白鹤梁题刻辑录》第 32 页拓片，"上"字当补之。

　　刘转运石鱼诗。皇祐元年（1049）。

　　王季和题名。

　　山西张侯^{［一］}来镇是邦。癸卯甲辰，鱼出者再。邦人皆谓前所罕见，屡书以识其异。忠南郡幕开汉王季和偕所亲张文龙、郡斋^{［二］}益昌张田［申］^{［三］}之，奉节^{［四］}王建极侍。太守来观，腊月念［廿］^{［五］}肆日也。

　　注释：

　　［一］"侯"：《水下碑林——白鹤梁》《三峡国宝——白鹤梁题刻汇录与考索》《白鹤梁题刻文献汇集校注》均作"侯"；《白鹤梁题刻辑录》作"候"，据该书 161 页拓片，"侯"字极为清晰，释读有误。

　　［二］"斋"：《水下碑林——白鹤梁》《白鹤梁题刻辑录》均作"齐"；《三峡国宝——白鹤梁题刻汇录与考索》《白鹤梁题刻文献汇集校注》作"斋"。古字形近而误。

　　［三］"田"：《水下碑林——白鹤梁》《白鹤梁题刻辑录》《三峡国宝——白鹤梁题刻汇录与考索》《白鹤梁题刻文献汇集校注》均为"申"，当为形近而误。

　　［四］"奉节"：《水下碑林——白鹤梁》《三峡国宝——白鹤梁题刻汇录与考索》《白鹤梁题刻文献汇集校注》于此其有"郡斋"二字，误。《白鹤梁题刻辑录》此前无"郡斋"二字，据该书 161 页拓片，正确。当删。

　　［五］"念"：当为"廿"，音同代用。其数表示"二十"。

　　白鹤梁熙宁碑四。

　　大宋熙宁元年（1068）正月二十日，军事判官徐庄同巡检、供奉王安民，监税、殿直王令^{［一］}歧，知乐温县钟浚，涪陵县令赵君仪，司理参军李袭观石鱼题名，涪陵尉郑阶平书。

　　注释：

　　［一］"令"：《水下碑林——白鹤梁》《三峡国宝——白鹤梁题刻汇录与考索》为"令"；《白鹤梁题刻辑录》《白鹤梁题刻文献汇集校注》为"克"。

　　夔州奉节县令通川^[一]黄觉莘老、户椽［掾］平原李绂公敏、掌狱邺都梁钧佐衮臣，熙宁甲寅（七年，1074）孟春二十九日，泛轻舟同观石鱼于此。

　　注释：

　　［一］"川"：《水下碑林——白鹤梁》《白鹤梁题刻辑录》均作"州"；《三峡国宝——白鹤梁题刻汇录与考索》《白鹤梁题刻文献汇集校注》均作"川"；据《白鹤梁题刻辑录》第46页拓片，当以"川"为是。

　　都官郎中韩震静翁、屯田员外郎费琦孝琰、侄伯外［叔］^[一]景先、进士冯造深道、卢遘彦通。暇日，因陪太守、驾部员外郎姜齐颜亚之同观石鱼。按《旧记》：太和洎^[二]广德年，鱼出水四尺，是岁稔熟。今又过之，其有秋之祥欤？熙宁七年（1074）正月二十四日题。

　　注释：

　　［一］"外"：《水下碑林——白鹤梁》《三峡国宝——白鹤梁题刻汇录与考索》《白鹤梁题刻文献汇集校注》《白鹤梁题刻辑录》均作"叔"。

　　［二］洎：《水下碑林——白鹤梁》《白鹤梁题刻辑录》均作"泊"，形近而误。《三峡国宝——白鹤梁题刻汇录与考索》《白鹤梁题刻文献汇集校注》，正确。因为"洎"才有"至""到"义。据《白鹤梁题刻辑录》第49页拓片，正作"洎"。

　　判官禄几复、兵官王世昌、赵善暇、知录郝烜［烜］^[一]、县令杨灼、司理孙震之、司户李国津［纬］、主簿何昕、县尉邓林，岁戊辰上元同来。^[二]

　　注释：

　　［一］"烜"：《水下碑林——白鹤梁》《白鹤梁题刻辑录》《三峡国宝——白鹤梁题刻汇录与考索》《白鹤梁题刻文献汇集校注》均为"烜"。据《白鹤梁题刻辑录》第146页拓片，亦当为"烜"。

　　［二］该题刻，本志视为北宋熙宁题刻。《水下碑林——白鹤梁》《白鹤梁题刻辑录》《三峡国宝——白鹤梁题刻汇录与考索》《白鹤梁题刻文献汇集校注》均视作南宋嘉定元年（1208）题刻。

吴缜题名。

元丰九年^[一]岁次丙寅（1086）二月七日，江水至此鱼下五尺。权知涪州、朝请大夫郑颙愿叟，权判官石谅信道同观。权通判黔州、朝奉郎吴缜廷珍题。

注释：

[一]"元丰九年"：实当为元祐元年，公元 1086 年。因为元丰年号只有八年，即公元 1077–1085 年。时虽已改年，但改元诏书尚未抵达涪州，故仍以元丰纪年。

杨军州题名。

圣宋元祐六年（1091）辛未^[一]望日，闻江水既下，因率判官钱宗奇子美、涪陵令史诠默师、主簿张徵［微］^[二]明仲、县尉蒲昌龄寿朋，至是观唐广德鱼刻，并太和题记。朝奉郎、知军州事杨嘉言令绪题。

注释：

[一]"未"：《水下碑林——白鹤梁》为"□"；《三峡国宝——白鹤梁题刻汇录与考索》《白鹤梁题刻文献汇集校注》均为"未"。据《辞海》，北宋元祐六年（1091）正为"辛未"年。

[二]"微"：《水下碑林——白鹤梁》《白鹤梁题刻辑录》《三峡国宝——白鹤梁题刻汇录与考索》《白鹤梁题刻文献汇集校注》均作"微"。据《白鹤梁题刻辑录》第 54 页拓片，当以"微"为是。

郡守姚班［珏］^[一]游记。

注释：

[一]"班"：据白鹤梁题刻，当为"珏"。

元祐癸酉（1093）正月中澣^[一]前一日，郡守姚班［珏］^[二]率幕宾钱宗奇、涪陵令杜致明、主簿张徵［微］、县^[三]尉蒲昌龄、武隆令袁^[四]天倪游览。因记岁月，巡检王恩继至。

注释：

[一]"澣"：《水下碑林——白鹤梁》《三峡国宝——白鹤梁题刻汇录与考索》作"浣"，《白鹤梁题刻文献汇集校注》作"澣"。按："中澣""中浣"义同。不过，据《白鹤梁题刻辑录》第 56 页拓片，本字当为"澣"。

〔二〕"班":涪陵《姚氏族谱》作"班";《水下碑林——白鹤梁》《白鹤梁题刻辑录》《三峡国宝——白鹤梁题刻汇录与考索》《白鹤梁题刻文献汇集校注》均作"珏"。据《白鹤梁题刻辑录》第 56 页拓片,当作"珏"。

〔三〕"县":《三峡国宝——白鹤梁题刻汇录与考索》《白鹤梁题刻文献汇集校注》均作"县";《水下碑林——白鹤梁》作"县";《白鹤梁题刻辑录》作"□",未有释读。

〔四〕"令袁":《水下碑林——白鹤梁》缺"令"字,且"袁"有□,即"□袁";《白鹤梁题刻辑录》缺"令袁"二字,且释读少一字,即整个释读为"□";《三峡国宝——白鹤梁题刻汇录与考索》遗漏"令"字;《白鹤梁题刻文献汇集校注》有"令"字。

山谷碑二。

题"元符庚辰(三年,1110)涪翁来"七字,镌白鹤梁。

题"钩深堂"三字,镌北岩。

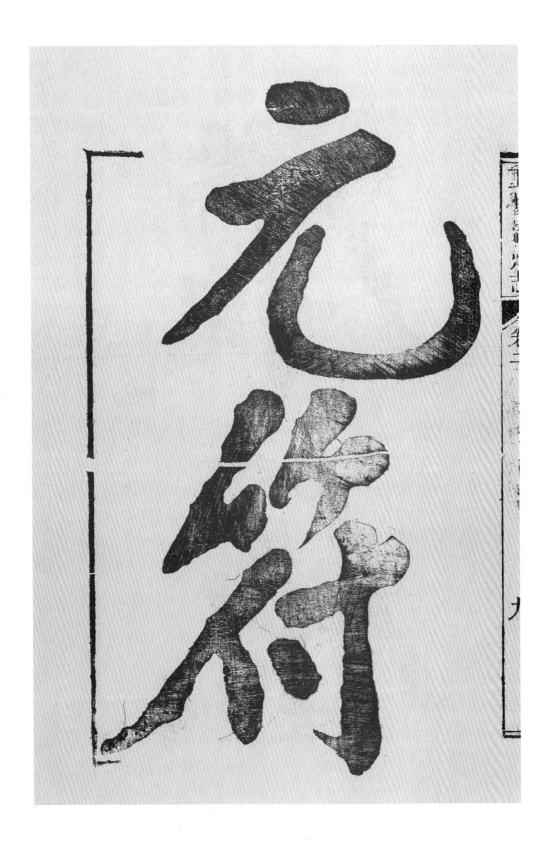

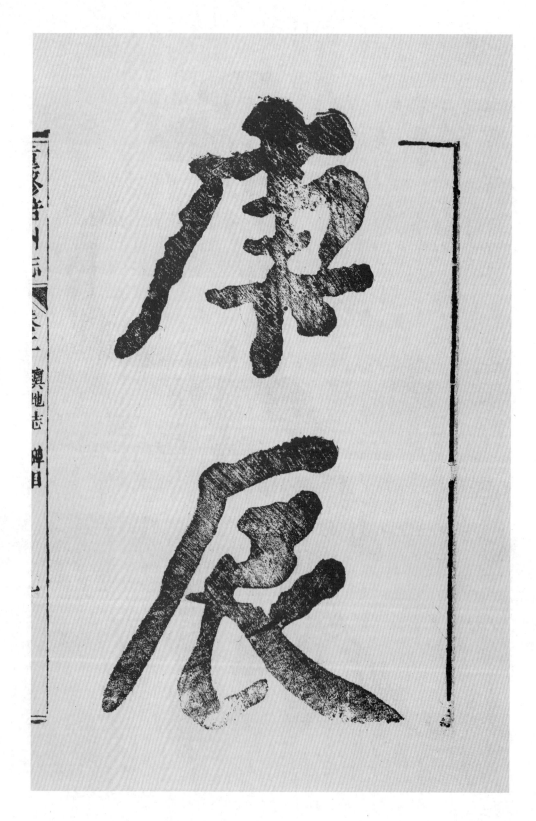

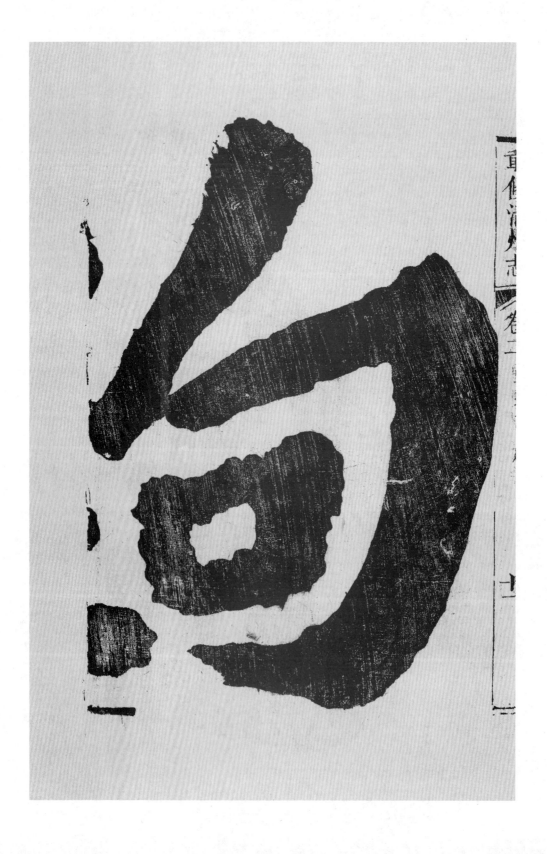

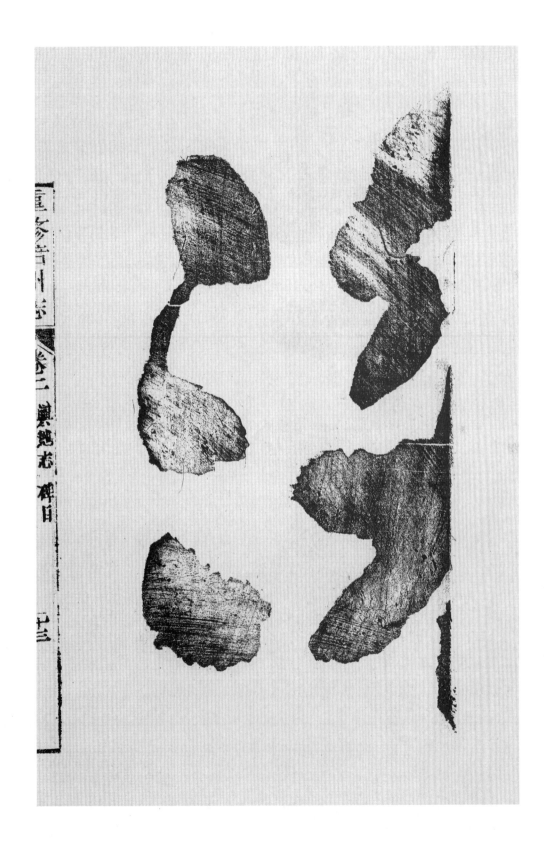

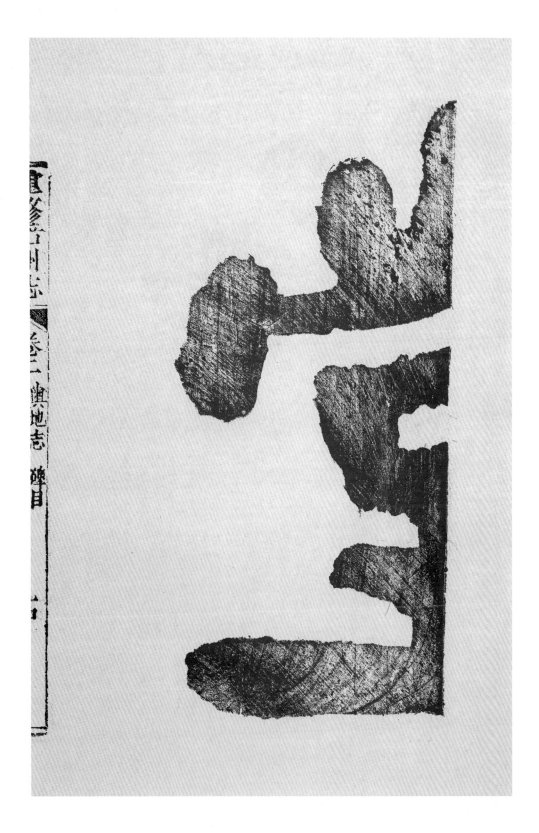

庞恭孙题名。

大宋大观元年（1107）正月壬辰，水去鱼下七尺，是岁夏秋果大稔，如广德、太和所记云。二年（1108）正月壬戌，朝奉大夫、知涪州军州事庞恭孙记。进士韩翱书。

蒲蒙亨观鱼记。

阆中蒲蒙亨彦开、通州牟天成圣俞同观石鱼。政和壬辰（二年，1112）孟春二十三日。

吴军州纪事。

文见《艺文》[一]。后题：时宣和四年（1122）十二月十五日，朝散大夫、通判军州事常彦，奉议郎、前通判达州权司录事李全，修[二]武郎、兵马都监曹绾，宣教郎、权司士曹事王拱，迪功郎、涪陵县尉张时行。朝奉郎、权知军州事吴革题。

注释：

[一]题刻言《吴军州纪事》，文见《艺文》。但查本志卷十四《艺文志》，《吴军州纪事》并未收录。

[二]"李全，修"，各家断句并不一致。《水下碑林——白鹤梁》《白鹤梁题刻辑录》《三峡国宝——白鹤梁题刻汇录与考索》视"李全修"为人名。《白鹤梁题刻文献汇集校注》视"李全"为人名，将"修"与"武郎"作为"曹绾"的职官名。

毌丘兼孺题名。

阆中册［毌］[一]丘兼孺，南荣句悼夫，眉山刘大全、孙伯达，宣和乙巳（七年，1125）正月八日同来。册［毌］丘光宗，孙若讷[二]、若拙侍行。

注释：

[一]"册"：《水下碑林——白鹤梁》作"毌"；《三峡国宝——白鹤梁题刻汇录与考索》作"毌"；《白鹤梁题刻辑录》《白鹤梁题刻文献汇集校注》作"册"。

[二]"讷"：《水下碑林——白鹤梁》《白鹤梁题刻辑录》作"纳"；《三峡国宝——白鹤梁题刻汇录与考索》《白鹤梁题刻文献汇集校注》作"讷"。

徐兴卿纪事。建炎三年（1129）己酉正月十一。

绍兴石鱼记十七。

绍兴壬子（二年，1132）开岁十有四日，涪陵郡守平阳王择仁智甫招云台奉祠夷门李敏能成之、郡丞开封李置元辅、太平散吏东莱蔡惇[一]元道，过饮公堂。酒罢，再集江千[二]，泛舟中流，登石梁观瑞鱼。[《古记》][三]：邦人以鱼为有年之兆。惟侯善政，民已怀之，桑麻之歌，颂声载道，鱼是以隐于数年而见于一日，故惇喜为之记[四]。

注释：

[一]"惇"：《水下碑林——白鹤梁》《三峡国宝——白鹤梁题刻汇录与考索》《白鹤梁题刻文献汇集校注》均作"惇"；《白鹤梁题刻辑录》未释读，为"□"。

[二]"千"：《水下碑林——白鹤梁》《白鹤梁题刻文献汇集校注》作"上"；《三峡国宝——白鹤梁题刻汇录与考索》作"干"；《白鹤梁题刻辑录》未释读，为"□"。

[三]"古记"：《水下碑林——白鹤梁》《白鹤梁题刻辑录》作"古□"；《白鹤梁题刻文献汇集校注》作"古记"；《三峡国宝——白鹤梁题刻汇录与考索》缺"古记"。据《白鹤梁题刻辑录》第84页拓片，"古"字清晰可见。"记"则阙失。按：《古记》为白鹤梁题刻常用术语，故"古记"不为错。

[四]"惟侯善政，民已怀之，桑麻之歌，颂声载道，鱼是以隐于数年而见于一日，故惇喜为之记"，《水下碑林——白鹤梁》《白鹤梁题刻辑录》《三峡国宝——白鹤梁题刻汇录与考索》作"惟□□善政，民已怀之，桑麦之歌□□载道，是以隐于数季而见，□□□，故惇喜，为之记"；《白鹤梁题刻文献汇集校注》作"惟侯善政，民已怀之，桑麦之歌，颂声载道，是以隐于数季而见于一日，故惇喜为之记"，按"年"当为"季"；按该记载是该题刻最为完整的释读。可参见《白鹤梁题刻辑录》第84页、《水下碑林——白鹤梁》第48页拓片。

赵子遹述道、崔炜叔明、阎璟国华、李去病仲霍、李宗贤师德、陈革子正、王俶[一]德初、虞中立和甫、王骏德先、邓奇颖伯、董天成常道，绍兴壬子（二年，1132）正月三日同游观石鱼题字[二]。

注释：

[一]"俶"：《水下碑林——白鹤梁》《白鹤梁题刻辑录》作"淑"；《三峡国宝——白鹤梁题刻汇录与考索》《白鹤梁题刻文献汇集校注》作"俶"；据《白鹤梁题刻辑录》第78页拓片，当为"俶"。

[二]"观石鱼题字"："字"当为"名"。参见《白鹤梁题刻辑录》第 84 页、《水下碑林——白鹤梁》第 48 页拓片。《水下碑林——白鹤梁》无释读。《白鹤梁题刻辑录》《三峡国宝——白鹤梁题刻汇录与考索》《白鹤梁题刻文献汇集校注》将"观石鱼题名"提前，相当于题刻之名称。按：从拓片看，与正文字体不同，系单独的篆刻，当以题刻名称视之，并反映了该题刻的特色。

刘郡守纪事。镌白鹤梁，凡一百六十九字，载《艺文》。

涪陵江心石上，昔人刻鱼四尾，旁有唐识云：水涸至其下，岁则大稔，隐见不常。盖有官至此，终更而不得睹者。绍兴庚申（十年，1140）首春乙未，忽报其出，闻之欣然，庶几有年矣。邀倅林琪来观，从游者八人：张仲通，高邦仪，晁公武，姚邦孚，仁宅之子允寿，公武之弟公退、公适，邦仪之子宁祖。郡守孙仁宅题。

周诩，种彦琦、彦瑞，姚邦荣、邦孚，李春，杜时发，李怗［恬］[一]，绍兴庚申（十年，1140）岁二月丙午来。

注释：

[一]怗［恬］："怗"当为"恬"。参见白鹤梁题刻《炎觉先题记》。

晁公武邀外兄高邦仪，外弟孙允寿，弟公荣、公退、公适，侄子员，表侄高宁祖，甥王掖同观石鱼。绍兴庚申（十年，1140）正月二十日。

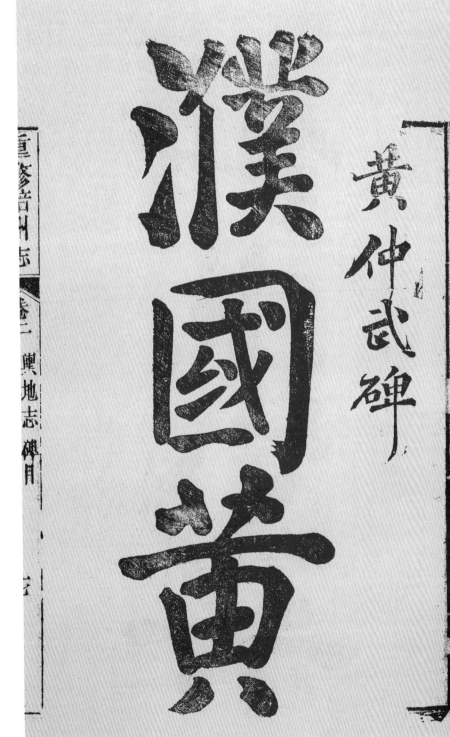

漢國黃

黃仲武碑

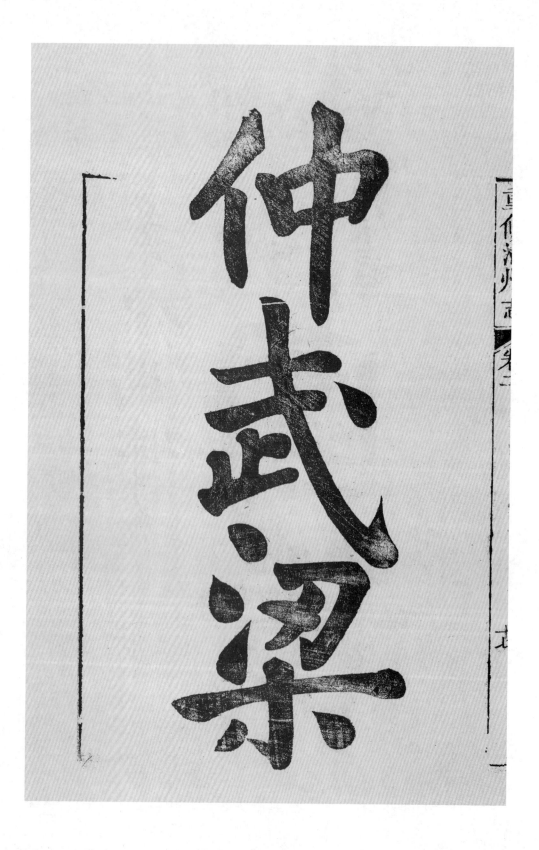

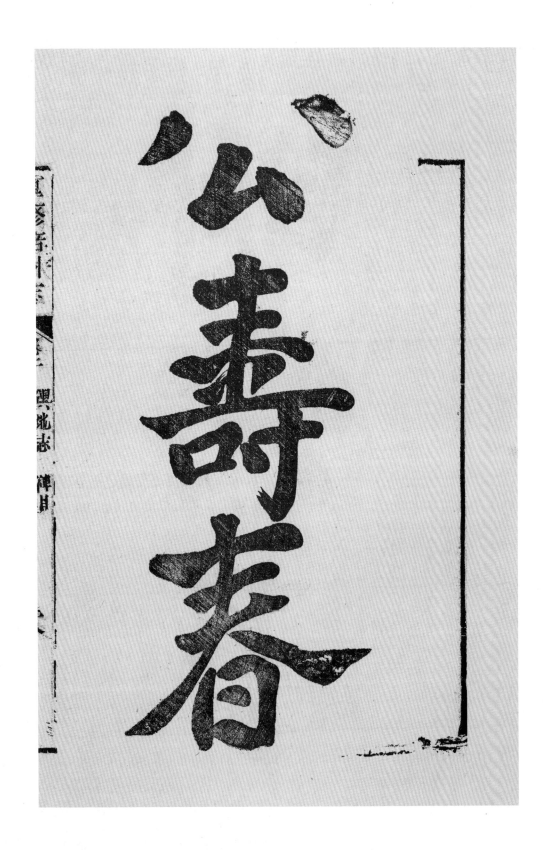

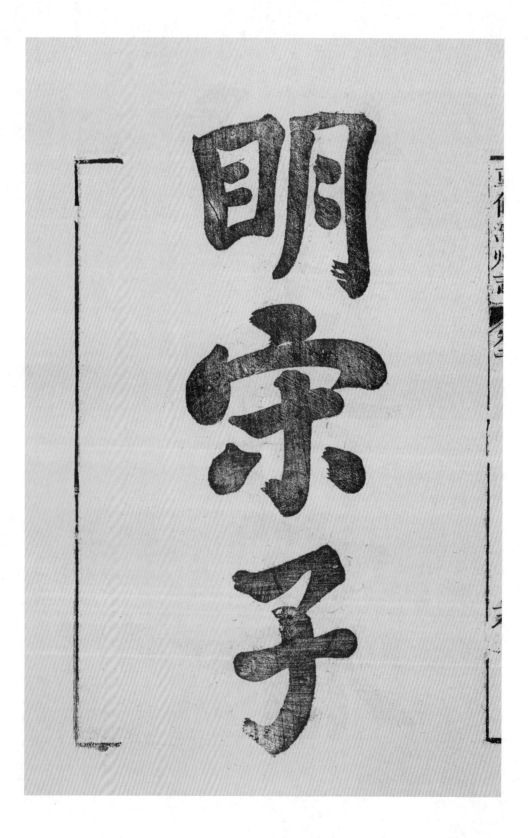

明宗子

應小艇

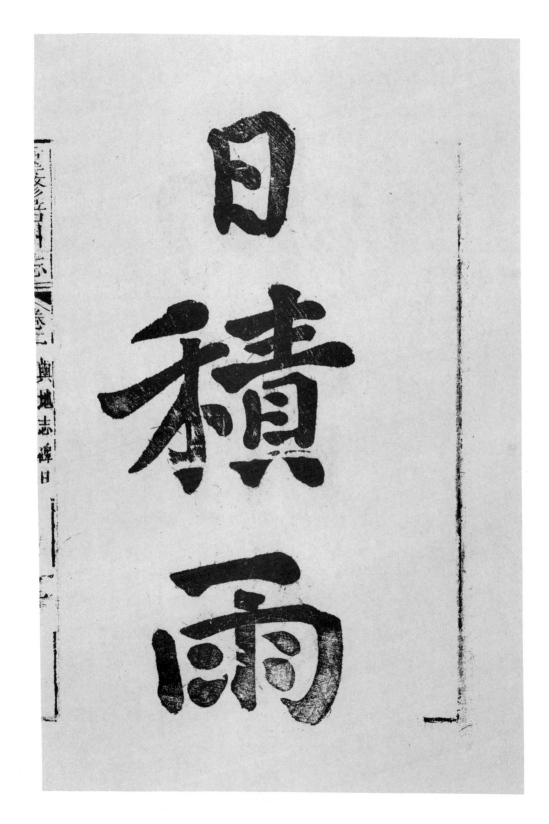

日積雨

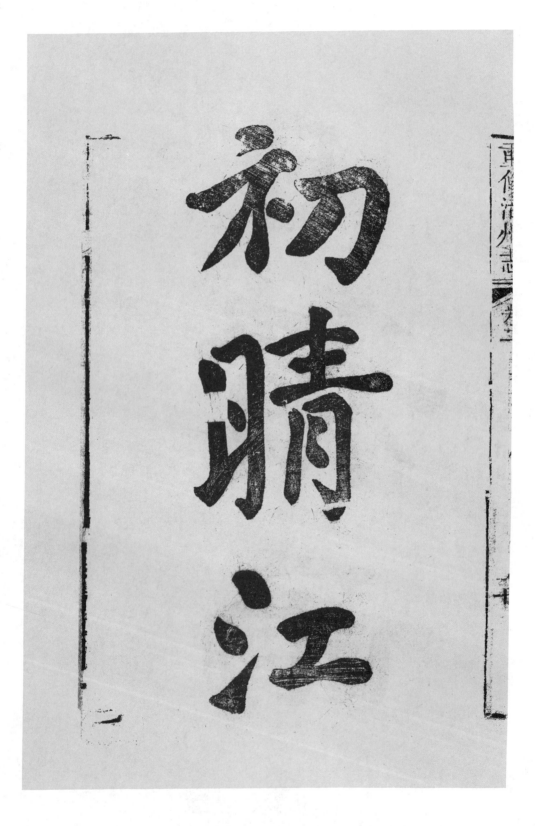

天一碧綃

而歸時

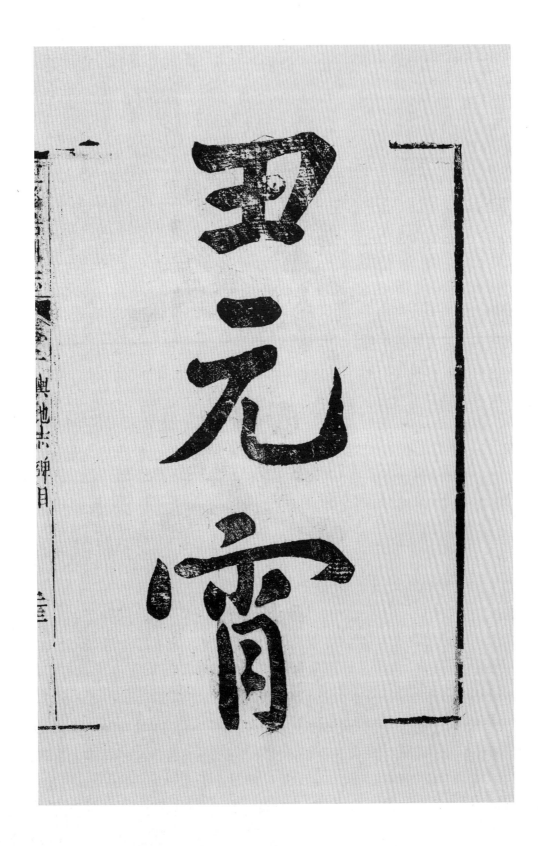

济南张彦中，高都王绍祖，绍兴庚申（十年，1140）仲春十有二日来观石鱼。彦中之子杰中侍行。

二月初七日，张仲通、张修、晁公武、赵子仪来观。时宋兴一百八十年。

汝南张宗忞，长安种彦绮［琦］[一]，东平姚邦荣、邦孚，石城林玠琮，古雍程觉，绍兴庚申（十年，1140）二月癸丑来观。

注释：

［一］绮［琦］："绮"当为"琦"。参见白鹤梁题刻《张宗忞等题记》。

知涪州军州事何宪，权通判军州事盛辛，县令王之古，判官庞仔孺。

晁公遡游记。 <small>镌白鹤梁，凡二百三十八字，载《艺文志》。</small>

唐安张瑶［宝］[一]、上邽崔庆、固陵冉彬、阳翟蔡适四人同观瑞鱼。时绍兴甲子（十四年，1144）六日。

注释：

［一］瑶［宝］："瑶"当为"宝"。参见白鹤梁题刻《张宝等题记》。

杜肇守率僚佐庞价孺、杜建、邓褒，绍兴甲子（十四年，1144）正月四日俱来。杜肇之子彦攸侍行。

戊辰（十八年，1148）春，郡守以双鱼出水，率郡寮同观。邦人杜与可、彦广、蒲德载、董梦臣继至，因思王仲淹"时和岁丰，通受其赐"之语，固知燮理阴阳，秉钧当轴者优为之矣。乃刻石以纪岁月，绍兴十有八年（1148）仲春望日。

盛景献游记。<small>镌白鹤梁，凡六十四字，载《艺文志》。</small>

前涪陵令张维同弟绾拉郡人孟彦凯、高永、许万钟重观石鱼，共喜丰年之兆。是日，绾搦笔［毫］[一]题石以记岁月，时绍兴乙亥（二十一年，1151）戊寅丙辰。

注释：

［一］笔［毫］："笔"当为"毫"。参见白鹤梁题刻《张绾再题》。

朱守裔纪事。<small>镌白鹤梁，凡九十五字，载《艺文志》。</small>[一]

注释：

［一］本志卷十四《艺文志上》并未收录。

贾振文题名。

乾道三年（1167）人日，贾振文、辛钜、冯和叔、李从周、孙养正、庾选卿、张智卿来观，侄德象、甥向仲卿侍行。

冯和叔石鱼记。

淳熙戊戌人日，郡守［剑蒲］^{［一］}冯和叔季成、郡丞开封李耘［拱］^{［二］}率前忠守河内向士价邦辅、涪陵令武信胥挺绍祖、郡幕东平刘申师文来观石鱼，以庆有年之兆。

注释：

［一］剑蒲：据白鹤梁题刻《冯和叔题记》补。

［二］耘［拱］："耘"当为"拱"。参见白鹤梁题刻《冯和叔题记》。

陶侍卿^{［一］}游记。镌白鹤梁，凡一百零九字，载《艺文志》。

注释：

［一］陶侍卿：应为向仲卿。参见白鹤梁题刻《向仲卿题记》。

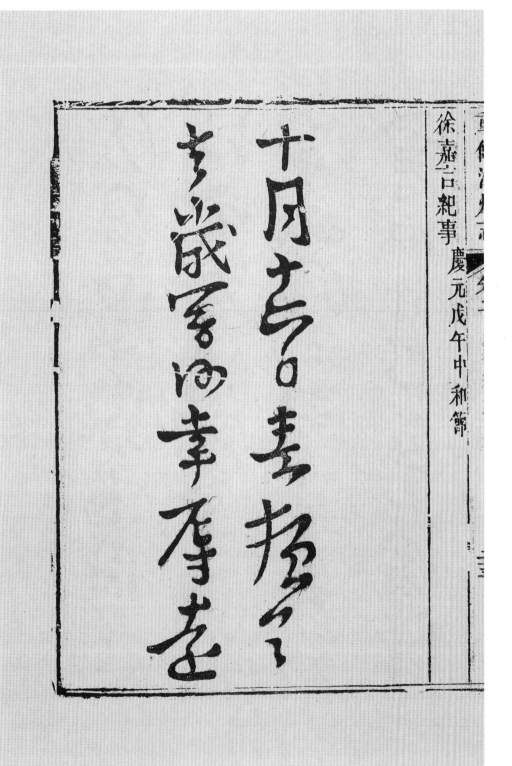

徐嘉言紀事　慶元戊午中和節

重修涪州志　卷二　輿地志　碑目

古朔書裁月時此峯

為況日如遺書揮

道上數書事切亡邪

歲月昌昌家㜽難

視程講求思索次幾

放逸而絕其中涎事

陂堅招拊民心勿令

但我具团之間陂

秀孙人道也书付

远昌它鉴十鉴去目

不邦溪直形志一阳盖

不氤柔有如居刻舟

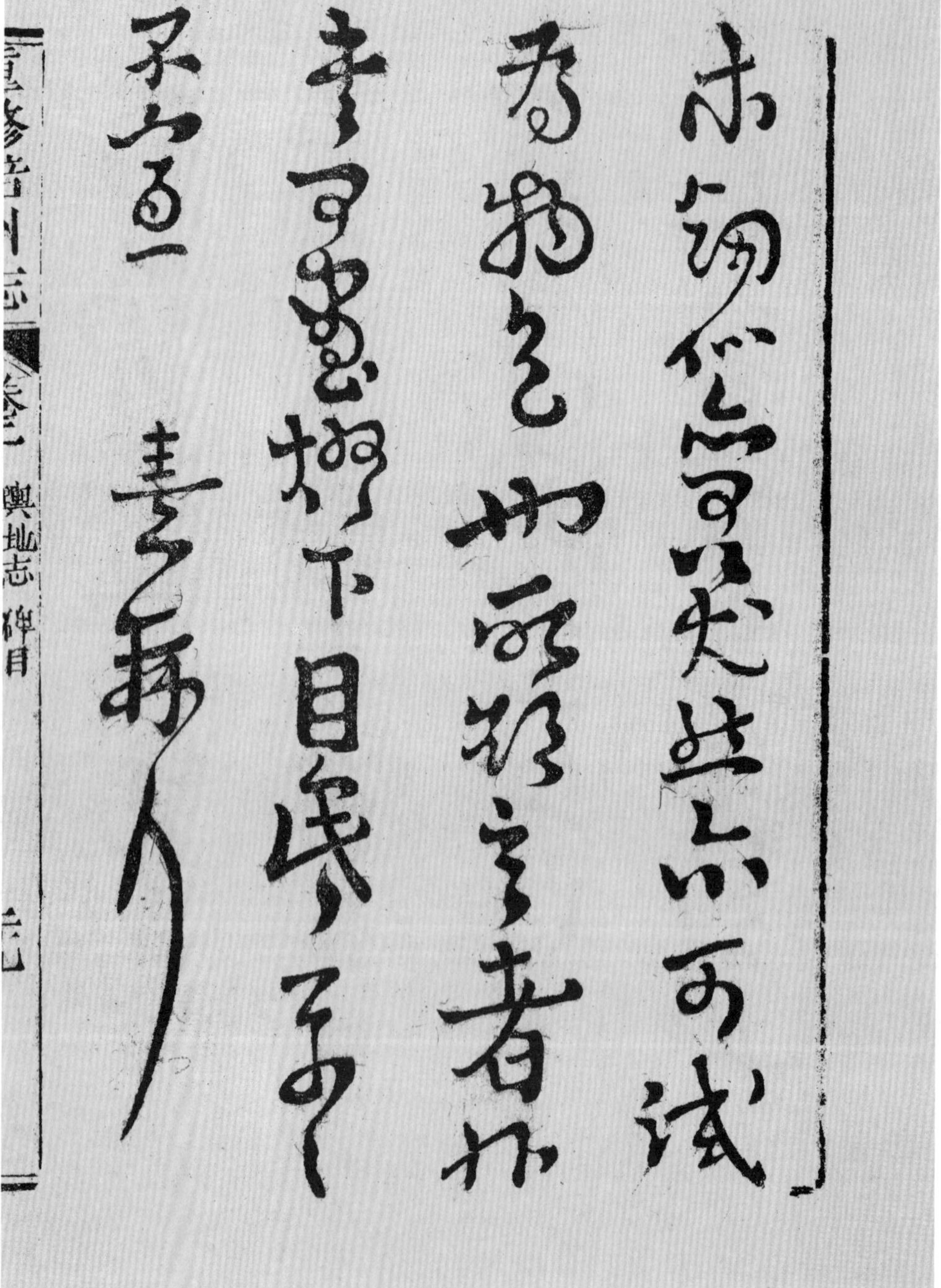
重修涪州志
卷二
輿地志 碑目

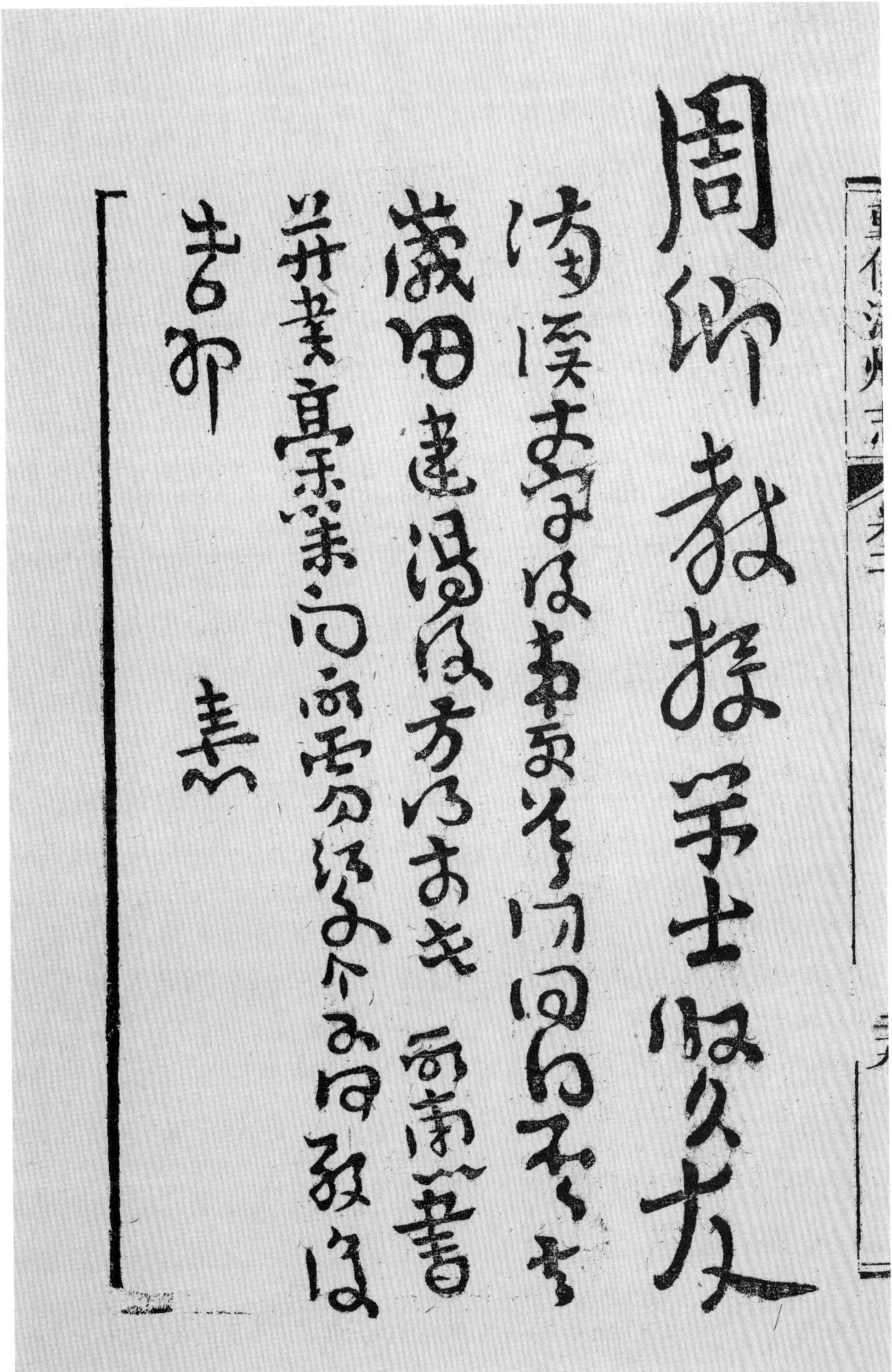

徐嘉言纪事。_{庆元戊午（四年，1198）中和节。}

程遇孙诗。_{镌北岩，载《艺文志》。}

曹士中题名。

嘉定庚辰（十三年，1220），江东曹士中观。_{凡十字。}

李玉新题名书。

郡守李瑞公玉，新潼川守秦季樯宏父［文］^{［一］}，郡纠曹櫊［掾］何昌宗季父［文］，季樯之子九韶道古，瑞之子泽民、志可同来游。石鱼阅八年不出，今方了然，大为丰年之祥，此不可不书。宝庆二年（1226）正月十二日，涪州太守题。

注释：

［一］父［文］："父"当为"文"。参见白鹤梁题刻《李公玉"瑞麟古迹"题记》。

谢兴题名。

长沙谢兴［甫起□］^{［一］}、资中杨坤之夷叔、郡人虞会和叔，绍定庚寅（三年，1230）上元后一日来观石鱼，子筏侍。

注释：

［一］谢兴［甫起□］：据白鹤梁题刻《谢兴甫等题记》补。

张明父游记。_{淳祐癸卯（三年，1243）冬。}

邓季中题名志。

大宋淳祐戊申（八年，1248）正月，石鱼呈祥。郡守庐陵邓刚季中，率通判江阳何行可元达同观，望日谨志。

蹇别驾诗序。

涪以石鱼之出，占岁事之丰，以岁事之丰，彰太守之贤尚矣。长宁刘公叔子镇是邦又出，夫岂偶然？别驾潼川蹇材望赓皇祐刘转运诗以纪之。宋宝祐二年（1254）下浣书。

何季明书。

宝祐戊午（六年，1258）正月戊寅，军事判官昌元何震午季明同寮友观石鱼之兆丰，拂涪翁之遗迹，亦一时胜游也，濡笔以书。

刘叔子诗序。镌白鹤梁，凡一百六十九字，载《艺文志》。

高应乾诗。 镌白鹤梁。

王庶诗。 镌北岩。

曹彦时伊川先生祠堂记。 镌北岩。

三台山咸淳碑。 见《沿革》。

题云：涪守臣杨□奉命相视三台，申阃创筑，咸淳丙寅（二年，1266）春季记。

南宋断碑。 无首尾，缺题、缺名。

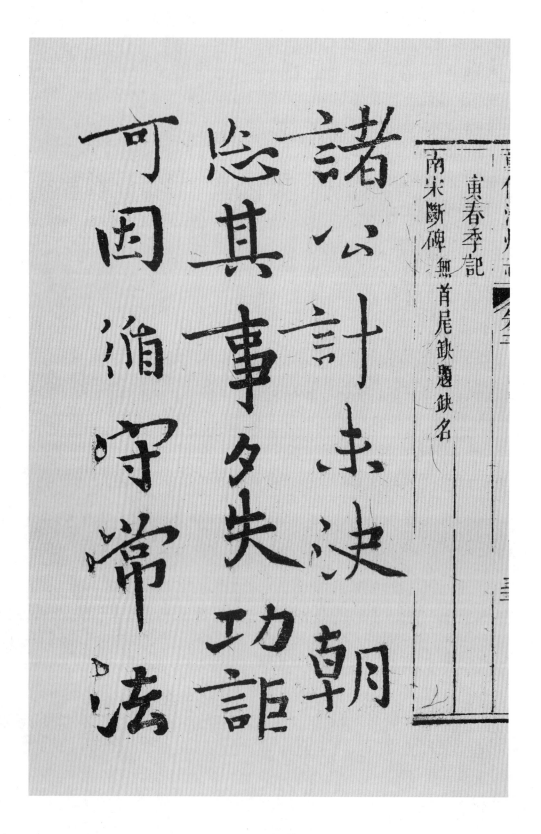

南宋斷碑 無首尾缺題缺名

東春季記

諸公以計未決朝

忘其事夕失功詒

可固湣守常法

人心戀慮曰逸天心

至誠解使金石

裂形勢不可久冷

落鼓作須及人

情熱每憂女好

雄乘風塵官日

未易傾策安

人于政事而急

若世闊伊呂何

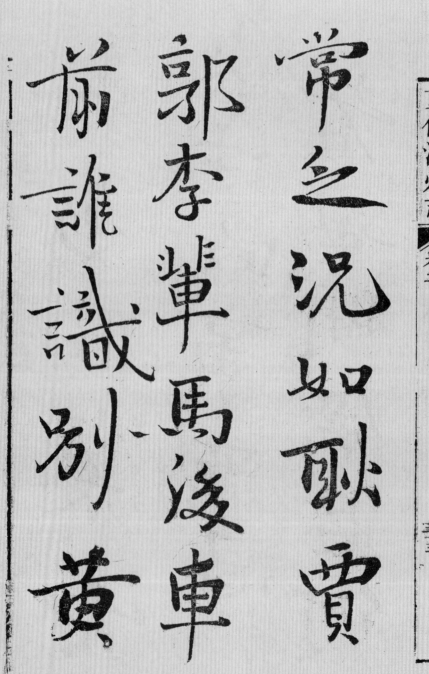

常之況如耿賈
郭李輩馬後車
崩誰識別黄

蒡揉寒鵷飛
罡洞蠻虜新
過雪行矣強飯

莫飲酒偷閑讀
書備施設一官
皆可行其義勿

鯤魚鯨鸞鳳寧

月蹄涔之水無

學庸人筍歲

肯爭難揭吾

皇駐蹕浙江西

努力朝宗致

忠烈星馳電走

見相

元聂文焕题名。_{元至大辛亥（四年，1311）十二月中旬三日。}

张八丐^{［一］}题识。

注释：

［一］张八丐：或作张八歹。

《涪陵志》：江心石鱼，出则大稔。予守郡次年始获见，率僚友来观，方拂石间，适有木鱼依柳条中流浮至。众惊喜曰：石鱼自古为瑞，木鱼尤为异瑞也，请刻以俟将来［云］^{［一］}。至顺癸酉（四年，1333）仲春十有三日，奉议大夫、涪守张八歹谨识。

注释：

［一］［云］：据白鹤梁题刻《张八歹木鱼记》增补。

明李宽纪事。_{镌白鹤梁，凡三百一十五字，载《艺文志》。}

刘冲霄诗序。

时大明洪武十有七年（1384）岁则［在］^{［一］}甲子正月人日，奉训大夫、涪州知州刘冲霄，承务郎、涪州同知李希尹，从仕郎、涪州判官范庄，吏目颜亮，学正黄思诚，训导张敬先，驿丞王青，因水落石鱼呈瑞，游观题石，以记一时之盛事云。

注释：

［一］则［在］：“则”当为“在”。参见白鹤梁题刻《刘冲霄诗并序》。

七叟胜游。_{镌白鹤梁。}

张楫诗。_{镌白鹤梁。}

罗奎诗。_{镌白鹤梁。}

龟嘴寺碑。_{寺近冷水关。}

题云：“此地自乙丙两岁兵燹后，寺废”十二字。余漶漫不尽可辨，末有“永历年”字。

涪陵名胜。_{擘窠书，镌北岩，年代、姓氏俱漶漫。}

都察院碑。_{明万历年，都察院谕令男女婚嫁年须相若，各里镌竖，字约二三寸。}

云梯岩。_{擘窠书，镌云梯庙石壁，在州西四十五里。}

国朝

典试王渔洋诗。_{镌白鹤梁。}

太守石琢堂诗。_{镌北岩。}

州牧张晴湖诗。_{镌白鹤梁。}

听鹤楼。_{考棚照墙后，仙笔擘窠书并诗，诗载《艺文志》。}

石麟士安澜桥碑记。_{在蔺市清溪沟。}

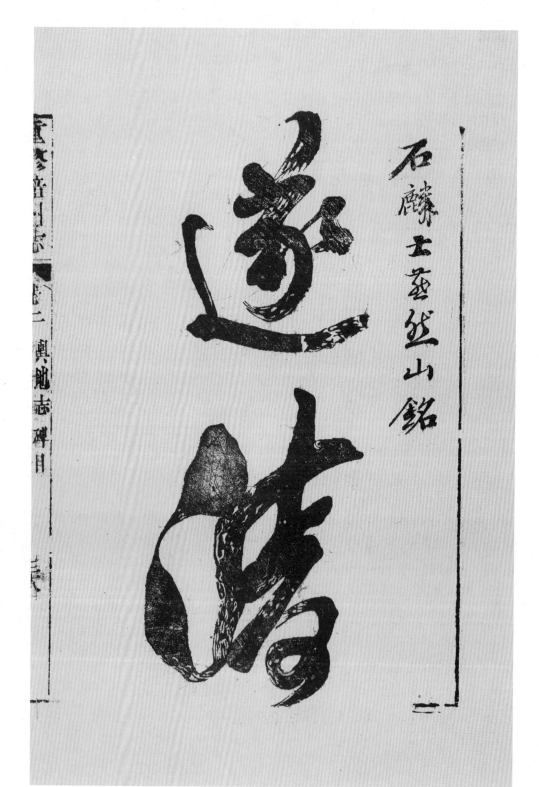

石鱗玉蕊銍山銘

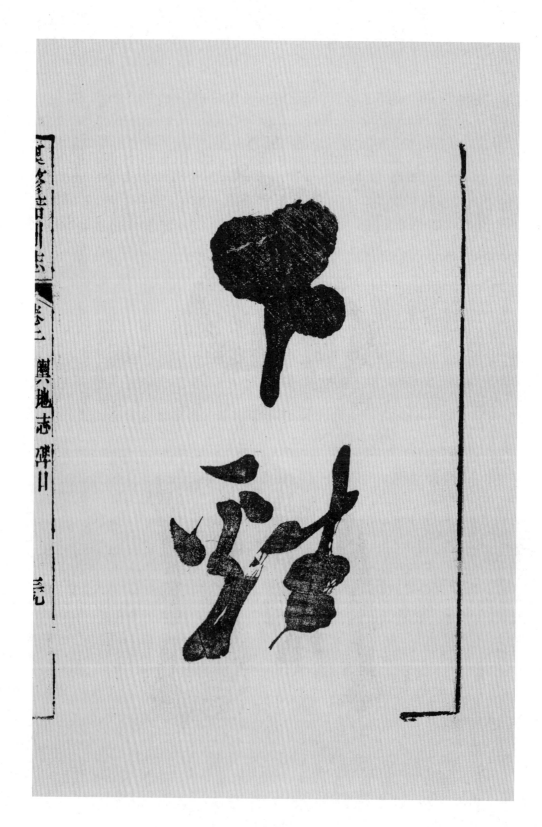

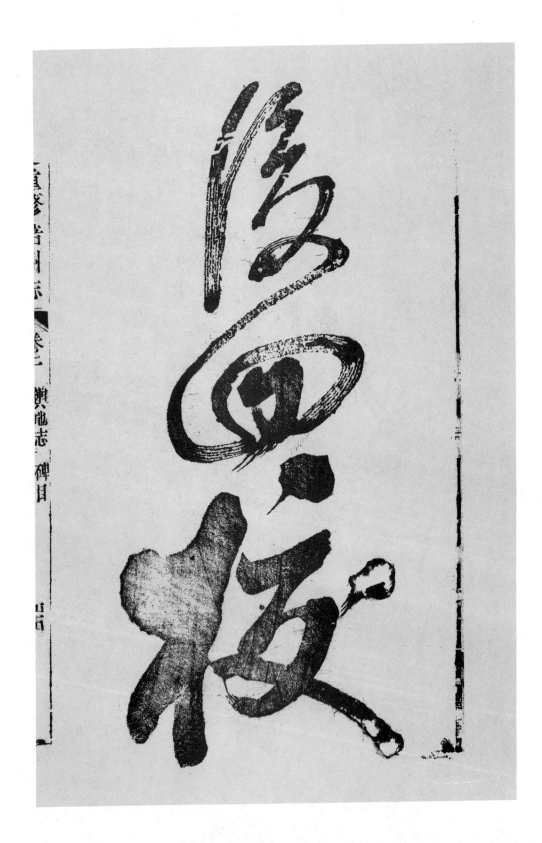

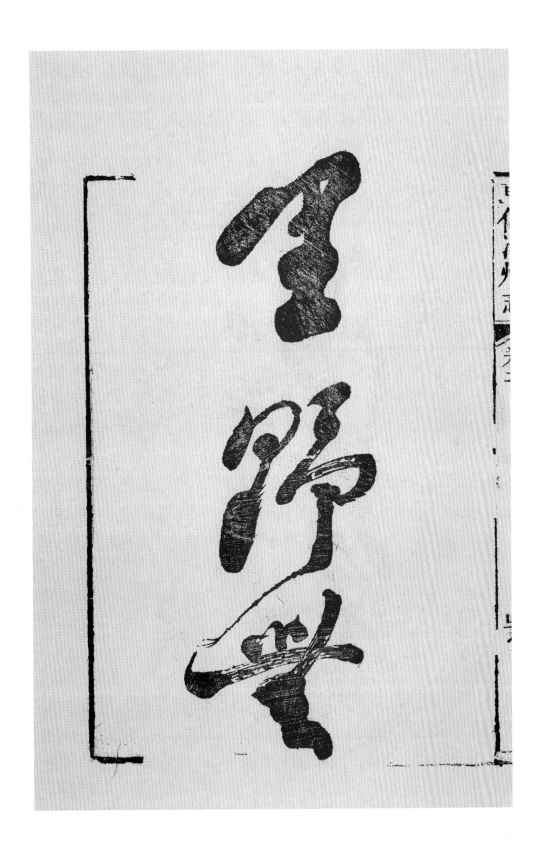

垄　墓

齐

东昏侯墓[一]。在州西枳县故城。

注释：

［一］蓝勇主编《稀见重庆地方文献汇点》（下）第 689 页云：《旧志》："东昏侯墓，在州西。按东昏侯墓在镇江府丹阳县三十一里，见《明统志》。梁普通六年，豫章王综自疑岁昏侯子，微服至曲阿，潜发东昏侯冢，割血沥骨。曲阿，今丹阳县。并未葬涪州。"

唐

长孙无忌墓[一]。按《一统志》：无忌，洛阳人，累官太子太傅、同中书门下三品。唐高宗时谏立武后，后许敬宗诬奏无忌反，削官爵，谪黔州，卒葬彭水县信陵乡薄刀岭。今隶涪州。

注释：

［一］蓝勇主编《稀见重庆地方文献汇点》（下）第 689 页云：长孙无忌墓，在州治薄刀岭。《涪陵历史人物》第 13–14 页《长孙无忌与涪陵》云：长孙无忌（？－659），字辅机，河南洛阳人。中国著名的法律学家。先世乃鲜卑族拓跋氏，是北魏皇族支系，后改为长孙氏。唐太宗李世民文德顺圣皇后（即长孙皇后）之兄。长孙无忌"该博文史"。隋朝义宁元年（617），李渊起兵太原。无忌进见，渊爱其才略，授任渭北行军典签。自此辅佐李世民，唐朝开国功臣，以功第一，封齐国公，后徙赵国公。武德九年（626），参与发动玄武门之变。历任尚书仆射（宰相）、司空、司徒。贞观十一年（637）奉命与房玄龄等修《贞观律》。贞观十七年（643），图功臣 24 人于凌烟阁，长孙无忌居第一。唐高宗即位，册封太尉，同中书门下三品。永徽二年（651）奉命与律学士对唐律逐条解释，撰成《律疏》（宋以后称《唐律疏议》)30 卷。因反对高宗立武则天为皇后，为许敬宗诬构，削爵流黔州（今重庆彭水），于武隆江口（时江口为涪州辖地）自缢死。有诗 3 首。长孙无忌死后，即葬于武隆县江口镇乌江河畔薄刀岭的令旗山（又名滚竹坡，一名薄刀岭）下，其墓被人们尊称为天子坟。墓地原占地 3 亩，主基古朴庄重、楼亭阁工艺精湛，石碑、石狮、石兔、石马排列有序，栩栩如生，现为墓高 5.35m、直径 30m 的圆形黄土冢。

墓前有明万年历间（1573–1620）彭水知县吴元凤立"唐太傅长孙公无忌之墓"碑一方，高 1.58m，宽 0.73m；清乾隆十一年（1746）彭水知县立"长孙无忌之墓"碑一方，高 1.4m，宽 0.49m，厚 0.11m；清咸丰十年（1859），彭水邑令建诗碑 1 方，高 1.55m，宽 0.7m，厚 0.1m，诗文 32 句，224 字，褒功颂德，堪称缅怀忠良的好诗篇。1984 年，武隆县人民政府立"赵国公长孙无忌之墓"正碑一方，以示纪念，并定为文物古迹加以保护。值得注意的是 1997 年 8 月，在彭水县汉葭镇东门村三组统井关下修建变电站时，挖出由两块上下粘合的沙石碑，两块各长 90cm，上宽 54.3cm，下宽 59.3cm，上盖呈鱼脊棺盖状。石碑下底，镌刻有两行楷书："大唐显庆五年（661）岁次庚申七月（庚）子朔十日巳酉故长孙无忌墓志"26 字，两行竖排。勋臣贬黔州，殒命于江口，引发诗人之感慨。如清代诗人舒国珍《题长孙无忌墓》就云：滚竹坡前吊前贤，孤坟断碣写寒泉。江涛白喷填精卫，陇树红花叫杜鹃。万古冤沉谁与雪？一朝功大尚凌烟。长安春色今犹好，忍说黔州被谪年。参见《历代名人与涪陵》第 37–39 页《唐初大臣、法律学家长孙无忌葬江口》、《神奇涪陵》第 14–15 页《一代名相长孙无忌客死涪州》。

宋

进士任昌大墓。庆历间进士，墓在武隆西甲一里黄荆坝铧头嘴。

尹氏娘子墓。淳熙八年（1181）。白里袁家坪。

明

万户侯何德明墓。鹤游坪尖山坡下金子山。

知县何有亮墓。白里鹤游坪周元山。

千户伯何清墓[一]。白里鹤游坪。

注释：

[一] 蓝勇主编《稀见重庆地方文献汇点》（下）第 689 页云："何清墓，在州治鹤游坪，晋爵千户伯。"

千户伯何舜卿墓[一]。鹤游坪箐林山。

注释：

[一]蓝勇主编《稀见重庆地方文献汇点》（下）第689页云："何舜卿墓，在州治鹤游坪箐林山，官推官。"

知县何仲山^[一]墓。城西中峰寺侧。

注释：

[一]何仲山：《涪陵历史人物》第52–53页《忠廉名宦何仲山》云：何仲山，字敬轩。明代四川涪州人。生卒不详。祖籍庐江（今安徽），其高祖何德明随明玉珍入川，封"万户侯"，后随明太祖朱元璋，授涪陵卫指挥，居涪州。何仲山为人诚信，孝顺父母，学富才优。成化十八年（1482）考中举人。弘治十一年（1498）任河南罗山县教谕，弘治十八年（1505），被任命为河南武安知县。体恤百姓，爱民如子，宽猛适宜，清正廉洁，全县士民交口称赞。正德三年（1508）调任河南叶县为儒学教谕。擢升为贵州镇远府儒学教授。叶县人以其忠廉、气节所感动，把他列为名宦。明武宗正德七年（1512），致仕回家。崇祀乡贤。

教谕何岑墓。鹤游坪文家坝。

参政何伟墓^[一]。白里石二丘。

注释：

[一]蓝勇主编《稀见重庆地方文献汇点》（下）第689页云："何伟墓，在州治石二丘，官参议。"

知县何楚墓。鹤游坪文家坝。

知府何以让墓。鹤游坪文家坝。

知州何振虞墓^[一]。蔺市坪对岸朱砂坪。

注释：

[一]蓝勇主编《稀见重庆地方文献汇点》（下）第690页云："何振虞墓，在州治朱砂坪，官知州。"

侍郎白勉墓^[一]。长里石鼓溪。

注释：

［一］蓝勇主编《稀见重庆地方文献汇点》（下）第 689 页云："白勉墓，在州治石鼓溪，官侍郎。"

郎中王用墓[一]。白里小溪。

注释：

［一］蓝勇主编《稀见重庆地方文献汇点》（下）第 689 页云："王用墓，在州治小溪，官郎中。"

孝子王应元墓。武隆司双狮山。

尚书刘岌墓[一]。白里金装岩。

注释：

［一］蓝勇主编《稀见重庆地方文献汇点》（下）第 689 页云："刘岌墓，在州治金装岩，官尚书。"刘岌，参见《历代名人与涪陵》第 108—109 页《明太子少保刘岌题涪州大龙桥》、《神奇涪陵》第 47 页《明代礼部尚书——刘岌》。

给事中刘菠墓[一]。长里高楼宅后。

注释：

［一］蓝勇主编《稀见重庆地方文献汇点》（下）第 689 页云："刘菠墓，在州治凤凰山，官给事中。"

大理寺政刘起沛墓[一]。钱家湾。

注释：

［一］蓝勇主编《稀见重庆地方文献汇点》（下）第 689 页云："刘起沛墓，在州治钱家湾，官大理寺丞。"

御史刘纪墓。白里高桥坎上，有古柏数株。

诰赠光禄大夫刘佾墓[一]。白里金装岩。

注释：

［一］蓝勇主编《稀见重庆地方文献汇点》（下）第 690 页云："刘佾墓，在州治金装岩。"

诰赠中宪大夫刘志懋墓[一]。长里凤凰山。

注释：

［一］蓝勇主编《稀见重庆地方文献汇点》（下）第 690 页云："刘志懋墓，在州治凤凰山。"

御史刘养充墓[一]。白里螺回坝。

注释：

［一］蓝勇主编《稀见重庆地方文献汇点》（下）第 689 页云："刘养充墓，在州治螺回坝，官御史。"《涪陵历史人物》第 62 页《清廉从政的刘养充》云：刘养充，明代涪州人。生卒不详。隆庆四年（1570）举人，次年中进士。同年，刘养充任陕西韩城县知县。后任河南祥符县知县、太康县知县、广西道御史。万历十年（1582），任陕西临巩（今兰州附近）兵备道。

同知刘承武墓[一]。长里桐梓沟。

注释：

［一］蓝勇主编《稀见重庆地方文献汇点》（下）第 690 页云："刘承武墓，在州治桐梓沟，官同知。"《涪陵历史人物》第 60-61 页《为民还债的知县刘承武》云：刘承武，明代四川涪州人。生卒不详。明世宗嘉靖十年（1531）举人。任云南寻甸别驾，升任广西柳州府同知。崇祀柳州名宦。

知县刘步武墓。长里凤凰山。

知县刘文墓。长里凤凰山。

贡生刘之益墓。长里钱家湾。

都司刘信忠墓[一]。长里凤凰山高楼。

注释：

［一］蓝勇主编《稀见重庆地方文献汇点》（下）第 689-690 页云："刘信忠墓，在州治凤凰山高楼，官都司。"

知府舒忠墓^[一]。白里沙坪场。

注释：

［一］蓝勇主编《稀见重庆地方文献汇点》（下）第 689 页云："舒忠墓，在州治沙坪庙，官知府。"

知县钱玉墓。长里石鼓溪。

知县谭文渊墓。武隆司双狮山。

参政谭荣墓^[一]。白里罗家庙九岭湾，红碑。

注释：

［一］蓝勇主编《稀见重庆地方文献汇点》（下）第 689 页云："谭荣墓，在州治金井坝，官参议。"

佥事谭臬墓^[一]。云里金井坝。

注释：

［一］蓝勇主编《稀见重庆地方文献汇点》（下）第 689 页云："谭臬墓，在州治金井坝，官佥事道。"

孝子夏正墓^[一]。长里和凤滩。

注释：

［一］蓝勇主编《稀见重庆地方文献汇点》（下）第 690 页云："夏正墓，在州治火凤滩，碑题'明孝子某墓'。"

诰赠资政大夫夏彦策墓^[一]。长里中金井。

注释：

［一］蓝勇主编《稀见重庆地方文献汇点》（下）第 690 页云："夏彦策墓，在州治金中井。"

尚书夏邦谟墓^{［一］}。云里郝家坝。

注释：

［一］蓝勇主编《稀见重庆地方文献汇点》（下）第 689 页云："夏邦谟墓，在州治郝家坝，官尚书。"参见《涪陵历史人物》第 57-58 页《吏部尚书夏邦谟》、《历代名人与涪陵》第 113-115 页《明代尚书夏邦谟涪州吟咏》、《神奇涪陵》第 48-49 页《吏部天官——夏邦谟》《涪陵文史资料选辑》第三辑第 119 页汪长春《涪陵市书画名人录》。

员外郎夏国孝墓^{［一］}。长里和凤滩。

注释：

［一］蓝勇主编《稀见重庆地方文献汇点》（下）第 689 页云："夏国孝墓，在州治火风滩，官员外郎。"《涪陵文史资料选辑》第三辑第 118 页汪长春《涪陵市书画名人录》云：夏国孝，号冠山，明代涪州人。刚明勤慎，颇著能声。嘉靖元年（1522）举人，次年进士。官至南京户部员外郎。后辞归终养，行李萧然为寒士，居鹤凤滩以诗文自娱。工书，饶有晋唐风范，偶临苏东坡，亦颇神妙。《余侯重立知稼亭记》即其手笔。曾纂修《涪州志》，已佚。

同知夏子云墓^{［一］}。长里和凤滩。

注释：

［一］蓝勇主编《稀见重庆地方文献汇点》（下）第 690 页云："夏子云墓，在州治火风滩，官同知。"《涪陵历史人物》第 61-62 页《纪律严明的通判夏子云》云：夏子云，号少素。明代四川涪州人。生卒不详。坦荡不羁，喜文弄武，诗文自成一家，少时即负重名。嘉靖十九年（1540），夏子云考中举人，但仍寄情于五岳山川。后到礼部应选，被选中。嘉靖末年，夏子云任安徽舒城县知县。后改任湖南岳州通判，专门负责九溪（九永边粮道）事务。后被朝廷授为五品官员。万历二年（1574），朝廷任其为湖南衡州同

知，万历三年（1575）辞职引退回家。在家乡火烽滩，夏子云有诸多善举，为乡人所崇敬。死后，乡人为其铸造雕像，置放于王灵祠，以供祭祀。夏子云能文善诗，著有《少素文集》。参见《历代名人与涪陵》第 117 页《"不艳一第"的理学传承者夏子云》。

训导夏可裳墓。_{贵州贵阳县。}

知县夏道硕墓。_{长里麻堆坝。}

参政张柱墓^[一]。_{白里鹤游坪水口。}

注释：

［一］蓝勇主编《稀见重庆地方文献汇点》（下）第 689 页云："张柱墓，在州治鹤游坪水口，官参政。"

资政大夫夏有纶墓^[一]。_{白里黑石坪。}

注释：

［一］蓝勇主编《稀见重庆地方文献汇点》（下）第 690 页云："夏有纶墓，在州治墨石坪。"

乡贤张翀墓。_{鹤游坪。}

知州张模墓^[一]。_{鹤游坪。}

注释：

［一］蓝勇主编《稀见重庆地方文献汇点》（下）第 690 页云："张模墓，在州治鹤游坪，官知州。"

副使道张与可墓^[一]。_{白里双石桥。}

注释：

［一］蓝勇主编《稀见重庆地方文献汇点》（下）第 689 页云："张与可墓，在州治双石桥，官副使道。"张与可，明代涪州李渡镇人，万历十七年（1589）进士，官至河南按察司副使。张与可有《李渡镇关帝庙记》，收录于李世权《石刻涪州》第 232 页、《李渡镇志》第 288 页。

巡抚张善吉墓[一]。_{鹤游坪太平坝。}

注释：

[一] 蓝勇主编《稀见重庆地方文献汇点》（下）第 689 页云："张善吉墓，在州治鹤游坪大坟坝，官巡抚。"

知县张行仁墓。_{云里田铺湾。}

教授张佽墓。_{鹤游坪大坟坝。}

文林郎周应芳墓。_{云阳县盘沱。}

册封虬侯周大江墓[一]。_{云里彭家坝。}

注释：

[一] 蓝勇主编《稀见重庆地方文献汇点》（下）第 689 页云："周大江墓，在州东彭家坝，晋爵虬正侯。"《涪陵历史人物》第 58–59 页《虬侯周大江》云：周大江，字梓溪。明代四川涪州人。生卒不详。岁贡。任湖广武昌府通判时，武昌盗窃成风，百姓不得安宁，周大江大力缉捕，盗患平息，百姓安居乐业，在彭家泽为他建生祠，铸铁像，以示纪念和崇祀。明武宗正德十四年（1519），宁王朱宸濠在江西南昌发动叛乱，周大江跟随赣南巡抚王守仁平定叛乱，负责转运粮草，被朝廷赠为虬侯，并录用其子。

荣禄大夫周达墓。_{州西金鸭池。}

御史朱灏墓。_{东里龙坝罗家灏。}

荣禄大夫周茹茶墓[一]。_{长里磨沱。}

注释：

[一] 蓝勇主编《稀见重庆地方文献汇点》（下）第 690 页云：周茹茶墓，在州治磨沱。《涪陵历史人物》第 70 页《清代湖南路总兵周茹茶》云：周茹茶（1617–1693），字自饴，号彝山，别号丹井先生。涪州人。父周达，官至南京神枢四营副将。周茹茶幼聪敏，及长淹贯经史，谙习韬略，文武双全。明末，张献忠入川攻涪州，周茹茶应聘从戎，帮助明军将领贾联登、王祥等收集败军，后带兵迂回驰战，对收复遵义、重庆、成都等地有功，授湖南路总兵。清顺治七年（1650）解甲归田。周茹茶一生撰著甚富，晚年尽焚。病卒后，翰林院编修蒋士铨为其撰写墓志。

中宪大夫陈一廉墓^[一]。长里鸭子塘风荡河。

注释:

[一] 蓝勇主编《稀见重庆地方文献汇点》(下)第690页云:"陈一廉墓,在州治鸭子坝。"

同知陈直墓^[一]。长里蒯家沟。

注释:

[一] 蓝勇主编《稀见重庆地方文献汇点》(下)第690页云:"陈直墓,在州治蒯家沟。官同知。"《涪陵历史人物》第66页《陈氏四贤》云:陈直,字鹿皋。生卒不详。年少登科,万历十年(1582)举人,后任四川仁寿教谕。万历二十三年(1595),升任陕西湄县知县,有佳绩,为其立生祠。5年后,升为江西广信府同知兼任永丰县知县,制止私挖乱采矿石,列入永丰名宦祠,春秋崇祀。

推官陈正墓^[一]。长里舒家湾。

注释:

[一] 蓝勇主编《稀见重庆地方文献汇点》(下)第689页云:"陈正墓,在州治舒家湾。官推官。"

知府陈计长墓^[一]。长里致远桥。

注释:

[一] 蓝勇主编《稀见重庆地方文献汇点》(下)第689页云:"陈计长墓,在州治致远桥。官知府。"《涪陵历史人物》第66页《陈氏四贤》云:陈计长,字三石。明末清初涪州人。生卒不详。明熹宗天启七年(1627)举人,历任江南松江府同知、湖南长沙府知府。才思泉涌,工诗善书,有《六政亿言》《鸣鹤堂稿》等诗文集行世。《涪陵文史资料选辑》第三辑第121页汪长春《涪陵市书画名人录》云:陈计长,字三石,明代涪州人。性敏慧好学,知识淹博。天启七年(1627)举人。曾任松江府同知,升任长沙府知府。娴文词书法,参欧柳之间,笔亦放纵,苍劲有度。曾为江西南城人涪州知州良吏黄寿之黄公祠书写祀记。其书运笔如飞,一挥而就,腕力秀劲,名躁一时。著

有《六政亿言》《鸣鹤堂稿》等书。

盐运司陈莄墓^[一]。_{长里五马石绿阴［荫］堂。}

注释：

［一］蓝勇主编《稀见重庆地方文献汇点》（下）第 689 页云："陈莄墓，在州治五马石绿阴［荫］。官盐运司。"《涪陵历史人物》第 66 页《陈氏四贤》云：陈莄，字济宇。生卒不详。万历三十四年（1606）举人，历任河北栾城、良乡两县知县和刑部浙江司主事、江西广信府知府、福建盐运使。为官以清廉著闻，尤以江西广信府知府任政绩最为卓著。

通判陈计定墓。_{城南后溪。}

知县陈可则墓。_{长里高家镇。}

中宪大夫陈志孝墓^[一]。_{长里莲池沟。}

注释：

［一］蓝勇主编《稀见重庆地方文献汇点》（下）第 690 页作陈致孝，云："陈致孝墓，在州治莲池沟。"

知县贺有年墓。_{东里清水溪。}

参议大夫陈黔清墓。_{蔺市坪龚家坝。}

布政司文作墓^[一]。_{长里错开河。}

注释：

［一］蓝勇主编《稀见重庆地方文献汇点》（下）第 689 页云："文作墓，在州治错开河。官布政使。"

夜郎令文忠墓。_{长里大坝。}

郢府典宝文载道墓。_{长里小坝花屋基。}

教谕文如玉墓。_{云里东津驿罐子寺。}

照磨文羽书墓。_{长里至道观。}

知县文可聘墓。_{长里马援坝。}

通判文行墓。_{长里花垣坝。}

按察司文可茹墓。_{长里凤凰山。}

知县文珂墓。_{长里花垣坝。}

兵马司文羽郴墓。_{长里文家坪。}

主事文英墓。_{长里五里牌。}

御史文德墓。_{长里大坝}[一]。

注释：

[一]蓝勇主编《稀见重庆地方文献汇点》（下）第689页云："文德墓，在州治长坝。官御史。"《涪陵历史人物》第63-64页《为民减负的文德》云：文德，字舜阶，文羽麟之子。明代涪州人。生卒不详。万历元年（1573）举人，二年（1574）进士。万历十年（1582），文德任湖北麻城县知县。清朝嘉庆二十二年（1816），麻城官民将朱嵩、文德配享周、董、李三公，列于"三老堂"。文德被麻城绅民公推为名宦。因在麻城政绩卓著，被擢升为山西道监察御史，巡抚山西，有廉吏之誉。后为科举考试主考官，在一次主持科举考试中，因疾病，死于考场。

知县文可黼墓。_{长里致远桥。}

知州文羽麟墓[一]。_{长里朱砂坪。}

注释：

[一]蓝勇主编《稀见重庆地方文献汇点》（下）第690页云："文羽麟墓，在州治朱砂坪。官知州。"《涪陵历史人物》第62-63页《只身深入虎穴的名宦文羽麟》云：文羽麟，明代四川涪州人。生卒不详。嘉靖三十八年（1558）举人。隆庆元年（1567），文羽麟任云南河西县知县。他大兴水利，鼓励百姓发展生产，尊师重教，开启民智，百姓的生产生活水平逐步提高，为百姓拥戴。万历三年（1575）七月，文羽麟升任河南陕州知州。河西县民感其德行，为他建立生祠，当地名士张一鹤为其生祠作记。在致仕回乡后，文羽麟深居简出，不干涉公事，尽力地侍奉父母，对朋友、邻居真诚，以读书作文习字自娱，对子孙严加课督，其子孙科举及第者多人，其子文德为万历二年（1574）进士。

参政向鼎墓^[一]。<small>云里东青驿。</small>

注释：

[一] 蓝勇主编《稀见重庆地方文献汇点》（下）第 689 页云：“向鼎墓，在州治东青驿。官参议。”向鼎，字六神，明代涪州人，天启万年进士，官至陕西潼关参政。有《新建十方堂碑记》，收录于李世权《石刻涪州》第 233 页。《涪陵历史人物》第 68–69 页《修建涪州文峰塔的向鼎》云：向鼎，字六神。明代四川涪州人。生卒不详。天启元年（1621）举人，五年（1625）进士。天启六年（1626），向鼎任浙江长兴县知县。崇祯十三年（1640），向鼎被提升为湖广分守上荆南兵备道。因政绩突出，被擢升为潼关参政。卸任归乡后，向鼎捐巨资，联合涪州富豪，在长江刘家山的山脊上修建文峰塔。1644 年 6 月，工程进行到将近一半之时，张献忠率军攻涪州，文峰塔修建工程被迫中断。清后期，涪陵文人志士和官员应百姓要求，在向鼎四层塔基基础上，重新修建了文峰塔。

大中大夫向云程墓^[一]。<small>白里金装岩。</small>

注释：

[一] 蓝勇主编《稀见重庆地方文献汇点》（下）第 690 页云：“向云程墓，在州治金装岩。”

乡贤向牖螭墓。<small>云里东青驿。</small>

太仆寺少卿冯良谟墓^[一]。<small>长里麻堆坝。</small>

注释：

[一] 蓝勇主编《稀见重庆地方文献汇点》（下）第 689 页云：“冯良谟墓，在州治麻堆坝。官太仆寺少卿。”

知州曾所能墓^[一]。<small>长里曾家坝。</small>

注释：

[一] 蓝勇主编《稀见重庆地方文献汇点》（下）第 690 页云：“曾所能墓，在州治曾家坝。官知州。”

蔺知府墓。_{东里蔺村坝。}

隐逸蔺希夔墓。_{长里蔺市坪。}

杨都司墓。_{东里木根铺。}

巡抚曹愈参墓[一]。_{长里葛树溪。}

注释：

[一] 蓝勇主编《稀见重庆地方文献汇点》（下）第 689 页云："曹愈参墓，在州治葛树溪。官巡抚。"《涪陵历史人物》第 64-65 页《云南巡抚曹愈参》云：曹愈参，字坤釜。明代四川涪州人。生卒不详。神宗万历七年（1579）举人，十四年（1586）进士。先后任陕西省商南县、湖北黄州府黄冈县知县。在黄冈，体恤百姓，被推举为名宦。万历二十三年（1595），曹愈参升任吏部考功司主事。此后，历任南京兵部郎中、陕西副使、湖广副使、河南副使。万历三十九年（1611），曹愈参任京师昌平整饬兵备道，掌管监督军事。昌平军民为他建立生祠。后来，曹愈参改任山西专责民政事务的右布政使。万历四十二年（1614），曹愈参升任都察院右佥都御史，巡视云南，代理建昌、毕节、东川等处地方军务，督察四川和贵州兵饷。同年十一月，曹愈参上奏神宗皇帝，请求免收云南地区万历四十四年（1616）的贡金5000两。万历四十六年（1618），曹愈参回归家乡涪陵，建其住所于老涪陵城的都堂嘴，病故后，葬于涪州长里葛树溪。

孝子曹凤山墓。_{白里曹家大湾。}

知县陈鹏墓。_{长里石凤溪。}

御史况上进墓[一]。_{白里陶家坝。}

注释：

[一] 蓝勇主编《稀见重庆地方文献汇点》（下）第 689 页作况上达，云："况上达墓，在州治陶家坝。官御史。"

知县沈海泉墓。_{长里盐井坝。}

主事任传吾墓[一]。_{长里盐井坝。}

注释：

[一] 蓝勇主编《稀见重庆地方文献汇点》（下）第 689 页云："任传吾墓，在州治

盐井坝。官主事。"

都察院经历王公墓。云里金钗漊。

举人潘腾珠利用墓。长里董家庄。

推官赵芝垣墓。白里廖家坝。

按察黎元墓[一]。白里黎家洞。

注释:

[一]蓝勇主编《稀见重庆地方文献汇点》(下)第689页云:"黎元墓,在州治金钱寺坎夏。官山东按察司佥事。"黎元,明代涪州人,嘉靖三十五年(1556)进士,官至福建按察司佥事。有《重修水府祠碑记》,收录于李世权《石刻涪州》第234页、《李渡镇志》第288-289页。有《知县万公生祠记》,收录于《重修丰都县志》卷十一。

国朝

文林郎陈命世墓。长里曾家坝。

教授陈辅世墓。长里曾家坝。

训导陈维世墓。长里马援坝。

奉直大夫陈振世墓[一]。沙溪沟。

注释:

[一]蓝勇主编《稀见重庆地方文献汇点》(下)第690页云:"陈振世墓,在州治沙溪沟。"

学正陈任世墓。长里陈家塝。

知县陈援世墓。长里三颗石。

举人陈珏墓。长里朱家垣。

举人陈果墓。长里欧家冲。

教谕陈廷墓。长里陈家湾。

承德郎陈畤墓。长里曾家坝。

知县陈岱墓。长里曾家坝。

文林郎陈瓒墓。_{长里鸭子坝。}

文林郎陈于彭墓。_{长里三颗石。}

解元陈于端墓。_{麻坝欧家冲。}

知县陈恺墓。_{长里蔡家沱。}

举人陈烈墓。_{云里竹鸡山大林垮。}

粮驿道陈于中墓[一]。_{长里蔺市坪石楼门。}

注释:

[一]蓝勇主编《稀见重庆地方文献汇点》(下)第690页云:"陈于中墓,在州治石楼门。官粮驿道。"

文林郎陈于宸墓。_{麻堆坝板栗垮。}

知县陈于宇墓。_{长里五马石清水沟。}

庶吉士陈于午墓[一]。_{长里控鹤坪。}

注释:

[一]蓝勇主编《稀见重庆地方文献汇点》(下)第690页云:"陈于午墓,在州治鹤游坪。官翰林院庶吉士。"

知县陈于翰墓。_{长里曾家坝。}

知县陈朝诗墓。_{长寿县古佛桥。}

知县陈于藩墓。_{长里曾家坝。}

知县陈朝义墓。_{长里鸭子坝。}

知县陈鹏飞墓。_{长里朱家坪。}

中宪大夫陈治墓。_{白里横山。}

中宪大夫陈坚墓[一]。_{长里蔺市坪。}

注释:

[一]蓝勇主编《稀见重庆地方文献汇点》(下)第690页云:"陈坚墓,在州治蔺市坪。"

文林郎陈镕墓。长里沙溪沟。

文林郎陈于贤墓。 长里鸭子坝。

庶吉士陈永图墓。 长里花园坝。

崇祀乡贤陈廷璠墓。 长里宝带溪。

庶吉士陈昉墓。 长里苍蒲沟。

朝议大夫陈煦墓。 长里曾家坝。

举人陈鸿飞墓。 白里鹤游坪佛堂山。

进士陈镕墓。 长里曾家坝。

知县陈夔让墓。 长里樊家岭。

知县陈稷田墓。 长里花垣。

教谕陈鹏志墓。 长里蔺市坪。

朝议大夫陈于宣墓。 长里曾家坝。

文林郎陈鹏遥墓。 长里花园。

文林郎陈芝瑞墓。 长里酒店垭。

奉政大夫陈鐥墓。 长里曾家坝。

解元陈于鉴墓。 长里鸭子坝。

进士陈于际墓。 长里一甲双河口。

荣禄大夫周俨墓[一]。 长里磨沱。

注释：

［一］蓝勇主编《稀见重庆地方文献汇点》（下）第 690 页云："周俨墓，在州治磨沱。"

孝子周儒墓[一]。 白砝碛太平寺。

注释：

［一］蓝勇主编《稀见重庆地方文献汇点》（下）第 690 页云："周儒墓，在州治太平山，碑题'孝子某某'。"

知县周锦墓。 州南磨溪。

文林郎周珣墓。 长里错开河。

举人周镜墓。_{长里麻堆坝滟塘。}

知县周铣墓。_{长里黑潭马鹿塆。}

盐大使周鋗墓。_{长里凤翔庄。}

编修周宗岐墓[一]。_{长里黄溪口。}

注释：

[一] 蓝勇主编《稀见重庆地方文献汇点》（下）第 690 页云："周宗岐墓，在州治汪渠沟。官翰林院编修。"

太子太傅兵部尚书周煌墓[一]。_{长里明家场七贤塆。}

注释：

[一] 蓝勇主编《稀见重庆地方文献汇点》（下）第 690 页云："周煌墓，在州治七贤沟。官至太子太傅、兵部尚书。"参见《涪陵历史人物》第 75–78 页《太子太傅周煌》、《神奇涪陵》第 49–50 页《嘉庆皇帝老师——周煌》。

荣禄大夫周兴岱墓[一]。_{长里插旗山。}

注释：

[一] 蓝勇主编《稀见重庆地方文献汇点》（下）第 690 页云："周兴岱墓，在州东插旗山。官都察院左都御史。"《涪陵历史人物》第 81–82 页《都察院左都御史周兴岱》云：周兴岱（1744–1809），字冠三，号东屏，周煌次子。清代四川涪州人。乾隆三十五年（1770）举人，乾隆三十六年（1771）二甲第六名进士，翰林院庶吉士，散馆后授翰林院编修。乾隆四十二年（1777），周兴岱充任顺天乡试同考官；后参与《四库全书》编纂工作，为武英殿提调官。四十七年（1782）因办理《四库全书》有功，议叙遇缺迁升，乾隆赏赐他八丝大缎 2 匹、砚 1 方、笔 1 匣、墨刻 1 本、如意 1 柄、墨 1 匣、绢笺 10 张。乾隆四十八年（1783），周充任山东乡试同考官。乾隆五十年（1785）四月，其父周煌在京城病逝，他率全家扶灵柩由水驿回乡营葬。服除，官复原职。次年，擢升为詹事府右春坊右赞善；五十四年（1789）转任左春坊赞善，迁司经局洗马庶子。同年，充任陕西乡试副考官。不久授右春坊右庶子、翰林院侍讲学士。乾隆五十五年（1790），因广东学政陈桂森患病难以速愈，由周兴岱任广东学政。顺利地完成肇庆、罗定、韶

州、南雄、连州等府州岁试。次年，朝廷擢升周兴岱为内阁学士，兼礼部侍郎。乾隆五十八年（1793），充任会试知贡举、武会试总裁。次年，充任湖北乡试正考官；乾隆六十年（1795），迁任礼部右侍郎，充任顺天乡试监临、武会试总裁，在南书房行走。嘉庆元年（1796）正月，嘉庆派遣周兴岱为副使，跟随正使、礼部尚书德明，持节赍册宝，册封侧妃钮祜禄氏为贵妃。同年十一月，为高宗乾隆配享园丘礼成，嘉庆皇帝派遣时任礼部侍郎的周兴岱祭告黄帝陵。次年，周兴岱转任礼部左侍郎，三年充任顺天乡试监临。四年（1799）正月，调任吏部右侍郎，二月兼管乐部事务，充任经延讲官，十月转左侍郎，十二月奉命祭告川陕岳渎。次年正月，调任户部右侍郎。嘉庆六年（1801），周兴岱充任殿试读卷官，后又充任江西乡试正考官。七年（1802），被人参奏在典试江西时以供职内廷在外炫耀，收受馈赠，被降为翰林院侍读学士。次年二月，时值大考届期，周兴岱以老眼昏花、有病在身为由上奏嘉庆皇帝，乞请退休。嘉庆十年（1805），周兴岱迁任翰林院侍讲，擢升内阁学士兼礼部侍郎，充任玉牒（皇族家谱）馆副总裁，署文渊阁直阁事。嘉庆十二年（1807）十二月，擢升为兵部右侍郎。嘉庆十三年，周兴岱充任会试知贡举；十一月授都察院左都御史，充任会试总裁。嘉庆十四年（1809）十一月九日，周兴岱在北京病逝，其子周廷授扶灵柩回乡安葬。参见《涪陵文史资料选辑》第三辑第128-129页汪长春《涪陵市书画名人录·周兴岱》。

荣禄大夫周珙墓[一]。长里汪渠沟。

注释：

[一] 蓝勇主编《稀见重庆地方文献汇点》（下）第690页云："周珙墓，在州治汪渠沟。"

朝议大夫周衡墓。长里马援坝。

奉政大夫周如岗墓。长里高家塽。

知县周兴峰墓。巴县鱼洞溪大江对岸钓鱼嘴。

举人周运昌墓。白里环碧庵。

知县周子宪墓。长里梨香溪。

同知周宗华墓。长里楼房塽。

知县周宗泰墓。长里金银垭。

训导周克信墓。_{长里和凤滩。}

知县周宗泗墓。_{长里毛家坝。}

中宪大夫周宗峇墓。_{长里杨家坝。}

奉政大夫周廷榘墓。_{聚云寺山后鸡诏沟。}

奉政大夫邹之英墓[一]。_{长里深沱。}

注释：

[一]蓝勇主编《稀见重庆地方文献汇点》(下)第 690 页云："邹之英墓，在州治深沱。"

训导邹锡钧墓。_{长里画楼门。}

守备邹述麟墓。_{长里北拱坝。}

中宪大夫邹旃墓[一]。_{长里深沱。}

注释：

[一]蓝勇主编《稀见重庆地方文献汇点》(下)第 690 页云："邹旃墓，在州治深沱。"

迤东道邹锡彤墓。_{云阳县盘沱。}

岁贡邹锡礼墓。_{长里北拱坝。}

进士邹枬墓。_{长里小东溪。}

奉直大夫邹溦庚墓。_{北拱坝。}

知州邹澍庚墓。_{长里致远场。}

知县邹沵庚墓。_{长里北拱坝龙洞沟。}

朝议大夫邹治仑墓。_{北拱坝。}

训导邹瑶枝墓。_{长里东堡寺。}

训导邹际云墓。_{长里北拱坝。}

举人邹榘墓。_{长里北拱坝后塝。}

知县夏允墓。_{白里鹤游坪郝家山。}

奉直大夫夏克明墓[一]。_{白里石龙寺。}

注释：

[一]蓝勇主编《稀见重庆地方文献汇点》(下)第 690 页云："夏克明墓，在州治

石龙寺。"

教谕夏玥墓。_{城南天马山张家塆。}

守备夏玥墓。_{长里杨家林。}

举人夏瑨墓。_{长里石凤溪。}

知县夏舢墓。_{长里伏波坪。}

教谕夏景铨墓。_{长寿官斗山。}

举人夏崃、嵿合墓。_{白里铁炉坝。}

知县夏道曙墓。_{蔺市坪龚家坝。}

修职郎夏琠墓。_{长寿官斗山。}

御史夏景宣墓[一]。_{云里赐谷坝。}

注释：

[一]蓝勇主编《稀见重庆地方文献汇点》（下）第 690 页云："夏景宣墓，在州治阳谷坝，官御史。"

奉政大夫潘承志墓[一]。_{云里葛亮山。}

注释：

[一]蓝勇主编《稀见重庆地方文献汇点》（下）第 690 页云："潘承志墓，在州治葛亮山。"

文林郎潘嵩墓。_{长里龙里槽。}

文林郎潘喻谦墓。_{长里金家山。}

孝友潘岐墓[一]。_{长里五马石清水溪。}

注释：

[一]蓝勇主编《稀见重庆地方文献汇点》（下）第 690 页云："潘岐墓，在州治五马石，碑题'孝友某某'。"

举人潘问孝墓。_{白里鸿舞溪。}

进士文景藩墓。 长里杨家塆。

举人文洽墓。 长里石垣子。

教谕文正墓。 长里曾家庄。

举人文步武墓。 麻堆坝板栗塆。

进士文楠墓。 长里花垣坝。

知县文如筠墓。 长里花垣坝古学堂。

举人文自超墓。 长里花垣坝后冲。

知县何铣虞墓。 白里铁炉坝。

训导何继先墓。 城西黄溪口。

知县何洪先墓。 白里小溪。

知县何义先墓。 白里鹤游坪徐家嘴。

解元何行先墓。 白里横山。

教谕何达先墓。 白里小溪。

知县何鈜墓。 白里小溪尖山。

知县何锴墓。 州西黄溪口。

举人何铨墓。 州西黄溪口。

知州何有基墓。 州西黄溪口。

教谕何锡九墓。 长里罗云坝。

教谕何裕基墓。 长寿黄草峡。

知县何启昌墓。 长里石二坝。

知县何浩如墓。 长里石二坝。

训导熊尔敬墓。 白里湘子山。

举人熊禹后墓。 白里黎双坝。

教谕熊如麟墓。 白里苍头垭。

文林郎熊希衮墓。 长里石鼓溪。

知县熊闻墓。 长里酒场垭。

进士熊德芝墓。 长里罗汉桥。

举人熊德藩墓。 贵州雄虎山。未移归。

举人熊德芸墓。 城南石鼓溪。

文林郎张焜墓。 鹤游坪杨柳冲。

文林郎张元伟墓。 长里蔺市坪鱼溪河。

知县张元俊墓。 鹤游坪马蹄穴。

知县张煦墓。 鹤游坪马蹄穴。

知县张景载墓。 白里两河口。

知县刘衍均墓。 长里钱家塆。

举人刘维翰墓。 白里黑铅冲。

进士刘维鸿墓。 白里谭家岭。

文林郎刘燮元墓。 白里尖山子。

教谕刘普墓。 长里钱家塆。

进士刘邦柄墓。 白里尖山子。

知府刘宗元墓。 白里盐清寺。

举人刘镭墓。 长里罗云坝。

孝子黄志焕墓^[一]。 城南石嘴。

注释：

［一］蓝勇主编《稀见重庆地方文献汇点》（下）第 690 页云："黄志焕墓，在州城南石嘴，碑题'孝子某某'。"

教谕黄来谙墓。 彭水县。

教谕张㽦墓。 鹤游坪马蹄穴。

盐太史黄世远墓。 长里大龙桥。

训导黄为琰墓。 长里石凤溪。

解元黄坦墓。 长里石凤溪。

知县黄基墓。 长里石凤溪。

教授向玺墓。 长里向家崖。

举人向远鹏墓。 长里马武垭。

举人向远翔墓。 云里东青驿。

举人向远翱墓。长里麻堆坝。

知县杜同春墓。长里元檀坎。

知州侯天章墓。长里石凤溪。

同知舒翯墓。云里环连嘴。

奉政大夫舒锟墓。长里帽子石。

知州舒廷杰墓。长里凤翔岗。

奉政大夫舒光宗墓。长里帽子石。

知县吴昉墓。云里平西坝。

同知舒鹏翼墓。涪陵江三门子黄角编。

教谕吴仕修墓。马中嘴。

知县吴仕宏墓。云里班〔斑〕竹园。

举人冯懋柱墓。长里麻堆坝。

进士任国宁墓。长里马羊坪。

教谕杨名时墓。洗墨溪。

知县杨洪宣墓。东里关滩。

教谕杨嘉祉墓。武隆双狮山。

知县杨应南墓。云里杨家冲。

杨宣墓。云里凤栖堡。

孝友杨廷用墓。云里游将塆。

州判杨恂墓。云里四方井。

孝子杨维楫墓。长里石板溪。

举人高旦墓。长里仁老山。

知县易肇文墓。长里石凤溪。

举人蔺伯龄墓。白里十牛街。

教谕程绪墓。白里罗家庙。

孝子郎仕德墓。西里南山坪。

知县徐玉堂墓。长里北拱坝。

知县车汉杰墓。长里麻堆坝欧家冲。长寿籍，雍正丙午（六年，1728）举人。

进士徐玉书墓。_{长里龙头山。}

义举舒其仁墓。_{云里环连嘴。}

教谕罗昂墓。_{长里石冠嘴。}

教谕谭如玮墓。_{白里鹤游坪。}

举人谭钫墓。_{白里沙河大坝。}

文林郎谭辉宇墓。_{鹤游坪燕子溪。}

教谕谭道衢墓。_{鹤游坪燕子溪宅后。}

奉直大夫冉世泽墓。_{云里三官滩。}

举人彭学淇墓。_{云里马伏岭。}

奉直大夫曹世英墓。_{长里鸭子坝。}

孝子彭学鸿墓。_{云里彭家坝新屋塝。}

奉直大夫冉洪义墓。_{丰都永兴场。}

举人胡有光墓。_{云里黑岭中坝。}

武显将军曾受墓。_{成都南门。}

举人高承恩墓。_{长里铁瓦寺三星岭。}

举人石为标墓。_{长里鸭子坝。}

武功将军曾启仲、俊墓。_{云里青岗堡。}

武德佐骑尉余国栋、从勋墓。_{云里新屋塝。}

训导彭应槐墓。_{云里彭家坝。}

知县李映阁墓。_{长里酒场垭土鹅子。}

中议大夫李腾霄墓。_{长里和凤滩。}

教谕王玉成墓。_{长里罗云坝。}

训导王煊墓。_{长里罗云坝。}

知州蒋莢墓。_{云里犁湿溪。}

文林郎侯兴通墓。_{北山坪}

文林郎侯朝佐墓。_{长里东流溪}

知县覃模墓。_{云里刘家塝。}

举人薛锐墓。_{长里薛家山。}

振威将军段君仲墓。<small>东里塘坝。</small>

举人蔡茹征墓。<small>云里杨秀山。</small>

举人高易墓。<small>长里石二坝志仁山。</small>

文林郎覃邦本墓。<small>云里爱莲居。</small>

文林郎王清旦墓。<small>南川县福里四甲鹤翔山。</small>

寺　观

本城

三清观。<small>城南郭外。祀老子、吕仙,跨后山脉峦起处。观后林篁洒落,长夏留人。</small>

东岳庙。<small>城东泗王庙右前。被强邻占基,因火毁庙。神座下碑见,并庙钟,备载基址,经官追还。</small>

观音阁[一]。<small>黔江关下。阁倚山腰,登览旷然,俯临涪陵江。阁外林森苍翠,江流屈曲蜿蜒而走,隐见长林间虹明绣错,殆非人境。</small>

注释:

[一]观音阁:蓝勇主编《稀见重庆地方文献汇点》(下)第 471 页云:"观音阁,州东五里,小江边傍岩为阁,幼憩胜地。"

元天宫。<small>东城楼。</small>

准提阁。<small>北城楼。</small>

三官殿。<small>西城楼。</small>

圣母殿。<small>小东城楼。</small>

奎星阁、天上宫、禹丰宫、帝丰宫、万寿宫、青龙阁、梵音宫、川主庙、天庆宫、南离宫、白衣庵[一]、山王庙、泗王庙、龙王庙、碧霞宫、南华宫、五显庙、华光庙、上清宫、巧圣宫。

注释:

[一]白衣庵:蓝勇主编《稀见重庆地方文献汇点》(下)第 468 页云:"白衣庵,州东二里。"

歆圣庙。<small>今名桓侯宫。</small>

东岳庙。西门外。

三抚庙、祖师殿、乾元宫、崇兴寺^[一]。

注释：

［一］崇兴寺：蓝勇主编《稀见重庆地方文献汇点》（下）第 469 页云："崇兴寺，州西关外。"

群猪寺。孙可望败李占春于群猪寺日，即此。

长里

天宝寺。自新庙子迤南，两山交让，笼竹和烟衬贴山麓，溪光迎入。五十里至双虹桥，嵯峨面人立为白象山，循石磴，缭绕而登，约六里过山坳，茅屋数椽，绣壤相错，众山罗列，可手摩其顶，复上里许至寺门，回眸下瞰，田水盈盈，真琉璃世界也。寺凡三层，殿、阁、楼、台、禅堂、精舍邃密厂豁，曲尽其妙，真不减洞天云。

尤蓝寺。乾隆坝北山曰：琴台突起，锐巅下脱脉西趣寺当其锐，春夏青林缺处间露鸥吻，登眺寥远，相传蓝冲虚曾游此，或曰尤、蓝二仙飞升处。

凤翔寺。铜锣铺，左口据山岭［？］，苍莽灵禽、貔貅往来如织。秋冬木落，夕照晕金，自下枝柯槎枒中，仰望重楼凌阁，恍如金银宫阙也，西岩壁立，有明人擘窠"凤翔"二字，寺东里许，一山岌岌人丰柯岩，侧张两翼，横开数十丈，赭壁纹皱，两霁遐晖如挂榜，其下居人数十家，每岩石圮裂，中必有登科第者。

老女观。蔺市南。依岩架厦，竹树围青。俯瞰江流，如带可拾。观可容百人，冽泉自石壁出，凉意沁人。相传明有贞女结构栖静于此，有碑可辨者惟"大明正德"数字。

聚云寺。城西十五里，俗名赛酆都，盘踞江皋，如浮岛屿，峰巅竹木骈罗，浓绿清洒，寺隐其中，放棹江心，仰望迥然云中鸡犬也。

狮子庙。下三甲。庙前古柏一株，偃蹇离披，大数十围，根枝如龙爪攫挈，风雨欲飞，汉唐以来物也。

灵泉山寺。清真和尚募金开辟，殿壁石隙中有清泉，刻石龙。接之，水从口注井，四时不竭。

凤凰寺。有龙泉，溉田数十亩。添建文昌宫、四望亭。

林家观^[一]。在龙潭侧，即林端得道处。

注释：

［一］林家观：蓝勇主编《稀见重庆地方文献汇点》（下）第 469 页云："林家观，州南一百三十里，明成化中建，林端仙得道处。"

中峰寺。<small>即仙女寨，孤峰矗立江边，四面削壁，危梯峻绝，跻其上，林木阴翳，苍翠接天。夏秋水涨，内港环通，宛然青峰浮于水上。</small>

圣水寺。<small>右有石洞，宽数丈，飞泉如帘。</small>

琴头寺。<small>山如琴头，故名。寺前古树参天。</small>

龙洞寺。<small>寺前有洞，直通寺后数百丈。</small>

灵霄寺。<small>寺后有仙女洞，紫竹、石柱若生成，嵌空玲珑。两旁怪石仿佛善财、童女也。</small>

四圣庙。<small>俯瞰江流，鹭鸶上下如落叶纷飞。</small>

高凤庵。<small>孤峰拔地，石骨清寒，径古云痴，林木森蔚，庵冠其上。跻巅，遐瞩穷数百里，南尤辽旷，遥青黛点，远贴天际，非霁极不</small>

辨别黔中诸山也。

石堡寺。<small>即松柏旧寺。寺后石隙出米，仅供僧食。僧凿而大之，米不复出。金凿迹犹存。</small>

双龙寺。<small>释迦、观音铜像，相传来自宝珠寺。</small>

双龙寺。<small>有清泉出石隙。周在龙重修。</small>

冠峰寺。<small>蔺希夔习静处。名万松窠，后易此名。</small>

琴台寺[一]。<small>有古迹。</small>

注释：

[一]琴台寺：蓝勇主编《稀见重庆地方文献汇点》（下）第469页云："州西四十里，明何以让庐墓处。"

川主庙。<small>田宗广等舍田数十亩，为常住。</small>

覃恩寺。<small>李仕誉建，并置常住。</small>

凤阳寺。

梓潼观。<small>刘道建，并捐置田百亩。</small>

文昌宫。<small>舒光宗建。</small>

土地塘庙。<small>张永万</small>[一]<small>捐八百金建，并置田作常住。</small>

注释：

[一]张永万：蓝勇主编《稀见重庆地方文献汇点》（下）第876页云："张永万，建惜字库一座，置祠庙一院，常住二分。"

石庙。<small>许廷扬捐。</small>

杨家寺、高峰寺、观音阁、水溪寺、琴山寺。

崇寿寺。即泡桐寺。

太平寺、洪福寺、禹王宫、云梯寺、云台寺、回龙寺、铜鼓山寺、文武宫、智兴寺、铁瓦寺、三圣宫、广兴寺、佛令寺。

法华寺。徐尚金捐银一百四十两作常住。

开天寺、舞雩寺、方广寺、孝和寺、至道观、杆子寺、琉璃寺。

圆觉寺。徐尚质捐银一百六十两置常住。

大庵寺、紫云庵、铁佛寺、文昌宫。

东岳庙。文遇可建。

三清殿、华严寺、雷音寺、石神庙、万天宫、天台寺、普陀寺、钵盂寺、永兴寺、王灵祠、福回寺、福兴寺、龙翔寺、福会寺、五凤山寺、中台寺、朝阳寺、东海寺、紫竹庵、定峰寺、环壁寺、大乘寺、叶家庵、道果寺、古竺寺、云峰寺、东林寺。

玉皇观。庠生陈仁捐百余金置常住，又捐大柏树场街基四十间，岁收租作文昌会祭典。

宝鼎寺、存真阁、列圣宫、姜溪庙、万寿宫。

白里

东林寺。鹤游坪东，迤递竦立，岩高壑深，形如瓜蔓缀实，路盘之字而上石壁，古木倒悬如龙攫虎挐，夹道修篁，绿阴参天。明谭参政昆季读书处也。

老君庙。初不甚壮，因著灵应，里人为拓上下殿。庙后园林幽郁，小径曲折。古树十余株，枝干鳞皴。平安亭前一池，榕根二，大径尺，夭娇如龙。庙右有石如牛，所谓青牛遗迹也。廪生谭照奎有记。

古佛堂。平畴中蠚起一峰，庙其上。夏松泉读书处。修篁古树，围绕峰松，饶有出尘之想。其佛像铁铸，屡著灵异。

大石箐寺。怪石巉岩，层梯而上。中有风洞，每飐发声震林壑。

顺水寺。有钟，自云峰寺飞来。

猊峰寺。张茂应[一]捐修，并文星阁。

注释：

[一] 张茂应：蓝勇主编《稀见重庆地方文献汇点》（下）第876页云："张茂应，疏财重义，亲族有孤贫者，每量力倾助之，创建文昌阁，培修祠宇。寿七十二，无疾而逝。"

程家庙。_{有古柏。}

昭忠祠。_{分州里许鹧子坪。}

圣公庙、玉皇观、文昌宫、万天宫、禹王宫、观音寺堂、万寿宫。

水口庙。_{何继先建。}

桓侯宫。_{李广盛捐千金修李渡桓侯宫。}

积德庵。

十方堂^[一]。

注释：

[一] 十方堂：蓝勇主编《稀见重庆地方文献汇点》（下）第 469 页云："十方堂，在五龙镇，明向鼎有记。"按：记指向鼎《新建十方堂碑记》，参见《李渡镇志》第 289 页。

镇江寺、慧庆寺、妙音庵、三教堂、清灵宫。

水府宫。_{萧公仙处。}

祖师观。_{唐尉迟某建。}

南华宫、财神庙、普陀寺、龙潭寺、桂林寺、华严寺、石龙寺、包爷庙、江家寺、宝藏寺、绍圣庵、官房寺、无为寺、三会庵、普明寺、净度寺、燃灯寺、静峰庵、雷祖殿。

高庙子。_{高朗轩豁，便于瞻眺。遥青远黛，点缀目前。庙内榕阴蟠空，凉云匝地。其一为前明古树，傍为榕阴山斋。传紫卿中翰有记。}

回龙寺、凤翔寺。

静室寺。_{平厂轩豁，蒲牢一喝，凡想自涤尽也。}

安坝寺、永安寺、杨家寺、李家寺、金钱寺、水口寺、药王寺、佛圣寺、万家寺。

石堡寺。_{傅姓夫室舍宅为寺。}

云里

文安阁。_{珍清镇武圣宫左，阁二层。俯瞰江流，有如匹练。远眺武隆诸山，微如点黛。盛夏登临，飘飘有凌云之意。}

文昌宫。_{白家场。元至正八年（1348）儒生蹇友谊、康氏捐修，碑记尚存。}

地藏寺。_{李钟灵舍田宅为常住。}

白云寺、中峰寺、法微寺、七曲庙、圣水寺、吉安寺、金华寺、周清庙、峰顶寺、武圣宫、文昌宫、万天宫、禹王宫、万寿宫、桓侯宫、南华宫、吉祥庵、龙洞寺、鹿鸣庵、德兴寺、崇孝寺^[一]、太平寺、太兴寺。

注释：

[一] 崇孝寺：蓝勇主编《稀见重庆地方文献汇点》（下）第 876 页云："崇孝寺，明都御（使）[史] 曹愈参庐墓处。"

厂口岩。见《舆地志·山川名胜》。

三清观、平水寺、金崇观、黄金寺、马滩寺、三教寺、古楼寺、云峰寺。

鸾潭庙。有古迹。莲花寺、回龙寺、宝珠寺、金鹅寺。

凤翔庵。峰峦耸翠，有如凤振翼者。

望月寺、天台寺、南崇寺、玉皇观、慈氏寺、居禅寺、观子寺。

东西里

城隍庙。武隆署右。

文昌宫、万天宫、万寿宫、禹王宫、福寿寺、东岳庙、龙会寺、三圣庙、宝峰宫、文凤山寺、救民寺、佛川寺、观庙堂、城台寺、天台寺、普化寺、沈村寺、双龙庵、玉皇观、三潮水、观音阁、大石寺、铁佛寺、灵山寺、关帝庙、涌泉寺、木瓜寺、三抚庙。

重修涪州志卷三　建置志

城　池

涪城，《华阳国志》：晋咸和六年（332）冬，城涪陵。按此当是郡城，城始见此。前明宣德间州牧邵公贤创置。成化初，乃砌石作城，高一丈八尺，周四里，围五百四十丈。国朝康熙二十四年（1685）修葺。置五门，东迎恩，南怀德，西镇武，北永安，东北朝宗。乾隆二十九年（1754）州牧陈公于上奉旨监修。咸丰元年（1851）粤逆肇乱，诏天下完缮城郭［廓］[一]。九年（1859）州牧姚公宝铭劝捐重修。邑举人王应元记曰：蜀江之东，濒江而城者十数。重、夔为重镇，其间州县而最冲要者有二，曰万、曰涪。然万惟襟带江水，其自北入江者胥汇溪谷细流，舟航不通，虽繁剧，亦陆通陇蜀而止耳。而涪则左据大江，右扼黔水。水旋折黔中数千里，纳大小水百数，以趋于涪而注诸江。商艘贾舶，蛮货夷赆，自滇、黔、两广、楚南鹜驶鹞飞以来。日夜停泊，帆樯若荠。渡东坼，则酉秀千里、两湖百郡，獞、猺、獠、猓，磵巢峒寨罔弗达。若大江南北，水陆所通无论已。然则涪之城之为冲要，其视万盖又倍蓰不啻焉。汉光武之伐蜀也，公孙述遣兵拒岑彭于此，汉兵阻不得进，彭竭智力破此军而子阳遂以成禽。明献贼既入夔门，急欲图重庆，卒不得志。迨曾英战败涪州城外之望州关，献贼得取道南、綦、江津，顺流东下，重庆破而全蜀遂屠。由是观之，涪虽小州，其关系全蜀利害如此。使昔之人悉其扼塞，屹然建重镇，以与重、夔相鼎峙，其当为全蜀捍蔽何如也！然从古固鲜有及此者。同治元年（1862），发逆伪翼王石达开[二]拥众数十万，由湖南觊觎全蜀，悉众攻围涪州，凡八昼夜。方是时，周逆据鹤坪，蓝逆扰北岸城中，惟一文吏督居民数千誓死守。苟失利，贼得跨有长江，与周、蓝诸逆合，全蜀糜烂，堪复问哉！乃卒狼狈，坚城之下，穷窜南荒以底于灭，或以为是役殆有天幸，非人力，或则归功援兵。嗟乎！夫岂知皆往岁州人士大城州城之效哉！先是咸丰中粤逆猖獗，有诏城天下城。涪州城，据《州志》自前明宣德始。国朝康熙、乾隆复修，垒卑而土石之工恶，比奉诏因循未果修也。滇匪李永和起，叙州贼氛益逼，邑绅合谋以请于州将姚公许之，出素著清望者于乡。募经费，众心踊跃，乃拣才力敏干十数人董厥役，经始于己未春，基视旧而少[稍]扩十之一。先抉粪壤，六七尺真土，出乃下石，石必方长五尺，渐上而杀，止三尺，合以灰，巉岖者不易不得，遂垒石其上，巡工风雨寒暑必出视维谨。畚插云连，杵凿雷轰，庵挽属于道，舱运蔽于江。功克日用集城，高二丈五尺，周回五千六百五尺，城上可并马驰，埤厚二尺，高隐肩，睥睨九百三十四，门五，炮台五，高等城。门楼五，费缗二万四千四百有奇。胥涪人自出私钱，讫工于庚申四月，以予行几天下半，所阅名城、巨镇若斯城在伯仲间亦无几也。既城之次年，石逆至，惮其坚穴，攻洞而遇，石贼计穷，会援兵集，一战而遁。昔平原以一郡蔽贼，令李、郭成恢复功。涪以孤城遏石逆，俾江北诸将帅得奋全力殄滇孽以视平原顾何如耶？方工之兴也，大府委长寿费明府亲勘估计，工竣，州上其功，竟以报销，故寝不上闻奖叙之泽屯焉。然城成而州人即食其报，且阴为全蜀庇，后之人但于风雨齿蚀，缮而完之，勿视为公家事，且数百世利赖，又乌用斶斶邀一时之爵赏为也？时州大夫为古闽兰坡姚公，由进士来牧是邑。倡议者运同衔周君曾祐，通江县训导周君熙尧。募捐者长宁县训导夏君荣，岳池县教谕毛君徙南，五品诰封傅君孝思，布理问何东阳，廪生余光达，举人吕毓琳，训导赵衔宣、汪绍洋，五品衔刘劼，监生陈金声[三]、戴锦堂，而元亦与焉。督工拔贡李君树滋，增贡州判谭君孝达，监生邹君笃勋、彭君瑞麟，从九周君熙增。司会计从九刘君炤、监生周君锡畴。咸殚心毕力，诚信自矢，乞葳事，无龃龉皆宜书。岁戊辰运同君属予记。因详纪城之有关全蜀可与重、夔并为蜀江之东重镇者以告来世，俾知绸缪未雨，既有斯城之可恃，若更能于古昔贤良吏防患未然而不仅一城之恃者，究心而致力焉，则信于全蜀控制之宜，思过半矣。独涪乎保障也欤。

注释：

[一] 郭：即"廓"。

[二] 石达开：《涪陵历史人物》第91-92页《太平天国名将石达开与涪陵》云：石达开（1830-1863），广西贵县人。同治元年（1862）二月，石达开亲率10万大军，从湖北利川进入川东，攻破石柱厅（今重庆石柱），沿长江南岸，三路西进。三月三日，其

前锋赖裕新在朱家嘴（今重庆武隆县土坎乡境）渡口进入涪州南部，瓦解清军200里防线，清军退守涪州水城。三月七日，石达开亲率中军数万人于陈家嘴、夏家嘴等搭浮桥强渡乌江，控制关险要口，围困涪州城内清军。同日，石达开发布《告涪州四民谕》，揭露清廷腐败，号召民众弃暗投明。八日至十一日，大雨；十二至十三日清军援军赶至，至十四日，因攻涪州不克，乃西进川南。石达开兵围涪州，留下了珍贵的历史文物"翼王石达开告涪州城内四民训谕"，即清同治元年三月六日（1862年4月5日）石达开率领太平军围困涪州城后发布的告示。文曰：真天命太平天国圣神电通军主将翼王石为训谕涪州城内四民人等知悉：照得爱民者宁捐身以救民，必不忍伤民而为已。知几者每先事而见几，必不致昧几以徇人。兹本主将统兵莅此，查尔涪州妖兵无几，团练为多。究其故，总是该胡官等自料兵微，逃则畏罪，守则惧死。是以生设诡计，惑以众志成城。抗我王师，徒为螳臂当车，安期不败？劳穷民苦磨筋骨，名为各保身家；耗富户捐纳金钱，实则共危性命。今者大军渡江，城亡旦夕。际此时候，伊为胡官即当出城决一死战。胜者不独前途可保，即尔百姓身家亦得护持；如已败绩，伊为胡官者死亡应当，必不先饬尔等纳款投降，免遭惨戮；或令预为迁居，保全众命。似此方为尔等父母之官，妖朝爱民之将。目下大兵压境，退守城中，徒作楚囚对泣，竟束手无策。而乃化民屋为灰烬，恶焰熏天；委巷市于祝融，炎光烛地。致苍生无托足之区，赤子有破家之叹。无心失火，为官者尚奔救恐迟；有意延烧，抚民者何凶残至此？伤心惨目，我见犹怜；饮泣吞声，人孰无恨。嗟乎！尔民受胡妖笼络，身为伊死，家被他焚。如此之仇，直觉不共戴天；虽生啖其肉，不足雪其恨。尔等犹不自省悟，反在城郊死勿去，何愚之甚也。本主将立心复夏，致意安民。欲即破厥城池，为民雪愤；窃恐俱焚玉石，致众含冤。尔四民等，痛无家可归，愧有仇而不报。诚能效沛子弟杀酷令以归降，自当妥为安抚，不致一枝无栖，并约严束兵士秋毫无犯。即伊爪牙甚众，手下甚难；尚自家室同谋，抽身独早。或徒廓以图全，妖民自别；或渡河以待抚，良莠攸分。网开三面，用命者大可逃生；仁止一心，体德者自能造福。倘其执迷不悟，如野鬼之守孤魂，终必悔后已迟，思猎犬而逐狡兔。特此训谕，切切凛遵。太平天国壬戌十二年二月二十四日。石达开还在涪州积极扩充兵员，壮大义军队伍，因之还发布有"招募兵壮训谕"。文云：真天命太平天国圣神电通军主将翼王石为招募兵壮出力报效事。照得冲锋破敌，固力强可以必胜；斩将搴旗，而年富足以取功。缘本主将匡扶真主，诛满夷之借窃，整中夏之纲常，解士庶之倒悬，拯英雄之困顿。志士抱不平，均愿讲武；穷人原无告，共乐从戎。编为行伍，英瑞非夸，立功就名，忠通无比。虽今教练以成材，实由自奋而致此。试观英雄以事夷为羞，甘屈志于泉石；豪杰因勤王不遇，犹隐逸于蓬门。未获吐气扬眉，并能攀龙附凤。复见几许少年，多属终身飘荡，若辈勇士，仍然毕世闲游。为轻振作二字，遂废事业于千年。非流而忘归，亦出乎无奈。又有替人佣工，终衣食莫给；疑惑微本贸易，获利息之何？然与其贫居拮据于草野，曷若报军报效于王朝？果能自拔未归，决不求生责备。片长薄技，定即语用无隘？俗子凡夫，岂有遴选不凡。愿从征者，各须放胆；图树绩者，切无瞻心。现今处处均有聚义，可惜徒为乌合；人人皆欲奋兴，堪怜未遇飞龙。本主将大开军门，广罗武士，收纳不拘万千，招募无论什伯。先教以止齐之节，复列于戎行之间。待之如同手足，用之以作干城。先登为勇，于疆场标无敌之名；后殿为功，在朝廷邀破格之赏。尚冀群雄，相率前来；纵然一人，何妨独至。称戈比干，乃少壮之能事；得爵受禄，亦忠勇所无难。慎勿落魄自甘，仍然裹足；当知见才不弃，尽可宽心。特此谕告，咸使闻知。太平天国壬戌拾贰年　月　日。石达开兵围涪州，在涪州留下了诸多遗迹，如插旗山、翼王亭、翼王饮马池、翼王台等。20 世纪 80 年代，涪陵建成望州公园，其主体史迹即为石达开在涪州事迹。在涪州，相传石达开在饮涪州咂酒时，曾口占一诗，诗云：万颗明珠一罐收，公侯将相也低头。双手捧住擎天柱，吸得长江水倒流。参见《历代名人与涪陵》第 155–157 页《翼王石达开围涪州》、《神奇涪陵》第 31–32 页《石达开攻打涪州》。

〔三〕陈金声：监生。姚宝铭筑城，备御石达开，陈金声为参与募捐者之一。还是重修涪邑文峰塔监修人之一，事见濮文升《涪邑文峰塔记》，该记收录于李世权《石刻涪州》第 350–351 页。

　　水城，西接城根，由龙舌街抵大江。东接城根，由黔清街抵涪陵江。厚六尺，高八尺，内置炮位。同治元年（1862）石逆围城，州人徐邦道协众创修以通援兵，便樵汲。

　　外城，由接脉桥绕南门、西门而下，转抵水城，长一百六十余丈，高丈四尺，内置炮位。同治元年（1862）贼围解后创修。按：涪城北俯大江，东倚黔水，不需池。西南山高而逼，又不可池。城守者扼五关为要，金汤固矣。

附：城内街市

东大街、孝义坊、染匠坊、西大街、亲爱坊、乐家巷、学坝、腰街子、儒林坊。

附：城外街市

东华街、厢子街、五桂堂、晏溪桥、黔清街、麻柳嘴、东升坊、龙舌街、樊家街、潘家巷、龙王嘴、翰林坝、瑞麟桥[一]、通仙桥[二]、南门山、较场坝、走马街、官梯子、半边街、枣子崖、珠子坝、小桥、具柳坝、青冈堡、鹅蛋堡、何家沟、盐店嘴、半边街、皮家街、红墙巷、枇杷井、土门子、会同桥。

注释：

[一] 瑞麟桥：蓝勇主编《稀见重庆地方文献汇点》（下）第 470 页记载："瑞麟桥，西关外。"

[二] 通仙桥：蓝勇主编《稀见重庆地方文献汇点》（下）第 470 页记载："通仙桥，昔有乘鹤者过此，故名。"

公　署

州署，国朝康熙七年（1668）州牧朱公麟正建，二十二年（1683）萧公星拱重修。正堂五楹，二堂五间，后堂五间。右为客堂，左为书室。左右翼书吏房九，正中为戒石坊。仪门三楹，鼓楼一。右监禁，左萧曹祠、灵官祠。头门三楹，照墙一，东西辕门。

学正署，在学宫右。道光八年（1828）州牧吴公庭辉移修仓坝。咸丰七年（1857）改置于此。

训导署，在文庙东。

附：北门内街房押佃钱六十贯，岁纳租钱四十一端。仓坝旧署岁纳佃钱五十端，两学均收。

州同署，在治北百五十里鹤游坪保和寨。嘉庆七年（1802）添置。

武隆巡检司署，在治东南一百八十里，即武隆县治。

吏目署，在州署仪门内左。

驻防汛署，在城内腰街子。

阴阳学典术、医学典科。

僧正司、道正司。

考棚，向童试在公署。道光七年（1828）州牧吴公庭辉辟城内道门口街基创修。头门、仪门，大堂、二堂，左右号舍，两层二千四百余席。照墙外听鹤楼一座，押佃钱二百一十端，外岁收租钱三十五端。头门内左右厢房押佃钱一百端，外岁收租钱七端以备岁修。

较场，在州城南门外。

奎星阁，原址在田家巷口。道光十四年（1834）迁置圣庙前，二十年改复旧址。咸丰七年（1857）坏于风，八年（1858）重建。

学　校

学宫自前明万历中守道陈大道鼎建，兵燹之后倾圮无存。国朝定鼎，署州牧赵公廷正创建。康熙甲寅（十三年，1674）吴逆变乱，旋毁。康熙四十六年（1697）州牧董公维棋［祺］建修。乾隆三十九年（1774）大殿中梁折，州牧赛尚阿公复修。嘉庆十九年（1814）州牧张公师范补修。同治四年（1865）岁久剥蠹，州牧姚公宝铭重修。邑举人王应元记曰：涪城形势自南来，猊怒骥奔，波掀潮涌。至望州关，高耸矗云，逦迤北下，趋注大、小两江之交而止。城其端而学宫踞城最高处，折而南向，面山背江。趾高枕下，故虽数修葺，迫于趾，体制未善也。同治乙丑（四年，1865）正殿东鸱吻一角圮，栋橡榱桼，有牵连摧崩之势。州大夫兰坡姚公觞绅耆青矜［衿］百数十人于署，谋更新之。先是，学宫正殿后石骨棱棱，崭然直下崇圣祠，故建正殿。右东庑逼城根，地势洼陷，两庑蹙缩，檐牙蔽亏。正殿东西隅十且二三，宫墙外山趾交错，狭不通人。圣域贤关，门一由城东女墙始可入，一则曲巷湢隃，无可置足。戟门左右室即以祀乡贤名宦，无斋宿所，无执敬所，无神厨。至圣神牌二，封号一仍元旧，一沿明旧。今夫学宫，教化之本也。我蜀文治蒸蒸，比于齐鲁，无如文翁石室，而顾先崇礼殿，俾一时肃瞻仰、切景行，意至深远也。今涪学宫之简陋若此，又何怪教化之未隆，非圣蔑道者，言百出而不可制止耶！斯役也，程材饬匠，奠基构式，其慎其难。寝殿成即拓殿后地数十笏，筑基与殿平建。

崇圣祠，拓东庑后地，广丈许，改建两庑。各退寻尺，俾两庑翼然而拱正殿，巍然而尊，凿宫墙外山址，夷其阻，广半亩许。俾气象畅朗，圣域贤关。门外譬若甬道，直达通衢，豁如也。移乡贤、名宦于宫墙右，立专祠。

至圣神牌，遵《大清会典》定式，六字正殿，高三丈三尺，方广四丈八尺。崇圣祠五间七楹，戟门五间五楹，两庑四间七楹，礼器库、乐器库、斋宿所、执敬所、神厨毕备。庙之右为明伦堂，若节孝、若四贤、若忠孝友义各祠，咸撤。新之飞甍层檐，金碧绣绘，闳闳高峻，墙垣厚坚，观者罔弗忾与敬。并辟隙地，治宅二区，岁入缗五十余，为岁修资。经始乙丑夏，落成丁卯冬。凡役夫六万六千七百余，指用木甓、砖石、丹漆、油、铁诸物称是，费缗一万七千有奇，俱按粮捐输。伏思国朝崇重先师，饬天下州郡立学。而我涪学宫历二百年，其体制于是始备。闲尝周览遐瞩，松坪障其北，两江汇其东。轩然翔蜚于南者，山则〔插〕旗山也。蜿蜒回护于西者，关则龟龙也。风日清美，岚气江光，罨霭掩映，洵灵淑之气所郁盘也哉！工既讫，客有谓元者曰：是役肇端时，礼闱报至。吾邑捷南宫者三人，自是而后，人文科第有不由兹雀起乎？呜呼！是何言之有所蔽也。夫学宫之设，教化之本也。人不外子臣弟友事，不越仁义中正，上非是无以教下，非是无以学。三代盛时道德，一风俗同而邪慝之所由以无作也。方今非圣蔑道之言竞张，伪帜圣学榛芜，莫此为甚。正赖有人焉，究切于心，以体诸身，而推明于世，如战国之赖有子舆氏其人者也。又况企仰前徽，披寻往迹，钩深石室，伊川之流风未远也。步昔贤之芳躅，作斯道之干城，惧犹不济，区区名位之是计，抑何蔽之甚欤？既以告客时，砻石纪工，刊在事有劳者姓氏，爰泐是语石端，窃愿与吾邑儒衣冠以治圣人之道者共勉之。虽然独一州一邑儒衣冠以治圣人之道者，当勉此云乎哉！

崇圣祠。

明伦堂，在学宫左。

学额，原额岁试文武生各十二名，科试文生十二名。同治七年（1868）奉文永加广额科岁文生各一名，武生一名，廪增额各三十名，三年挨贡二名。岁在酉，拔贡一名。科岁府学生派拨无定额。

钩深书院[一]，在州治大江北岸，即伊川注易处，因山谷题"钩深堂"以名。宋嘉定丁丑（十年，1217）范仲武请为北岩书院，国朝乾隆九年（1744）州牧罗公克昌复建，嘉庆八年（1803）州牧李公炘重修。头门一，仰止亭一，正堂三。中祀程子，左四贤祠，右讲堂。东西书舍各二所，看司宅一所。

注释：

[一]蓝勇主编《稀见重庆地方文献汇点》（下）第621页云："钩深书院，即宋范仲武北岩书院。乾隆九年（1744），知州罗克昌倡建。置田，岁收谷百余石。历任添设学田，共二十四处，岁收租谷二百五十石，租钱四百十一千文。"

书院田土，历任州牧先后买置及里人舍出并因案充入者，共计二十四处。在长里一甲者曰古较场，岁纳土租钱十八贯。南岸堡岁收租谷十五石，租钱十六贯。小湾岁收租谷十三石。书房湾岁收租谷十六石，铁炉沟岁收租谷四石，租钱四贯。滥田湾岁收租谷八石。戴家沟岁收租谷十石。在长里上二甲者曰观音寺，岁收租谷六石。在长里下三甲者曰达耳山，岁收租钱二贯。黄葛湾岁收土租钱八贯。金子山岁收土租钱四贯。在长里上四甲者曰中峰寺，岁收租谷二十石。在白里一甲者曰桂林寺，岁收租谷二十八石。道姑庵岁收租谷四石，租钱五贯。桂林寺又一股岁收租谷三十石。玉皇观岁收租谷十石。在百里下二甲者曰八仙寺，岁收租谷十三石，收租钱五贯。石堡寺岁收租谷钱五十贯。在白里下三甲者曰圣水寺，岁收租谷九石。在云里一甲者曰刘家堡，岁收租谷十六石。李村寺岁收租谷三十石，土租钱三十三贯。在云里二甲者曰东津驿，岁收土租钱四十四贯。在东里一甲者曰小溪河，岁收土租钱十二贯。在西里七甲曰鼓儿坝，岁收土租钱十二贯。

续添。长里下三甲梨子嘴岁收土租钱十二贯。白里一甲大冲沟岁收租谷五石。白里下三甲马家冲岁收租钱五十贯。白里下三甲徐家嘴岁收租钱三十六贯。白里下四甲乾坝岁收租钱十贯。云里一甲红花坡岁收土租钱二贯四百文。长里下二甲酒场垭岁收租谷十六石。系典。本城财神庙，岁收房租钱十三贯，以上共八处。

总计土田房屋共三十二处，每岁收租谷二百四十五石，共收租钱三百四十四千四百文。

支发。每年延请山长聘金银四两，夫马钱四千文，束修钱二百贯。每课膏火银六两八钱，合钱十贯零二百文。奖赏钱二十三千八百文。师课每课奖赏钱六贯，八课共钱四十八千文。义学聘金钱三千文，束修钱五十贯，斋长劳金银三十两，礼房工食钱十六贯，看司工食钱十八贯，催差工食钱十六贯。文庙春秋祭祀帮费钱十二贯。四贤祠春秋祭祀帮费钱八贯。每年纳条粮四两零八分五厘三毫六丝二忽支发外，余钱存积。

鸣鹤书院[一]，在鹤游坪分州署左。嘉庆十六年（1811）署州同事刘公钦创设。岁收租谷三十余石，作延师束修。

注释：

[一]蓝勇主编《稀见重庆地方文献汇点》（下）第 621 页云："鸣鹤书院，在鹤游坪。嘉庆十六年（1811），署分州刘钦倡建。义田岁收租谷三十余石。"

涪陵书院，同治九年（1870）州牧徐公浩捐廉添置。记云：涪州旧有钩深书院，在大江对岸北岩。每春夏水涨，盘涡汹涌，肄业者艰于渡济。而士风日上，从学日多，学舍亦隘，不能容。浩权篆是州，意在培植文教，倡首捐廉与阖邑绅士筹款于附城，另置一院，即因地以名之额曰涪陵书院。延师主讲，俾肄业者两得其便，庶互相砥砺，咸思有以奋兴焉。

石阳书院。

本城义学，每年束修五十贯，钩深书院支发。

静修义学，在长里孝和寺。

淳风义学，在长里堡子场。

白里乡学，在鹤游坪白家场里许，置有学田。额题：文成书院。

试卷，文武童试向系自备。咸丰二年（1852）阖邑禀请州牧濮公瑗定案，每状纸一张增钱一百文，积为卷资。

宾兴，道光十二年（1832）州牧杨公上容捐廉创始。买置长里一甲唐家林田业，岁收租谷二十石，收土租钱七千文，岁纳条粮二钱。长、白、云各里宾兴均系是年募置。

长里宾兴，买置鸭子坝田业一分，岁收租谷廿四石。

白里宾兴，买置兴隆湾田业一分，附近汪家场取押佃钱十贯，岁收租谷十六石。

云里宾兴，买置蔺市坪上千邱塝乾［干］坝子田业一分，取押佃钱一百五十贯，岁收租谷三十二石。

同治七年（1868），州牧吕公绍衣拨公款八千贯作宾兴。

八年（1869）冬十一月，州牧徐公浩协阖邑绅粮买置学坝住房一院，岁收佃钱一百四十贯零。买置来寿湾田业一分，_{附近分州城}取押佃钱二百贯，岁收租谷一百二十石。

仓　储

常平仓，旧在署内，三十九廒。乾隆四十九年（1784）以前采买，共贮仓斗谷四万八千石零。道光七年（1827）奉文粜谷五千八百五十七石零，筹济兵米。咸丰三年（1853），粜谷二万一千石零，筹拨军饷。咸丰七年（1857）奉文粜谷一万二千六百八十五石零，筹拨军饷。以上除动粜外，实有仓斗谷八千四百五十七石零。

社仓，归并本城乐家巷，九廒，原额贮仓斗谷六千七百三十五石零。咸丰十一年（1861）及同治元年（1862）发逆围城，勇丁乏食，动碾仓斗谷四千七百九十七石零，实存仓斗谷一千九百三十八石零。

义仓，旧在奎星阁，三廒。嘉庆二十二年（1817）置义田三处：本城、鹤游坪、武隆。每年岁收市斗租谷一百七十四石，除每年完粮补仓动用市斗谷四十七石，实存市斗谷一百二十七石，合仓斗谷三百六十二石，奉前督宪奏明涪属岁收租谷以三千七百石作为定额。咸丰五年（1855）奉文将道光二十八年（1848）以前义仓余谷扫数动粜。咸丰十一年（1861）奉文粜卖义仓额谷一半，计一千八百五十石。并将道光二十七年（1847）以后岁收余谷，悉行变卖，至是年底截止。

一、义仓岁收，本城、武隆、鹤游坪三处，应自咸丰十一年（1861）起至同治七年（1867）止，共计八年，共仓斗谷二千八百九十六石。同治元年（1862）滇匪窜踞鹤游坪，佃户失业，并将仓廒烧毁。禀蒙藩宪批准让免仓斗谷一百五十一石零，完粮补仓，动用谷一百零五石，仓内实应存仓斗谷二千六百四十石。

一、本城义仓所置田业，长里一甲地名桂花冲，每年收市斗租谷四十六石；地名北拱坝，每年收市斗租谷四十石。白里一甲地名道果寺，每年收市斗租谷三十六石。本城三处，每年岁收市斗租谷一百二十二石。除完粮补仓三十八石，实存市斗谷八十八石，计八年共存市斗谷七百零四石，奎星阁仓廒存贮。

一、鹤游坪义仓所置田业，白里上二甲地名余家庙，每年收市斗租谷三十石，除完粮补仓九石，实存市斗谷二十一石，计八年实应存市斗谷一百六十八石。同治七年

（1868）移鹞子坪仓廒存贮。

一、武隆义仓所置田业，东里一甲地名桑树坡，每年收市斗租谷十八石，计八年实存市斗谷一百四十四石。道光二十二年（1842）重修义仓四廒存贮。

一、本城、鹤游坪、武隆三处义仓，实应存市斗谷一千零一十六石。本城仓内现存市斗谷七百零四石，鹤游坪现存市斗谷二百六十八石，武隆现存市斗谷一百四十四石，共存市斗谷一千零十六石，合仓斗谷二千八百九十六石。尚有已卖及绅粮借领未收市斗谷九百七十一石零，合仓斗谷二千七百七十七石零，均各取具保限，俟秋成，如数全缴，还仓在案。

一、藉田四亩九分，岁收租谷五石，除先农坛祭典外，每年余仓斗谷五斗，署内仓廒存贮。

坊　表

明

天章宠锡坊。_{为兴国州知州张慎建，在李渡镇。}

位极两藩坊。_{为广西布政使司文作建，在城内学坝。}

懿孝名儒坊。_{为孝子何以让建，在学宫右。}

冰心映日坊。_{为陈一廉妻赵氏建，在北门外。}

冰雪永芳坊^[一]。_{为杨奇妻何氏建。}

注释：

[一] 蓝勇主编《稀见重庆地方文献汇点》（下）道光《重庆府志》卷之八《人物志·烈女完节涪州》第916页云："杨奇妻何氏，年二十而寡，事孀姑以孝著，抚遗孤教以义方，列名黉序，历节三十五载。"

节孝坊。_{为沈瑛妻张氏建，在长里盐井坝。}

节孝坊。_{为知县谢金言之母建，在武隆署右。}

节孝坊。_{为庠生张诩妻夏氏建，在西门外。}

节孝坊。_{为张亲仁妻朱氏建，在北门外。}

国朝

松筠垂范坊^[一]。 为杨芳林妻吴氏建，在城内学坝。

注释：

［一］蓝勇主编《稀见重庆地方文献汇点》（下）道光《重庆府志》卷之八《人物志·烈女完节涪州》第916页云："杨芳林妻吴氏，二十五岁夫殁，家贫，坚志守节，纺绩惟勤，课遗腹子，时应岁荐。"

节坚松筠坊。 为周鉴妻罗氏建，在西门外厉坛侧。

至行同敦坊。 为孝子周俨、周儒建，在西门外东岳庙街。

两世节孝坊。 为陈鹏遥妻周氏、陈芝瑞妻周氏建，在西关外土门子。

松筠垂范坊。 为孝子郎仕德之母节孝建，在西里南山坪。

孝子节妇坊。 为贡生彭学鸿同继妻张氏建，在云里鸡冠场。

皎雪贞松坊。 为周儒妻张氏建，在长里麻堆坝。

坤维正气坊。 为谭灿妻王氏建，在白里沈家场石庙坪。

双烈永垂坊。 为关友本妻杨氏、关友品妻张氏建，在东里青铜溪。

期颐偕老坊。 为唐可惠夫妇双寿建。

节孝总坊。 州牧杨公上容详淮建，在北门外，今移竖学宫侧节孝祠外甬道。

孝子坊。 为郎仕德建。

孝子坊。 为谭世汇建，在白里沈家场插蜡埫。

孝子坊。 为余龙光^[一]建，在云里石马子驷马乡。

注释：

［一］余龙光：蓝勇主编《稀见重庆地方文献汇点》（下）第870页记载："余龙光，武生，性孝友。少孤，母病尝粪侍汤药不倦。胞兄世龙从军巫邑，羊耳山阵亡。龙光于离乱时越境殓尸归葬，不避艰险，抚侄成立。道光十八年，旌表建坊。"

孝子坊。 为瞿正文、潘氏建，在龙潭场三里许。

节孝坊。 为张文仲妻沈氏建，在长里南岸堡。

贞女坊^[一]。 为夏葵姑建，在长里青羊铺。

注释:

［一］李世权《石刻涪州》第 244 页云:青羊夏氏节孝牌坊位于重庆市涪陵区青羊镇青羊村六组,占地面积 50 平方米,建于清道光二十年（1840）。青羊夏氏牌坊为贞节牌坊,是仿木三重檐石结构建筑,四柱三开间,面阔 6.8 米,通高 8 米,每层檐下施有斗拱。牌坊题刻讲述了村姑"夏癸（笔者注:当为夏葵）姑"的动人故事。

节孝坊。 为李文惠妻姚氏建,在长里铜锣铺场南。

节孝坊。 为彭长春妻杨氏建,在武隆司西南六十里。

节孝坊。 为庠生石若汉妻陈氏建,在长里石家沱镇。

节孝坊。 为余占魁妻覃氏建,在云里游将塆。

节孝坊。 为龙胡氏建,在白里通济桥。

节孝坊。 为汤清权妻张氏建,在白里王家场。

节孝坊。 为胡双桂妻张氏建,在白里罗家场。

节孝坊。 为艾徐氏建,在长里云梯崖。

节孝坊。 为秦仕校妻朱氏建,在长里堡子场。

节孝坊。 为谭鎘妻贺氏建,在白里沈家场北龙家堡。

节孝坊。 为余廷儒妻傅氏建,在白里沈家场双石坝。

节孝坊。 为陈夏氏建,在蔺市镇一碗水岩上。

节孝坊。 为夏谭氏建,在韩市坝太极村墓前。

节孝坊。 为邓张氏建,在酒场垭西里许。

节孝坊。 为张田氏建,在酒场垭东里许。

升平人瑞坊。 为甘李氏建,在新庙场内。

节孝坊。 为石刘氏建,在石家沱场内。

节孝坊。 为徐占元妻夏氏建,在白里土地垭。

节孝坊。 为余德伦妻邹氏建,在白里双庙驿。

节孝坊。 为席延秀妻夏氏建,在白里鹤游坪白家场天星桥。

节孝坊。 为高必俊妻蔡氏建,在堡子场里许。

节孝坊。 为徐玉阶妻冯氏建,在清吉沟徐家庙。

节孝坊。为谭守志妻夏氏建，在白里沈家场北石庙坪。

寨　堡

长里

金家塥大寨。治东百五十里，近武隆司，交南川界。周九十余里，四面危岩峭壁，惟朝阳关一路通水江。石可容车马，余皆羊肠小径，必攀石梯云。乃上居民百家中一小寨，名莲花峰。林木围绕，罕有知者。壬戌发逆扰境，土著守隘，贼不敢入。避乱者偾居甚夥，治之若得其人，亦乱世桃源也。

大石箐寨、鸣盛寨、土寨堡、观山寨、双合寨、仁寿寨、天宝寨、大堡寨、天堡寨、松柏寨、柏树岭寨、尖峰寨、高岩寨、狮子寨、天墉寨、丰裕寨、凤凰寨、天定寨、天齐寨、天生寨、高凤庵寨、鹿子寨、升平寨、清平寨、天清寨、天仙寨、天佑寨、普安寨、太和寨、清宁寨、鹦鹉寺寨、高平寨、凤翔寨、宝鼎寨、保和寨、坪溪寨、安平寨、云峰寨、鹰扬寨、天平寨、台子山寨、牛心山寨、五保山寨、太平寨、两全寨。

清吉沟，沿溪廿余里，依峒修垛，足资捍卫。

白里

保和寨。州同驻此。

同乐寨、观斗寨、吉星寨、益寿寨、豹子寨、三星寨、大全寨、双辉寨、狮坪寨、大石坡寨、天星寨、鸡栖寨、文笔寨、听安寨、大乘寨、高兴寨、得胜寨、安定寨、玉成寨、寿星寨、东山寨、三元寨、何家寨、江家寨、尖山寨、保安寨、谭家寨、三捷寨、清平寨、汪家寨、仁和寨、东升寨、升平寨、药王寨、打鼓寨、景福寨、天保寨、艾家寨、龙君寨、吉庆寨、玛瑙寨、永平寨、佑起寨、茅庐寨、黑虎寨、余家寨、杨家寨、定刚寨、五龙寨、铁岩寨、白家寨、保宁寨、回龙寨、龚家寨、大胜寨、望云寨、大有寨、张家寨、五福寨、义和寨、三台寨、石龙寨、普安寨、石牛寨、大胜寨、咸宁寨、狮子寨、石堡寨、徐家寨、安胜寨、天心寨、高峰寨、龙门寨、屯旗寨、万胜寨、太平寨、佛胜寨、天佑寨、帽盒寨、北岩寨。

云里

马滩寺寨、葛亮山寨、插旗寨、隆兴寨、紫微〔薇〕寨、关圣寨、猫儿寨、大尖山寨、虎岗寨、大林寨、万安寨、狮子寨、方城寨、金装山寨、峰顶寨、白岩寨、华封寨、水口寨、尖山子寨、长安寨、青龙寨、马鞍山寨、游蓝寺寨、牛心寨。

西里

关滩寨、焦汪寨、东山寨、葫芦寨、广平寨。

东里

大角栿寨、小角栿寨、金佛虎寨、简家寨、天心寨、天保寨、关口寨。

天星寨。西里七甲。四周悬绝，下临深壑万仞，两溪汇之入寨处，石级左转数十步，劈石为门。跻寨顶，极目无际，仿佛石门山也。

虎耳寨、马鞍山寨、纱帽寨。俱西里。

永安寨。东里。

三星寨。治东九十里。容数万人，水足薪多。

花榜峒、琵琶峒、油柞峒。俱云里。

津　梁

长里

晏溪桥。东关外。

晋香桥。南关外。

后溪桥。南关外。

接脉桥。南关外。

吴公桥。南关外。

瑞麟桥。西关外。

通仙桥。西关外。昔有仙人乘鹤过此，因名。

永安桥。州西二里。

会同桥。州西三里。

洗墨桥。州西五里。

三洞桥。北关外。

仁寿桥。州南三十一里。

大龙桥。州南三十里，明宏[弘]治五年建，太子太保、礼部尚书刘岌题。

志一桥。州南四十里。

阙龙桥。州南三十五里。

均济桥。原名度生桥，在鸭江场侧。

金龙王桥。

天生桥。治南三十里。旧有碑，明万历间建，石刻"天生桥"三字。

永济桥。

罗汉桥。州南四十里。

利济桥。道光丙午年（二十六年，1846）李和兴、邓成举等募修，约费万余金。

高厚桥。州南六十里鸭子塘上游，明庠生徐姓修。同治初里人重修。

谢氏溪桥。州南八十里。

道德桥。长里三甲。

二南桥。州南四十里，明崇（正）[祯]癸酉庠生赵世英建。

七星桥。州南一百二十里，明司谏刘蕃捐建。

节妇桥。明司谏刘蕃之女捐建。

宝莲桥。州南七十里白云关，明户科给事中刘蕃题。

丰济桥。州东五十五里，为黔蜀通衢。

磨刀溪桥。州南四十里。

本志桥。州南五十里，节妇刘世权之妻王氏纺绩捐修，举人李天鹏名曰本志。

通济桥。治南六十五里。

响水桥。州南六十五里。

上沙溪桥。州南二十里，乾隆乙亥任敏政募建。

乘龙桥。治南四十里。

吉安桥。渔溪河上流。

新桥。涪、南接壤处，下为盐史溪，上有古墓，镌"盐太史"三字。

魏家桥。州南。

白龙桥。白龙洞岩口上。

万寿桥。蔺市坝丁家沟。

双会桥。涪、南交界处。

致远桥。州南六十里，万历中广西布政司文作妻陈氏捐资鼎建。

广济桥。在姜家溪前。明建，嘉庆戊辰（十三年，1808）重建。

杨氏桥。州南。

广慈桥。州南六十里，明崇正［祯］十六年（1643）建。

龙桥。在高楼左，陈于智倡修。

龙兴桥。州南一百二十里龙潭坝。

永乐桥。在宋坪下。

太极桥。州南一百三十里，路通南川。

柏树桥。州南一百五十里抵武隆。

安澜桥。州西五十五里。陈金声、夏炳然、邓达士等募修，约费万余金，举人石彦恬有记。

益寿桥。魏文忠捐修。

大石桥。州南六十里蔺市坪中。

高永桥。明正德间建。其下有响水石，声若洪钟。

龙桥。州西南三十五里袁家溪上。

回春桥。州西七十五里，田应荣等募修。

三仙桥。李茂溪募修。

凤翔桥。杨焕章募修。

鹦哥桥。州南六十里蔺市坪中。

复生桥。甘文彦捐修。

广济桥。新庙场五里，陈秉仁等募修。

清风桥。朱腾芳募建。

观音桥。州南四十里。桥上建瓦屋十余间，前有观音阁灵应。

皓月桥。瞿高氏捐修。

福生桥。钟福田募建。

板桥。州西南五十里蔺市坪中。后圮，改建石桥。

永安桥。李天聪募建。

文星桥。州南一百里。约费千余金。

密云桥。刘金印募建。

下沙溪桥。　州南二十五里。驿递通衢。明张与可捐修。

双虹桥。周荣、田大川等募修，约费万余金。

万缘桥。杨焕章捐修。

土碙洞桥。　长里三甲。前明建。下有鸣琴石，其音清澈可听。

一阳桥。州西一百里牛渡滩。约费万余金。

永寿桥。明成化年建，在金银场侧。

白里

印星桥。州西三十里，明张公鼎建。

花桥。州西四十五里。

太平桥。州西二十里。明洪武间州人张庆庵建。

长乐桥。一名和尚桥，州西三十五里。明万历中建，国朝康熙中州人何进忠重修。

龙公桥。州西三十六里，太守龙公建。

龙桥。州西四十五里。明万历间建。

黎双桥。州西四十里。明天启间州人黎葵建。

倒石桥。州北一百里。

上桥。州西三十五里，在小溪河上。

下桥。在小溪河下。

乘龙桥。一名柏树桥，州西三十八里，明（宏）[弘]治间创修。

万寿桥。州西一百二十里。州人陈于藩有碑记，即古芭蕉溪也。

观音桥。州西五十里。

通济桥。州北一百二十里玉纸溪，近飞龙场。

车家桥。汪家场。

莲花塘桥。鹤游坪西。

戴家桥。<small>沈家场西。</small>

黎家桥。

汪家桥。<small>汪济众捐建。</small>

枫香桥。<small>沙河。</small>

继善桥。<small>州同谭辉光修。</small>

东汇桥。<small>廪生谭道正募修。鹤游坪沈家场北。</small>

八仙桥。

大桥。<small>湍石河源，雁齿森然。</small>

高■桥。<small>近飞龙场，虹飞百尺，高丈余。</small>

自生桥。<small>在明吏部尚书夏松泉宅前。石梁跨溪，生成不假人。</small>

高升桥、洪家桥。

三清桥。<small>州北一百三十里，路通梁、垫、陕、甘，谭希贤募建。</small>

仙鹤桥。<small>湍石河上。有石塔，高数丈，夏渥荣募修。</small>

永安桥。<small>州北一百七十里永安场，外通垫江、陕甘大道。</small>

众成桥。<small>鹤游坪北三星寨下，谭辉光、张执中、张建侯等捐修。</small>

三官桥。

板桥。<small>州北一百里。桥上有瓦屋罩盖。</small>

惠济桥。<small>州西北五十里。</small>

平滩桥。<small>州西北五十里。</small>

云里

官庄桥。<small>州东六十里。大石鼓至南沱路中。</small>

双龙桥。<small>州东六十里。</small>

利济桥。<small>州东六十里。</small>

永安桥。<small>州东六十里大洞溪岩上。</small>

金钗堰大桥。<small>州东七十里。</small>

双溪桥。<small>州东八十里。</small>

马滩桥。<small>州东八十里。</small>

仙女桥。<small>州东九十里。</small>

卷洞桥。<small>州东六十里，何墨林、唐守清募修。</small>

万寿桥。

土龙桥。<small>州东九十里。有上、中、下三桥，生成不假人力。</small>

凌云桥。<small>州东群猪滩。春夏水涨，滩险无路，多覆溺患。同治八年（1869）州牧徐公浩捐廉倡募，建桥修路，直达清溪。</small>

大胜桥。<small>州东一百四十里。下即水漫滩。</small>

太平桥。<small>州东一百四十里，鄨、涪以此为界。</small>

东里

赵公桥。<small>司东一里清水溪。</small>

通济桥。<small>武隆司西。</small>

东岸桥。<small>司东十二里。</small>

板桥。<small>二甲白石溪。</small>

卷洞桥。<small>四甲鱼麟溪。</small>

姚家桥。<small>四甲姚家河。</small>

龙门桥。<small>司东二十里清水溪。贺如英等倡修。</small>

太平桥。<small>司东五十里荞子溪。</small>

永济桥。<small>武隆后街。明万历间建修，有石碑。</small>

长坡桥。<small>司东六十里。</small>

谭家板桥。<small>四甲谭家坝。</small>

大河板桥。<small>二甲大河坝。</small>

锡福桥。<small>节妇唐田氏捐钱三百端倡修。</small>

会缘桥。<small>罗朝义倡修。</small>

小观桥。<small>司东八十里。节妇陈马氏建修。</small>

乾湘桥。

延生桥。<small>邵升阳修。</small>

大河坝桥。<small>司东九十里。</small>

龙桥。<small>司东七十里。</small>

复兴桥。

接龙桥。司东一百二十里龙坝，吴昌第募修。

母安桥。司东一百三十里。

寿星桥。司东一百二十里。冉于旦捐修。

福龙桥。司东二百里。

接男桥。司东一百二十里火炉沟。徐玉秀修。

睡仙桥。司东二百里火炭山。

天生桥。司东一百二十里。峭壁危岩，上有古庙。

麟凤桥。司东三百里鱼鳞溪。

狮子桥。鱼鳞溪右。

兴隆桥。司东一百里羊角碛。

大观桥。司东八十里白石溪。

西里

龙洞桥。六甲。

拖枪桥。七甲拖枪岩。

姑嫂桥。边家洞上流，平桥数架，相传为姑嫂捐修。

双溪桥。七甲。

木阳桥。八甲。

天福桥。给谏刘秋佩女钱节妇捐修，明文珂志以诗。

柏树桥。七甲。

清水桥。二甲。

观音桥。司西一百里龙洞场。明洪武间建修，今更名慈航阁。举人高伯楷重修。

清溪桥。

杨公桥。司西里羊角。

涪安桥。司西四十里白马镇，通黔省正安州，任儒修、傅永福等募建。

福安桥。司西一百里。

双溪桥。司西一百里双溪沟。

永安桥。 司西一百三十五里。拖枪岩与南川接壤。

高桥。 司西八十里。乾隆间莫仁才捐修。

清水塘桥。 司西八十里，路通南川县。

福龙桥。 司西一百里。同治七年（1868）举人高伯楷捐资独修。

木杨桥。 司西二百里木阳沟，与南川接壤。

柏树桥。 司西一百里柏树坝。

恤　政

养济院，在城西古较场，瓦屋，一院，三十余间。

志仁堂，同治六年（1867），州牧姚公宝铭捐廉倡募，抽厘汇金，建置武庙左。内列规条，育婴、恤节、义学、施药、物穈、具寒衣、拯溺、埋瘗等事。

救生般［船］，黄鱼岭横梁、马绊二滩一支；龙王沱、麻堆滩二滩一支；群猪滩一支；陡崖子一支；白汧梁滩一支。其水手工食载田赋内支领项下。

栖流所，男在三清观右侧，女在戴家沟，瓦屋各一向。石逆燬后重修。

漏泽园、鞋覆山、堡子城、彭家林、地藏寺、石嘴，即仰天窝。黄舣沱，以上各义地，前州牧李公倡募，绅商买置，并田业街房，每岁收租息为拯溺暨中元会之用，详禀上宪立案，嗣因承官不实渐就陆沈。同治三年控案前州牧姚公宝铭饬交八省首事王永森等接管，筹款赎取街房，议立规条，每岁轮流报管，详核报销，俾垂久远。

重修涪州志卷四　秩官志

官　制

分巡下川东兵备道一员。_{驻扎涪州。奉裁。}

知州一员。

吏房司吏一名。_{奉裁。}

典吏一名。_{奉裁。}

户房司吏一名。_{奉裁。}

典吏二名。_{经制。}

礼房司吏一名。_{奉裁。}

典吏二名。_{旧裁。康熙五十三年（1714）复设。}

兵房司吏一名。_{奉裁。}

典吏二名。_{旧裁。康熙五十三年（1714）复设。}

刑房司吏一名。_{奉裁。}

典吏一名。_{经制。}

工房司吏一名。_{奉裁。}

典吏一名。_{旧裁。康熙五十三年（1714）复设。}

仓房典吏二名。

盐房典吏一名。

承发房典吏一名。

广盈库典吏一名。_{奉裁。}

预备仓典吏一名。_{奉裁。}

架阁库典吏一名。_{奉裁。}

邮驿房典吏一名。_{奉裁。}

门子二名、皂隶八名、仵作二名、学习仵作二名、步快十六名、马快十二名、轿伞扇夫七名、库子二名、_{奉裁。}斗级二名、_{奉裁。}灯笼夫四名、_{奉裁。}城门夫五名。

州同一员。

典吏二名、书识二名、门子二名、皂隶四名、步快十八名、仵作二名、马夫一名。

州判一员。_{奉裁。}

儒学学正一员。

攒典一名。_{经制。}

书识二名。_{招设。}

门斗二名、斋夫二名。

儒学训导一员。

门斗二名、斋夫二名。

武隆司巡检一员。

攒典一名、书识二名、门子一名、皂隶四名、弓兵八名、马夫一名。

吏目一员。

攒典一名、_{旧裁。复设。}书识四名、门子一名、皂隶四名、步快八名、马夫一名。

把总一员。

兵五十名。

历代秩官

都督、都督长史、刺史、观察、转运使、宣慰司、太守、都尉、关都尉、农都尉、属国都尉、别驾、（侍）［待］制判州事、（侍）［待］制权知州事、通判、（侍）［待］制判军事、（侍）［待］制权知军事、主簿、左右司马、录事、参军、司户、司理、司士、县令、县丞、县尉、县簿、州幕属吏目、县幕属典史、总管钤辖司、推官、郡纠曹椽、文学椽、户椽、教授、学正、教谕、训导、劝农使、知州、同知、掌狱、盐茶、监盐、盐酒、监税、巡检。

汉

庞肱。 庞士元子，守涪陵，有善政。崇祀名宦祠。

任蕃。 成都人，字宪祖。察孝廉，由新都令、西夷司马任涪陵太守。多治绩，民怀其德。崇祀名宦祠。见《华阳国志》。

邓芝。 李本作芝，吴何本作文，邓艾碑作义，《华阳国志》作艾。延熙中以车骑将军江州都督治阳关，见《华阳国志》。

晋

毋雅。 巴郡江州人。官涪陵郡汉平令，忠义素著，庭无私谒。后西南夷有异志，擢夜郎太守。化行殊俗，夷民帖然。致仕归。见《一统志》。

罗尚。 襄阳人。元兴元年（402）诏权统巴东、巴郡、涪陵三郡，供其军赋。是年春正月，尚至江阳，军司辛宝诣表状，故有是诏。

怡思和。 陇西人。元熙元年（419）为涪陵太守。

向沈。 义阳人。永宁中涪陵太守。

赵弼。 巴西人。涪陵太守，为李雄所获。区区稽颡，无如侯馥者。馥，江阳太守，被获不屈，雄重而赦之。

谢恕。 涪陵太守、宁州刺史。王逊迁牂牁太守，谢恕为涪陵太守。出屯巴郡之扞口，会李雄大将军李恭已在江阳，侯馥招降夷僚，修缮舟舰，为进取计。白逊请军移恕，俱出涪陵，不能自前。恭举众攻馥，众寡不敌，遂掳馥。

张寅。 涪陵太守。安乐公淫乱无道，与上庸太守王崇暨何攀为尚书，谏责安乐公，立爱子为安乐公，无道。按安乐思公似称后主。

费缉。 字文平，犍为人。清俭有治干。举秀才，由历城令擢涪陵太守，迁谯内史。惠帝征拜何攀为大司农，兼三州都督，攀表让都职于任熙，费缉不听，见《华阳国志》。崇祀名宦祠。《旧志》误作寿缉。

杜良。 字幼伦，成都人。有当世局分。举秀才，茶陵、新都令，国王郎中令，迁涪陵太守。

齐

宝卷。 涪陵王。中兴元年（501）冬十二月，齐人弑涪陵王宝卷。萧衍入建康，以太后令追废为东昏侯。

唐

南承嗣[一]。 为涪陵守，奉命剿蜀，昼夜不释甲，有忠烈誉，见《一统志》。《山堂肆考》: 南承嗣，霁云子也。历施、涪二州，为刺史。柳宗[元]称其服忠思孝，无替负荷，见《张唯阳潮碑》。崇祀名宦祠。

注释：

[一] 蓝勇主编《稀见重庆地方文献汇点》（下）第542页云："南承嗣，《旧通志》：涪陵守，时命承嗣拒蜀道穷寇，遂昼夜不释甲，有忠烈之誉。柳子厚为序送之。"按《新唐书·忠义传》：南齐（笔者注：当为"霁"）云，魏州顿丘人。子承嗣，涪州刺史。刘

辟反，以无备谪永州。《柳子厚集》：睢阳南府君庙碑，子承嗣，婺州别驾，施、涪二州刺史。《旧志》此外又列夔州名宦，误。《涪陵历史人物》第15页《唐代涪州太守南承嗣》云：南承嗣，魏州顿丘（今河南清丰县）人。生卒年不详。唐代名将南霁云之子，涪州太守。南承嗣因父荫，七岁即授婺州别驾，后为唐朝涪州刺史，继承父风。唐顺宗永贞元年（805），四川节度行军司马刘辟反叛，南承嗣率兵殊死作战，"昼不释刃，夜不释甲"，但在叛乱平定后，他却因诬陷被贬湖南永州，与被贬的时任永州司马的著名诗人、"唐宋八大家"之一的柳宗元成为好友。柳宗元为他写有《为南承嗣请从军状》《为南承嗣上中书门下乞两河效用状》《送南涪州量移澧州序》，还为其父写有《唐故特进赠开府仪同三司扬州大都督南府君睢阳庙碑并序》。

张濬[一]。光启中为涪陵刺史。郡城旧之井泉，濬求山谷得水源，导之使注不竭，民利赖之。崇祀名宦祠。

注释：

[一] 蓝勇主编《稀见重庆地方文献汇点》（下）第542页云："张濬，《通志》：光启中为涪陵刺史。郡故乏井，濬寻山谷之源，以竹导其流，民赖其利。为刻《引水碑》记之。"《涪陵历史人物》第17页《唐代涪州名宦张濬》云：张濬（？－903），字禹川，郡望河间，实宿州符离人。张濬祖张仲素，累官位至中书舍人。父镶，官卑，家寓宿州。光启二年（886）任涪州刺史。时涪州城水井较少，他亲自考察，寻找山泉，用竹笕导流入城供居民饮用。参见《历代名人与涪陵》第54-55页《唐末涪州刺史张濬为民找饮水》。

魏元忠。嗣圣元年（684）、周武氏如意元年（692）贬中丞魏元忠为涪陵县令，十四年九月复召为肃政中丞。

侯敏。则天朝太仆卿。来俊臣势日盛，侯为上林令附之。妻董氏曰：俊臣，国贼也。势不可久，一朝事坏，奸党先遭。君可敬而远之，敏稍稍而退。俊臣怒，出为涪陵武隆令。敏欲弃官归，氏曰：但去，莫求住。遂行，至州投剌。参州将，错题一纸。州将怒，不放。敏忧闷无已，氏曰：但住，莫求去。停十五日，忠州贼破武隆，杀旧县令家口并尽，敏滞州获全。后俊臣诛，其党流岭南，敏获免。

郑令珪[一]。广德中刺史。

注释：

[一] 郑令珪：《涪陵历史人物》第14-15页《涪陵白鹤梁题刻之祖郑令珪》云：郑令珪，生卒年不详。民国《涪陵县续修涪州志》卷九《秩官志·文职》有郑令珪。白鹤梁题刻《谢昌瑜题记》为刺史、（涪）州团练使郑令珪。《向仲卿等题记》题衔为刺史郑令珪。

《卢棠题记》有郑使君石刻。郑令珪首创白鹤梁题刻，是现在所知白鹤梁上最早的题刻。《涪陵市志》第12页《大事记》云：广德二年（764）二月，长江水位退至白鹤梁梁上土人所镌石鱼以下四尺。当地故老传言："石鱼见，即年丰稔。"涪州刺史郑令珪在石鱼附近刻石记载此事，后谓"广德题记"，为涪州白鹤梁题刻之始。郑令珪镌刻石鱼，主要为一对雌雄鲤鱼，每鱼鱼身有36个鳞片，双鱼共计72个鳞片，一前一后，一含芝草，一含莲花，分别称为芝草鱼和莲花鱼，二鱼作溯江翔游状，这就是所谓的"唐鱼"。这是白鹤梁石鱼题刻中最早的鱼刻，它价值极高，经实测，唐鱼鱼眼所处高程为137.91米，与长江涪陵水尺零点水位十分接近，不仅是白鹤梁石鱼题刻众多石鱼中惟一起着"石鱼水标"作用的石鱼，而且是长江中惟一保存完好的连续使用1000年以上的枯水位观测水标。郑令珪石鱼，因岁久模糊而在清代被当时涪州牧萧星拱重镌，故真正的"唐鱼"今已不存。郑令珪所刻石鱼问世以后，对后世影响极大，所刻双鱼、36鳞、72鳞往往成为其后人们吟咏的对象。如南宋绍兴戊辰年（1148）《何宪、盛辛唱和诗并序》说："职课农桑表勤惰，信传三十六鳞中。""须知显晦将千载，往哲摽名岁大中。"清康熙十一年（1672）《陈廷璠书王士祯诗》称："涪陵水落见双鱼，北望乡园万里余。三十六鳞空自在，乘潮不寄一封书。"1937年至山老人刘镕经《游白鹤梁》云："两三鸣鹤摩天渐，卅六鳞鱼兆岁丰。"

宋

秦王廷美[一]，_{太平兴国七年（982）五月，贬为涪陵县公。}

注释：

[一] 秦王廷美：即赵廷美。《涪陵历史人物》第18页《北宋涪陵县公赵廷美》云：赵廷美（947-984），本名赵匡美，字文化，为避宋太祖讳改光美，太平兴国初又避宋太宗讳，改名廷美。系宋太祖赵匡胤、宋太宗赵光义四弟。其父赵弘殷，母昭宪太后杜氏。开宝九年（976），宋太祖赵匡胤逝世。遵照"金匮之盟"，北宋皇位传承是赵匡胤→赵匡义→赵廷美。故当时民间有"杜太后遗命：先传光义，再传光美"的传闻。但赵匡义登基后，隐匿"金匮之盟"的内容。同时，赵廷美一向专横骄恣，曾多次遭到宋太宗斥责，得知有"金匮之盟"一事，乃对赵匡义甚为不满，故暗中谋划，阴谋篡夺皇位。赵廷美本为齐王，任开封府尹兼中书令。太平兴国四年（979）改为秦王。太平兴国六年（981）九月，如京使柴禹锡控告赵廷美骄恣，赵普又指使知开封府事李符，诬告赵

廷美"不悔过，怨望，乞徙远郡，以防他变"。太平兴国七年（982）赵廷美谪任西京留守，可暗中与兵部尚书卢多逊勾结。事败，罢留守。降为涪陵县公。该事史称"涪陵之狱"。宋太宗雍熙元年（984），赵廷美举家迁至房州，不久就忧愤成疾，吐血而终，年仅38岁。敕封涪王，谥悼。后宋真宗恢复赵廷美秦王爵位，宋徽宗追封赵廷美为魏王。

朱昂[一]。端拱元年（988）朝请大夫、行尚书户［库］部员外郎、峡路诸军水陆计度转运使。

注释：

[一]朱昂：朱昂任官，实来源于白鹤梁题刻宋太宗端拱元年（988）（《朱昂题诗记》），所题职衔为朝请大夫、行尚书库部员外郎、峡路诸州水陆计度转运使。故《同治志》抄录有误，"户部"当为"库部"。又，朱昂任官与涪州有关者，为峡路诸州水陆计度转运使。

王□□。名缺，琅琊人。端拱元年（988）郡守。

姚涣。知涪时，宾化夷常犯境。涣抚纳以恩，酋豪争罗拜庭下，涪遂无扰。崇祀名宦祠。

吴光辅。涪南水泛，多淹民居。光辅疏之，民免其患，号吴公溪。崇祀名宦祠。

赵汝廪[一]。轸念民瘼，歉则贷公，丰则收贮义仓。劝农兴学，民为立生祠。崇祀名宦祠。

注释：

[一]蓝勇主编《稀见重庆地方文献汇点》（下）第542页云：赵汝廪，《旧通志》：知涪州，歉岁则贷公庾，丰年则贮义仓，劝农兴学，民立生祠于学官，以配程、黄、尹、谯四贤。《涪陵历史人物》第42-43页《南宋涪州名宦赵汝廪》云：赵汝廪（1215-1276），河南开封人。进士。南宋涪州牧、崇祀名宦祠。赵汝廪父名赵善集，系宗室商王后裔。有子名赵崇权，曾为重庆府判官。淳祐九年（1249），赵汝廪任涪陵郡守。轸念民瘼，歉则贷公，丰则收贮义仓，劝农兴学，被称为贤牧，民为其立生祠，崇祀名宦祠。赵汝廪善诗文，工书法。"预喜今禳验石鳞，未能免俗且怡神。晓行鲸背占前梦，瑞纪龟陵知几春？拂石已无题字处，观鱼皆是愿丰人。片云不为催诗黑，欲雨知予志在民"，表达了他"志民""愿丰"的民生观念。淳祐十年（1250）赵汝廪在涪州刊刻朱熹的《易学启蒙》，对涪州文化更是影响极大。阳枋《字溪集》卷八有《赵使君汝廪刊〈易学启蒙〉于涪属予为跋》，文云："易有象有数与理气而已矣。圣贤诸书立言，发钥是焉者

也。气理妙于无迹，体由象数而立，象数显而可见，用该理气而神精，精粗显微，何往而非道哉。某年四十，从性善先生游，得其家塾《启蒙》善本，心悦而日玩焉。逾年，少有得性善，令往从连荡先生问易奥旨。先生教人言近而远约，而肆于日用常行，研究天理造化之精微，某拳拳服膺，有以见夫《启蒙》之作，首河图以著道之全体；次洛书；次伏羲、文王卦图、孔子易书而明之以康节诸儒之说，以尽易之妙用，然后详著乎筮法而以变卦终之。夫全体立而妙用存焉，妙用达而全体寓焉，有能贯通乎是书之蕴以之曲成万物焉可也。范围天地焉可也，穷理尽性至于命焉可也，岂徒曰启蒙而已哉。金沙赵公贤而乐道，常遣其子今重庆节判崇权从某问启蒙而乐其说，公今守涪，祠连荡于北岩，并刻《启蒙》书于涪，介来命予跋，某识见浅陋，何足以尽文公之旨，姑以所闻于师者识其末，性善家塾所刊有周子《太极通书》张子《西铭》云。"参见《历代名人与涪陵》第96-97页《南宋涪州郡守诗人赵汝廪》、《涪陵文史资料选辑》第三辑第115-116页汪长春《涪陵市书画名人录》。

张迪。 迪，大梁人，张载父也。宋仁宗时为殿中丞，出知涪州。立身端洁，多善政。卒于官，贫不能归，葬凤翔郿县，子孙遂为郿人。配享崇圣祠，见《文庙·史典》。

刘忠顺[一]。皇祐元年（1049）转运使、尚书主客郎中。

注释：

[一] 刘忠顺：《民国志》卷九《秩官志·文职》亦载。此来源于皇祐元年（1049）白鹤梁题刻《刘忠顺等唱和诗》。又，《卫尉少卿刘公（忠顺）墓志铭》："曾大父刘宗鲁，仕江南（南唐）李氏为宣州观察推官。大父刘晟。刘忠顺，字某，赠刑部侍郎，讳刘简之子。娶长安县君张氏，子男刘凤，故江宁府溧水簿。刘凯，漳州漳浦簿。刘纯，忠州丰都簿。刘统，虔州信丰簿。长女早世。次适都官员外郎臧论道。次适南康军星子令李宾王。次在室。刘忠顺，以明经赐第。为潭州攸县尉、江宁句容尉，改知江州德安，通判袁州，历知建昌、解、坊、邢等州军。入为度支判官，出为夔州路转运使，徙两浙路，迁知蔡州、泉州、福州。仁宗嘉祐六年（1061）卒，年七十五。"皇祐元年（1049），刘忠顺与尚书屯田员外郎、知梁山军水丘无逸、知涪州军州事邹霖、安州云梦县令恭士燮同游白鹤梁。刘作诗一首，诗云："七十二鳞波底镌，一含芝茣一含莲。出来非共贪芳饵，奏去因同报稔年。方客远书徒自得，牧人嘉梦合相先。前知上瑞宜频

见，帝念民饥刺史贤。"水丘和诗一首，诗云："谁将江石作鱼镌，奋鬐扬鬐似戏莲。今报丰登当此日，昔模性状自何季。雪因呈瑞争高下，星以分宫较后先。八使经财念康阜，寄诗褒激守臣贤。"邹命工刻石，恭士爕书之于刻。

张□□。名缺，治平年太守。

杨□□。名缺，熙宁元年（1068）太守。

王安民[一]。熙宁元年（1068）巡检。

注释：

[一]王安民：此来源于熙宁元年（1068）白鹤梁题刻《徐庄等题记》，所题职衔为巡检、供奉。是年，王安民与军事判官徐庄，监税、殿直王令岐，知乐温（今重庆长寿）县钟浚，涪陵县令赵君仪、司理参军李袭同游白鹤梁，观石鱼。

王令岐[一]，熙宁元年（1068）监税。

注释：

[一]王令岐：此来源于熙宁元年（1068）白鹤梁题刻《徐庄等题记》，所题职衔为监税、殿直。又，"令"，《同治志》作"令"，《涪州石鱼文字所见录》（姚觐元、钱保塘撰，上海国粹学报社1912年古学汇刊本）、黄海《白鹤梁题刻辑录》作"克"，李胜《涪陵历史文化研究》第183页认定为"克"。

钟浚[一]。熙宁元年（1068）知乐温县。

注释：

[一]钟浚：此来源于熙宁元年（1068）白鹤梁题刻《徐庄等题记》。据李胜《涪陵历史文化研究》第155页，钟浚熙宁元年（1068）知涪州乐温县，熙宁三年（1070）以治状考课优等迁秘书省著作佐郎，见《续资治通鉴长编》卷二百一十、苏颂《苏魏公文集》卷三十三。元丰六年（1083）为将作少监，见《续资治通鉴长编》卷一百九、曾巩《元丰类稿》卷二十一。元祐六年（1091）迁淮南提刑。

赵君仪[一]。熙宁元年（1068）涪陵县令。

注释：

［一］赵君仪：此来源于熙宁元年（1068）白鹤梁题刻《徐庄等题记》。

徐庄^{［一］}。 熙宁元年（1068）军事判官。

注释：

［一］徐庄：此来源于熙宁元年（1068）白鹤梁题刻《徐庄等题记》。

禄几复^{［一］}。 熙宁二十一年^{［二］}判官。

注释：

［一］禄几复：此来源于白鹤梁题刻《禄几复等游记》，该题刻原文："判官禄几复，兵官王世昌、赵善暇，知录郝烜，县令杨灼，司理孙震之，司户李国纬，主簿何昕，县尉邓林，岁戊辰（1208）上元同来。"

［二］熙宁二十一年：熙宁无二十一年，故抄录认定任职时间有误。据陈曦震《水下碑林——白鹤梁》、曾超《三峡国宝——白鹤梁题刻汇录与考索》、黄海《白鹤梁题刻辑录》等将其时间定在嘉定元年（1208）。

王世昌^{［一］}。 熙宁二十一年兵官。

注释：

［一］王世昌：此来源于白鹤梁题刻《禄几复等游记》。据李胜《涪陵历史文化研究》第 171-172 页云：王世昌，度宗咸淳三年（1267）合州监军，与知州张珏、统制史炤等复广安大梁城，见《宋史》卷四十六《本纪第四十六》。后权知泸州安抚使，元兵迫城，誓死不屈。城破，自经死。见《宋史》卷四百五十一《张珏传》、黄廷桂等《四川通志》卷一百二十一《忠义》。

赵善暇^{［一］}。 熙宁二十一年兵官。

注释：

［一］赵善暇：此来源于白鹤梁题刻《禄几复等游记》。

郝（烜）[烜]^[一]。熙宁二十一年知录。

注释：

[一]郝（烜）[烜]：此来源于白鹤梁题刻《禄几复等游记》。"烜"，《同治志》用字，陈曦震《水下碑林——白鹤梁》、曾超《三峡国宝——白鹤梁题刻汇录与考索》、黄海《白鹤梁题刻辑录》等及白鹤梁原刻均作"烜"。

杨灼^[一]。熙宁二十一年县令。

注释：

[一]杨灼：此来源于白鹤梁题刻《禄几复等游记》。黄廷桂等《四川通志》卷三三《选举》云：杨灼，宁宗庆元（1195-1200）中进士。《涪州石鱼文字所见录·禄几复等题名》按语云：嘉庆《四川通志》庆元（1195-1200）中进士杨灼，阆中（今四川阆中）人。参见李胜《涪陵历史文化研究》第172页。

孙震之^[一]。熙宁二十一年司理。

注释：

[一]孙震之：此来源于白鹤梁题刻《禄几复等游记》。

李国（津）[纬]^[一]。熙宁二十一年司户。

注释：

[一]李国（津）[纬]：此来源于白鹤梁题刻《禄几复等游记》。（津）[纬]，《同治志》作"津"，误；陈曦震《水下碑林——白鹤梁》、曾超《三峡国宝——白鹤梁题刻汇录与考索》、黄海《白鹤梁题刻辑录》等及白鹤梁原刻均作"纬"。又，王象之《舆地碑记目》卷四及周复俊《全蜀艺文志》记载：李国纬编有《夔州（旧）图经》。清刘德铨撰《夔州金石志》云：《旧图经》，李国纬编。参见李胜《涪陵历史文化研究》第172页。

何昉^[一]。熙宁二十一年主簿。

注释：

[一]何昉：任官来源于白鹤梁题刻《禄几复等游记》。

邓林^[一]。熙宁二十一年县尉。

注释:

[一] 邓林:任官来源于白鹤梁题刻《禄几复等游记》。

费琦^[一]。字孝琰,熙宁中郡守、屯田员外郎。

注释:

[一] 费琦:任官来源于熙宁七年(1074)白鹤梁题刻《韩震等题记》,该题刻原文:"都官郎中韩震［静翁］、屯田外郎费琦［孝琰］、侄伯叔［景先］、进士冯造［深道］、卢遘［彦通］。暇日,因陪太守、驾部员外郎姜齐颜［亚之］同观石鱼。"按《旧记》:大和洎广德年,鱼去水四尺,是岁稔熟。今又过之,其有秋之祥钦,熙宁七年正月二十四日题。又,李胜《涪陵历史文化研究》第155-156页,费琦(1027-1080),字孝琰,四川成都人,仁宗皇祐进士。初仕兴元府户曹参军,迁知合州赤水县、定州安喜县。神宗熙宁中通判蜀州、绵州,官至朝散郎。元丰三年(1080)卒,年五十四。事见《净德集》卷二四有《朝散郎费君墓志铭》、《续资治通鉴长编》卷三一四"神宗元丰四年"。《宋史翼》卷一九有传。《宋代蜀诗辑存·成都市》第23-24页云:费琦(1027-1080),字孝琰,仁宗皇祐(1049-1053)进士。初仕兴元府参军,迁知合州赤水县、定州安喜县。神宗熙宁(1068-1077)中通判蜀州、绵州,官至朝散郎。元丰三年(1080)卒,年五十四。《净德集》卷二四有《费君墓志铭》。《宋史翼》卷一九有传。参见曾超、张正武《西南地区白鹤梁题刻唐宋涪州牧考释》(《长江师范学院学报》,2013年1期),王晓晖《北宋涪州知州考略》(《长江师范学院学报》,2012年9期)。

黄觉^[一]。字莘老,通州人。熙宁七年(1074)夔［州］奉节县令,权幕州事。

注释:

[一] 黄觉:《民国志》卷九《秩官志·文职》收录云:黄觉,字莘老,通州人,熙宁七年以奉节县令权管州事。陈曦震《水下碑林——白鹤梁》第28页注云:黄觉,字莘老,通州(今四川达县)人。治平进士,熙宁七年(1074)夔州奉节县令,权幕通州事。李胜《涪陵历史文化研究》第155页云:黄觉,字莘老,通川(今四川达州)人,治平进士(《四川通志》卷三三选举)。熙宁七年(1074)以奉节县令权幕夔州事。关于黄

觉之任官，实来源于熙宁甲寅（1074）白鹤梁题刻《黄觉等题记》，题刻原文是："夔州奉节县令权幕通川（笔者注：通川，黄海《白鹤梁题刻辑录》等书为"通州"，据拓片当为"通川"）黄觉［莘老］、户掾平原李缓［公敏］、掌狱邺都梁钧佐［衮臣］，熙宁甲寅孟春二十九日，泛轻舟同观石鱼于此。"据此，诸书关于黄觉的任官存在分歧。按白鹤梁题刻题名格式是：职官＋郡望＋姓＋名＋字，故黄觉题名当为：夔州奉节县令权幕（职官）＋通川（郡望）黄（姓）＋觉（名）＋莘老（字）。关于黄觉之任官，白鹤梁题刻原文系"权幕"，《同治志》则增加"州事"二字，成为"权幕州事"；《民国志》又改成"权管州事"，如此，黄觉究竟是"权幕涪州"，还是"权幕夔州事"，还是"权幕通州事"，从多方面考察，当以"权幕夔州事"为确。同时"权幕"与"权管"虽均为"权官"，但身份有差异，"权幕"乃"幕僚"性质，"权管"则有"州牧"的意义。即使黄觉"权幕涪州事"亦当以《同治志》为妥。至于陈曦震《水下碑林——白鹤梁》言黄觉"权幕通州事"则显然有误，因为"通州（笔者注：通州，乃通川郡，故通州、通川可互用）"乃黄觉之郡望，而非任官之地。

姜齐［颜］[一]。熙宁中太守、驾部员外郎。

注释：

［一］姜齐［颜］：《同治志》所载人名有误，误分"姜齐颜亚之"为二人：姜齐、颜亚之。据白鹤梁题刻《韩震等题记》，该题刻题名格式为：职官／学历／关系＋姓＋名＋字。因之，"太守、驾部员外郎姜齐颜亚之"当为"太守、驾部员外郎（职官）＋姜（姓）＋齐颜（名）＋亚之（字）"。同时，按照任官实际，在同一时间（熙宁中，熙宁虽有十年，但同一题刻，则时间具有唯一性）任同一职务（太守、驾部员外郎）者，不可能是二人（姜齐、颜亚之），只能是一人（姜齐颜［亚之］）。又，古人取名用字有一定之深意，姜齐颜［亚之］的取名当与孔门弟子颜渊有关。

（颜亚之）。熙宁中太守、驾部员外郎。

韩震[一]。字静翁，熙宁七年（1074）涪陵令、都官郎中。

注释：

［一］韩震：字静翁，熙宁七年（1074）涪陵令、都官郎中。白鹤梁题刻《韩震等题记》

只言韩震为都官郎中，故韩震任涪陵令无据。又，据李胜《涪陵历史文化研究》第155页云：韩震，字静翁，井研（今属四川）人，庆历进士。熙宁七年任涪陵令（《同治志》卷四《秩官志·历代秩官》），后官朝议大夫。其名亦见于《山谷集》（《涪州石鱼文字所见录·韩震等题名》按语）。据陈曦震《水下碑林——白鹤梁》第29页注云：韩震，生卒不详。字静翁。熙宁七年（1074）任涪陵都官郎中。喜诗工书，尤擅楷书。

李（绂）［缓］[一]。字公敏，熙宁七年（1074）户掾。

注释：

［一］李绂（［缓］）：此来源于熙宁甲寅（1074）白鹤梁题刻《黄觉等题记》。"绂"字，陆增祥《八琼室金石补正》、姚觐元《涪州石鱼文字所见录》、陈曦震《水下碑林——白鹤梁》、曾超《三峡国宝——白鹤梁题刻汇录与考索》、黄海《白鹤梁题刻辑录》等均作"缓"字，据黄海《白鹤梁题刻辑录》第46页拓片，当为"缓"字。

梁均佐[一]。字衮臣，郫都人，熙宁七年（1074）掌狱。

注释：

［一］梁均佐：任官来源于熙宁甲寅（1074）白鹤梁题刻《黄觉等题记》。

郑颛[一]。字愿叟，朝请大夫。元丰九年（元祐元年，1086）权知涪州。

注释：

［一］郑颛：字愿叟，河南荥阳人。历官屯田员外郎、都官员外郎，见于苏颂《苏魏公文集》卷三〇。任官岭南节度副使，见于金𫓧等《广西通志》卷五〇《秩官》。北宋元丰年间，为涪州牧。元丰乙丑年《郑颛题记》云："知郡事郑颛愿叟。"同年《吴缜题记》作"权知涪州、朝请大夫郑颛愿叟"。《民国志》卷九《秩官志·文职》云：郑颛，字愿叟，朝请大夫，元丰九年权知涪州。元丰七年，郑颛携四子知□、知□、知常、知荣游白鹤梁，作题记一则，是为《郑颛题记》。同年，权知涪州、朝请大夫郑颛愿叟，权判官石谅信道，权通判黔州、朝奉郎吴缜廷珍同观石鱼，见载于《吴缜题记》。参见曾超、张正武《西南地区白鹤梁题刻唐宋涪州牧考释》（《长江师范学院学报》，2013年1期），王晓晖《北宋涪州知州考略》（《长江师范学院学报》，

2012 年 9 期）

石谅[一]。字信道。元丰九年（元祐元年，1086）权判官。

注释：

[一] 石谅：任官来源于《吴缜题记》。题刻原文为：“元丰九年（1086）岁次丙寅二月七日，江水至此鱼下五尺。权知涪州、朝请大夫郑颙[愿叟]，权判官石谅[信道]同观，权通判黔州、朝奉郎吴缜[廷珍]题。”又，李胜《涪陵历史文化研究》第 156 页云：“石谅，字信道，鹿泉（今河北获鹿）人。黄山谷子相岳丈，数学家。哲宗元祐初为涪州判官，徽宗建中靖国元年（1101）任泸州江安令。撰有《钤经》，是中国版线性代数天元术东先驱。”

（吴缜）[一]。字廷珍。朝奉郎。元丰九年（元祐元年，1086）权通判黔州。

注释：

[一] 吴缜：吴缜是“权通判黔州”，并非涪州职官，收录不当。《民国志》卷九《秩官志》未有收录。又，李胜《涪陵历史文化研究》第 156 页云：吴缜……后以朝请大夫出知蜀州成都、通判黔州，历典数郡，皆有惠政。参见曾超、张正武《西南地区白鹤梁题刻唐宋涪州牧考释》（《长江师范学院学报》，2013 年 1 期），王晓晖《北宋涪州知州考略》（《长江师范学院学报》，2012 年 9 期）。

黄叔向。绍圣中为涪陵尉。字嗣直，山谷弟也。在黔州日，《答泸州安抚王补之书》云：并托渠作数字，附客舟，到涪陵尉舍弟叔向处。又《山谷碑》在涪陵尉厅壁，正叔向尉涪陵时书也。山谷《答宋子茂》云：知命前往涪陵，视嗣直舍弟，远方略到家，犹能道碑楼下相从也。又陆游《入蜀记》：县廨有铁盆，铁色光黑如佳漆，字画淳质可爱玩，有石刻黄鲁直作《盆记》，大略言建中靖国元年（1101）予弟叔向嗣直自涪陵来摄县事。

杨嘉言[一]。字令绪，元祐六年（1091）知军州事。

注释：

[一] 杨嘉言：字令绪，北宋元祐年间为涪州牧。《杨嘉言等题记》为“朝奉郎、知军州事”。《民国志》卷九《秩官志·文职》同。北宋元祐六年，朝奉郎、知军州事杨嘉言令绪率判官钱宗奇、涪陵县令史诠默师、主簿张微明仲、县尉蒲昌龄寿朋，“观广

德鱼刻，并大和题记"，作题记一则，即《杨嘉言等题记》。《水下碑林——白鹤梁》云：杨嘉言善诗工书，尤钟楷体。参见曾超、张正武《西南地区白鹤梁题刻唐宋涪州牧考释》（《长江师范学院学报》，2013 年 1 期），王晓晖《北宋涪州知州考略》（《长江师范学院学报》，2012 年 9 期）。

史诠[一]。字默师，元祐六年（1091）涪陵令。

注释：

[一]史诠：任官来源于元祐五年（1090）白鹤梁题刻《杨嘉言等题记》。题刻原文为："圣宋元祐六年（1091）辛未二月望日，闻江水既下，因率 同 僚 判官钱宗奇、涪陵县令史诠［默师］、主簿张微［明仲］、县尉蒲昌龄［寿朋］，至是观广德鱼刻，并大和题记，朝奉郎、知军州事杨嘉言［令绪］题。"

张（徵）［微］[一]。字明仲，元祐六年（1091）主簿。

注释：

[一]张（徵）［微］：陆增祥《八琼室金石补正》、姚觐元《涪州石鱼文字所见录》、陈曦震《水下碑林——白鹤梁》、《世界第一水文站》、曾超《三峡国宝——白鹤梁题刻汇录与考索》等均作"张微"，《同治志》卷四《秩官志·历代秩官》误为"张徵"，据黄海《白鹤梁题刻辑录》第 56 页拓片，当为"张微"。

钱宗奇。字子美，元祐六年（1091）判官。

蒲昌龄。字寿朋，元祐六年（1091）县尉。

姚（班）［珏］[一]。元祐八年（1093）郡守。

注释：

[一]姚（班）［珏］：班，当为"珏"。北宋元祐癸酉年（1093），（涪陵）郡守姚珏率幕宾钱宗奇、涪陵（县）令杜致明、（涪陵县）主簿张微、（涪陵）县尉蒲昌龄、武龙令袁天倪游览白鹤梁，作题记一则，即《姚珏等题记》。

杜致明[一]。元祐八年（1093）涪陵令。

注释:

[一] 杜致明：任官来源于元祐八年（1093）白鹤梁题刻《姚珏等题记》，题刻原文为："元祐癸酉（1093）正月中浣前一日，郡守姚珏率幕宾钱宗奇、涪陵令杜致明、主簿张微、县尉蒲昌龄、武龙（今重庆武隆）令袁天倪游览。因记岁月，巡检王恩继至。"参见曾超、张正武《西南地区白鹤梁题刻唐宋涪州牧考释》（《长江师范学院学报》，2013年1期），王晓晖《北宋涪州知州考略》（《长江师范学院学报》，2012年9期）。

袁天倪。元祐八年（1093）武龙令。

黄庭坚[一]。绍圣中别驾。

注释:

[一] 黄庭坚：字鲁直，号山谷道人，晚号涪翁，洪州分宁（江西修水县）人，治平进士。以才能见重于文彦博。哲宗立，召为校书郎、《神宗实录》检讨官。《实录》成，擢起居舍人。绍圣初，新党谓其修史"多诬"，贬涪州别驾，安置黔州等地。徽宗初，羁管宜州卒。他工诗文、擅长行书、草书。是北宋著名书法家、文学家、诗人。贬谪所至，士人从学者甚众。早年以文章诗词受知于苏轼，与张耒、晁补之、秦观并称"苏门四学士"，并与苏轼齐名，世称"苏黄"。其诗以杜甫为宗，讲究修辞造句，强调"无一字无来处"，多写个人日常生活，风格奇崛，开创江西诗派。书法善，以侧险取势，纵横奇崛，自成一家，为"宋四家"之一。著作有《山谷集》《山谷琴趣外篇》《山谷精华录》《豫章黄先生文集》《山谷词》等，书迹有《华严疏》《松风阁诗》等。庭坚泊然不以迁谪介意，蜀士慕从之游，讲学不倦，凡经指授，下笔皆可观。涪翁黔涪多遗作。白鹤梁上"元符庚辰，涪翁来"的题刻，即为其一。此外还有："绿荫轩"题刻：在今重庆彭水县，如今已经成为一个著名的人文景观，如"洗墨池"、万卷草堂等。后人于此还留有"涪翁晚策杖，坐此观江涨，雨后天欲凉"题刻。"钩深堂"题刻：这是在白鹤梁对岸北岩点易洞，他看望程颐时所留下的题铭。尺寸为48cm×80cm。楷书，6字，正文"钩深堂"，"钩"字大26cm×21cm，"深"字大21cm×22cm，"堂"字大20cm×20cm，落款"山谷书"，"山"字大3cm×2cm，"谷"字大5cm×5cm，"书"字大5cm×6cm。相传此处还有他挥毫泼墨的"洗墨池"，后人据此留下了"涪翁洗墨池"题刻，在大石头东侧下，118cm×53cm，行书"涪翁洗墨池"五字，横写，字大

15cm×15cm，字距 12cm，无年代、作者。黄庭坚在贬官黔州（今重庆彭水）期间，还留下了《定风波》《黔南十绝》《送曹黔南口号》《木兰花令》《踏莎行·茶》《阮郎归·茶》《减字木兰花·黔守席上作》《减字木兰花》《次韵茂宗送别二首》《水调歌头·游览》《赠黔南贾使君》《和答元明黔南赠别》等不少诗作。其在黔州、涪州期间的史迹，往往成为后人吟咏的对象，如查禽《访苏黄遗墨》、李曾伯《过涪州怀伊川涪翁两先生》、栾为栋《黔江》、吴省钦《钩深堂》、陈广文《绿荫轩》、董国坤《涪翁亭》、邵美播《题黄山谷读书处》、高沛源《我思古人为绿荫轩作》、钱世贵《洗墨池》、刘康蔚《题绿荫轩》、刘龙霖《秋日游绿荫轩极目》、支仲雯《绿荫轩怀古》等。参见《涪陵历史人物》第 24–25 页《黄庭坚与涪陵》、《历代名人与涪陵》第 72–74 页《黄庭坚涪州留墨宝》、《神奇涪陵》第 21–22 页《黄庭坚涪州留墨宝》、《涪陵文史资料选辑》第三辑第 113 页汪长春《涪陵市书画名人录》、胡昌健《涪陵白鹤梁"元符庚辰涪翁来"题刻考》（《四川文物》，2003 年 1 期）、李金荣《涪陵白鹤梁"元符庚辰涪翁来"考辨》（《重庆社会科学》，2006 年 5 期）。

曹叔达[一]。字器远，瑞安人。绍圣元年（1094）进士。判涪州，有善政。后徙遂宁。时营卒变，势张甚，闻曹至即戒其党，毋肆暴，曰：此江南好官也。历官侍郎。谥文肃。崇祀名宦祠。

注释：

[一] 蓝勇主编《稀见重庆地方文献汇点》（下）第 542 页云：曹叔远，《通志》：瑞安人。绍熙间通判涪州。《同治志》作"曹叔达"。

李惟清[一]。政和中判自。时蜀尚淫祀，病不服药，听命巫觋。惟清擒大亚棰之，民以为必及于祸，他日，清又棰之，竟无祸。民始知巫不神，然后教以医药，习俗顿变。崇祀名宦祠。

注释：

[一] 蓝勇主编《稀见重庆地方文献汇点》（下）第 542 页云：李惟清，《宋史》本传：字直臣，下邑人。开宝中以三史解褐涪陵尉。知涪州。民尚淫祀，病不疗治，听于巫觋。惟清擒大巫笞之，民以为及祸。他日又加笞焉，民知不神，然后教以医药，稍变习俗。时遣宦官督输造船木，纵恣不法，惟清奏杀之，由是知名。秩满，迁大理寺丞。《涪陵历史人物》第 18 页《北宋涪州名宦李惟清》云：李惟清（942–998），

字直臣，山东章丘人，一作河南夏邑人。涪州名宦。李惟清在涪陵任上，重政治涪，去巫俗，变民风，声名大震。《宋史》云：（李）惟清，开宝（968-976）中，以三史解褐涪陵尉。蜀民尚淫祀，病不疗治，听于巫觋，惟清擒大巫笞之，民以为及祸。他日又加棰焉，民知不神。然后教以医药，稍变风俗。时遣宦官督输造船木，纵恣不法，惟清奏杀之，由是知名。参见《历代名人与涪陵》第60页《勇于移风易俗的北宋涪陵县尉李惟清》。

庞恭孙^{［一］}　_{大观中知涪州军州事。}

注释：

［一］庞恭孙：《涪陵历史人物》第26-27页《北宋涪州太守庞恭孙》云：庞恭孙，字德孺，武城（今山东成武县）人。生卒年不详。涪州太守，宋代西南开边名臣。崇宁年间（1102-1106），庞恭孙以祖荫补通判施州（今湖北恩施），因"说降（向）文强而斩之"，迁朝奉大夫、知涪州军州事。后知成都，官至徽猷阁待制。庞恭孙主政涪州时，涪州居住有众多的少数民族，乃极力经略，将其化为"王土"。如大观元年（1107）十二月，涪州夷骆世叶、骆文贵内附。该事在《宋史》的《庞籍传》《席旦传》、顾祖禹《读史方舆纪要》《宋会要辑稿》《续资治通鉴长编拾补》等均有记载。庞恭孙"前后在西南二十年"，不仅在涪州开边拓土，而且在其他地区也是拓展"王化"，成为西南开边名臣。《宋史》王祖道列传载："庞恭孙、张庄、赵遹、程邻皆以拓地受上赏。"庞恭孙还是一位爱国诗人。绍兴十一年（1141）"柘皋之战"是南宋初年宋军抗金战争中的一场重要战役，金军惨败而逃，一直北逃到紫金山（今安徽寿县东南），被迫退出庐州。柘皋大战的捷报让宋朝军民欣喜若狂。庞恭孙当即作《闻虏人败于柘皋作口号十首》诗，愤怒地控诉南侵金兵罪行，热情地歌颂抗金英雄战绩，无情地嘲讽投降乞和派。庞恭孙作诗还有《无题二首》《闻虏酋被戕淮南渐平喜而作诗》《题渡水罗汉画》《使虏遇汴京作》《日暮》《绝句三首》《绝句》《郊居九日》《还至呈兴春事已过绿阴木森然小圃可爱摘青梅》《古诗四首呈刘行简给事丈》《古诗》《答何中丞伯寿》《表侄赵文鼎监税传才拙所定九品杜诗说正宗作》等。参见《历代名人与涪陵》第68页《北宋朝奉大夫庞恭孙白鹤梁题记》，曾超、张正武《西南地区白鹤梁题刻唐宋涪州牧考释》（《长江师范学院学报》，2013年1期），王晓晖《北宋涪州知州考略》（《长江师范学院学报》，2012年9期）。

杜咸宁^[一]。<small>大观中通仕郎、录事参军。</small>

注释：

[一] 杜咸宁：任官来源于北宋大观元年（1107）白鹤梁题刻《庞恭孙题记》，题刻原文为："大宋大观元年正月壬辰，水去鱼下七尺，是岁夏秋果大稔，如广德大和所纪云。二年正月壬戌，朝奉大夫和涪州军州事庞恭孙记。左班殿直兵马监押王正卿[良弼]、将仕郎州学教授李贲、通仕郎录事参军杜咸宁、通仕郎涪陵县令权签判张永年、将仕郎司理参军黄希说、将仕郎涪陵县主簿向修、将仕郎涪陵县尉胡施、进士韩翱书。"

张永年^[一]。<small>大观中通仕郎、涪陵县令权签判。</small>

注释：

[一] 张永年：任官来源于北宋大观元年（1107）白鹤梁题刻《庞恭孙题记》，参见"杜咸宁"条。据李胜《涪陵历史文化研究》第159页，张永年，字时发，小名念（廿）十一，小字一郎，忠州临江县（今重庆忠县）宜君乡太平里人，父名安民。宣和五年（1123）十一月初五日生，绍兴十八年（1148）王佐榜进士及第，五甲第一百三名，见于宋元间《绍兴十八年同年小录》。

黄希说^[一]。<small>大观中将仕郎、司理参军。</small>

注释：

[一] 黄希说：任官来源于北宋大观元年（1107）白鹤梁题刻《庞恭孙题记》，参见"杜咸宁"条。

李贲^[一]。<small>大观中将仕郎、州学教授。</small>

注释：

[一] 李贲：任官来源于北宋大观元年（1107）白鹤梁题刻《庞恭孙题记》，参见"杜咸宁"条。据李胜《涪陵历史文化研究》第159页，李贲，金堂（今四川金堂）人，大观中将仕郎、涪州州学教授。高宗绍兴进士，见于《四川通志》卷三十三《选举》。

向修^[一]。 大观中将仕郎、涪陵县主簿。

注释：

[一]向修：任官来源于北宋大观元年（1107）白鹤梁题刻《庞恭孙题记》，参见"杜咸宁"条。

胡施^[一]。 大观中涪陵县尉。

注释：

[一]胡施：任官来源于北宋大观元年（1107）白鹤梁题刻《庞恭孙题记》，参见"杜咸宁"条。

常彦。 宣和四年（1122）朝散大夫、通判军州事。

李全^[一]， 宣和四年（1122）奉议郎、前通判达州权司录事。

注释：

[一]李全：任官来源于北宋宣和四年（1122）白鹤梁题刻《吴革题记》，题刻原文为："易以包无鱼为远民，民故可近不可远。余牧是邦久矣，今岁鱼石呈祥，得以见丰年，知民之不远也。即尘显妙，有开必先，余乐斯二者，遂率宾僚为之游，时宣和四年（1122）十二月十五日。朝散大夫、通判军州事常彦，奉议郎、前通判达州权司录事李全，修武郎、兵马都监曹绾，宣教郎、权司士曹事王拱，迪功郎、涪陵县尉张时行。朝奉郎、权知涪州军州事吴革题。"据《吴革题记》，吴革"率宾僚为之游"，李全为"奉议郎、前通判达州权司录事"，属于"宾"的范畴，故《同治志》收录不当。又，关于李全的姓名，因断句问题，陈曦震《水下碑林——白鹤梁》、黄海《白鹤梁题刻辑录》、曾超《三峡国宝——白鹤梁题刻汇录与考索》作"李全修"；贵州省博物馆藏清拓片临295《吴革等题名》、《四川通志》卷八及卷三三、《涪州石鱼文字所见录·吴革题记》按语、李胜《涪陵历史文化研究》均作"李全"。又，李胜《涪陵历史文化研究》第160页云：李全，富顺监（今四川富顺）人，一说郫县人。崇宁五年（1106）进士，见《涪州石鱼文字所见录·吴革题记》按语。任南大理评事、奉议郎通判达州，谦恭慎密，达于政体，断狱平恕，时以正人称之。见《四川通志》卷八、卷三三。

曹绾[一]。宣和四年（1122）修武郎、兵马都监，见白鹤梁题名刻石。

注释：

[一]曹绾：任官来源于北宋宣和四年（1122）白鹤梁题刻《吴革题记》，参见"李全"条。关于曹绾的任官，陈曦震《水下碑林——白鹤梁》、黄海《白鹤梁题刻辑录》、曾超《三峡国宝——白鹤梁题刻汇录与考索》作"武郎"，其他诸书多作"修武郎"。

王拱[一]。宣和四年（1122）宣教郎、权司士曹事。

注释：

[一]王拱：任官来源于北宋宣和四年（1122）白鹤梁题刻《吴革题记》，参见"李全"条。又，王拱在白鹤梁题刻中凡两见。一见于《吴革题记》，一见于宋建炎己酉年（1129）《陈似题记》。在《吴革题记》王拱的任职是"宣教郎、权司士曹事"，在《陈似题记》中王拱的任职是"摄（涪陵）郡事王拱［应辰］"，惜《同治志》《民国志》均未收录其任官"摄（涪陵）郡事"。又，李胜《涪陵历史文化研究》第161页云：王拱，字应辰，大昌（今重庆巫山）人。光宗绍熙进士（《四川通志》卷三十三《选举》），摄涪陵郡事。

张时行[一]。宣和四年（1122）迪功郎、涪陵县尉。

注释：

[一]张时行：任官来源于北宋宣和四年（1122）白鹤梁题刻《吴革题记》，参见"李全"条。

吴革[一]。宣和四年（1122）朝奉郎，权知涪州军州事。

注释：

[一]吴革：字义夫，华州华阳人，一说华阴人（《涪州石鱼文字所见录·吴革题记》按语）。宋初勋臣吴延祚七世孙。少好学，喜谈兵。再试礼部不中，乃从泾原军镇守西北，以秉义郎干办经略司公事。宣和年间，吴革为涪州牧。白鹤梁题刻《吴革题记》题衔为"朝奉郎、权知涪州军州事"。《民国志》卷九《秩官志·文职》云：吴革，宣德四年朝奉郎，权知军州事。宣德有误，当为宣和。北宋宣和四年，朝奉郎、权知涪州军州事吴革与朝散大夫、通判军州事常彦，奉议郎、前通判达州权司录事李全，修武

郎、兵马都监曹绾，宣教郎、权司士曹事王拱，迪功郎、涪陵县尉张时行同游白鹤梁，作题记一则，即《吴革题记》。金人南牧，曾率部解辽州之围。使粘罕军庭，揖而不拜，责其贪利败约，词直气劲，坚贞忠烈。后被叛臣党羽抓捕就义。《宋史》卷四五二有传。参见《历代名人与涪陵》第74—75页《北宋涪州权知军州事吴革白鹤梁题记》，曾超、张正武《西南地区白鹤梁题刻唐宋涪州牧考释》(《长江师范学院学报》，2013年1期)，王晓晖《北宋涪州知州考略》(《长江师范学院学报》，2012年9期)，王晓晖《白鹤梁题刻所见涪州知州吴革考辨》(《三峡大学学报》，2014年1期)。

徐兴卿。建炎三年（1129）太守。

林琪[一]。建炎三年（1129）郡倅。

注释：

[一]林琪：字子美，曾任涪州通判。此来源于白鹤梁题刻《孙仁宅题记》。

李瞻[一]。绍兴五年（1135）郡守。

注释：

[一]李瞻：字景嗣，又字绍祖，古汴（今河南开封）人。绍兴年间，李景嗣为涪州牧。《李景嗣等题记》《李景嗣等再题》以及白鹤梁题刻考古新发现《晁公遡题记》均不见李景嗣题衔。白鹤梁《水下碑林——白鹤梁》云：南宋绍兴五年涪州太守。《和靖先生文集·和靖处士洛阳尹公生祠记》有"郡太守李瞻"。《民国志》卷九《秩官志·文职》云：李瞻，绍兴五年郡守。《同治志》卷十四《艺文志志》载曹彦时《伊川先生祠堂记》云：绍兴五年，李公瞻来守兹土。

李景嗣曾立伊川先生祠于北岩，《同治志》卷十四《艺文志》载曹彦时《伊川先生祠堂记》。曾立尹焞祠于北岩，见于《和靖先生文集·和靖处士洛阳尹公生祠记》。南宋绍兴十三年（1143），古汴李景旻（嗣）、邓褒、赵子澄、赵公蒙同游白鹤梁，作题记一则，即《李景嗣等题记》。南宋绍兴甲子年（1144），李景嗣、邓褒、赵子澄、冉彬同游白鹤梁，作题记一则，即《李景嗣等再题》。

张振孙。洛阳人。绍兴五年（1135）右承德郎、涪州军州事。

陈萃。_{闽中人。绍兴五年（1135）右宣教郎、知涪陵县事。}

孙仁宅^[一]。_{绍兴十二年（1142）郡守。}

注释：

[一] 孙仁宅：曾养亲昭德晁氏，见晁公遡《嵩山集》、曾超《宋代晁氏家族与三峡文化的建构》。《孙仁宅题记》题衔为"郡守孙仁宅"。喻汝砺《晁具茨先生诗集序》云"涪陵太守孙仁宅"。《民国志》卷九《秩官志·文职》同。

晁公遡^[一]。_{字子西，嵩山人。绍兴十五年（1145）涪陵令。}

注释：

[一] 晁公遡：此记载"嵩山人"，"嵩山"实乃晁公遡之号，即嵩山居士。《民国志》亦载。又，白鹤梁有《晁公遡题记》，但无任官。该题刻在白鹤梁水下考古中被发现，参见吴盛成《白鹤梁题刻水下考古新发现及其历史意义》（《涪陵特色文化研究论文辑（第二辑）》，内部资料，2002）。又，"遡"字，各家使用不一，如《同治志》作"遡"，《民国志》作"愬"等。

杜肇^[一]。_{绍兴二十六年（1156）太守。}

注释：

[一] 杜肇：南宋绍兴十四年（1144），杜肇、任卿宏、张文遇、张势、庞价孺、杜建、邓褒同游白鹤梁，作题记一则，即《杜肇等题记》。

庞价孺。_{绍兴二十六年（1156）僚佐。}

杜建^[一]、邓褒^[二]。_{俱绍兴二十六年（1156）寨佐。}

注释：

[一] 杜建：在白鹤梁题刻中，杜建凡两见：《杜与可等题记》《杜肇等题记》。

[二] 邓褒：在白鹤梁题刻中，邓褒凡四见：《李景嗣等题记》《李景嗣等再题》《杜肇等题记》《邓子华等题记》。

王择仁^[一]。_{字智甫。绍兴二十八年（1158）郡守。}

注释:

[一]王择仁:平阳人,建炎三年(1129)已酉进士,曾为经制司僚属,为御营司参议官权河东制置使。绍兴年间王择仁为涪州牧。《蔡惇题记》题衔为"涪陵郡守平阳(今山西临汾)王择仁智甫"。《民国志》卷九《秩官志·文职》云:王择仁,字智甫,绍兴二十八年郡守。可题刻是绍兴二年为郡守,《同治志》卷四《秩官志·历代秩官》和《民国志》卷九《秩官志》记时有误。

李敏能[一]。字成之,夷门人。绍兴二十八年(1158)云台奉祠,见白鹤梁题名刻石。
注释:

[一]李敏能:任官来源于绍兴二年(1132)《蔡惇题记》,题刻原文为:"绍兴壬子开岁十有四日,涪陵郡守平阳(今山西临汾)王择仁[智甫]招云台奉祠夷门(今河南开封)李敏能[成之]、郡丞开封(今河南开封)李置[元辅]、太平散吏东莱(今山东东莱)蔡惇[元道],过饮公堂,酒罢,再集江干,泛舟中流,登石梁观瑞鱼。《古记》:邦人以见鱼,为有年之兆。惟侯善政,民已怀之,桑麦之歌,颂声载道,是以隐于数季而见于一日,故惇喜,为之记。"又,《同治志》记载李敏能任官时间有误。《中国西南地区历代石刻汇编》第一册载有《宋故右奉直大夫李敏能墓志铭》,该墓志铭1973年出土于涪陵,现藏重庆市博物馆。据李敏能墓志铭,李敏能卒于南宋绍兴六年(1136),葬于南宋绍兴七年(1137)。该墓志铭石长64厘米,高48厘米,正书。其铭文为:"宋故右奉直大夫、知忠州(今重庆忠县)军州事、赐紫金鱼袋李公,讳敏能,字成之,本贯开封府。绍兴丙辰(1136)十二月二十一日疾疫于忠州(今重庆忠县)公宇,正寝,丁巳(1137)二月初五日葬于涪陵千福寺吉地七里,铭以纪姓氏云,族叔右从政郎□□出临谨记。"

李置[一],字元辅,开封人。绍兴二十八年(1158)郡守。
注释:

[一]李置:据绍兴二年(1132)白鹤梁题刻《蔡惇题记》,《同治志》记时、记职有误,李置任职当在绍兴二年(1132)而非绍兴二十八年(1158),李置任官当为"郡丞"而非"郡守"。

盛景献^[一]。襄阳人。绍兴二十九年（1159）太守。

注释：

[一]盛景献：《水下碑林——白鹤梁》云：绍兴二十六年（1156）涪陵郡守。《民国志》卷九《秩官志·文职》同。南宋绍兴二十六年（1156），盛芹率张适、游蒙、张逊同来，子伻德、公孝，胄兴宗侍，作题记一则，即《盛芹等题记》。绍兴乙亥年，盛景献与河南张景南、河内游正父、游希尹、雷泽孟虞卿泛舟江南，折梅赋诗，游白鹤梁，作题记一则，即《盛景献题记》。善诗工书宗颜体。《水下碑林——白鹤梁》云：善诗工书，书宗颜体，自成一家。

张维^[一]。绍兴中涪陵令。

注释：

[一]张维：《民国志》卷九《秩官志·文职》亦有收录。在白鹤梁题刻中，张维三见：《张绾题记》《张绾再题》《张绾三题》。陈曦震《水下碑林——白鹤梁》第68页注云：张维，绍兴中涪陵令。善书。李胜《涪陵历史文化研究》云：张维，字持国，绍兴中涪陵令（《涪州石鱼文字所见录·高祁等题名》）。

[种]慎思^[一]。绍兴壬子（二年，1132）州守。

注释：

[一][种]慎思：《民国志》卷九《秩官志·文职》亦有收录。但二志均没有记载其姓"种"。[种]慎思字白鹤梁题刻中凡二见。其一是绍兴壬子（1132）《种慎思题记》，全文为："□□刘意［彦至］、豹林（今陕西西安）种佚［慎思］，皆以职事趋郡，遇故人江西李尚义［宜仲］还自固陵（今河南太康），种法［平叔］来自南宾（今重庆石柱）。相率挈舟，载酒游北岩及观石鱼，竟日忘归，客怀顿释，殊不知薄官飘零、江山之牢落也。绍兴壬子（1132）季春初六日，慎思题记。"其二是南宋绍兴二年（1132）《李宜仲等题记》，原文为："李宜仲率刘意［彦至］，同种慎思游。"二刻均未明言种慎思任官，《同治志》《民国志》所言任官郡守不知何据。又，陈曦震《水下碑林——白鹤梁》第45页注云：种佚，字慎思，号豹林。今西安人。绍兴二年任涪州太守。其书出于颜而不拘，楷行相间，笔力雄健，结构有致，挥洒自如。李胜《涪陵历史文化研究》第

188 页云：豹林，即豹林谷，在陕西长安终南山，内有东蒙峰。宋种放曾隐于此，种慎思或为其后。《碑林》注"碑林"为种慎思号，误。参见《涪陵文史资料选辑》第三辑第 113–114 页汪长春《涪陵市书画名人录》

何宪[一]。绍兴中知涪州军州事。

注释：

[一] 何宪：何宪，字子应（王十朋《梅溪后集》卷八）。绍兴年间为涪州牧，《何宪、盛辛唱和诗并序》题衔云："知涪州军州事何宪。"《水下碑林——白鹤梁》云：绍兴十八年知涪州军州事。《民国志》卷九《秩官志·文职》云：何宪，绍兴中知涪州军州事。绍兴十八年，知涪州军州事何宪、权通判涪州军州事盛辛、县令王之古，判官庞仔孺等同游白鹤梁，作题记一则，题诗一首，即《何宪、盛辛唱和诗并序》。诗云："何年天匠巧磨龙，巨尾横梁了莫穷。不是江鱼时隐见，要知田稼岁凶丰。四灵效瑞非臣力，一水安行属帝功。职课农桑表勤惰，信传三十六鳞中。"何宪与王十朋有交往，事见《八琼室金石补正》卷八三。王十朋有《次韵何宪子应喜雨》诗："亢阳谁谓不为灾，饥饿连年甑有埃。旱魃忽随冤狱散，雨师遥逐使车来。平反尽欲归中典，调燮端宜位上台。更喜诗如杜陵老，江流坐稳兴悠哉。"《水下碑林——白鹤梁》云：何宪，善诗，工书。参见曾超、张正武《西南地区白鹤梁题刻唐宋涪州牧考释》（《长江师范学院学报》，2013 年 1 期），王晓晖《南宋涪州知州考略》（《长江师范学院学报》，2014 年 6 期）。

盛辛[一]。绍兴中权通判军州事。

注释：

[一] 盛辛：绍兴年间为涪州牧，《何宪、盛辛唱和诗并序》题衔云："权通判涪州军州事"。《水下碑林——白鹤梁》云：南宋绍兴十八年权通判涪州军州事。《八琼室金石补正》云：绍兴十八年，权涪州通判。绍兴十八年，知涪州军州事何宪、权通判涪州军州事盛辛、县令王之古，判官庞仔孺等同游白鹤梁，见于《何宪、盛辛唱和诗并序》。有唱和何宪诗一首，诗云："巨浸浮空无路通，双鳞继瑞杳难穷。昔人刊石留山趾，今日呈祥表岁丰。众喜有年歌善政，独惭无补助成功。须知显晦将千载，往哲摽名岁大中。"

王之古 [一]。 绍兴中县令。

注释:

[一] 王之古:《民国志》卷九《秩官志·文职》亦有收录。此来源于绍兴十八年（1148）白鹤梁题刻《何宪、盛辛唱和诗并序》,题刻原文为:□□□□□出水三尺余。通□□□□观,因成拙诗一章,缮写拜呈伏□笑览,知涪州军州事何宪。何年天匠巧磨龙,巨尾横梁了莫穷。不是江鱼时隐见,要知田稼岁凶丰。四灵效瑞非臣力,一水安行属帝功。职课农桑表勤惰,信传三十六鳞中。岁将大稔,双鱼出见,邦人纵观,以慰维鱼之占也。戊辰正月二十有八日,鱼出水数尺。知府学士置酒瑞鳞阁,邀宾佐以乐之。又蒙出示佳篇,以纪其实。辛虽非才,辄继严韵,斐然成章,但深惭恧,伏幸采览。权通判涪州军州事盛辛。巨浸浮空无路通,双鳞继瑞杳难穷。昔人刊石留山趾,今日呈祥表岁丰。众喜有年歌善政,独惭无补助成功。须知显晦将千载,往哲摽名岁大中（唐宣宗年号也）。县令王之古谨刻,判官庞仔孺书。

庞仔孺 [一]。 绍兴中判官。

注释:

[一]庞仔孺:任官来源于绍兴十八年（1148）白鹤梁题刻《何宪、盛辛唱和诗并序》。参见"王之古"条。

刘意（彦）[一]。 绍兴中郡守。

注释:

[一]刘意:字彦至（《种慎思题记》《李宜仲等题记》）,《同治志》卷十四《艺文志》载郡守种慎思《游北岩还观石鱼记》作"刘意彦王"。"王"字误,当为"至"。南宋绍兴年间为涪州牧。《种慎思题记》和《李宜仲等题记》不见刘意"职衔"。南宋绍兴二年,刘意彦至、豹林种佚慎思、江西李尚义宜仲、种法平叔同游白鹤梁,见于《种慎思题记》。南宋绍兴二年,刘意与李宜仲、刘意彦至、种慎思再游白鹤梁,见于《李宜仲等题记》。刘意有《刘待诏老子出关图卷》,诗云:"不驰骏马驾青牛,西度函关紫气浮。文字五千传道德,仅同释教让儒流。"当系《式古堂书画汇考》卷四四所记刘意之诗。

冯和叔^[一]。字季成。淳熙六年（1179）郡守。

注释：

[一] 冯和叔：字季成，剑蒲人。工书，尤钟隶书。曾为右承事郎、上元县令，见于周应合《景定建康志》卷二七《官守志四》。淳熙年间为涪州牧，《冯和叔题记》题衔为："（涪陵）郡守。"白鹤梁《水下碑林——白鹤梁》云：南宋淳熙五年涪陵郡守。南宋淳熙五年，（涪陵）郡守剑蒲冯和叔季成、（涪陵）郡丞开封李拱德辅，率前忠州守河内向士价邦辅、涪陵（县）令武信胥挺绍祖、（涪陵）郡幕东平刘甲师文来观石鱼，作题记一则，即《冯和叔题记》。参见曾超、张正武《西南地区白鹤梁题刻唐宋涪州牧考释》（《长江师范学院学报》，2013年1期）；王晓晖《南宋涪州知州考略》（《长江师范学院学报》，2014年6期）。

李拱^[一]。淳熙六年（1179）郡丞。

注释：

[一] 李拱：任官来源于淳熙戊辰（1178）白鹤梁题刻《冯和叔题记》，原文为："淳熙戊辰（1178）人日，郡守剑蒲冯和叔［季成］、郡丞开封李拱［德辅］，率前忠州守河内向士价［邦辅］、涪陵令武信胥挺［绍祖］、郡幕东平刘甲［师文］来观石鱼，以庆有年之兆。"又，关于李拱的姓名，陈曦震《水下碑林——白鹤梁》、曾超《三峡国宝——白鹤梁题刻汇录与考索》、黄海《白鹤梁题刻辑录》作李拱，《同治志》卷二《舆地志·碑目》作李耘，姚觐元《涪州石鱼文字所见录》作季□，陆增祥《八琼室金石补正》作李棋。关于李拱的任官时间，题刻已言淳熙戊辰（1178）任官郡丞，《同治志》言淳熙六年（1179）为郡丞，有误。据《冯和叔题记》，李拱，字德辅，开封人。淳熙戊辰（1178）为涪陵郡丞。

胥挺^[一]。字绍祖。武信人。淳熙六年（1179）涪陵令。

注释：

[一] 胥挺：在《冯和叔题记》中胥挺的任官为"涪陵令"，在《朱永裔题记》中胥挺的任官为"秋官武信胥挺"。在陈曦震《水下碑林——白鹤梁》、黄海《白鹤梁题刻辑录》之《朱永裔题记》中，关于曾稷、胥挺的姓名、籍贯、任官存在断句错误。李

胜《涪陵历史文化研究》第 170-171 页云：胥挺，生卒不详，字绍祖，武信（今四川遂宁）人。乾道五年（1169）进士，见《四川通志》卷三十三、《涪州石鱼文字所见录·冯和叔等题记》按语。曾官涪陵令，见于《水下碑林——白鹤梁题刻》编号 76《朱永裔题记》。

刘甲[一]。字师甫[文][一]。东平人。淳熙六年（1179）郡幕武龙簿。

注释：

[一] 刘甲：在白鹤梁题刻中，刘师文见于《向仲卿题记》《朱永裔题记》《冯和叔题记》。在《冯和叔题记》中，刘甲任官为"郡幕"；在《朱永裔题记》中，刘甲任官为"郡幕武龙簿"；在《向仲卿题记》中未言刘甲任官。

[二] 甫：据白鹤梁题刻，当为"文"。

朱永裔[一]。阆中人。淳熙七年（1180）假守。

注释：

[一] 朱永裔：字光叔，小名信哥，小字冠先，阆中（今四川阆中）人（《朱永裔题记》），或作阆州阆中县新安里人（李胜《涪陵历史文化研究》），或作南部县人（《四川通志》卷三三《选举》）。故左迪功郎朱骥之子。绍兴进士朱永裔。朱永裔，绍兴进士，见于《绍兴十八年同年小录》。淳熙年间为涪州牧，《朱永裔题记》《水下碑林——白鹤梁》题衔为"尉守"；《世界第一古代水文站——白鹤梁》、曾超《三峡国宝——白鹤梁题刻汇录与考索》题衔为"假守"。参见曾超、张正武《西南地区白鹤梁题刻唐宋涪州牧考释》（《长江师范学院学报》，2013 年 1 期），王晓晖《南宋涪州知州考略》（《长江师范学院学报》，2014 年 6 期）。

李衍[一]。淳熙七年（1180）教授。

注释：

[一] 李衍：任官来源于南宋淳熙六年（1179）白鹤梁题刻《朱永裔题记》。

孙泽[一]。字润之。淳熙十一年（1184）司理。

注释：

[一]孙泽：任官来源于南宋淳祐三年（1243）白鹤梁题刻《张霁题记》，题刻原文为："石鱼报稔之瑞，旷岁罕见。淳祐癸卯（1243）冬，水落而鱼复出，既又三白呈祥，年丰可占。郡太守山西张霁［明父］率同僚来观，通判开封李拱辰［居中］、教授古通王檽［均卿］、判官古黔邓季寅［东叔］、录参长沙赵万春［伯寿］、司理凤集孙泽［润之］、司户□□赵与礽［仲器］、监酒潼川李震发［子华］、□安□应午［子酉］、监税资中张应有［嗣行］、涪陵县令武信赵广僖［公叔］、主簿合阳李因［夏卿］、县尉合阳冯申龙［季英］、忠州南宾簿尉开汉王季和［和父］、节干成都周仪可［义父］、节属益昌张申之［西卿］、郡斋奉节王建极［中可］与焉。时嘉平既望谨识。"

赵与礽[一]。 字仲器。淳熙十一年（1184）司户。

注释：

[一]赵与礽：任官来源于南宋淳祐三年（1243）白鹤梁题刻《张霁题记》，参见"孙泽"条。关于赵与礽的姓名，《涪州石鱼文字所见录》、曾超《三峡国宝——白鹤梁题刻汇录与考索》、《世界第一古代水文站——白鹤梁》作"赵与扔［仲器］"，《长江三峡工程水库水文题刻文物图集》、陈曦震《水下碑林——白鹤梁》、贵州省博物馆藏有清拓品临327《张霁等题名》作"赵与礽仲器"。

李震发[一]。 字子华，潼川人。淳熙十一年（1184）监酒。

注释：

[一]李震发：任官来源于南宋淳祐三年（1243）白鹤梁题刻《张霁题记》，参见"孙泽"条。

张应有[一]。 字嗣行，资中人。淳熙十一年（1184）监税。

注释：

[一]张应有：任官来源于南宋淳祐三年（1243）白鹤梁题刻《张霁题记》，参见"孙泽"条。又，李胜《涪陵历史文化研究》第174页云：张应有，字嗣行，资中人（一说绵州人），绍定进士（《四川通志》卷三三），淳祐三年（1243）涪陵郡监税。

赵广僖[一]。字公叔，武信人。淳熙十一年（1184）涪陵县令。

注释：

[一]赵广僖：在白鹤梁题刻中凡两见。其一是南宋淳祐三年（1243）白鹤梁题刻《张霁题记》；其二是《赵广僖等题记》。赵广僖任官来源于南宋淳祐三年（1243）白鹤梁题刻《张霁题记》，参见"孙泽"条。陈曦震《水下碑林——白鹤梁》第95页注云：赵广僖，字公叔，武信（今四川遂宁）人。淳祐三年（1243）涪陵县令。

李因[一]。字夏卿。淳熙一年（1184）主簿。

注释：

[一]李因：任官来源于南宋淳祐三年（1243）白鹤梁题刻《张霁题记》，参见"孙泽"条。

冯申龙[一]。字季英。淳熙十一年（1184）县尉。

注释：

[一]冯申龙：任官来源于南宋淳祐三年（1243）白鹤梁题刻《张霁题记》，参见"孙泽"条。

（王季和）[一]，字和父。淳熙十一年（1184）簿尉。

注释：

[一]王季和：据南宋淳祐三年（1243）白鹤梁题刻《张霁题记》，王季和非涪州任官，《同治志》收录有误，当删。

（张仪可）[一]。字义父。淳熙十一年（1184）节干。

注释：

[一]张仪可：据南宋淳祐三年（1243）白鹤梁题刻《张霁题记》，张仪可非涪州任官，《同治志》收录有误，当删。

（张申之）[一]。字西卿。淳熙十一年（1184）节属。

注释：

[一]张申之：据南宋淳祐三年（1243）白鹤梁题刻《张霁题记》，张申之非涪州任官，《同治志》收录有误，当删。

谭深之[一]。　淳熙中教授。

注释：

[一]谭深之：任官来源于南宋乾道七年（1171）白鹤梁题刻《卢棠题记》。

冯愉[一]。　字端和。庆元二年（1196）郡守。

注释：

[一]冯愉：任官来源于南宋庆元四年（1198）白鹤梁题刻《徐嘉言题记》。

张庆延[一]。　字元祚。庆元二年（1196）郡椽。

注释：

[一]张庆延：任官来源于南宋庆元四年（1198）白鹤梁题刻《徐嘉言题记》。关于张庆延的姓名，《世界第一古代水文站——白鹤梁》、曾超《三峡国宝——白鹤梁题刻汇录与考索》、陈曦震《水下碑林——白鹤梁》作"元祚"，贵州省博物馆藏有清拓品临330《徐嘉言等题记》作"元柞"。

王邦基[一]。　字廷坚。庆元二年（1196）从事。

注释：

[一]王邦基：任官来源于南宋庆元四年（1198）白鹤梁题刻《徐嘉言题记》。关于王邦基的姓名和籍贯，《长江三峡工程水库水文题刻文物图集》《世界第一古代水文站——白鹤梁》、曾超《三峡国宝——白鹤梁题刻汇录与考索》、陈曦震《水下碑林——白鹤梁》作"违坚"，颖昌人；《同治志》卷四《秩官志·历代秩官》作"廷坚"，颖昌人。贵州省博物馆藏有清拓品临330《徐嘉言等题记》作"颖□"人。

申驹[一]。　字致远。庆元二年（1196）文学椽。

注释：

[一] 申驹：任官来源于南宋庆元四年（1198）白鹤梁题刻《徐嘉言题记》。

瞿常^[一]。字明孺。庆元二年（1196）纠曹。

注释：

[一] 瞿常：任官来源于南宋庆元四年（1198）白鹤梁题刻《徐嘉言题记》。

彭楠^[一]。字国材。庆元二年（1196）县佐。

注释：

[一] 彭楠：任官来源于南宋庆元四年（1198）白鹤梁题刻《徐嘉言题记》。

左延^[一]。字庆椿。庆元二年（1196）征官。

注释：

[一] 左延：任官来源于南宋庆元四年（1198）白鹤梁题刻《徐嘉言题记》。

徐嘉言^[一]。字公美。庆元二年（1196）郡文学掾。

注释：

[一] 徐嘉言：任官来源于（1198）白鹤梁题刻《徐嘉言题记》，题刻原文为："庆元戊午（1198）中和节，属吏从尉史君送别新宪使刘开国［运台］临按，自小荔园旋观石鱼，历览前贤留刻，盖自唐迄今五百余载。郡人每以鱼之出，兆年之丰事，既有验于古，可以卜今岁之稔无疑也。涪陵宰临汝冯愉端和，置酒与僚友更贺，从容半日，尽兴而返。同游者八人：前郡掾蕲春张庆延［元祚］、从事颖昌王邦基［违坚］、□□文学掾龟陵申驹［致远］、纠曹汉嘉瞿常［明孺］、县佐汶江彭楠［国材］、征官上邽左延［庆椿］，是郡文学掾南郡徐嘉言［公美］识。"

李瑞^[一]。字［公］玉（新）。宝庆二年（1226）太守。

注释：

[一] 李瑞：字公玉，《李公玉"瑞鳞古迹"题记》《水下碑林——白鹤梁》、曾超《三

峡国宝——白鹤梁题刻汇录与考索》作李瑞公玉，黄秀陵《宋代科学家秦九韶与白鹤梁的水文科学》一文作李瑀公玉，《同治志》卷二《舆地志碑目》之《李玉新题名记》作"郡守李瑞公玉新"，曾超《三峡国宝——白鹤梁题刻汇录与考索》《李公玉题记》作"郡太守唐安李公玉"，清代陆增祥《八琼室金石补正》、姚觐元《涪州石鱼文字所见录》作李瑀公玉。从题刻看，李瑞字为公玉，而非玉新。南宋宝庆二年，郡守李瑞公玉、新潼川守秦季榅宏文、郡纠曹掾何昌宗季文，季榅之子九韶道古，瑞之子泽民志可同来游，作题刻一则，即《李公玉"瑞鳞古迹"题记》。南宋宝庆丙戌年，（涪陵）郡太守唐安（今四川崇庆）李公玉喜其为丰季之兆，挈男泽民、□民、觉民载酒来游，□□□叔咏、眉山（今四川眉山）□□□、□□白子才、张□□、□□□。作题记一则，即《李公玉题记》。参见曾超、张正武《西南地区白鹤梁题刻唐宋涪州牧考释》（《长江师范学院学报》，2013年1期），王晓晖《南宋涪州知州考略》（《长江师范学院学报》，2014年6期）。

何昌宗[一]。字季文。宝庆（1226）二年郡纠曹掾。

注释：

[一] 何昌宗：任官来源于南宋宝庆二年（1226）《李公玉"瑞鳞古迹"题记》。

谢兴 [甫][一]。绍定二年（1229）太守。

注释：

[一] 谢兴 [甫]：字起□，长沙人。曾超《三峡国宝——白鹤梁题刻汇录与考索》、《水下碑林——白鹤梁》作"长沙谢兴甫起□"，贵州省博物馆藏有清拓品临301《谢兴甫等题名》作"长沙谢兴甫起□□"，多一"□"字，《同治志》卷二《舆地志碑目·谢兴题名》"长沙谢兴"。《同治志》卷四《秩官志·历代秩官》和《民国志》卷九《秩官志》记其名字有误。进士及第，授从事郎全州州学教授。卫泾《后乐集》卷一二《奏举萧遵施榍姜注谢孙复谢兴甫郗梦祥乞加录用状》和杨士奇等《历代名臣奏议》卷一四九记载：谢兴甫，文行华美，气质粹和，谨重好修，学术甚正，以殿试第五名及第，授从事郎全州州学教授。绍定年间为涪州牧。南宋绍定三年（1230），长沙谢兴甫起□、资中杨坤之夷叔、郡人虞会和叔同游白鹤梁，有题记一则，即《谢兴甫等题记》。谢兴甫著有《中庸大学讲义》，《宋史》卷二〇二《艺文志第一百五十五》收录有谢兴甫《中

庸大学讲义》三卷。

邓季寅[一]。字东叔。淳祐二年（1242）判官。

注释：

[一] 邓季寅：任官来源于南宋淳祐三年（1243）白鹤梁题刻《张霁题记》，参见"孙泽"条。

张霁[一]。字季父。淳熙四年（1175）郡太守。

注释：

[一] 张霁：字明父本志误。淳祐年间为涪州牧。《张霁题记》题衔为"（涪陵）郡太守山西张霁明父"，《王季和等题记》称"山西张侯来镇是邦"。南宋淳祐三年，（涪陵）郡太守山西张霁明父率同僚通判开封李拱辰居中、教授古通王橚均卿、判官古黔邓季寅东叔、录参长沙赵万春伯寿、司理凤集孙泽润之、司户□□赵与扔仲器、监酒潼川李震发子华、□安□应午子西、监税资中张应有嗣行、涪陵县令武信赵广僖公叔、主簿合阳李因夏卿、县尉合阳冯申龙季英、忠州（今重庆忠县）南宾簿尉开汉王季和和父、节干成都周仪可义父、节属益昌张申之西卿、郡斋奉节王建极中可同游白鹤梁，有题记一则，即《张霁题记》。《水下碑林——白鹤梁》云：张霁，少时喜读书，讲气节，善诗工书。其字秀丽严谨，颇臻微妙。参见曾超、张正武《西南地区白鹤梁题刻唐宋涪州牧考释》（《长江师范学院学报》，2013 年 1 期），王晓晖《南宋涪州知州考略》（《长江师范学院学报》，2014 年 6 期）。

李拱辰[一]。字居中，开封人。淳祐四年（1175）通判。

注释：

[一] 李拱辰：字居中。中，《水下碑林——白鹤梁》作"申"，误。淳祐年间为涪州牧，《张霁题记》题衔为"通判"。

王橚[一]。字钧卿。淳祐四年（1175）教授。

注释：

[一]王榪：任官来源于南宋淳祐三年（1243）白鹤梁题刻《张霁题记》，参见"孙泽"条。

邓刚[一]。字季中，庐陵人。淳祐九年（1249）太守。

注释：

[一]邓刚：嘉定进士，见于谢旻等《江西通志》卷五〇《选举宋二》。淳祐年间为涪州牧，《邓刚题记》题衔为"（涪陵）郡守"。南宋淳祐戊申年，郡守庐陵邓刚季中率通判江阳何行可元达同观石鱼，作题记一则，即《邓刚题记》。《水下碑林——白鹤梁》云：邓刚品行端正，善书画，钟楷书，其字飘逸潇洒，颇具大家风范。见于《水下碑林——白鹤梁》注。参见曾超、张正武《西南地区白鹤梁题刻唐宋涪州牧考释》（《长江师范学院学报》，2013年1期），王晓晖《南宋涪州知州考略》（《长江师范学院学报》，2014年6期）。

何行可[一]。字元达，江阳人。淳祐九年（1249）通判。

注释：

[一]何行可：南宋淳祐戊申年，郡守庐陵邓刚季中率通判江阳何行可元达同观石鱼，见于《邓刚题记》。

刘君举[一]。字叔子。宝祐二年（1254）郡守。

注释：

[一]刘君举：《涪陵历史人物》第43-44页《南宋名臣刘叔子》云：刘叔子，字君举，长宁（今四川泸县）人。南宋名臣。宝祐二年（1254），刘叔子知重庆府事。同年，移知涪州。刘叔子在任涪州太守期间，曾游历白鹤梁。南宋宝祐二年（1254），郡假守长宁刘叔子君举偕别驾蹇材望君厚观石鱼，作题记一则，即《刘叔子诗并序》。刘叔子与著名易学家阳枋多有交往。据阳枋《字溪集》记载，在涪州北岩书院，为李震午（李卓）、刘叔子讲《易》，作三陈九卦等义疏。阳枋《字溪集》卷十有《谢涪陵刘君举使君见委北岩堂长诗》，诗云："雪片冬深玩易编，正公和气理尤浑。八分写就龙蛇走，岩藤涧树常蜿蜒。莲荡飘裾紫阳学，归来拂拭莓苔痕。岩前世事几兴废，道无今古终长存。

新来五马栽桃李，生平伊洛期穷源。下车一笑抚江阁，片心飞度苍崖根。生香动荡满幽谷，秋丛濯雨抽兰荪。露华滴晴舞夜鹤，云叶卷霁吟朝猿。袁翁白首野人服，不爱市井怜山村。太守招来说好语，翠萝有路犹堪扪。听终不敢谢疲茶，瘦筇强拄岩檐门。遗书欲傍梅花读，只恐使人昭昭己昏昏。"参见《历代名人与涪陵》第97-98页《南宋代理涪州知州刘叔子白鹤梁题咏》，曾超、张正武《西南地区白鹤梁题刻唐宋涪州牧考释》（《长江师范学院学报》，2013年1期），王晓晖《南宋涪州知州考略》（《长江师范学院学报》，2014年6期）。

蹇材望。字君厚，潼川人。宝祐二年（1254）别驾。

何震午[一]。字季明，昌元人。宝祐六年（1258）判官。

注释：

[一]何震午：任官来源于南宋宝祐戊午年（1258）白鹤梁题刻《何震午等题记》，原文为：宝祐戊午（1258）正月戊寅，军事判官昌元何震午[季明]、知乐温县燕国赵兴珞[思复]、纠曹宕渠袁逢龙[清甫]、涪州理掾古渝杜梦午[南卿]、文安王垓[子经]、汴阳向大源[清夫]，观石鱼之兆丰，拂涪翁之遗迹，亦一时胜游也，濡笔以书。又，陈曦震《水下碑林——白鹤梁》第101页注云：何震午，字季明，昌元（今四川荣昌县）人，宝祐六年为涪州军事判官。

赵兴珞[一]。字思复，燕人。宝祐六年（1258）乐温县令。

注释：

[一]赵兴珞：任官来源于南宋宝祐戊午年（1258）白鹤梁题刻《何震午等题记》，参见"何震午"条。

袁逢龙[一]。字清甫，宕渠人。宝祐六年（1258）纠曹。

注释：

[一]袁逢龙：任官来源于南宋宝祐戊午年（1258）白鹤梁题刻《何震午等题记》，参见"何震午"条。

杜梦午^[一]。字南卿，渝州人。宝祐六年（1258）理椽。

注释：

[一]杜梦午：任官来源于南宋宝祐戊午年（1258）白鹤梁题刻《何震午等题记》，参见"何震午"条。

王垓^[一]。字子经，文安人。宝祐六年（1258）理椽。

注释：

[一]王垓：任官来源于南宋宝祐戊午年（1258）白鹤梁题刻《何震午等题记》，参见"何震午"条。关于王垓的姓名，贵州省博物馆藏清拓品临312《何震午等题名》作"文安王王垓［子经］"，多一"王"字，误。

王明^[一]，祥兴□□□□□□□。

注释：

[一]王明，《涪陵历史人物》第44页《南宋涪州守将王明》云：王明，生卒年不详。南宋涪州守将。景炎三年（1278），合川、重庆保卫战进入最为艰难的时期。时张珏在重庆保卫战中失利，退守涪州（今重庆涪陵区）。元将不花率军攻打涪州，涪州守将王明积极地支持张珏继续坚持抗元斗争。不幸，张珏、王明遇难。

王仙^[一]。祥兴中守涪州，元兵攻围日急，坚守孤城。宋亡一年，城始破。仙自刎，断吭不死，以手扼其颈绝。崇祀名宦祠。

注释：

[一]蓝勇主编《稀见重庆地方文献汇点》（下）第542页云：王仙，《宋史·忠义本传》：蜀都统也，守涪州，北兵攻围无虚日，势孤援绝。宋亡之二年，城始破。仙自刎，断其吭不死，以两手自摘其首，坠死。参见《神奇涪陵》第23-25页《王仙壮烈殉国》。

吴信中。光辅孙，继守涪州，建堂于吴公溪之上。

范仲武。嘉定元年（1208）知涪州，塑程伊川像于钩深堂以祀之，并建致远、碧云二亭。

谢宋卿。嘉定三年（1210）太守。

元

（奥鲁）^[一]。至顺三年（1332）奉训大夫夔路万州知州兼管本州诸军。

注释：

[一]奥鲁：《民国志》亦有收录。然奥鲁乃官名，非人名。当删。参见曾超《白鹤梁题刻〈聂文焕题记〉"奥鲁""劝农事"考辨》(《三峡论坛》，2014年6期)。

张八丂^[一]。奉议大夫。至顺癸酉（四年，1333）太守。

注释：

[一]张八丂：又名张琡，元代蒲板人。《水下碑林——白鹤梁》《中国长江三峡大辞典》《历代名人与涪陵》等均云：进士。至顺年间为涪州牧，《张八丂木鱼记》题衔为"奉议大夫、涪守"。《世界第一古代水文站——白鹤梁》注释说：元元统元年（1333），鱼长46cm×18cm。该鱼模拟木刻技法，其雕刻精细，强调写实，栩栩如生。元至顺癸酉年（1333），奉议大夫涪守张八丂、蒲板张琳、吏庞嗣荣游白鹤梁，作题记一则，即《张八丂木鱼记》。《中国长江三峡大辞典》云：张八丂，又名张琡，生于1302年，卒于1375年，元代蒲板（今山西永济）人。进士。至顺癸酉年（1333）为奉议大夫、涪州太守。工书法，动笔如飞，一挥而就。在白鹤梁题刻中，张八丂刻有石鱼一尾，作有题记一则。85字，精隽超群，错落有致，脱于颜柳，自成一体。《历代名人与涪陵》有《元代涪守张八丂白鹤梁仿刻木鱼记》。参见《历代名人与涪陵》第103—104页《元代涪守张八丂白鹤梁仿刻木鱼题记》、《涪陵文史资料选辑》第三辑第117页汪长春《涪陵市书画名人录》。

咬寻进义^[一]。至顺三年（1332）忠翊校尉、同知涪州事。

注释：

[一]咬寻进义：至顺年间为涪州牧，《聂文焕题记》题衔为"忠翊校尉、同知涪州事咬寻进义"。《民国志》卷九《秩官志·文职》云：咬寻通义，至顺三年忠翊校尉同知涪州事。元至大辛亥年，奉训大夫、夔路万州知州兼管本州诸军奥鲁、劝农事安固，偕忠翊校尉、同知涪州事咬寻进义，副尉、涪州判官杨辉敬谒伊川先生祠因观石鱼，见于《聂文焕题记》。

杨煇。至顺三年（1332）副尉、涪州判官。

安固^[一]。至□□□□□。

注释：

［一］安固：安固的全称职衔是至顺三年（1332）奉训大夫夔路万州知州兼管本州诸军劝农事，参见曾超《白鹤梁题刻〈聂文焕题记〉"奥鲁""劝农事"考辨》（《三峡论坛》，2014 年 6 期）。

僧嘉间。至正十三年（1353）太守。

张安。至正十三年（1353）学正。

明

刘冲霄^[一]。洪武十七年（1384）奉训大夫、知州。

注释：

［一］刘冲霄：举人四川内江人。洪武年间为涪州牧，《刘冲霄诗并序》题衔为"奉训大夫、涪州知州"。明洪武十七年，奉训大夫、涪州知州刘冲霄，承务郎、涪州同知李希尹，从仕郎、涪州判官范庄，吏目颜亮、学正黄思诚、训导张敬先、驿丞王青同游白鹤梁，作题记一则，题诗一首即《刘冲霄诗并序》。

李希尹^[一]。洪武十七年（1384）承务郎、州同知。

注释：

［一］李希尹：任官来源于洪武十七年（1384）白鹤梁题刻《刘冲霄诗并序》，该刻原文为："昔大明洪武十有七年岁在甲子（1384）正月人日，奉训大夫、涪州知州刘冲霄，承务郎、涪州同知李希尹，从仕郎、涪州判官范庄，吏目颜亮、学正黄思诚、训导张敬先、驿丞王青，因水落石鱼呈瑞，游观遂书于石，以记一时之盛事云。诗曰：石鱼见处便丰年，自我居官亦有缘。愿得从今常献瑞，四民乐业永安然。"

范庄。洪武十七年（1384）从仕郎、州判官。

颜亮。洪武十七年（1384）吏目。

黄思诚^[一]。洪武十七年（1384）学正。

注释：

[一] 黄思诚：任官来源于洪武十七年（1384）白鹤梁题刻《刘冲霄诗并序》，参见"李希尹"条。又，陈曦震《水下碑林——白鹤梁》第 112 页注云：黄思诚，生卒不详，明洪武十七年（1384）学正。李胜《涪陵历史文化研究》第 175 页云：黄思诚，徽州休宁人，贡生。历官海盐训导（郝玉麟《福建通志》卷三九）、潮州府通判（郝玉麟等《广东通志》卷二七）。洪武十七年（1384）涪州学正。

张敬先。洪武十七年（1384）训导。

王青。洪武十七年（1384）驿丞。

沈定^[一]。永乐中知涪州。兴学校，课农桑，孜孜不倦，胥吏畏威，而民乐其业。见《一统志》。

注释：

[一] 蓝勇主编《稀见重庆地方文献汇点》（下）第 563 页云："沈定，《府志》：永乐中知涪州。廉能有为，兴学校，课农桑，吏胥畏威，民乐其业。"

邵贤^[一]。宣德中以员外郎出守涪州。筑新城，广民居，修学校，殄巨寇。涪人德之，崇祀名宦祠。

注释：

[一] 蓝勇主编《稀见重庆地方文献汇点》（下）第 563 页云："邵贤，《涪州志》：宣德中以员外郎出守涪州。作新城，广民居，修学校，殄巨寇。涪人德之。祀名宦。"

斐［裴］连^[一]。监利人。宣德中以工部侍郎谪守涪州。练达治体，仁惠及民，功绩懋著。

注释：

[一] 蓝勇主编《稀见重庆地方文献汇点》（下）第 563 页云："裴连，监利人。宣德中以工部侍郎谪守涪州。"

张黻^[一]。成化中知涪州。清介公明，爱民如子。见《一统志》。

注释：

[一] 蓝勇主编《稀见重庆地方文献汇点》（下）第 563 页云："张黻，《明史·林俊

传》：吉水人，成化八年进士。历知涪州，介特不避权贵。宏治中，俊蒙显擢而籲老不用，王恕为之请，特予诰命。"《涪陵历史人物》第50页《明代直臣张籲》云：张籲，江西吉安府吉水县（今江西省吉水县）人。成化八年（1472）登壬辰科进士，历任涪州知州、宿州知州，有政声。

袁宗夔[一]。正德元年（1506）州守。

注释：

[一]袁宗夔：任官来源于明正德元年（1506）白鹤梁题刻《李宽观石鱼记》。是年，四川按察司佥事德安李宽、（涪州）州守袁宗夔、叙州府同知陈旦，保宁府同知郭惍、（保宁）府通判盛应明、德阳县知县吴琏、新繁县知县祁瓛，江安县知县徐崧同游白鹤梁观石鱼。

方大乐[一]。江西进士。守涪六载，虚怀下士，培育人材，狱讼衰息，四境恬熙。崇祀名宦祠。

注释：

[一]蓝勇主编《稀见重庆地方文献汇点》（下）第563页云："方大乐，江西人，由进士守涪州。"

廖森[一]。为州牧，讲学造士，一时掇科第者十余人，皆出其门。伏阙保留，历任十载。崇祀名宦祠。

注释：

[一]蓝勇主编《稀见重庆地方文献汇点》（下）第563页云："廖森，十载州牧，民歌慈母。祀名宦。"

陈大道。万历二十二年（1594）守道，后官藩参。

余光[一]。万历间任知州。

注释：

[一]蓝勇主编《稀见重庆地方文献汇点》（下）第563页云："余光，万历间任。"

王青仁[一]。进士，江西泰和人。万历间任知州。

注释：

［一］蓝勇主编《稀见重庆地方文献汇点》（下）第 563 页云："王青仁，进士，江西泰和人。"

张时迪^{［一］}。举人。万历间任知州。

注释：

［一］蓝勇主编《稀见重庆地方文献汇点》（下）第 563 页云："张时迪，举人。"

李陶成^{［一］}。举人。万历间任知州。

注释：

［一］蓝勇主编《稀见重庆地方文献汇点》（下）第 564 页云："李陶成，举人。万历间任。"

黄寿^{［一］}。字纯仁，号松崖。进士，江西南城人。万历中由黄州判以异政擢涪守，尚俭革弊，期年而六事孔修，朝暮焚香危坐，凡百念虑动处事，皆符应，世因号为神官云。

注释：

［一］蓝勇主编《稀见重庆地方文献汇点》（下）第 564 页云："黄寿，进士，江西南城人。万历间任。"《涪陵历史人物》第 53 页《明代涪州良牧黄寿》云：黄寿（1464–1534），字纯仁，号松崖，江西南城人。明弘治二年（1489）进士。涪州良牧。正德年间（1506–1521）黄寿以政绩优异由黄州判擢升为涪州太守。提倡节约，革除时弊，爱惜百姓，到任一年而赋役平，盗贼息，州民颂为"神官"。事见同治《涪州志》卷四、白鹤梁题刻《联句和黄寿诗》。涪人因之而立黄公祠以祭祀之，涪州人陈计长还曾为涪州良吏黄寿之黄公祠书写祀记。明武宗正德五年（1510），黄寿游梁观鱼，题诗一首，题记一则，是为《黄寿题诗》。诗云："时乎鸾凤见，石没亦是丰。时乎鸱鸮见，石出亦是凶。丰凶良有自，奚关水石踪。节用爱人心，胡为有不同。"其书疏朗多姿，平直茂密，文笔颖秀。《黄寿题诗》即其留存的书法作品之一。在涪州，黄寿还为涪陵名贤刘秋佩作匾"景贤"，参见《秋佩生墓志铭》。为涪陵张格大书"孝友"表其门，参见嘉靖十八年《明故显考妣张公石氏墓志铭》。参见《历代名人与涪陵》第 109–110 页《明代涪守黄寿白鹤梁题咏》、《涪陵文史资料选辑》第三辑第 118 页汪长春《涪

陵市书画名人录》。

刘日彩[一]。举人。万历间任知州。

注释：

[一] 蓝勇主编《稀见重庆地方文献汇点》（下）第 564 页云："刘日彩，举人。万历间任。"

郭维藩[一]。举人。万历间任知州。

注释：

[一] 蓝勇主编《稀见重庆地方文献汇点》（下）第 564 页云："郭维藩，举人。万历间任。"

朱家民[一]。云南进士。万历中守道陈大道修学宫，赞助速成，更置学田以养士类。后升贵阳方伯。崇祀名宦祠。

注释：

[一] 蓝勇主编《稀见重庆地方文献汇点》（下）第 564 页云："朱家民，举人。万历间任。"

朱毅臣[一]。江西举人。天启间任知州。

注释：

[一] 蓝勇主编《稀见重庆地方文献汇点》（下）第 564 页云："朱毅臣，举人。天启间任。"

韩邦哲[一]。湖北黄州举人。天启间任知州。

注释：

[一] 蓝勇主编《稀见重庆地方文献汇点》（下）第 564 页云："韩邦哲，举人。天启间任。"

张应爵[一]。浙江山阴举人。天启间任知州。

注释：

[一] 蓝勇主编《稀见重庆地方文献汇点》（下）第564页云："张应爵，举人，浙江山阴人。天启间任。"

胡平表。<small>云南人。天启间任。时奢贼寇渝，公徒步赴石砫，请秦良玉兵救援，下游赖以安堵。涪人德之，立祠以祀。州人陈计长为之记，</small>
<small>见《艺文》。</small>

王嗣奭^[一]。<small>浙江举人。崇正[祯]间任知州。</small>

注释：

[一] 蓝勇主编《稀见重庆地方文献汇点》（下）第564页云："王嗣奭，浙江举人。"

夏云鼎^[一]。<small>湖广石首举人。崇正[祯]间任知州。</small>

注释：

[一] 蓝勇主编《稀见重庆地方文献汇点》（下）第564页云："夏云鼎，举人，湖广石首人。"

黄应祥^[一]。<small>举人，贵州龙里卫人。崇正[祯]间任知州。</small>

注释：

[一] 蓝勇主编《稀见重庆地方文献汇点》（下）第564页云："黄应祥，举人，贵州龙里卫人。"

冯良谟^[一]。<small>江南六合举人。崇正[祯]癸未（十六年，1643）摄涪篆，值献贼入川，屠戮遍野。公赈恤招徕，遗民赖以稍复。</small>

注释：

[一] 蓝勇主编《稀见重庆地方文献汇点》（下）第564页云："冯良谟，江南六合举人。崇祯癸未（十六年，1643）摄篆。值献贼入川，民多屠戮，四野废耕。谟多方救赈，遗民稍存。迄今涪人德之。陈观察《预考吴江沈近事业残载》：陈良谟，字范卿，吴江人，万历壬午举人。知涪州，有循吏声，江中石鱼出见三。有记，见《涪州志》。"

武隆县知县

明

黄直^[一]。曲阜举人。洪武十年（1377）任。为政廉平，兴利除害，良善获安，豪右屏迹。崇祀名宦祠。

注释：

［一］蓝勇主编《稀见重庆地方文献汇点》（下）第 605 页云："黄直，山东曲阜人。洪武中知武隆，为政廉平，兴利除害，良善获安，豪右屏迹，崇祀名宦。"

孙道远，洪武十四年（1381）任。

王龄。

高湘。

邓凯。广东嘉应州监生。

宋伏奇。云南霑益县监生。

易濂。湖广蕲州举人。成化年间任。

苏奎。浙江金华县监生。

周镜。湖广罗田县举人。

戴星。湖广靖州监生。

袁思诚。河南原武县监生。

王骏。湖广荆门州举人。

夏璋。湖广平江县举人。

钟韵。广东翁源县监生，后调绵竹县知县。

李良金^[一]。云南昆明县举人。嘉靖五年（1526）任。刚方廉洁，善达边情。适报迁官，酋长赂以金不受，单骑去。行李萧然，士民泣送之。崇祀名宦祠。

注释：

［一］蓝勇主编《稀见重庆地方文献汇点》（下）第 605 页云："李良金，云南昆明县人。嘉靖间知武隆。刚方廉静，善处边情。适报迁官，酋长赂以金，不受，单骑去。行李萧然，士民泣送之。崇祀名宦。"

丁继。 河南孟津县监生。

成文。 山西阳和县举人。

刘瀚。 陕西岐山县监生。嘉靖十七年（1538）任。

李一清。 广东举人。

冯尚德。 陕西凤翔县监生。

胡文源。 直隶阜城县监生。嘉靖二十四年（1545）任。

党崇正。 湖广施南府举人。

史载泽。 贵州新添卫监生。

张钦辰。

赵伟。

陶庚。 湖广举人。嘉靖四十三年（1566）任。始修《历任题名记》。

唐宗元。

王施仁。

孟泰皓。

李廷英。

林兰。 湖广归州举人。万历十二年（1584）任。迁建学宫，现有碑记。

陶正学。

李平山。

况世钦。

欧汝孚。

陈子道。 湖广衡州举人。万历二十七年（1599）任。

曹芬。 湖广宜兴县监生。万历三十一年（1593）任。

杨复乾。 云南太和县监生。

苗嘉谷。 云南宜良县监生。

缪思启。 云南曲靖州举人。天启二十四年任。

徐体震。 云南昆明县举人。天启四十七年^[一]任。

注释：

[一] 天启四十七年，按：天启，明熹宗朱由校年号，公元 1621-1627 年，只有八年。

故天启四十七年有误。

党应期。 山西阳曲县举人。崇祯二年（1629）任。

詹允吉。 福建岁贡生。

葛惺。 山西高平县监生。

邱忠。 甘肃平凉县举人。崇祯十三年（1640）任。

钱大用。 崇祯十五年（1642）任。

武隆县教谕

明

高溥。 嘉靖二十四年（1545）任。

何卞。 万历十二年（1584）任。

赵廷儒。 万历三十年（1602）任。

训　导

鲜希伒。 万历十二年（1584）任。

李文英。 万历三十年（1602）任。

重修涪州志卷五　国朝秩官

知州　州同　学正　训导　巡检　吏目　把总

知　州

赵廷正。<small>顺治庚子年（十七年，1660）任。董建学宫，尊崇文教，涪人德之。</small>

朱家民。<small>云南曲靖府人。顺治年州牧。</small>

吴调元[一]。<small>江南举人。康熙元年（1662）任。</small>

注释：

[一] 蓝勇主编《稀见重庆地方文献汇点》（下）第 602 页云："吴调元，江南举人。康熙元年（1662）任（涪州知州）。"

朱麟正[一]。<small>荫生，辽东人。康熙三年（1664）任。建修州署。</small>

注释：

[一] 蓝勇主编《稀见重庆地方文献汇点》（下）第 602 页作朱麟贞，云："朱麟贞，辽东荫生。康熙三年（1664）任。"两书记载存在"正""贞"之别。

萧星拱[一]。<small>江西人。康熙十九年（1680）任。重修学宫，补修州署。</small>

注释：

[一] 蓝勇主编《稀见重庆地方文献汇点》（下）第 602 页云：萧星拱，江西人。康熙十九年（1680）任。《涪陵历史人物》第 70-71 页《清代康熙涪州良牧萧星拱》云：萧星拱，字薇翰，号公祖。江西南城县人。第进士。清代康熙涪州良牧。康熙十九年（1680）、二十三年（1684）二任涪州知州，重修学宫，补修州署，勤政爱民。儒雅好文，

书法近赵松雪。清康熙二十三年（1684），知忠州（今重庆忠县）事三韩（今属山西）
［商玉］朱之瑮、浙江慈溪［寅凡］周御奇、（涪陵）郡守盱江萧星拱等同游白鹤梁，
萧星拱作《萧星拱观石鱼记》。清康熙乙丑年（1685），涪州牧盱江萧星拱薇翰氏、旧
黔（江县）（今重庆黔江）令云间（今上海松江）杜同春［梅川］、（涪州）州佐四明
（今浙江宁波）王运亨［元公］、盱江吴天衡［高伦］、何谦文奇、西陵（今河北易县）
高应干［侣叔］，（涪陵）郡人刘之益［四仙］、文珂［奚仲］同游白鹤梁，作《萧星
拱重镌双鱼记》。据《萧星拱重镌双鱼记》，萧星拱鉴于唐代郑令珪所刻石鱼“岁久剥
落，形质模糊，几不可问，遂命石工刻而新之，俾不至湮没无传”。萧星拱所刻石鱼，
其位置在原郑令珪所刻唐代石鱼之上，完全系仿刻。萧星拱所刻石鱼简称“清鱼”或
“萧鱼”。现存双鱼，题刻拓片见陈曦震《水下碑林——白鹤梁》第 133 页，前鱼长
100cm，高 28cm，36 鳞，含莲花，其背鳍较高，后背较扁窄，系雄鱼；后鱼长 105cm，
高 27cm，37 鳞，含芝草，其背鳍较矮，后腹较饱满，系雌鱼。双鱼一前一后作溯江
翔游状。重刻双鱼图与原刻唐鱼略有不同：一是形体尺寸增大；二是后鱼因刻工疏忽
而多一鳞片；三是鱼鳞的变化，原刻雄鱼含芝草，变成含莲花，原刻雌鱼含莲花，变
成含芝草。萧星拱所刻石鱼，价值极高，它取代唐鱼称为“石鱼水标”。成为白鹤梁
题刻的功臣。

孟时芬^[一]。监生，浙江人。康熙三十年（1691）任。
注释：
［一］蓝勇主编《稀见重庆地方文献汇点》（下）第 602 页云：“孟时芬，浙江监生。
康熙三十年（1691）任。”

杨应元^[一]。吏员，浙江人。康熙四十一年（1702）任。
注释：
［一］蓝勇主编《稀见重庆地方文献汇点》（下）第 602 页云：“杨应元，吏员，浙
江人。康熙四十一年（1702）任。”

徐烺^[一]。监生，奉天人。康熙四十一年（1702）任。

注释：

［一］蓝勇主编《稀见重庆地方文献汇点》（下）第 602 页云："徐烺，奉天监生。康熙四十一年（1702）任。"

董维祺[一]。奉天人。康熙四十二年（1703）任。留心教养，续修《涪志》。

注释：

［一］蓝勇主编《稀见重庆地方文献汇点》（下）第 602 页云："董维祺，镶白旗监生。康熙四十二年（1703）任。"

何导昇[一]。监生，福建人。康熙五十五年（1716）任。风雅宜人，鸣琴而治，重儒兴学，卓有循声。

注释：

［一］蓝勇主编《稀见重庆地方文献汇点》（下）第 603 页云："何道昇，福建岁贡。康熙五十五年（1716）任。兴学校，卓有循声。"

王愿[一]。副贡，太仓人。雍正四年（1726）任。勤于政治，补修学宫。

注释：

［一］蓝勇主编《稀见重庆地方文献汇点》（下）第 603 页云："王愿，副贡，太仓人。雍正元年（1723）任。"

袁紫玺[一]。直隶天津监生。雍正十一年（1733）任。

注释：

［一］蓝勇主编《稀见重庆地方文献汇点》（下）第 603 页云："袁紫玺，直隶天津监生。雍正十一年（1733）任。"

胡克峻[一]。湖北安陆府钟祥县举人。乾隆元年（1736）任。

注释：

［一］蓝勇主编《稀见重庆地方文献汇点》（下）第 603 页云："胡克峻，湖北安陆举人。乾隆元年（1736）任。"

郭宪仪^[一]。江南沛县拔贡。乾隆二年（1737）任。

注释：

[一] 蓝勇主编《稀见重庆地方文献汇点》（下）第 603 页云："郭宪仪，江苏沛县拔贡。乾隆二年（1737）任。"

王綷^[一]。直隶举人。乾隆六年（1741）任。刚正明决，案无留牍，里鲜冤民，时称良吏。

注释：

[一] 蓝勇主编《稀见重庆地方文献汇点》（下）第 603 页云："王綷，直隶举人。乾隆六年（1741）任。刚正明决，案无留牍，里鲜冤民，时称良吏。"

罗克昌^[一]。江南高邮州进士。留心教养，建书院，课农桑，实心为政，淘贤牧也。手书"诚"字于钩深书院讲堂，径丈，结体遒劲，今存。

注释：

[一] 蓝勇主编《稀见重庆地方文献汇点》（下）第 603 页云：罗克昌，江南高邮进士。留心教养，董建书院，勤课农桑，实心为政之贤大夫也。《涪陵历史人物》第 83—84 页《清代乾隆涪州良牧罗克昌》云：罗克昌，江苏高邮人。康熙年间（1661—1722）进士。乾隆初知涪州。清乾隆十六年（1751），罗克昌携子罗元定游白鹤梁，作长诗，即《罗克昌题诗》。诗云："古涪江心卧石梁，梁上凿鱼鱼徜徉。岂是王余留半面，非同沙内曳红裳。三十六鳞形质全，闻说在昔唐人镌。镌石成鱼鱼赖水，胡为失水偏有年。呜呼噫嘻知之矣。纪闻纪见俱至理。白鱼入舟周载祥，圣嗣钟灵独梦鲤。讲堂鹳雀集三鳣，公卿象服说非俚。太人占之曰维丰，比事更与瑞鳞通。独蔺苴钩强不起，石文潜现悉天工。我来涪陵鱼常出，岁岁仓箱盈百室。今兹休暇复往观，鱼高水面空唇窟。额手称庆告农夫，及时举籽莫荒芜。圣朝仁爱天心见，人事承庥舫舟图。王伯亚旅勤胼胝，三时不懈冻馁无。纯孝裂冰双鲤跃，类推集祉在中浮。我将去矣无多嘱，愿尔群黎共惇笃。作善降祥鱼效灵，江石千年兆人足。"这是白鹤梁题刻最长的诗作。参见《涪陵文史资料选辑》第三辑第 125 页汪长春《涪陵市书画名人录·罗克昌》。

白焜。镶白旗汉军举人。乾隆十三年（1748）署。

朱汝璇^[一]。湖南长沙府浏阳县捐贡。乾隆十四年（1749）任。

注释：

［一］蓝勇主编《稀见重庆地方文献汇点》（下）第 603 页云："朱汝璇，湖南浏阳贡生。乾隆十四年（1749）任。"

王廷松^[一]。顺天大兴监生。乾隆十七年（1752）署。才猷练达，政平讼简。

注释：

［一］蓝勇主编《稀见重庆地方文献汇点》（下）第 603 页云："王廷松，顺天大兴监生。乾隆十七年（1752）署。才猷练达，政平讼简，民赖以安。"

谢国史^[一]。广东潮州海阳县进士。乾隆十七年（1752）任。慈祥恺悌，留心教养。

注释：

［一］蓝勇主编《稀见重庆地方文献汇点》（下）第 603 页云："谢国史，广东海阳进士。乾隆十七年（1752）任。慈祥恺悌，留心教养。"

王政义。翰林，贵州人。乾隆二十一年（1756）署。居官廉洁，听断平允。

袁锡夔。江西六合县进士。乾隆二十二年（1757）署。刚断明决，剔弊锄奸。任涪未久，士民惜之。以上四人暨高邮罗公，俱无愧为民父母。

冀宣明。陕西雒南县拔贡。乾隆二十七年（1762）署。

陈于土。浙江嘉兴府秀水人，进士。乾隆二十九年（1764）署。

国栋^[一]。进士，满州镶黄旗人。乾隆二十九年（1764）任。才学兼优，听断明敏。

注释：

［一］蓝勇主编《稀见重庆地方文献汇点》（下）第 603 页云："国栋，满州镶黄旗进士。乾隆二十九年（1764）任。才学兼优，听断明敏。"

宋思仁。苏州府长洲增生。乾隆三十年（1765）署。精明练达，留心抚字。

叶道治^[一]。湖北江夏县举人。乾隆三十（1765）年任。

注释：

［一］蓝勇主编《稀见重庆地方文献汇点》（下）第 603 页云："叶道治，湖北江夏

举人。乾隆三十一（1766）年任。"

王用仪。江西庐陵进士。乾隆三十六年（1771）署，四十七年（1782）复署。才具练达，听断明敏，两次任涪，多惠政。

曾受一[一]，广东东安举人。乾隆三十七年（1772）署。怀清履洁，大著贤声。有《善俗遗规》十则，涪人至今传诵。

注释：

[一]曾受一：《涪陵历史人物》第73页《清代涪州良牧曾受一》云：曾受一（1710-1787），字正万。广东东安（今云浮县）人。少年时勤奋好学，博闻广知。清乾隆三年（1738）举人。乾隆二十五年（1762）宦游四川，先后于珙县、江津、合州、长寿等地任知县、知州18年，所到之地，兴教为第一要务，深得民心，政绩卓著。乾隆三十七年（1772）任涪州牧。

郑济焘。直隶丰润县贡生。乾隆三十八年（1773）署。

马文炳。陕西三水县拔贡。乾隆三十九年（1774）署。

高瑛。捐贡，镶黄旗汉军。乾隆三十九年（1774）署。

王兴谟。江苏华亭县监生。乾隆四十年（1775）署。

陈宝田。浙江山阴县监生。乾隆四十年（1775）署。

牛兆鼎[一]。直隶天津贡生。乾隆四十一年（1776）署。

注释：

[一]蓝勇主编《稀见重庆地方文献汇点》（下）第603页云："牛兆鼎，直隶天津贡生。乾隆四十年（1775）署。"

赛尚阿。主事，满州正黄旗人。乾隆四十三年（1778）署。惠爱百姓。岁荒，斗米千钱，公捐廉倡赈，四门设粥厂，全活无算。又捐银百两竣文庙工。

董濬[一]。山西介休贡生。乾隆四十四年（1779）任。

注释：

[一]蓝勇主编《稀见重庆地方文献汇点》（下）第603页作董璇，云："董璇，山西介休贡生。乾隆四十四年（1779）任。"两书记载存在"濬""璇"之别。

刘炳。笔帖式，镶白旗汉军。乾隆四十六年（1781）署。抚善锄奸，土民德之。

王有榕。湖广孝感县人，教习。乾隆四十八年（1783）署。听断明敏，有神君之颂。

多泽厚[一]。直隶阜城举人。乾隆四十九年（1784）任。重修《州志》。

注释：

[一] 蓝勇主编《稀见重庆地方文献汇点》（下）第603页云："多泽厚，直隶阜城举人。乾隆四十九年（1784）任。"

张天禄。乾隆五十一年（1786）代办。

徐时敏[一]。浙江建德人。乾隆五十一年（1786）任。

注释：

[一] 蓝勇主编《稀见重庆地方文献汇点》（下）第603页云："徐时敏，浙江建德副榜。乾隆五十二年（1787）任。"

徐鼎亨。江苏阳湖人，乾隆丙戌（三十一年，1766）进士。五十三年（1788）署。爱民如子，教士有方。

郭联奎[一]。云南举人。乾隆五十四年（1789）任。

注释：

[一] 蓝勇主编《稀见重庆地方文献汇点》（下）第603页云："郭联奎，云南河阳举人。乾隆五十四年（1789）任。"

李荐高。湖北江陵人。乾隆五十五年（1790）代办。

童云松。浙江萧山人。乾隆五十六年（1791）署。

李培垣[一]。云南阿迷州举人。乾隆五十七年（1792）除。

注释：

[一] 蓝勇主编《稀见重庆地方文献汇点》（下）第603页云："李培垣，云南阿迷举人。乾隆五十七年（1792）任。"

范源沛。浙江鄞县拔贡。乾隆五十七年（1792）代办。

马维岳。直隶任邱县举人。嘉庆四年（1799）署。

曾先烈。 湖北举人。嘉庆四年（1799）署。

李炘[一]。 顺天宛平人。嘉庆七年（1802）任。重修钩深书院。

注释：

［一］蓝勇主编《稀见重庆地方文献汇点》（下）第 603 页云："李炘，顺天宛平监生。嘉庆五年（1800）任。重修钩深书院。"

张一鹤。 江苏吴县人。嘉庆十年（1805）代办。

曹岐山。 顺天宛平人。嘉庆十年（1805）署。

张曾益。 河南密县举人。嘉庆十二年（1807）、十四年（1809）相继署。州有会匪，张酷刑致毙数百人，后为冤鬼崇之死。

陈士楷。 广东东莞人。嘉庆十三年（1808）代办。

朱壬。 浙江上虞举人。嘉庆十五年（1810）署。

曾锡龄。 河南固始进士。嘉庆十五年（1810）署。

米乔龄[一]。 顺天宛平人。嘉庆十五年（1810）任。

注释：

［一］蓝勇主编《稀见重庆地方文献汇点》（下）第 603 页云："米乔龄，顺天宛平附监。嘉庆十五年（1810）任。"

王守诚。 山西直隶代州举人。嘉庆十六年（1811）署。

张师范[一]。 江苏阳湖人。嘉庆十六年（辛未，1811）除。听断明敏，壬申（十七年，1812）、癸酉（十八年，1813）、甲戌（十九年，1814）岁屡旱，悉心赈济，全活甚众。置买济田，重修养济院，纂修《州志》，设义学二，重修圣庙及尹子三畏斋、程伊川注易洞，详请建昭忠祠，修三抚庙、厉坛。公引疾去，士民为立生祠于北岩祀之。

注释：

［一］蓝勇主编《稀见重庆地方文献汇点》（下）第 603 页云："张师范，《涪州志》：江苏阳湖监生。嘉庆十六年（辛未，1811）任。听断明敏，体恤穷檐，民依之如父母。壬申（十七年，1812），岁旱。范设策预备，民无流亡。癸酉（十八年，1813）、甲戌（十九年，1814），旱尤甚，饿死者相枕籍，毅然开仓赈济，而后请于上，上官题之。复置济田，修养济院二所。重新先圣先贤祠庙，建昭忠祠以事（祀）宋明及嘉庆中死难伟（诸）人。又兴文教，设两义学，端士习，变民风。而以年逾七十，急于勇退，士民这留不能得，

乃为祠三畏斋西偏以祝之。"李世权《石刻涪州》第 374 页云：老龙洞题刻位于涪陵区百
胜镇中心村一组的龙洞山（古称合掌山）西北的老龙洞的左洞壁和洞顶的石壁上，有大
小题刻 8 则，其中洞内左壁上有"摩诃灵境"题刻，系涪州知州张师范于清嘉庆十六年
（1811）所题，题刻长 2.3m，宽 0.75m，行书，阴刻，字径 0.23m×0.5m，字距 0.05m。笔
法流畅，遒劲有力。《涪陵历史人物》第 83 页《乾道嘉庆涪州良牧张师范》云：张师范
（1746–1818），字晴湖。阳湖（今江苏武进）人。善诗工书。以办军需有功，历官四川荥经、
什邡、新繁知县。嘉庆十六年（1811）除知涪州，二十二年（1817）以年逾七旬、多疾体
衰解组还乡。张师范任涪州知州，治政良多，治绩卓异，被称为涪州良牧、良吏，民立
生祠以祀之。张师范注重刑诉，断狱明敏。张师范在涪期间，值大旱灾荒，乃大力赈济，
全活甚众。还积极发展教育，加强钩深书院师资队伍建设，还设置义学，加强教化。张
师范充分发挥宗教、名贤功能，改修庙宇，崇祀名贤。值得一提的宋涪陵郡太守王公仙
守城不屈死，前明甲申刑部主事陈计安公大节凛然。张师范请旨建昭忠祠，春秋致祭。
参见《涪陵文史资料选辑》第三辑第 131 页汪长春《涪陵市书画名人录》。

李廷勋。<small>贵州思南府举人。嘉庆十八年（1813）署。</small>

刘国策^[一]。<small>安徽太湖进士。嘉庆十八年（1813）署。</small>

注释：

[一] 蓝勇主编《稀见重庆地方文献汇点》（下）第 603 页云："刘国策，安徽太湖
进士。嘉庆二十二年（1817）任。"

张鹏云。<small>镶蓝旗汉军。嘉庆二十三年（1818）、道光三年（1823）代办。</small>

吕兆麒。<small>安徽人，翰林院庶吉士。嘉庆二十三年（1818）署。</small>

颜谨。<small>江苏丹徒人。嘉庆二十三年（1818）代办。</small>

杨琼。<small>湖南新化拔贡。嘉庆二十四年（1819）署。</small>

李嘉祐。<small>广西临桂进士。道光二年（1822）署。</small>

石钧。<small>甘肃秦州人。道光二年（1822）署。</small>

陈存衡。<small>福建侯官人。道光四年（1824）署。</small>

杨国栋^[一]。<small>浙江山阴人。道光五年（1825）署。</small>

注释：

［一］蓝勇主编《稀见重庆地方文献汇点》（下）第 603 页云："杨国栋，浙江山阴人。道光五年（1825）任。"

张瑞菏。 浙江永嘉贡生。道光五年（1825）代办。

杜纯芳。 贵州清镇举人。道光五年（1825）署。

吴庭辉［一］。 安徽桐城进士。道光六年（1826）除。剔积弊，去陋规，杜私谒。每日坐堂，皇望之若神，奸豪敛迹。首创考棚，捐廉制造圣庙祭器。丙戌（六年，1826）、丁亥（七年，1827）、戊子（八年，1828）岁饥，捐廉倡率，赈济活人以万计。己丑（九年，1829），邑有巨盗，公奉檄昼夜前往，捕剿尽净。庚申［二］ 解组归，囊无余钱，士民奉赆不受。署有狐仙堂，历任肯隆其祀，公为文告而封闭之，卒不为祟。道光以来贤牧第一。

注释：

［一］蓝勇主编《稀见重庆地方文献汇点》（下）第 603 页云："吴廷辉，《涪州志》：安徽桐城进士。道光六年（1826），由定远县知县升任。甫下车，剔清积弊，一介不取，复捐俸五百金，遵制文庙祭器，培植风化，奖劝士子。戊子（八年，1828）饥，辉发粟振廪，劝谕富民减价平籴，全活以万计。州有巨盗，素为民患，己丑（九年，1829）岁，设法捕获净尽。署后旧有狐仙堂，肆为祟，辉为文祝而封闭之，祟遂止。庚寅（十年，1830）解组归田，囊无余积，士民□金以助，力辞不受，至今涪民德之。"《涪陵历史人物》第 86 页《清代涪州良牧吴廷辉》云：吴廷辉，安徽桐城人。进士。道光六年（1826）任涪州牧。

［二］庚申：道光年间无庚申，有道光十年庚寅 1830 年、道光二十年庚子 1840 年、道光三十年庚戌 1850 年。

黄鲁溪［一］。 江苏长洲举人。道光十年（1830）署。惠爱百姓，作育士子。

注释：

［一］蓝勇主编《稀见重庆地方文献汇点》（下）第 603 页云："黄鲁溪，江苏吴县举人。道光十年（1830）署。《涪州志》：'培养士子，惠爱群黎。'"

穆克登布。 满洲人。道光十一年（1831）署。

杨上容[一]。 <small>湖南宁远进士。道光十二年（1832）除。后被劾，钦差提省审办，休致回籍。</small>

注释：

[一] 蓝勇主编《稀见重庆地方文献汇点》（下）第 603 页云："杨上容，《涪州志》：湖南宁远进士。道光十二年（1832）任。性断明快，奸民绝迹。捐奉直宾兴田，以惠士林。复建州节孝总坊，添设义学、栖流所、放生池、羊角碛义渡、义冢。十三年（1833），又捐募富民籴米平粜，全活甚众，小江民犹多被其惠云。"

方同煦。 <small>湖南宁乡进士。道光十三年（1833）九月署。</small>

赵德琳。 <small>陕西华阴拔贡。道光十六年（1836）署。</small>

吴应连。 <small>江西南城举人。道光十六年（1836）署。</small>

刘煓[一]。 <small>顺天大兴人。道光十七年（1837）任。勤慎廉明，长于听断。二十年岁饥，斗米千钱，详请发粟赈济，全活甚众。</small>

注释：

[一] 蓝勇主编《稀见重庆地方文献汇点》（下）第 603 页云："刘煓，《涪州志》：顺天大兴人。道光十七年（1837）任。听断廉明，民无冤狱。二十年（1840）岁旱，斗米千钱，详请发粟外，设法赈济，涪人德之。"

沈廷贵。 <small>安徽芜湖拔贡。道光二十年（1840）代办。</small>

陈立畬。 <small>湖南长沙举人。道光二十年（1840）署。</small>

缪庭桂。 <small>顺天大兴拔贡。道光十一年（1831）署。二十一（1841）、二年（1842）任长寿县兼摄涪篆。</small>

徐树楠[一]。 <small>江南奉新进士。道光二十二年（1842）署。</small>

注释：

[一] 蓝勇主编《稀见重庆地方文献汇点》（下）第 603 页云："徐树楠，江南奉新进士。道光二十二年（1842）署。《州志》：宏奖士类，扶翊斯文。"又第 424 页云："徐树楠，江西奉新县人，道光乙未进士。为《重庆府志》协修。"

德恩[一]。 <small>镶黄旗满洲人。道光二十三年（1843）任。端厚谨愿，民财为裕。</small>

注释：

[一] 蓝勇主编《稀见重庆地方文献汇点》（下）第 603 页云："德恩，满洲镶黄旗

人。道光二十三年（1843）任。《州志》：下车之始，即除积弊，息争讼，培学官，清廉仁恕，勤恤民隐，百废俱兴。"又第424页云：德恩，满洲镶黄旗人，生员。为《重庆府志》协修。参见《涪陵文史资料选辑》第三辑第132页汪长春《涪陵市书画名人录·德恩》。

毛震寿[一]。江西南昌府丰城县人。道光三十年（1850）署。

注释：

[一] 在涪陵北岩有涪州知州毛震寿题刻：官守当为斯民造福，臣心誓与此水同清。参见李世权《石刻涪州》第354页、《历代名人与涪陵》第158页《清代涪州知州毛震寿题联》、《涪陵文史资料选辑》第三辑第136页汪长春《涪陵市书画名人录·毛震寿》。

金斾。满洲正白旗举人。咸丰二年（1852）署。卸篆时宦囊充裕，后卒于夔州通判任。不能归，旅榇寄涪。

濮瑗[一]。江苏江宁府溧水县进士。咸丰三年（1853）任。实心为政，不事粉饰，士民畏威怀德。卒于官。桐城吴公之亚也。

注释：

[一] 濮瑗：蓝勇主编《稀见重庆地方文献汇点》（下）第424页云：濮瑗，江苏漂[笔者注：当为"溧"]水人，道光丙戌进士。曾署江津县知县，为《重庆府志》协修。第580页云：濮瑗，江苏溧水进士，道光二十三年任江津县知县。《涪陵历史人物》第88页《清代涪州良牧濮瑗》云：濮瑗，字又蘧，字琅圃。江苏溧水人。进士。江苏濮氏公认始祖，清代涪州良牧。其父濮绍辂，历任四川安岳、华阳知县，简州、涪州知州，卒年六十。濮瑗"性孝友，尝割股愈亲疾"。生有四子二女，四子即濮文暹、濮文升、濮文昶、濮文曦，二女为濮文漪、濮文湘。濮瑗因在安岳政绩卓异，清咸丰三年（1853）调任涪州知州。《濮文升题记》云："咸丰癸丑（1853），先大夫琅圃公来治涪州。"濮瑗居官30年，所嗜惟书。任官安岳期间，主持修有《安岳县志》；任官简州期间，主持修有《简州志》14卷；任官江津期间，曾协修道光《重庆府志》。参见《涪陵文史资料选辑》第三辑第130页汪长春《涪陵市书画名人录·濮琅圃》。

昆秀。镶白旗汉军。咸丰六年（1856）代办。

凌树棠。安徽凤阳府定远县举人。咸丰七年（1857）署。政尚严酷。后办秀山军务，猝遇贼肢解之，将其首去。

朱凤榗。浙江绍兴会稽县进士。咸丰七年（1857）任，月余丁艰去。

朱百诚。江苏扬州宝庆县人。咸丰八年（1858）署。

姚宝铭。福建福州府闽县人，进士。咸丰九年（1859）除。治尚宽大，改修城垣，重建文武庙，设志仁堂，同治元年（1862），发逆石达开拥众数十万围州城，公誓死守。八昼夜，围始解。时滇匪周珌子蹂州属鹤游坪，贼目蓝大顺扰大江，北岸人心惴惧，官吏多逃。公内外镇抚，竭力捍御，阖境获安。在涪九年，士民爱戴，立祠祀之。

王有璈。福建福州府侯官人。同治三年（1864）代办。

沈宝昌[一]。安徽池州府石埭县举人。同治六年（1867）署。专尚教化。任涪未久，涪民思之。

注释：

[一]沈宝昌，李世权《石刻涪州》第 379 页云：马武惠民跳墩河禁止毒鱼碑，位于马武镇惠民社区六组跳墩河岸，为整石四方碑，高约 4m，每边长约 1m，顶端有翘角飞檐装饰碑盖，正面上方横刻"涪州正堂沈示"六字，其下竖刻"禁止毒鱼"四个大字。"沈"为清同治六年（1876）始任涪州知州沈宝昌，《涪州志》称其为良吏。该碑刻是州境内已知尺幅最大的环保内容宣示碑，且保存完好。

吕绍衣。江西九江府德化县人。同治七年（1868）署。吏才敏练，重修《州志》。

徐浩。浙江德清县人。同治八年（1869）署。恺悌宜民，捐廉创建涪陵书院。

陈枝莲。湖北东湖县举人。同治九年（1870）二月署。

州同　嘉庆七年（1802）添设。

殷辂[一]。江苏湖阳人。嘉庆七年（1802）除。

注释：

[一]蓝勇主编《稀见重庆地方文献汇点》（下）第 605 页云："殷辂，江苏阳湖监生。嘉庆七年（1802）任。"

庄绋明[一]。浙江秀水人。嘉庆八年（1803）除。

注释：

[一]蓝勇主编《稀见重庆地方文献汇点》（下）第 605 页作庄绋，云："庄绋，浙江

秀水监生。嘉庆八年（1803）任。"两书记载存在"绹""绹明"之别。

朱澜。浙江萧山县副榜。嘉庆十三年（1808）署。

刘天锡。陕西咸阳拔贡。嘉［庆］十五年（1810）任。

杨国栋[一]。浙江山阴人。嘉庆十五年（1810）任。

注释：

[一]蓝勇主编《稀见重庆地方文献汇点》（下）第605页云："杨国栋，浙江山阴监生。嘉庆十五年（1810）任。"

王恒。嘉庆十六年（1811）署。

刘钦[一]。安徽霍邱人，辛酉拔贡。嘉庆十六年（1811）署。设学造士。簿书之暇，身亲讲贯。

注释：

[一]蓝勇主编《稀见重庆地方文献汇点》（下）第605页云："刘钦，安徽霍邱拔贡。嘉庆十六年（1811）署。听断平允，设学造士。簿书之暇，身亲讲贯。"

徐大纶。江苏昭文人。嘉庆十七年（1812）署。

徐世淳。浙江山阴人。嘉庆十八年（1813）署。

吴绂绍。安徽歙县人。嘉庆十九年（1814）署。

陈钦义。福建上杭人。嘉庆二十年（1815）署。

晁光寅。江西桂溪人。嘉庆二十二年（1817）署。

王震。湖北江夏人。嘉庆二十三年（1818）署。

海文[一]。正白旗汉军。道光元年（1821）任。

注释：

[一]蓝勇主编《稀见重庆地方文献汇点》（下）第605页云："海文，汉军正白旗。由义学生候选州同，道光元年（1821）任。"

陈怀仁[一]。贵州遵义举人。道光六年（1826）署。博学工诗，廉洁自守。陪二中之铮铮者。

注释:

［一］蓝勇主编《稀见重庆地方文献汇点》（下）第 605 页云:"陈怀仁,贵州遵义举人。道光六年（1826）署。博学工诗,以德化民,一介不取,著有《三神合传》。"

高封[一]。镶黄旗汉军。道光七年（1827）任,十一年（1831）调,十六年（1836）复任。

注释:

［一］蓝勇主编《稀见重庆地方文献汇点》（下）第 605 页云:"高封,汉军镶黄旗。由笔帖式捐州同,道光七年（1827）任。"

廖文镇。广西全州人。道光十三年（1833）署。

柴瑞年[一]。河南郾城人。道光十五年（1835）署。刚方勤慎,颇著能声。

注释:

［一］蓝勇主编《稀见重庆地方文献汇点》（下）第 605 页云:"柴瑞年,河南郾城廪生。道光十五年（1835）署。居官勤慎,锄奸卫良,士民敬惮。"

应锡珌。道光十七年（1837）署。

王荣庆。顺天大兴人。道光二十三年（1843）署。

昆秀。字瑶圃,镶白旗汉军。道光二十三年（1843）十二月除。廉敏有治干,历十五年不易其操,后未有嗣响者。

袁鸿宣。咸丰五年（1855）四月任。

徐桂元。咸丰七年（1857）三月署。

毛祥云。咸丰七年八月署。

郑邦斝。咸丰九年（1859）三月除。

陈毓玖。同治二年（1863）十一月署。

陈尚义。同治三年（1864）三月署。

王思瞻。同治五年（1866）八月署。

鲁学元。同治六年（1867）六月署。

李肇权。陕西人。同治三年（1864）十二月除。不谙吏治。八年九月以忧去。

赵清寅。同治八年（1869）十月代办。

周树森。湖北襄阳府南漳县监生。同治九年（1870）署。

学　正

卢世选[一]。遵义举人。

注释：

[一] 蓝勇主编《稀见重庆地方文献汇点》（下）第 604 页云："卢世选，遵义举人。"

万恪。富顺举人。

曾光祖[一]。遵义举人。

注释：

[一] 蓝勇主编《稀见重庆地方文献汇点》（下）第 604 页云："曾光祖，遵义举人。任涪州学正。第 572 页载：曾光祖，遵义举人。康熙四十九年任重庆府学教授。《巴县志》：课士诚勤，无智愚乐与游。升去，士人思慕，每新任至，辄曰视曾先生何如。"

段朝伟[一]。简州贡生。

注释：

[一] 蓝勇主编《稀见重庆地方文献汇点》（下）第 604 页云："段朝伟，简州贡生。"

邹正元[一]。洪雅举人。

注释：

[一] 蓝勇主编《稀见重庆地方文献汇点》（下）第 604 页云："邹正元，洪雅举人。"

辛可泰[一]。阆中举人。

注释：

[一] 蓝勇主编《稀见重庆地方文献汇点》（下）第 604 页云："辛可泰，保宁府阆中县举人。"

陈缜^[一]。营山举人。有品学，勤于课士。

注释：

[一] 蓝勇主编《稀见重庆地方文献汇点》（下）第 604 页云："陈缜，顺庆府营山县举人。学问优长，课士谨严。"

罗云师^[一]。遵义举人。字庆庵，号默仙。康熙五十三年（1714）同修《涪志》。

注释：

[一] 蓝勇主编《稀见重庆地方文献汇点》（下）第 604 页云："罗云师，遵义举人。康熙五十三年（1714）任。"

周遇清^[一]。夹江县举人。乾隆十三年（1749）任。

注释：

[一] 蓝勇主编《稀见重庆地方文献汇点》（下）第 604 页云："周遇清，夹江县举人。乾隆十三年（1749）任。"

刘之炳^[一]。汶川举人。乾隆二十三年（1758）任。

注释：

[一] 蓝勇主编《稀见重庆地方文献汇点》（下）第 604 页云："刘之炳，汶川举人。乾隆二十三年（1758）任。"

詹尔庚^[一]。资阳举人。乾隆二十七年（1762）任。

注释：

[一] 蓝勇主编《稀见重庆地方文献汇点》（下）第 604 页云："詹尔庚，资阳举人。乾隆二十七年（1762）任。"

张中元^[一]。营山举人。乾隆三十七年（1772）任。

注释：

[一] 蓝勇主编《稀见重庆地方文献汇点》（下）第 604 页云："张中元，营山举人。

乾隆三十七年（1772）任。"

王正策^[一]。大竹举人。乾隆四十四年（1779）任。同修《州志》。

注释：

［一］蓝勇主编《稀见重庆地方文献汇点》（下）第604页云："王正策，大竹举人。乾隆四十四年（1779）任。"参见《历代名人与涪陵》第135-136页《涪州学政王正策题〈白鹤时鸣〉》。

王槲义^[一]。富顺举人。乾隆五十三年（1788）任。

注释：

［一］蓝勇主编《稀见重庆地方文献汇点》（下）第604页作王槲义，云："王槲义，富顺举人。乾隆五十三年（1788）任。"

魏凌霄。资州举人。嘉庆六年（1801）任。

唐□□^[一]。犍为廪贡。嘉庆十三年（1808）署。

注释：

［一］蓝勇主编《稀见重庆地方文献汇点》（下）第604页云："唐□，犍为廪贡。嘉庆十三年（1808）署。"

陈修^[一]。什邡举人。嘉庆十三年（1808）任。

注释：

［一］蓝勇主编《稀见重庆地方文献汇点》（下）第604页云："陈修，什邡举人。嘉庆十三年（1808）任。"

王正策。青神副车。嘉庆十五年（1810）署。

廖济鸿^[一]。华阳贡生。嘉庆十六年（1811）任。

注释：

［一］蓝勇主编《稀见重庆地方文献汇点》（下）第604页云："廖济鸿，华阳贡生。

嘉庆十六年（1811）任。"

秦㘌。　射洪廪生。嘉庆十九年（1814）署。

高应謩[一]。　成都举人。嘉庆十九年（1814）任。

注释：

[一]蓝勇主编《稀见重庆地方文献汇点》（下）第604页云："高应謩，成都举人。嘉庆十九年（1814）任。"

周家政[一]。　蓬溪举人。道光元年（1821）任。

注释：

[一]蓝勇主编《稀见重庆地方文献汇点》（下）第604页云："周家政，蓬溪举人。道光元年（1821）任。"

张盛泰。　资州举人。道光三年（1823）署。

杨□□。　资州廪生。道光四年（1824）署。

郭勸[一]。　华阳举人。道光四年（1824）任。同修考棚。

注释：

[一]蓝勇主编《稀见重庆地方文献汇点》（下）第604页作郭襄，云："郭襄，华阳举人。道光四年（1824）任。"两书记载存在"襄""勸"之别。

秦廷举。　射洪拔贡。道光十六年（1836）署。

彭寅[一]。　达县举人。道光十六年（1836）任。凌轹同官，摧挫士类，师道废坏自寅始。

注释：

[一]蓝勇主编《稀见重庆地方文献汇点》（下）第604页云："彭寅，达县举人。道光十六年（1836）任。"又第425页云：彭寅，达县人。举人。署涪州学学正，为《重庆府志》"分采"。

周能琴。　廪贡捐训导。道光十八年（1838）任。

宁兴俊。廪贡捐训导。道光二十二年（1842）署。

刘乙照。廪生捐教谕，南充人。道光二十三年（1843）署。

黄淑龙。泸州举人。道光二十五年（1845）任。

吴映敏。崇宁贡生。道光三十年（1850）署。

唐芝荣。巴县举人。由山东知县改教，咸丰二年（1852）任。

官廉。资州举人。咸丰七年（1857）任。

萧泽潘。开县廪生。咸丰九年（1859）署。

向庆基。成都举人。咸丰九年任。

卫承诰。新津举人。同治二年（1863）署。

张埆。广安州举人。同治八年（1869）任。

训　导

荀若旬。南充贡生。

王绳武。遂宁贡生。

孙于朝。彰明贡生。字龙光。康熙五十三年（1714）任。

陈公绰。叙永厅贡生。乾隆十年（1745）任。

韩暎。奉节贡生。乾隆十三年（1748）任。

程师言。名山县贡生。乾隆十八年（1753）署。

刘光汉。资阳贡生。乾隆十九年（1754）任。

李树培。三台廪生。乾隆二十五年（1760）任。

严宽容。庆符贡生。乾隆三十一年（1766）任。

任际昌。洪雅贡生。乾隆三十四年（1769）任。

吴懋仁。荣县举人。乾隆三十八年（1774）署。

涂会川。眉州贡生。乾隆三十九年（1775）任。

康济鸿。金堂贡生。乾隆四十六年（1781）署。

邓履仁。岳池贡生。乾隆四十八年（1783）任。

岳炯。中江拔贡。乾隆五十六年（1791）任。

张来泰。_{资阳廪贡。嘉庆三年（1798）任。}

李上杰。_{中江举人。嘉庆十四年（1809）任。}

何怀瑾。_{叙永厅举人。嘉庆十七年（1812）任。}

万年春。_{彭山恩贡。嘉庆十七年（1812）署。}

侯宗元。_{宜宾岁贡。嘉庆十八年（1813）任。}

刘纯粹。_{巴县举人。嘉庆二十四年（1819）署。}

洪樗。_{华阳举人。嘉庆二十四年（1819）任。}

林时春。_{什邡岁贡。道光三年（1823）任。}

张锡墉。_{新宁廪贡。道光三年（1823）署。}

郭溁。_{隆昌举人。道光六年（1826）任。}

熊敏仑。_{渠县拔贡。道光二十二年（1842）署。}

吴锡藩。_{内江廪贡。道光二十四年（1844）任。}

张应车。_{华阳附贡。道光二十五年（1845）署。}

邓邦品。_{南溪拔贡。道光二十七年（1847）署。}

刘焕堂。_{新都廪贡。道光二十七年（1847）任。}

阮宅南。_{成都廪贡。同治八年（1869）十一月署。}

魏宝儒。_{松潘廪生。同治九年（1870）三月任。}

武隆县知县

张羽兴。_{荫生辽东人。康熙四年（1665）任。}

乔楠。_{江南江阴县进士。康熙六年（1667）任。}

巡检司　_{康熙七年（1668）改设}

刘嗣盛。_{吏员，直隶顺天人。}

叶廷机。_{吏员，浙江人。康熙二十九年（1690）任。}

王嘉秩。_{吏员，山西大同人。康熙三十七年（1698）任。}

沈国璋。吏员，顺天人。康熙四十五年（1706）任。

邵梦彪。吏员，直隶顺天人。

赵文选。康熙五十七年（1717）任。

金洪远。康熙六十一年（1722）任。募修龙洞观音桥，有碑记。

王秉衡。乾隆九年（1744）任。

章秉志。监生，浙江会稽人。乾隆十一年（1746）任。

王梅祚。乾隆十八年（1753）署。

刘廷相。吏员，广东长乐县人。乾隆十九年（1754）任。捐廉兴关帝、城隍祀典。至今享祀不忒，并有碑记。

沈世基。监生，浙江山阴人。乾隆二十五年（1760）署。

王大本。吏员，会稽人。乾隆二十五年（1760）任。

吴营。监生，江西人。乾隆三十一年（1766）署。

曾之沐。监生，江西南昌人。乾隆三十二年（1767）署。

魏志林。吏员，湖南华容人。乾隆三十四年（1769）任。

马承烈。监生，浙江会稽人。乾隆三十五年（1770）署。

王嘉猷。监生，乾隆三十五年（1770）任。

王永绪。山东聊城人。乾隆三十九年（1775）署。

胡健行。吏部供事，浙江会稽人。乾隆四十一年（1776）署。

曹廷凯。安徽贵池人。乾隆四十三年（1778）署。

魏守曾。监生，江西人。乾隆四十四年（1779）署。

杨如灿。吏员，顺天大兴人。乾隆四十七年（1782）署。

段应绅。监生，江西人。乾隆四十七年（1782）署。

杜作霖。监生，江苏娄县人。乾隆五十二年（1787）署。士民爱戴。后升知县。

张裕全。监生，安徽桐城人。乾隆五十三年（1788）任。

陶云融。笔帖式，会稽县人。乾隆五十八年（1793）任。

仇允城。监生，浙江鄞县人。嘉庆六年（1801）任。

鲁观政。监生，江西新城人。嘉庆十七年（1812）署。

马宝城。军功，浙江秀水县人。嘉庆十一年（1806）任。

吴延龄。监生，浙江归安县人。嘉庆十七年（1812）署。

徐镐。吏员，浙江钱塘人。嘉庆十六年（1811）任。

杨世鲸。浙江钱塘监生。嘉庆十九年（1814）任。

余良。辽东武进人。嘉庆二十三年（1818）署。

柳钧。文颖馆供事。道光元年（1821）署。

徐树棠。浙江会稽人。道光三年（1823）任。

王承华。江苏华亭人。道光五年（1825）署。

费有基。兵部供事，浙江鄞县人。道光六年（1826）任。

傅麟昭。浙江山阴，从九。道光十一年（1831）署。

潘镜。浙江山阴监生。道光十四年（1834）署。

赵如彰。监生，浙江省人。道光十五年（1835）署。

赵连。军功，甘肃迪化州人。道光十六年（1836）任。

孙蔼堂。浙江归安州人。道光十九年（1839）署。

沈槐。浙江萧山县人。道光二十年（1840）任。

李嘉瑞。浙江钱堂［塘］县监生。道光二十三年（1843）任。

李霖普。天津静海人。道光二十六年（1846）任。

朱廷杰。顺天昌平州人。咸丰五年（1855）代办。

班用霖。陕西富平县人。咸丰八年（1858）任。

罗宝森。江西吉安太和人。咸丰十一年（1861）任。

张守谦。安徽桐城人。同治五年（1866）署。

盛廷瑗。贵州正安人。同治八年（1869）任。

吏　目

王运亨。吏员，浙江人。

张以平。吏员，浙江人。

郭文。吏员，山东人。

李文焕。监生，江南人。

陈启谟。监生。康熙四十八年（1709）任。办事勤敏，缉捕严密。在任十三年，涪人称之。

章麟。 吏部书吏，浙江钱塘人。乾隆十四年（1749）任。

沈元龙。 监生，江苏长洲人。乾隆十八年（1753）署。

陆凤。 监生，浙江山阴人。乾隆十九年（1754）任。

张廷鹤。 监生，江苏长洲人。乾隆二十四年（1759）任。

谢锡偕。 工部书吏，浙江人。乾隆三十一年（1766）任。

范彬。 监生，河南虞城县人。乾隆三十四年（1769）署。

张圣兆。 监生，广东平远人。乾隆三十六年（1771）署。

蔡尚琥。 贡生，江西人。小心谨慎，捕缉有方。

顾鹏飞。 吏员，顺天宛平人。乾隆四十年（1775）署。

陆怀玉。 监生，江苏元和人。乾隆四十年（1775）署。

周明德。 监生，江苏长洲人。乾隆四十一年（1776）署。

魏守曾。 监生，江西广昌人。乾隆四十二年（1777）署。

李廷秀。 监生，浙江钱塘人。乾隆四十五年（1780）署。

凌学贤。 监生，江苏上海人。乾隆四十八年（1783）署。

邓昂。 监生，安徽长宁县人。乾隆四十六年（1781）任。附阿州牧张曾益，锻炼会匪，酷毙多人，死于鬼。

龚照。 监生，浙江人。嘉庆十三年（1808）任。

杨曜洙。 监生，广东人。嘉庆十六年（1811）任。

陈时阳。 监生，大兴人，嘉庆二十三年（1818）任。

继善。 汉军，监生，道光元年（1821）任。

刘锡履。 供事生，大兴人。道光二年（1822）任。

任为藩。 附贡，贵州普安厅人。道光十七年（1837）任。

潘有孚。 监生，大兴县人。道光十九年（1839）任。

孙长灼。 监生，安徽桐城人。道光二十三年（1843）署。

赵步瀛。 拔贡，陕西米脂人。二十三年（1843）代理。

黄源。 监生，广东顺德县人。道光二十五年（1845）代理。

范嘉塏。 监生，山西介休人。道光二十五年（1845）署。

朱廷杰。 顺天府昌平县人。道光二十六年（1846）任。

谈培。 江苏武进县人。咸丰元年（1851）署。

袁鸿宣。湖北人。咸丰元年（1851）代理。

李霖普。天津静海人。咸丰二年（1852）署。

金汝谦。直隶天津人。咸丰七年（1857）署。

赏林。顺天宛平县人。咸丰八年（1858）署。

陈毓玭。顺天大兴人。同治二年（1863）代办。

叶树桐。浙江龙游县人。同治二年（1863）署。

沈芝茂。安徽芜湖县人。同治三年（1864）任，八年（1869）十月复任。

胡耀斗。浙江会稽人。同治七年（1868）署。

把　总

蔡贵。外委。乾隆十六年（1751）任。

吴增。千总。乾隆二十二年（1757）任。

梁材。把总。乾隆二十八年（1763）任。

张文玉。千总。乾隆三十三年（1768）任。

杨统。额外。乾隆三十八年（1774）署。

李方华。外委。乾隆三十九年（1775）任。

李先荣。额外。乾隆四十一年（1776）署。

刘天顺。外委。乾隆四十一年（1776）署。

王正禄。千总。乾隆四十二年（1777）任。

马士龙。把总。乾隆四十四年（1779）任。

曹福寿。千总。乾隆四十四年（1779）任。

马云。外委。乾隆四十五年（1780）任。

刘德嘉。额外。乾隆四十六年（1781）任。

张洪仁。外委。乾隆四十六年（1781）任。

丁耀荣。外委。乾隆四十六年（1781）任。

黄塘。把总。乾隆四十七年（1782）任。

罗灿。行五。乾隆五十年（1785）任。

周庆云。千总。嘉庆十六年（1811）任。

汪贵。把总。嘉庆十七年（1812）任。

王上达。把总。嘉庆二十年（1815）任。

汪俸。把总。嘉庆十八年（1813）任。

陈武鼎。把总。嘉庆二十三年（1818）任。

王用中。外委。道光元年（1821）任，十三年（1833）又任。

王应鼎。外委。道光二年（1822）任。

张本成。把总。道光三年（1823）任。

李贵。外委。道光六年（1826）任。

马骏猷。外委。道光十年（1830）任。

常金。把总。道光十一年（1831）任。

马允升。千总。道光十三年（1833）任。

周朝。外委。道光十四年（1834）任。

马忠贵。外委。道光十四年（1834）任。

杨文。把总。道光十五年（1835）任。

马成功。把总。道光十六年（1836）任。

杨洪升。外委。道光十七年（1837）任。

向开文。外委。道光二十年（1840）任。

王道平。把总。道光二十一年（1841）任。

龙安邦。把总。道光二十三年（1843）补。别调四次，升守备、都司衔。同治六年（1867）回任。

梁正超。号倬斋。咸丰八年（1858）署。

李文喜。同治五年（1866）署。

罗声扬。同治六年（1867）署。

查乾隆五十年（1785）后迄嘉庆十六年（1811）前武职无考，今将查明者列之。

重修涪州志卷六　典祀志

坛　壝

社稷坛，在大东门外，小江西岸盐店嘴。

风云雷雨坛，在东门外。

先农坛，在小江西岸治东十里许。同治元年（1862）毁于发逆，五年（1866）重修。

邑厉坛，在西门外一里。

文庙 在学署东

钦颁匾额，康熙二十三年（1684）。

御书"万世师表"匾额一道，雍正三年（1725）。

御书"生民未有"匾额一道，乾隆三年（1738）。

御书"与天地参"匾额一道，嘉庆七年（1802）。

御书"圣集大成"匾额一道，道光二年（1822）。

御书"圣协时中"匾额一道，咸丰二年（1852）。

御书"德齐帱载"匾额一道，同治二年（1863）。

钦颁"圣神天纵"匾额一道，先后奉到钦遵建立于大成殿。

钦定祀位

大成殿位。

至圣先师孔子正中南向。

东配

复圣颜子。名回，字子渊，鲁人。

述圣子思子。名伋，字子思。

西配

宗圣曾子。名参，字子舆，鲁武城人。

亚圣孟子。名轲，字子舆，邹人。

东哲

先贤闵子。名损，字子骞，鲁人。

先贤冉子。名雍，字仲弓，鲁人。

先贤端木子。名赐，字子贡，卫人。

先贤仲子。名由，字子路，卞人。

先贤卜子。名商，字子夏，卫人。

先贤有子。名若，字子若，鲁人。

西哲

先贤冉子。名耕，字伯牛，鲁人。

先贤宰子。名予，字子我，鲁人。

先贤冉子。名求，字子有，鲁人。

先贤言子。名偃，字子游，吴人。《家语》作鲁人。

先贤颛孙子。名师，字子张，陈人。

先贤朱子。名熹，字元晦，宋婺源人。

东庑先贤

先贤公孙子侨。字子产，郑公族。

先贤林子放。字子邱，鲁人。

先贤原子宪。《檀弓》称仲宪，字子思，鲁人。

先贤南宫子适。字子容，鲁人。《家语》《礼记》作南宫绍。

先贤商子瞿。字子木，鲁人。

先贤漆雕子开。字子若，一作冯，字子开，蔡人。郑玄曰：鲁人，习《尚书》。

先贤司马子耕。字伯牛，宋人。

先贤梁子鳣。字子鱼。《史记》注作鲤，字叔鱼，齐人。

先贤冉子孺。字子鲁。《家语》作儒，字子鱼，鲁人。

先贤伯子虔。字子析，鲁人。

先贤冉子季。字子产，一字子达，鲁人。

先贤漆雕子徒父。字子有，鲁人。

先贤漆雕子哆。字子敛。《家语》作漆雕侈，鲁人。

先贤公西子赤。字子华，鲁人。

先贤任子不齐。字子选，楚人。

先贤公良子孺。《家语》名儒。《史记》名孺，字子正，陈人。

先贤公肩子定。《家语》字子仲。《史记》作公坚定，字子中，鲁人。

先贤鄡子单。《史记》有鄡单，字子家，无县亶。《家语》有县亶，字子象，无鄡单。疑作二人。徐广作鄡善，鲁人。

先贤罕父子黑。《史记》字子素。《家语》作宰父黑，字素，一字子黑，鲁人。按：《氏族略》有宰父氏。

先贤荣子旂。《史记》作子旗。《家语》作荣祁，鲁人。

先贤左人子郢。《史记》字行。《家语》作子郢，字行，鲁人。按：《通字[志]略》：左人以官为姓。

先贤郑子国。《家语》作薛邦，字子徒，鲁人。《史记》避汉高祖讳，以邦为国，郑字疑薛字之误。

先贤原子亢。字子籍，鲁人。

先贤廉子洁。字子庸，一作子曹，卫人。

先贤叔仲子会。字子期。《文翁图》作唅，鲁人。郑元[玄]云：晋人。

先贤公西子舆如。字子上。《史记》作公西舆，鲁人。

先贤邽子巽。《家语》作邦选，字子余。《史记》讹邦为邽，字子敛。《文翁图》讳邦为国，作国选，鲁人。

先贤陈子亢。《家语》字子亢，一字子禽，陈人。

先贤琴子牢。《家语》琴牢，字子开。《文翁图》一字子张，卫人。

先贤步叔子乘。字子车，齐人。

先贤秦子非。字子之，鲁人。

先贤颜子哙。字子声，鲁人。

先贤颜子何。字子冉，鲁人。

先贤县子亶。亶，《索隐》作丰，字子象，鲁人。

先贤牧子皮。牧力之后。

先贤乐正子克。周人，孟子弟子。

先贤万子章。齐人。

先贤周子敦颐。字茂叔，世居湖广道州营道县，学者称濂溪先生。

先贤程子灏。字伯淳，宋河南洛阳人，文彦博题其墓曰明道先生。

先贤邵子雍。字尧夫，宋河南人，元祐中赐谥康节。

西庑先贤

先贤蘧子瑗。字伯玉，卫人。

先贤澹台灭明。字子羽，鲁武城人。

先贤宓不齐。字子贱，鲁人。

先贤公冶子长。字子长。《家语》作苌，鲁人。

先贤皙子哀。《史记》字季次。《索隐》作皙克，一作皙哀。《家语》：字季沈，齐人。

先贤高子柴。字子羔，一作皋。《家语》：齐人。《史记》：卫人。

先贤樊子须。字子迟。《家语》：鲁人。郑元［玄］云：齐人。

先贤商子泽。《家语》：字子秀。《史记》作子季，鲁人。

先贤巫马子施。字子期，陈人。《史记》作子旗。

先贤颜子辛。字子柳，鲁人。

先贤曹子恤。字子循，蔡人。

先贤公孙子龙。《家语》作公孙龙，卫人；郑元［玄］云：楚人，字子石。

先贤秦子商。字丕兹。《家语》作丕慈。《史记》作子丕，鲁人。

先贤颜子高。字子骄。《家语》作颜刻，鲁人。

先贤壤驷子赤。字子徒。《家语》：穰驷赤，字子从，秦人。《通志略》：壤驷氏，复姓。

先贤石作子蜀。字子明。《家语》作石子蜀，秦之成纪人。按：石作，复姓。

先贤公夏子首。字子乘。《家语》：公夏守，字乘，鲁人。

先贤后子处。《史记》:字子里,齐人。《家语》误后作石,字坚之。

先贤奚容子蒧。《家语》:字子偕。《史记》:字子皙。《文翁图》:鲁人。《正义》:卫人。《氏族大全》:奚仲之后。

先贤颜子祖。字襄。《家语》:名相,又名祖,字子襄,鲁人。

先贤句井子疆。字疆。《史记》作句井。《正义》作勾井,卫人。

先贤秦子祖。字子南,鲁人。

先贤县子成。字子祺,鲁人。

先贤公祖子句兹。《家语》作公祖兹,字子兹,鲁人。

先贤燕子伋。《家语》作伋,字子思,秦人。

先贤乐子欬。字子声。《家语》:乐欣,鲁人。

先贤狄子黑。《家语》:字皙之,一作子皙,卫人。

先贤孔子忠。字子蔑。《史记》作孔子兄,孟皮之子。

先贤公西子蒧。《史记》:字子上。《家语》:字子尚,鲁人。

先贤颜子之仆。《家语》:字子叔,鲁人。

先贤施子之常。《史记》:字子恒。《家语》:字子常,鲁人。

先贤申子枨。《史记》作申党。《文翁图》作申堂。后汉碑作棠。按:《家语》:申绩,一作申续,字子周,鲁人。疑本一人而传写之误也。

先贤左丘子明。鲁人,左史倚相之后。

先贤秦子冉。字开,鲁人。

先贤公明仪。鲁南武城人。

先贤公都子。孟子弟子,齐人。

先贤公孙丑。孟子弟子,齐人。

先贤张子载。字子厚,宋郿县人。世居郿县之横渠,称横渠先生。

先贤程子颐。字正叔,伯淳之弟,称伊川先生。

东庑先儒

先儒公羊氏高。齐人,生周末。

先儒伏氏胜。字子贱,济南人。生秦汉间,习《书》。

先儒毛氏亨。汉鲁人。善说《诗》,世称为大毛公。

先儒孔氏安国。字子国，孔子十一世孙。生汉武帝时，衮州人。

先儒后氏苍。字近君，汉东海郯人。修明《礼经》。明嘉靖考求古礼，以苍为定礼之宗，从祀。

先儒郑氏元〔玄〕。字康成，东汉北海高密人。

先儒范氏宁。字武子，晋鄢陵人。

先儒陆氏贽。字敬舆，唐嘉兴人。

先儒范氏仲淹。字希文，宋吴县人。谥文正。

先儒欧阳氏修。字永叔，宋庐陵人。谥文忠。

先儒司马光。字君实，宋夏县涑水乡人。封温国公。谥文正。

先儒谢氏良佐。字显道，宋上蔡人。

先儒罗氏从彦。字仲素，宋南剑州人。学者称豫章先生。谥文质。

先儒李氏纲。字伯纪，宋邵武人。

先儒张氏栻。字敬夫，宋绵竹人。号南轩先生。

先儒陆氏渊。字子静，宋金溪人。学者称象山先生。谥文安。

先儒陈氏淳。字安乡，号北溪，宋漳州龙溪人。

先儒真氏德秀。字景元，宋蒲城人。

先儒何氏基。字子恭，宋金华人。谥文定。

先儒文氏天祥。字宋端，一字履善，宋吉水人。

先儒赵氏复。字仁甫，元德安人。

先儒金氏履祥。字吉文，号仁山，元兰溪人。谥文安。

先儒陈氏澔。字可大，宋江西南康人。

先儒方氏孝孺。字希直，明宁海人。

先儒薛氏瑄。字德温，明河津人。学者称敬轩先生。

先儒胡氏居仁。字叔心，明余干人。著《居业录》，以敬名斋，人称敬斋先生。

先儒罗氏钦顺。字允升，号整庵，明泰和人。谥文庄。

先儒吕氏枏。明泾野人。

先儒刘氏宗周。字起东，谥忠介，明浙江山阴人。崇祯国亡，忧郁而卒。

先儒孙氏奇逢。字钟元，又号夏峰，国朝河南人。

先儒陆氏陇其。字稼书，国朝平湖人。

西庑先儒

先儒谷梁氏赤。《尸子》作俶。颜师古作喜，字元始，鲁人。

先儒高唐生。字伯，汉初鲁人。

先儒董氏仲舒。汉广川人。

先儒毛氏苌。字长公，汉赵人。善说《诗》，世谓毛亨为大毛公，苌为小毛公。

先儒杜氏子春。汉河间缑氏人。

先儒诸葛氏亮。字孔明，汉襄阳人。谥忠武。

先儒王氏通。字仲淹，隋龙门人。尝教授河汾，弟子私谥文仲［中］子。

先儒韩氏愈。字退之，唐南阳人。谥曰文。

先儒胡氏瑗。字翼之，宋海陵人。为湖州教授，召为国学直讲，学者称安定先生。

先儒韩氏琦。字稚圭，宋相州安阳人。

先儒杨氏时。字中立，宋将乐人。学者称龟山先生。

先儒尹氏焞。字彦明，一字德充，宋洛阳人。赐和靖处士。

先儒胡氏安国。字康侯，宋崇安人。

先儒李氏侗。字愿中，宋延平人。朱子受其河洛之业，为述延平问答，称延平先生。

先儒吕氏祖谦。字伯恭，其先莱人，迁婺州，墓题东莱先生。

先儒袁氏燮。字和叔，鄞县人。为金溪高第，南宋纯儒。谥正献，学者称洁斋先生。

先儒黄氏干。字直卿，号勉斋，宋福州闽县人。

先儒蔡氏沈。字仲默，宋建阳人。隐居九峰山，号九峰先生。

先儒魏氏了翁。字华甫，宋邛州蒲江人。谥文靖。

先儒王氏相。字会之，号鲁斋，宋金华人。

先儒陆氏秀夫。字君实，盐城人。

先儒许氏衡。字平仲，元河内人。学者称鲁斋先生。

先儒吴氏澄。字幼清，号草庐，宋崇仁人。

先儒许氏谦。字益之，号白云，元金华人。

先儒曹氏端。字月川，明渑池人。

先儒陈氏献章。字公甫，明新会人。隐白沙，学者称白沙先生。

先儒蔡氏清。字介夫，号虚斋，明晋江人。

先儒王氏守仁。字伯安，明余姚人。读书阳明洞，世称阳明先生。封新建伯。谥文成。

先儒吕氏坤。字叔简，宁陵人。

先儒黄氏道周。字石斋，一字幼平，明福建漳浦人。

先儒汤氏斌。字潜庵，国朝河内雎州人。

崇圣祠正殿

肇圣王木金父正中。

裕圣王祈父公左。

贻圣王防叔公右。

昌圣王伯夏公左次。

启圣王叔梁公右次。

东配

先贤孔氏。孟皮，一字伯尼。

先贤颜氏。名无由，字路。

先贤孔氏。名鲤，字伯鱼。

西配

先贤曾氏。名点，字皙。

先贤孟孙氏。名激，字公宜，鲁公族孟孙之后。

东庑

先儒周氏。名辅成，周子敦颐父。

先儒程氏。名珦，字伯温，二程灏、颐之父。

先儒蔡氏。名元定，字季通，蔡氏沈之父。

西庑

先儒张氏。_{名迪，张子载之父。}

先儒朱氏。_{名松，字乔年，朱子熹之父。}

各祠庙

四贤祠，在西庑侧，所祀见《人物志》。

名宦祠，在明伦堂右，所祀见《秩官志》。

乡贤祠，在明伦堂右，所祀见《人物志》。

忠义孝友祠，在西庑侧，所祀见《人物志》。

节孝祠，在明伦堂左，所祀见《人物志·列女传》。

文昌庙，在城内学坝。同治六年（1867）重建。

关帝庙，旧在西关外。明季邑人夏道硕有《西门关帝像灵应记》，载《艺文》。同治元年（1862）毁于贼，二年（1863）移建南城学坝，左有碑记。

城隍庙，在北门内考棚左。咸丰二年（1852）重建。

龙神祠，在西门外龙王嘴。同治元年（1862）毁于石逆，六年（1867）新建。

火神祠，在东门染匠街。

昭忠祠，一在大江对岸北岩。嘉庆十八年（1813）州牧张公师范详请建修，祀前明王公仙、陈公计安及嘉庆初死教匪之难者四百二十余人，见《义勇汇编》。

昭忠祠，一在分州城南大坪。同治二年（1863）建修。买置寨堉田业一分，岁收租谷八石作祭典。正祀昆公秀，从祀咸丰、同治间死滇、发两逆之难者，见《义勇汇编》。

吕真君祠，在南门外天灯堡三清观。同治元年（1862）石逆烧毁，六年（1867）新建。

同治重修涪州志卷七　选举志

神童　进士　举人　拔贡　副榜　岁贡　例贡　武选

神　童

宋

李椿。举神童。一家三举神童，其二名逸。

进　士

任昌大[一]。庆历年武隆人。

注释：

[一] 蓝勇主编《稀见重庆地方文献汇点》（下）第 643 页云："任昌大，武隆人。附庆历中年份无考者。"《乾隆志》云："任昌大，庆历间。《旧志》：武隆人。"《康熙志》作任大昌。诸书记载"昌大""大昌"存在之别。

韩翱。崇宁年，见《白鹤梁题名》。

张方成[一]。嘉熙年。

注释：

[一] 蓝勇主编《稀见重庆地方文献汇点》（下）第 649 页作张方成，云："张方成，武隆人。嘉熙二年戊戌科周坦榜。"《乾隆志》云："张芳成，嘉熙间。《旧志》：武隆人。"诸书记载存在"方""芳"之别。

蹇世芳^[一]。咸淳甲戌（十年，1274）武隆人。

注释：

[一] 蓝勇主编《稀见重庆地方文献汇点》（下）第 649 页云："蹇世芳，武隆人。嘉咸淳甲戌（十年，1274）科王龙潭榜。"《乾隆志》云："蹇世芳，咸淳间。《旧志》：武隆人。"

韩铸^[一]。咸淳甲戌（十年，1274）武隆人。

注释：

[一] 蓝勇主编《稀见重庆地方文献汇点》（下）第 649 页云："韩铸，武隆人。嘉咸淳甲戌（十年，1274）科王龙潭榜。"《乾隆志》云："韩铸，咸淳间。《旧志》：武隆人。"

韩涛^[一]。咸淳甲戌（十年，1274）武隆人。

注释：

[一] 蓝勇主编《稀见重庆地方文献汇点》（下）第 649 页云："韩涛，武隆人。嘉咸淳甲戌（十年，1274）科王龙潭榜。"《乾隆志》云："韩涛，咸淳间。《旧志》：武隆人。"

韩俦^[一]。咸淳甲戌（十年，1274）武隆人。

注释：

[一] 蓝勇主编《稀见重庆地方文献汇点》（下）第 649 页云："韩俦，武隆人。嘉咸淳甲戌（十年，1274）科王龙潭榜。"《乾隆志》云："韩俦，咸淳间。《旧志》：武隆人。"

冯造。字操道，熙宁七年（1074）。

卢遘。字彦通，熙宁七年（1074）。二人见《白鹤梁题名》。

明

舒忠^[一]。建文庚辰（二年，1400）。

注释：

[一] 蓝勇主编《稀见重庆地方文献汇点》（下）无载。《涪陵文史资料选辑》第三

辑第 117 页汪长春《涪陵市书画名人录》有舒荣，字相臣，涪州人。明建文帝元年（1399）举人，次年进士。天资秀逸，性质慷慨，气质好义。曾任山西平阳府知府。博涉经史百家，擅画，尤精人物。家藏多画册，泛览博取，落笔不凡。继以仇实甫为稿本，笔意苍老，工细，非时手所能及。查相关涪州志，此舒荣当即舒忠。

白勉[一]。永乐乙未（十三年，1415）陈循榜。《省志》作蒋勉。

注释：

[一] 蓝勇主编《稀见重庆地方文献汇点》（下）第 651 页云："白勉，永乐十三年乙未（1415）科陈循榜。涪州人。榜姓蒋，刑部尚书。"《乾隆志》云："白勉，永乐中。"

夏铭[一]。宣德庚戌（五年，1430）林震榜。

注释：

[一] 蓝勇主编《稀见重庆地方文献汇点》（下）第 651 页云："夏铭，宣德五年庚戌（1430）科林震榜。涪州人。御史。"《乾隆志》云："夏铭，宣德庚戌（五年，1430）。"

刘纪[一]。景泰辛未（二年，1451）柯潜榜。

注释：

[一] 蓝勇主编《稀见重庆地方文献汇点》（下）第 652 页云："刘纪，景泰二年辛未（1451）科柯潜榜。涪州人。御史。"《乾隆志》云："刘纪，天顺癸未。"

刘岌[一]。景泰甲戌（五年，1454）孙贤榜。

注释：

[一] 蓝勇主编《稀见重庆地方文献汇点》（下）第 652 页云："刘岌，景泰甲戌（五年，1454）科孙贤榜。涪州人。少保，礼部尚书。"《乾隆志》云："刘岌，景泰甲戌。"参见《涪陵历史人物》第 47 页《两朝吏部尚书刘岌》、《涪陵文史资料选辑》第三辑第 118 页汪长春《涪陵市书画名人录》。

朱灏。 景泰。

郭澄^[一]。 天顺丁丑（元年，1457）黎淳榜。

注释：

[一] 蓝勇主编《稀见重庆地方文献汇点》（下）第 652 页云："郭澄，天顺元年丁丑（1457）科黎淳榜。涪州人。郎中。"《乾隆志》云："郭澄，天顺丁丑（元年，1457）。"

张善吉^[一]。 《通志》作善言，成化丙戌（二年，1466）罗伦榜。

注释：

[一] 蓝勇主编《稀见重庆地方文献汇点》（下）第 653 页云："张善吉，成化二年丙戌（1466）科罗伦榜。涪州人。兵科都给事中。"《乾隆志》云："张善吉，《通志》作［善］言，成化丙戌（二年，1466）。"参见《涪陵历史人物》第 51—52 页《谏官之首张善吉》。

钱玉^[一]。 成化壬辰（八年，1472）吴宽榜。

注释：

[一] 蓝勇主编《稀见重庆地方文献汇点》（下）第 653 页云："钱玉，成化八年壬辰（1472）科吴宽榜。涪州人。华亭知县。"《乾隆志》云："钱玉，成化壬辰（八年，1472）。"

陈常^[一]。 成化戊戌（十四年，1478），寄籍长寿。

注释：

[一] 蓝勇主编《稀见重庆地方文献汇点》（下）第 654 页云："陈常，成化十四年戊戌（1478）科曾彦榜。长寿人，涪州籍。东昌府知府。"又第 828 页云："陈常，旧《通志》：长寿人，洪武中任常德府同知，狱无冤滞，囊箧萧然。"《乾隆志》云："陈常，长寿籍，涪州人。成化戊戌（十四年，1478）。"

夏彦英。 宏［弘］治癸丑（七年，1493）毛澄榜。

刘菡^[一]。 宏［弘］治己未（十二年，1499）伦文叙榜。

注释：

［一］蓝勇主编《稀见重庆地方文献汇点》（下）第654页云："刘蒗，弘治十二年己未（1499）科伦文叙榜。涪州人。给事中。"《乾隆志》云："刘蒗，宏［弘］治己未（十二年，1499）。"

张柱^{［一］}。宏［弘］治壬戌（十五年，1502）康海榜。

注释：

［一］蓝勇主编《稀见重庆地方文献汇点》（下）第655页云："张柱，弘治十五年壬戌（1502）科康海榜。涪州人。主事，岭南参政。"《乾隆志》云："张柱，宏［弘］治壬戌（十五年，1502）。"

夏邦谟^{［一］}。正德庚辰（十五年，1520）吕柟榜。

注释：

［一］蓝勇主编《稀见重庆地方文献汇点》（下）第655页云："夏邦谟，正德三年戊辰（1508）科吕柟榜。涪州人。太子少保，吏部尚书。"又《乾隆志》云："夏邦谟，字彝伦，正德戊辰（三年，1508）。"

黄景新^{［一］}。正德辛未（六年，1511）杨慎榜。《府志》：涪州籍。

注释：

［一］蓝勇主编《稀见重庆地方文献汇点》（下）第655页作黄景星，云："黄景星，正德六年辛未（1511）科杨慎榜。丰都人，涪州籍。河东运使。"《乾隆志》云："黄景星，正德辛未（六年，1511）。"

黄景夔^{［一］}。正德甲戌（九年，1514）唐皋榜。《府志》：涪州籍。

注释：

［一］蓝勇主编《稀见重庆地方文献汇点》（下）第655页云："黄景夔，正德九年甲戌（1514）科唐皋榜。丰都人，涪州籍。郎中。"《乾隆志》云："黄景夔，正德甲戌（九年，1514）。"

夏国孝^[一]。号冠山。嘉靖癸未（二年，1523）姚涞榜。

注释：

[一]蓝勇主编《稀见重庆地方文献汇点》（下）第 656 页云："夏国孝，号冠山。嘉靖二年癸未（1523）科姚涞榜。涪州人。户部员外。"《乾隆志》云："夏国孝，号冠山。嘉靖癸未（二年，1523）。"

谭棨^[一]。嘉靖戊戌（十七年，1538）茅瓚榜。

注释：

[一]蓝勇主编《稀见重庆地方文献汇点》（下）第 656 页云："覃棨，嘉靖戊戌（十七年，1538）科茅瓚榜。涪州人。陕西参政。"《乾隆志》云："覃棨，嘉靖戊戌（十七年，1538）。"

谭臬^[一]。嘉靖庚戌（二十九年，1550）唐汝楫榜。

注释：

[一]蓝勇主编《稀见重庆地方文献汇点》（下）第 657 页云："谭臬，嘉靖二十九年庚戌（1550）科唐汝楫榜。涪州人。佥事。"《乾隆志》云："谭臬，嘉靖庚戌（二十九年，1550）。"

黎元^[一]。嘉靖丙辰（三十五年，1556）诸大绶榜。

注释：

[一]蓝勇主编《稀见重庆地方文献汇点》（下）第 657 页云："黎元，嘉靖三十五年丙辰（1556）科诸大绶榜。涪州人。佥事。"《乾隆志》云："黎元，嘉靖丙辰（三十五年，1556）。"

王堂^[一]。嘉靖己未（三十八年，1559）丁士美榜。

注释：

[一]蓝勇主编《稀见重庆地方文献汇点》（下）第 657 页云："王堂，嘉靖三十八年己未（1559）科丁士美榜。涪州人。郎中。"《乾隆志》云："王堂，嘉靖己未（三十八

年，1559）。"

徐尚^[一]。嘉靖壬戌（四十一年，1562）徐时行榜。

注释：

［一］蓝勇主编《稀见重庆地方文献汇点》（下）第657页云："徐尚，嘉靖四十一年壬戌（1562）科徐时行榜。涪州人。给事中。"《乾隆志》云："徐尚，嘉靖壬戌（四十一年，1562）。"

文作^[一]。隆庆戊辰（二年，1568）罗万化榜。

注释：

［一］蓝勇主编《稀见重庆地方文献汇点》（下）第658页云："文作，隆庆二年戊辰（1568）科罗万化榜。涪州人。广西布政。"《乾隆志》云："文作，隆庆戊辰（二年，1568）。"《涪陵历史人物》第54页《一品布政使文作》云：文作，明代四川涪州人，生卒年代不详，嘉靖四十一年（1561）举人，隆庆二年（1568）进士。隆庆二年（1568），文作任山西闻喜县知县；隆庆五年（1571），升兵部武选郎。离开时，闻喜县绅民挥泪相送，感其恩德，为他立生祠，列为名宦。在兵部，文作在平辽之役颇具战功，升任福建佥事。万历八年（1580）八月，升为陕西按察副使、靖边兵备道，督导军民修筑城墙。还设学堂，为地方培育人才。后升山西右参议。万历十一年（1583）十一月，升任云南右参政，分守临沅。两年后，罗雄州的土舍者继宗叛乱，文作率部将其平息。因平叛有功，升任为湖广按察使。万历十七年（1589）七月，升任云南右布政使。后来，文作在对抗缅甸军队入侵和平定丁改十寨叛乱中有功，于万历二十年（1592）四月提升为广西左布政使，加一品官官服和廉俸。致仕后，文作被皇帝授为光禄大夫，其妻陈氏封一品夫人。

刘养充^[一]。隆庆辛未（五年，1571）张元抃榜。

注释：

［一］蓝勇主编《稀见重庆地方文献汇点》（下）第658页云："刘养充，隆庆五年辛未（1571）科张元抃榜。涪州人。御史。"《乾隆志》云："刘养充，隆庆辛未（五年，1571）。"

文德^[一]。万历甲戌（二年，1574）孙继皋榜。

注释：

[一] 蓝勇主编《稀见重庆地方文献汇点》（下）第 658 页云："文德，万历八年（1580）科张懋修榜。涪州人。御史。"《乾隆志》云："文德，万历甲戌（二年，1574）。"诸书记载中举时间和榜名存在"万历八年（1580）科张懋修榜""万历甲戌（二年，1574）孙继皋榜"之别。

况上进^[一]。万历丁丑（五年，1577）沈懋学榜。

注释：

[一] 蓝勇主编《稀见重庆地方文献汇点》（下）第 659 页云："况上进，万历十七年（1589）己丑科焦竑榜。涪州人。御史。"《乾隆志》云："况上进，万历丁丑（五年，1577）。"诸书记载中举时间和榜名存在"万历十七年（1589）己丑科焦竑榜""万历丁丑（五年，1577）沈懋学榜"之别。

何伟^[一]。万历癸未（十一年，1583）朱国祚榜。

注释：

[一] 蓝勇主编《稀见重庆地方文献汇点》（下）第 658 页云："何伟，万历十一年癸未（1583）科朱国祚榜。涪州人。给事中，贵州参政。"《乾隆志》云："何伟，万历癸未（十一年，1583）。"《涪陵历史人物》第 65 页《魂惊猾吏的名宦——何伟》云：何伟，明代四川涪州人。生卒不详。万历十年（1582）举人，次年中进士。万历十三年（1585），何伟任浙江慈溪县令。时值慈溪蝗虫泛滥成灾，饿殍遍野，他开仓放粮赈济灾民，捐俸银购棺材掩弃尸；应绅民之请，将建于山上的县城迁到山下平地，捐廉俸建新县署；修建东、西两个义仓，储备灾粮；打击投机贡茶的官吏，减轻百姓负担。何伟重视教育，重修被倭寇烧毁的少师庙、明伦堂、尊经阁、斋庑祠等。在任职期间，慈溪县考中进士 4 人，考取举人 18 人。在《呈请咨题准入名宦》的文书中称何伟"贡茶弊绝魂惊猾吏之奸，海防计周气奢倭夷之胆"。万历十七年（1589），何伟被吏部选为刑部给事中。其间，奉旨到河南中州察访案件，慎用刑法，很多冤案得以澄清。万历二十七年（1599）三月，何伟调任户部给事中。同年，任广东惠州府知府，修葺郡署，建设书院

学堂，加强防务，凡是有益于民的都加以治理和完善。后升任广东副使兼参议，分守岭东。万历四十四年（1616），升为广东参政。万历末年，调任贵州参政，升方伯。何伟以告老还乡，尽力地侍奉双亲，教育乡里子弟，著有《何氏家训》《诗文》等文集。

曹愈参[一]。字坤釜。万历丙戌（十四年，1586）唐文献榜。

注释：

[一] 蓝勇主编《稀见重庆地方文献汇点》（下）第 658 页云："曹愈参，万历十四年（1586）丙戌科唐文献榜。涪州人。都御史，云南巡抚。"《乾隆志》云："曹愈参，万历丙戌（十四年，1586）。"

杨景淳[一]。万历己丑（十七年，1589）焦竑榜。

注释：

[一] 蓝勇主编《稀见重庆地方文献汇点》（下）第 659 页云："杨景淳，万历己丑（十七年，1589）科焦竑榜。涪州人。户部郎中。"《乾隆志》云："杨景淳，万历己丑（十七年，1589）。"

张与可[一]。万历己丑（十七年，1589）焦竑榜。

注释：

[一] 蓝勇主编《稀见重庆地方文献汇点》（下）第 658 页云："张与可，万历己丑（十七年，1589）科焦竑榜。涪州人。归德府知府。"《乾隆志》云："张与可，万历己丑（十七年，1589）。"

陈策。万历间，武隆人。

向鼎[一]。字六神。天启乙丑（五年，1625）余煌榜。

注释：

[一] 蓝勇主编《稀见重庆地方文献汇点》（下）第 660 页云："向鼎，天启五年乙丑（1625）科余煌榜。涪州人。潼关参政。"《乾隆志》云："向鼎，字六神。天启乙丑（五年，1625）。"

刘起沛^[一]。崇正［祯］戊辰（元年，1628）刘若宰榜。

注释：

［一］蓝勇主编《稀见重庆地方文献汇点》（下）第 660 页云："刘起沛，崇祯元年戊辰（1628）科刘若宰榜。涪州人。行人。"《乾隆志》云："刘起沛，崇正［祯］戊辰（元年，1628）。"

陈正^[一]。字岷水。崇正［祯］庚辰（十三年，1640）魏藻德榜。

注释：

［一］蓝勇主编《稀见重庆地方文献汇点》（下）第 661 页云："陈正，崇祯十三年庚辰（1640）科魏藻德榜。涪州人。金华府推官。"《乾隆志》云："陈正，字岷水。崇正［祯］庚辰（十三年，1640）。"

国朝

文景藩^[一]。康熙癸丑（十二年，1673）韩菼榜。

注释：

［一］蓝勇主编《稀见重庆地方文献汇点》（下）第 661 页云："文景藩，康熙癸丑（十二年，1673）科韩菼榜。涪州人。"《乾隆志》云："文景藩，康熙癸丑（十二年，1673）。"

何有基^[一]。雍正癸丑（十一年，1733）陈倓榜。

注释：

［一］蓝勇主编《稀见重庆地方文献汇点》（下）第 662 页云："何有基，雍正元年（1723）癸卯恩科于振榜。涪州人。沔阳知州。"《乾隆志》云："何有基，字乐田，雍正癸卯。"

任国宁^[一]。雍正癸丑（十一年，1733）陈倓榜。

注释：

［一］蓝勇主编《稀见重庆地方文献汇点》（下）第 662 页云："任国宁，雍正十一

年癸丑（1733）科陈俊榜。铜梁人。"《乾隆志》云："任国宁，雍正癸丑（十一年，1733）。"

邹锡彤^[一]。乾隆丙辰（元年，1736）金德瑛榜。

注释：

[一] 蓝勇主编《稀见重庆地方文献汇点》（下）第662页云："邹锡彤，乾隆元年丙辰（1736）科金德瑛榜。涪州人。廉使。"《乾隆志》云："邹锡彤，字德文，乾隆丙辰（元年，1736）。"

周煌^[一]。乾隆丁巳（二年，1737）恩科于敏中榜。翰林院编修。

注释：

[一] 蓝勇主编《稀见重庆地方文献汇点》（下）第662页云："周煌，乾隆二年丁巳（1737）恩科于敏中榜。治［涪］州人。兵部尚书，进太子太傅。"《乾隆志》云："周煌，字景垣，乾隆丁巳（二年，1737）恩科。"

张煦^[一]。字春晖。乾隆丁巳（二年，1737）恩科于敏中榜。

注释：

[一] 蓝勇主编《稀见重庆地方文献汇点》（下）第662页云："张煦，乾隆二年丁巳（1737）恩科于敏中榜。涪州人。"《乾隆志》云："张煦，字春晖。乾隆丁巳（二年，1737）恩科。"

刘为鸿^[一]。字天衢。乾隆己未（四年，1739）庄有恭榜。

注释：

[一] 蓝勇主编《稀见重庆地方文献汇点》（下）第662页云："刘为鸿，乾隆四年己未（1739）科庄有恭榜。涪州人。郁林州知州。"《乾隆志》云："刘为鸿，字天衢。乾隆己未（四年，1739）。"

徐玉书^[一]。字素存。乾隆辛未（十六年，1751）恩科王杰榜。

注释：

［一］蓝勇主编《稀见重庆地方文献汇点》（下）第 662 页云："徐玉书，乾隆十六年辛未（1751）恩科王杰榜。涪州人。"《乾隆志》云："徐玉书，字素存。乾隆辛未（十六年，1751）。"

邹锡畴[一]。字范禹。乾隆壬申（十七年，1752）恩科秦大士榜。

注释：

［一］蓝勇主编《稀见重庆地方文献汇点》（下）第 662 页云："邹锡畴，乾隆十七年壬申（1752）恩科秦大士榜。涪州人。萧山知县。"《乾隆志》云："邹锡畴，字乾禹。乾隆壬申（十七年，1752）恩科。"

陈于午[一]。字凉松。乾隆丁丑（二十二年，1757）蔡以台榜。翰林院庶吉士。

注释：

［一］蓝勇主编《稀见重庆地方文献汇点》（下）第 663 页云："陈于午，乾隆二十二年丁丑（1757）科蔡以台榜。涪州人。庶吉士。"《乾隆志》云："陈于午，字凉松。乾隆丁丑（二十二年，1757）。"

陈鹏飞[一]。字之南。乾隆癸未（二十八年，1763）秦大成榜。

注释：

［一］蓝勇主编《稀见重庆地方文献汇点》（下）第 663 页云："陈鹏飞，乾隆二十八年癸未（1763）科秦大成榜。涪州人。莱芜知县。"《乾隆志》云："陈鹏飞，字之南。乾隆癸未（二十八年，1763）。"《涪陵历史人物》第 80-81 页《身兼两县知县的陈鹏飞》云：陈鹏飞（1737-1788），字之南。清代涪州人。幼年丧父，旁无弟兄，与母亲相依为命。母亲节衣缩食送他读书，乾隆二十四年（1759）考中举人，乾隆二十八年（1763）考取进士。乾隆三十九年（1774）任湖北宜昌府长阳县知县，次年任山东莱芜县知县，乾隆四十三年（1778）调任曹县知县，乾隆四十八年（1783）调回莱芜县任知县。乾隆五十年（1785），以莱芜县知县的身份兼任单县知县。乾隆五十三年（1788）深秋，陈鹏飞死于莱芜知县任上。单县的百姓听说后，为他树立"荒政碑"，又在琴台西侧为他建立

祠堂，百姓每年都到此悼念祭奠。陈鹏飞善于写文章，文辞优美，有"锦心绣口"之称，著有《时艺》等文集。

张永载[一]。字二水。乾隆丙戌（三十一年，1766）张书勋榜。

注释：

[一] 蓝勇主编《稀见重庆地方文献汇点》（下）第663页云："张二载，乾隆三十一年（1766）丙戌科张书勋榜。涪州人，更名永载。上蔡知县。"《乾隆志》云："张永载，字二水。乾隆丙戌（三十一年，1766）。"

周兴岱[一]。字东屏。乾隆辛卯（三十六年，1771）黄轩榜。翰林院编修。

注释：

[一] 蓝勇主编《稀见重庆地方文献汇点》（下）第663页云："周兴岱，乾隆三十六年（1771）辛卯科黄轩榜。涪州人。礼部侍郎。"《乾隆志》云："周兴岱，字东屏。乾隆辛卯（三十六年，1771）。"

文楠[一]。字璞园。乾隆壬辰（三十七年，1772）金榜榜。

注释：

[一] 蓝勇主编《稀见重庆地方文献汇点》（下）第663页云："文楠，乾隆三十七年（1772）壬辰科金榜榜。涪州人。甘肃知县。"《乾隆志》云："文楠，字璞园。乾隆壬辰（三十七年，1772）。"

熊德芝[一]。字露田。乾隆壬辰（三十七年，1772）金榜榜。

注释：

[一] 蓝勇主编《稀见重庆地方文献汇点》（下）第663页云："熊德芝，乾隆三十七年（1772）壬辰科金榜榜。涪州人。贵州知县。"《乾隆志》云："熊德芝，字露田。乾隆壬辰（三十七年，1772）。"

周宗岐[一]。字对岩。乾隆乙未（四十年，1775）吴锡龄榜。翰林院编修。

注释：

[一]蓝勇主编《稀见重庆地方文献汇点》（下）第 663 页云："周宗岐，乾隆四十年（1775）乙未科吴锡龄榜。涪州人。翰林院编修。"《乾隆志》云："周宗岐，字对岩。乾隆乙未（四十年，1775）。"

陈煦[一]。字晓峰。嘉庆辛酉（六年，1801）恩科顾皋榜。翰林院庶吉士。

注释：

[一]蓝勇主编《稀见重庆地方文献汇点》（下）第 664 页云："陈煦，嘉庆六年（1801）辛酉恩科顾皋榜。涪州人。庶吉士，安庆府知府。"

陈廷达[一]。嘉庆辛酉（六年，1801）恩科顾皋榜，翰林院庶吉士。

注释：

[一]蓝勇主编《稀见重庆地方文献汇点》（下）第 664 页云："陈廷达，嘉庆六年（1801）辛酉恩科顾皋榜。涪州人。庶吉士，连平州知州。"

陈永图[一]。字固庵。嘉庆壬戌（七年，1802）吴廷琛榜。翰林院庶吉士。

注释：

[一]蓝勇主编《稀见重庆地方文献汇点》（下）第 664 页云："陈永图，嘉庆七年（1802）壬戌科吴廷琛榜。涪州人。庶吉士，宜章知县。"参见《历代名人与涪陵》第 141 页《涪州进士陈永图咏家乡八景》、《涪陵文史资料选辑》第三辑第 131 页汪长春《涪陵市书画名人录·陈永图》。

陈伊言[一]。字莘畲。嘉庆乙丑（十年，1805）彭浚榜。

注释：

[一]蓝勇主编《稀见重庆地方文献汇点》（下）第 664 页云："陈伊言，嘉庆乙丑（十年，1805）科彭浚榜。涪州人。庶吉士，甘肃固原州知州。"

刘邦柄[一]。字寅谷。嘉庆戊辰（十三年，1808）吴信中榜。

注释:

［一］蓝勇主编《稀见重庆地方文献汇点》（下）第 664 页云:"刘邦柄,嘉庆十三年（1808）戊辰科吴信中榜。涪州人。"参见《历代名人与涪陵》第 154 页《涪州进士刘邦柄的政绩与诗作》。

张进^{［一］}。　字以渐。嘉庆己巳（十四年,1809）恩科洪莹榜。

注释:

［一］蓝勇主编《稀见重庆地方文献汇点》（下）第 664 页云:"张进,嘉庆十四年（1809）己巳恩科洪莹榜。涪州人。"

邹枬^{［一］}。　字石岩。嘉庆丁丑（二十二年,1817）吴其濬榜。

注释:

［一］蓝勇主编《稀见重庆地方文献汇点》（下）第 664 页云:"邹枬,嘉庆二十二年（1817）丁丑科吴其濬榜。涪州人。工部主事。"

陈昉^{［一］}。　字午垣。嘉庆庚辰（二十五年,1820）陈绪昌榜。翰林院庶吉士。

注释:

［一］蓝勇主编《稀见重庆地方文献汇点》（下）第 664 页云:"陈昉,嘉庆二十五年（1820）庚辰科陈绪昌榜。涪州人。庶吉士,同安知县。"

陈燨^{［一］}。　字春腴。道光壬辰（十二年,1832）吴钟骏榜。翰林院编修。

注释:

［一］蓝勇主编《稀见重庆地方文献汇点》（下）第 664 页云:"陈燨,道光十二年（1832）壬辰科吴钟骏榜。涪州人。编修,江苏观察使。"

陈镕^{［一］}。　字仲玉。道光癸巳（十三年,1833）恩科汪鸣相榜。

注释:

［一］蓝勇主编《稀见重庆地方文献汇点》（下）第 664 页云:"陈镕,道光十三年

（1833）癸巳恩科汪鸣相榜。涪州人。"

毛凤五^[一]。同治乙丑（四年，1865）崇绮榜。

注释：

[一]毛凤五：据《李渡镇志》记载，毛凤五（1826-1879），字小山，十八岁为秀才，38 岁中举人，39 岁进士及第。先后出任安徽省凤阳县、定远县、望江县知县。为政清廉，执政宽简，以安民为务，少苛税，有政声，深受县民景仰。在望江任职 12 年，导民兴蚕桑，疏浚河道，政在利民，民立生祠以祀之。将其疏浚之河道改称为"毛公河"。毛凤五在李渡有"毛氏山庄""金氏山庄"等多处题刻，参见李世权《石刻涪州》第 278 页、《李渡镇志》第 284 页。

周淦。同治乙丑（四年，1865）崇绮榜。

傅炳墀。同治乙丑（四年，1865）崇绮榜。

恩榜

潘履谦。乾隆庚戌（五十五年，1790）恩赐翰林院检讨。

举　人

宋

庆历年

任昌大^[一]。见甲榜。

注释：

[一]《乾隆志》云："任昌大，宋庆历年，见甲榜。"

韩翱。见甲榜。

嘉熙年

张方成^[一]。见甲榜。

注释：

［一］《乾隆志》作张芳成，云："张芳成，宋嘉熙年，见甲榜。"

咸淳年

褰世芳[一]。见甲榜。

注释：

［一］《乾隆志》云："褰世芳，宋咸淳年，见甲榜。"

韩铸[一]。见甲榜。

注释：

［一］《乾隆志》云："韩铸，宋咸淳年，见甲榜。"

韩俦[一]。见甲榜。

注释：

［一］《乾隆志》云："韩俦，宋咸淳年，见甲榜。"

韩涛[一]。见甲榜。

注释：

［一］《乾隆志》云："韩涛，宋咸淳年，见甲榜。"

明

洪武年

吴良[一]。

注释：

［一］蓝勇主编《稀见重庆地方文献汇点》（下）第 664 页云："吴良，涪州人，建文四年壬午科。《乾隆志》云：吴良，明洪武甲子科。"

李瑞[一]。《省志》瑞作端。

注释：

［一］蓝勇主编《稀见重庆地方文献汇点》（下）第 669 页云："李瑞，涪州人。永乐九年壬午（1411）科。"《乾隆志》云："李瑞，《省志》作端字。明洪武甲子科。"

建文己卯（元年，1399）科

舒忠[一]。

注释：

［一］蓝勇主编《稀见重庆地方文献汇点》（下）第 664 页云："舒忠，涪州人。建文四年壬午科。平阳府知府。"第 669 页云："舒忠，涪州人。永乐九年壬午（1411）科。平阳府知府。"《乾隆志》云："舒忠，明建文己卯科。"

永乐辛卯（九年，1411）科

何清[一]。

注释：

［一］蓝勇主编《稀见重庆地方文献汇点》（下）第 669 页云："何清，涪州人。永乐九年壬午（1411）科。"《乾隆志》云："何清，明洪武庚午科。"

永乐甲午（十二年，1414）科

师文昌[一]。

注释：

［一］蓝勇主编《稀见重庆地方文献汇点》（下）第 670 页云："师文昌，涪州人。永乐十五年丁酉（1417）科。"

白勉[一]。见甲榜。

注释：

［一］蓝勇主编《稀见重庆地方文献汇点》（下）第 671 页云：白勉，涪州人。永乐十五年丁酉（1417）科。《乾隆志》云：白勉，明永乐年，见甲榜。

陈素^[一]。《府志》作程素。

注释：

［一］蓝勇主编《稀见重庆地方文献汇点》(下) 第 670 页作程素，云：程素，涪州人。永乐十五年丁酉（1417）科。《乾隆志》云：程素，明永乐甲午科。诸书记载其姓存在"程""陈"之别。

万琳^[一]。

注释：

［一］蓝勇主编《稀见重庆地方文献汇点》(下) 第 671 页云：万琳，治［笔者注：当为"涪"］州人。永乐十五年丁酉（1417）科。《乾隆志》云：万琳，明永乐甲午科。

［永乐］丁酉（十五年，1417）科

樊广^[一]、景伦^[二]、冷润^[三]、蒲琛^[四]。

注释：

［一］蓝勇主编《稀见重庆地方文献汇点》(下) 第 671 页云：樊广，涪州人。永乐十五年丁酉（1417）科。《乾隆志》云：樊广，明永乐丁酉科。

［二］蓝勇主编《稀见重庆地方文献汇点》(下) 第 671 页云：景伦，涪州人。永乐十五年丁酉（1417）科。《乾隆志》云：景伦，明永乐丁酉科。

［三］蓝勇主编《稀见重庆地方文献汇点》(下) 第 671 页云："冷润，涪州人。永乐十五年丁酉（1417）科。"《乾隆志》云："冷润，明永乐丁酉科。"

［四］蓝勇主编《稀见重庆地方文献汇点》(下) 第 671 页云："蒲琛，涪州人。永乐十五年丁酉（1417）科。"《乾隆志》云："蒲珍，明永乐丁酉科。"

［永乐］庚子（十八年，1420）科

徐福^[一]。

注释：

［一］蓝勇主编《稀见重庆地方文献汇点》(下) 第 671 页云："徐福，涪州人。永乐十八年庚子（1420）科。"《乾隆志》云："徐福，明永乐庚子科。"

朱灏^[一]。<small>武隆人。</small>

注释：

[一] 蓝勇主编《稀见重庆地方文献汇点》（下）第 672 页云："朱灏，武隆人。永乐十八年庚子（1420）科。"《乾隆志》云："朱灏，《旧志》：武隆人。明永乐年。"

钱广^[一]。

注释：

[一] 蓝勇主编《稀见重庆地方文献汇点》（下）第 672 页云："钱广，涪州人。永乐十八年庚子（1420）科。"《乾隆志》云："钱广，明永乐庚子科。"

[永乐] 癸卯（二十一年，1423）科

王旭^[一]、张奎^[二]。

注释：

[一] 蓝勇主编《稀见重庆地方文献汇点》（下）第 673 页云："王旭，涪州人。永乐二十一年癸卯（1423）科。"《乾隆志》云："王旭，明永乐庚子科。"

[二] 蓝勇主编《稀见重庆地方文献汇点》（下）第 673 页云："张奎，涪州人。永乐二十一年癸卯（1423）科。"《乾隆志》云："张奎，明永乐庚子科。"

宣德丙午（元年，1426）科

刘文宣^[一]。

注释：

[一] 蓝勇主编《稀见重庆地方文献汇点》（下）第 673 页云："刘文宣，涪州人。宣德元年丙午（1426）科。昆明知县。"《乾隆志》云："刘文宣，明宣德丙午科。"

[宣德] 己酉（四年，1429）科

周必胜^[一]。<small>字东流。</small>

注释：

[一] 蓝勇主编《稀见重庆地方文献汇点》（下）第 674 页云："周必胜，涪州人。

宣德四年己酉（1429）科。主事。"《乾隆志》云：周必胜，明宣德己酉科。

盛辉[一]。

注释：

[一] 蓝勇主编《稀见重庆地方文献汇点》（下）第 673 页云："盛辉，涪州人。永乐二十一年癸卯（1423）科。"《乾隆志》云："盛辉，明宣德己酉科。"

夏铭[一]。见甲榜。

注释：

[一] 蓝勇主编《稀见重庆地方文献汇点》（下）第 673 页云："夏铭，涪州人。永乐二十一年癸卯（1423）科。"《乾隆志》云："夏铭，明宣德己酉科，见甲榜。"

陈玘[一]。武隆人。

注释：

[一]《乾隆志》云："陈玘，《旧志》：武隆人。明永乐年。"

［宣德］壬子（七年，1432）科

查英[一]、宋成[二]，《省志》作朱成。

注释：

[一] 蓝勇主编《稀见重庆地方文献汇点》（下）第 673 页云："查英，涪州人。永乐二十一年癸卯（1423）科。"《乾隆志》云："查英，明宣德壬子科。"

[二] 蓝勇主编《稀见重庆地方文献汇点》（下）第 674 页云："朱成，涪州人。宣德十年己酉（1435）科。"《乾隆志》云："宋成，《省志》作朱成。明宣德壬子科。"诸书记载其姓存在"朱""宋"之别。

正统戊午（三年，1438）科

石显[一]。

注释：

［一］蓝勇主编《稀见重庆地方文献汇点》（下）第 674 页云："石显，涪州人。正统三年戊午（1438）科。"《乾隆志》云："石显，明正德戊午科。"

［正统］辛酉（六年，1441）科

张佷^{［一］}、冉惠^{［二］}、陈裕^{［三］}。

注释：

［一］蓝勇主编《稀见重庆地方文献汇点》（下）第 675 页云："张佷，涪州人。正统六年辛酉（1441）科。"《乾隆志》云："张佷，明正德辛酉科。"

［二］蓝勇主编《稀见重庆地方文献汇点》（下）第 675 页云："冉惠，涪州人。正统六年辛酉（1441）科。"《乾隆志》云："冉惠，明正德辛酉科。"

［三］蓝勇主编《稀见重庆地方文献汇点》（下）第 675 页云："陈裕，涪州人。正统六年辛酉（1441）科。"《乾隆志》云："陈裕，明正德辛酉科。"

［正统］甲子（九年，1444）科

冉秉彝，《省志》：武隆人。

景泰庚午（元年，1450）科

张政^{［一］}、汪汉^{［二］}、王琏^{［三］}。

注释：

［一］蓝勇主编《稀见重庆地方文献汇点》（下）第 675 页云："张政，涪州人。景泰元年庚午（1450）科。"《乾隆志》云："张政，明景泰庚午科。"

［二］蓝勇主编《稀见重庆地方文献汇点》（下）第 675 页云："汪汉，涪州人。景泰四年癸酉（1453）科。"《乾隆志》云："汪汉，明景泰庚午科。"

［三］蓝勇主编《稀见重庆地方文献汇点》（下）第 675 页云："王琏，涪州人。景泰四年癸酉（1453）科。"《乾隆志》云："王琏，明景泰庚午科。"

刘岌^{［一］}。见甲榜。

注释：

〔一〕蓝勇主编《稀见重庆地方文献汇点》（下）第675页云："刘炭，涪州人。景泰四年癸酉（1453）科。礼部尚书。"《乾隆志》云：刘炭，明景泰庚午科。见甲榜。

周钦[一]。字显风。

注释：

〔一〕蓝勇主编《稀见重庆地方文献汇点》（下）第679页云："周钦，涪州人。天顺三年己卯（1459）科。"

贺有年。武隆人。

周清[一]、刘纪[二]，见甲榜。

注释：

〔一〕《乾隆志》云："周清，明景泰庚午科。"

〔二〕《乾隆志》云："刘纪，明天顺己卯科。见甲榜。"

［景泰］癸酉（四年，1453）科

张经[一]。

注释：

〔一〕蓝勇主编《稀见重庆地方文献汇点》（下）第675页云："张经，涪州人。景泰四年癸酉（1453）科。"《乾隆志》云："张经，明景泰癸酉科。"

［景泰］丙子（七年，1456）科

郭澄[一]、张环[二]、蒋彝[三]、吴敬[四]。

注释：

〔一〕蓝勇主编《稀见重庆地方文献汇点》（下）第676页云："郭澄，涪州人。景泰七年丙子（1456）科。户部郎中。"又第676页云："郭澄，涪州人。天顺三年己卯（1459）科。"《乾隆志》云："郭澄，明景泰丙子科。见甲榜。"

〔二〕蓝勇主编《稀见重庆地方文献汇点》（下）第676页云："张环，涪州人。景泰七年丙子（1456）科。"《乾隆志》云："张环，明景泰丙子科。"

［三］蓝勇主编《稀见重庆地方文献汇点》（下）第 676 页云："蒋彝，涪州人。景泰七年丙子（1456）科。"《乾隆志》云："蒋彝，明景泰丙子科。"

［四］蓝勇主编《稀见重庆地方文献汇点》（下）第 676 页云："吴敬，涪州人。景泰七年丙子（1456）科。"《乾隆志》云："吴敬，明景泰丙子科。"

天顺己卯（三年，1459）科

石珠[一]、杨春[二]、刘智懋[三]。

注释：

［一］蓝勇主编《稀见重庆地方文献汇点》（下）第 679 页云："石珠，涪州人。天顺六年壬午（1462）科。"《乾隆志》云："石珠，明天顺己卯科。"

［二］蓝勇主编《稀见重庆地方文献汇点》（下）第 679 页云："杨春，涪州人。天顺六年壬午（1462）科。"《乾隆志》云："杨春，明天顺己卯科。"

［三］《乾隆志》云："刘智懋，明天顺己卯科。"

［天顺］壬午（六年，1462）科

周澱[一]。

注释：

［一］《乾隆志》作周典，云：周典，明天顺壬午科。两书记载存在"典""澱"之别。

成化乙酉（元年，1465）科

张善吉[一]。见甲榜。

注释：

［一］蓝勇主编《稀见重庆地方文献汇点》（下）第 680 页作张善言，云："张善言，涪州人。成化乙酉（元年，1465）科。"《乾隆志》云："张善吉，明天顺乙酉科。见甲榜。"诸书记载存在"吉""言"之别。

周昌[一]。

注释：

［一］《乾隆志》云："周昌，明天顺乙酉科。"

［成化］戊子（四年，1468）科

陈常^{［一］}，<small>见甲榜。</small>

注释：

［一］《乾隆志》云："陈常，明成化戊子科。见甲榜。"

陈贯^{［一］}、樊芳^{［二］}。

注释：

［一］蓝勇主编《稀见重庆地方文献汇点》（下）第 681 页云："陈贯，涪州人。成化七年辛卯（1471）科。"《乾隆志》云："陈贯，明成化戊子科。"

［二］蓝勇主编《稀见重庆地方文献汇点》（下）第 680 页云："樊芳，涪州人。成化四年戊子（1468）科。"《乾隆志》云："樊芳，明成化戊子科。"

钱玉。<small>见甲榜。</small>

注释：

［一］蓝勇主编《稀见重庆地方文献汇点》（下）第 681 页云："钱玉，涪州人。成化七年辛卯（1471）科。"《乾隆志》云："钱玉，明成化戊子科。"

周相。<small>字易英。</small>

［成化］辛卯（七年，1471）科

陈本兴^{［一］}、夏有缙。

注释：

［一］蓝勇主编《稀见重庆地方文献汇点》（下）第 682 页云："陈本兴，涪州人。成化十三年丁酉（1477）科。"《乾隆志》云："陈本兴，明成化辛卯科。"

［成化］丁酉（十三年，1477）科

何仲山^[一]。字敬轩。

注释：

[一]蓝勇主编《稀见重庆地方文献汇点》（下）第682页云："何仲山，涪州人。成化十三年丁酉（1477）科。"《乾隆志》云："何仲山，字敬轩，明成化丁酉科。"

熊珤^[一]、冯志崇^[二]。

注释：

[一]蓝勇主编《稀见重庆地方文献汇点》（下）第682页云："熊珤，涪州人。成化十三年丁酉（1477）科。"《乾隆志》云："熊珤，明成化丁酉科。"

[二]《乾隆志》云："冯志崇，明成化丁酉科。"

[成化]庚子（十六年，1480）科

杨孟瑛^[一]、熊永昌^[二]、胡裕^[三]、吴蒙^[四]。

注释：

[一]《乾隆志》云："杨孟瑛，明成化庚子科。"《涪陵历史人物》第50—51页《疏浚西湖的杨孟瑛》云：杨孟瑛，字温甫，四川丰都县人。生卒年不详。明成化二十三年（1487）进士，明弘治十六年（1503）出知杭州。

[二]《乾隆志》云：熊永昌，明成化庚子科。

[三]蓝勇主编《稀见重庆地方文献汇点》（下）第683页云："胡裕，涪州人。成化十六年庚子（1480）科。"《乾隆志》云："胡裕，明成化庚子科。"

[四]蓝勇主编《稀见重庆地方文献汇点》（下）第683页云："吴蒙，涪州人。成化十六年庚子（1480）科。"《乾隆志》云："吴蒙，明成化庚子科。"

[成化]癸卯（十九年，1483）科

文献^[一]。

注释：

[一]蓝勇主编《稀见重庆地方文献汇点》（下）第683页云："文献，涪州人。成化十九年癸卯（1483）科。"《乾隆志》云："文献，明成化癸卯科。"

周礼。 字祝凤，中顺天榜。

［成化］丙午（二十二年，1486）科

陈良能[一]、夏有红。

注释：

[一] 蓝勇主编《稀见重庆地方文献汇点》（下）第 683 页作陈量能，云："陈量能，涪州人。成化十九年癸卯（1483）科。"《乾隆志》亦作陈量能，云："陈量能，明成化丙午科。"诸书记载存在"量""良"之别。

宏［弘］治己酉（二年，1489）科

程驯[一]。

注释：

[一] 蓝勇主编《稀见重庆地方文献汇点》（下）第 684 页云："程驯，涪州人。弘治五年壬子（1492）科。"《乾隆志》云："程驯，明宏［弘］治己酉科。"

周震[一]。 必胜长子。

注释：

[一]《乾隆志》云："周震，明宏［弘］治己酉科。"

黄景新[一]。 见甲榜。

注释：

[一]《乾隆志》作黄景星，云："黄景星，明宏［弘］治己酉科。见甲榜。"两书记载存在"新""星"之别。

周冕。 字元甫。寄籍湖广。

［弘治］壬子（五年，1492）科

夏彦英。 见甲榜。

周茂， 必胜四子。

［弘治］乙卯（八年，1495）科

胡廷实[一]、任寅[二]、梁珠[三]。

注释：

[一] 蓝勇主编《稀见重庆地方文献汇点》（下）第 684 页云："胡廷实，涪州人。弘治二年己酉（1489）科。"《乾隆志》云："胡廷实，明宏［弘］治乙卯科。"

[二] 蓝勇主编《稀见重庆地方文献汇点》（下）第 684 页云："任寅，涪州人。弘治五年壬子（1492）科。"《乾隆志》云："任寅，明宏［弘］治乙卯科。"

[三] 蓝勇主编《稀见重庆地方文献汇点》（下）第 684 页云："梁珠，涪州人。弘治五年壬子（1492）科。"《乾隆志》云："梁珠，明宏［弘］治乙卯科。"

张柱[一]。见甲榜。

注释：

[一] 蓝勇主编《稀见重庆地方文献汇点》（下）第 684 页云："张柱，涪州人。弘治五年壬子（1492）科。"《乾隆志》云："张柱，明宏［弘］治乙卯科。见甲榜。"

［弘治］戊午（十一年，1498）科

刘蒗[一]。见甲榜。

注释：

[一] 蓝勇主编《稀见重庆地方文献汇点》（下）第 685 页云："刘蒗，涪州人。弘治十一年戊午（1498）科。"《乾隆志》云："刘蒗，明宏［弘］治戊午科。"

［弘治］甲子（十七年，1504）科

夏邦谟[一]。见甲榜。

注释：

[一] 蓝勇主编《稀见重庆地方文献汇点》（下）第 685 页云："夏邦谟，涪州人。弘治十七年甲子（1504）科。"《乾隆志》云："夏邦谟，明宏［弘］治甲子科。"

周谦。必胜次子。

正德丁卯（二年，1507）科

方斗^[一]、刘用良^[二]。

注释：

[一] 蓝勇主编《稀见重庆地方文献汇点》（下）第 687 页云："方斗，涪州人。正德五年庚午（1510）科。"《乾隆志》云："方斗，明正德甲子科。"

[二] 蓝勇主编《稀见重庆地方文献汇点》（下）第 687 页云："刘用良，涪州人。正德五年庚午（1510）科。"《乾隆志》云："刘用良，明正德甲子科。"

［正德］庚午（五年，1510）科

黄景夔^[一]。见甲榜。

注释：

[一]《乾隆志》云："黄景夔，明正德癸酉科。见甲榜。"

潘利用^[一]。

注释：

[一] 蓝勇主编《稀见重庆地方文献汇点》（下）第 686 页云：潘利用，涪州人。正德二年丁卯（1507）科。《乾隆志》云："潘利用，明正德癸酉科。"

［正德］己卯（十四年，1519）科

张佑^[一]、张模^[二]。

注释：

[一] 蓝勇主编《稀见重庆地方文献汇点》（下）第 688 页云："张佑，涪州人。正德十四年己卯（1519）科。"《乾隆志》云："张佑，明正德丙子科。"

[二] 蓝勇主编《稀见重庆地方文献汇点》（下）第 688 页云："张谟，涪州人。正德十四年己卯（1519）科。京山知县。"《乾隆志》云："张模，明正德丙子科。"

嘉靖壬午（三十一年，1552）科

夏国孝^[一]。见甲榜。

注释：

［一］蓝勇主编《稀见重庆地方文献汇点》（下）第688页云："夏国孝，涪州人。嘉靖元年壬午科。"《乾隆志》云："夏国孝，明嘉靖壬午科。见甲榜。"

［嘉靖］乙酉（四年，1525）科

徐凤[一]、夏国赡。

注释：

［一］蓝勇主编《稀见重庆地方文献汇点》（下）第688页云："徐凤，涪州人。嘉靖十年辛卯（1531）科。"《乾隆志》云："徐凤，明嘉靖乙酉科。"

［嘉靖］辛卯（十年，1531）科

刘承武[一]。

注释：

［一］《乾隆志》云："刘承武，明嘉靖辛卯科。"

［嘉靖］丁酉（十六年，1537）科

陈宗尧[一]、张挺[二]。

注释：

［一］蓝勇主编《稀见重庆地方文献汇点》（下）第689页云："程宗尧，涪州人。嘉靖丁酉（十六年，1537）科。"《乾隆志》云："陈宗尧，明嘉靖丁酉科。"诸书所载姓氏存在"陈""程"之别。

［二］蓝勇主编《稀见重庆地方文献汇点》（下）第689页云："张挺，涪州人。嘉靖丁酉（十六年，1537）科。"《乾隆志》云："张挺，明嘉靖丁酉科。"

谭棨[一]。见甲榜。

注释：

［一］蓝勇主编《稀见重庆地方文献汇点》（下）第689页云："谭棨，涪州人。嘉靖丁酉（十六年，1537）科。"《乾隆志》云："谭棨，明嘉靖丁酉科。"

何汝章[一]。

注释:

[一] 蓝勇主编《稀见重庆地方文献汇点》(下) 第 689 页云:"何汝章,涪州人。嘉靖丁酉(十六年,1537)科。"

[嘉靖] 庚子(十九年,1540)科

夏子云[一]、毛自修[二]、张信臣[三]。

注释:

[一] 蓝勇主编《稀见重庆地方文献汇点》(下) 第 690 页云:"夏子云,涪州人。嘉靖十九年庚子(1540)科。"《乾隆志》云:"夏子云,明嘉靖庚午科。"

[二] 蓝勇主编《稀见重庆地方文献汇点》(下) 第 690 页云:"毛自修,涪州人。嘉靖十九年庚子(1540)科。"《乾隆志》云:"毛自修,明嘉靖庚午科。"

[三] 蓝勇主编《稀见重庆地方文献汇点》(下) 第 690 页云:"张信臣,涪州人。嘉靖十九年庚子(1540)科。"《乾隆志》云:"张信臣,明嘉靖庚午科。"

[嘉靖] 癸卯(二十二年,1543)科

罗文灿[一]。

注释:

[一] 蓝勇主编《稀见重庆地方文献汇点》(下) 第 690 页云:"罗文灿,涪州人。嘉靖二十二年癸卯(1543)科。"《乾隆志》云:"罗文灿,明嘉靖癸卯科。"

[嘉靖] 丙午(二十五年,1546)科

蒋三近[一]、钱节[二]。

注释:

[一] 蓝勇主编《稀见重庆地方文献汇点》(下) 第 691 页云:"蒋三近,涪州人。嘉靖二十五年丙午(1546)科。"《乾隆志》云:"蒋三近,明嘉靖丙午科。"

[二] 蓝勇主编《稀见重庆地方文献汇点》(下) 第 691 页云:"钱节,涪州人。嘉靖二十五年丙午(1546)科。"《乾隆志》云:"钱玉,明嘉靖丙午科。"

［嘉靖］己酉（二十八年，1549）科

夏可清[一]。

注释：

［一］《乾隆志》云："夏可清，明嘉靖己酉科。"

谭桌[一]。 见甲榜。

注释：

［一］蓝勇主编《稀见重庆地方文献汇点》（下）第 691 页云："谭桌，涪州人。嘉靖二十八年己酉（1549）科。"《乾隆志》云："谭桌，明嘉靖己酉科。见甲榜。"

［嘉靖］壬子（三十一年，1552）科

周汝德。 见甲榜。

［嘉靖］乙卯（三十四年，1555）科

黎元[一]。 见甲榜。

注释：

［一］蓝勇主编《稀见重庆地方文献汇点》（下）第 692 页云："黎元，涪州人。嘉靖三十一年壬子（1552）科。"《乾隆志》云："黎元，明嘉靖乙卯科。见甲榜。"

张建道[一]、朱之桓[二]。

注释：

［一］蓝勇主编《稀见重庆地方文献汇点》（下）第 692 页云："张建道，涪州人。嘉靖三十四年乙卯（1555）科。靖州知州。"《乾隆志》云："张建道，明嘉靖乙卯科。"

［二］蓝勇主编《稀见重庆地方文献汇点》（下）第 692 页云："朱之垣，涪州人。嘉靖三十四年乙卯（1555）科。"《乾隆志》云："朱之桓，明嘉靖乙卯科。"诸书记载"垣""桓"存在之别。

［嘉靖］戊午（三十七年，1558）科

文羽麟[一]。

注释:

[一]蓝勇主编《稀见重庆地方文献汇点》(下)第692页云:"文羽麟,涪州人。嘉靖三十七年戊午(1558)科。陕州知州。"《乾隆志》云:"文羽麟,明嘉靖戊午科。"

徐尚[一]。见甲榜。

注释:

[一]蓝勇主编《稀见重庆地方文献汇点》(下)第692页云:"徐尚,涪州人。嘉靖三十七年戊午(1558)科。副使。"

王堂[一]。见甲榜。

注释:

[一]蓝勇主编《稀见重庆地方文献汇点》(下)第692页云:"王堂,涪州人。嘉靖三十七年戊午(1558)科。"《乾隆志》云:"王堂,明嘉靖戊午科。见甲榜。"

夏子谅[一]、张筐[二]。

注释:

[一]蓝勇主编《稀见重庆地方文献汇点》(下)第692页云:"夏子谅,涪州人。嘉靖三十七年戊午(1558)科。安庆府知府。"《乾隆志》云:"夏子谅,明嘉靖戊午科。"

[二]蓝勇主编《稀见重庆地方文献汇点》(下)第693页云:"张筐,涪州人。嘉靖四十年辛酉(1561)科。知县。"《乾隆志》云:"张筐,明嘉靖戊午科。"诸书记载"筐""筐"存在之别。

[嘉靖]辛酉(四十年,1561)科

夏可渔[一]。

注释:

[一]蓝勇主编《稀见重庆地方文献汇点》(下)第693页云:"夏可渔,涪州人。嘉靖四十年辛酉(1561)科。衡州府同知。"《乾隆志》云:"夏可渔,明嘉靖辛酉科。"

文作[一]。见甲榜。

注释：

［一］蓝勇主编《稀见重庆地方文献汇点》（下）第 693 页云："文作，涪州人。嘉靖四十年辛酉（1561）科。广西布政使。"《乾隆志》云："文作，明嘉靖辛酉科。见甲榜。"

汪之东[一]。

注释：

［一］蓝勇主编《稀见重庆地方文献汇点》（下）第 693 页云："汪之东，涪州人。嘉靖四十年辛酉（1561）科。"《乾隆志》云："汪之东，明嘉靖辛酉科。"

［嘉靖］甲子（四十三年，1564）科

朱之蕃[一]、张仕可[二]、曾所能[三]。

注释：

［一］蓝勇主编《稀见重庆地方文献汇点》（下）第 693 页云："朱之蕃，涪州人。嘉靖四十年辛酉（1561）科。"《乾隆志》云："朱之蕃，明嘉靖甲子科。"

［二］蓝勇主编《稀见重庆地方文献汇点》（下）第 693 页云："张仕可，涪州人。嘉靖四十三年甲子（1564）科。武昌府同知。"《乾隆志》云："张仕可，明嘉靖甲子科。"

［三］蓝勇主编《稀见重庆地方文献汇点》（下）第 693 页云："曾所能，涪州人。嘉靖四十三年甲子（1564）科。石屏州知州。"《乾隆志》云："曾所能，明嘉靖甲子科。"《涪陵历史人物》第 60 页《为民造福的名宦曾所能》云：曾所能，号任斋，明代四川涪州人，生卒年不详，以孝友闻名乡里。嘉靖四十三年（1563），中举人，万历四年（1576）任江西吉安府通判；次年，擢升为云南石屏州知州。石屏士民为感其德，列其为石屏名宦，并为他立生祠，当地人为其作《曾公生祠记》。

隆庆丁卯（元年，1567）科

包能让[一]、张武臣[二]、邓明选[三]。

注释：

［一］蓝勇主编《稀见重庆地方文献汇点》（下）第 694 页云："包能让，涪州人。

隆庆元年丁卯（1567）科。"《乾隆志》云："包能让，明隆庆丁卯科。"

　　[二]《乾隆志》云："张武臣，明隆庆丁卯科。"

　　[三]《乾隆志》云："邓明选，明隆庆丁卯科。"

　　[隆庆] 庚午（四年，1570）科

　　张建功[一]、冉维藩[二]。

　　注释：

　　[一]《乾隆志》云："张建功，明隆庆庚午科。"

　　[二] 蓝勇主编《稀见重庆地方文献汇点》（下）第694页云："冉维藩，涪州人。隆庆四年庚午（1570）科。知府。"《乾隆志》云："冉维藩，明隆庆庚午科。"

　　刘养充[一]。见甲榜。

　　注释：

　　[一] 蓝勇主编《稀见重庆地方文献汇点》（下）第694页云："刘养充，涪州人。隆庆四年庚午（1570）科。御史。"《乾隆志》云："刘养充，明隆庆庚午科。见甲榜。"

　　赵芝垣、林起凤[一]、沈宪[二]、陈光宇[三]。

　　注释：

　　[一]《乾隆志》云："林起凤，明隆庆庚午科。"

　　[二] 蓝勇主编《稀见重庆地方文献汇点》（下）第694页云："沈宪，涪州人。隆庆四年庚午（1570）科。"《乾隆志》云："沈宪，明隆庆庚午科。"

　　[三] 蓝勇主编《稀见重庆地方文献汇点》（下）第694页云："陈光宇，涪州人。隆庆四年庚午（1570）科。"《乾隆志》云："陈光宇，明隆庆庚午科。"

　　万历癸酉（元年，1573）科

　　袁国仁[一]。

　　注释：

　　[一] 蓝勇主编《稀见重庆地方文献汇点》（下）第694页云："袁国仁，涪州人。

万历元年癸酉（1573）科。"《乾隆志》云："袁国仁，明万历癸酉科。"

文德^[一]。见甲榜。

注释：

［一］蓝勇主编《稀见重庆地方文献汇点》（下）第694页云："文德，涪州人。万历元年癸酉（1573）科。御史。"《乾隆志》云："文德，明万历癸酉科。见甲榜。"

[万历]丙子（四年，1576）科

王承钦^[一]。

注释：

［一］蓝勇主编《稀见重庆地方文献汇点》（下）第695页云："王承钦，涪州人。万历四年丙子（1576）科。知府。"《乾隆志》云："王承钦，明万历丙子科。"

况上进^[一]。见甲榜。

注释：

［一］蓝勇主编《稀见重庆地方文献汇点》（下）第695页云："况上进，涪州人。万历四年丙子（1576）科。御史。"《乾隆志》云："况上进，明万历丙子科。见甲榜。"

[万历]己卯（七年，1579）科

张同仁^[一]。

注释：

［一］蓝勇主编《稀见重庆地方文献汇点》（下）第695页云："张同仁，涪州人。万历七年己卯（1579）科。"《乾隆志》云："张同仁，明万历己卯科。"

曹愈参^[一]。见甲榜。

注释：

［一］蓝勇主编《稀见重庆地方文献汇点》（下）第695页云："曹愈参，涪州人。万历七年己卯（1579）科。"《乾隆志》云："曹愈参，明万历己卯科。见甲榜。"

朱之聘^[一]、夏可清^[二]。

注释：

［一］蓝勇主编《稀见重庆地方文献汇点》（下）第 695 页云："朱之聘，涪州人。万历七年己卯（1579）科。"《乾隆志》云："朱之聘，明万历己卯科。"

［二］蓝勇主编《稀见重庆地方文献汇点》（下）第 695 页云："夏可清，涪州人。万历七年己卯（1579）科。惠来知县。"

［万历］壬午（十年，1582）科

何伟^[一]。见甲榜。

注释：

［一］蓝勇主编《稀见重庆地方文献汇点》（下）第 696 页云："何伟，涪州人。万历壬午（十年，1582）科。贵州参政。"《乾隆志》云："何伟，明万历壬午科。见甲榜。"

陈直^[一]。字鹿皋。

注释：

［一］蓝勇主编《稀见重庆地方文献汇点》（下）第 696 页云："陈直，涪州人。万历壬午（十年，1582）科。广信府同知。"《乾隆志》云：陈直，明万历壬午科。见甲榜。

刘逊^[一]。

注释：

［一］蓝勇主编《稀见重庆地方文献汇点》（下）第 696 页云："刘逊，涪州人。万历壬午（十年，1582）科。"《乾隆志》云："刘逊，明万历壬午科。"

张与可^[一]。见甲榜。

注释：

［一］蓝勇主编《稀见重庆地方文献汇点》（下）第 696 页云："张与可，涪州人。万历壬午（十年，1582）科。副使。"《乾隆志》云："张与可，明万历壬午科。见甲榜。"

皮宗诗[一]、张镕[二]。

注释：

[一] 蓝勇主编《稀见重庆地方文献汇点》（下）第 696 页云："皮宗诗，涪州人。万历壬午（十年，1582）科。"《乾隆志》云："皮宗诗，明万历壬午科。"

[二] 蓝勇主编《稀见重庆地方文献汇点》（下）第 696 页云："张镕，涪州人。万历壬午（十年，1582）科。苏州府同知。"《乾隆志》云：张镕，明万历壬午科。

[万历] 乙酉（十三年，1585）科

郑明选[一]、夏子婴。

注释：

[一] 蓝勇主编《稀见重庆地方文献汇点》（下）第 696 页云："郑明选，涪州人。万历十三年乙酉（1585）科。"

[万历] 戊子（十六年，1588）科

杨景淳[一]。见甲榜。

注释：

[一] 蓝勇主编《稀见重庆地方文献汇点》（下）第 696 页云："杨景淳，涪州人。万历戊子（十六年，1588）科。"《乾隆志》云："杨景淳，明万历戊子科。见甲榜。"

何以让[一]。字环斗。

注释：

[一] 蓝勇主编《稀见重庆地方文献汇点》（下）第 696 页云："何以让，涪州人。万历戊子（十六年，1588）科。大名府通判。"《乾隆志》云："何以让，明万历戊子科。"《涪陵历史人物》第 63 页《创建琴堂书院的何以让》云：何以让（1551-1623），字环斗。明代涪州人，祖籍庐江（安徽）。其曾祖父何仲山、祖父何龙泉、父亲何楚皆为知县。何以让博览全书，学识渊博，重实际，其书房自撰一联："读圣贤书，不身体力行真是对牛弹琴；开仁义日，却色取行违果然面人心假。"万历十六年（1588），何以让考中举人，后任四川彭山县教谕、武昌县知县。在 3 年后，擢升为河北大名府通判。万历三十七

年（1609）在涪州玉璧山（今涪陵义和镇境）创办涪州琴堂书院。天启三年（1623），病故。何以让著有《春秋笔记》《九权书》《黄老辨》《两都赋》《归来稿》《玉璧摘辞》《答客篇》《五行智劝》《思亲哀辞》《白衣读易》《旷怡篇》等81卷。

张大业[一]、陈策。

注释：

［一］蓝勇主编《稀见重庆地方文献汇点》（下）第696页云："张大业，涪州人。万历戊子（十六年，1588）科。"《乾隆志》云："张大业，明万历戊子科。"

［万历］辛卯（十九年，1591）科

李作舟[一]、程羽鹭[二]、董尽伦。

注释：

［一］蓝勇主编《稀见重庆地方文献汇点》（下）第697页云："李作舟，涪州人。万历辛卯（十九年，1591）科。"

［二］蓝勇主编《稀见重庆地方文献汇点》（下）第697页云："程羽鹭，涪州人。万历辛卯（十九年，1591）科。"

［万历］甲午（二十二年，1594）科

袁鼎[一]、沈渐学[二]。

注释：

［一］蓝勇主编《稀见重庆地方文献汇点》（下）第698页云："袁鼎，涪州人。万历二十二年甲午（1594）科。"《乾隆志》云："袁鼎，明万历丁酉科。"

［二］蓝勇主编《稀见重庆地方文献汇点》（下）第698页云："沈渐学，涪州人。万历二十二年甲午（1594）科。"《乾隆志》云："沈渐学，明万历丁酉科。"

［万历］癸卯（三十一年，1603）科

刘养栋[一]。

注释：

[一]蓝勇主编《稀见重庆地方文献汇点》(下)第699页云："刘养栋，涪州人。万历三十一年癸卯(1603)科。"《乾隆志》云："刘养栋，明万历癸卯科。"

[万历]丙午(三十四年，1604)科

文可淳^[一]、陈荩^[二]，字济宇。

注释：

[一]《乾隆志》云："文可淳，明万历丙午科。"

[二]蓝勇主编《稀见重庆地方文献汇点》(下)第699页云："陈荩，涪州人。万历三十四年丙午(1604)科。"《乾隆志》云："陈荩，字济宇，明万历丙午科。"

[万历]己酉(三十七年，1609)科

夏可潘^[一]、朱震宇^[二]。

注释：

[一]蓝勇主编《稀见重庆地方文献汇点》(下)第699页云："夏可雷，涪州人。万历三十四年丙午(1604)科。"《乾隆志》云："夏可潘，明万历己酉科。"诸书记载"雷""潘"存在之别。

[二]《乾隆志》云："朱震宇，明万历己酉科。"

[万历]戊午(四十六年，1618)科

文英^[一]。

注释：

[一]蓝勇主编《稀见重庆地方文献汇点》(下)第701页云："文英，涪州人。万历四十六年戊午(1618)科。"

天启辛酉(元年，1621)科

向鼎^[一]。见甲榜。

注释：

[一] 蓝勇主编《稀见重庆地方文献汇点》（下）第 701 页云："向鼎，涪州人。天启元年辛酉（1621）科。"

［天启］甲子（四年，1624）科

刘廷让^[一]、陈计安^[二]，字君辅。

注释：

[一] 蓝勇主编《稀见重庆地方文献汇点》（下）第 701 页云："刘廷让，涪州人。天启元年辛酉（1621）科。"

[二] 蓝勇主编《稀见重庆地方文献汇点》（下）第 701 页云："陈计安，涪州人。天启四年甲子（1624）科。刑部主事。"

［天启］丁卯（七年，1627）科

刘通、陈计长^[一]，字三石。

注释：

[一] 蓝勇主编《稀见重庆地方文献汇点》（下）第 702 页云："陈计长，涪州人。天启四年甲子（1624）科。松江府同知。"

陈正。见甲榜。

刘起沛^[一]。见甲榜。

注释：

[一] 蓝勇主编《稀见重庆地方文献汇点》（下）第 701 页云："刘起沛，涪州人。天启元年辛酉（1621）科。"

何应鹜、夏道帷。

崇正［祯］庚午（三年，1630）科

罗若彦^[一]、文可茹^[二]、文而章^[三]、陈大元^[四]。

注释：

[一] 蓝勇主编《稀见重庆地方文献汇点》（下）第702页云："罗若彦，涪州人。崇祯三年庚午（1630）科。"

[二] 蓝勇主编《稀见重庆地方文献汇点》（下）第702页云："文可茹，涪州人。崇祯三年庚午（1630）科。"

[三] 蓝勇主编《稀见重庆地方文献汇点》（下）第703页云："文而章，涪州人。崇祯三年庚午（1630）科。"

[四] 蓝勇主编《稀见重庆地方文献汇点》（下）第702页作陈太元，云："陈太元，涪州人。崇祯三年庚午（1630）科。"两书记载存在"大""太"之别。

[崇正] 癸酉科（六年，1633）

潘腾珠[一]。

注释：

[一] 蓝勇主编《稀见重庆地方文献汇点》（下）第703页云："潘腾珠，涪州人。崇祯六年癸酉（1633）科。"

[崇正] 壬午（十五年，1642）科

张公裔[一]、韩侣范[二]、陈计明[三]，字崆峒。

注释：

[一] 蓝勇主编《稀见重庆地方文献汇点》（下）第704页云："张公裔，涪州人。崇祯十五年壬午（1642）科。"《康熙志》作张弓裔。两书记载存在"弓""公"之别。

[二] 蓝勇主编《稀见重庆地方文献汇点》（下）第704页云："韩侣范，涪州人。崇祯十五年壬午（1642）科。"

[三] 蓝勇主编《稀见重庆地方文献汇点》（下）第704页云："陈计明，涪州人。崇祯十五年壬午（1642）科。"

夏道曙。字青旭。寄籍贵州，隶贵州。

国朝

顺治庚子（十七年，1660）科

陈命世[一]。字杰如。

注释：

[一] 蓝勇主编《稀见重庆地方文献汇点》（下）第 705 页云："陈命世，涪州人。顺治十七年庚子（1660）科。"

康熙癸卯（二年，1663）科

徐仰廉[一]。武隆人。

注释：

[一] 蓝勇主编《稀见重庆地方文献汇点》（下）第 705 页云："徐仰廉，武隆人。康熙二年癸卯（1663）科。"

向南。府学。

[康熙]己酉（八年，1669）科

何诙虞[一]、文景藩[二]，见甲榜。

注释：

[一] 蓝勇主编《稀见重庆地方文献汇点》（下）第 705 页云："何诙虞，涪州人。康熙八年己酉（1669）科。"

[二] 蓝勇主编《稀见重庆地方文献汇点》（下）第 705 页云："文景藩，涪州人。康熙八年己酉（1669）科。"

文自超[一]、黄来谘，寄籍彭水。

注释：

[一] 蓝勇主编《稀见重庆地方文献汇点》（下）第 705 页云："文自超，涪州人。康熙八年己酉（1669）科。"

[康熙]辛酉（二十年，1681）科

刘衍均^[一]。字玉树。

注释:

[一]蓝勇主编《稀见重庆地方文献汇点》(下)第705页云:"刘衍均,涪州人。康熙辛酉(二十年,1681)科。"

夏景宣^[一]。字南辉。

注释:

[一]蓝勇主编《稀见重庆地方文献汇点》(下)第705页云:"夏景宣,涪州人。康熙二十年辛酉(1681)科。御史。"

[康熙]甲子(二十三年,1684)科

向玺^[一]。字对扬。

注释:

[一]蓝勇主编《稀见重庆地方文献汇点》(下)第706页云:"向玺,涪州人。康熙二十三年甲子(1684)科。顺庆府教授。"

[康熙]丁卯(二十六年,1687)科

何洪先^[一]。字大荒。

注释:

[一]蓝勇主编《稀见重庆地方文献汇点》(下)第706页云:"何洪先,涪州人。康熙二十六年丁卯(1687)科。东安知县。"

高于松^[一]。

注释:

[一]蓝勇主编《稀见重庆地方文献汇点》(下)第706页作高于崧,云:"高于崧,涪州人。康熙二十六年丁卯(1687)科。西充教谕。"两书记载存在"松""崧"之别。

[康熙]庚午(二十九年,1690)科

周倞^[一]。字墨潭。何铨^[二]。字元宰。张元儁^[三]。字子千。

注释：

[一]蓝勇主编《稀见重庆地方文献汇点》（下）第706页云："周倞，涪州人。康熙二十九年庚午（1690）科。"

[二]蓝勇主编《稀见重庆地方文献汇点》（下）第706页云："何铨，涪州人。康熙二十九年庚午（1690）科。"

[三]蓝勇主编《稀见重庆地方文献汇点》（下）第706页作张元俊，云："张元俊，涪州人。康熙二十九年庚午（1690）科。潜江知县。"两书记载存在"儁""俊"之别。

［康熙］癸酉（三十二年，1693）科

周成举。字辅卿。

［康熙］己卯（三十八年，1699）科

廖翮^[一]。字凤苞。何鈇^[二]。字元鼎。周崇高^[三]、何义先^[四]。

注释：

[一]蓝勇主编《稀见重庆地方文献汇点》（下）第707页云："廖翮，涪州人。康熙三十八年己卯（1699）科。"

[二]蓝勇主编《稀见重庆地方文献汇点》（下）第707页云："何鈇，涪州人。康熙三十八年己卯（1699）科。鄞县知县。"

[三]蓝勇主编《稀见重庆地方文献汇点》（下）第707页云："周崇高，涪州人。康熙三十八年己卯（1699）科。"

[四]蓝勇主编《稀见重庆地方文献汇点》（下）第707页云："何义先，涪州人。康熙三十八年己卯（1699）科。镇平知县。"

［康熙］壬午（四十一年，1702）科

石均^[一]。字关尹。王琏。字捷春。寄籍奉节，本姓高。

注释：

[一]蓝勇主编《稀见重庆地方文献汇点》（下）第707页云："石均，涪州人。康熙四十一年壬午（1702）科。"

［康熙］乙酉（四十四年，1705）科

向远鹏^{［一］}。字南图。沈昌文^{［二］}。字若含。何铠^{［三］}。字元章。

注释：

［一］蓝勇主编《稀见重庆地方文献汇点》（下）第 707 页云："向远鹏，涪州人。康熙四十四年乙酉（1705）科。"

［二］蓝勇主编《稀见重庆地方文献汇点》（下）第 707 页云："沈昌文，涪州人。康熙四十四年乙酉（1705）科。"

［三］蓝勇主编《稀见重庆地方文献汇点》（下）第 707 页云：何铠，涪州人。康熙四十四年乙酉（1705）科。夏津知县。

［康熙］戊子（四十七年，1708）科

陈珏^{［一］}。字二玉。陈坚^{［二］}、冉洪瑨^{［三］}。字正笏。熊禹后^{［四］}。字岐山。

注释：

［一］蓝勇主编《稀见重庆地方文献汇点》（下）第 707 页云："陈珏，涪州人。康熙四十七年戊子（1708）科。"

［二］蓝勇主编《稀见重庆地方文献汇点》（下）第 707 页云："陈坚，涪州人。康熙四十七年戊子（1708）科。河工同知。"

［三］蓝勇主编《稀见重庆地方文献汇点》（下）第 708 页云："冉洪瑨，涪州人。康熙四十七年戊子（1708）科。宁武知县。"

［四］蓝勇主编《稀见重庆地方文献汇点》（下）第 707 页云："熊禹后，涪州人。康熙四十七年戊子（1708）科。"

［康熙］辛卯（五十年，1711）科

何行先^{［一］}。解元。字退之。何鉽^{［二］}。字公鼎。汤楷^{［三］}。字范文。夏瑨^{［四］}。字公玹。周琪^{［五］}。字南梁。俨之子。陈果^{［六］}。字淑仙。

注释：

［一］蓝勇主编《稀见重庆地方文献汇点》（下）第 708 页云："何行先，涪州人。康熙五十年辛卯（1711）科。嘉定府教授。"《涪陵文史资料选辑》第三辑第 124–125 页

汪长春《涪陵市书画名人录》云：何洪先（1679–1751），涪州人。读书敦行，不涉时习。康熙五十年（1711）举人。任内阁中书，后改嘉定府教授。饱学文词，尤擅书法。曾在涪州神仙洞书会镌诗一首"古洞何年凿玉岩，翠微深处隔尘埃。乐炉画永烟消篆，棋局年深雨长苔。流水一溪瑶草秀，天风几树碧桃开。静听玉夜笙簧响，知是神仙跨鹤来。"气格近颜平原，名重一时。参见《历代名人与涪陵》第128页《清内阁中书何行先神仙洞题诗》。

［二］蓝勇主编《稀见重庆地方文献汇点》（下）第708页作何鈺，云："何鈺，涪州人。康熙五十年辛卯（1711）科。罗源知县。"

［三］蓝勇主编《稀见重庆地方文献汇点》（下）第708页云："汤楷，涪州人。康熙五十年辛卯（1711）科。嘉定府教授。"

［四］蓝勇主编《稀见重庆地方文献汇点》（下）第708页云："夏璔，涪州人。康熙五十年辛卯（1711）科。"

［五］蓝勇主编《稀见重庆地方文献汇点》（下）第708页云："周珙，涪州人。康熙五十年辛卯（1711）科。江陵知县。"

［六］蓝勇主编《稀见重庆地方文献汇点》（下）第708页云："陈果，涪州人。康熙五十年辛卯（1711）科。"

［康熙］癸巳（五十二年，1713）恩科

向远翔[一]。字仪仲。　向远翱[二]。字苞九。　高旦[三]。字南征。

注释：

［一］蓝勇主编《稀见重庆地方文献汇点》（下）第708页云："向远翔，涪州人。康熙五十二年癸巳（1713）万寿恩科。"

［二］蓝勇主编《稀见重庆地方文献汇点》（下）第708页云："向远翱，重庆府人。康熙五十二年癸巳（1713）万寿恩科。"

［三］蓝勇主编《稀见重庆地方文献汇点》（下）第708页云："高旦，涪州人。康熙五十二年癸巳（1713）万寿恩科。"

［康熙］甲午（五十三年，1714）科

陈峙^[一]。字价人。命世子。赵鸠^[二]。字羽文。吴昉^[三]。字旦东。陈岱^[四]。字镇子。峙之胞弟。

注释：

［一］蓝勇主编《稀见重庆地方文献汇点》（下）第 709 页云："陈峙，涪州人。康熙五十三年甲午（1714）科。"

［二］蓝勇主编《稀见重庆地方文献汇点》（下）第 709 页云："赵鸠，涪州人。康熙五十三年甲午（1714）科。龙阳知县。"

［三］蓝勇主编《稀见重庆地方文献汇点》（下）第 709 页云："吴昉，涪州人。康熙五十三年甲午（1714）科。安远知县。"

［四］蓝勇主编《稀见重庆地方文献汇点》（下）第 708 页云："陈岱，涪州人。康熙五十三年甲午（1714）科。万年知县。"

［康熙］丁酉（五十六年，1717）科

罗洪声^[一]。字静含。文洽^[二]。字若猷。陈恺。字含万。寄籍茂州。

注释：

［一］蓝勇主编《稀见重庆地方文献汇点》（下）第 709 页云："罗洪声，涪州人。康熙五十六年丁酉（1717）科。义乌知县。"

［二］蓝勇主编《稀见重庆地方文献汇点》（下）第 709 页云："文洽，涪州人。康熙五十六年丁酉（1717）科。"

［康熙］庚子（五十九年，1720）科

刘普^[一]。字同辉。邹旃^[二]。字旗斯。寄籍忠州。黄世远^[三]、任国宁^[四]。原籍铜梁。见甲榜。

注释：

［一］蓝勇主编《稀见重庆地方文献汇点》（下）第 709 页云："刘普，涪州人。康熙五十九年庚子（1720）科。"

［二］蓝勇主编《稀见重庆地方文献汇点》（下）第 709 页云："邹旃，涪州人。康熙五十九年庚子（1720）科。安塞知县。"

［三］蓝勇主编《稀见重庆地方文献汇点》（下）第 709 页云："黄世远，涪州人。康熙五十九年庚子（1720）科。广东盐大使。"

［四］蓝勇主编《稀见重庆地方文献汇点》（下）第 709 页云："任国宁，铜梁人。康熙五十九年庚子（1720）科。"

雍正癸卯（元年，1723）恩科

夏瑶^{［一］}，字鲁岑。何有基^{［二］}，字乐田。铨之子。见甲榜。夏昆^{［三］}，字尹峨。夏崇^{［四］}。

注释：

［一］蓝勇主编《稀见重庆地方文献汇点》（下）第 709 页云："夏瑶，合州人。雍正元年癸卯（1723）恩科。"

［二］蓝勇主编《稀见重庆地方文献汇点》（下）第 709 页云："何有基，涪州人。雍正元年癸卯（1723）恩科。沔阳知州。"

［三］蓝勇主编《稀见重庆地方文献汇点》（下）第 710 页云："夏昆，重庆府人。雍正元年癸卯（1723）恩科。"

［四］蓝勇主编《稀见重庆地方文献汇点》（下）第 710 页云："夏崇，涪州人。雍正元年癸卯（1723）恩科。"

［雍正］补行癸卯（元年，1723）科

何达先^{［一］}。字谐臣。易肇文^{［二］}。字图成。姚绍虞^{［三］}。府学。陈于锦。字素存。寄籍新都。

注释：

［一］蓝勇主编《稀见重庆地方文献汇点》（下）第 710 页云："何达先，涪州人。雍正二年（1724）甲辰科。教谕。"

［二］蓝勇主编《稀见重庆地方文献汇点》（下）第 710 页云："易肇文，涪州人。雍正二年（1724）甲辰科。光化知县。"

［三］蓝勇主编《稀见重庆地方文献汇点》（下）第 710 页云："姚绍虞，重庆府人。雍正二年（1724）甲辰科。"

［雍正］丙午（四年，1726）科

刘维翰^{［一］}。字墨斋。周锦^{［二］}。字联塘。张煦^{［三］}。字春晖。见甲榜。李世盛^{［四］}。字咸若。陈于中^{［五］}。字太常。夏鹃^{［六］}。

注释：

［一］蓝勇主编《稀见重庆地方文献汇点》（下）第 710 页云："刘维翰，涪州人。雍正四年丙午（1726）科。"

［二］蓝勇主编《稀见重庆地方文献汇点》（下）第 710 页云："周锦，重庆府人。雍正四年丙午（1726）科。来宾知县。"

［三］蓝勇主编《稀见重庆地方文献汇点》（下）第 710 页云："张煦，涪州人。雍正四年丙午（1726）科。蒲城知县。"

［四］蓝勇主编《稀见重庆地方文献汇点》（下）第 711 页云："李世盛，涪州人。雍正四年丙午（1726）科。浙江盐大使。"

［五］蓝勇主编《稀见重庆地方文献汇点》（下）第 711 页云："陈于中，涪州人。雍正四年丙午（1726）科。广东粮驿道。"《涪陵历史人物》第 73-74 页《一尘不染的清官陈于中》云：陈于中（1710-1753），字太常，号磊峰。清代涪州人。有文才，雍正四年（1726）举人，著有《鸣鹤堂宦游草》。雍正八年（1730），20 岁的陈于中任贵州黎平府永从县知县。雍正十一年（1733），陈于中被提升为黔南重镇、贵州南大门独山州知州。乾隆四年（1739），兼任荔波县知县。乾隆九年（1744），升任广西庆远府知府，乾隆十七年（1752），被提升为广东粮驿道，专管广东全省粮务。乾隆十八年（1753）病逝于任上。

［六］蓝勇主编《稀见重庆地方文献汇点》（下）第 711 页云："夏鹍，涪州人。雍正四年丙午（1726）科。"

［雍正］己酉（七年，1729）科

陈于鉴。字水若。寄籍新都。侯天章[一]。字南彬。黄元文[二]。字粹庵。吴仕宏[三]。字子大。

注释：

［一］蓝勇主编《稀见重庆地方文献汇点》（下）第 711 页云："侯天章，涪州人。雍正七年己酉（1729）科。乾州知州。"《涪陵历史人物》第 72-73 页《清代汉中府知府侯天章》云：侯天章（1699-1756），字南彬。涪州人。清雍正七年（1729）乙酉科举人。据《同治重修涪州志》记载，历任陕西南郑、宁羌、乾州、咸宁知县、汉中府知府等。通词翰，工书法。凡欧、虞、褚、薛、柳、苏、黄诸大家，无不临摹。曾书《赠乾州

一寡妇》诗，诗云：破镜初分月未圆，琵琶欲报上谁船。秋风近日虽凉薄，吹到坟头土未干。该诗诗意凄切动人，行笔挺秀自然，乾人至今称之。在涪州有《游聚云山》诗一首，诗云：江锁岩关胜概雄，危岩高卓矗遥空。波翻白浪千层雪，路挂青霄百尺虹。几杵钟回尘世梦，数声犬吠碧云中。朱衣早盖劳生久，笑眼初开第一峰。该诗被收录进《同治重修涪州志》。卒葬长里石凤溪。参见《历代名人与涪陵》第128—129页《汉中知府侯天章游聚云山》、《涪陵文史资料选辑》第三辑第125页汪长春《涪陵市书画名人录·侯天章》。

［二］蓝勇主编《稀见重庆地方文献汇点》（下）第711页云："黄元文，涪州人。雍正七年己酉（1729）科。昭平知县。"

［三］蓝勇主编《稀见重庆地方文献汇点》（下）第711页云："吴仕宏，涪州人。雍正七年己酉（1729）科。江川知县。"

［雍正］壬子（十年，1732）科

杨洪宣[一]、李天鹏[二]，字图南。彭宗古。原籍忠州。

注释：

［一］蓝勇主编《稀见重庆地方文献汇点》（下）第711页云："杨洪宣，涪州人。雍正十年壬子（1732）科。仁化知县。"

［二］蓝勇主编《稀见重庆地方文献汇点》（下）第712页云："李天鹏，涪州人。雍正十年壬子（1732）科。奉新知县。"《涪陵文史资料选辑》第三辑第126页汪长春《涪陵市书画名人录》云：李天鹏，涪州人。清雍正十年（1732）举人。曾任江西奉新县令。诚心待人，廉谦下士，时人敬之。能诗工书，曾为城南五十里的石桥辟窝书曰"本志桥"三字，腕力遒劲。又在城北北岩削壁上题《北岩注易洞》诗一首，其行书自然流畅。参见《历代名人与涪陵》第129页《涪州举人李天鹏诗入州志》。

［雍正］乙卯（十三年，1735）科

高易[一]。字坦斋。陈于宣[二]。字宁敷。邹锡彤[三]。见甲榜。刘为鸿[四]。见甲榜。

注释：

［一］蓝勇主编《稀见重庆地方文献汇点》（下）第712页云："高易，涪州人。雍

正乙卯（十三年，1735）科。新都教谕。"

［二］蓝勇主编《稀见重庆地方文献汇点》（下）第712页云："陈于宣，涪州人。雍正乙卯（十三年，1735）科。遂宁知县。"《涪陵历史人物》第73页《良吏陈于宣》云：陈于宣（1705-1792），字松亭。清代涪州人，雍正十三年（1735）举人。历任湖南永定、会同、绥宁三县知县，加授湖南省靖州通判衔。乾隆二十四年（1759），任绥宁县知县。乾隆三十四年（1769），陈于宣告老还乡。乾隆五十年（1785）三月，涪州知州邀请他编纂《涪州志》。

［三］蓝勇主编《稀见重庆地方文献汇点》（下）第712页云："邹锡彤，涪州人。雍正乙卯（十三年，1735）科。"《涪陵历史人物》第78页《循吏邹锡彤》云：邹锡彤（1715-？），清代涪州人。雍正十三年（1735）举人，乾隆元年（1736）进士。乾隆十年（1745）任山西襄垣县知县。乾隆十七年（1752），任湖南攸县知县；乾隆三十年（1765），调任广西临柱县知县。因循声卓著，升任广西明江府同知。乾隆三十五年（1770）十月，升任铜仁府知府；乾隆三十七年（1772），建铜江书院（又名铜仁书院）。后来，升任云南迤东道道台，以清正廉明著称。其祖父邹之英、父亲邹旂皆因他被朝廷赠赐为中宪大夫，祖母任氏、母亲杜氏皆赠赐为恭人，乡人引以为荣。

［四］蓝勇主编《稀见重庆地方文献汇点》（下）第712页云："刘为鸿，涪州人。雍正乙卯（十三年，1735）科。郁林州知州。"

乾隆丙辰（元年，1736）恩科

陈于端[一]。字东立。解元。何裕基[二]。字竹田。铠之子。陈于宁。字春藩。周煌[三]。字海山。琪之子，偁之孙。见甲榜。沈宾[四]。

注释：

［一］蓝勇主编《稀见重庆地方文献汇点》（下）第712页云："陈于端，涪州人。乾隆元年丙辰（1736）恩科。"

［二］蓝勇主编《稀见重庆地方文献汇点》（下）第712页云："何裕基，涪州人。乾隆元年丙辰（1736）恩科。温江教谕。"

［三］蓝勇主编《稀见重庆地方文献汇点》（下）第712页云："周煌，涪州人。乾隆元年丙辰（1736）恩科。"

［四］蓝勇主编《稀见重庆地方文献汇点》（下）第712页云："沈宾，涪州人。乾隆元年丙辰（1736）恩科。"

[乾隆]戊午（三年，1738）科

陈于翰^[一]。字苑林。周铣^[二]。字绪庐。琪之子。蔺伯龄^[三]。字乔松。

注释：

［一］蓝勇主编《稀见重庆地方文献汇点》（下）第712页云："陈于翰，涪州人。乾隆三年戊午（1738）科。高淳知县。"

［二］蓝勇主编《稀见重庆地方文献汇点》（下）第712页云："周铣，涪州人。乾隆三年戊午（1738）科。敦煌知县。"《涪陵历史人物》第78–79页《廉吏周铣》云：周铣，字绪庐。清代四川涪州人。生卒不详。乾隆三年（1738）举人，列为候选知县。乾隆三十二年（1767）冬，周铣被朝廷任命为甘肃伏羌县知县。乾隆三十四年（1769），通济渠疏浚工程竣工。周铣欣慰之余，挥毫写下《浚渠》诗，诗云："截渭滋阡陌，分波胜桔槔。新隄环碎玉，平陇上流膏。挹注三时热，胼胝一岁劳。更饶春涨发，曲曲绕城濠。"当地人李秉彝乘兴做《喜闻周父师新浚通济渠成》诗，诗云："几年淤塞愁怀结，此日通流喜气开。非有慈云劳瘝瘵，那从活水入根荄。盈盈绿惹鸥新戏，点点青归稻旧隈。系马长杨新改色，宓琴端解阜民材。"表达了伏羌县百姓对周铣的无限感激之情。伏羌县百姓将境内的通济渠称为"周公新渠"。之后，周铣又组织县民新开蒋家渠。周铣经常深入农村调查了解生产情况，勉励、劝说百姓搞好生产。他在《劝农》诗中写道："不辞冲雨出，民事急春耕。鞭犊新犁健，疏渠活水盈。沟塍迎主旋，农圃话阴晴。抚字循五分，丰年祝早成。"乾隆三十四年（1769），全县推行"摊丁入亩"政策。乾隆三十四年，捐资重建先农坛、社稷坛、雷雨坛、忠烈祠，创建厉坛，搬迁修建节烈祠。乾隆三十四年（1769）十二月，邀请叶芝为总纂，组织当地有名望的人修志，乾隆三十五年（1770）五月《伏羌县志》编修完成，并刊行于世，周铣为之作序。

［三］蓝勇主编《稀见重庆地方文献汇点》（下）第713页云："蔺伯龄，涪州人。乾隆三年戊午（1738）科。"

[乾隆]辛酉（六年，1741）科

黄坦^[一]。字明宽。解元。周鋠^[二]。字丽傅。俨之孙。张景载^[三]。字郦伯。黄基^[四]。字崇垣。坦之弟。张克类^[五]。字聚伦。文正^[六]。字春岳。邹锡畴^[七]。见甲榜。徐玉堂^[八]。字汉宇。陈烈^[九]。字光谟。何镡^[十]。

注释:

[一] 蓝勇主编《稀见重庆地方文献汇点》(下) 第 713 页云:"黄坦,涪州人,解元。乾隆六年辛酉 (1741) 科。"《涪陵文史资料选辑》第三辑第 125–126 页汪长春《涪陵市书画名人录》云:黄坦,涪州人。清乾隆六年 (1741) 辛酉解元。潜心经史,为文昌明博大,涪州有名才子。曾任湖北枣阳县知县。能诗工书,笔法近钟王。曾在北岩赋诗一首,并刻于壁上,即为墨迹,笔意雄浑。著有《辉萼堂诗文集》等。

[二] 蓝勇主编《稀见重庆地方文献汇点》(下) 第 713 页云:"周鋠,涪州人。乾隆六年辛酉 (1741) 科。黑盐井盐大使。"

[三] 蓝勇主编《稀见重庆地方文献汇点》(下) 第 713 页云:"张景载,涪州人。乾隆六年辛酉 (1741) 科。成安知县。"

[四] 蓝勇主编《稀见重庆地方文献汇点》(下) 第 713 页云:"黄基,涪州人。乾隆六年辛酉 (1741) 科。娄县知县。"《涪陵文史资料选辑》第三辑第 126 页汪长春《涪陵市书画名人录》云:黄基,涪州人。清乾隆六年 (1741) 举人。曾任江苏娄县知县,潜心道学,为文力追先中正。能诗工书,书临晋帖有法度。在涪陵城北点易洞削壁上题有《碧云亭》诗一首,其书端楷雅劲,时人多习之。参见《历代名人与涪陵》第 130 页《举人知县黄基咏碧云亭》。

[五] 蓝勇主编《稀见重庆地方文献汇点》(下) 第 713 页云:"张克类,涪州人。乾隆六年辛酉 (1741) 科。"

[六] 蓝勇主编《稀见重庆地方文献汇点》(下) 第 713 页云:"文正,涪州人。乾隆六年辛酉 (1741) 科。垫江教谕。"

[七] 蓝勇主编《稀见重庆地方文献汇点》(下) 第 713 页云:"邹锡畴,涪州人。乾隆六年辛酉 (1741) 科。萧山知县。"

[八] 蓝勇主编《稀见重庆地方文献汇点》(下) 第 713 页云:"徐玉堂,涪州人。乾隆六年辛酉 (1741) 科。辰溪知县。"

[九] 蓝勇主编《稀见重庆地方文献汇点》(下) 第 713 页云:"陈烈,涪州人。乾隆六年辛酉 (1741) 科。"

[十] 蓝勇主编《稀见重庆地方文献汇点》（下）第 713 页云："何镡，涪州人。乾隆六年辛酉（1741）科。"

[乾隆] 甲子（九年，1744）科

杜昭[一]。字敬君。文步武[二]、聂舢[三]，字右□。陈治[四]。字会清。任含[五]、袁鏌[六]。

注释：

[一] 蓝勇主编《稀见重庆地方文献汇点》（下）第 713 页云："杜昭，涪州人。乾隆九年甲子（1744）科。"

[二] 蓝勇主编《稀见重庆地方文献汇点》（下）第 713 页云："文步武，涪州人。乾隆九年甲子（1744）科。"

[三] 蓝勇主编《稀见重庆地方文献汇点》（下）第 713 页云："夏舢，重庆府人。乾隆九年甲子（1744）科。砀山知县。"

[四] 蓝勇主编《稀见重庆地方文献汇点》（下）第 713 页云："陈治，涪州人。乾隆九年甲子（1744）科。华容知县。"

[五] 蓝勇主编《稀见重庆地方文献汇点》（下）第 713 页云："任含，涪州人。乾隆九年甲子（1744）科。"

[六] 蓝勇主编《稀见重庆地方文献汇点》（下）第 713 页作袁瑛，云："袁瑛，涪州人。乾隆九年甲子（1744）科。"两书记载存在"鏌"瑛"之别。

[乾隆] 丁卯（十二年，1747）科

张一载[一]。字五良。

注释：

[一] 蓝勇主编《稀见重庆地方文献汇点》（下）第 713 页云："张一载，涪州人。乾隆十二年丁卯（1747）科。"张一载，有《重修观音寺碑记》，见李世权《石刻涪州》第 211 页、《李渡镇志》第 289–290 页。

[乾隆] 庚午（十五年，1750）科

罗昂[一]。字超伦。陈朝易[二]。字象图，更名朝义。向岜[三]。字文轩。周镜[四]。俨之孙。徐玉书[五]。

见甲榜。李栋[六]。字宸瞻。

注释：

[一]蓝勇主编《稀见重庆地方文献汇点》（下）第714页云："罗昂，涪州人。乾隆十五年庚午（1750）科。顺庆府训导。"

[二]蓝勇主编《稀见重庆地方文献汇点》（下）第714页云："陈朝易，涪州人。乾隆十五年庚午（1750）科。"第853页云："《通志》：字象图，朝书弟，乾隆庚午举人。官福建建阳县知县，亦多循绩，著作甚富，时称'陈氏三杰'。"《涪陵历史人物》第71页《清代涪州陈氏"三杰"》云：清代学者王培荀《听雨楼笔记》载："涪州陈朝诗，乾隆己卯（1757）举人，朝书丙子（1756）举人，朝易庚午（1750）举人，皆官知县，号陈氏'三杰'"。陈朝易，字象国，更名朝义。清乾隆庚午（1750）举人，曾官知县，"著循绩，以廉称"。参见《历代名人与涪陵》第134—135页《清代涪州"三杰"芳名远传》。

[三]蓝勇主编《稀见重庆地方文献汇点》（下）第714页云："向岜，涪州人。乾隆十五年庚午（1750）科。壶关知县。"

[四]蓝勇主编《稀见重庆地方文献汇点》（下）第714页云："周镜，涪州人。乾隆十五年庚午（1750）科。"

[五]蓝勇主编《稀见重庆地方文献汇点》（下）第714页云："徐玉书，涪州人。乾隆十五年庚午（1750）科。越嶲教谕。"

[六]蓝勇主编《稀见重庆地方文献汇点》（下）第714页云："李栋，涪州人。乾隆十五年庚午（1750）科。"

[乾隆]壬申（十七年，1752）恩科

陈于午[一]。见甲榜。陈于藩[二]。字奠安。张㻞[三]。字象亭。陈源[四]。字裕江。

注释：

[一]蓝勇主编《稀见重庆地方文献汇点》（下）第715页云："陈于午，涪州人。乾隆十七年壬申（1752）恩科。"

[二]蓝勇主编《稀见重庆地方文献汇点》（下）第715页云："陈于藩，涪州人。乾隆十七年壬申（1752）恩科。定襄知县。"

[三]蓝勇主编《稀见重庆地方文献汇点》（下）第715页云："张㻞，涪州人。乾

隆十七年壬申（1752）恩科。"

[四] 蓝勇主编《稀见重庆地方文献汇点》（下）第 715 页云："陈源，涪州人。乾隆十七年壬申（1752）恩科。"

[乾隆] 癸酉（十八年，1753）科

潘鸣谦[一]。字惺斋。郑昆。字太岳。黄士鸿[二]、张元鼎[三]、李文进[四]。

注释：

[一] 蓝勇主编《稀见重庆地方文献汇点》（下）第 715 页云："潘鸣谦，涪州人。乾隆癸酉十八年（1753）科。龙溪知县。"《涪陵历史人物》第 80 页《捐资为民的知县——潘鸣谦》云：潘鸣谦，字惺斋。清代涪州人。生卒不详。乾隆十八年（1753）举人。乾隆三十一年（1766），潘鸣谦任福建福鼎县知县。乾隆三十四年（1769）调任福建长泰县知县，3 年后任福建侯官县知县。同年调任福建光泽县知县，不久调任福建龙溪县知县，完成龙溪县霞北书院修葺工程。书院立有他亲自撰文，高 2.31m、宽 0.82m、厚 0.15m 的石碑，砥砺后学。乾隆四十四年（1779），潘鸣谦升任龙岩知州，加通判衔。

[二] 蓝勇主编《稀见重庆地方文献汇点》（下）第 715 页云："黄士鸿，涪州人。乾隆癸酉十八年（1753）科。"

[三] 蓝勇主编《稀见重庆地方文献汇点》（下）第 715 页云："张元鼎，涪州人。乾隆癸酉十八年（1753）科。浙江盐大使。"

[四] 蓝勇主编《稀见重庆地方文献汇点》（下）第 715 页云："李文进，涪州人。乾隆癸酉十八年（1753）科。"

[乾隆] 丙子（二十一年，1756）科

何沛霖[一]。字雨苍。陈朝书[二]。字右文。熊如麟[三]。字仁圃。周恭濬[四]、袁拱所[五]，字向北。

注释：

[一] 蓝勇主编《稀见重庆地方文献汇点》（下）第 715 页云："何沛霖，涪州人。乾隆二十一年丙子（1756）科。汶川教谕。"

[二] 蓝勇主编《稀见重庆地方文献汇点》（下）第 715 页云："陈朝书，涪州人。乾隆二十一年丙子（1756）科。云南府同知。"

［三］蓝勇主编《稀见重庆地方文献汇点》（下）第 715 页云："熊如麟，涪州人。乾隆二十一年丙子（1756）科。犍为教谕。"

［四］蓝勇主编《稀见重庆地方文献汇点》（下）第 715 页作周恭諸，云："周恭諸，涪州人。乾隆二十一年丙子（1756）科。"两书记载存在"濬""諸"之别。

［五］蓝勇主编《稀见重庆地方文献汇点》（下）第 715 页云："袁拱所，涪州人。乾隆二十一年丙子（1756）科。"

［乾隆］己卯（二十四年，1759）科

何启昌[一]。字晴岚。裕基之子，铠之孙。周兴沅[二]。字文芷。鋘之子，俨之曾孙。陈鹏飞[三]。见甲榜。张永载[四]。见甲榜。刘镠[五]、陈朝诗，字正雅。

注释：

［一］蓝勇主编《稀见重庆地方文献汇点》（下）第 716 页作何启昌，云："何启昌，涪州人。乾隆二十四年己卯（1759）科。靖安知县。"两书记载存在"起""启"之别。

［二］蓝勇主编《稀见重庆地方文献汇点》（下）第 716 页云："周兴沅，涪州人。乾隆二十四年己卯（1759）科。猗氏知县。"

［三］蓝勇主编《稀见重庆地方文献汇点》（下）第 716 页云："陈鹏飞，涪州人。乾隆二十四年己卯（1759）科。莱芜知县。"《涪陵历史人物》第 80–81 页《身兼两县知县的陈鹏飞》云：陈鹏飞（1737–1788），字之南。清代涪州人。幼年丧父，旁无弟兄，与母亲相依为命。母亲节衣缩食送他读书，乾隆二十四年（1759）考中举人，乾隆二十八年（1763）考取进士。乾隆三十九年（1774）任湖北宜昌府长阳县知县，次年任山东莱芜县知县，乾隆四十三年（1778）调任曹县知县，乾隆四十八年（1783）调回莱芜县任知县。乾隆五十年（1785），以莱芜县知县的身份兼任单县知县。乾隆五十三年（1788）深秋，陈鹏飞死于莱芜知县任上。陈鹏飞善于写文章，文辞优美，有"锦心绣口"之称，著有《时艺》等文集。

［四］蓝勇主编《稀见重庆地方文献汇点》（下）第 716 页作张二载，云："张二载，涪州人。乾隆二十四年己卯（1759）科。"两书记载存在"永""二"之别。

［五］蓝勇主编《稀见重庆地方文献汇点》（下）第 716 页云："刘镠，涪州人。乾隆二十四年己卯（1759）科。"

［乾隆］庚辰（二十五年，1760）恩科

潘元会^[一]。字衷一。

注释：

［一］蓝勇主编《稀见重庆地方文献汇点》（下）第716页云："潘元会，重庆府人。乾隆庚辰（二十五年，1760）恩科。"

［乾隆］壬午（二十七年，1762）科

潘喻谦^[一]。字穆堂。汤辂^[二]。字素存。刘国贤^[三]。字毓德。

注释：

［一］蓝勇主编《稀见重庆地方文献汇点》（下）第716页云："潘喻谦，涪州人。乾隆壬午（二十七年，1762）科。直隶知县。"潘喻谦，字穆堂，清代涪州李渡镇人，乾隆二十七年（1762）举人，曾任直隶肃宁县知县。有《补修水府工记》，收录于李世权《石刻涪州》第235页、《李渡镇志》第290页。

［二］蓝勇主编《稀见重庆地方文献汇点》（下）第716页云："汤辂，涪州人。乾隆壬午（二十七年，1762）科。"

［三］蓝勇主编《稀见重庆地方文献汇点》（下）第716页云："刘国贤，涪州人。乾隆壬午（二十七年，1762）科。"

［乾隆］乙酉（三十年，1765）科

郭沂^[一]、覃模^[二]，字彦芳。蒋葵^[三]、何榕^[四]，字南苍。

注释：

［一］蓝勇主编《稀见重庆地方文献汇点》（下）第717页云："郭沂，涪州人。乾隆三十年乙酉（1765）科。"

［二］蓝勇主编《稀见重庆地方文献汇点》（下）第717页云："覃模，涪州人。乾隆三十年乙酉（1765）科。淄川知县。"

［三］蓝勇主编《稀见重庆地方文献汇点》（下）第717页云："蒋葵，涪州人。乾隆三十年乙酉（1765）科。"

［四］蓝勇主编《稀见重庆地方文献汇点》（下）第717页云："何榕，涪州人。乾

隆三十年乙酉（1765）科。"

[乾隆]戊子（三十三年，1768）科

周兴涪^[一]。字宗城，更名宗源。文楠^[二]。见甲榜。毛振翮^[三]。字至健。周兴洛^[四]。字呈书。张克栻^[五]。字宋轩。

注释：

[一]蓝勇主编《稀见重庆地方文献汇点》（下）第717页云："周兴浩，涪州人。乾隆三十三年戊子（1768）科。"

[二]蓝勇主编《稀见重庆地方文献汇点》（下）第717页云："文楠，涪州人。乾隆三十三年戊子（1768）科。甘肃知县。"

[三]蓝勇主编《稀见重庆地方文献汇点》（下）第717页作毛正翮，云："毛正翮，重庆府人。乾隆三十三年戊子（1768）科。"两书记载存在"振""正"之别。

[四]蓝勇主编《稀见重庆地方文献汇点》（下）第717页云："周兴洛，涪州人。乾隆三十三年戊子（1768）科。"

[五]蓝勇主编《稀见重庆地方文献汇点》（下）第717页云："张克栻，重庆府人。乾隆三十三年戊子（1768）科。"

[乾隆]庚寅（三十五年，1770）恩科

周兴岱^[一]。字东屏。煌之子。见甲榜。

注释：

[一]蓝勇主编《稀见重庆地方文献汇点》（下）第717页云："周兴岱，涪州人。乾隆三十五年庚寅（1770）恩科。"

[乾隆]辛卯（三十六年，1771）科

周宗岐^[一]。字对岩。煌之子。见甲榜。

注释：

[一]蓝勇主编《稀见重庆地方文献汇点》（下）第717页云："周宗岐，涪州人。乾隆三十六年辛卯（1771）科。"

夏嶷^[一]。字似山。

注释:

［一］蓝勇主编《稀见重庆地方文献汇点》（下）第 717 页云："夏嶷，涪州人。乾隆三十六年辛卯（1771）科。岳池教谕。"

熊德芝^[一]。见甲榜。

注释:

［一］蓝勇主编《稀见重庆地方文献汇点》（下）第 717 页云："熊德芝，涪州人。乾隆三十六年辛卯（1771）科。贵州安南知县。"

李映阁^[一]。字上林。

注释:

［一］蓝勇主编《稀见重庆地方文献汇点》（下）第 717 页云："李映阁，重庆府人。乾隆三十六年辛卯（1771）科。双流教谕。"

熊德藩^[一]。字树屏。

注释:

［一］蓝勇主编《稀见重庆地方文献汇点》（下）第 717 页云："熊德藩，涪州人。乾隆三十六年辛卯（1771）科。"

［乾隆］甲午（三十九年，1774）科

舒国珍。字后平。寄籍贵州，隶贵州。

［乾隆］丁酉（四十二年，1777）科

熊德芸^[一]。字馨书。

注释:

［一］蓝勇主编《稀见重庆地方文献汇点》（下）第 718 页云："熊德芸，涪州人。丁酉四十二年（1777）科。"

谭钫[一]。字六平。

注释：

[一] 蓝勇主编《稀见重庆地方文献汇点》（下）第718页云："谭钫，重庆府人。丁酉四十二年（1777）科。"

蔡茹征。字连城。

[乾隆] 己亥（四十四年，1779）恩科

陈夔让[一]。字郁度。朝书之子。

注释：

[一] 蓝勇主编《稀见重庆地方文献汇点》（下）第718页云："陈夔让，涪州人。丁酉四十四年己亥（1779）科。"

袁钜[一]。府学。

注释：

[一] 蓝勇主编《稀见重庆地方文献汇点》（下）第718页云："袁钜，重庆府人。丁酉四十四年己亥（1779）科。"

何浩如[一]。字养充。启昌之子，裕基之孙。

注释：

[一] 蓝勇主编《稀见重庆地方文献汇点》（下）第718页云："何浩如，涪州人。丁酉四十四年己亥（1779）科。安化知县。"《涪陵历史人物》第81页《祖孙四代为官的何浩如家族》云：何浩如（1743–1815），字养充，号海门。涪州人。其曾祖父何锴，字元章。曾任知县。其祖父何裕基，字竹正。曾任温江县教谕。何裕基，以子启昌赠文林郎，妻曹氏，赠孺人。其父何启昌，曾任江西靖安县知县。以子浩如赠文林郎，妻向氏，赠孺人。《同治重修涪州志》收录有何启昌《北岩注易洞怀古示诸生》，诗云：屏山何崱嶪，二水自东流。注易人已往，古洞独千秋。一日为迁客，门墙诸贤收。上阐濂洛理，下待撞僮求。人心知向义，营祠荐庶羞。古今同斯理，传薪良有由。杯水置堂坳，只以芥为舟。闻有星宿海，其大罕与俦。醯鸡处瓮中，槐穴有蚁游。人非鸡与蚁，讵以缩穴休。二典传心法，八卦演义畴。周

情与孔思，志士任冥搜。求成不在速，助长杜其谋。好鸟歌细细，天风吹飔飔。高陟峰峦上，愿言追前修。何启昌墓在长里石二坝。何浩如，清乾隆四十四年（1779）举人。曾任湖南安化县令。先后两次任同考官。政绩卓著。何浩如工书善诗，书法米襄阳。著有《绿韵山庄》。参见《历代名人与涪陵》第137—138页《涪州举人何浩如北岩留咏》、《涪陵文史资料选辑》第三辑第129页汪长春《涪陵市书画名人录·何浩如》。

[乾隆] 庚子（四十五年，1780）科

邹沨宁[一]。字豫川。

注释：

[一] 蓝勇主编《稀见重庆地方文献汇点》（下）第719页云："邹沨宁，涪州人。乾隆丁酉四十五年庚子（1780）科。宁海知县。"

陈廷藩 [璠][一]。字理存。于宣之子。

注释：

[一] 蓝勇主编《稀见重庆地方文献汇点》（下）第719页作陈廷璠，云："陈廷璠，涪州人。乾隆丁酉四十五年庚子（1780）科。藤县知县。"《历代名人与涪陵》第124—125页《清代大臣、诗人王士祯登临白鹤梁题咏》、《历代名人与涪陵》第138页《涪州举人陈廷璠为王士祯书刻七绝》、《涪陵文史资料选辑》第三辑第130页汪长春《涪陵市书画名人录》。"藩"当为"璠"。

高承恩[一]。字锡三。

注释：

[一] 蓝勇主编《稀见重庆地方文献汇点》（下）第719页作高承恩，云："高承恩，涪州人。乾隆丁酉四十五年庚子（1780）科。"两书记载存在"永""承"之别。

周宗泰[一]。字怀源。鋹之子，琪之孙。

注释：

[一] 蓝勇主编《稀见重庆地方文献汇点》（下）第719页云："周宗泰，涪州人。

乾隆丁酉四十五年庚子（1780）科。武进知县。"

[乾隆]癸卯（四十八年，1783）科

邹澍宁[一]。字润苍。

注释：

[一]蓝勇主编《稀见重庆地方文献汇点》（下）第719页云："邹澍宁，涪州人。乾隆四十八年癸卯（1783）科。朔州知州。"

周兴峄[一]。字鲁望。煌之子，琪之孙。

注释：

[一]蓝勇主编《稀见重庆地方文献汇点》（下）第719页云："周兴峄，涪州人。乾隆四十八年癸卯（1783）科。建德知县。"《涪陵历史人物》第84–85页《"民之父母"周兴峄》云：周兴峄（1763–1830），字鲁望，周煌第三子。清代涪州人。乾隆四十八年（1783）举人。嘉庆二十五年（1820），57岁的周兴峄由候选知县启用为浙江建德县知县。道光八年（1828）完成《建德县志》编修，并刊印。建德绅民为感激他，送他"民之父母"匾额，并为他建生祠。道光六年（1826）秋，周兴峄调任萧山县知县，道光十年（1830）卒于任上。

周宗汭[一]。字呈图。

注释：

[一]蓝勇主编《稀见重庆地方文献汇点》（下）第719页云："周宗汭，涪州人。乾隆四十八年癸卯（1783）科。崇庆州学正。"

邹治仑[一]。字万嵩。

注释：

[一]蓝勇主编《稀见重庆地方文献汇点》（下）第719页作邹治仑，云："邹治仑，涪州人。乾隆四十八年癸卯（1783）科。"

陈鹏万[一]。字南青。

注释：

［一］蓝勇主编《稀见重庆地方文献汇点》（下）第 719 页云："陈鹏万，重庆府人。乾隆四十八年癸卯（1783）科。"

胡有光[一]。字震川。

注释：

［一］蓝勇主编《稀见重庆地方文献汇点》（下）第 719 页云："胡有光，重庆府人。乾隆四十八年癸卯（1783）科。"

［乾隆］丙午（五十一年，1786）科

夏墀[一]、曹世华[二]、石为标[三]，字竹园。

注释：

［一］蓝勇主编《稀见重庆地方文献汇点》（下）第 719 页云："夏墀，涪州人。乾隆五十一年丙午（1786）科。"

［二］蓝勇主编《稀见重庆地方文献汇点》（下）第 719 页云："曹世华，重庆府人。乾隆五十一年丙午（1786）科。儋州知州。"

［三］蓝勇主编《稀见重庆地方文献汇点》（下）第 719 页云："石为标，涪州人。乾隆五十一年丙午（1786）科。"

［乾隆］戊申（五十三年，1788）恩科

陈永图[一]。见甲榜。

注释：

［一］蓝勇主编《稀见重庆地方文献汇点》（下）第 720 页云："陈永图，涪州人。乾隆五十三年戊申（1788）恩科。"

陈鹏志[一]、王玉成[二]，字碧溪。

注释：

［一］蓝勇主编《稀见重庆地方文献汇点》（下）第 720 页云："陈鹏志，涪州人。

乾隆五十三年戊申（1788）恩科。大竹训导。”

[二]蓝勇主编《稀见重庆地方文献汇点》（下）第720页云："王玉成，涪州人。乾隆五十三年戊申（1788）恩科。彰明训导。"

杨映南[一]、字光旭。
注释：

[一]蓝勇主编《稀见重庆地方文献汇点》（下）第720页云："杨映南，重庆府人。乾隆五十三年戊申（1788）恩科。石首知县。"

[乾隆]己酉（五十四年，1789）科
张进[一]、见甲榜。
注释：

[一]蓝勇主编《稀见重庆地方文献汇点》（下）第720页云："张进，涪州人。乾隆五十四年己酉（1789）科。龙安府教授。"

向玉林[一]。
注释：

[一]蓝勇主编《稀见重庆地方文献汇点》（下）第720页云："向玉林，更名庚吉，涪州人。乾隆五十四年己酉（1789）科。"

[乾隆]壬子（五十七年，1792）科
周宗华[一]。字莲西。煌之子，琪之孙。
注释：

[一]蓝勇主编《稀见重庆地方文献汇点》（下）第720页云："周宗华，涪州人。乾隆五十七年壬子（1792）科。"

何锡九[一]。字寿田。

注释：

［一］蓝勇主编《稀见重庆地方文献汇点》（下）第 721 页云："何锡九，涪州人。乾隆五十七年壬子（1792）科。大邑教谕。"

［乾隆］甲寅（五十九年，1794）恩科

陈煦。字晓峰。廷璠之子。见甲榜。

汤荣祖[一]。字雨山。

注释：

［一］蓝勇主编《稀见重庆地方文献汇点》（下）第 721 页云："汤荣祖，涪州人。乾隆五十九年甲寅（1794）恩科。"

周兴岳[一]。更名衡，字湘芷。煌之子，琪之孙。

注释：

［一］蓝勇主编《稀见重庆地方文献汇点》（下）第 721 页云："周兴岳，更名衡，涪州人。乾隆五十九年甲寅（1794）恩科。真定府知府。"

彭学淇、周兴岷[一]，更名如冈，字井叔。煌之子，琪之孙。

注释：

［一］蓝勇主编《稀见重庆地方文献汇点》（下）第 721 页云："周兴岷，更名如冈，涪州人。乾隆五十九年甲寅（1794）恩科。沣州知州。"

彭应槐[一]、周宗泗[二]，字苇杭。铣之子，琪之孙，俨之曾孙。

注释：

［一］蓝勇主编《稀见重庆地方文献汇点》（下）第 721 页云："彭应槐，涪州人。乾隆五十九年甲寅（1794）恩科。江安训导。"

［二］蓝勇主编《稀见重庆地方文献汇点》（下）第 721 页云："周宗泗，涪州人。乾隆五十九年甲寅（1794）恩科。繁峙知县。"

［乾隆］乙卯（六十年，1795）科

向士珍^[一]。

注释：

［一］蓝勇主编《稀见重庆地方文献汇点》（下）第 721 页云："向士珍，涪州人。乾隆六十年乙卯（1795）科。"

嘉庆戊午（三年，1798）科

夏春^[一]。

注释：

［一］蓝勇主编《稀见重庆地方文献汇点》（下）第 722 页云："夏春，涪州人。嘉庆戊午（三年，1798）科。丹棱教谕。"

刘藜照^[一]。字禄阁。

注释：

［一］蓝勇主编《稀见重庆地方文献汇点》（下）第 722 页作刘藜煦，云："刘藜煦，涪州人。嘉庆戊午（三年，1798）科。"第 853 页亦作刘藜煦，云："刘藜煦，字禄阁，少颖异。弱冠入泮，食廪膳，旋登乡荐。教授生徒，惇惇于读书立品。每以孝弟务本章，训子孙，居家善事父母，虽菽水奉养，常得欢心，与伯兄最友爱。嘉庆三年，教匪滋扰，照父母奔驰，兄为贼所虏去，一恸而昏，少复苏，遂成气疾，时发时止。道光十四年，北上谒选，气疾急剧，卒于江陵舟次。"两书记载存在"照""煦"之别。

［嘉庆］庚申（五年，1800）恩科

陈廷达^[一]。于宣之子。见甲榜。

注释：

［一］蓝勇主编《稀见重庆地方文献汇点》（下）第 722 页云："陈廷达，涪州人。嘉庆庚申（五年，1800）恩科。"

［嘉庆］辛酉（六年，1801）科

陈伊言[一]。解元。朝书之子。见甲榜。

注释：

[一]蓝勇主编《稀见重庆地方文献汇点》（下）第722页云："陈伊言，解元，涪州人。嘉庆六年辛酉（1801）科。"

刘邦柄[一]。见甲榜。

注释：

[一]蓝勇主编《稀见重庆地方文献汇点》（下）第722页云："刘邦柄，涪州人。嘉庆六年辛酉（1801）科。海康知县。"

陈昉[一]。字午垣。廷璠之子。见甲榜。

注释：

[一]蓝勇主编《稀见重庆地方文献汇点》（下）第722页作陈暲，云："陈暲，涪州人。嘉庆六年辛酉（1801）科。"两书记载存在"昉""暲"之别。从其他相关史籍记载看，当为"昉"。

［嘉庆］甲子（九年，1804）科

周汝梅[一]。字雪樵。鍈之孙。

注释：

[一]蓝勇主编《稀见重庆地方文献汇点》（下）第722页云："周汝梅，涪州人。嘉庆九年甲子（1804）科。郫县教谕。"

蒋与宽[一]。更名与衡。

注释：

[一]蓝勇主编《稀见重庆地方文献汇点》（下）第723页云："蒋与宽，涪州人。嘉庆九年甲子（1804）科。"

［嘉庆］丁卯（十二年，1807）科

周国柱^[一]。字燮堂。兴沅之子，锒之孙。

注释：

[一]蓝勇主编《稀见重庆地方文献汇点》（下）第723页云："周国柱，涪州人。嘉庆十二年丁卯（1807）科。"

周朴^[一]。字文之。

注释：

[一]蓝勇主编《稀见重庆地方文献汇点》（下）第723页云："周朴，涪州人。嘉庆十二年丁卯（1807）科。"

陈葆咸^[一]。字泽山。朝犧之子。更名蓥咸。

注释：

[一]蓝勇主编《稀见重庆地方文献汇点》（下）第723页作陈受咸，云："陈受咸，重庆府人。嘉庆十二年丁卯（1807）科。"两书记载存在"葆""受""蓥"之别。

［嘉庆］戊辰（十三年，1808）恩科

邹枬^[一]。见甲榜。

注释：

[一]蓝勇主编《稀见重庆地方文献汇点》（下）第723页云："邹枬，涪州人。嘉庆十三年戊辰（1808）恩科。"

［嘉庆］庚午（十五年，1810）科

李维先^[一]。原籍长寿。

注释：

[一]蓝勇主编《稀见重庆地方文献汇点》（下）第723页云："李维先，重庆府人。嘉庆十五年庚午（1810）科。潼川府训导。"

舒廷杰^[一]。原名渐奎。

注释：

[一] 蓝勇主编《稀见重庆地方文献汇点》（下）第724页用其原名舒渐逵，云："舒渐奎，涪州人。嘉庆十五年庚午（1810）科。"

向宣[一]。

注释：

[一] 蓝勇主编《稀见重庆地方文献汇点》（下）第724页云："向宣，涪州人。嘉庆十五年庚午（1810）科。"

[嘉庆] 癸酉（十八年，1813）科

彭应棕[一]。更名崧年。

注释：

[一] 蓝勇主编《稀见重庆地方文献汇点》（下）第724页云："彭应棕，重庆府人。嘉庆癸酉（十八年，1813）科。浙江知县。"

石燦灿卣[一]、向澄[二]，字德景。

注释：

[一] 蓝勇主编《稀见重庆地方文献汇点》（下）第724页作石灿卣，云："石灿卣，涪州人。嘉庆癸酉（十八年，1813）科。金堂教谕。"

[二] 蓝勇主编《稀见重庆地方文献汇点》（下）第724页云："向澄，涪州人。嘉庆癸酉（十八年，1813）科。"

[嘉庆] 丙子（二十一年，1816）科

石彦恬[一]。字麟士。

注释：

[一] 蓝勇主编《稀见重庆地方文献汇点》（下）第724页云："石彦恬，涪州人。嘉庆二十一年丙子（1816）科。"李世权《石刻涪州》第218页载有《鹰舞寺引》碑刻，该碑刻，原为《清赠光禄大夫太子太傅兵部尚书墨潭周公募鹰舞寺引》，咸丰壬子冬

十有一月下浣刻石，题衔是："后学石彦恬识，定远谭正鼎刻。"《涪陵历史人物》第 87
页《清代书法家、诗人——石彦恬》云：石彦恬（1790-1861），字麟士，晚号素翁。涪
州长里白桃溪（今重庆涪陵区白涛街道）人。家境富裕，8 岁读私塾，19 岁考取秀才。
青年时，慕李太白遗风，遍游蜀中山水，交际甚广，有豪侠之气。石彦恬 5 次乡试中
举，二十五年（1820）再试，皆中。同年，他的父亲去世，于是回家营葬，不久妻子
亦亡。为了全家 30 余口人的生计，他先后在四川威远、成都罗江、安岳、开县（今属
重庆市）等地充任书院山长或教授。道光八年（1828），开县知县魏煜以乾隆《开县志》
卷不盈半寸，殊多遗漏，又已过去 80 余年，延请石彦恬任《开县志》编纂。经一年多
时间，《开县志》总纂成卷，成为范本。道光十二年（1832）春，石彦恬第七次参加会
试。清道光十五年（1835），石彦恬考取大挑一等任福建长泰知县，颇有建树。一年后，
转任仙游县知县。时任湖广总督的林则徐与石彦恬有交情，以草书联"虚堂悬镜无留事，
清夜焚香要告天"见赠。道光二十一年（1841），石彦恬任海澄知县。同年 8 月，充任
福建乡试同考官，因拒绝主考官无理请托，次年被革职。等待 3 年，复官无望，遂打
点归乡，途经武昌时以所省积蓄买下曾为年羹尧所藏之宋刻版《淳化阁帖》。3 年后，
他带着这唯一资产回到涪陵。回乡后，先后在丰都平都书院、巴州（今四川阆中）宕
渠书院、涪州钩深书院任山长，咸丰十一年（1861）四月二十七日病卒。石彦恬逝世后，
门人将其诗文集结为《三居子堂诗文集》，其部分诗文、书法作品被收录在《巴蜀近代
诗词》《涪州志》及《涪陵市志》等文献之中。蔺市石拱桥《安澜桥碑记》、涪陵望州
关主寨门的门额"壁垒一新"、点易洞"伊洛渊源"皆为石彦恬题写。参见《历代名人
与涪陵》第 143-145 页《清代涪州籍爱国诗人、书法家石彦恬》、《神奇涪陵》第 51-54
页《著名书法家——石彦恬》、《涪陵文史资料选辑》第三辑第 130-131 页汪长春《涪陵
市书画名人录》。

何轩[一]。字曲侯。启昌之孙。

注释：

[一] 蓝勇主编《稀见重庆地方文献汇点》（下）第 724 页云："何轩，涪州人。嘉
庆二十一年丙子（1816）科。"

熊棱[一]。更名柄。

注释：

［一］蓝勇主编《稀见重庆地方文献汇点》（下）第 724 页云："熊棱，涪州人。嘉庆二十一年丙子（1816）科。"

黎濬。

［嘉庆］戊寅（二十三年，1818）恩科

陈韶[一]。字秋霞。廷璠之子，于宜之孙。

注释：

［一］蓝勇主编《稀见重庆地方文献汇点》（下）第 724 页云："陈韶，涪州人。嘉庆二十三年戊寅（1818）恩科。山旸同知。"

周廷栻[一]。更名运昌，字荣斋。兴峰之子，煌之孙。

注释：

［一］蓝勇主编《稀见重庆地方文献汇点》（下）第 724 页云："周廷栻，更名运昌，涪州人。嘉庆二十三年戊寅（1818）恩科。"

［嘉庆］己卯（二十四年，1819）科

赵一涵[一]。字定涛。

注释：

［一］蓝勇主编《稀见重庆地方文献汇点》（下）第 725 页云："赵一涵，涪州人。嘉庆己卯（二十四年，1819）科。"

谭道衢[一]。字逵九。

注释：

［一］蓝勇主编《稀见重庆地方文献汇点》（下）第 725 页云："谭道衢，涪州人。嘉庆己卯（二十四年，1819）科。"

道光辛巳（元年，1821）恩科

冯维徵[一]。字诚庵。

注释：

［一］蓝勇主编《稀见重庆地方文献汇点》（下）第 725 页云："冯维徵，涪州人。道光元年辛巳（1821）恩科。"

陈鸿飞[一]。字静庵。

注释：

［一］蓝勇主编《稀见重庆地方文献汇点》（下）第 725 页云："陈鸿飞，涪州人。道光元年辛巳（1821）恩科。"

夏恺[一]、周克恭[二]，字孚臣。兴岱之孙，煌之曾孙。

注释：

［一］蓝勇主编《稀见重庆地方文献汇点》（下）第 725 页云："夏恺，涪州人。道光元年辛巳（1821）恩科。"

［二］蓝勇主编《稀见重庆地方文献汇点》（下）第 725 页云："周克恭，涪州人。道光元年辛巳（1821）恩科。"

周廷桢[一]。字詹山。中顺天榜。宗泰之子，铣之孙。

注释：

［一］蓝勇主编《稀见重庆地方文献汇点》（下）第 725 页云："周廷桢，涪州人。道光元年辛巳（1821）恩科。南部教谕。"

［道光］壬午（二年，1822）科

潘廷荨[一]。更名士恂，字春塘。

注释：

［一］蓝勇主编《稀见重庆地方文献汇点》（下）第 726 页云："潘廷荨，更名士询，涪州人。道光二年壬午（1822）科。"两书记载更名存在"恂""询"之别。

潘问孝^[一]。字纯夫。

注释：

[一]蓝勇主编《稀见重庆地方文献汇点》（下）第 726 页云："潘问孝，涪州人。道光二年壬午（1822）科。"

陈元儒^[一]。更名瀚。原籍巴县。

注释：

[一]蓝勇主编《稀见重庆地方文献汇点》（下）第 726 页云："陈元儒，更名瀚，涪州人。道光二年壬午（1822）科。"

邹榘^[一]。字洁亭。

注释：

[一]蓝勇主编《稀见重庆地方文献汇点》（下）第 726 页云："邹榘，涪州人。北榜。道光二年壬午（1822）科。"

[道光] 戊子（八年，1828）科

高登跻^[一]。更名伯楷。

注释：

[一]蓝勇主编《稀见重庆地方文献汇点》（下）第 726 页云："高登跻，更名伯楷，涪州人。道光戊子（八年，1828）科。"

陈爔^[一]。见甲榜。治之孙。

注释：

[一]蓝勇主编《稀见重庆地方文献汇点》（下）第 726 页云："陈爔，涪州人。道光戊子（八年，1828）科。"

熊楠^[一]。

注释：

［一］蓝勇主编《稀见重庆地方文献汇点》（下）第 726 页云："熊楠，涪州人。道光戊子（八年，1828）科。"

［道光］辛卯（十一年，1831）科

邹棠[一]。字召亭。

注释：

［一］蓝勇主编《稀见重庆地方文献汇点》（下）第 727 页云："邹棠，涪州人。道光十一年辛卯（1831）科。"

［道光］壬辰（十二年，1832）恩科

陈章夏[一]。字吉士。

注释：

［一］蓝勇主编《稀见重庆地方文献汇点》（下）第 727 页云："陈章夏，涪州人。道光十二年壬辰（1832）恩科。"

陈炳[一]。字汉槎。爔之弟。

注释：

［一］蓝勇主编《稀见重庆地方文献汇点》（下）第 727 页云："陈炳，涪州人。道光十二年壬辰（1832）恩科。"

陈鎏[一]。更名镕章。夏之父。见甲榜。

注释：

［一］蓝勇主编《稀见重庆地方文献汇点》（下）第 727 页云："陈鎏，更名镕，涪州人。道光十二年壬辰（1832）恩科。"两书记载更名存在"镕章""镕"之别。

［道光］甲午（十四年，1834）科

李化南[一]。字棠村。

注释：

［一］蓝勇主编《稀见重庆地方文献汇点》（下）第 727 页云："李化南，涪州人。道光十四年甲午（1834）科。"

［道光］丁酉（十七年，1837）科

周廷纪[一]。字葛林，更名蕃寿。煌之孙，琪之曾孙。

注释：

［一］蓝勇主编《稀见重庆地方文献汇点》（下）第 728 页云："周廷纪，涪州人。道光丁酉（十七年，1837）科。"

［道光］己亥（十九年，1839）恩科

周熙尧[一]。字寿田。运昌之子，兴峰之孙，煌之曾孙。

注释：

［一］蓝勇主编《稀见重庆地方文献汇点》（下）第 728 页云："周熙尧，涪州人。道光己亥（十九年，1839）恩科。"周熙尧，是倡议重修涪邑文峰塔的举人之一，事见濮文升《涪邑文峰塔记》，该记收录于李世权《石刻涪州》第 350–351 页。

［道光］庚子（二十年，1840）科

陈光载[一]。字赓虞。昉之子，廷璠之孙。

注释：

［一］蓝勇主编《稀见重庆地方文献汇点》（下）第 729 页云："陈光载，涪州人。道光二十年庚子（1840）科。"

彭光焯[一]。字俊臣。崧年之子。

注释：

［一］蓝勇主编《稀见重庆地方文献汇点》（下）第 729 页云："彭光焯，涪州人。道光二十年庚子（1840）科。"彭光焯是倡议重修涪邑文峰塔的举人之一，事见濮文升《涪邑文峰塔记》，该记收录于李世权《石刻涪州》第 350–351 页。

［道光］癸卯（二十三年，1843）科

白蓝田^{［一］}。

注释：

［一］蓝勇主编《稀见重庆地方文献汇点》（下）第 729 页云："白蓝田，涪州人。道光二十三年癸卯（1843）科。"

［道光］甲辰（二十四年，1844）科

魏方容。

［道光］丙午（二十六年，1846）科

陈绍虞。字幼莘。伊言子。

彭炅之。字煇亭。

陈天谌。鉴之子。寄籍贵州。

咸丰壬子（二年，1852）科

陈冠衡。字子铨。

车致远。字仁甫。

王应元^{［一］}。字春圃。

注释：

［一］王应元是倡议重修涪邑文峰塔的举人之一，事见濮文升《涪邑文峰塔记》，该记收录于李世权《石刻涪州》第 350–351 页。

［咸丰］乙卯（五年，1855）科

周本铨。更名淦，字子衡。见甲榜。

潘文櫵^{［一］}。字寿樵。

注释：

［一］潘文櫵是倡议重修涪邑文峰塔的举人之一，事见濮文升《涪邑文峰塔记》，该记收录于李世权《石刻涪州》第 350–351 页。

［咸丰］戊午（八年，1858）科

吕毓林[一]。字昆圃。

注释：

[一]吕毓林是倡议重修涪邑文峰塔的举人之一，事见濮文升《涪邑文峰塔记》，该记收录于李世权《石刻涪州》第350–351页。

文人蔚[一]。字品兰。

注释：

[一]文人蔚是倡议重修涪邑文峰塔的举人之一，事见濮文升《涪邑文峰塔记》，该记收录于李世权《石刻涪州》第350–351页。

傅炳墀。字紫卿。见甲榜。

周本铀。字子坚，更名本铦。

同治甲子（三年，1864）科带补辛酉（咸丰十一年，1861）科

贺太璞[一]。字琢山。

注释：

[一]贺太璞是倡议重修涪邑文峰塔的举人之一，事见濮文升《涪邑文峰塔记》，该记收录于李世权《石刻涪州》第350–351页。

毛凤五。字小山。见甲榜。

蒋贤鼎。字均甫。

李瑞[一]。字云卿。

注释：

[一]李瑞是倡议重修涪邑文峰塔的举人之一，事见濮文升《涪邑文峰塔记》，该记收录于李世权《石刻涪州》第350–351页。

[同治]丁卯（六年，1867）科带补壬戌（元年，1862）恩科

赵宗宣[一]。字少卿。

注释：

［一］赵宗宣是倡议重修涪邑文峰塔的举人之一，事见濮文升《涪邑文峰塔记》，该记收录于李世权《石刻涪州》第350–351页。

杨晫。字念惺。

林崒阳。字桐坞。

［同治］庚午（九年，1870）科；

邹增吉。字迪村。

周庄[一]。字六衢。

注释：

［一］周庄是倡议重修涪邑文峰塔的举人之一，事见濮文升《涪邑文峰塔记》，该记收录于李世权《石刻涪州》第350–351页。

拔　贡

明

刘养谦[一]。已仕。

注释：

［一］蓝勇主编《稀见重庆地方文献汇点》（下）第786页云：刘养谦，涪州学员。拔贡。

沈映月[一]。已仕。

注释：

［一］蓝勇主编《稀见重庆地方文献汇点》（下）第786页云：沈映月，涪州学员。拔贡。

陈致孝[一]。字敬所，事详《乡贤》。

注释：

［一］蓝勇主编《稀见重庆地方文献汇点》（下）第786页云：陈致孝，涪州学员。

拔贡。《涪陵历史人物》第66页《陈氏四贤》云：陈致孝，号敬所。明代涪州人。生卒不详。年幼的时候，父亲病故，与母亲相依为命。陈致孝在成年后，开设私塾，招收幼童少年，教他们读书识字，又开经馆，延纳青年才俊，教授科举之业，"门下多以科第显"，其子陈直、陈苰在他亲自调教下得中举业，因此他被推为贡生。

何岑[一]。字龙泉，已仕。

注释：

[一]蓝勇主编《稀见重庆地方文献汇点》（下）第786页云：何岑，涪州学员。拔贡。

何振虞[一]。字文铎，已仕。

注释：

[一]蓝勇主编《稀见重庆地方文献汇点》（下）第786页云：何振虞，涪州学员。拔贡。

夏友绅。

国朝

陈计晋[一]。字念孜。

注释：

[一]蓝勇主编《稀见重庆地方文献汇点》（下）第789页云：陈计晋，涪州学员。拔贡。

陈命世。见乡榜。

陈援世[一]。字独惺。

注释：

[一]蓝勇主编《稀见重庆地方文献汇点》（下）第789页云：陈援世，涪州学员。拔贡。

陈名世[一]。字玉夫。

注释：

[一]蓝勇主编《稀见重庆地方文献汇点》（下）第 789 页云：陈名世，涪州学员。拔贡。

陈觉世[一]。字伊先。

注释：

[一]蓝勇主编《稀见重庆地方文献汇点》（下）第 789 页云：陈觉世，涪州学员。拔贡。

陈用世[一]。字行可。

注释：

[一]蓝勇主编《稀见重庆地方文献汇点》（下）第 789 页云：陈用世，涪州学员。拔贡。

陈佩[一]。字玉也。

注释：

[一]蓝勇主编《稀见重庆地方文献汇点》（下）第 789 页云：陈佩，涪州学员。拔贡。

杨嘉祉。已仕。

黄烈[一]。康熙丁酉（五十六年，1717）科。

注释：

[一]蓝勇主编《稀见重庆地方文献汇点》（下）第 789 页云：黄烈，涪州学员。拔贡。

侯天章[一]。雍正己酉（七年，1729）科，见乡榜。

注释：

[一]蓝勇主编《稀见重庆地方文献汇点》（下）第 789 页云：侯天章，涪州学员。拔贡。

周鍈[一]、乾隆辛酉（六年，1741）科，见乡榜。

注释：

[一]蓝勇主编《稀见重庆地方文献汇点》（下）第789页云：周鍈，涪州学员。拔贡。

谭如璧[一]。乾隆癸酉（十八年，1753）科。

注释：

[一]蓝勇主编《稀见重庆地方文献汇点》（下）第789页作谭如玮，云：谭如玮，涪州学员。拔贡。峨眉教谕。

夏岳[一]。乾隆乙酉（三十年，1765），已仕。

注释：

[一]蓝勇主编《稀见重庆地方文献汇点》（下）第789页云：夏岳，涪州学员。拔贡。富顺训导。

何宗汉[一]。乾隆乙酉（三十年，1765）科。

注释：

[一]蓝勇主编《稀见重庆地方文献汇点》（下）第789页云：何宗汉，涪州学员。拔贡。

陈映辰。乾隆丁酉（四十二年，1777）科，见乡榜。

陈廷璠[一]。乾隆丁酉（四十二年，1777）科，见乡榜。

注释：

[一]蓝勇主编《稀见重庆地方文献汇点》（下）第789页云：陈廷璠，涪州学员。拔贡。

周宗泗[一]。乾隆己酉（五十四年，1789）科，见乡榜。

注释:

［一］蓝勇主编《稀见重庆地方文献汇点》（下）第 789 页云：周宗泗，涪州学员。拔贡。

陈伊言^{［一］}。嘉庆辛酉（六年，1801）科，见甲榜。

注释:

［一］蓝勇主编《稀见重庆地方文献汇点》（下）第 789 页云：陈伊言，涪州学员。拔贡。

陈稷田^{［一］}。嘉庆癸酉（十八年，1813）科，已仕。

注释:

［一］蓝勇主编《稀见重庆地方文献汇点》（下）第 789 页云：陈稷田，涪州学员。拔贡。

陈葆森^{［一］}。字驭珊。道光乙酉（五年，1825）科，已仕。

注释:

［一］蓝勇主编《稀见重庆地方文献汇点》（下）第 790 页云：陈葆森，涪州学员。拔贡。

陈炳^{［一］}。道光乙酉（五年，1825）科，见乡榜。

注释:

［一］蓝勇主编《稀见重庆地方文献汇点》（下）第 790 页云：陈炳，涪州学员。拔贡。

李树滋^{［一］}。字黼堂，原名树勋。道光丁酉（十七年，1837）科。

注释:

［一］蓝勇主编《稀见重庆地方文献汇点》（下）第 790 页云：李树滋，涪州学员。拔贡。

周鸿钧。字韶九。道光己酉（二十九年，1849）科。

周传勋。字麟臣。道光己酉（二十九年，1849）科。

周元龙。字海云。咸丰辛酉（十一年，1861）科。

优　贡

熊德夔。字景垣，已仕；汤荣祖。见乡榜。

副　榜

明

夏思旦。宏〔弘〕治乙卯（八年，1495）科，已仕。

夏可洲[一]。嘉靖甲午（十三年，1534）、庚子（十九年，1540）两中副榜。

注释：

〔一〕蓝勇主编《稀见重庆地方文献汇点》（下）第786页云：夏可洲，涪州学员。副榜。

夏道在[一]。万历戊午（四十六年，1818）科。

注释：

〔一〕蓝勇主编《稀见重庆地方文献汇点》（下）第786页云：夏道在，涪州学员。副榜。

何鹭[一]。〔万历〕戊午（四十六年，1818）科。

注释：

〔一〕蓝勇主编《稀见重庆地方文献汇点》（下）第786页云：何鹭，涪州学员。副榜。

蔺希夔[一]。〔万历〕戊午（四十六年，1818）科。

注释：

［一］蓝勇主编《稀见重庆地方文献汇点》（下）第 786 页云：蔺希夔，涪州学员。副榜。《涪陵历史人物》第 64 页《明代涪州易学家蔺希夔》云：蔺希夔（1555-1626），号云门。明代涪州（今惠民乡文观村）人。明万历十四年（1618）副榜。潜心理学，知识渊深，弟子众多。工书能文。书学赵子昂，兼六朝碑，脱尽时俗，秀丽刚劲，时人宝之。著有《易注》行世。被列为涪州乡贤之一。《历代名人与涪陵》第 119-120 页《明代涪州〈易注〉作者蔺希夔》、《涪陵文史资料选辑》第三辑第 120 页汪长春《涪陵市书画名人录》。

国朝

陈命世[一]。顺治丁酉（十四年，1657）科，见乡榜。

注释：

［一］蓝勇主编《稀见重庆地方文献汇点》（下）第 790 页云：陈命世，涪州学员。副榜。

何宪先[一]。康熙庚午（二十九年，1690）科。

注释：

［一］蓝勇主编《稀见重庆地方文献汇点》（下）第 790 页云：何宪先，涪州学员。副榜。

陈理[一]。康熙庚午（二十九年，1690）科。

注释：

［一］蓝勇主编《稀见重庆地方文献汇点》（下）第 790 页云：陈理，涪州学员。副榜。

刘作鼎[一]。康熙己卯（三十八年，1699）科。

注释：

［一］蓝勇主编《稀见重庆地方文献汇点》（下）第 790 页云：刘作鼎，涪州学员。副榜。

陈廷^[一]。康熙辛卯（五十年，1711）科，已仕。

注释：

［一］蓝勇主编《稀见重庆地方文献汇点》（下）第 790 页云：陈廷，涪州学员。副榜。

陈峙^[一]、康熙辛卯（五十年，1711）科，见乡榜。

注释：

［一］蓝勇主编《稀见重庆地方文献汇点》（下）第 790 页云：陈峙，涪州学员。副榜。

周顼^[一]。康熙癸巳（五十二年，1713）恩科。字敬斯。

注释：

［一］蓝勇主编《稀见重庆地方文献汇点》（下）第 790 页云：周顼，涪州学员。副榜。

邹㳽^[一]。康熙甲午（五十三年，1714）科中庚子榜。

注释：

［一］蓝勇主编《稀见重庆地方文献汇点》（下）第 790 页云：邹㳽，涪州学员。副榜。

汤辉道^[一]。雍正补行癸卯（元年，1723）科，已仕。

注释：

［一］蓝勇主编《稀见重庆地方文献汇点》（下）第 790 页云：汤辉道，涪州学员。副榜。

陈自新^[一]。雍正丙午（四年，1726）科，已仕。

注释：

［一］蓝勇主编《稀见重庆地方文献汇点》（下）第 790 页作黄自新，云：黄自新，涪州学员。副榜。

邓鹏年^[一]。雍正己酉（七年，1729）科，已仕。

注释：

［一］蓝勇主编《稀见重庆地方文献汇点》（下）第 790 页云：邓鹏年，涪州学员。

副榜。

周熙^[一]。雍正壬子（十年，1732）科，已仕。举乡饮大宾。

注释：

[一]蓝勇主编《稀见重庆地方文献汇点》（下）第790页云：周熙，涪州学员。副榜。

程绪^[一]。雍正壬子（十年，1732）科，已仕。

注释：

[一]蓝勇主编《稀见重庆地方文献汇点》（下）第790页云：程绪，涪州学员。副榜。

陈于端^[一]。雍正己卯^[二]科，见正榜。

注释：

[一]蓝勇主编《稀见重庆地方文献汇点》（下）第790页云：陈于端，涪州学员。副榜。

[二]雍正己卯：雍正有十三年乙卯，公元1735年，无己卯。

刘学泗^[一]。乾隆丙辰（元年，1736）恩科。

注释：

[一]蓝勇主编《稀见重庆地方文献汇点》（下）第790页云：刘学泗，涪州学员。副榜。

陈廷璠^[一]。乾隆辛酉（六年，1741）科，见正榜。

注释：

[一]蓝勇主编《稀见重庆地方文献汇点》（下）第790页云：陈廷璠，涪州学员。副榜。

周含^[一]。乾隆辛酉（六年，1741）科，已仕。

注释：

[一]蓝勇主编《稀见重庆地方文献汇点》（下）第790页云：周含，涪州学员。副榜。

张铎世[一]。乾隆甲子（九年，1744）科，已仕。

注释：

[一] 蓝勇主编《稀见重庆地方文献汇点》（下）第 790 页云：张铎世，涪州学员。副榜。

谢玉树[一]。乾隆丁卯（十二年，1747）科，已仕。

注释：

[一] 蓝勇主编《稀见重庆地方文献汇点》（下）第 790 页云：谢玉树，涪州学员。副榜。

戴天申[一]。乾隆壬申（十七年，1752）恩科，已仕。

注释：

[一] 蓝勇主编《稀见重庆地方文献汇点》（下）第 790 页云：戴天申，涪州学员。副榜。

石若洇[一]。乾隆壬申（十七年，1752）恩科，已仕。

注释：

[一] 蓝勇主编《稀见重庆地方文献汇点》（下）第 790 页云：石若油，涪州学员。副榜。

李映桃[一]。乾隆丙子（二十一年，1756）科。

注释：

[一] 蓝勇主编《稀见重庆地方文献汇点》（下）第 790 页云：李映桃，涪州学员。副榜。

吴坦[一]。乾隆戊子（三十三年，1768）科。

注释：

[一] 蓝勇主编《稀见重庆地方文献汇点》（下）第 790 页云：吴坦，涪州学员。副榜。

彭铈[一]。乾隆庚寅（三十五年，1770）恩科。

注释：

[一] 蓝勇主编《稀见重庆地方文献汇点》（下）第 790 页作彭铺，云：彭铺，涪州学员。副榜。

陈鹏力。乾隆辛卯（三十六年，1771）科。

夏明。乾隆辛卯（三十六年，1771）科。

舒鹏翼[一]。乾隆丙午（五十一年，1786）科，已仕。

注释：

[一] 蓝勇主编《稀见重庆地方文献汇点》（下）第 790 页云：舒鹏翼，涪州学员。副榜。

文现书[一]。乾隆甲寅（五十九年，1794）科。

注释：

[一] 蓝勇主编《稀见重庆地方文献汇点》（下）第 790 页云：文现书，涪州学员。副榜。

潘预[一]。嘉庆丁卯（十二年，1807）科。

注释：

[一] 蓝勇主编《稀见重庆地方文献汇点》（下）第 790 页云：潘预，涪州学员。副榜。

熊楠[一]。嘉庆庚午（十五年，1810）科，见乡榜。

注释：

[一] 蓝勇主编《稀见重庆地方文献汇点》（下）第 790 页云：熊楠，涪州学员。副榜。

况抡标[一]。字树岩。嘉庆癸酉（十八年，1813）科。

注释：

[一] 蓝勇主编《稀见重庆地方文献汇点》（下）第 790 页云：况抡标，涪州学员。副榜。

谭道衢[一]。嘉庆丙子（二十一年，1816）科，见乡榜。

注释：

[一]蓝勇主编《稀见重庆地方文献汇点》（下）第790页云：谭道衢，涪州学员。副榜。

陈爔[一]。原名灼。道光壬午（二年，1822）科，见甲榜。

注释：

[一]蓝勇主编《稀见重庆地方文献汇点》（下）第790页云：陈爔，涪州学员。副榜。

何杰[一]。字斗南。道光乙未（十五年，1835）科。

注释：

[一]蓝勇主编《稀见重庆地方文献汇点》（下）第790页云：何杰，涪州学员。副榜。

周廷绩[一]。道光丁酉（十七年，1837）科，已仕。

注释：

[一]蓝勇主编《稀见重庆地方文献汇点》（下）第790页云：周廷绩，涪州学员。副榜。

蒲蔚然[一]。道光丁酉（十七年，1837）科。

注释：

[一]蓝勇主编《稀见重庆地方文献汇点》（下）第790页云：蒲蔚然，涪州学员。副榜。

瞿塘易[一]。道光丁酉（十七年，1837）科。

注释：

[一]蓝勇主编《稀见重庆地方文献汇点》（下）第791页云：瞿塘易，涪州学员。副榜。

车致远。 <small>咸丰元年辛亥（1851）科，中壬子榜。</small>

周庄。 <small>咸丰辛亥（元年，1851）科。</small>

江炜心。 <small>字春圃，同治庚午（九年，1870）科。</small>

岁　贡

明

谭本宣[一]、谭本芳[二]、彭万善， <small>已仕。</small>

注释：

［一］蓝勇主编《稀见重庆地方文献汇点》（下）第786页云：谭本宣，涪州学员。拔贡。

［二］蓝勇主编《稀见重庆地方文献汇点》（下）第787页云：谭本芳，涪州学员。拔贡。

舒展[一]、夏斐[二]， <small>已仕。</small>

注释：

［一］蓝勇主编《稀见重庆地方文献汇点》（下）第787页云：舒展，涪州学员。拔贡。

［二］蓝勇主编《稀见重庆地方文献汇点》（下）第786页云：夏斐，涪州学员。拔贡。

舒龙[一]、谭文明[一]、谭文朗[三]， <small>已仕。</small>

注释：

［一］蓝勇主编《稀见重庆地方文献汇点》（下）第787页云：舒龙，涪州学员。拔贡。

［二］蓝勇主编《稀见重庆地方文献汇点》（下）第786页云：谭文明，涪州学员。拔贡。

［三］蓝勇主编《稀见重庆地方文献汇点》（下）第786页云：谭文朗，涪州学员。拔贡。

文羽书[一]、王用[二]， <small>已仕。</small>

注释：

〔一〕蓝勇主编《稀见重庆地方文献汇点》（下）第787页云：文羽书，涪州学员。拔贡。

〔二〕蓝勇主编《稀见重庆地方文献汇点》（下）第786页云：王用，涪州学员。拔贡。

刘步武[一]。已仕。

注释：

〔一〕蓝勇主编《稀见重庆地方文献汇点》（下）第786页云：刘步武，涪州学员。拔贡。

谭寿封[一]。已仕。

注释：

〔一〕蓝勇主编《稀见重庆地方文献汇点》（下）第786页云：谭寿封，涪州学员。拔贡。

杨泰来[一]。已仕。

注释：

〔一〕蓝勇主编《稀见重庆地方文献汇点》（下）第787页云：杨泰来，涪州学员。拔贡。

文行[一]。已仕。

注释：

〔一〕蓝勇主编《稀见重庆地方文献汇点》（下）第787页云：文行，涪州学员。拔贡。

谭嘉礼[一]。已仕。

注释：

〔一〕蓝勇主编《稀见重庆地方文献汇点》（下）第788页云：谭嘉礼，涪州学员。拔贡。

谭子俊^[一]、夏允^[二]，_{已仕。}

注释：

[一]蓝勇主编《稀见重庆地方文献汇点》（下）第 787 页云：谭子俊，涪州学员。拔贡。

[二]蓝勇主编《稀见重庆地方文献汇点》（下）第 788 页云：夏允，涪州学员。拔贡。

夏子霄^[一]、夏潢^[二]，_{已仕。}

注释：

[一]蓝勇主编《稀见重庆地方文献汇点》（下）第 787 页云：夏子霄，涪州学员。拔贡。

[二]蓝勇主编《稀见重庆地方文献汇点》（下）第 788 页云：夏潢，涪州学员。拔贡。

熊闻^[一]。_{已仕。}

注释：

[一]蓝勇主编《稀见重庆地方文献汇点》（下）第 787 页云：熊闻，涪州学员。拔贡。

刘怀德^[一]。_{已仕。}

注释：

[一]蓝勇主编《稀见重庆地方文献汇点》（下）第 788 页云：刘怀德，涪州学员。拔贡。

刘养高^[一]、夏国淳^[二]，_{已仕。}

注释：

[一]蓝勇主编《稀见重庆地方文献汇点》（下）第 787 页云：刘养高，涪州学员。拔贡。

[二]蓝勇主编《稀见重庆地方文献汇点》（下）第 788 页云：夏国淳，涪州学员。拔贡。

程九万[一]。已仕。

注释：

［一］蓝勇主编《稀见重庆地方文献汇点》（下）第 788 页云：程九万，涪州学员。拔贡。

周伯鱼[一]。字跃湍。

注释：

［一］蓝勇主编《稀见重庆地方文献汇点》（下）第 788 页云：周伯鱼，涪州学员。拔贡。

毛来竹[一]。已仕。

注释：

［一］蓝勇主编《稀见重庆地方文献汇点》（下）第 788 页云：毛来竹，涪州学员。拔贡。

黎民望[一]、谭嘉宾[二]，已仕。

注释：

［一］蓝勇主编《稀见重庆地方文献汇点》（下）第 788 页云：黎民望，涪州学员。拔贡。

［二］蓝勇主编《稀见重庆地方文献汇点》（下）第 788 页云：谭嘉宾，涪州学员。拔贡。

袁柄[一]、夏思旦[二]，已仕。

注释：

［一］蓝勇主编《稀见重庆地方文献汇点》（下）第 788 页云：袁柄，涪州学员。拔贡。

［二］蓝勇主编《稀见重庆地方文献汇点》（下）第 788 页云：夏思旦，涪州学员。拔贡。

曹愈彬^[一]。已仕。

注释：

[一] 蓝勇主编《稀见重庆地方文献汇点》（下）第 788 页云：曹愈彬，涪州学员。拔贡。

文物^[一]。已仕。

注释：

[一] 蓝勇主编《稀见重庆地方文献汇点》（下）第 788 页云：文物，涪州学员。拔贡。

夏可涧^[一]。已仕。

注释：

[一] 蓝勇主编《稀见重庆地方文献汇点》（下）第 788 页云：夏可涧，涪州学员。拔贡。

夏可裳^[一]。已仕。

注释：

[一] 蓝勇主编《稀见重庆地方文献汇点》（下）第 788 页作夏可赏，云：夏可赏，涪州学员。拔贡。两书记载存在"赏""裳"之别。

潘腾瑞^[一]、文可黼^[二]，已仕。

注释：

[一] 蓝勇主编《稀见重庆地方文献汇点》（下）第 787 页云：潘腾瑞，涪州学员。拔贡。

[二] 蓝勇主编《稀见重庆地方文献汇点》（下）第 788 页云：文可黼，涪州学员。拔贡。《涪陵历史人物》第 66-67 页《忠孝两全的清吏文可黼》云：文可黼（？ -1630），明代涪州人。其父文作，官至广西布政使。文可黼出生于官宦之家，家境富裕，家教严格。因其父有功，崇祯元年（1628），得以荫庇，被朝廷任命为福建长泰县知县。文可黼是带着家财上任的。在上任时，正值长泰县遭遇自然灾害，粮食几乎颗粒无收，

很多人家难以度日。文可黼拿出自己从家里带来的私钱买粮熬粥赈济老百姓，饿死的亦出钱安葬。后征税赋，百姓如期交纳，不欠丝毫。为革除封建迷信陋习，他把装神弄鬼的巫觋集中教育，禁止他们从事迷信活动，对不听招呼的巫觋严惩不贷。在文可黼的严厉治理下，长泰县民有病看医，尊老爱幼，社会风气为之一新。文可黼禁巫觋、抑权贵和拒分耗羡、赎锾损害了一些人的利益，得罪了一部分人。此时一中央监察地方官吏、考核地方官吏政绩的御史偏信诬告之词，文可黼气急，摘下官印，请求辞官回家。长泰县民在听说文可黼遭到御史训斥要罢官消息后，奔走相告，纷纷来到御史住地，高呼"还我县令"。御史将百姓代表召到衙门问明实情后说："我还你们的县令！"崇祯三年（1630），由于积劳成疾，文可黼病逝于任上。他死后，长泰县民自觉停业悼念，嚎哭恸天，如丧考妣，私下尊送他"清毅公"雅号，并将他推为名宦，世代崇祀。

王宸极[一]。已仕。

注释：

[一] 蓝勇主编《稀见重庆地方文献汇点》（下）第788页云：王宸极，涪州学员。拔贡。

何友亮[一]。已仕。

注释：

[一] 蓝勇主编《稀见重庆地方文献汇点》（下）第788页云：何有亮，涪州学员。拔贡。

张于廷[一]、文可聘[二]，已仕。

注释：

[一] 蓝勇主编《稀见重庆地方文献汇点》（下）第787页云：张于庭，涪州学员。拔贡。

[二] 蓝勇主编《稀见重庆地方文献汇点》（下）第788页云：文可聘，涪州学员。拔贡。

谭庆简^[一]。_{已仕。}

注释:

［一］蓝勇主编《稀见重庆地方文献汇点》（下）第 788 页作谭应简，云：谭应简，涪州学员。拔贡。两书记载存在"庆""应"之别。

文可时^[一]。_{已仕。}

注释:

［一］蓝勇主编《稀见重庆地方文献汇点》（下）第 788 页云：文可时，涪州学员。拔贡。

罗暎^[一]。_{已仕。}

注释:

［一］蓝勇主编《稀见重庆地方文献汇点》（下）第 788 页作罗瑛，云：罗瑛，涪州学员。拔贡。两书记载存在"瑛""暎"之别。

朱乾祚^[一]、何文韩^[二]，_{已仕。}

注释:

［一］蓝勇主编《稀见重庆地方文献汇点》（下）第 787 页云：朱乾祚，涪州学员。拔贡。

［二］蓝勇主编《稀见重庆地方文献汇点》（下）第 788 页云：何文韩，涪州学员。拔贡。

夏景铨^[一]。_{酉阳学。}

注释:

［一］蓝勇主编《稀见重庆地方文献汇点》（下）第 787 页云：夏景铨，涪州学员。拔贡。

夏景矿^[一]、朱德盛^[二]、夏世登^[三]、廖能预^[四]、夏景先^[五]，_{字肖祖。已仕。}

注释：

［一］蓝勇主编《稀见重庆地方文献汇点》（下）第 787 页云：夏景矿，涪州学员。拔贡。

［二］蓝勇主编《稀见重庆地方文献汇点》（下）第 787 页作朱能盛，云：朱能盛，涪州学员。拔贡。两书记载存在"德""能"之别。

［三］蓝勇主编《稀见重庆地方文献汇点》（下）第 787 页云：夏世登，涪州学员。拔贡。

［四］蓝勇主编《稀见重庆地方文献汇点》（下）第 787 页云：廖能预，涪州学员。拔贡。

［五］蓝勇主编《稀见重庆地方文献汇点》（下）第 788 页云：夏景先，涪州学员。拔贡。

王艺极[一]、文可后[二]，已仕。

注释：

［一］蓝勇主编《稀见重庆地方文献汇点》（下）第 787 页云：王艺极，涪州学员。拔贡。

［二］蓝勇主编《稀见重庆地方文献汇点》（下）第 787 页云：文可后，涪州学员。拔贡。

刘道[一]。已仕。

注释：

［一］蓝勇主编《稀见重庆地方文献汇点》(下)第 788 页云：刘道，涪州学员。拔贡。

文可修[一]、何楚[二]，字珩所。已仕。

注释：

［一］蓝勇主编《稀见重庆地方文献汇点》（下）第 787 页云：文可修，涪州学员。拔贡。

［二］蓝勇主编《稀见重庆地方文献汇点》（下）第 788 页云：何楚，涪州学员。拔

贡。《涪陵历史人物》第 61 页《尝便疗亲的孝子何楚》云：何楚（1516-1601），字珩所。明代四川涪州人。其祖父何仲山，曾任武安令；父亲何龙泉，母亲吴氏，生有四个儿子，何楚排行老三。何楚对父母十分孝顺，7 岁时，他的父亲何龙泉得了一场大病，他尽情地侍奉，以致废寝忘食。为搞清楚病情，他毅然品尝父亲的粪便以辨别吉凶。何龙泉抚摸着儿子的头暗自高兴而抽泣说："我家以孝悌相传，有你这样的孩子，我又有什么遗憾呢！"何楚学识渊博，能通晓古今，和哥哥何卫、弟弟何襄、侄儿何以信都以文才闻名，被誉为"何氏四川"。万历年间（1573-1620），何楚以贡生身份任湖北松滋县知县。在任上，他正直清廉，俭节奉公，爱护百姓，不为权贵折腰，当地百姓为感激他，为其树立生祠，都说："求取忠臣必须从孝子之门中寻找。"何楚在致仕回乡后，父母亲相继病故，与大哥何卫、二哥何秦相依相随，像侍奉父母一样侍奉兄长，将俸禄周济相邻和族人。明神宗万历二十九年（1601）病故，被乡人列为乡贤孝友，予以崇祀。

王家楫[一]、文璧[二]、何卫[三]、郑于乔[四]，已仕。

注释：

［一］蓝勇主编《稀见重庆地方文献汇点》（下）第 787 页云：王家楫，涪州学员。拔贡。

［二］蓝勇主编《稀见重庆地方文献汇点》（下）第 787 页云：文璧，涪州学员。拔贡。

［三］蓝勇主编《稀见重庆地方文献汇点》（下）第 787 页云：何卫，涪州学员。拔贡。

［四］蓝勇主编《稀见重庆地方文献汇点》（下）第 788 页云：郑于乔，涪州学员。拔贡。

夏子彦[一]。恩。

注释：

［一］蓝勇主编《稀见重庆地方文献汇点》（下）第 787 页云：夏子彦，涪州学员。拔贡。

周大江[一]。字梓溪。已仕。

注释：

［一］蓝勇主编《稀见重庆地方文献汇点》（下）第 788 页云：周大江，涪州学员。拔贡。

谭元善^{［一］}。已仕。

注释：

［一］蓝勇主编《稀见重庆地方文献汇点》（下）第 788 页云：谭元善，涪州学员。拔贡。

汪文曙^{［一］}、何仕修^{［二］}、夏道硕^{［三］}，字华仙。

注释：

［一］蓝勇主编《稀见重庆地方文献汇点》（下）第 787 页云：汪文曙，涪州学员。拔贡。

［二］蓝勇主编《稀见重庆地方文献汇点》（下）第 787 页作何士修，云：何士修，涪州学员。拔贡。两书记载存在"士""仕"之别。

［三］蓝勇主编《稀见重庆地方文献汇点》（下）第 787 页云：夏道硕，涪州学员。拔贡。《涪陵文史资料选辑》第三辑第 120 页汪长春《涪陵市书画名人录》云：夏道硕，号华仙，明代涪州人。好读书，性刚毅，善拳勇，倜傥有大志。天启四年（1624）岁贡。能文工书。后失左臂，即以左书，"虽零缣寸楮，人亦宝之如月蟾天犀也"。

文可佩、侯于鲁^{［一］}、陈计定^{［二］}，已仕。

注释：

［一］蓝勇主编《稀见重庆地方文献汇点》（下）第 787 页云：侯于鲁，涪州学员。拔贡。

［二］蓝勇主编《稀见重庆地方文献汇点》（下）第 788 页云：陈计定，涪州学员。拔贡。

刘之益^{［一］}。已仕。

注释：

［一］蓝勇主编《稀见重庆地方文献汇点》（下）第788页云：刘之益，涪州学员。拔贡。

陈善世^{［一］}。字德飞。已仕。

注释：

［一］蓝勇主编《稀见重庆地方文献汇点》（下）第788页云：陈善世，涪州学员。拔贡。

张天麟^{［一］}。已仕。

注释：

［一］蓝勇主编《稀见重庆地方文献汇点》（下）第788页云：张天麟，涪州学员。拔贡。

陈计大^{［一］}。字聚星，已仕。

注释：

［一］蓝勇主编《稀见重庆地方文献汇点》（下）第788页云：陈计大，涪州学员。拔贡。

何揖虞^{［一］}、文晓^{［二］}、向日赤^{［三］}、文珂^{［四］}、刘养廉^{［五］}，已仕。

注释：

［一］蓝勇主编《稀见重庆地方文献汇点》（下）第787页云：何揖虞，涪州学员。拔贡。

［二］蓝勇主编《稀见重庆地方文献汇点》（下）第787页云：文晓，涪州学员。拔贡。

［三］蓝勇主编《稀见重庆地方文献汇点》（下）第787页云：向日赤，涪州学员。拔贡。

［四］蓝勇主编《稀见重庆地方文献汇点》（下）第787页云：文珂，涪州学员。拔贡。

［五］蓝勇主编《稀见重庆地方文献汇点》（下）第788页云：刘养廉，涪州学员。拔贡。

何仕任[一]。字漱石。

注释：

[一] 蓝勇主编《稀见重庆地方文献汇点》（下）第 787 页云：何仕任，涪州学员。拔贡。

熊尔敬[一]。字铭丹。

注释：

[一] 蓝勇主编《稀见重庆地方文献汇点》（下）第 788 页云：熊尔敬，涪州学员。拔贡。

向牖螭[一]。字子亮。已仕。

注释：

[一] 蓝勇主编《稀见重庆地方文献汇点》（下）第 788 页云：向牗螭，涪州学员。拔贡。

熊尔忠[一]、潘盈科、毛凤诏、宋鼎、毛鎯、李尧臣、曹允时、曹允清、曹宇山，已仕。

注释：

[一] 蓝勇主编《稀见重庆地方文献汇点》（下）第 787 页云：熊尔忠，涪州学员。拔贡。第 789 页云：熊尔忠，涪州学员。国朝恩贡。

曹代彬、向三聘，已仕。

国朝

恩陈辅世[一]。字德如。已仕。

注释：

[一] 蓝勇主编《稀见重庆地方文献汇点》（下）第 789 页云：陈辅世，涪州学员。恩贡。

邹之英。_{州人。贵州学。已仕。}

陈维世^[一]。_{已仕。}

注释：

[一]蓝勇主编《稀见重庆地方文献汇点》（下）第791页云：陈维世，涪州学员。岁贡。

陈任世^[一]。_{字雄伯。已仕。}

注释：

[一]蓝勇主编《稀见重庆地方文献汇点》（下）第791页云：陈任世，涪州学员。岁贡。

陈盛世^[一]。_{字子猷。}

注释：

[一]蓝勇主编《稀见重庆地方文献汇点》（下）第791页云：陈盛世，涪州学员。岁贡。

王德^[一]、何继先^[二]，_{字肇闻。已仕。}

注释：

[一]蓝勇主编《稀见重庆地方文献汇点》（下）第791页云：王德，涪州学员。岁贡。

[二]蓝勇主编《稀见重庆地方文献汇点》（下）第791页云：何继先，涪州学员。岁贡。

潘硕。_{字巨卿。}

何绍虞^[一]、何之琪^[二]、刘寅^[三]，_{字亮工。已仕。}

注释：

[一]蓝勇主编《稀见重庆地方文献汇点》（下）第791页云：何绍虞，涪州学员。岁贡。

[二]蓝勇主编《稀见重庆地方文献汇点》（下）第791页云：何之琪，涪州学员。岁贡。

[三] 蓝勇主编《稀见重庆地方文献汇点》（下）第 791 页云：刘寅，涪州学员。岁贡。

汤应业^[一]、汤非仲^[二]，_{已仕。}

注释：

[一] 蓝勇主编《稀见重庆地方文献汇点》（下）第 791 页云：汤应业，涪州学员。岁贡。

[二] 蓝勇主编《稀见重庆地方文献汇点》（下）第 791 页云：汤非仲，涪州学员。岁贡。

夏卉^[一]、何鎧^[二]、汤又仲^[三]、何述先^[四]、朱昂^[五]，_{字方来。已仕。}

注释：

[一] 蓝勇主编《稀见重庆地方文献汇点》（下）第 791 页云：夏卉，涪州学员。岁贡。

[二] 蓝勇主编《稀见重庆地方文献汇点》（下）第 791 页云：何鎧，涪州学员。岁贡。

[三] 蓝勇主编《稀见重庆地方文献汇点》（下）第 791 页云：汤又仲，涪州学员。岁贡。

[四] 蓝勇主编《稀见重庆地方文献汇点》（下）第 791 页云：何述先，涪州学员。岁贡。

[五] 蓝勇主编《稀见重庆地方文献汇点》（下）第 791 页云：朱昂，涪州学员。岁贡。

汪学遂^[一]。_{已仕。}

注释：

[一] 蓝勇主编《稀见重庆地方文献汇点》（下）第 791 页云：汪学邃，涪州学员。岁贡。

熊禹裔^[一]、黄良玺^[二]，_{已仕。}

注释：

[一] 蓝勇主编《稀见重庆地方文献汇点》（下）第 791 页云：熊禹裔，涪州学员。岁贡。

［二］蓝勇主编《稀见重庆地方文献汇点》（下）第 791 页作黄良璧，云：黄良璧，涪州学员。岁贡。两书记载存在"璧""玺"之别。

何钺^{［一］}、严震春，<small>字九龄。</small>

注释：

［一］蓝勇主编《稀见重庆地方文献汇点》（下）第 791 页云：何钺，涪州学员。岁贡。

陈珪^{［一］}、熊英^{［二］}，<small>字杰士。</small>

注释：

［一］蓝勇主编《稀见重庆地方文献汇点》（下）第 791 页云：陈珪，涪州学员。岁贡。

［二］蓝勇主编《稀见重庆地方文献汇点》（下）第 791 页云：熊英，涪州学员。岁贡。

舒翥^{［一］}。<small>字野云。</small>

注释：

［一］蓝勇主编《稀见重庆地方文献汇点》（下）第 791 页云：舒翥，涪州学员。岁贡。

皮时夏^{［一］}、何锐^{［二］}、汤荣^{［三］}，<small>已仕。</small>

注释：

［一］蓝勇主编《稀见重庆地方文献汇点》（下）第 791 页云：皮时夏，涪州学员。岁贡。

［二］蓝勇主编《稀见重庆地方文献汇点》（下）第 791 页云：何锐，涪州学员。岁贡。

［三］蓝勇主编《稀见重庆地方文献汇点》（下）第 791 页云：汤荣，涪州学员。岁贡。

何英^{［一］}、吴士修^{［二］}，<small>字道焕。已仕。</small>

注释：

［一］蓝勇主编《稀见重庆地方文献汇点》（下）第 791 页云：何英，涪州学员。岁贡。

［二］蓝勇主编《稀见重庆地方文献汇点》（下）第 791 页云：吴士修，涪州学员。岁贡。中江训导。

_恩谭仁^[一]、夏玤^[二]、夏玥^[三]。陈淑世^[四]，_{字元美。已仕。}

注释：

[一]蓝勇主编《稀见重庆地方文献汇点》（下）第 789 页云：谭仁，涪州学员。恩贡。

[二]蓝勇主编《稀见重庆地方文献汇点》（下）第 791 页云：夏玤，涪州学员。岁贡。

[三]蓝勇主编《稀见重庆地方文献汇点》（下）第 791 页云：夏玥，涪州学员。岁贡。

[四]蓝勇主编《稀见重庆地方文献汇点》（下）第 791 页云：陈淑世，涪州学员。岁贡。

冯懋柱^[一]。_{字乔仙。}

注释：

[一]蓝勇主编《稀见重庆地方文献汇点》（下）第 791 页云：冯懋柱，涪州学员。岁贡。

_恩陈纲世^[一]。_{字伯纪。}

注释：

[一]蓝勇主编《稀见重庆地方文献汇点》（下）第 791 页云：陈纲世，涪州学员。恩贡。

杨名时^[一]。_{已仕。}

注释：

[一]蓝勇主编《稀见重庆地方文献汇点》（下）第 791 页云：杨名时，涪州学员。岁贡。

殷子于^[一]、徐上昇^[二]，_{字殿旭。}

注释：

[一]蓝勇主编《稀见重庆地方文献汇点》（下）第 791 页作殷于千，云：殷子千，涪州学员。岁贡。两书记载存在"上""千"之别。

[二]蓝勇主编《稀见重庆地方文献汇点》（下）第 791 页云：徐上昇，涪州学员。岁贡。《历代名人与涪陵》第 126–127 页《涪州岁贡徐上升白鹤梁题咏》。

潘岐。字扶风。

陈万卷^[一]、倪天栋^[二]，字乔瞻。

注释：

[一] 蓝勇主编《稀见重庆地方文献汇点》（下）第792页云：陈万卷，涪州学员。岁贡。

[二] 蓝勇主编《稀见重庆地方文献汇点》（下）第792页云：倪天栋，涪州学员。岁贡。冕宁训导。

钱良栋^[一]。已仕。

注释：

[一] 蓝勇主编《稀见重庆地方文献汇点》（下）第792页云：钱良栋，涪州学员。岁贡。

黄为琰^[一]。字若符。已仕。

注释：

[一] 蓝勇主编《稀见重庆地方文献汇点》（下）第792页作黄为掞，云：黄为掞，涪州学员。岁贡。两书记载存在"琰""掞"之别。

陈瓒^[一]。字玉流。

注释：

[一] 蓝勇主编《稀见重庆地方文献汇点》（下）第792页云：陈瓒，涪州学员。岁贡。

张珮^[一]。已仕。

注释：

[一] 蓝勇主编《稀见重庆地方文献汇点》（下）第792页云：张珮，涪州学员。岁贡。

何衡^[一]。字持中。

注释：

［一］蓝勇主编《稀见重庆地方文献汇点》（下）第792页云：何衡，涪州学员。岁贡。

曹元卿^{［一］}、徐士魁^{［二］}、黄先奎^{［三］}，字文宿。

注释：

［一］蓝勇主编《稀见重庆地方文献汇点》（下）第792页云：曹元卿，涪州学员。岁贡。

［二］蓝勇主编《稀见重庆地方文献汇点》（下）第792页云：徐士魁，涪州学员。岁贡。

［三］蓝勇主编《稀见重庆地方文献汇点》（下）第792页云：黄先奎，涪州学员。岁贡。

张璞^{［一］}、王洪谟^{［二］}，字开周。

注释：

［一］蓝勇主编《稀见重庆地方文献汇点》（下）第792页云：张璞，涪州学员。岁贡。

［二］蓝勇主编《稀见重庆地方文献汇点》（下）第792页云：王洪谟，涪州学员。岁贡。

张祐^{［一］}。字笃生。

注释：

［一］蓝勇主编《稀见重庆地方文献汇点》（下）第792页云：张祐，涪州学员。岁贡。

潘开文^{［一］}。字六村。

注释：

［一］蓝勇主编《稀见重庆地方文献汇点》（下）第792页云：潘开文，涪州学员。岁贡。

王洪毅^{［一］}、恩朱璋^{［二］}、倪天值^{［三］}、彭铣^{［四］}，字觐光。

注释：

［一］蓝勇主编《稀见重庆地方文献汇点》（下）第 792 页云：王洪毅，涪州学员。岁贡。

［二］蓝勇主编《稀见重庆地方文献汇点》（下）第 789 页云：朱璋，涪州学员。岁贡。

［三］蓝勇主编《稀见重庆地方文献汇点》（下）第 792 页云：倪天植，涪州学员。岁贡。

［四］蓝勇主编《稀见重庆地方文献汇点》（下）第 792 页云：彭铣，涪州学员。岁贡。

严升^{［一］}、张璠^{［二］}、蒋子升^{［三］}、张纯修^{［四］}，字迪庵。

注释：

［一］蓝勇主编《稀见重庆地方文献汇点》（下）第 792 页云：严升，涪州学员。岁贡。

［二］蓝勇主编《稀见重庆地方文献汇点》（下）第 792 页云：张璠，涪州学员。岁贡。

［三］蓝勇主编《稀见重庆地方文献汇点》（下）第 792 页云：蒋子升，涪州学员。岁贡。

［四］蓝勇主编《稀见重庆地方文献汇点》（下）第 792 页云：张纯修，涪州学员。岁贡。

倪文辉^{［一］}。字旭东。已仕。

注释：

［一］蓝勇主编《稀见重庆地方文献汇点》（下）第 792 页云：倪文辉，涪州学员。岁贡。

张焜^{［一］}、汪育楷^{［二］}，已仕。

注释：

［一］蓝勇主编《稀见重庆地方文献汇点》（下）第 792 页云：张焜，涪州学员。岁贡。

［二］蓝勇主编《稀见重庆地方文献汇点》（下）第 792 页云：汪育楷，涪州学员。岁贡。

张琪^{［一］}。字瑞图。已仕。

注释：

［一］蓝勇主编《稀见重庆地方文献汇点》（下）第 792 页云：张琪，涪州学员。岁贡。

梓潼训导。

周世德[一]。字字润。已仕。

注释：

[一] 蓝勇主编《稀见重庆地方文献汇点》（下）第 792 页云：周世德，涪州学员。岁贡。

汪育东[一]。字春尉。

注释：

[一] 蓝勇主编《稀见重庆地方文献汇点》（下）第 792 页云：汪育东，涪州学员。岁贡。三台训导。

杨苾[一]。字痴香。

注释：

[一] 蓝勇主编《稀见重庆地方文献汇点》（下）第 792 页云：杨苾，涪州学员。岁贡。

王复曾[一]、邹锡均[二]，字衡中。已仕。

注释：

[一] 蓝勇主编《稀见重庆地方文献汇点》（下）第 792 页作王复会，云：王复会，涪州学员。岁贡。两书记载存在"曾""会"之别。

[二] 蓝勇主编《稀见重庆地方文献汇点》（下）第 792 页云：邹锡均，涪州学员。岁贡。宜宾训导。

彭儒宾[一]。字廷秀。

注释：

[一] 蓝勇主编《稀见重庆地方文献汇点》（下）第 792 页云：彭儒宾，涪州学员。岁贡。

潘元良[一]。字际飞。

注释：

[一]蓝勇主编《稀见重庆地方文献汇点》（下）第792页云：潘元良，涪州学员。岁贡。

恩杨维楫[一]。字济博。

注释：

[一]蓝勇主编《稀见重庆地方文献汇点》（下）第789页云：杨维楫，涪州学员。恩贡。

恩孔宪[一]、邹锡礼[二]，字寅斋。

注释：

[一]蓝勇主编《稀见重庆地方文献汇点》（下）第789页云：孔宪，涪州学员。恩贡。

[二]蓝勇主编《稀见重庆地方文献汇点》（下）第792页云：邹锡礼，涪州学员。岁贡。

陈于彭[一]。字辨晳。

注释：

[一]蓝勇主编《稀见重庆地方文献汇点》（下）第792页云：陈于彭，涪州学员。岁贡。

舒其仁[一]。字静庵。

注释：

[一]蓝勇主编《稀见重庆地方文献汇点》（下）第792页云：舒其仁，涪州学员。岁贡。

张灼[一]、恩潘履谦[二]，字益存。

注释：

[一]蓝勇主编《稀见重庆地方文献汇点》（下）第792页云：张灼，涪州学员。岁贡。

　　［二］蓝勇主编《稀见重庆地方文献汇点》（下）第 789 页云：潘履谦，涪州学员。恩贡。李世权《石刻涪州》第 370 页云：潘履谦，清道光咸丰间李渡镇人，拔贡，曾任翰林院检讨。有《宿云洞记》。参见《李渡镇志》第 291 页。

李芳桥。字作梁。

夏堂[一]。字行仁。

注释：

　　［一］蓝勇主编《稀见重庆地方文献汇点》（下）第 792 页云：夏堂，涪州学员。岁贡。

文能振[一]。字力亭。

注释：

　　［一］蓝勇主编《稀见重庆地方文献汇点》（下）第 792 页云：文能振，涪州学员。岁贡。

刘开国。字达三。

石钟灵[一]。字菁裁。

注释：

　　［一］蓝勇主编《稀见重庆地方文献汇点》（下）第 793 页云：石钟灵，涪州学员。岁贡。

蒋锐[一]。字惺斋。

注释：

　　［一］蓝勇主编《稀见重庆地方文献汇点》（下）第 793 页云：蒋锐，涪州学员。岁贡。

郭珍[一]。字步尧。

注释：

　　［一］蓝勇主编《稀见重庆地方文献汇点》（下）第 793 页云：郭珍，涪州学员。岁贡。

陈善^[一]。_{字敬五。}

注释：

［一］蓝勇主编《稀见重庆地方文献汇点》（下）第 793 页云：陈善，涪州学员。岁贡。

王宣^[一]、陈于依^[二]，_{字秋屏。}

注释：

［一］蓝勇主编《稀见重庆地方文献汇点》（下）第 793 页作王煊，云：王煊，涪州学员。岁贡。两书记载存在"宣""煊"之别。

［二］蓝勇主编《稀见重庆地方文献汇点》（下）第 793 页云：陈于依，涪州学员。岁贡。

罗晨^[一]、_恩周廷玙^[二]，_{已仕。}

注释：

［一］蓝勇主编《稀见重庆地方文献汇点》（下）第 793 页云：罗晨，涪州学员。岁贡。

［二］蓝勇主编《稀见重庆地方文献汇点》（下）第 793 页云：周廷玙，涪州学员。岁贡。

文芳^[一]、倪文斗^[二]，_{已仕。}

注释：

［一］蓝勇主编《稀见重庆地方文献汇点》（下）第 793 页作文方，云：文方，涪州学员。岁贡。两书记载存在"方""芳"之别。

［二］蓝勇主编《稀见重庆地方文献汇点》（下）第 793 页云：倪文斗，涪州学员。岁贡。

冯绍^[一]。_{字继文。}

注释：

［一］蓝勇主编《稀见重庆地方文献汇点》（下）第 793 页云：冯绍，涪州学员。岁贡。

潘味谦[一]。字乐庐。

注释：

[一]蓝勇主编《稀见重庆地方文献汇点》（下）第 793 页云：潘味谦，涪州学员。岁贡。

夏峄[一]。字邹山。

注释：

[一]蓝勇主编《稀见重庆地方文献汇点》（下）第 793 页云：夏峄，涪州学员。岁贡。

何源[一]、向上文[二]，字焯云。

注释：

[一]蓝勇主编《稀见重庆地方文献汇点》（下）第 789 页云：何源，涪州学员。恩贡。

[二]蓝勇主编《稀见重庆地方文献汇点》（下）第 793 页云：向上文，涪州学员。岁贡。

冯铸鼎[一]、何其伟[二]，字肖莪。

注释：

[一]蓝勇主编《稀见重庆地方文献汇点》（下）第 793 页云：冯铸鼎，涪州学员。岁贡。

[二]蓝勇主编《稀见重庆地方文献汇点》（下）第 793 页云：何其伟，涪州学员。岁贡。

徐州凤[一]。字鸣冈。

注释：

[一]蓝勇主编《稀见重庆地方文献汇点》（下）第 793 页作徐洲凤，云：徐洲凤，涪州学员。岁贡。两书记载存在"州""洲"之别。

张自飏[一]。字庚言。

注释：

〔一〕蓝勇主编《稀见重庆地方文献汇点》（下）第793页云：张自飏，涪州学员。岁贡。

_恩潘颐^{〔一〕}。字式苏。

注释：

〔一〕蓝勇主编《稀见重庆地方文献汇点》（下）第789页云：潘颐，涪州学员。恩贡。

王景槐^{〔一〕}。字构亭。

注释：

〔一〕蓝勇主编《稀见重庆地方文献汇点》（下）第793页云：王景槐，涪州学员。岁贡。

蒋仕宏^{〔一〕}、黄廷钧^{〔二〕}、彭端鸿^{〔三〕}、何道灿^{〔四〕}、黎昂^{〔五〕}、_恩舒湉^{〔六〕}、冉嶧、朱正飏^{〔七〕}、张寅清^{〔八〕}、徐绂^{〔九〕}、彭学浩^{〔十〕}、陈蛟腾^{〔十一〕}、夏元晋^{〔十二〕}、_恩何光智^{〔十三〕}、侯茂树^{〔十四〕}、陈鹏舒^{〔十五〕}、陶世忠^{〔十六〕}，_{已仕。}

注释：

〔一〕蓝勇主编《稀见重庆地方文献汇点》（下）第793页云：蒋仕宏，涪州学员。岁贡。

〔二〕蓝勇主编《稀见重庆地方文献汇点》（下）第793页云：黄廷钧，涪州学员。岁贡。

〔三〕蓝勇主编《稀见重庆地方文献汇点》（下）第793页作彭学鸿，云：彭学鸿，涪州学员。岁贡。两书记载存在"端""学"之别。

〔四〕蓝勇主编《稀见重庆地方文献汇点》（下）第793页云：何道灿，涪州学员。岁贡。

〔五〕蓝勇主编《稀见重庆地方文献汇点》（下）第793页云：黎昂，涪州学员。岁贡。

〔六〕蓝勇主编《稀见重庆地方文献汇点》（下）第789页云：舒湉，涪州学员。恩贡。

〔七〕蓝勇主编《稀见重庆地方文献汇点》（下）第793页云：朱正飏，涪州学员。

岁贡。

[八]蓝勇主编《稀见重庆地方文献汇点》(下)第793页云:张寅清,涪州学员。岁贡。

[九]蓝勇主编《稀见重庆地方文献汇点》(下)第793页云:徐绂,涪州学员。岁贡。

[十]蓝勇主编《稀见重庆地方文献汇点》(下)第789页云:彭学浩,涪州学员。恩贡。

[十一]蓝勇主编《稀见重庆地方文献汇点》(下)第793页云:陈蛟腾,涪州学员。岁贡。

[十二]蓝勇主编《稀见重庆地方文献汇点》(下)第793页云:夏元晋,涪州学员。岁贡。

[十三]蓝勇主编《稀见重庆地方文献汇点》(下)第789页云:何光智,涪州学员。恩贡。

[十四]蓝勇主编《稀见重庆地方文献汇点》(下)第793页云:侯茂树,涪州学员。岁贡。

[十五]蓝勇主编《稀见重庆地方文献汇点》(下)第793页云:陈鹏舒,涪州学员。岁贡。

[十六]蓝勇主编《稀见重庆地方文献汇点》(下)第793页云:陶世忠,涪州学员。岁贡。

张道、周宗濬[一]、夏中孚[二]、吴炳[三]、恩李廷幹[四]、倪士镇[五]、文希洛[六]、郑元材[七]、李廷显[八]、何愉如[九]、何文泮[十]、何田[十一]、恩陈心传[十二]、熊世本[十三]、恩黎涵[十四]、恩张兆斗[十五]、戴德馨[十六]、邹际荣[十七]、陈晋[十八]、陶镕[十八]、何炎午[二十]、夏郁兰[二十一]、熊咏[二十二]、周毅足[二十三]。

注释:

[一]蓝勇主编《稀见重庆地方文献汇点》(下)第793页作周宗溶云:周宗溶,涪州学员。岁贡。两书记载存在"濬""溶"之别。

[二]蓝勇主编《稀见重庆地方文献汇点》(下)第793页云:夏中孚,涪州学员。岁贡。

〔三〕蓝勇主编《稀见重庆地方文献汇点》（下）第 793 页云：吴炳，涪州学员。岁贡。

〔四〕蓝勇主编《稀见重庆地方文献汇点》（下）第 789 页云：李廷干，涪州学员。岁贡。

〔五〕蓝勇主编《稀见重庆地方文献汇点》（下）第 793 页云：倪士镇，涪州学员。岁贡。

〔六〕蓝勇主编《稀见重庆地方文献汇点》（下）第 793 页云：文希洛，涪州学员。岁贡。

〔七〕蓝勇主编《稀见重庆地方文献汇点》（下）第 793 页云：郑元材，涪州学员。岁贡。

〔八〕蓝勇主编《稀见重庆地方文献汇点》（下）第 793 页云：李廷显，涪州学员。岁贡。

〔九〕蓝勇主编《稀见重庆地方文献汇点》（下）第 794 页云：何愉如，涪州学员。岁贡。

〔十〕蓝勇主编《稀见重庆地方文献汇点》（下）第 794 页云：何文泮，涪州学员。岁贡。

〔十一〕蓝勇主编《稀见重庆地方文献汇点》（下）第 794 页云：何田，涪州学员。岁贡。

〔十二〕蓝勇主编《稀见重庆地方文献汇点》（下）第 789 页作陈新傅，云：陈心傅，涪州学员。恩贡。两书记载存在"传""傅"之别。

〔十三〕蓝勇主编《稀见重庆地方文献汇点》（下）第 794 页云：熊世本，涪州学员。岁贡。

〔十四〕蓝勇主编《稀见重庆地方文献汇点》（下）第 793 页云：黎涵，涪州学员。恩贡。

〔十五〕蓝勇主编《稀见重庆地方文献汇点》（下）第 793 页云：张兆斗，涪州学员。岁贡。

〔十六〕蓝勇主编《稀见重庆地方文献汇点》（下）第 794 页云：戴德馨，涪州学员。岁贡。

〔十七〕蓝勇主编《稀见重庆地方文献汇点》（下）第 794 页云：邹际荣，涪州学员。岁贡。

[十八] 蓝勇主编《稀见重庆地方文献汇点》（下）第 794 页云：陈晋，涪州学员。岁贡。

[十九] 蓝勇主编《稀见重庆地方文献汇点》（下）第 794 页云：陶镕，涪州学员。岁贡。

[二十] 蓝勇主编《稀见重庆地方文献汇点》（下）第 794 页云：何炎午，涪州学员。岁贡。

[二十一] 蓝勇主编《稀见重庆地方文献汇点》（下）第 794 页云：夏郁兰，涪州学员。岁贡。

[二十二] 蓝勇主编《稀见重庆地方文献汇点》（下）第 794 页作熊㭊，云：熊㭊，涪州学员。岁贡。两书记载存在"咏""㭊"之别。

[二十三] 蓝勇主编《稀见重庆地方文献汇点》（下）第 794 页云：周毅足，涪州学员。岁贡。

恩杨恂[一]。字襟河。
注释：

[一] 蓝勇主编《稀见重庆地方文献汇点》（下）第 789 页云：杨恂，涪州学员。恩贡。

陈九仪[一]、陈岩[二]、薛腾霄[三]，字可园。
注释：

[一] 蓝勇主编《稀见重庆地方文献汇点》（下）第 794 页云：张九仪，涪州学员。岁贡。

[二] 蓝勇主编《稀见重庆地方文献汇点》（下）第 794 页云：陈岩，涪州学员。岁贡。

[三] 蓝勇主编《稀见重庆地方文献汇点》（下）第 794 页云：薛腾霄，涪州学员。岁贡。

刘镇川[一]、王用予[二]、韩近仁、恩汪树屏、舒恺先、夏都镐、夏棨，已仕。
注释：

[一] 蓝勇主编《稀见重庆地方文献汇点》（下）第 794 页云：刘镇川，涪州学员。

岁贡。

［二］蓝勇主编《稀见重庆地方文献汇点》（下）第794页云：王用予，涪州学员。
岁贡。

_恩何廷琛、胡望南、李本元、_恩王秉衡、杨怡、毛徙南，_{已仕。}刘光缙、任文藻、彭兆熊、
刘传书、潘东甲、何新畬、_恩李寅宾、夏燊莹、_恩鲁克裕、_恩刘曙、李树屏、彭际昌、周
作霖、陈秉勋。

府学岁贡

国朝

_恩汤辉绩^{［一］}、陈浩^{［二］}、夏明^{［三］}，_{已仕。}

注释：

［一］蓝勇主编《稀见重庆地方文献汇点》（下）第731页云：汤辉绩，涪州人。恩贡。

［二］蓝勇主编《稀见重庆地方文献汇点》（下）第732页云：陈浩，涪州人。副榜。

［三］蓝勇主编《稀见重庆地方文献汇点》（下）第732页云：夏明，涪州人。副榜。

陈鹏力^{［一］}、潘大昕^{［二］}、冯绍^{［三］}、文方^{［四］}、石若星^{［五］}、袁书田^{［六］}、潘硕源^{［七］}、
陈际唐^{［八］}、陈尚儒^{［九］}、余以文^{［十］}、彭友信、欧阳德、易田、周廷瑶、刘尔嵩。

注释：

［一］蓝勇主编《稀见重庆地方文献汇点》（下）第732页云：陈鹏力，涪州人。副榜。

［二］蓝勇主编《稀见重庆地方文献汇点》（下）第732页云：潘大昕，涪州人。副榜。

［三］蓝勇主编《稀见重庆地方文献汇点》（下）第733页云：冯绍，涪州人。岁贡。

［四］蓝勇主编《稀见重庆地方文献汇点》（下）第733页云：文方，涪州人。岁贡。

［五］蓝勇主编《稀见重庆地方文献汇点》（下）第733页云：石若星，涪州人。岁贡。

［六］蓝勇主编《稀见重庆地方文献汇点》（下）第733页云：袁书田，涪州人。岁贡。

［七］蓝勇主编《稀见重庆地方文献汇点》（下）第733页云：潘硕源，涪州人。岁贡。

［八］蓝勇主编《稀见重庆地方文献汇点》（下）第733页云：陈际唐，涪州人。岁贡。

[九]蓝勇主编《稀见重庆地方文献汇点》(下)第734页云：陈尚儒，涪州人。岁贡。

[十]蓝勇主编《稀见重庆地方文献汇点》(下)第735页云：余以文，涪州人。岁贡。

例　贡

国朝

周桊光。廪贡。候选训导，事具《忠烈》。

潘廷贤。副贡。

潘廷彦。廪贡。候选训导，历署南江、蓬州、新繁、城口厅。

王应宾。附生。保举训导。

邹湘庚。副贡。

谭孝达。增贡。候选直隶州州判。

白心田。副贡。候选训导。

杨禔。廪贡。候选训导。

蒋朝献。副贡。候选训导。

汪绍洋。附生。保举训导。

赵衔宣[一]。廪生。保举训导。

注释：

[一]赵衔宣：是重修涪邑文峰塔倡议人之一，事见濮文升《涪邑文峰塔记》，该记收录于李世权《石刻涪州》第350-351页。

熊檍。副贡。

张灼。副贡。保举训导。

周凤起。副贡。

何葆瑛。附生。保举训导。

曾照。廪生。保举训导。

李华秾。副贡。贵州候补府经历。

武 选

国朝

进 士

康熙壬辰（五十一年，1712）科

夏瑛[一]。

注释：

[一] 蓝勇主编《稀见重庆地方文献汇点》（下）第 814 页云：夏瑛，涪州人。康熙五十一年壬辰（1712）科。

武 举

明

何德明。

国朝

康熙辛酉（二十年，1681）科

邹述麟[一]。 寄籍巴县。

注释：

[一] 蓝勇主编《稀见重庆地方文献汇点》（下）第 815 页云：邹述麟，巴县人。康熙二十年补行辛酉（1681）科。

[康熙] 丁卯（二十六年，1687）科

张文英[一]。

注释：

[一] 蓝勇主编《稀见重庆地方文献汇点》（下）第 815 页云：张文英，涪州人。康熙二十六年丁卯科（1687）科。

［康熙］癸酉（三十二年，1693）科

郭阳裔。字珠蕊。

［康熙］己卯（三十八年，1699）科

王令树^[一]、王洪。

注释：

［一］蓝勇主编《稀见重庆地方文献汇点》（下）第 815 页云：王令树，涪州人。康熙三十八年己卯（1699）科。

［康熙］壬午（四十一年，1702）科

张永胜^[一]。

注释：

［一］蓝勇主编《稀见重庆地方文献汇点》（下）第 816 页云：张永胜，涪州人。康熙四十一年壬午（1702）科。

［康熙］辛卯（五十年，1711）科

夏玚^[一]。

注释：

［一］蓝勇主编《稀见重庆地方文献汇点》（下）第 817 页云：夏玚，涪州人。康熙五十年辛卯（1711）科。

雍正补行癸卯（元年，1723）科

徐澧^[一]。

注释：

［一］蓝勇主编《稀见重庆地方文献汇点》（下）第 817 页云：徐澧，涪州人。雍正二年（1724）甲辰补行癸卯（元年，1723）正科。

乾隆辛酉（六年，1741）科

刘凤鸣^[一]。

注释：

[一] 蓝勇主编《稀见重庆地方文献汇点》（下）第 817 页云：刘凤鸣，涪州人。乾隆六年辛酉（1741）科。

［乾隆］己酉（五十四年，1789）科

谭在榜[一]。

注释：

[一] 蓝勇主编《稀见重庆地方文献汇点》（下）第 820 页云：谭在榜，涪州人。乾隆五十四年己酉（1789）科。

［乾隆］壬子（五十七年，1792）科

汪文彩[一]。

注释：

[一] 蓝勇主编《稀见重庆地方文献汇点》（下）第 820 页云：汪文彩，涪州人。乾隆五十七年壬子（1792）科。

嘉庆辛酉（六年，1801）科

云从龙[一]。

注释：

[一] 蓝勇主编《稀见重庆地方文献汇点》（下）第 820 页云：云从龙，涪州人。嘉庆六年辛酉（1801）科。

［嘉庆］丁卯（十二年，1807）科

甘家齐[一]。

注释：

[一] 蓝勇主编《稀见重庆地方文献汇点》（下）第 820 页云：甘家齐，涪州人。嘉庆十二年丁卯（1807）科。

［嘉庆］庚午（十五年，1810）科

张遇春[一]。

注释：

［一］蓝勇主编《稀见重庆地方文献汇点》（下）第 820 页云：张玉春，涪州人。嘉庆十五年庚午（1810）科。

［嘉庆］戊寅（二十三年，1818）科

谭辉斗[一]。

注释：

［一］蓝勇主编《稀见重庆地方文献汇点》（下）第 821 页云：谭辉斗，涪州人。嘉庆二十三年戊寅（1818）科。

道光戊子（八年，1828）科

高飞熊[一]。兵部差官。

注释：

［一］蓝勇主编《稀见重庆地方文献汇点》（下）第 821 页云：高飞熊，涪州人，兵部差官。道光戊子（八年，1828）科。

［道光］甲辰（二十四年，1844）恩科

董运泰。乙巳（二十五年，1845）挑选三等，以卫千总用。

同治甲子（三年，1864）科

罗兆章。

［同治］丁卯（六年，1867）科

张镇东。

［同治］庚午（九年，1870）科

田光祖。

重修涪州志卷八　人物志

乡贤　仕宦　武职　封典

乡　贤

崇祀乡贤祠者三十四人。

宋

谯定[一]，初喜学佛，析其理以归于儒。尝从程子学《易》，于汴谪涪，又从之。靖康初，召为崇政殿说书，以论不合，辞去。高宗即位，召诣行在，将大用之。会北兵至，归隐青城山，蜀人称曰谯夫子。年百三十岁，不知所终。

注释：

[一] 蓝勇主编《稀见重庆地方文献汇点》（下）第826页道光《重庆府志》卷之八《人物志·人物宋》："谯定，《宋史·隐逸》本传：字天授，涪陵人。少喜学佛，析其理归于儒。后学《易》于郭曩氏。定一日至汴，闻伊川程颐讲道于洛，洁衣往见，弃其学而学焉。遂得闻精义，造诣愈至，浩然而归。其后颐贬涪，实定之乡，北山有岩，师友游泳其中，涪人名之曰读易洞。靖康初，吕好问荐之，钦宗召为崇政殿说书，以论弗合，辞不就。高宗即位，定犹在汴，右丞许翰又荐之，诏宗泽津遣诣行在。至维扬，寓邸舍，窭甚，一中贵人偶与邻，馈之食不受，与之衣亦不受，委金而去，定袖而归之，其自立之操类此。上将用之，会金兵至，定复归蜀。"又第925页云："《易传》无卷数，谯定撰。"参见《涪陵历史人物》第20-22页《宋代易学奇人谯定》、《历代名人与涪陵》第67-68页《谯定与"涪学"》、《神奇涪陵》第43-44页《"涪陵先生"——谯定》。

杨载[一]，以功名自负。金立刘豫，载白张浚，愿得百两，横行敌中，当手刃刘豫以报丞相。浚壮其言遣之，载偕十士至金，行反间，豫果废。十士已亡其八，乃决归。浚以闻，授知永陆县知县。

注释：

[一]蓝勇主编《稀见重庆地方文献汇点》（下）第827页道光《重庆府志》卷之八《人物志·人物宋》："杨载，《蜀人物志》：涪陵人，以功名自负。金立刘豫，载白张浚，愿手刃刘豫以报，丞相壮其言，遂遣之。载偕十士至金伪降，行反间，豫果废。十士亡其八，乃决归。浚以闻，授知永陆。"《涪陵历史人物》第28页《精忠报国的壮士——杨载》云：杨载，宋代四川涪州人，生卒年不详。初为朝廷小吏，靖康二年（1127），在金兵南侵后，投于主战派张浚门下。绍兴五年（1135）的一天，杨载向丞相张浚请缨杀敌，"请求丞相给我两百名勇士杀入敌营，手刃刘豫"。张浚为其"精忠报国"的精神和决心所感动，命他诈降金国。杨载带领10名勇士到金国收集军事情报，为张浚在采石（今安徽马鞍山市西南）一带击败刘豫军建立了功勋。又实施反间计，使金国对刘豫大为不满，将其废除。刘豫和伪齐被废后，杨载本想继续潜伏，但他所带领的10名勇士已亡8人，深感力量不足，于是返回南宋。张浚因他有功，任为从事（参军）。张浚又将杨载的事迹上报朝廷，授达州永睦县知县，有清廉政声。参见《历代名人与涪陵》第78-79页《杨载计反奸贼》。

晏渊[一]，字亚夫，号莲荡，晋中郎将晏靖之后。世居襄阳，后徙蜀，家涪坪山。受学于朱子，尝言淳熙四年（1177）朱子年四十八注《孟子·子产听郑国之政》章，谓成周改岁首而不改月，则晚年之确论也。尝欲更注，而其书已行于世。

注释：

[一]蓝勇主编《稀见重庆地方文献汇点》（下）第827页道光《重庆府志》卷之八《人物志·人物宋》："晏渊，《蜀中著作记》：字亚夫，号莲荡，晋中郎将晏靖之后。世居襄阳，后徙蜀，家长寿之涪坪山。受学于朱文公，尝言：淳熙四年（1177）文公以年四十八注《孟子》，子产听郑国之政章，谓成周改岁首而不改月，则晚年之确论也。尝欲更注，而其书已行于世。以时令考之，涸阴沍寒，当此之时，而以乘舆济民民能免于病，涉乎桥梁道路可以观政。九月成杠，十月成梁，戒事之辞也；十一月徒杠成，

十二月舆梁成序，事之辞也。《国语》有戒备之意，《孟子》就冻极时，言之皆夏时云。"

　　晏临，事无考。

明

　　白勉[二]，官刑部侍郎。练达刑名，有匡济才。及卒，谕祭文有"刚方清介"云云。
　　注释：
　　[一]蓝勇主编《稀见重庆地方文献汇点》(下) 道光《重庆府志》卷之八《人物志·人物明》第 829 页云：蒋勉，《明统志》：涪州人。永乐中进士，擢刑部主事，练达刑名。历本部右侍郎，才能著闻。《蜀人物志》：白勉，有匡济才。历官刑部侍郎，卒赠谕祭，有"刚方清介"之褒。《通志》案：白勉，永乐乙未进士，榜姓蒋。《涪陵历史人物》第 46 页《熟谙法典的刑部侍郎白勉》云：白勉（？-1435），明代四川涪州人。出生时间不详。父亲白景中。幼年时，父母皆丧，族中无力抚养，只得跟随祖姑及其丈夫蒋宗，因此改姓蒋，名蒋勉。聪明伶俐的蒋勉在蒋宗的精心抚育下茁壮成长。明成祖朱棣永乐十二年（1414），蒋勉考中举人，永乐十三年（1415）考取进士，擢升为刑部主事，后授刑部浙江司员外郎。宣德五年（1430）七月，提升为刑部右侍郎。宣德六年（1431）八月，蒋勉上奏皇帝要求恢复本姓，得到皇帝批准，于是复姓白。不久，他的姑祖父蒋宗病故，白勉回家丁忧。宣德九年（1434），丁忧完毕，回到朝廷；三月，白勉官复原职。同年八月，改任南京刑部侍郎。宣德十年（1435），退休回家。在任职期间，白勉清正廉洁，熟谙法典，用律适中，他的才能和品行得到上司和同僚好评。回到家乡后，他不干预当地政事，乐于帮助他人，得到乡人赞誉。宣德十年（1435）八月，白勉病卒，皇帝赐谕祭，在谕祭文中褒赞他"刚方清介"，涪州人以此为荣，推举他为乡贤，世代崇祀。

　　夏铭[一]，由进士任御史，深得宪体。母死，庐墓三年。著《四书启蒙》以训后学。
　　注释：
　　[一]蓝勇主编《稀见重庆地方文献汇点》(下) 道光《重庆府志》卷之八《人物志·人物明》第 829 页云："夏铭，《蜀人物志》：涪州人。宣德庚戌进士，任御史，持宪公平。母死，庐墓三年。著《四书启蒙》，以惠后学。"

刘岌[一]，官礼部尚书。清慎谦和，恩眷极隆。加太子太保致仕。卒，年八十五。

注释：

[一] 蓝勇主编《稀见重庆地方文献汇点》（下）道光《重庆府志》卷之八《人物志·人物明》第 831 页云："刘岌，《蜀人物志》：涪州人，清慎谦和。历仕两朝，以礼部尚书致仕。居家恂恂，乡人称之。《通志》按：刘岌，景泰甲戌进士。"

刘菠[一]，事具《忠烈传》。

注释：

[一] 蓝勇主编《稀见重庆地方文献汇点》（下）道光《重庆府志》卷之八《人物志·人物明》第 834 页云：刘菖，《明史》本传：字惟馨，涪州人。弘治十二年进士。授户科给事中。劾户部尚书侣钟纵子受球［笔者注：当为"赇"］，论外戚庆云侯、寿宁侯家人侵牟商利，沮坏盐法，又论文选郎张彩颠倒铨政，有直声。武宗践阼，渐改孝宗之政，疏谏曰："先帝大渐，召阁臣刘健、李东阳、谢迁于榻前，托以陛下。今梓宫未葬，而政事多乖，近日批答章奏以恩侵法，以私挢公，是阁臣不得与闻，而左右阴有干预矣。愿遵遗命，信老成，政无大小，悉咨内阁，庶事无壅蔽，权不假窃。"报闻。正德元年，吏部尚书马文升致仕，廷议推补。御史王时中以闵珪、刘大夏不宜在推举之列。菖恐耆德益疏，上疏极论其谬。章下所司，是菖言，诏为饬言官毋挟私妄奏。孝宗时，内臣出镇，皆慎选。刘瑾窃柄，尽代以其党。菖言："用新人不若用旧人，犹养饥虎不若养饱虎。"不听。寻与给事中张文等极言时政缺失五事，忤旨，夺俸三月。刘健、谢迁去位，菖抗章乞留，语侵瑾。南京给事中戴铣、御史薄彦徽等，弛疏极谏，请留健、迁。瑾大怒，矫旨逮铣、彦徽下诏狱鞫治，并菖廷杖削籍。既而列健、迁等五十三人为奸党，菖预焉。瑾败，起金华知府，举知行卓异，未及迁，辄告归。嘉靖初，起知长沙，迁江西副使。卒，御史范永奎讼于朝，特予祭葬。

谭棨[一]，仕陕西大参。居家孝友，历官清廉，乡评重之。

注释：

[一] 谭棨：蓝勇主编《稀见重庆地方文献汇点》（下）道光《重庆府志》卷之八《人物志·人物明》第 835 页云："谭棨，旧《通志》：涪州人，进士。居家孝友。后任陕西

参政，历官清廉。《通志》案：谭棨，嘉靖戊戌进士。"

张挺，嘉靖举人，官知州。刚正孝友，以所居作祠，率族众修祀事，乡人化之。

文羽麟[一]，任陕州知州。历任廉平，居家孝友，养重林泉，公庭绝迹，以文艺著。子孙多登科第。

注释：

[一] 蓝勇主编《稀见重庆地方文献汇点》（下）道光《重庆府志》卷之八《人物志·人物明》第 834 页云："文羽麟，《涪州志》：涪州人，嘉靖中乡举任陕州知州。历官廉平，居家孝友，尤以文词著。"

夏国孝，号冠山，官南京户部员外。辞归终养，行李萧然如寒士。居火风滩，以诗文自娱。纂修《涪志》，著有《文集》。

曾所能[一]，云南石屏知州。丰仪倜傥，言语慷慨，惠爱百姓，尽心水利，州人德之。居家以孝友著闻。

注释：

[一] 蓝勇主编《稀见重庆地方文献汇点》（下）道光《重庆府志》卷之八《人物志·人物明》第 834 页云："曾所能，《云南通志》：涪州人，万历间任石屏知州。政务恤民，置社仓，修陂塘，民甚利之。旧《通志》：嘉靖中举人，居家著孝友声。"

夏子云[一]，号少素，历任湖广衡州府同知。从文肃谈理学，叹曰：丈夫耻不闻道，乃艳一第耶？自是躞屧为五岳游，久之。谒选，知舒城县。时有贵人以事枉道，至舒城，势张甚，云不为理，贵人踉跄去，竟坐不称。调判宁州、岳州，治九溪，驭诸武弁，严毅不少假借，令大行。升衡州同知，引归。州人铸像于火风滩之王灵祠，今像尚存，著《少素文集》行世。

注释：

[一] 蓝勇主编《稀见重庆地方文献汇点》（下）道光《重庆府志》卷之八《人物志·人物明》第 834 页云：夏子云，旧《通志》：涪州人，嘉靖中乡荐。从赵文肃贞吉谈理学，因叹曰："丈夫不耻不闻道，乃艳一第耶？"自是躞屧为五岳游，久之。谒选知

舒城县。时有贵人道舒，势强甚，子云故不为理，贵人踉跄以去，竟坐不称。调判宁州，迁判岳州府。治九溪，驭诸武弁，严毅不少假借威令，大行其道。屡荐，诏进五品服俸，升衡州府同知。寻引归。所著有《少素集》。

何楚[一]，七岁尝粪疗父病，事兄友爱笃挚。嘉靖中知松滋县，言动不苟，盛暑不废衣冠。解组归，赡族恤贫。

注释：

[一] 蓝勇主编《稀见重庆地方文献汇点》（下）道光《重庆府志》卷之八《人物志·孝友明》第 864 页云："何楚，旧《通志》：涪州人，仲山子，嘉靖中以贡生知松滋县。生平言动不苟，盛暑不废衣冠。七岁尝粪以疗父病，耄年竭力以事伯兄，所有钱谷推瞻族人，一乡称其贤孝。"

何以让[一]，楚之子，万历举人。官大名府守，多善政。崇祀大名府名宦祠。

注释：

[一] 蓝勇主编《稀见重庆地方文献汇点》（下）道光《重庆府志》卷之八《人物志·孝友明》第 864 页云："何以让，字环斗，楚之子，万历举人。以亲老故，辍试南宫，任彭山教谕，转武昌县尹，连疏告养，未蒙俞允，升任大名府。年余复告归，承欢膝下，斑衣数年，嗣父母继没，以让庐墓三年，泪皆成血。刺史录其行谊，上报诸大宪，交章荐举，以让哀辞，庐墓终身。司院不忍，遂夺其情，详具颠末以闻，敕建'懿孝名儒'坊以旌之。殁祠乡贤。所著文集编入《蜀志》，采曹愈参撰墓志文。"

文作[一]，知闻喜县，以治最征武选郎赞议。平辽之役，功居多，升云南大参，分守临沅。时罗雄土舍弑父据险，潜谋不轨，奉檄剿之。贼党再叛，复平之。上闻，升广西布政，加一品服俸。

注释：

[一] 蓝勇主编《稀见重庆地方文献汇点》（下）道光《重庆府志》卷之八《人物志·人物宋》第 839 页云：文作，《蜀人物志》："涪州人，文德之从兄，隆庆戊辰进士。倜傥有才略，由闻喜知县历武选郎，出为榆林兵备，转云南参政，分守临沅。时罗雄土舍杀父据险谋叛，

作奉檄剿之。贼党再叛,复剿平之。先后以功上闻,特敕褒奖,升广西布政使,暴终于场屋。"

文可黼[一],作之子。《长泰志》:公以荫贡任长泰令。家素裕,下车值岁祲,出私钱赈之。听讼见诸生必起立,催科揭榜通衢,民如期输纳无逋者。逐梨园,禁巫觋,抑权贵。旧例赋入有耗羡,到任新春,有铺陈执事,公悉却之。吏曰:此例也。公曰:例之陋者宜革。或曰:革羡余,宜并革赎锾。公曰:羡余,民之膏血,安忍取之?赎锾以罚有罪,无赎锾是无法也。且吾藉此葺先贤祠宇,又何私焉?会御史行部,有权贵恨公者,密投揭毁公,御史厉色临之。公侃侃争辩,拂衣解印绶告归。泰民闻之,相率呼噪,御史召问状,慰曰:吾还汝令矣。公入谢,御史以揭示之,且诚曰:事贤友仁,圣人之言足为蓍。蔡公应曰:惟贤故可亲,用仁故可友,圣训原自不错。御史改容谢之。期年卒于官。民罢市巷哭,私谥清毅。可黼母氏陈,目瞽,尽心孝养,饮食不假婢姬手,积三十年如一日,母年九十卒。庐墓三载。

注释:

[一] 蓝勇主编《稀见重庆地方文献汇点》(下)道光《重庆府志》卷之八《人物志·孝友明》第864页云:"文可黼,旧《通志》:涪州人,父作官广西布政使。父殁,事母陈夫人最孝。夫人六十而瞽,可黼起居必侍,进膳必亲,积三十年。母年九十乃卒,既葬,庐墓三年。以明经任长泰令,治行卓异,卒于官。"

何仲山,事详《忠烈》。

刘养充,由进士官御史,大差贵筑。时土司构乱,以巨万贿送私室,充悉绝之。转临巩兵备,筑长城百里。衣惟布素,边饷丝毫无所减。边人感其廉肃,款附最众。竟以积劳卒于边,余图书数箧而已。卒时途悲巷哭,虽氃裘之伦亦通使致吊。

文德[一],由进士官山西道御史,有廉声。后典晋试,得士心。崇祀山西名宦祠。

注释:

[一] 蓝勇主编《稀见重庆地方文献汇点》(下)道光《重庆府志》卷之八《人物志·人物宋》第840页云:"文德,《蜀人物志》:羽麟子,涪州人。万历庚辰进士,授湖广麻城令,有善政。行取御史,巡按山西。暴终,不竟其用,人咸惜之。"

陈致孝，积学善教，门下多以科第显。事母赵氏，孝子直为陕西湄县令，迎养祖母及致孝，途遇盗，致孝以身蔽母，曰："此吾老母也，诸物任将去，勿惊吾母。"盗义之，无所取而去。

陈莐，字济宇，致孝次子。历任良乡令，迁江西广信府，至福建运使。居官十五年，廉声卓著。祀广信府名宦祠。

陈直，字鹿皋。性孝友，以祖母赵守节，年八十余，改就仁寿学博，迎养尽欢。后任陕西湄县，民立生祠祀之。擢江西广信府丞，调署永丰。时县民以奉檄开矿受累，十室九空。直不避权贵，力为捍卫，卒除民害。崇祀永丰名宦祠。

曹愈参，由进士历官参政，有"一路福星"之谣。生平不欺，官方伯，家如寒素。万历三十九年（1611）任昌平兵备道，停止矿税，捕盗贼，除强暴，清营蠹，军民怀德，建生祠祀之。详北直名宦。

张善吉，由进士官工科都给事中，升任湖广巡抚。

张筐，嘉靖间举人，俭素刚方。作县令归，布衣林下，课子大业，亦领乡荐。

向云程，字葵庵。性谦和，以子鼎贵，屡膺诰命。布衣徒行，循循儒雅。寿八十。

向鼎，字六神。官长兴令，至潼关参政。刚正不阿，多治绩。岁旱，代涪民输一年赋。捐建北塔，遇贼变而止。

向牖蟎，字子亮，鼎之子。兵燹后家赤贫，隐居琼崖，非公事不至公庭。

蔺希夔[一]，号云门。潜心理学，从游甚众。有劝之仕者，曰："名教中自有乐地，何以官为？"额其庐曰："万松窝"。著有《易注》行世。

注释：

[一] 蓝勇主编《稀见重庆地方文献汇点》（下）道光《重庆府志》卷之八《人物志·隐逸》第 878 页云：蔺希夔，旧《通志》：涪州人，号云门，潜心理学。著有《易注》，一时从游者不惮千里而来。自名其所居曰："万松山。"第 926 页云："《易注》无卷数，蔺希夔著。"

国朝

周煌，《国史列传》：周煌，四川涪州人。乾隆二年（1737）进士，改庶吉士散馆，授编修。六年（1741），充山东乡试副考官。七年（1742），充会试同考官。十二年

（1747），充云南乡试正考官。二十年（1755）十二月，诏偕侍讲全魁册封琉球中山王尚穆，寻迁右中允。二十一年（1756）迁侍讲。二十二年（1757）复命奏渡海，泊舟姑米山，遇风，祷天妃灵应事，请加天妃封号，别须谕祭文，与海神并祀，下部议行，以随往兵丁在琉球滋事，失约束，部议革职。上念其出使外洋，遭遇风险，从宽留任，纂辑《琉球国志略》。呈，命武英殿排印颁行。二十三年（1758）三月大考二等，准其开复。十二月，迁左庶子，命在上书房行走。二十四年（1759），迁侍讲学士。二十五年（1760）充福建乡试正考官。疏言闽闱旧设十二房，后因《易经》卷少，议裁一房，今查《诗经》卷及四千同考四员未能分校裕如，请增一员以复旧额十二房之数，部议从之。二十六年（1761），擢内阁学士、提督江西学政。三十一年（1764），擢刑部侍郎。三十二年（1765），擢兵部侍郎，提督浙江学政。三十八年（1771）五月，命偕刑部侍郎永德往四川会讯璧山县民控武生邓贵榜勒派侵冒案。十月，复命会省蓬溪县生员黄定献控知县藉军需勒派案，俱鞫虚，议罪如律。四十四年（1777）二月，充四库全书馆总阅。十二月擢工部尚书。四十五年（1778）三月，充会试副考官，以中式前列试卷，语意粗杂，磨勘大臣奏请应议，部议罚俸。九月，调兵部尚书。四十六年（1779）八月，赴热河行在，带领武职引见。时川省查办啯匪，谕曰：文绶办理啯匪一案，平日不能督率文武属员缉捕，以致窜入楚黔邻境，已屡经降旨严饬，并降为三品顶戴，从宽留任，令其督缉。兹据周煌奏：川省啯匪，近年每邑俱多至百十余人，常用骚扰，并有朋头名号，带顶坐轿乘马，白昼抢夺，如入无人之境。通省官吏罔闻，兵民不问，甚至州县吏役身充啯匪。如大竹县衙役之子号称"一只虎"等语，可见啯匪肆行不法，已非一日。文绶身为总督，乃竟漫不经心，以致养痈贻患，甚至白昼抢夺，拒捕伤差，公然无忌，若不急早严办，将来党羽日起，安知不酿成苏四十三之事？此事务须痛加惩创，尽绝根株，以戢凶暴而靖地方。并谕新任四川总督福康安防护煌原籍村庄。四十七年（1780）二月，命在上书房为总师傅。十月，以办理《明臣奏议》草率，交部议处，寻免之。十一月，谕曰：周煌不胜总师傅之任，著回原衙门办事。十二月，命紫禁城内骑马。四十九年（1782）调左都御史。五十年（1783）正月，以病乞休，上念其奉职有年，小心勤慎，诏以兵部尚书致仕，加太子少傅衔。四月，卒。谕曰：原任左都御史周煌由翰林洊擢正卿，在上书房行走有年，老成端谨，奉职克勤，今春遘疾，陈情解任，曾晋秩太子少傅加兵部尚书衔，准其回籍调理，前两次只迎道左，特亲加询问，谕令加意调摄以冀痊可。兹闻溘逝，深为轸惜，著加恩晋太子太傅，派散秩大臣带领侍卫十员往奠，所有任内降革处分俱予开复，应得恤典，该部察例具奏。寻赐祭葬如例。谥文恭。子兴岱，现官内阁学士。

　　陈廷璠[一]，父于宣归田时，兄弟俱早丧。璠事父，色养备至。及殁，庐墓。以子煦继兄朝龙后，昉继弟敦五后，季弟廷达庶出，教育入庠常。任荔浦、藤县令，廉正不阿。荔俗好以亲骨贮瓮中，图吉壤，作正葬，论谕止之。藤素多盗，设法弭御，盗为息。宏奖士类，文风丕振。解组后，周恤亲故，德邵年高，夫妇齐眉，重完花烛。子煦、昉俱入翰林，诏领乡荐。

　　注释：

　　[一] 蓝勇主编《稀见重庆地方文献汇点》（下）道光《重庆府志》卷之八《人物志·人物国朝涪州》第853页云："陈廷璠，字六斋，乾隆庚子举人。兄朝龙、弟惇五均无嗣，以子煦、昉过继，皆入翰林。五子韶举戊寅恩科孝廉，现为山盱（笔者注：当为'当盱'）同知。次孙光载，中道光庚子科乡试。一门相继而起，科第之盛，甲于涪州。廷璠任广西藤县知县，归田后八十，夫妇齐眉。"

乡贤未请入祠祀者

晋

　　李骧，与成都杜轸齐名，俱为尚书郎。每有议论，朝廷莫能逾之，时号蜀有二郎。见《一统志》。

　　范贤，名长生，一名延久，又名九重，一曰支，字元，涪陵丹兴人也。李雄欲奉迎推戴之，贤不许。《纲目》谓长生有名德，蜀人重之。

宋

　　[度] 周卿[一]，官教授，朱子门人。

　　注释：

　　[一] 周卿，即度周卿、度正。参见《历代名人与涪陵》第83-84页《南宋涪州州学教授度正》。

庞正，理学与晏渊齐名。

明

鲁玉[一]，字士洁。正统末，知泾阳县。廉谨，深得民心。保留几二十年，卓有贤声。见《陕西志》。

注释：

[一] 蓝勇主编《稀见重庆地方文献汇点》（下）道光《重庆府志》卷之八《人物志·人物明》第830页云："鲁玉，《陕西通志》：字士吉，涪州人。正统末知泾阳。廉谨，深得民心。保留再任，前后二十年。"《涪陵历史人物》第46页《惠爱百姓的知县鲁玉》云：鲁玉，《陕西通志》作曾玉，字士洁，四川涪州人，生卒不详。正统末年任陕西泾阳县知县，廉洁严谨，惠爱百姓，深得民心，任届期满后保留再任，前后20余年，有贤名之声，政绩颇多，以明景泰元年（1450）重修县城为最著。被公推为泾阳县名宦，春秋崇祀。

王敬[一]，字士吉，官祁阳令。祁民买田宅者私易，远年契书增改经界，多酿讼端。敬立法，买卖田宅，各报实印契，自此讼简。祀名宦祠，见《湖南通志》。

注释：

[一] 蓝勇主编《稀见重庆地方文献汇点》（下）道光《重庆府志》卷之八《人物志·人物明》第830页云："王敬，《湖南通志》：字士吉，涪州监生，知祁阳县。始祁民买田宅者私易，远年契书增改经界，酿为讼端。敬立法，买卖田宅，各报赴官印契，自此讼简。祀名宦祠。"《涪陵历史人物》第47页《为民办实事的知县王敬》云：王敬，字士吉。国子监学生。明代四川涪州人。生卒不详。明英宗正统年间（1436–1439）任湖南祁阳县知县。当初祁阳县民买卖田地和住宅为私下交易，时间长了，契约有私自改动的现象，因而经常引起纠纷和诉讼，甚至导致血案。王敬到任后立定法规：买卖田宅都要据实上报，到官府印制契约，加盖官印，官府留档备查。从此再无这方面的纠纷和诉讼。王敬被推举为祁阳县名宦，为祁阳县民崇祀。

何伟，官慈溪令，多善政。慈人请入祀名宦祠。呈内有"贡茶弊绝，魂惊猾吏之奸；海防计周，气夺倭夷之胆"等语。在刑垣时，奉敕恤刑，中州多所全活。分守贵筑，以征苗筹饷功，擢方伯。因母老，乞归。著有《何氏家训》《诗文稿》，待刊。

刘承武，云南寻甸别驾，升广西柳州府同知。甫之任，奉檄署府事。时粤中岁歉，民多流离。公借支仓谷库银，赈饥救济，活十余万人。上宪责以未经题请，勒令速偿。越明年，岁稔。凡受公惠者皆踊跃输谷还官。惟银库不足，公捐廉俸，鬻产偿之。崇祀柳州名宦祠。

夏可渔[一]，万历中任归化令，有清德。升昆阳州、湖南衡州府同知，民歌之曰："公来莅止，清慎而勤；公今陟矣，民奚以宁。"立祠祀之。见《云南通志》。

注释：

[一] 蓝勇主编《稀见重庆地方文献汇点》（下）道光《重庆府志》卷之八《人物志·人物宋》第 842 页云："夏可渔，《云南通志》：涪州举人，万历间任归化知县，有清德。后升昆阳知州，百姓歌之曰：'公来涖止，清慎而勤；公今陟矣，民奚以宁。'祠报德祀。"

田一井[一]，万历中任呈贡县令。大兴水利，民怀其德。立祠祀之。

注释：

[一] 蓝勇主编《稀见重庆地方文献汇点》（下）道光《重庆府志》卷之八《人物志·人物宋》第 842 页云："田一井，《云南通志》：涪州人，万历年间任呈贡知县。大兴水利，民感其德，立祠祀之。"

周大江，字梓溪，由明经任武昌府通判。地素苦盗，公捕弭有方，盗寝息。民食其德，建生祠，铸铁像于彭家泽祀之。从王文成讨宸濠，转运有功。追赠虬侯，录用其子。

周茹荼[一]，吏部侍郎韩葵《墓志铭》曰：公讳茹荼，字自饴，号彝山。先世为楚之营道县人，以明初入蜀，缵宋儒周茂叔绪，明旌孝子允升之六世孙也。上世屡以科第功名显，而循良著绩者则尊大父虬侯梓溪。其尊人诚所公劳身王事，授钺讨贼，有克复勋。当熹皇帝之朝，陛语三接，宠锡有加焉。生子三，公其季也。少而精敏，崭然露头角。诸子百家书，一博涉，辄自通条理。取用丁国之乱、兵劫之从戎，出其所学，用之行阵，无坚不攻，无城不固，恨不得于时不究所用，然其绪余所建立，已得晋襄其先人三代。呜呼！士穷乃见节义。当甲申之难，蜀中杀人如麻，富家大族不自保卫。公能以一卷书为乱兵主帷幄之筹，足兵足食，信固不解，民免屠戮，兵不血刃，播州以宁。当夫秦人伪窃术笼英雄，公脱然富贵，弃若敝屣，负双亲深隐，名义不失。继之，玉步既改，甘心肥遁，不矫首阳之节，不高枋得之名。蔬食饮水，性自定也；僧冠道服，身自适也，独善安时，不自辱也；成子立学，不相累也，此可以窥公之事业矣。公须髯昂然，眉毫如剑，静坐不苟顿笑，慎微谨小，议论有证据，出入经史。生平重然诺，全寄托大节，赋性仁爱，保全人命者甚众。其于家法尤严，一举一动，皆义方训。彼勖其子之言曰：不望汝为第一品官，但望汝为第一品人。此可以觇公之学术矣。素有痰疾，不健于行。至癸酉，有小疴，永诀其子，语言朗朗，容色霭霭，一无所系念。以是岁之二月二十四日卒。公子于庚辰年春，以公车来京师，具状请铭于余，余略其状而为之铭曰：商山之侣，赤松之群。添一友兮，德义峥嵘。世称其武，亦称其文。文也有道，好善力行。武也不屈，介节孤贞。末明义士，昭代逸民。公辞不受，不累于名。不累于名，长启后人。

注释：

　　[一] 蓝勇主编《稀见重庆地方文献汇点》（下）道光《重庆府志》卷之八《人物志·人物宋》第843页云："公讳茹荼，字自诒，别号丹井，涪州人，孝子九升（笔者注：当为'允升'）之六世孙也。父勤王讨贼，因谗被议，茹荼奔走建白，事乃雪，著捷略。乙酉二月，遇健侠数十，拥庐跪请从戎，乃儒服出。报闻阁帅，令同川镇贾登联恢复省城。不一月，永、荣七城屡以捷闻，谕以孤军不可深入，班师暂驻江津，兵马委旗鼓杨道成代茹荼，只骑赴桐梓省亲，会病重，兵杀道成而散。病愈，复请命阁帅而重镇。曾彦侯全师丧，亡兄建芳报没江津，不避贼锋，往收丧。入江津城，见兵将绝食，谒土镇号瑞吾者，曰：'今日之利在食，宜移镇真安山界，乘麦熟，因粮以徐规进取。'王善其议。八月，师进遵义，戊子复成都。拜湖南路正总兵，祖父俱晋荣禄大夫。因亲病致仕。"

　　陈计长，茇之子。学问渊博，善属文，有经济才。自云间解组归，年已七十。值献贼破蜀，避难黔中之婺县。时有同年西充李乾德者，巡抚沅中，闻蜀变，怀节间行过婺［川］。遇公，知西充已陷，阖家被害。愤结思报，密与公策。公曰：君为朝廷大臣，君父之难，义不可以没。没，我乃老儒生，不能随从军事，而方略不可不预筹也。李不能强同。时曾英、杨展等咸知公名，以书召监军，因年老弗就。随上三札子，具言破贼事宜，后献贼授首，流孽渐平，公参谋之力为多。

国朝

陈朝诗[一]，字正雅，少有勇力。官安福，强干有为，邑称大治。有盗魁廖天则者屠澧州东村，徒党数百沿江抢劫，巨案累累，上官稔知其恶，莫能制。督抚知朝诗能，檄至省，问曰："能捕此盗乎？"诗曰："能。"归选健役五十人，改装潜行，至贼所。舍宇壮丽，垣墙厚坚，门尽闭。诗越墙数重，至后楼。诸贼饮，博其上。诗一跃而登，一贼挺械前斗，诗手格之，立仆。群贼慴伏不敢动，诗破门呼役入，械十一人，鞠实，论如律，一时有"神勇"之称。旋丁忧回籍。

注释：

［一］蓝勇主编《稀见重庆地方文献汇点》（下）道光《重庆府志》卷之八《人物志·人物国朝涪州》第853页云："陈朝诗，《通志》：字正雅，少有勇力。乾隆己卯举人，任安福县知县。强干有为，诛暴惩奸，邑称大治。有盗魁廖天则者，居澧州东村，徒众数百人，沿江劫掠，巨案累累，上官稔知其恶，莫能制。督府知朝诗能，檄调至省，问曰：'能捕此巨盗乎？'诗曰：'能。'归，选健役五十人，改装潜行至天则家，舍宇壮丽，垣墙厚坚，门尽闭。朝诗跃身越垣数重至后楼，诸贼在楼饮博。朝诗一跃而上，一贼械而拒捕，朝诗手格之，立仆。群贼俱慴伏不敢动。朝诗开门呼役齐入，械贼十一人，鞠之俱伏，论如律，一时有'神勇'之称。旋丁忧回籍。"

陈朝书[一]，字右文。任山西襄陵令，修学宫，建临汾书院，兴利剔弊，襄人德之。丁忧归，闻兄朝诗以官逋羁安福，倾数千金代偿之。后补云南通海令，减钱粮之半，民困以甦。设海屯，公田供差徭。廉能之名与兄埒。

注释：

［一］蓝勇主编《稀见重庆地方文献汇点》（下）道光《重庆府志》卷之八《人物志·人物国朝涪州》第853页云："陈朝书，《通志》：字右文，朝诗弟，乾隆丙子举人。

任山西襄陵县知县，修学官，捐建临汾书院，兴利剔弊，襄人德之。丁忧归，闻兄朝诗以官捕羁安福，倾数千金完项不吝。甲午补云南通海县知县，减钱粮之半以苏民困，设海囤公田以供差徭。一时廉能之名遂与兄埒。"《涪陵历史人物》第71页《清代涪州陈氏"三杰"》云：清代学者王培荀《听雨楼笔记》载："涪州陈朝诗，乾隆己卯（1757）举人，朝书丙子（1756）举人，朝易庚午（1750）举人，皆官知县，号陈氏'三杰'"。参见《历代名人与涪陵》第134-135页《清代涪州"三杰"芳名远传》。

何浩如[一]，号海门，官安化令。爱民如子，戒勉交至，民无健讼者。充两次同考官，所得皆知名士。月课与诸生讲论，移暑不倦，人忘其为长官。归田后，琴鹤风清，邑人贤之。

注释：

[一] 蓝勇主编《稀见重庆地方文献汇点》（下）道光《重庆府志》卷之八《人物志·人物国朝涪州》第852页云："何浩如，号海门，乾隆中由举人官安化县。爱民如子，戒勉交至，民无敢健讼者。充两次同考官，所得皆知名士。归田后，琴鹤风清，仍数亩自守，邑人贤之。"

邹旃，历任山东朝城、城武、峄县等县及陕西安塞县令。刚正清廉，所至有声，士民戴之。解组归，囊无长物。里居教授，后进多出其门。

陈于中，年甫弱冠，拣发黔省。初任永从，慎勤甚于老吏。值苗警，丁艰，督宪张公奏留，调度得宜。擢独山州，士民爱戴，升八寨同知。苗复叛攻城，士民惊窜。每日携一子登城静镇，三日援至，围解。特旨升广西庆远府，旋授广东驿粮道，众称羡，中曰：吾思不负国恩，求无过而已。年余，卒于官。后粮道被议，上命确查。历任七人，一尘不染者三，公其一也。

陈于宣，历任湖南永定、会同、绥宁三县令，卓有循声，加通判衔。会同洪江镇，商贾辐辏，岁有陋规数千金。宣下车，悉却之。莅任八年，毫无所染。会民建祠以祀。绥宁地卤瘠，汉苗杂处。苗地有铜矿，绵亘三十里，因妨民封禁。乾隆二十八年（1763），邑商张美校等敛巨金赴县求详开采，馈金三千，弗受。商呈请藩宪，许开采。宣叠详不可开状，不纳。委员开采，藩司被劾，宣嚼然不滓，抚军鄂器重之，拟题。升靖州知州，辞曰：他人以不饬簠簋被议，我因是得名，不忍为也。遂告归。

邹锡彤，任山西襄垣令。才识练达，劝课农桑，县无游民。万邑、安泉两县民，因争界聚众戕官，上命讷公相星驰办理议剿。彤与潞安李太守力请鞫办，贷死者数千人。后浒升云南迤东道，卓著循声。

周铣[一]，任伏羌三载，多惠政。乾隆三十四年（1769）捐俸疏瀹通济渠十五里，羌人号曰周公新渠。迁敦煌，士民焚香泣送，攀留不获。留别诗云：三载承留事若何，两惭抚字与催科。才疏未惯申韩律，治拙偏惊召杜歌。信是民淳风自古，敢云德厚政惟和。甘棠阴雨徒虚拟，马首相思意倍多。　瓜期已及复遥迁，宦路于今更数千。父老衣冠频眷恋，陇秦山水任流连。攀舆意挚怜双舄，献寿情多愧一钱。寄语斯人休怅怅，新猷好待被歌弦。羌人立祠祀之。

注释：

[一]蓝勇主编《稀见重庆地方文献汇点》（下）道光《重庆府志》卷之八《人物志·人物国朝涪州》第853页云："周铣，《通志》：号绪庐，乾隆戊午举人。任甘肃伏羌县知县，为政廉平，尤喜栽培士类，建修朱圉书院，进邑中高材生，亲为讲授，文风丕振。后卒于任，士民至今颂之。"

潘鸣谦，历任福建侯官、长泰、龙溪等县，加通判衔。醇谨恺悌，士民爱戴。任侯官时，邑有淋汶港，水泛决坝，居民苦之。谦履亩省灾，捐俸五百募筑复古坝以卫之，民得安居。立祠以祀。

潘元会[一]，历任湖北蕲水、广济知县，黄州府岐亭同知，升江西瑞州府。清介自持，实心爱民。蕲水旧贡藕粉，扰累殊甚。会捐廉倡募，置藕田百余亩以应岁贡，积弊以除。

注释：

[一]蓝勇主编《稀见重庆地方文献汇点》（下）道光《重庆府志》卷之八《人物志·人物国朝涪州》第853页云："潘元会，《通志》：字克斋，涪州人，乾隆庚辰科举人，官湖北竹溪县知县，有廉能称。竹溪故产藕，岁充贡，正供外，吏胥多浮侵，耕者十不得一，民甚苦之。元会抵任后，捐廉俸千金，又出官钱数千缗，为置公塘以应，至今民怀其德。后升岐亭同知，晋江西瑞州府知府。"

陈永图[一]，字固庵。以经术造士，门下登甲乙科甚众。官湖南永兴、宜章令，充三次同考官，所得如石承藻、黄德琳辈，皆负重名。

注释：

[一] 蓝勇主编《稀见重庆地方文献汇点》（下）道光《重庆府志》卷之八《人物志·人物国朝涪州》第853页云："陈永图，字固庵，嘉庆壬戌进士，入翰林。官湖南永兴、宜章令。尝以经术造士，充两次同考官，所得士皆负重名、登高第，永、宜文风大震。"

陈爔，字春腴。笃学敦品，孝友成性。由给事中出官河库道数年，道库耗羡，岁数万金，毫无所取。丁父忧，奔丧，同官资之归，至扬州卒。

周运昌，榜名廷拭，字莹斋，举人。祖太傅显居京秩，父兴峄宦游浙江。昌撑持家政，赈济族邻，多厚德。子熙尧领乡荐，孙传勋登拔萃科。

侯天章，署南郑日，汉兴道某，满州人，到任勒索夫马，公不应。禀见拒不纳，将劾之。一日随班禀到辕，卒倨坐不起，盖有授之意者也。公怒，擒杖之。杖毕，回署。道某衔之刺骨，日伺公短，不可得。忽持名帖召公，既入，某道踞坐，叱曰：尔何人敢藐吾耶？公应曰：公，举人，某亦举人；公朝廷官，某亦朝廷官。某为朝廷官，假皇上威灵，治安百姓；公为朝廷官，假皇上威灵，摧挫僚属，辕卒何人？以四品大员与之比，轻朝廷命官，不知已自同于不足比数之辕卒也，尚叱某为何人耶？言毕，挥袖而退。某道忸怩谢过，公以此见重上游。旋调咸宁，洊升汉中府知府。官乾州时，有寡妇呈请再醮，自云通词翰。章署词后云：破镜初分月未圆，琵琶欲抱上谁船。秋风近日虽凉薄，吹到坟头土未干。妇感泣，以节终。乾人至今称之。

仕　宦

汉

谢本。涪陵人。白刘璋以丹兴、汉发二县为涪陵郡。

晋

许弇。涪陵人。太康九年（287）为临邛令，赵㢝召为牙门将。

徐舆。涪陵人。太安二年（303）为平西参军。

毛楚[一]。枳人。牂牁太守。

注释：

[一] 毛楚，《涪陵历史人物》第 7 页《魏晋牂牁郡太守毛楚》云：毛楚，枳县（今重庆市涪陵区）人。主要活动在魏晋时期。"有德美"，累官至牂牁郡太守。参见《华阳国志》。《涪陵市志》《涪陵辞典》有传。

文立。枳东西百里临江人。散骑常侍作常伯，纳言左右。考临江即今之忠州。《华阳国志》枳东西百里，恐误。

杨宗。武隆人。仕吴为孙氏虎臣。

符称。武隆人。与杨宗俱为孙氏虎臣。

兰维。涪陵人。为汶山太守。

李骧。尚书郎。见《一统志》。

唐

冉评事。官评事，名阙。

李长史。官长史。见张祐［祜］《送李长史归涪州》诗。

宋

谯定。崇政殿说书。

杨载。永陆县知县。

明

舒忠。建文时山西平阳府知府。

白勉。永乐中刑部侍郎，事具《乡贤》。

朱灏。永乐中御史。

刘文宣。云南昆明县知县。

夏铭[一]。江西道监察御史，事具《乡贤》。

注释:

[一] 蓝勇主编《稀见重庆地方文献汇点》(下) 道光《重庆府志》卷之九《艺文志》第 925 页云:"《四书启蒙》无卷数,夏铭撰。"涪州人,官御史。《涪陵历史人物》第 46 页《〈四书启蒙〉的作者夏铭》云:夏铭,明代涪州人,生卒不详。宣德四年(1429)举人,宣德五年(1430)进士,官至江西道监察御史,深受皇帝信任。他在母亲死后,庐墓 3 年。解组归田,潜心研究理学,著有《四书启蒙》,以训后学。参见《历代名人与涪陵》第 117 页《〈四书启蒙〉作者夏铭》。

周必胜。宣德中刑部主事。

张佉。山东济南府教授。

张成功。山东济南府教授。按:成功疑张佉字。

周是脩。礼部侍郎。

周特脩。郎中。

周相。湖广盖阳县知县。

周礼。茶陵州训导。

周汝德。字特昭。任刑曹,恤刑。两浙、贵州兵备签使,守凤阳,整饬云贵务。

刘岌。太子太保、礼部尚书,事具《乡贤》。

何友亮。湖广巴东县知县。

陈策。云南巨津州知州。

周清。山东曹县知县。

郭澄。户部郎中。

周昇。肄举南京池州府铜陵县知县。

刘承武。任云南寻甸府别驾,升广西柳州府同知,事具《乡贤》。

刘纪。监察御史。

刘智懋。长宁县教谕。

张善吉。兵部给事中,任湖广巡抚,事具《乡贤》。

周昌。河南武阳县知县。

谭文朗。南京应天府同知。

钱玉。_{陕西华亭县知县。}

谭寿封。_{南京应天府通判。}

何文韩。_{陕西商州学正。}

何仲山。_{河南武安县知县，事具《乡贤》。}

陈常。_{山东东昌府同知。}

刘蒇。_{户科都给事中，事具《乡贤》。}

夏允。_{河南永城县知县。}

张柱[一]。_{贵州思南府知府，升岭南道参政。}

注释：

[一] 蓝勇主编《稀见重庆地方文献汇点》（下）道光《重庆府志》卷之八《人物志·人物明》第 834 页云："张柱，《贵州通志》：涪州人。进士。正德间思州府知府。性刚直，禁淫巫，兴士类，重建学校。"

彭祐。_{湖广兴宁县教谕。}

夏邦谟[一]。_{太子太保、吏部尚书。}

注释：

[一] 蓝勇主编《稀见重庆地方文献汇点》（下）道光《重庆府志》卷之八《人物志·人物明》第 834 页云："夏邦谟，《蜀人物志》：号松泉，涪州人。幼颖悟，弱冠登正德戊辰进士，官部曹。与杨慎结社唱酬扬。历中外三十余年，所至有声。后以户部尚书继熊浃为吏部尚书，小心缜密，清白自守。归，又十年乃卒，年八十一。"

张谟。_{湖广京山县知县。}

夏国孝。_{南京户部员外郎，事具《乡贤》。}

夏子云。_{湖广岳州府同知，见《乡贤》。}

谭棨。_{陕西参政，事具《乡贤》。}

夏可清。_{广东惠来县知县。}

谭梟。_{佥事道。}

沈海泉。_{湖广崇阳县知县。}

彭万善。 贵州婺川县教谕。

黎元。 福建按察司佥事。

张建道。 湖广靖州知州。

谭嘉宾。 山东知州。

任传吾。 北京刑部主事。

文羽麟。 陕西陕州知州，事具《乡贤》。

徐尚。 副使道。

谭嘉礼。 湖广汉阳府同知。

杨泰来。 湖广绥宁县知县。

夏斐。 云南大理府知府。

王堂。 郎中。

谭应简。 广安州学正。

夏子谅。 安徽安庆府知府。

张筐。 知县，见《乡贤》。

夏可渔。 湖广衡州府同知。

文作。 广西布政使司，事具《乡贤》。

张仕可。 湖广武昌府同知。

王用。 湖北荆门州知州，转刑部郎中，加赠三品。

刘嘉宾。 直隶保定府同知。

曾所能。 云南石屏州知州，事具《乡贤》。

沈映月。 户部司务司主事。

张武臣。 贵州思州府推官。

张建功。 湖北元江县知县。

刘养充。 广东道监察御史，事具《乡贤》。

周钦。 河南开封府同知，广西柳州府知府。

文德。 山西道监察御史，事具《乡贤》。

王承钦。 知府。

何杰。 广西郁林府同知。

何伟。 岭东参议，升贵州参政。

曹愈参。 都察院都御史、云南巡抚，事具《乡贤》。

况上进。 江南道监察御史。

陈可则[一]。 宛平县知县。

注释：

[一] 陈可则，明代涪州人。约活动于隆庆至万历年间。性恬淡，曾任宛平县知县。为官刚明果断，政绩卓著。善诗文，工书，鉴赏金石文字尤为所长。书出入于朱、颜之间，笔法苍劲。陈可则曾在其住宅"花园"处之石壁上镌诗："扫石云依席，鸣琴鹤在阴。故人今已约，徐上快哉亭。"并有擘窠书"高山流水"四个大字，字字浑厚有力，见者无不赞之。参见《涪陵文史资料选辑》第三辑第117页汪长春《涪陵市书画名人录》。

陈直。 江南广信府同知，事具《乡贤》。

刘步武。 湖广宜城县知县。

文行。 湖南辰州府通判。

夏潢。 江西赣州府知判。

刘养谦。 东乡县训导。

杨景淳。 户部郎中。

刘怀德。 无锡县县丞。

王宸极。 弥勒州知州。

刘养栋。 云南保山县知县。

毛来竹。 两淮盐运使。

夏国淳。 云南大理府通判。

张与可。 河南归德府知府，升副使道。

程鹏。 陕西镇安县知县。

张溶。 江南苏州府同知。

夏思旦。 顺州知州。

陈苊。 福建盐运使司，事具《乡贤》。

文物。 训导。

夏可润。 训导。

夏可裳。 贵州桂阳府训导。

王敬。 阳县知县。

何岑。 陕西知县。

向鼎。 潼关参政，见《乡贤》。

何楚。 湖广松滋县知县，事具《乡贤》。

陈正。 浙江金华府推官。

文可黼。 以荫贡任长泰知县。

陈计安。 江西桂溪县知县，甲申（崇祯十七年，1644）殉难京师。

夏友红。 福州府知府。

何以让。 直隶大名府通判，事具《乡贤》。

刘起沛。 大理寺卿。

曹宇山。 云南蒙化府宣议郎。

文可聘。 湖北郧西县知县。

文可时。 训导。

罗瑛。 训导。

文可后。 教谕。

夏景先。 贵州婺川县知县。

刘道。 教授。

谭元善。 教谕。

陈计长。 江西松江府同知，升湖南长沙府知府。

周大江。 湖广武昌府通判，追赠虬侯。

夏彦英。 御史。

夏道曙。 洪雅县教谕。

陈计大。 贵州广顺州知州。

陈计定。 贵州贵阳府通判。

何振虞。 贵州黄平州知州。

陈善世。 贵州贵阳府教授。

张天麟。_{陕西鳌屋县县丞。}

向牖螭。_{云南曲靖府推官，事具《乡贤》。}

熊闻。_{浙江兰溪县知县。}

程九万。_{知州。}

夏子婴。_{江南分巡道。}

刘养廉。_{东乡县训导。}

郑于乔。_{教授。}

夏道硕。_{大宁、大竹知县，升兵部武选司主事。}

朱明仲。_{御史。}

田一井。_{呈贡县知县。}

贺有年。_{贵州梅［湄］潭县知县。}

赵芝垣。_{云南曲靖府推官。}

鲁玉。_{陕西泾阳县知县。}

国朝

何诜虞。_{湖南湘阴县知县。}

黄来谙。_{宜宾县教谕。}

刘衍均[一]。_{浙江德清县知县。}

注释：

［一］蓝勇主编《稀见重庆地方文献汇点》（下）道光《重庆府志》卷之八《人物志·人物国朝涪州》第852页云："刘衍均，《通志》：康熙辛酉领乡荐，官浙江德清知县。吏治廉明，政先惠爱。会因公罢职，贫不能归，士民醵钱以助。后寿八十余卒。"

陈辅世。_{建昌卫教授。}

夏景宣。_{福建道监察御史。}

陈维世。_{洪雅县训导。}

陈援世。_{江南蒙城县知县，升寿州知州。}

向玺。_{任保宁府、顺庆府教授。}

何洪先。_{广东东安县知县。}

陈任世。_{议叙忠州学正。}

邹之英。_{马湖府训导。}

刘寅。_{大竹县训导。}

汤非仲。_{营山县教谕。}

何继先。_{汉州训导。}

何义先。_{广东镇平县知县。}

高于崧。_{西充县教谕。}

熊尔敬。_{合江县训导。}

张元儁。_{湖北潜江县知县。}

黄基。_{江南娄县知县。}

文正。_{垫江县教谕。}

周熙。_{洪雅县教谕，举乡饮大宾。}

程绪。_{洪雅县教谕。}

邹锡畴。_{历任浙江遂安、萧山等县知县。}

徐玉堂。_{湖南辰溪县知县。}

夏舢。_{江南砀山县知县。}

周含。_{富顺县教谕。}

张琪。_{梓潼县训导。}

陈治。_{湖南华容县知县。}

罗峕。_{顺庆府训导。}

陈朝义。_{福建建阳县知县。}

向峕。_{山西壶关县知县。}

张铎世。_{隆昌县教谕。}

徐玉书。_{越嶲厅教谕。}

李栋。_{拣发云南知县，改任永宁教谕。}

陈于午。_{翰林院庶吉士。}

陈于藩[一]。_{山西定襄县知县。}

注释：

［一］陈于藩：《涪陵文史资料选辑》第三辑第 128 页汪长春《涪陵市书画名人录》云：陈于藩（1725-1794），又名藩。涪州人。清乾隆壬申（1752）举人，曾任山西定襄县知县。一生为人忠厚平和，刚断而明事。精通经史，为文醇正典雅，名重蜀东。其书宗赵子昂。其行书苍劲有度，多态颖秀。

潘鸣谦。历任福建侯官、长泰、龙溪等县知县，加通判衔，升龙岩直隶州知州，署漳州府知府。

戴天申。新津县教谕。

张元鼎。浙江黄岩场盐大使。

邹昆。奉节县知县。

石若沺。东乡县教谕。

谭如玮。峨眉县教谕。

何沛霖。汶川县教谕。

刘宗元。历任湖北随州、荆门州、贵州平远州知州。

陈朝书。历任山西襄陵县、云南通海县知县、云南府同知。

张永载。历任河南罗山、上蔡等县知县。

陈鹏飞。历任山东曹县、莱芜等县知县。

岳贞。顺天乡试副考官。

倪文辉。威远县训导。

周兴沅。山西猗氏县知县。

熊如麟。犍为县教谕。

潘元会。历任湖北蕲水、广济等县知县，黄州府岐亭同知。

陈朝诗。历任湖南安福、耒阳，江西贵溪等县知县。

汤荣。洪雅县训导。

向三聘。陕西通江县知县。

黄良玺。训导。

杨名时。绵竹县训导。

陈淑世。湖广荆州府推官。

向鉽。浙江鄞县知县。

何铠[一]。山东夏津县知县，事详《贤达》。

注释：

[一] 蓝勇主编《稀见重庆地方文献汇点》(下) 道光《重庆府志》卷之八《人物志·人物国朝涪州》第852页云："何铠,《通志》: 康熙乙酉举人。年甫弱冠，博通经史，筮仕河南，官夏津县知县，有惠政。解组归，课子弟，俱登贤书。著有《永言随笔》，藏于家塾。"

倪天栋。冕宁县训导。

何鉝。福建罗源县知县。

黄自新。西昌县教谕。

冉洪瑨。山西宁武县知县。

钱良栋。冕宁县训导。

陈坚。拣发江苏河工，议叙同知。

何行先[一]。内阁中书，改任嘉定府教授。

注释：

[一] 蓝勇主编《稀见重庆地方文献汇点》(下) 道光《重庆府志》卷之八《人物志·人物国朝涪州》第852页云："《通志》: 何行先：康熙辛卯领乡荐第一。嗜古好学，不履城市，结庐横山，潜心典籍，学问文章，邑人至今称之。"

杨楷。嘉定府教授。

周珙。湖北江陵县知县。

陈廷。荣县教谕。

赵鸤。湖北龙阳县知县。

夏玥。通江县教谕。

吴昉。江西安远县知县。

吴士修。中江县训导。

陈岱。江西万年县知县。

罗洪声。浙江义乌县知县

邹㴴。历任山东朝城、城武，陕西安塞等县知县。

杨嘉祉。忠州学正。

陈恺。河南济源县知县

黄世远。广东盐大使。

黄为琰。渠县训导。

何有基。湖北沔阳州知州。

张珮。训导。

陈于锦。河南济源县知县。

汪育楷。三台县训导。

周世德。邛州训导。

何达先。教谕。

易肇文。湖北光化县知县。

李世盛。浙江盐大使。

邓鹏年。黔江县教谕。

陈于中。贵州永从县知县、独山州知州、八寨同知、广西庆远府知府、广东驿粮道。

周锦。广西来宾县知县。

张煦。山西蒲县知县。

黄元文。广西昭平县知县。

吴仕宏。云南江川县知县。

侯天章。历任陕西南郑、宁羌、乾州、咸宁等州县，汉中府知府。

杨洪宣。广东仁化县知县。

李天鹏。江西奉新县知县。

高易。新都县教谕。

陈于宣。历任湖南永定、会同、绥宁等县知县。

邹锡彤。山西襄垣县知县，云南迤东道。

刘为鸿。广西郁林州知州。

汤辉道。成都府教授。

何裕基。温江县教谕。

陈于宁。山西芮城县知县。

周煌。都察院左都御史、工部尚书、太子太傅，谥文恭，事具《乡贤》。

陈于翰。江西高淳县知县。

周铣。甘肃伏羌、敦煌等县知县。

黄坦。湖北枣阳县知县。

邹锡钧。宜宾县教谕。

潘喻谦。直隶肃宁县知县。

文楠。甘肃候补知县。

周兴岱。都察院左都御史。

毛振翮。山西高平县知县。

周宗岐。翰林院编修。

熊德芝。河南襄成县知县、许州知州。

周鍈。云南黑盐井盐大使、丽江府维西通判。

张景载。直隶城安县知县。

周兴涪。南江县教谕。

夏岳。垫江县教谕。

夏嶷。岳池县教谕。

熊德藩。马边厅教谕、贵州安南清溪县知县。

李映桃。平武县教谕。

李映阁。双流县教谕。

何启昌。江西靖安县知县。

毛佩荪。安徽休宁县县丞。

彭宗古。山东蓬莱、日照、德平等县知县。

王怡。山西夏县知县，升浙江宁波府同知。

曹仕华。广东会县知县、儋州知州。

邹洢宁。浙江宁海县知县。

谭模。山东淄川县知县。

周宗泰^[一]。江苏武进县知县。

注释：

［一］蓝勇主编《稀见重庆地方文献汇点》（下）道光《重庆府志》卷之八《人物志·孝友明》第 870 页云："周宗泰，乾隆庚子科举人。与胞弟宗泗竭力事亲，友爱最笃，不忍稍离。后泗为己酉科举人。"

舒鹏翼。任广东嘉应州州同，肇庆府通判，长乐、鹤山、阳春、英德等县知县，湖北黄州府歧亭同知。

夏明。新繁县教谕。

余允修。寄籍鄞都。成都县训导、石门县知县。

陈廷璠。广西藤县知县，事具《乡贤》。

陈夔让。福建建安县知县。

陈廷达。广西宜山、崇山等县知县，广东连平州知州。

陈煦。历任江西信丰、南昌等县知县，吴城同知，凤阳府知府，调安徽安庆府知府，署赣南道。

周宗华。历任山东德平、福山、诸城等县知县，升曹州府桃源同知。

周衡。直隶抚宁县知县，升定州直隶州知州、正定府知府。

周如冈。历任湖南沅江、武陵、湘乡、长沙、武冈等州与澧州直隶州知州。

舒国珍。广东招收场盐大使。

周宗汭。崇庆州学正。

倪文斗。兴文县训导。

夏峄。清溪县训导。

文如筠。贵州瓮安县知县。

陈永图。历任湖南永兴、章宜等县知县。

熊德葵。泸州训导。

王煊。绵州训导。

王玉成。彰明县教谕。

周廷擂。江苏县丞。

邹澍庚。历任山西汾西、榆次、临晋等县知县，朔州知州。

周廷援。历任湖北襄阳、武昌等府知府，贵州贵西道，内升通政使司参议。

黄廷钧。会理州训导。

何锡九。大邑县教谕。

陈鹏志。大竹县训导。

向士珍。南江县训导。

彭应槐。江安县训导。

夏春。丹棱县教谕。

潘翅。通江县教谕。

张进。龙安府教授。

周宗泗。山西繁畤、黎城等县知县。

何浩如。湖南安化县知县。

周汝梅。郫县教谕。

周兴峄。历任浙江建德、萧山等县知县。

陈伊言。甘肃秦安县知县、固原州知州。

潘大昕。石泉县教谕。

周廷承。安徽县丞。

舒世锡。甘肃试用同知。

蒋葵[一]。贵州余庆知县。

注释：

[一] 蓝勇主编《稀见重庆地方文献汇点》（下）道光《重庆府志》卷之八《人物志·人物国朝涪州》第853页云："蒋葵，号苇夫，素以孝著。知贵州龙泉县，历任遵义县、贞丰州。随地建绩，士民颂之，为建生祠。"

石钟灵。大邑县教谕。

陈昉。福建福鼎、上杭、同安等县知县。

蒋与衡。广西北流县知县。

夏墀。安徽含山县知县。

潘硕源。岳池县训导。

陈葆森。安徽芜湖、阜阳等县知县。

李维先。潼川府训导。

杨映南。湖北石首县知县，改授学正。

石灿卣。金堂县教谕。

彭崧年。纳溪县训导，浙江余姚知县。

舒昺南。广东澄迈金江司巡检。

谭道衢。巫山县教谕。

陶世忠。龙安府训导。

赵一涵。德阳县教谕。

周克恭。梓潼县教谕。

高占鳌。广西马平县穿山司巡检。

周廷援。山东沂州府盐捕通判。

陈韶。内阁中书外用南河、山吁、宿北同知，加知府衔，捐升南河候补道。

陈燨[一]。山西道监察御史、礼科掌印、给事中京察一等记名，以道府用，简放江苏苏松常镇，调南河河库道。

注释：

[一]陈燨，《涪陵历史人物》第89页《清廉翰林陈燨》云：陈燨（1802–1850），原名灼，字旸生，号春脁。涪州蔺市人。祖父陈治，举人，乾隆年间（1736–1796）任湖南华容县知县，以清廉著称。陈燨聪颖过人，道光八年（1828）中举人，道光十二年（1832）考取进士，先后为翰林院编修、起居注协修、国史馆纂修。道光十九年（1839）十二月任山西道监察御史。在任上，道光皇帝命他稽查京都兴平仓，巡视北城。作为监察官和谏官，陈燨恪尽职守，为革除腐败，上《解运铜船，宜严查奸私》一折，指出在运输国家重要物资的过程中一些官员有舞弊行为，应该加以整治，并提出了整治措施，被朝廷采纳。又上《请严禁流匪，以杜奸萌》一折，指出流民变成流匪的原因，提出了治理的具体办法和措施，有利于安靖地方，亦被采纳。道光二十一年（1841）六月，改任云南道监察御史；次年二月，稽查崇文门税务，六月升为工科给事中，十月转任礼科掌印给事中。道光二十二年（1842），陈燨任江苏兵备道道员，署江苏常镇通海道，兼管扬州关。后历任江苏淮海道、江南盐巡道。道光二十六年（1846），任江苏河库道。在任上，他牢记祖训，清廉节俭，为国家集聚资财。河库道的税收银两，每年火耗高达数万两白银，陈燨丝毫不取。道光三十年（1850），其父病故，回乡丁忧。因其清廉，无路费回家，在其同僚资

助下，才得以成行。途中，陈爔病卒于扬州。

陈镕。<small>浙江龙泉县知县。</small>

石彦恬。<small>福建海澄县知县。</small>

周廷桢。<small>南部县训导。</small>

刘铭。<small>兴文县教谕，任山西高平、樊峙等县知县。</small>

舒仪翼。<small>江苏顾山司巡检。</small>

文怀清。<small>直隶巡检。</small>

陈瀚。<small>郫县教谕。</small>

高伯楷。<small>新津县教谕。</small>

周廷绩。<small>云南禄劝县知县，升同知，加知府衔。</small>

熊德芸。<small>直隶隆平县知县。</small>

邹枌。<small>工部屯田司主事。</small>

刘邦柄^[一]。<small>广西海康县知县。</small>

注释：

[一] 蓝勇主编《稀见重庆地方文献汇点》（下）道光《重庆府志》卷之八《人物志·人物国朝涪州》第853页云："刘邦柄，字握亭，号寅谷，少有至性，年十龄，值母病剧，焚香告天，刲股和药，疾果愈。嘉庆辛酉举人，戊辰进士，知广东东海县。海疆民民濒海而居者，田庐向漂没，柄为募工役，相地筑堤以障之，自是无潮汐患。尤喜奖进士类，，校课剧勤。捐俸设义学，文风丕振。历署化州、石城、吴川等邑，所至多惠政，士民颂之。旋丁外艰，哀毁骨立，未几病卒。著有《海上吟诗集》。"

陈稷田。<small>江苏铜山县知县。</small>

陈蓥咸。<small>翰林院待诏，改授会理州学正。</small>

张曙。<small>浙江钱塘县县丞。</small>

周廷振。<small>分发浙江盐大使。</small>

陈益襄。<small>巫山县教谕。</small>

郑昆。<small>奉节县教谕。</small>

石若洰。东乡县教谕。

李化南。奉节县教谕。

周守诚。现任云南澂江府知府。

周熙尧。通江县训导。

周廷赟。广东巡检，升用知县。

周守仪。安徽广德州州判。

周守正。现任贵州都匀府州府，加道衔。

余式棻。温江县训导，现任叙永厅教谕。

彭光焯。茂州学正。

黎濬。叙永厅教谕。

周继善。河南会同县知县。

舒廷杰。福建龙岩州溪口州同，历署宁洋、晋江等县，升龙岩州知州。

周蕃寿。榜名廷纪。汉中南郑县知县，事具《忠烈》。

毛徙南。现任岳池县教谕。

夏棨。现任长宁县训导。

傅炳墀。内阁中书。

毛凤五。现任安徽望江县知县。

周绍光。现任湖南永明县知县。

周淦。现任河南□□（原缺）知县。

周廷拯。云南候补吏目，事具《忠烈》。

周永言。广东博罗县巡检。

黄世远。广东盐大使。

龙治云。江西瑞州府经历。

吕毓琳。湖北候补知县。

徐光熙。湖北试用知县。

周元龙。直隶州州判，军功保举先用知县，加同知衔。

杨华峰。山西延长县典史。

谭镒。军功议叙广西象州吏目。

曾亮礼。<small>山西怀仁县典史。</small>

庞兴溶。<small>湖北宜城县典史。</small>

邓炳廷。<small>山西夏县典史。</small>

舒廷俊。<small>湖北候补巡检。</small>

熊载阳。<small>河南西平县典史。</small>

张锡恩。<small>议叙按察司照磨。</small>

周炳堃。<small>贵州候补县丞。</small>

邹轼殷。<small>雅安县训导。</small>

武　职

明

何德明。<small>洪武中屡立战功，封万户侯，掌涪陵军伍。</small>

刘信忠。<small>洪武间随将军廖永忠收明昇父子，功授湖广都司。</small>

汪汉国。<small>参将。</small>

何舜卿。<small>德明子，袭封千户伯。</small>

周达。<small>南京神枢四营副总兵，诰封荣禄大夫，事具《忠烈》。</small>

周建芳。<small>号勋臣，达之长子。骠骑将军。平闽贼，多战功，殁于军。事具《忠烈》。</small>

周茹荼。<small>达三子，湖南总兵。</small>

周傥。<small>字特夫，建芳长子。福建海澄游击。</small>

何清。<small>舜卿之子，繇举人袭封千户伯。</small>

何之玗。<small>天启中守备。</small>

国朝

邹应芳。<small>繇行伍任夔州镇总兵，官都督，挂平彝将军印。</small>

邹述麟。<small>武举。江南川沙营守备。</small>

邹之贵。<small>川北镇标都司。</small>

夏珮。<small>安徽安庆府水司营守备。</small>

余金山。_{黎雅营把总。}

曾受。_{縣行伍任甘肃永昌协副将，升湖北郧阳镇总兵、谷城提督，荫袭骑都尉。}

王国辅。_{縣乡勇立功，擢升河南许州副将，直隶保定镇总兵。}

汪调元。_{闽县汛把总。}

黄道亨。_{四川督标左营守备。}

徐邦道。_{记名提督，赏瑚松额铿巴图鲁。}

高占魁。_{副将，借补平乐营守备。}

魏鼎晋。_{游击衔，现任千总。}

黄灼。_{縣行伍官重庆镇中营外委。}

张镇东。_{武举。候选守备。}

侯膺浩。_{山西提标后营守备。}

封　典

明

夏朝选，_{以子铭赠奉直大夫。}妻谭氏，_{赠宜人。}

曹第，_{以子愈参，赠奉直大夫。}

文作，_{诰授光禄大夫。}妻陈氏，_{封一品夫人。}

周大江，_{以从讨宸濠功，追赠虬侯。}妻王氏，_{封一品夫人。}

谭子杰，_{以子棨赠奉政大夫。}

周达，_{诰授荣禄大夫。}妻聂氏，_{封一品夫人。}

陈致孝，_{诰授中宪大夫。}妻刘氏，_{封恭人。}

陈直，_{诰授奉政大夫。}妻袁氏，_{封宜人。}

陈蓂，_{诰授中宪大夫。}妻文氏，_{封恭人。}

陈计长，_{敕授文德郎。}妻夏氏，_{赠孺人。}

夏友纶，_{以孙邦谟赠光禄大夫。}妻周氏，_{赠一品夫人。}

夏彦策，_{以子邦谟赠光禄大夫。}

夏邦本，_{以孙国孝赠奉政大夫。}妻孙氏，_{赠宜人。}

夏正，以子国孝赠奉政大夫。妻易氏，赠宜人。

夏国玺，以子子婴赠中宪大夫。

夏良能，以子子谅赠中宪大夫。妻胡氏，赠恭人。

国朝

周茹荼，以曾孙煌赠光禄大夫。妻吴氏，赠一品夫人。

周俨，以孙煌赠光禄大夫。妻徐氏，赠一品夫人。

周珙，以子煌赠光禄大夫。妻杜氏、任氏，赠一品夫人。

周珣，以孙兴沉赠文林郎。妻陈氏，赠孺人。

周鋘，以子兴沉赠文林郎。妻向氏，赠孺人。

周琬，以子锦毗赠文林郎。妻文氏，赠孺人。

周铣，以侄兴岱赠中宪大夫。妻陈氏，赠恭人。

周煌，赐谥文恭，诰授光禄大夫。妻文氏、方氏，封一品夫人。

周兴岱，诰授光禄大夫。妻杜氏，封一品夫人。

周廷授，诰授中宪大夫。妻刘氏、赵氏，封恭人。

周廷揄，敕授文林郎。妻方氏，赠孺人。

周兴岷，诰授奉政大夫。妻方氏，赠宜人。

周兴岳，诰授朝议大夫。妻邹氏，赠宜人。

周宗华，诰授奉政大夫。妻彭氏，赠恭人。

周宗畬，以侄廷授赠中宪大夫。妻宫氏，赠恭人。

周铠，以子兴洙赠文林郎。妻庞氏，赠孺人。

周廷榘，以子元龙赠奉政大夫。妻何氏，封宜人。

周金彩，赠儒林郎。妻汪氏，赠安人。

周兴澧，以子汝梅赠修职郎。

陈命世，赠文林郎。妻沈氏、郝氏、姚氏，赠孺人。

陈振世，赠中宪大夫。妻朱氏、妾张氏赠恭人。

陈援世，赠文林郎。妻张氏，赠孺人。

陈于宣，承德郎以孙煦赠朝议大夫。妻熊氏，赠恭人。

陈朝龙，<small>以嗣子煦赠朝议大夫。</small>妻王氏，<small>赠恭人。</small>

陈廷璠，<small>以子煦赠朝议大夫。</small>妻周氏，<small>赠恭人。</small>

陈惇五，<small>以嗣子昉赠儒林郎。</small>妻王氏，<small>赠安人。</small>

陈煦，<small>诰授朝议大夫。</small>妻邹氏，<small>赠恭人。</small>

陈昉，<small>赠儒林郎。</small>妻□氏，<small>赠安人。</small>

陈峙[一]，<small>以子于宣赠承德郎。</small>妻黄氏，<small>赠安人。</small>

注释：

[一] 蓝勇主编《稀见重庆地方文献汇点》（下）道光《重庆府志》卷之八《人物志·人物国朝涪州》第852页云："陈峙，《通志》：与弟岱同领康熙甲午乡荐。有异才，嗜学不倦。性友爱，兄弟同居四十余年，一门雍睦，里人慕之。"

陈坚，<small>以子于中赠中宪人大。</small>妻文氏，<small>赠安人。</small>

陈瓒，<small>以孙治赠文林郎。</small>妻瞿氏，<small>赠孺人。</small>

陈昆，<small>以孙朝书赠奉政大夫。</small>妻左氏，<small>赠宜人。</small>

陈于铭，<small>子朝书赠奉政大夫。</small>妻何氏，<small>赠宜人。</small>

陈于彭，<small>子鹏飞赠文林郎。</small>妻古氏，<small>赠孺人。</small>

陈治，<small>以孙爔赠朝议大夫</small>

陈于宸，<small>以嗣子鹏飞赠文林郎。</small>妻文氏，<small>赠孺人。</small>

陈于午，<small>以子鸿志赠文林郎。</small>

陈朝书，<small>以子伊言赠奉政大夫。</small>

陈于贤，<small>以孙永图赠儒林郎。</small>妻瞿氏，<small>赠孺人。</small>

陈溶，<small>以子永图赠儒林郎。</small>妻黄氏，<small>赠孺人。</small>

陈继唐，<small>以子爔赠中宪大夫。</small>妻邹氏，<small>赠恭人。</small>

陈鹏高，<small>葆森本生祖赠文林郎。</small>

陈鹏遥，<small>以孙葆森赠文林郎。</small>

陈芝瑞，<small>以孙葆森赠文林郎。</small>

陈晙，<small>以弟煦赠儒林郎。</small>

陈鐉，<small>以弟韶赠奉政大夫。</small>

陈光辉，以子际云赠奉政大夫。妻沈氏赠宜人。

陈际云，赠奉直大夫。妻王氏，赠宜人。

邹应芳，以孙旃赠文林郎。妻方氏、刘氏，赠孺人。

邹之英，以孙锡彤赠中宪大夫。妻任氏，赠恭人。

邹旃，以子锡彤赠中宪大夫。妻杜氏，赠恭人。

邹金护，以孙为鸿赠奉政大夫。

邹锡礼，以孙枬赠朝议大夫。

邹治仑，以子枬赠朝议大夫。

邹澍庚，以弟澍庚赠奉直大夫。

何继先，以孙有基赠奉直大夫。

何铨，以子有基赠奉直大夫。妻陈氏，赠宜人。

何锐，以子沛霖赠修职郎。

何铠，以子启昌赠奉直大夫。妻文氏。

何肇基，以子锡九赠修职郎。妻张氏，赠孺人。

何裕基，以子启昌赠文林郎。妻曹氏，赠孺人。

何启昌，以子浩如赠文林郎。妻向氏，赠孺人。

向玺，以孙峃赠文林郎。妻冯氏、李氏，赠孺人。

向远翔，以子峃赠文林郎。妻周氏、杜氏，赠孺人。

张元俊，以孙永载赠文林郎。妻陈氏，赠孺人。

张煦，以子永载赠文林郎。妻何氏，赠孺人。

张钦载，以孙进赠文林郎。

张克念，以于进赠文林郎。

张玮，以子元鼎赠文林郎。妻李氏，赠孺人。

张元伟，以孙景载赠文林郎。

潘立茂，以孙元会赠奉政大夫。妻王氏，赠宜人。

潘愈睿，以孙鸣谦赠承德郎。妻郭氏，赠安人。

潘嵩，以子鸣谦赠承德郎。妻熊氏，赠安人。

潘承志，以子元会赠奉政大夫。妻高氏，赠宜人。

熊希衮，以孙德芝赠文林郎。妻许氏，赠孺人。

熊龙，以子德芝赠文林郎。妻王氏，赠宜人。

刘金护，以孙为鸿赠奉直大夫。

刘淑，以孙宗元赠奉直大夫。妻游氏，赠宜人。

刘光藜，赠修职郎。妻夏氏，赠孺人。

刘为鸿，以子宗元赠奉直大夫。妻徐氏，赠宜人。

刘燮元，以子邦柄赠文林郎。

彭学鸿，以子应槐赠修职郎。妻吴氏、张氏，赠孺人。

曾俊，以子受赠武功将军。妻冉氏，赠夫人。

舒廷杰，赠儒林郎。妻郑氏，赠宜人。

舒光宗，以孙鹏翼赠奉政大夫。妻瞿氏，赠宜人。

舒锟，以子鹏翼赠奉政大夫。妻曹氏，赠宜人。

舒鹏翼，赠儒林郎。妻魏氏、向氏，赠宜人。

彭应桂，以弟崧年赠修职郎。妻刘氏，赠孺人。

曾启仲，以孙受赠武功将军。妻贺氏，赠夫人。

冉世泽，以孙文袒赠奉政大夫。妻陈氏，赠宜人。

冉洪义，以子文袒赠奉政大夫。妻况氏，赠宜人。

汪文彩，以子元焯赠奉直大夫。妻冷氏，赠宜人。

汪元焯，赠奉直大夫。妻谢氏，赠宜人。

毛辅奇，以孙振翮赠文林郎。妻陈氏，赠孺人。

毛廷俊，以子振翮赠文林郎。妻陈氏，赠文林郎。

谭学诗，以子如玮赠修职郎。

谭美东，以子鐽赠登仕郎。

谭辉宇，以子道衢赠修职郎。妻周氏，赠孺人。

赵天长，以子一涵赠修职郎。妻刘氏，赠孺人。

赵一淙，以弟一涵赠修职郎。妻王氏，赠孺人。

李志，以子栋赠修职郎。妻何氏，赠孺人。

文步武，以子楠赠文林郎。妻周氏，赠孺人。

杨芳林，_{以子名时赠修职郎。}妻吴氏，_{赠孺人。}

孟左卿，_{赠奉直大夫。}

王清旦，_{以子应元赠文林郎。}妻严氏，_{赠孺人。}

王心向，_{赠儒林郎。}妻曾氏，_{封安人。}

夏琪，_{以子岳赠修职郎。}妻王氏，_{赠孺人。}

夏克明，_{以子景宣赠奉直大夫。}妻汪氏，_{赠宜人。}

夏子椿，_{以子可霖赠文林郎。}妻杨氏，_{赠孺人。}

夏景辉，_{以孙墀赠文林郎。}妻程氏，_{赠孺人。}

夏錞，_{以子墀赠文林郎。}妻熊氏，_{赠孺人。}

傅玉辉，_{以孙炳墀毗赠儒林郎。}妻韩氏，_{赠安人。}

傅鏕，_{以子炳墀覃恩勅封儒林郎，内阁中书加二级。}妻雷氏、陈氏，_{封安人。}

侯兴通，_{以孙天章赠文林郎。}妻万氏，_{赠孺人。}

侯朝佐，_{以子天章赠文林郎。}妻田氏、庞氏，_{赠孺人。}

侯显廷，_{赠武德骑尉。}妻廖氏，_{赠宜人。}

侯显达，_{赠武德骑尉。}妻谢氏，_{赠宜人。}

夏明宣，_{以子荣赠修职郎。}妻黎氏，_{赠孺人。}

高学海，_{以子伯楷赠修职郎。}妻杨氏，_{赠孺人。}

余国栋，_{赠武德骑尉。}妻吴氏，_{赠宜人。}

余崇勋，_{赠武德骑尉。}妻况氏，_{赠宜人。}

恩荫

周廷援，_{承父兴岱官左都御史，覃恩荫主事。}

周嘉铭，_{承父延拯云南殉难，荫云骑尉。}

周壎和，_{承父楙光苏州殉难，荫云骑尉。}

陈佑名，_{承父葆森宁国府殉难，荫云骑尉。}

郑濬忠，_{承父如璋鹤游坪殉难，荫云骑尉。}

周嘉猷，_{承父蕃寿南郑县殉难，荫云骑尉。}

重修涪州志卷九　人物志

孝友　忠烈

孝　友

崇祀忠义孝友祠者十二人。

明

夏正^[一]，贡生。夏道硕传曰：夏公讳正，号赤溪，居鹤凤滩之滨。岁未周，遭父邦本丧，母陈氏年甫廿，矢志育之。五龄问母曰：父何在？母语之曰：汝父五年前浴于江，死矣。正即哭，仆地，晕绝。稍甦，复问母曰：江何处？母遥指其处。正即腾身赴江所，家人遽抱止之曰：已探得，葬此山之麓，岂犹在水耶？正遂哭于其麓，卧地不起，亦不肯归，哭不绝声。年益长，读书游泮，娶易氏，偕奉母惟谨，寝食温清，不逾古礼，母有训必跪而受命，或曰：此礼久不复矣。正曰：此常礼耳，何足云孝？但一日不尔，则吾心如有所失，如此心何？其人惭而退。母尝病，医者谓必得鹿血和酒，正日夜告天，鹿不可得。潜自锥其身，沥血和酒以进，母病顿愈。逾月，病复发，正复如前，锥身沥血，病又愈。久之，母稍觉，泣谓曰：汝若再如此，吾死有余恨。正跪曰：儿身未尝痛，然亦遂奉母命止。家豢雏鸡以养母，一日鹰攫其一，正泣拜于地，曰：天乎，此雏以养母非自奉也。须臾，鹰回翔掷雏如其处，嗣又于他处攫鸡而掷之，如是者三，其诚孝所感类如此，载《省志》。子孙多登科第。

注释：

[一] 蓝勇主编《稀见重庆地方文献汇点》（下）道光《重庆府志》卷之八《人物志·孝友明》第864-865页云："夏正，《涪州志》：正父溺死，母陈氏二十守志。正五岁，

询父所在，母泣语之，遂往哭于江，又苦于墓，读书入泮，母有命必跪而受之。母病，医谓必得鹿血和酒，不能得，遂锥血以进。畜一鸡养母，鹰攫去，正泣而祝之，鹰掷还故处。母殁，庐墓三年，有司为题表刻石。"

周昇，宏［弘］治间辟举补官铜陵县知县。以孝闻，得旨旌表建祠，配享道国公祀。

王应元[一]，力农养父。父每出必候于途，扶掖以归。一日，方力田，父醉卧于室，室忽火，急奔救，火炽甚，身濡泥水出而复入者三。呼号烈焰中，抱父死。载《省志》。

注释：

［一］蓝勇主编《稀见重庆地方文献汇点》（下）道光《重庆府志》卷之八《人物志·孝友明》第864页云："王应元，旧《通志》：涪州人，家贫居乡，力农养父。父每出饮，应元候于途，扶之以归。一日，应元于田，父醉卧其家，不戒于火，急奔回，烈焰甚炽，身濡泥水出而复入，救之者三，号苦火中，抱父而死。"

何以让，字环斗，崇祀先贤。知大名时，陈情终养，顷刻不离。亲殁，庐墓三年，当事屡荐，不出。寿七十二，敕建懿孝名儒坊，有《两都赋》行世。载《省志》。

文经，庠生。孝行坊在宗祠之左，载《省志》。

毛宗成[一]，业农。父早卒，事母孝。盗劫其家，负母匿林中以免。母卒，葬宅畔。昕夕省视，至老不倦。载《省志》。

注释：

［一］蓝勇主编《稀见重庆地方文献汇点》（下）第864页云："毛宗成，旧《通志》：涪州人。父早卒，事母孝，力农赡养。偶盗至，独负母匿林中，垂涕拥护得免于难。母卒，葬于室侧，每日往视，至老不倦。"

国朝

周俨[一]，编修。蒋士铨传曰：公讳俨，字钦斋，号乂公，别号墨潭。姓周氏，系出楚之营道县，为濂溪先生十七世孙。其世次具彝山公墓志，不复详。彝山先生，公考也，讳茹茶，明湖南路总兵官。妣吴夫人，生公及弟儒公。早慧端厚，年十三，通经史。十五，能文章。天启间，彝山公以智勇立功，威名赫然。遍天下国变，后僭伪纷乘，乱贼四起，又数从王春石师相及忠国王公恢复数十郡县。既而观时审变，遂解印绶，去官，往侍二亲于桐梓。亲殁，返枢葬涪州。时康熙乙巳（四年，1665）之岁也。戊申（七年，1668），公入庠。甲寅（十三年，1774），滇逆伪帅遣聘使招致总戎公。总戎怒骂之。儒恐激则致变，请往谢。至阆中，为贼所留。总戎公恚而疾，公于是出奇计挈弟遁归，总戎公霍然而起，曰：吾家清白不污矣。汉沔间传公孝义者藉甚。吴逆设制科，士被迫胁，多往应。公匿迹深隐，乃奉父母避居黑塘山庄。又徙居白志，岩栖七载。研究青乌、珞琭、轩岐、璞辂等书，入理尤邃。庚申九月，谭宏乱。贼众百余夜薄公室，公挺戟刺其魁，遽引去。公与儒谋分负父母走，力怯不任。彝山公曰：贼且复至，儿等速遁，勿同殉。公抱翁泣曰：今夕死耳，不能以亲委贼。俄而贼果来，儒奋身出敌，贼斫之。贼乃斩扉入，攒刀刺公，扑地，而儒率邻众挟兵反攻，贼为骇窜。明日，儒创裂，将死。公稍甦，命舁榻就弟枕侧，与诀，儒号而绝。母夫人感恸成疾，旋亦卒。公兄弟至乾隆间始旌其孝。按：史载孙恩之乱乌程，潘综扶父骠出避，父老不能行，令综走，不可。贼来，斫骠，综抱父腹下，以头面受四创，死而复苏。后有司奏改其村曰纯孝里。与此绝类，第无兄弟同祸耳。儒殁后，公抚恤孤寡备至，历三十年如一日，且戒室人曰：必善视之，勿令孀雏含痛。及侄顼渐长，乃分田庐、奴婢为立门户而翼之如初。于是再徙贤人乡，建陆舫小筑，莳花药娱翁，使诸郎诵读其内。庚午乡试得举，名列第四。明年下第。同年生任典谟卒旅邸，公为具棺殓，护持还里。而彝山公病适剧，公祷天祈减己算以代。又尝粪为默验，翁病于是得遽痊。辄历三年，然后卒。公号恸七日，绝食饮，须发尽白，形骸枯悴，至性纯粹盖如此。公仁惠，重然诺，好施与，有贷者辄焚其券，或以妻子托，历久不负于朋友。亲丧虽千里必往会葬，有东溪君子风义。又善方书，活人无算。甲申，奉部檄，谒选入京。八月，病于舟次。惟一幼仆侍，乃检行箧所著宗谱及诗文，俾遗诸子。遂殁，时康熙四十二年（1703）八月初五日也，距生顺治六年（1649）十月十七日，历年五十有六，祔葬磨沱山庄总戎公墓次。闻公读书山中时，夜有奔公者，力拒之，且誓不言某姓氏，妇惭感去。乡有虎患，公为文责神，谓奸凶横行，神弗诛殛，乃纵虎为虐，有惭享祀。越数日，虎尽噬里中大狝而隐，人咸异之。惟正乃格，不信然与？公配徐，生四子五女，珣、琬、珙、璇。珙登乙酉科，今天门多治行。孙十一人某某，由科目出宰者四人，在庠序者五人。惟珙子煌，由翰林起家，今官少司马。曾孙若干，登贤书者兴沅、兴洛。惟兴岱，亦官翰林，侍郎次子也。

太史氏曰：语云孝而仁者，可与言忠信；而勇者可与守义。公百行完美，比德昔贤。若全亲于难则赵咨、江革、牛徽也。脱弟于贼则赵孝、倪萌、淳于恭也。减算延亲，涤圊尝粪，则王荐、石建、黔娄也。发白形毁，则郭延炜、荀文师也。至如豺狼远徙，猛兽避途，则又吴逵、司马暠也。而暗室弗欺，端洁自守，于曹鼐、陆公容有同轨焉。嗟乎！凡公所有者，他人得一已传于世，而公兼备焉。史称濂溪先生清明诚一、寡欲于无笃、泛爱拯忧患、护友丧、守亲墓，泊然于世，公恒肖焉。是乃濂溪之裔也欤！

注释：

[一]蓝勇主编《稀见重庆地方文献汇点》（下）道光《重庆府志》卷之八《人物志·孝友明》第869页云："周俨，字墨潭，涪州人。母先丧，事父以孝称。时贼谭宏煽乱，俨欲负父潜避，为贼所执，两臂受伤，血溢昏愦。弟儒与贼战亦受伤，四邻奔救，贼乃退、逾年父疾笃，俨尝粪试甘苦，后竟不起。号泣呕血七日发尽白。弟妇孀居，抚藐孤如己出。人谓孝友节义萃于一门。己卯夏，涪南境有虎患，俨为文驱之，虎竟远去。"

周儒，字鲁贞，庠生，生平事详《周俨传》中，并载《一统志》。

黄志焕[一]，康熙己丑（四十八年，1709）夏五月，城中火。前一日，志焕父卒，殡于堂。火及其庐，志焕负母出。复入，启棺，负父尸，突烈焰出。州牧董维祺救火，目睹。其事详郡守，俱额旌之。

注释：

[一]蓝勇主编《稀见重庆地方文献汇点》（下）第869页云："黄志焕，涪州人，事父母以孝称。康熙己丑（四十八年，1709）五月，城中失火延烧民居。适父病卒，志焕先扶母置他所，负父尸以出。州牧董维祺目击之，额其门。"

彭学鸿[一]，九岁丧父，哀毁骨立，后见父衣履辄泣。母皮氏病，尝粪验体咎。泊殁，庐墓，卒墓侧。旌表建坊。

注释：

[一]蓝勇主编《稀见重庆地方文献汇点》（下）第870页云："彭学鸿，贡生，彭

铣子。父卒时，年九岁，哀毁骨立，后凡饮食必思，见父衣履必泣。母皮氏病，尝粪以卜生死，侍汤药昼夜不倦。母殁，庐墓以居，遂卒墓侧。真纯孝也，建孝子坊旌之。"

谭世汇^[一]，父鉴病，尝粪。每夜祈天，愿以身代。父卒，庐墓三年。嘉庆四年（1799）春，教匪破鹤游坪，负母夏氏逃至柴林坡。猝遇贼，伤肱，母惊，坠地。汇忍痛杀贼，贼不敢近，得脱。母年八十二卒，仍庐墓侧。池中红莲花忽放白，坊建沈家场里许。

注释：

［一］蓝勇主编《稀见重庆地方文献汇点》（下）第870页云："谭世汇，庠生，谭鉴次子。父病尝粪，每夜焚香告天，愿以身代。父卒，哀号泣血。庐墓三年，逆匪破鹤游坪，负母夏氏逃里许。贼至以身护母，被数十创。究保其母。享寿八十二岁。当母病时，卧床五年，药必亲尝，粪溺必亲涤，仍告天必以身代。及没，水浆不入口七日，鬓发俱白。葬毕，庐墓侧池中红莲开放忽变为白。兄弟各居，朝夕亲自检点。劝以成德，沐恩准建孝友坊。"

郎仕德^[一]，父早丧，事母孝。及卒，庐墓三年，时值严冬，坟生三笋，旌表建坊。

注释：

［一］蓝勇主编《稀见重庆地方文献汇点》（下）第869页云："郎仕德，父早丧，事母最孝。母卒，庐墓三年，时值严冬，坟生三笋，里人奇之，呈准旌表建坊。"

孝友未入祠祀者

明

周廷珍，甲申（崇祯十七年，1644）岁，献贼陷涪州，母姬氏卧病，珍负母避乱山中，母曰："汝，五世一线之传，勿以我堕周氏绪也。"促之数，不忍去。母旋卒，珍躄踊无措，瞥见空茔，葬母其中。贼众突至，坠层岩。不死，夜中缘藤下至江浒，苦无渡，一叟掉舟飘然来，脱之。

刘奇山，司谏秋佩弟也。司谏以言逆旨，罚其私帑充军饷。奇山鬻田宅，往来穷边，备历艰辛，卒脱司谏以归。构高楼，兄弟觞咏其上，以终余年。

国朝

杨维楫，杨奇子。甫二岁，父卒，事母何氏孝。雍正二年（1724），为母请旌，有"冰霜映雪"坊，在学宫右。母病，日侍汤药，衣不解带。母思食鱼，楫遍觅得之。持归，母已卒矣。捶膺破额几绝，七日水浆不入口，居丧不近内者三年。后见鱼，辄流涕不食。

徐永珍[一]，家赤贫。少丧母，事父九龙孝。住破窑中。父嗜酒，每日佣工贳酒，供父而已。常乏食。父卒，丐棺以葬，庐墓三年。

注释：

[一]蓝勇主编《稀见重庆地方文献汇点》（下）："徐永珍，母早丧，事父九龙最孝。家极贫，住败窑中。父嗜酒，永珍每日营工贳酒以供，己尝乏食而奉父有余。其父享寿七十卒，乞棺以葬棚栖墓侧三载，悲哀不忘，里人重之。"

杨昌荣[一]，三岁丧母。年十一，父胜德殁。贫无葬具，典身于杨体常家，始克葬。后赎回。

注释：

[一]蓝勇主编《稀见重庆地方文献汇点》（下）第869页云："杨昌荣，三岁丧母，年十一父胜德亦故。家贫无葬具，自鬻于杨体常之家，获金具衣棺以葬。"

朱之安[一]，家贫。负母殁，不克葬，鬻身陆祖信家葬之，后赎归。

注释：

[一]蓝勇主编《稀见重庆地方文献汇点》（下）："朱之安，家极贫，鬻身于庐祖信之家以葬父母。"

陈鹏飞[一]，幼失怙。母性严，飞怡颜承顺。母怒，必长跪，俟解乃起。及成进士，宰莱芜，迎养三载。母卒，扶枢归，庐墓三年。仲父无子，爱季父子，立为后。众侄意不悦，乃皆量给产以安之，而浮议弗息。飞推所得产让争者，众始贴然。

注释：

[一]蓝勇主编《稀见重庆地方文献汇点》（下）第853页云："陈鹏飞，《通志》：字之南，乾隆己卯举人，癸未进士，任山东莱芜县知县。廉明公正，民畏而爱之。幼孤。

事母以孝闻。母文以节请旌，殁后，鹏飞庐墓三年，尽衰尽礼。文章品行，士林仰之。"
《涪陵文史资料选辑》第三辑第 128 页汪长春《涪陵市书画名人录》云：陈鹏飞，字之南，
涪州人。生于清雍正六年，卒于清嘉庆二年。孝谨友爱，聪慧颖悟，凡作一艺独开生面，
士类称为锦心绣口。乾隆二十四年（1759）举人，二十八年（1763）进士。曾任山东莱
芜县令，政绩昭著；调曹县知县。能以德化人。一生擅书，工诗，书法怀素。有《舟行
黔水道中》，字体元气浑伦。其文章品行，为时人谨诚尊仰。参见《历代名人与涪陵》
第 133 页《陈鹏飞乌江留咏》。

欧阳德焕^[一]，贡生，父养异姓子。后生四子，析产时诸弟靳不与产。德焕曲全，
卒均与之。壮年丧妻，不复娶。

注释：

[一]蓝勇主编《稀见重庆地方文献汇点》（下）第 871 页云："欧阳德焕，贡生，
性诚朴。其父先抚一子为长焕，胞弟四人俱以兄由外抱，不许分产。德焕为之曲全，
均分如一。老母养膳，一身任之。以幼染弱疾，年二十余妻杨氏故，即终身不再娶。
每训及门，以曾子为法云。"

杨恒^[一]，增生。家素封，代父理家政四十年，无私积。少时，胞弟溺死。闻信，
号喻跃入池，几殉，救之免。母卒，不入私室者三年。

注释：

[一]蓝勇主编《稀见重庆地方文献汇点》（下）第 871 页云："杨恒，号诚之，增
生，事亲五十余年，理家政四十载，毫无私积。家有胞弟溺死，闻信即跳入塘内觅之，
几以身殉。亲没，不入闱内者三年。弟兄分产，推多取少，里中相观而化者甚众。"

冉治华，父铠，家贫绝食。治华年十六，欲鬻身以养。舅氏何田阻之，贷以服贾资，
供菽水。后小康，弟兄丧葬、婚嫁皆力任之。尝得重疾，妻陈氏刲股疗之，愈。

何文明，兄弟三人。母黎氏钟爱其伯季，析产时先以沃田多与之，而寡与仲子。
文明曲顺母意，了无芥蒂。

何其潜，文明子。继母性褊急，曲体承顺，无或拂。

何玺，其潜子。教匪破鹤游坪，祖文明患瘫疾，负以逃。遇数贼，与斗，伤肱。斗愈力，贼却而去。人称其"三世孝思"云。

余龙光，坊建石马子驷马乡，事具《坊额》。

杨家祥[一]，侍养父母六十余年，未尝远离。及殁，哀毁骨立。岁时省墓，辄泫然曰："儿来也。"依恋不忍去。

注释：

[一] 蓝勇主编《稀见重庆地方文献汇点》（下）第 871 页云："杨家祥，字瑞庵，事亲极孝。昏定晨省六十余年，未尝远离，且慎言节欲，和睦族邻，好谈阴骘事，时刻善书以警世。尝曰：'人子之身，父母之身也。吾生平跬步不敢苟，惧辱亲也。'亲殁，哀毁骨立。葬后每日必至墓前泣曰：'儿来也。'久之不忍去，如是者数年，其孺慕之诚盖如此。"

张大鹏[一]，父天时尝患瘫闭乳，吸之，溺出，病痊。兄大伦病，医药躬亲。及殁，哀痛成疾，随卒。子玉山亦以孝谨称。

注释：

[一] 蓝勇主编《稀见重庆地方文献汇点》（下）第 870 页云："张大鹏，父天时屡患便塞，大鹏多方以调之，不厌污浊。兄大伦病，汤药亲尝。兄殁，日夜悲号，困之成疾而卒。"

倪士镇，贡生。嘉庆三年（1798），父菁莪罹教匪之难。椎心泣血，引疚终身。舌耕养母，岁分馆谷瞻弟。弟殁，抚侄如子。

陈静思[一]，庠生。事亲孝，父卒，庐墓三年。母体弱畏寒，夜辄预眠母榻，温衾枕，俟母寝乃退。洎殁，悲号，七日须发尽白，庐墓三年。孙伯芝入邑庠。

注释：

[一] 蓝勇主编《稀见重庆地方文献汇点》（下）第 870 页云："陈静思，庠生，事亲最孝。每遇父病即忧泣不食，疾愈乃复初。父卒，庐墓三年，严冬必伴孀母以宿，便溺亲涤。母卒，悲号七日，须发俱白，仍庐墓三年。其孙伯芝入膠庠。"

黄正中，父病，侍奉汤药，衣不解带，窃尝粪。弟用中夫妇早丧，遗幼子为瑁，鞠养同于所生。

余体甲，父锡龄病笃，尝粪，味辛。医曰："是为金克木，得要领矣。"处方服之，愈。

张四维，庠生。性孝友。亲病，尝粪，立方治之。业医，活人甚众。

李元明，世居岳池。嘉庆三年（1798）教匪之乱，父病足。元明年十七，负父潜逃，为贼执，跪求杀己以贷，贼释之。后至涪，居积起家巨万，遂入涪籍。

余耀廷[一]，父早殁，事母孝。严寒必先以体温其衣衾，数十年罔懈。析产，叔无厌，指己田百亩让之。子孙多入武庠。

注释：

[一]蓝勇主编《稀见重庆地方文献汇点》（下）第876页云："余耀廷，喜刻善书，而又量力施与者也。"

夏礼行[一]，庠生。生九月，母杨氏卒，继母刘氏抚之成立。刘老而瘫，礼行奉汤药不懈，十余年如一日。

注释：

[一]蓝勇主编《稀见重庆地方文献汇点》（下）第869页云："夏礼行，庠生。生九月，母杨氏卒，继母刘抚养成立。刘晚年得瘫痪久卧，礼行侍汤药，衣不解带，数年如一日。享寿八十九岁卒。"

张国定，幼丧母。既长，劝父续娶。弟生六月而父殁。事继母孝，抚幼弟成立。置产与之均。

卢大训，事亲诚笃。父殁，庐墓三年。

陈纯清，以孝闻。父母殁，庐墓三年。与妻夏氏齐眉，年八十三。

黄文华[一]，事母孝。泊卒，庐墓三年。壮年失偶，遂不娶。

注释：

[一]蓝勇主编《稀见重庆地方文献汇点》（下）第870页云："黄文华，号竹楼，廪生，黄鹤鸣胞兄也。早孤，事母极孝。母卒，庐墓三年。性更友爱，一兄两弟同居，毫无间言。中年失偶不娶，或劝之，文华曰：'娶妻为后嗣耳，我今有两子矣，何必再娶？'"

何光秀[一]，亲殁，庐墓三年，尤多隐德。

注释：

［一］蓝勇主编《稀见重庆地方文献汇点》（下）第 870 页云："何光秀，以孝事亲，亲没泣血庐墓，且广行阴骘事。里有争讼，必捐费以和解之。"

王家宾[一]，母病，亲涤溺器，药必先尝。事兄家栋，饮食出入必偕。

注释：

［一］蓝勇主编《稀见重庆地方文献汇点》（下）第 870 页云："王家宾，性孝友，积学未售，父故，母氏游多疾，母为亲涤溺器，药必先尝。事兄家栋最恭，饮食出入必共，且训蒙以正，造就多人，尝作《孝友歌》以劝世。晚居柳园，诗酒自娱，抱道而卒。"

王铨[一]，教匪之乱，奉母避涪陵江仙女洞，距家百余里，母嗜家中米，铨往返负米数年如一日。

注释：

［一］蓝勇主编《稀见重庆地方文献汇点》（下）第 870 页云："王铨，号选之，妻彭氏，夫妇俱孝。教匪入境，奉母杨氏避贼小河仙女洞，奉养数年。母多病，彭氏奉侍汤药，洗涤污秽，始终不倦。兼能事胞叔婶母，友爱堂兄弟。凡生养死葬，身独任之，毫无怨言。夫妇年均七十无疾而终。"

彭为楷[一]，父早卒。母病疽数年，躬亲洗涤，奉汤药不倦。洎殁，哀毁骨立。

注释：

［一］蓝勇主编《稀见重庆地方文献汇点》（下）第 870 页云："彭为楷，事父以孝闻。父卒，母病疽数年，楷躬洗涤，煎汤药不倦。母殁，哀毁骨立，葬祭尽礼。"

郑顺唐[一]，庠生。少孤，事母萧氏孝。母病祷神，愿以身代。

注释：

［一］蓝勇主编《稀见重庆地方文献汇点》（下）第 870 页云："郑顺唐，庠生，父明早故，事母萧氏最孝。每遇母病即祷司命，愿以身代。母命其逼水塘，即终身不由

水道。母性戒杀，唐体其意放生，足迹不入城市。”

贺开钰，事亲孝。昆弟六人，钰与两弟，继母出也。与诸兄析爨后，两弟始生，及长，独以己赀与之均。兄弟先后殁，抚其子女，同于所生。卒时，诸孤服父丧焉。

王清醇，父登尧以义愤毙人于市，清醇在外闻之，奔归投首，坚自承。案定，流湖北蕲州，卒于配所。一子，家隆然起。

李国兴，父中风，病目，左右就养十余年，无少懈。洎殁，居丧不近内三年。

周承武，母病瘫，不能行。每出入，躬负之，侍养二十余年不懈。

徐儆，父病瘫，六年日夜侍侧。事母冯氏，食必具甘旨，有余必请。姊孀贫无依，迎归养之终身。

淳显扬，父卒，贫不克葬。鬻身获二十五金，葬父养母。后得赎。母病，刲股疗之，越十余年，母始殁。显扬亦获寿八十余。

周廷枚，年十二失怙。事母孝，童年即任家政。时外侮频仍，横甚，曲弭之，不一令母闻，母恒怡。尝侍母疾，废寝食者累月。族蕃散处，丁逾千。经兵燹，亡其谱。殚力搜辑，历三寒暑乃成。子端，庠生。庄，副榜。

陈煦，号晓峰，承嗣伯父。母王氏，外戚家多贫。煦官凤阳，以俸金分赡之，母慰甚。本生父廷璠宰藤县，告归，迎养。及兄弟姊妹团聚官廨。璠卒，丧葬尽礼。叔廷达官德庆，弟昉官上杭，公亏累累皆巨款，弟韶官中翰逋负且以万计，悉代偿之。

覃昶，母病足，起居需人。昶衣不解带，寒夜间呼即起，八年不倦。

周汝梅[一]，事父母先意承志。母邹氏，夙患痰疾。梅方髫龄，即能曲尽孝思，久弥笃，父获享天年。友爱兄弟，分产不计肥硗，一室蔼然。

注释：

[一] 蓝勇主编《稀见重庆地方文献汇点》(下)道光《重庆府志》卷之八《人物志·孝友明》第871页云：“周汝梅，字雪樵，笃学敦伦。父辈有微嫌，必积诚以感之，俾和睦如初。分产以膏腴让其弟议堂，己独取其硗瘠者，故屡遭骨肉之变而不失其常。后官郫县教谕，倡修圣庙，购祭器铸铁鼎，以经术造士，名士多出其门。”

陈文池[一]，生四月，父卒。母李氏，抚以成立。深痛不及，事父事母以孝谨称，与妻彭氏尝两刲股疗母疾。

注释:

[一]蓝勇主编《稀见重庆地方文献汇点》(下)第 869 页云:"陈文池,生四月而父卒。母李氏矢志抚以成立。文池深痛不及事父,谨遵母命。母病,割股和药以进,病立愈。其后母又病,文池妻彭氏亦割股救姑,乡人称为双孝云。"

潘岐,贡生。少有至性,以笔耕孝养媪母。泊殁,丧葬祭务尽其力。弟艰窘无措,析己所置产赡之。及门多掇科第,周宫傅其翘楚也。配刘氏,八十齐眉。宫傅自京邸寄诗寿之。子履谦,恩赐翰林院检讨。孙硕源,岳池训导。年皆八十三。

何图,监生。石逆之乱,负八旬老父避山中。贼至,众散走。父不去,图守之。贼执而剚刃其父,图辗转以身蔽翼,血流被地,坚持其父,不释。贼相顾骇叹,不忍害,一家获全。

何玉亮,力农养母。石逆之乱,负母逃。遇贼,伤母脑后,血流沾衣。一贼继至,问:"所负何人?"曰:"吾母也!年九十二矣。"贼怜之,曰:"愿尔寿如尔母。"贼去。母以创卒,玉亮哀毁甚,邻人为助葬焉。

彭墅,父失明,晨夕舐之,年余复明。

陈开鉴,母李氏病瘫,日侍汤药,不离左右。每夜与弟分侍,达旦弗懈。侄禹畴,资以膏火束脩,俾成名,子孙绍书香焉。

郑道生,教匪之乱,父文尊被虏。道生朝夕泣祷文昌神,梦神示父归期,果应。母方氏目瞽,虔事佛,获享遐龄。

谢正春[一],有至性。道光六年(1826),父母俱病,焚香告天,愿以身代,弗愈。十月,剖腹刲肝,和药以进,病立愈,州牧奖其奇孝。

注释:

[一]蓝勇主编《稀见重庆地方文献汇点》(下)第 870 页云:"谢正春,性至孝,道光六年,父母俱病五夜,焚香告天,愿以身代。是年七月,剖腹取肝和药以进,亲病立痊。己身亦无恙。虽属愚孝,然非实有至性者不能,州牧重为奖励之。"

尹明德,少失怙,家贫。母邓氏,抚之成立。积劳瘁,撄疾,明德刲肝和药,病立痊。

按：孝而出于毁伤肢体，例不旌，然人子当亲病革，身且不有遑问浮世之名之区区哉！乃苛刻以论訾为愚孝。呜呼！彼自行其心之所至而已，天性勃发，愚不可及，奚烦内自愧而强为言者？持绳墨较量短长于其后耶！爰汇载之为薄俗劝。

曹仕伦，年十三，刲股愈母疾。

陈盛虞，少失怙，事母孝。母病垂危，刲股疗之。弟继虞，爨析荡产，以分田赡之。

覃均常，父病，焚香告天，刲股和药，致享大年。

吴文瑞[一]，母疾，两割股啖之，愈。

注释：

[一] 蓝勇主编《稀见重庆地方文献汇点》（下）第 869 页云："吴文瑞，自幼失怙，事母病两次，割股救之，皆痊。兄弟友爱，三世同居。推有让无且乐善好施，行谊足多云。"

汪廷献，侍父疾，衣不解带。尝药，晋曰：何气腥如是？人始知其刲股。

罗昌全[一]，母病，刲股愈之，时年十八。

注释：

[一] 蓝勇主编《稀见重庆地方文献汇点》（下）第 869 页云："罗昌全，性至孝，父洪纯病卧十日，昌全泣十日，忘寝废室。母李氏病危，昌全年甫十八，割股和药以进，母病立即愈。"

高焘，事孀母夏氏孝。母病，刲股进药不起，哀毁骨立。越五日，创剧，死于苫次。

文宗渭，母病，延医不遇，惶甚。刲股待药，医至一服愈。

李如骥[一]，亲病泣吁天，刲股和药，进之立痊，子蒸然、蔚然俱游泮。

注释：

[一] 蓝勇主编《稀见重庆地方文献汇点》（下）第 870 页云："李如骥，性纯朴，父母病，割两其股。岁凶，施米以济贫乏。二子蒸然、蔚然均游成均，享年七十八岁。"

张镛，亲病，未尝入内。一日行步稍蹇，妻蹑之，刲肉在手，香犹爇。

文有仪，母陈氏病剧，仓卒不知所为，刲股和药以进。终不起，哀毁逾恒，撄疾终身。

蔡汝铭，父母病，俱刲股。洎殁，庐墓三年。

赵一淙，年十二时父病，刲股愈之。后母病，复刲股。

陈正才，父病，饵药益笃，刲股进之，得愈。

周调元，事亲孝。邻有子，多违迕。一日闻其刲股愈亲疾，感而改行。

夏廷熙，父病，焚香刲股，求以身代。后买兄千金业，旋还其券。

石为扬，母江氏，病笃，刲股和药，获痊。

蔡如镒，刲股疗父疾。洎殁，庐墓三年。事母亦如之。

吴世纪，襁褓失恃，倚前母兄世伦鞠养。年九岁，时伦病，刲股和药疗之。恭厥兄，老弥笃。

谭照奎[一]，廪生。性孝友。同胞八人，照奎岁入脩金六百余，悉分润之。五弟乏嗣，奎以子承祧，为置产。七弟照藜屡冠童军不售，代纳粟入监，资之乡试。尝曰：友弟兄以顺亲，吾分也。见《省志》。

注释：

［一］蓝勇主编《稀见重庆地方文献汇点》（下）第870页云："谭照奎，廪生，纯朴孝友。同胞八人，照奎居长。历馆所获六百余金，悉以分弟。五弟照伦乏嗣，照奎以次子承祧，自给田产。七弟照藜屡冠童军不售，照奎即以己项代捐，凡乡试费用悉自奎出，尝曰：'友兄弟以顺亲，吾分也何以钱为？'"

李荣祖[一]，兄弟友爱。兄病，药非亲调不以进，兄亦非弟进不尝也。兄弟析产时，约各纳谷若干养母。兄殁，遂独养之。又以数百金奉母，听其用。侄累债，母因得脱手济之，愿甚慰。鸡初鸣，焚香祈母寿，母年九十八乃终。

注释：

［一］蓝勇主编《稀见重庆地方文献汇点》（下）第871页云："李荣祖，号显绪，秉性醇厚。事母不离左右，每鸡鸣焚香为母祈祷。母九十有八时，荣祖已六十余矣。常效斑衣之戏以娱亲，爱慕如孺子。一兄早逝，养葬之费并不累及诸侄。其妻覃氏亦孝，奉姑五十余年如一日。现年八十有六，乡人贤之。"

黎光宗[一]，兄弟析业后，弟荡尽。鬻业于光宗，价千金，入手辄散。光宗还其券，弟又荡尽。光宗终推解之，弗替。两子俱入邑庠。

注释：

[一]蓝勇主编《稀见重庆地方文献汇点》（下）第870页云："黎光宗，监生，广刻善书，尝施棺木钱米以济孤贫。厥弟浮浪，倾家售业光宗，光宗予千金还其券，弟复卖之，光宗绝不校。长子传礼入胶庠。"

曾志宏[一]，与兄志含贾于城。城中火燔及其庐，兄不能出，宏以絮沃水冒火负兄出。家赀荡然，复以货殖起家巨万。寿八十余。

注释：

[一]蓝勇主编《稀见重庆地方文献汇点》（下）第870页云："曾志宏，性友爱。乾隆初，与胞兄志含列肆州城，倏遭回禄，火已封门矣。兄慎守欲死，志宏用棉絮湿水蒙首，冒火而进，负兄以出。家财荡尽，移住小河，另谋生理，起家数万金。享寿八十余，人以为友爱之报云。"

熊龙，幼失怙。事母先意承志，甚得欢心。与弟麟友爱无间，多盛德事。子五人俱登甲乙科。以子德芝贵，封文林郎。

毛荣璠[一]，母李氏早卒。父钟爱两弟，曲体父意，推己产让之，笔耕自给。丙午岁饥，两弟复就食于璠。

注释：

[一]蓝勇主编《稀见重庆地方文献汇点》（下）第869页云："毛荣璠，母李氏早故，事父相儒孝谨。有祖田三十石，父爱其弟荣福、荣璧，璠曲体父意，悉让之，依笔墨为生。丙午岁饥，两弟复就食，璠与之共爨如初。族堂咸义之，年七十卒。"

王秀升，庠生。事亲孝。所聘女忽哑，女家请别婚，秀升卒娶之。毫无嫌怨，亲甚欢慰。

余正国，商射洪，积巨赀，寄伯兄购田宅，伯兄据为己有，慨然让之。复商射洪，获利数倍，寿九十一。

李为桢[一]，事亲孝，友爱兄弟，推让财产。

注释：

[一] 蓝勇主编《稀见重庆地方文献汇点》（下）第870页云："李为桢，事亲克孝，友爱兄弟，分财让产数百金不吝也。现年七十，其子庭燎入邑庠。"

夏锡智[一]，有至性。养葬父母，费悉己出，不及其兄弟。兄殁，嫂孀苦贫，体恤周至。

注释：

[一] 蓝勇主编《稀见重庆地方文献汇点》（下）第870页云："夏锡智，少勤力作，供奉父母三十余年。事嫂完节，抚侄成立。分产多与少弟，两亲祭奠一肩独任。教子以方，好施乐善。"

李文朔[一]，弥月失怙，母刘氏抚之成立。力农，膳母。祖父母爱怜少子，倍与田宅，处之怡然。

注释：

[一] 蓝勇主编《稀见重庆地方文献汇点》（下）第869页云："李文朔，弥月失怙，母氏刘孀居，文朔力农供膳。时祖父母偏爱季子，倍与以田宅，文朔仅得十分之二，略无闲言，且事祖父母与母始终不倦。"

李绪[一]，家贫，竭力养亲，不与兄弟较，有司予"德门寿恺"额旌之。

注释：

[一] 蓝勇主编《稀见重庆地方文献汇点》（下）第869页云："李绪，家贫，极力养亲，不与弟兄较。寿八十六岁。"

杨廷用[一]，幼失怙，事母孝。兄早逝，抚孤寡，谊尤笃。寿八十八。

注释：

[一] 蓝勇主编《稀见重庆地方文献汇点》（下）第870页云："杨廷用，幼失怙，事母以孝闻。母卒，凡丧祭费用独力任之。兄龙韬早殁，遗孤二，廷用为之经理家政

十余年不倦。弟侄辈有借贷，虽数十金不求偿。寿八十八无疾而卒。"

余长发，弟长春，母所钟爱。仰体母意，多与财产。

李日书[一]，力田养亲。值岁旱，弟侄家多待以举火。亲殁，葬祭甚周。

注释：

[一]蓝勇主编《稀见重庆地方文献汇点》（下）第869页云："李曰书，幼贫，弃儒力田以养父母。遇岁旱，设法以周其弟、侄辈十余家。父母终，衣棺一力独任。八十一岁卒。"两书记载存在"日""曰"之别。

邹棠，举人，事父母愉悦，无少忤。兄殁，分馆谷存恤孤寡。弟尊荣子炳然皆入泮，棠之教也，孙培基亦入胶庠。

任文藻，贡生。事父孝。弟文泮以贾破家，藻鬻千余金产代偿其逋。母丧，哀毁，须发尽白。

夏在衡，父早卒，弟妹三人皆继母出也。婚嫁、教诲，衡一身任之。

彭铣，父逢春性严，怡色奉养，得其欢心。母寿九十三，依恋如孺子。

陈瓒，胞弟瑚无子，遗一女，以千金作奁资嫁之。

韩仕锟，母老而瘫，左右就养，十余年无倦容。

何泰如[一]，庠生。姊适夏之琏，早寡而贫，泰如以寒士膳养垂四十年。姊七十三岁卒，殓以己棺，与琏合葬。

注释：

[一]蓝勇主编《稀见重庆地方文献汇点》（下）第869页云："何泰如，庠生。其姊夏之琏妻，孀居，仅一子，家极贫。泰如供其衣食，七十三岁始卒，葬如礼，始终四十余载，毫无怨言。"

夏明宣[一]，八岁而孤，事母孝。兄早卒，抚两弟及孤子成立。平生言行为乡里表率。年八十七卒。子棨，长宁教谕。孙之鼎，饩于庠。

注释：

[一]蓝勇主编《稀见重庆地方文献汇点》（下）第869页云："夏明宣，生八岁而孤，

兄又早卒。宣抚孤侄并二弟成立，兼事孀母以孝。八十七岁始卒，其子荣食廪膳。"

刘朴[一]，父母早故，兄弟四人，朴独任家政，积赀巨万，置产与均。州牧旌其间曰"德播乡邦"。子孙多列胶庠。

注释：

[一] 蓝勇主编《稀见重庆地方文献汇点》（下）第 870 页云："刘朴，性忠厚，父早故。两兄一弟，俱业儒，朴独营家务三十年。置巨业不自私，均分兄弟。子列胶庠，孙食廪膳。"

彭儒宾，事继母孝。兄弟七人，同居三十余年无间言。析产时以膏腴让兄弟，自取硗薄者。

刘裕昆，弟卒，遗三子一女，俱幼。抚育、婚嫁，竭尽心力。兄贫，迎养终身，内外无间言。

彭象贤[一]，事亲先意承志。叔母曹氏寡而贫，无子。象贤以胞弟嗣之，予之产。叔母遂以完节云。

注释：

[一] 蓝勇主编《稀见重庆地方文献汇点》（下）第 871 页云："彭象贤，性孝友，弱冠即代父持家。母所欲与，必会意与之。父母有不豫，必多方以娱之。其叔母曹氏寡而贫，且乏嗣，象贤以胞弟钿承继，悉分己有与之。终身合爨如初，年五十卒。"

张曙[一]，年十二失怙，事祖母孝。疾，衣不解带。女弟早寡而贫，迎养全节。抚女甥成人，遣嫁如己女。

注释：

[一] 蓝勇主编《稀见重庆地方文献汇点》（下）第 871 页云："张曙，字梓林，年十二失怙。恃依祖母居，祖业无多。曙夫妇以勤俭起家，不私己有，均分与胞弟腾晔。胞妹适麻廷瑞，早寡家贫，梓林迎归全节。抚女甥二成立遣嫁，里人共称为孝友。"

夏伯瀛[一]，父殁，事前母兄伯源如严父，积赀置产与侄均分。

注释:

[一] 蓝勇主编《稀见重庆地方文献汇点》（下）第 871 页云："夏伯瀛，性友爱，与兄伯源异母。父殁，听兄教，事之如严父，起居不离。兄殁，伯瀛手置田产与子侄均分，内外无闲言，里人羡服。"

何中，庠生。生十二日而母陈氏卒，失爱于继母刘。年十五，即笔耕自给。后岁饥，异母弟不能自存，就食于中，善视之，而养继母尤谨。子廷琛，贡生；廷光，庠生。

蔡心辉，胞兄析产后，不善治产，家赤贫。心辉按月致薪米，二十余年如一日。侄四人，俱游惰，各予金，俾改行习业。

刘金伯，事继母、媚嫂极诚。弟殁，代偿夙债。

程绪，副榜。兄羸疾，贫甚，以己产让之。砚田自给，族人寒苦，饮助不少靳。

韦仁卿[一]，家贫。母盛氏早卒，父巨玺继娶冯氏。父旋卒。友爱兄弟，养继母以孝称。洎兄弟相继殁，力为营葬，抚其子女成立嫁娶之。

注释:

[一] 蓝勇主编《稀见重庆地方文献汇点》（下）第 869 页云："韦仁卿，性孝友。有二兄两弟，均极贫乏，养继母苦之，仁卿独养二十余年无难色。厥后伯兄叔弟季弟死，均代为营葬。抚其兄弟之子五人皆成立，犹女二，代嫁之。寿六十而终。"

郭阳裔，武举。以祖业让兄，自置薄田于曼子山。复为侄置产，自甘贫约。子孙多列胶庠。

曾志学，性淳厚。少丧父母，伯仲持家，居积致富。析产时，念两兄勤苦，尽以买业让诸侄，仅取祖田三分之一，岁时赒恤邻族。

高应瑞，兄嫂相继殁，遗孤仅弥月。妻瞿氏方育女，遂倩乳妪哺之，而妻乳其孤。及长，婚娶翼之成家。

童有富，三世同居，男女百三十余人。各视其材质，授耕读、商贾、纺织各业，内外秩然。

余曙曦，四岁失怙，事媚母三十余年，色养备至。胞叔遗两子，幼，抚之成立。置产与均。

向振仪，事亲孝。父殁，庐墓三年。

金于贡，家中赀，弟于宣浪费，累债五千金，鬻产代偿。然后析赢于宣，又荡尽，复分己产畀之。子榜，庠生。

夏维宗，性孝友。代兄偿债，竭力养亲。兄殁，嫂贫无依，迎养之。

夏启聪，家贫。年十五，失怙恃。幼弟三人，最少者甫二龄。孤弱一室，人多凌轹，乃结茅先人墓下，教育罔懈，行必禀于墓门，驯致小康。后析产，弟启书感其恩义，割己产以为兄祭田。

王自新，庠生。性孝友，析产后割亩奉兄。诸侄贫乏，时以馆谷赡之。孙文彬、融，俱饩于庠。

周廷榘，性孝友。析产后，代兄偿负而己积逋逾二千金，将鬻产以偿。兄不忍其为己累也，止之，榘阴成约，竟脱手偿负。穷约自甘，课徒教子。子元龙登拔萃科。

钟永盛，兄弟四人，家赤贫。嘉庆初由江西奉父母及三稚弟来涪，服贾四十余年，置田千余亩，悉与弟均。延师课子侄，列胶庠者三人。

李正相，石逆之乱，携家奔避。途次遇贼前队，刃伤其父，正相奋勇击贼，父得远逸。贼众至，正相独力战死。

周汝翼，有至性。滇逆扰鹤游坪，母年八十，卧病。汝翼侍奉，不忍去。贼刃其母，以身庇护，同死。

杜玉亭，兄弟析产。后兄累家口繁重，以己分七百余金产推让之。逾三载，仍不支，玉亭又以原价赎其业。不济，复以此业予之。

尹仲明，嘉庆初，自合州来涪贸易，置田数百亩，迎养其兄。数年，兄故，遗子甫二龄。仲明抚之成立，析产与其子均焉。

刘维城，弟兄四人，俱业儒。家仅中人产，用不敷。维城年十五，弃儒业贾，往来川楚间十余年，置田数百亩。以膏腴让诸兄弟，自取其硗薄者。子建庸，有声黉序；孙尔嵩，饩于庠。

郭太畅，佣工养亲以孝闻。伯母阚氏贫无依，迎养一如其母。

陈正德，母杨氏，性严急。委婉承顺，无稍忤。有姊适卢姓，苦贫。承父命，资以田宅。

杨通信，六岁失怙，事母孝，教子光锡有介节。锡盛暑侍立，见通信左臂瘢痕。

请其故，不以告也。临终，始言其十三岁曾刲股愈母疾。

张维栋，家中人产。兄弟析爨后，维栋资之贸易，迭负无偿，家遂落。夙有呕血疾。父卒，哀毁，疾益甚。数月死于苦次。

邹棡，号荫轩。性友爱。精岐黄术。仲兄枚夫妇殁，任丧葬费无吝色。长兄枬殁于京邸，旅榇回籍，侄辈几不能自存。棡分所有以济，兼教诲之。侄轼殷，任雅安县训导。

高渐培[一]、何震均[二]、陈珛、周毅足[三]、盛清、田宗祥、陈葆森、周宗泰[四]、谭念谟、舒其文、盛和声[五]、曾毓灿[六]。

注释：

［一］蓝勇主编《稀见重庆地方文献汇点》（下）第 871 页云："高渐培，增生，笃学敦伦。胞弟有急难，挺身救之，受辱不悔。其弟或激亲怒，培为之曲全以解亲忧。子伯钰为邑庠生。"

［二］蓝勇主编《稀见重庆地方文献汇点》（下）第 870 页云："何震均，事亲敬养备至，及亲没，哀毁尽礼。每遇祭扫，必潸［笔者注，当为'潸'］然流涕。训一孙中乡试副车，现年八十六岁。"

［三］蓝勇主编《稀见重庆地方文献汇点》（下）第 870 页云："周毅足，贡生，事亲最孝。行端品正，乡人莫不仰其德范。"

［四］蓝勇主编《稀见重庆地方文献汇点》（下）第 871 页云："周宗泰，乾隆庚子科举人。与胞弟宗泗竭力事亲，友爱最笃，不忍稍离。后泗为己酉科举人。"

［五］蓝勇主编《稀见重庆地方文献汇点》（下）第 869 页云："盛和声，甫入庠，父母相继卒。厥弟五人均赤贫，和声岁所得修金皆分用之，十余年毫无蓄积。"

［六］蓝勇主编《稀见重庆地方文献汇点》（下）第 871 页云："曾毓灿，字笏山，提督曾受之侄孙。性孝谨，事父母怡色婉容，虽小事必告。父殁后，每岁束修，必供母所需，不私己有，一门之内雍雍如也。"

孝，庸行也。服劳奉养，子职宜然。岂以博名高哉！东汉崇尚节义，史家乃增孝行一传，然一代中寥寥数人，盖难乎其言之也。《旧志》名氏甚夥，如高渐培等，所注皆事亲不悖子职者之常，今省。注总其名，记之，亦陶靖节四八目例也。虽然人子而皆不悖其职，如诸君所关，又岂浅鲜耶？

忠　烈

晋

药绅、杜阿，太安二年（303）三月，罗尚讨李雄，遣督护张龟、何冲、左氾等军繁城，而绵竹降。涪陵民药绅、杜阿二人起兵应尚。<small>药字，一作乐。</small>

宋

王仙，事详《秩官·名宦》。

王明，涪州守将。元不花攻涪州，城陷不屈，死之。

明

何澄[一]，燕王靖难兵入，建文逊国，澄同方孝孺殉难，事详《明史》。

注释：

[一] 蓝勇主编《稀见重庆地方文献汇点》（下）道光《重庆府志》卷之八《人物志·忠节明》第854页云："何澄，涪州人。《纲鉴纂要》：靖难兵入，建文殉国，澄同方孝孺等殉节死之。"

何仲山[一]，给事中刘菠《墓志铭》曰：忠孝廉节，儒者之大闲也。故见利思义、见危授命，孔子以为成人。临大节而不夺，曾子以为君子。敬轩何公，非其人也耶？谨按状：公讳仲山，其先庐江人。自高祖万户侯德明公始以游宦居蜀，曾祖舜卿公、王父清公俱以伯爵袭职，清公致身事君，没于王事。父友亮公以文弱辞荫，乃由贡生任巴东县。生三子，公其仲也。孝友成性，学富才优。成化丁酉（十三年，1477）举人，选授河南武安县令。爱民如子，宽猛适宜，众口称召杜焉。会邻邑土寇作乱，率众来攻。公仓卒之间，穷于捍御。城陷被执，慷慨誓死，守正不阿。贼亦素重其人，欲生用之，乃缚之高竿，集矢拟之，而公心如铁石，言词愈厉。迫胁终日，卒莫能少夺其志。贼义而释之。凡仓库钱谷俱无少损，且与金三百，委而去之。公义不受污，匿文庙，承尘上。解组之日，乃语其土人，俾取之以修其庙。呜呼！士穷乃见节义。人当读书谈道，莫不激昂慷慨，轩然自命为古之贤人。一旦临小利害，仅如毛发，乃低首下心，婢膝奴颜，颓然丧其所守，甚且有见锱铢而动色者。闻公之风，其亦可以少愧也夫！公之言曰：格致诚正，透三关方为学者；忠孝廉节，少一字决不成人。以公之言，考公之行，真言而行之者。孔子之所谓成人，曾子之所谓君子，其在斯乎！司院以闻，乃俞旨崇祀乡贤。娶戴氏，生一子岑，拔贡。生孙四，长卫，次楚，俱贡生；次秦，次襄。公葬中峰寺，亥山巳向。张大夫柱以状来，余故乐而为之志。铭曰：人莫得而生之，亦莫得而死之。呜呼！公也而能如斯。

注释：

［一］蓝勇主编《稀见重庆地方文献汇点》（下）道光《重庆府志》卷之八《人物志·人物明》第832页云："何仲山，其先庐人。仲山高祖万户侯德明始以游宦家于涪，生舜卿，舜卿生清，俱以伯爵袭职。清没于王事，子友亮以文弱辞荫，由贡生任湖广巴东县。生仲山，成化丁酉（十三年，1477）举人，授河南武安县令。爱民如子，会邻邑土贼作乱，率众攻城。仲山仓卒被执，慷慨誓死。贼亦素重其名，缚高竿攒射之，胁使降，终日不能夺其志。贼义而释之，仓库无少损，且委金三百。仲山悉置文庙栋梁，上解组之日，乃语其市民，俾取以修学官。既归，犹力学耄而不衰，司院以闻。卒后崇祀乡贤。采刘菠撰《墓志文》。"

刘菠［一］，字秋佩，国朝郯县教谕周汝梅《墓表》云：刘菠，字秋佩，谥忠愍。明正德中户科给事中也，由庶常授是职。时逆瑾专横，树马永成、谷大用、张永、魏彬、邱聚、张兴辈潜谋不轨，日导主以狗马之好，游幸无度，举朝莫敢言。菠感愤叹息曰：瑾不诛，国势危矣。遂抗疏论劾，出中旨，受棰楚，跪午门，烈日中血淋漓下，浸地为赤。既释，愈发愤，复疏数千言，极陈时政，归罪逆瑾。瑾衔之刺骨，遂廷杖，下狱几死。年余，贬居庸。独兵部主事王守仁抗章论救，亦谪龙场。王，菠同年友也。尝寄诗曰：骨鲠英风海外知，况于青史万年垂。莫邪亘古无终秘，屈轶何时到玉墀。而菠气不少挫，既遣戍，瑾愈无忌。泊逆谋泄，伏诛，乃得释归田里。五年，天子起复金华太守。华，故宋潜溪先生乡邑。莅任后，即为宋乞谥。华俗侈育女，苦嫁资，恒溺之。菠曰：薄德至此耶！为天子守土吏，当为天子整齐之。亟请于朝，敕得随力遣嫁，溺者罪无赦，并邻族坐之。所活甚众，华人至今有"刘女"之称。考满，擢江西副宪。而菠以杖疮成痿矣，辞隐白云山中。世宗即位，遣使存问，赐金治第。明年，以疾终于家。又明年，诏旌遗忠，赐祭葬爵谥，崇祀乡贤，配享程伊川先生祠，世荫博士一人。菠家世贵显，簪笏盈庭，独能出万死一生之计，不愧其职，故至今以司谏传。_{节录。}

注释：

［一］蓝勇主编《稀见重庆地方文献汇点》（下）道光《重庆府志》卷之八《人物志·人物明》第 834 页云："刘菠，字秋佩，谥忠愍。明正德中户科给事中也，由庶常授是职。时逆瑾专横，树马永成、谷大用、张永、魏彬、邱聚、张兴辈，潜谋不轨，日导主以狗马之好，游幸无度，举朝莫敢言。菠感愤，叹息曰：瑾不诛，国势危矣。遂抗疏论劾，出中旨，受棰楚，跪午门，烈日中血淋漓下，浸地为赤。既释，愈发愤，复疏数千言，极陈时政，归罪逆瑾。瑾衔之刺骨，遂杖，下狱，几死。年余，贬居庸。独兵部主事王守仁抗章论救，亦谪龙场。王，菠同年友也。尝寄诗曰：骨鲠英风海外知，况于青史万千垂。莫邪亘古无终秘，屈轶何时到玉墀。而菠气不少挫，既遣戍，瑾愈无忌。洎逆谋泄，伏诛，乃得释归田里。五年，天子起复金华太守。华，故宋潜溪先生乡邑。菠任后，即为宋乞谥。华俗侈育女，苦嫁资，恒溺之。菠曰：薄德至此耶！为天子守土吏，当为天子整齐之。亟请于朝，勅得随力遣嫁，溺者，罪无赦，并邻族坐之，所活甚众。华人至今有"刘女"之称。考满，擢江西副宪。而菠以杖疮成痿矣，辞隐白云山中。世宗即位，遣使存问，赐金治第。明年，以疾终于家。又明年，诏旌遗忠，赐祭葬爵谥，崇祀乡贤，配享程伊川先生祠，世荫博士一人。菠家世贵显，簪笏盈庭，独能出万死一生之计，不愧其职，故至今以司谏传。"参见《历代名人与涪陵》第 110–111 页《明代户部给事中刘秋佩涪州留墨宝》、《历代名人与涪陵》第 112–113 页《明代理学家王守仁诗赞涪州刘秋佩》。

周建芳，骠骑将军。平闯贼，多战功。在江津县斗沟子殁于军。

陈计安［一］，崇正［祯］时为刑部主事。自成陷京师，哭曰："臣智不能谋，勇不能战，惟以死报国耳！"寻被执，不屈死。

注释：

［一］蓝勇主编《稀见重庆地方文献汇点》（下）道光《重庆府志》卷之八《人物

志·忠节明》第 856 页云："陈计安,《涪州志》:崇祯末为刑部主事,闻李自成入京,哭曰:'臣智不能谋,勇不能战,惟以死报国耳! '城陷被执,不屈死。"

国朝

陈任世,摇黄贼掠涪,起义勇、乡兵保守涪城。星夜奔周家沱,迎贝勒、贝子兵剿贼,议叙忠州学正。

陈福元[一],谭宏之乱,福元率众往御。至巴县清溪坝,与贼力战死。所部健卒周长庆、杨聚祖同殉难。

注释:

[一] 蓝勇主编《稀见重庆地方文献汇点》(下)道光《重庆府志》卷之八《人物志·忠节国朝涪州》第 860 页云:"陈福元,《涪州志》:康熙十九年,谭贼倡乱,福元率众至渝。次年正月,在巴县清溪坝,与贼力战死,所率健卒二人周长庆、杨聚祖同殉难。"

杨智一[一],嘉庆三年(1798)教匪入其家,智一具衣棺,端坐骂贼,被数十创死。

注释:

[一] 蓝勇主编《稀见重庆地方文献汇点》(下)道光《重庆府志》卷之八《人物志·忠节国朝涪州》第 861 页云:"杨智一,《涪州志》:赋性高旷,涉猎星学。嘉庆三年(1798)教匪入室,从容具衣冠,端坐骂之,被伤数十刀而死。"

谭景东[一],少孤,事母孝。嘉庆四年(1799),教匪扰梁、垫,景东聚团勇守鹤游坪,正月贼攻坪,悉力守御七日夜,贼退。二月七日,内奸通贼,坪破。景东以所乘马请母跨之,母曰:"汝父无他子,汝亟去! 毋我虑也。"遇害,景东愤甚,力击贼,身受七十余创死。

注释:

[一] 蓝勇主编《稀见重庆地方文献汇点》(下)道光《重庆府志》卷之八《人物志·忠节国朝涪州》第 860 页云:"谭景东,《通志》:少孤,事母孝。白莲教匪王三槐扰梁山,窜垫江,景东聚团勇千余人守鹤游坪。嘉庆四年正月,贼至攻坪,悉力抵御,经七日夜,贼退。二月七日,复拥众攻围,枪炮震山谷,团勇奔散,坪破,景东以所

乘马禀母跨之而逃，母曰：'汝父无他子，汝亟去！毋我虑也。'母遇害，景东奋力击贼，身受七十余创而死。"

王良才^[一]，教匪入境，才奉州牧李公檄，充团练首，率众御贼。屡败之，追至垫江西字河。有谭姓暗与贼通，夜以水灌枪炮，临阵举发不应，力战死，家丁仕昌同殉难。子用予，贡生。孙新甲、树菜，庠生；曾孙，庠生。

注释：

［一］蓝勇主编《稀见重庆地方文献汇点》（下）道光《重庆府志》卷之八《人物志·忠节国朝涪州》第 861 页云："王良才，《涪州志》：嘉庆四年，教匪王三槐入境，奉州牧李培元示充团练练首，率众数千余人拒贼，追至垫江县西字河。伏贼有谭姓者，先夜使人以水灌枪炮，临阵举发不应，力战死。崇祀昭忠祠。"

周肇基^[一]，附生。教匪破鹤游坪，执其父母，攒矛刺之。基以身庇，受伤。夺贼刀，力战死。

注释：

［一］蓝勇主编《稀见重庆地方文献汇点》（下）道光《重庆府志》卷之八《人物志·忠节国朝涪州》第 861 页云："周肇基，《涪州志》：附生，幼英敏。贼破鹤游坪，执其父母以枪刺之。肇基以身庇，伤重而死。"

侯岳，监生。教匪扰涪北岸，岳先送家人渡江，复偕仆永吉返。贼猝至，置酒劝饮，反覆开陈，以为可理折也。贼怒，胁以兵，岳箕踞骂之。贼执至李渡镇，重其义，诱降，骂益厉，被害。永吉以计归，知死节处，收敛时怒目映映，生气凛然。子仕镇，贡成均。

胡星^[一]，嘉庆八年（1803）率乡勇追贼至滩沙坝，力战被执，不屈死，年二十四岁。李芳、李培、李廷杰同殉难。

注释：

［一］蓝勇主编《稀见重庆地方文献汇点》（下）道光《重庆府志》卷之八《人物志·忠节国朝涪州》第 860 页云："胡星，《涪州志》：幼具胆略。嘉庆三率乡勇千余堵教

匪于青刚丫等处，所向克捷，追贼至滩沙坝，贼众合围，星力战，自晨至午，被执不屈死，年二十四岁。部下李芳、李培、李廷杰俱殉难，崇祀昭忠祠。"

余世龙，有胆气。嘉庆八年（1803）从张总兵追教匪于巫山之羊耳山。陷贼伏，战死。

鲁孔模，率众御滇逆兰大顺于麟凤场，被执不屈死。

龚鼎铭，庠生，直质好义。周逆寇鹤游坪，督团访守石硖卡。贼陷坪。同职员邬之玼、汪兴甲、庠生周道成、汪禹门首罹害。

谭兆鲲，廪生。周逆破鹤游坪，母病，麾令去，鲲侍养不忍离。贼突至，捽之行。大骂，撞石死。贼感其孝，厚葬之。遂释其母。

郑如璋，监生。周逆踞鹤游坪，随州牧姚公宝铭攻贼，最骁悍。除日天晚，单骑出。遇伏，被执，骂贼不屈死。嗣子濬忠，袭荫云骑尉。

陈光冕，庠生。石逆拦入麻堆坝，同妻熊氏不及避，贼掠其家资，捽以行。夫妇交口骂贼，不屈死。

汤畏三，庠生。周逆之变，督团攻战，力奋勇倍，十阅月无少懈。同庠生谭兆鲤、谭兆燕、王有光、余光达俱劳瘁骨立，死于事。

王灼然，职员。少失怙，奉节母，寿逾八十。兄病，刲股疗之。洎殁，无嗣，以子承祧。发逆扰境，灼然督团御贼于兴隆场，被执。诱降，羁之二日，终不屈死。

周廷拯，字济舫，云南候补从九。咸丰丙辰（六年，1856），回叛，随营剿捕，著英声。昆阳之警，候补知府。淡树琪督剿，请于大府，调拯军为前锋。六月廿六日至海口采凤山下，遇伏，力战被执，不屈死。淡公亦同时死事。闻，赐袭云骑尉，崇祀云南昭忠祠。

周棩光，字双桥，廪生，候选训导幕，游江左。咸丰八年（1858）发逆破苏州，阵亡，赐袭云骑尉。

陈葆森，字驭珊。繇拔贡官安徽阜阳知县，罣吏议侨寓宁国府，以防御发贼有功。复职后粮尽援绝，城陷被执，骂贼死事。闻，赐恤云骑尉。

刘树棠，少读书，负义气。发逆前队入涪境，树棠纠里中健儿扼乾龙坝东隘。贼至，奋战，毙贼十余名。益进，贼大至，众以次退，棠独力战。手刃二贼，被攒刭死。

周蕃寿，殉难汉中。陈信芳《传》曰：公，周姓，讳蕃寿。本讳廷纪，号蔼林。四川涪州人。诰授光禄大夫。晋赠太子太傅文恭公之孙，貤赠中宪大夫讳宗宪，公之次君也。性沈勇，能为人所难能事。少孤，奉母以孝闻，事兄宝铭公甚敬谨。道光丁酉（十七年，1837），举经魁。是科，宝铭公亦中副车。公大挑二等，遵加知县，例选陕西，历署华州华阴、山阳等县。所莅观风抚俗，均有政声。会拟补缺，寻丁母忧。服除，再官陕。咸丰十年（1860），署临潼县事。县多回种，素梗化。前政不能制，下文符催租，抗不奉命。公叹曰："恨不草薙之，回民必反矣。"未几，解事去。十一年（1861），署知南郑县。南郑，汉郡首邑也，与川徼毗连。同治元年（1862）秋，滇匪先后拦入，公率团勇出沔县元堆子，击贼，战不利。贼蹑马后追之，矛将接公，睨睁回顾，大叱咤曰："敢杀我？"贼引手却立，注视不敢前。公扬鞭徐行而去。归，益募健儿踪贼于城固、褒城等界，屡挫败之。有自贼还者，闻贼酋申警云："周先生未可轻搏也，须持重。"其畏而敬之如此。当公之出御也，官中有私诋诮者，谓非有蒙轮拔拒之才、拉虎批熊之力，奚假文吏临行阵？既而贼经三四过，未敢冯陵城，实缘公之力。公之子婿某将奉母返川，讽公遣其眷属行，公谢曰："勿忧。昔韦致平有言曰：'人皆有族，我岂独全？'吾志犹是，况未受眷耶？"不允。行时，惟公之内君未在署。初公拣利刃三，设供一室，尝焚香，过祝曰："贼来城如陷，吾身与家愿应手即毙。"雨宵月夕，室间数吐太息声，公不以为怪，二年（1863）二月，发贼寇汉中，滇匪附合，薄城。冲栅环集，公与总镇陈公协戎、卢公婴城坚守，随机破碎其攻具。浃旬，贼志稍懈。一夕，公巡城，遍告户丁，曰："孤城无备，定难戍遏强贼。令尔辈同殉，弗忍也。届五鼓，密开城南门，听遁去。"皆欢呼称恩。讻语嗼嗦，达泄城外。贼逻刺知，先待觇伺。及蜂出近之，皆兵勇。贼以未结阵而乱，鼓儳奋击，大破之。贼却，还未毕，突霹雳震骇，城中瓦屋皆鸣。贼营地雷作更多，死伤者城枕石基外，无土脉可迹。公使人从内凿探，曲通其巢焉。繇是移避十余里，连垒接栅，梗遏饷馈。四月，陕安道张观察使病卒，郡守某公时已出署外军副统官，大府以军功奏闻，嘉擢太守俟补用，仍摄观察使篆。处分艰巨，惟公一力。偷息辄对陈、卢二公引谈古今忠义事，以故二公激发，虽危不渝。又两月余，食殆尽，园家桑叶亦一叶三钱，见殍殣则争相剔啖。士日赋米数勺，糅麸籺粥食一日。男妇汹汹，喧聚县庭，求放逸存活。公慰之曰："计大兵且集，岂必禁锢尔辈？出必落虎口，死于贼不若死于枵腹为愈也。吾亦有家者，非能给饔飧。试入内廨，如有存粟，许夺之无遗。"领父老数人、妇女数人，令遍检阅。惟厨屋中储药料之可食者数篓，如山药、海藻等味，面数斗，壁上牛胶十数绳而已，乃相叹相感，并相劝慰，泣而散。复有一二营弁，私请于公曰："以羸卒守危堞，甚可虞？何若溃围突出，再图克取？"公曰："幸得免脱，何以对至尊？有军法在，勿令主将闻此。"后无敢言者。贼又以羽箭飞书云："若能弃城走，开一面以释之，勿待屠。"公与陈、卢二公曰："二公可去，吾死亦誓同存亡。"七月望后，率敢死士数人掩影渡汉川，至青石关，腾笺援军告急。适有关过客瞥见白须飒然者，巉岩风骨，卓荦英姿，窃讶之，视定始惊为公也。是人言，未见公，只十月而皤皤枯瘠莫识矣。得牒报，复间道归。当是时，城中饥者、缢者、病于疫者十死八九。无何援兵败溃，贼乘胜攻城，昼夜不息，馁劣之士愈莫能挨。公见势蹙，亟命四门举火，焚毁庐舍，趋入署中，全家已相挽投井。公诣室操刃，衣冠堂上坐，遂自刭，挺然凭几而僵。少顷贼前，忽目张发动，手作挥刃状，喷血数步射贼。贼恶之，进抢数矛，笑指公曰："妖头尚能作厉耶？何倔强若是？虽然尔肉心肝非果铁心肝，可为尔成之。"披胸抉虚，脏腑囊炮丸数枚，以当公之心肝云，此八月二十一日事也。卒年五十三，无子。陈总镇，名天柱；卢协戎，名又熊。陈公巷战死，或曰卢公亦死焉。公有同年子董少奎者，名承恩，四川灌县人。纳赀例为令，领咨牒赴都，行次汉中。俄而滇匪窜郡，张观察使因公知其才，辟留为军佐。二年（1863）六月，随公乘城御贼，中火枪，遏地匰亦被焚。三年（1864）正月，贼退，公之内君率其新继子奔收公体，至即得之。初，公之勇长陆鳌峰没于贼，绐为揣掘埋金，乘间掩瘗，附身以毡。先期数日，陆适归焉。时抚军刘霞轩先生行营屯郡，陆启白闻，始知其处正为营缮诸具，公之内君适至焉。发视面貌如生，体亦僵好。探取铁丸，丸渍血光可鉴人。湔拭不退，而丹光愈发，仍蕴其数丸。刘抚军哭临，酹吊赠赙且厚。其临事周旋者，又有抚军幕客成都张蓟云焉。奠讫，奉榇归葬。论曰："窃闻汉中控带南北，地当要害，汉高帝所繇兴，隗嚣所繇霸，张鲁所由叛，蜀先主不守剑门守汉中，西蜀所繇安。南朝一旦失汉中，关中所繇不能保。夫人知之者，发逆作山压卵之势，往相凌逼，且必图拔其城，始甘心焉，其志不在掳掠也。公于佟偬之余，举火焚空，付贼焦土，使狐兔族类无窟踆藏，庶可冀其弃之去。公之用心良深矣。惜也殚公之忠义智勇，仅终一郡耳。脱得如南朝临澧令举其文吏将略，闻于朝廷，其足以主治戎阃，奋廓埃壒，破开涛浪必多也。然自发逆构乱，所犯名州大邑，未有坚拒之久若此者，公乃固结将士，效死一心，至万分竭滞，而后与城亡，不大可壮哉！"

觉超和尚，羊角碛人。好读书，善拳勇。咸丰辛酉（1861）发贼经羊角碛，和尚值二贼，徒手毙之。贼百余蜂拥至，和尚转斗，堕数贼于岩下。披毁死。

重修涪州志卷十　人物志

义举　文苑　隐逸　耆老　女寿附

义　举

明

张与可，按察司副使。龟龙关滩势汹涌，常覆舟。捐赀凿削，患稍息。沙溪沟春水暴涨，冲溺无算。倡捐建桥，州牧韩公[一]额以"永赖"。

注释：

[一]韩公：即涪州知州韩邦哲。明湖北黄州人。约活动于明万历至崇祯年间。幼颖异，少有才名。举人。明天启间任涪州知州。温雅有度，政尚明恕。能诗词，工书法，多临摹《瘗鹤铭》。涪州进士按察司副使张与可捐赀凿削龟龙关门，并倡捐建沙溪沟石拱桥。桥成，韩邦哲为表彰与可，在桥上书镌"永赖"二字，其书气势雄秀，有大家风度。参见《涪陵文史资料选辑》第三辑第117页汪长春《涪陵市书画名人录》。

朱灏，字仲明，永乐进士。官御史，抗疏切谏，忤旨。归置义田赡族，赈恤贫苦，里人德之。

张聪，性谨厚。佂负国课系狱，聪鬻产代输得释。里中贫乏，时赒之。

国朝

张九经[一]，客有隐金铜佛中，寄其家。旋被盗，以佛故未攫去。客至，九经归佛与金。客感其义，分金谢之，竟不受。入孝义祠，载《省志》。

注释：

[一]蓝勇主编《稀见重庆地方文献汇点》(下)道光《重庆府志》卷之八《人物志·行谊明》第873页云："张九经，《通志》：涪州人。客有隐金铜佛中寄其家，后被盗，以佛故未攫去。客至，九经归之。客感其义，分金谢之，不受。"

何鉽[一]，字元鼎，举人。孝友性成，兼笃友谊，饶有车裘与共遗风。康熙尹于鄞，号能吏。朋友往来，济其困乏者不可枚举。三原、象山二令资其厚力，得不失官。卒以此受累，自甘落拓，绝无怨尤，可敬也。后其昌乎？见向廷赓《伦风》。

注释：

[一]蓝勇主编《稀见重庆地方文献汇点》(下)道光《重庆府志》卷之八《人物志·人物国朝涪州》第852页云："何鉽，字元升，号厚溪，康熙己卯举人。官浙江鄞县。著有《芝田诗稿》。"

彭逢春，慷慨好义。有鬻子者，为捐赀赎回。贩米赴楚，一少年持银五十两买米，未成约，遗银而去。春追还之，谢弗受。乡旧有纳聘未成婚者，婿外出，十年不归。女父欲另字，春阻之。使人觅婿归，资以成礼。

郑仕福，家李渡镇。除夕，盗入其室。福觉，盗叩头祈免。福曰："为盗非若本心，为贫所迫耳。"与金，劝令改行。盗卒为善类。

黄文耀[一]，创修碗厂沟堰路一千八百五十丈，人名之"黄公路"。道光十年(1830)水淹中嘴场，男女露宿，啼饥捐米赈济，全活甚众。州牧黄公[二]旌之。子孙多列胶庠。子道亨，由武生任督标、守备；孙灼、重、镇、中、衡，外委。

注释：

[一]蓝勇主编《稀见重庆地方文献汇点》(下)第876页云："黄文耀，好施济，尝修堰道一道，计一千八百五十丈，人称为'黄公路'。道光十年，大水，中嘴场被灾千余人。文耀捐米赈济，全活甚众。"

[二]黄公：即黄鲁溪，道光十年任涪州知州。

薛沅[一]，嘉庆间奸民乘教匪之乱，掠卖妇女。沅在珍溪镇设法防治，群小敛迹，各乡获安。

注释：

[一] 蓝勇主编《稀见重庆地方文献汇点》（下）第 876 页云："薛沅，能济人之急，平日恤贫困、修桥路、施棺木，无不量力为之。嘉庆初，匪徒乘乱拐贩妇女，沅发其奸，四处设法惩治之，保全犹多。"

柯进瑚，嘉庆己卯（二十四年，1819），有夫妇流落，归黔无资。将鬻妻，进瑚厚给之。夫妇感泣而去。

戴世远，乾隆己酉（五十四年，1789）拾遗银三十两，次日访系谢姓，悉还之。后二年，复还罗姓遗银十两。

况元保，嘉庆三年（1798），教匪扰涪北岸，妇女老稚奔向韩家沱，欲渡江避贼者以千计。有单骑贼追至观音桥，元保立桥左，诱贼刺其以长矛，贼被创遁。元保料必率队来，急护众雇船渡江。贼至无及。

张世仲，尝纳谷四百石入社仓，藩宪给"急公尚义"额。后补修城垣，捐银二百两，州牧谢公请给六品衔。子入邑庠。

金世凤，嘉庆间逆苗煽乱，大兵进剿，扰民甚。凤时协办军粮，白大帅严治之，民赖以安。凯旋，大帅袁欲上其功，凤辞。州牧李公[一]旌曰：鸿志鹤龄。少府张公旌曰：在公勤慎。

注释：

[一] 李公：即涪州知州李炘。

谭美东，慷慨好义。乾隆戊戌（四十三年，1778）鹤游坪大饥，捐谷百石倡赈，分设粥厂，借贷无偿者还其券。子鉴，入邑庠；镟，议叙象州吏目。孙、曾克继书香。貤赠登仕郎。

谭辉宇，豪爽严正，敦信义族，子弟有不戢者面斥之。里中进士张进弟朴而贫，馆乡塾，被盗劫。盗庇于强豪，不得直。辉宇代控，备历艰苦，气不少挫，卒按得首从数人伏法。又督修考棚。子道衢，登己卯乡荐，巫山县教谕；道正，饩于庠。

谭世浴，道光丙戌（六年，1826）鹤游坪大饥，捐米倡募，多所存活。监修考棚，廉谨不染。

熊世俊[一]，嘉庆初，教匪之乱，岁饥米贵，捐米平粜。州牧以"德义永平"额旌之。年八十八，卒。

注释：

[一] 蓝勇主编《稀见重庆地方文献汇点》（下）第 876 页云："熊世俊，协同捐米，全活甚众。道光戊戌，鹤游坪大饥，一施米，一施粥，井井有条。贷钱者不取息，不能偿者辄焚其券。"

喻瑰，好施与，多隐德。嘉庆辛未（十六年，1811）岁歉，捐米赈恤。年八十四，夫妇齐眉。

钟清鹤，豪爽好义。其友人王玉成、何锡九相继登乙科，数数上公车，率资于清鹤家。居偶缺乏，辄请之。取携自若，两相忘其为负贷也，先后累数千金。两人偶语及偿，则色然睨之，曰：奈何小视钟三。王临卒，以诸孤托饮食、教诲，一如生时，他义概所树多类此。

张执中，教匪窜扰鹤游坪，诣额宫保营，请兵堵御，坪赖以全，议叙千总。

王清旦，观察沈公宝昌墓表云：同治丁卯（六年，1867）权篆涪陵，婪匪蚁动，备边警讯，州人士之足资筹画者金以孝廉王君春圃对，手函速之来，沉毅寡言，谘以策，深合机宜，固识向誉者匪妄也。久益悉其狷介士，不苟取与，独耽好文章。观所为沉浸于古，宗仰不在唐宋以下，叩之，乃知其封翁之培育为甚深，即区区文字亦不以时俗之为相期望为已久矣。戊辰春，予得代孝廉手一帙，稽颡言曰：先君行状也，久欲表诸阡而未能，匪惟文之难，实抑人之难，迟十有三年而遇公，公弗哀而赐之言，则死者与生者俱赍恨无穷也。予以言之，婉而深也，弗能辞。诺之而别。次年，予任打箭炉，孝廉走书敦促，爰按状为表，邮寄之。公讳清旦，字待明，先世江右泰和人，尚仁公入蜀，六世至永朝公，子五人，公其仲也。生二龄余，即失怙，饥寒寝处，类不得所，故一生多疾。年十八，配严孺人来归。未几，析爨。时嘉庆壬申（十七年，1812）、癸酉（十八年，1813），连年大旱，居瘠卤，无秋日食，恒不再。盗患尤剧，公豪健有胆气，尝独提戈逐盗，黑月中越丛棘密箐，苦不舍。盗哀丐免乃止。徙家膏腴，乃小康。然刚肠疾恶，负义概，用不贳尝。结堂叔登尧族侄大有相誓：急人急，互援应。二人者，喜任侠，与公类者也。会从弟与南川某绅隙，绅乘蜀督风旨，严发其阴事，思以危法。中捕至县，半月三讯，搒掠无完肤，无何并其父逮，方是时，督宪檄涪州会同审办，势汹汹不可响，迩至亲密友俱瑟缩莫敢出，其父暮齿临发，手书求援，绝无应者，公独毅然曰：叔父老矣，罹奇祸不之拯，生还无冀也。况难作，老父食不举箸，复奚辞？即夜囊金，驰至县，倾赀营救。再阅月，竟脱叔父以归。居平于兄弟姻戚，卵翼周至，齮龁者无所得，尝弃所敌而仇公势若更有不可解者，公亦即挺身搪毁，极龃龉艰险，愈益奋励，不得直不休，诸兄弟姻戚数十年恃之。若防之置水鲜没滑澈濔。公与前二人者结约力也，间为乡里排解纠棼，极神明宰，剖决弗能者，经公晓譬罔弗涣然冰释，然公故固白首，未公庭履，治生勤俭，衣襞裂衣屦粗粝，终岁锄耘畴陇，子女婚嫁，屏绝繁缛。时承平久，丰亨蕴孽，俗习竟豪奢游冶丽都，炤耀闾里，公独浑穆真率，嫉忌者造作言语非笑之，公闻泊如也。独赀有余则出以人物，济收无依之子女，焚难偿之券，膳无告之老，疾死无归地以葬之，葬无具，棺以敛之。荒旱凶饥，一钱一粟用之得所有，远过好名者之脱手万贯者，而里中骛名者乃用是忌公，众亦益以是服公云。尤嗜读书，先正格言，稗史野乘，尝不手去，谓读之涵养性天，增益智慧，诸子虽外傅就所习，日必亲课，每训曰：吾隐恨业未卒，今一身精神专注汝曹，读书立品中得稍成就，此衷庶慰耳。长次三子俱先后入文武庠，人咸为公慰，公终歉然。迨咸丰壬子（二年，1852），冢君秋闱捷报至，乃始为一解颜焉。公一生热肠，为人因自负累者屡屡也。或规之，亦深用纳。乃一遇事故，是非相感发，虽抑制力，中夜辄数起，绕屋叱咤几晓，或又代鸣不平也。人问之，则曰强梁世界，朴愿者无以聊生见之，辄觉心痛，吾自医吾心痛耳，他何知焉。寿六十七，以疾卒。卒时，诸尝受恩者环列雨泣，甚有博颡吁天乞身代者。观此公之生平，可想矣。公生乾隆戊申年（五十三年，1788）十月，卒咸丰乙卯（五年，1855）年五月，葬南川县鹤翔山之阳，首丁趾癸。严孺人后公卒，祔。同治六年（1867）嗣君为公夫妇请七品封，焚黄墓下。呜呼！亦足慰公于地下矣。子五人，长应元，咸丰壬子（二年，1852）科举人，军功保举尽先选用知县。次应锡，武庠生，尽先把总，赏戴蓝翎。次应宾，庠生。次应楷，次应拔。女六人，孙十五人。

孟志义，每岁捐钱二十万于木棕河渡口置义渡。

陈炳南[一]，道光辛丑（二十一年，1841），岁饥，谷价腾贵，捐谷百石，减价平粜。

注释：

［一］蓝勇主编《稀见重庆地方文献汇点》（下）道光《重庆府志》卷之八《人物志·行谊国朝》第876页云："陈炳南，《涪州志》：炳南家不中资，偕侄实庵，倾廪半价平粜，尤人所难。"

彭赴选[一]，康熙间充武隆里长，多代贫者完纳钱粮，不急追呼，州牧萧公星拱以"急公尚义"、董公维祺以"扬抎淳风"额旌之。

注释：

［一］蓝勇主编《稀见重庆地方文献汇点》（下）道光《重庆府志》卷之八《人物志·行谊国朝》第876页云："彭赴选，《涪州志》：赴选，见义勇为，充西里里长。康熙间，尝代纳武隆钱粮，贫者即不索偿。"

潘嵩，贡生。倡设文会，闭封古墓，赒恤族党，多隐德，父殁，庐墓尽哀。子味谦，贡成均；鸣谦、喻谦，俱领乡荐。

舒其仁，贡生。倡修宗祠，置墓田。族有三世孤贫者为之抚养、婚娶，置产给之。有楚客覆舟，赠以金，俾得归。丙子岁旱，买米减价平粜。文庙垣外地为市侩私买，捐金赎之。子国珍，举人；步衢，庠生。

舒其文，倡修宗祠，好施与，与兄其仁同居六十余年，内外无间言。监修文庙，寒署五易。见周海山宫傅《文庙碑记》。

张友法，明季摇黄贼寇劫鹤游坪，友法率众力御之。国朝定鼎，请照例起科，急公奉上，率类此。

余崇勋，嘉庆辛未（十六年，1811）大旱，捐米赈恤，全活甚众。半生善举尤多。

邵维万[一]，嘉庆壬申（十七年，1812）、甲戌（十九年，1814）大饥，两次捐米赈恤。复请领济仓谷平粜，全活甚众。

注释：

［一］蓝勇主编《稀见重庆地方文献汇点》（下）道光《重庆府志》卷之八《人物志·行谊国朝》第876页云："邵维万，《涪州志》：嘉庆壬申（十七年，1812）、甲戌（十九年，1814）岁皆饥，维万捐赀赈恤，不给廪，请开济仓，劝富户平粜。"

甘文才^[一]，幼失怙恃，依叔成立。叔病，刲股疗之。性豪侠，尝曰：吾人不能为天下出力，当为一乡不可少之人，勿作自了汉。排难解纷无虚日，每暑月于要道设棚施茶，严寒施衣，岁终施米。州牧李公额以"硕德耆英"，寿八十。

注释：

[一] 蓝勇主编《稀见重庆地方文献汇点》（下）道光《重庆府志》卷之八《人物志·行谊国朝》第 876 页云："甘文才，《涪州志》：性豪迈，为人排难解纷，修桥路，培祠宇；夏则于要路置凉棚，严寒施被，岁终施米，八十不倦。"

陈正义^[一]，道光丁酉（十七年，1837）捐七百余金，置业，作巷口义渡。

注释：

[一] 蓝勇主编《稀见重庆地方文献汇点》（下）第 876 页云："陈正义，性慈和。道光丁酉，捐土产房屋一分入巷口义渡。"

宋登荣^[一]，捐修白果铺塘路四十余里，不勒碑。葬贫无棺者百余人，里人德之。

注释：

[一] 蓝勇主编《稀见重庆地方文献汇点》（下）道光《重庆府志》卷之八《人物志·行谊国朝》第 873 页云："宋登荣，《涪州志》：修白果铺大路四至皆十余里，不铭碑。捐葬死而无棺者一百余人。"

易敏文，尝入市，拾遗金五十两，守待其人，还之。谢，弗受。

夏曰浩，性任侠。有市侩私置大斗收米，贫民受累。命子文彬首于官，费至千金，积弊始除。

王子院，己亥岁凶，捐米赈饥。教匪扰境，复捐赀修鹤游坪卡隘。

舒翥，贡生。捐赀设普净庵义渡，至今赖之。

覃邦本，扶弱植贫，多隐德。子栋，廪生；模，举人。

彭宗舜^[一]，庠生。常［尝］舍地，作羊角碛义冢。复开凿两堰，灌田数百亩，不分畛域。州牧张公表其宅曰：好义之门。

注释：

[一] 蓝勇主编《稀见重庆地方文献汇点》（下）道光《重庆府志》卷之八《人物志·行谊国朝》第 876 页云："彭宗舜，《涪州志》：宗舜，性慷慨。乾隆中。尝割己产作义冢，子孙三世皆然。又于业内凿两堰，引源水溉邻人田八百余亩。"

高辉朝，有何姓寄钱十万两。两相忘，逾年忆及，遣还之。生平廉谨，多隐德。

舒其道，庠生。乙卯大旱，出积谷，减价平粜。有以钗钏质谷者，给谷而返其质。

陈继唐，睦族好施。倡拯溺会，收掩浮尸。厘定规条，勒碑蔺市。其子春腴，太史，有《募收浮尸小引》。

杨智麟[一]，慷慨好义，赈恤亲故。胞叔子孙赖以教养者，三世尊师重道。子恒、恺，俱列胶庠；恂、怡，俱贡成均。寿八十一。曾孙晫，领乡荐。

注释：

[一] 蓝勇主编《稀见重庆地方文献汇点》（下）道光《重庆府志》卷之八《人物志·行谊国朝》第 873 页云："杨智麟，《涪州志》：智麟，量岁所入，以余赀赈济亲朋。其叔不善治家，赖以成立者三世，卒年八十一。"

杨嶙[一]，好义乐施。族有孤女不能嫁者嫁之，友死无归者殡之。捐济谷，置济田。寿七十六。

注释：

[一] 蓝勇主编《稀见重庆地方文献汇点》（下）道光《重庆府志》卷之八《人物志·行谊国朝》第 876 页云："杨嶙，《涪州志》：杨嶙，嫁孤女，殡死友，捐济谷，倡置济田。人尤义之。"

鲁启麟[一]，倡置义冢。与同里陈继唐设拯溺会，收掩浮尸。

注释：

[一] 蓝勇主编《稀见重庆地方文献汇点》（下）道光《重庆府志》卷之八《人物志·行谊国朝》第 876 页云："鲁启麟，《涪州志》：启麟，倡置义冢，收掩浮尸，与同里陈继唐设有拯溺会。"

陈志常[一]，长里梓路溪夏间泛涨，行旅阻隔，捐置义渡，现历五十余年。

注释：

[一]蓝勇主编《稀见重庆地方文献汇点》(下)道光《重庆府志》卷之八《人物志·行谊国朝》第 876 页云："陈志常，《涪州志》：志常，常于子路溪捐设义渡，人皆义之。"

杨登荣，家不中赀。道光七年（1827）岁饥，州牧吴公劝富民赈济。杨不待召，乐输米十石为州人倡，吴公以"谊敦任恤"额表之。

何绎如，家赤贫。五岁失怙，贷殖起家。事伯叔父，曲尽心力。倡设文社，周恤邻里。嘉庆辛未（十六年，1811）岁饥，捐米赈济，全活甚众。

汪名扬，轻财好施。遇岁旱，先后捐米百余石，赈恤乡邻。州牧谢公旌以"松茂椒蕃"。年八十三。

鲁大荣[一]，兄弟分爨，复析己产与侄。修险路，置祭田。道光丙戌（六年，1826），岁饥，倡首赈济，多全活。孙克裕，贡成均；克英、克俊列胶庠。

注释：

[一]蓝勇主编《稀见重庆地方文献汇点》(下)道光《重庆府志》卷之八《人物志·行谊国朝》第 876 页作曾大荣，云："曾大荣，《涪州志》：好行方便，贫者贷不取息。修险路，施棺木，赈荒岁，每尽力营之，率以为常。"两书记载其姓存在"鲁""曾"之别。

秦钟琯[一]，倡修宗祠。奖藉善类，资膏火束修以励子侄。子葆恬，食廪饩。

注释：

[一]蓝勇主编《稀见重庆地方文献汇点》(下)道光《重庆府志》卷之八《人物志·行谊国朝》第 876 页云："秦钟琯，《涪州志》：钟琯，创修宗祠，劝勉子弟，复捐赀助膏火、完婚嫁，族人赖之。"

刘棋[一]，浑朴好施。常掩骼埋胔，置义冢地。

注释：

[一]蓝勇主编《稀见重庆地方文献汇点》(下)道光《重庆府志》卷之八《人物志·行谊国朝》第 876 页云："刘棋，《涪州志》：棋，为人浑朴，嘉庆中，捐置义冢，岁

施棺木。"

李广进[一]，每岁终，量给孤贫钱米。

注释：

[一] 蓝勇主编《稀见重庆地方文献汇点》（下）道光《重庆府志》卷之八《人物志·行谊国朝》第 876 页云："李广进，《涪州志》：广进，救难济急，遇事勇为。每岁终里中孤贫者，量其人口给以钱米，积数十年不倦。"

李昭绪，货殖起家，分赡昆季不少靳。岁饥，设粥厂，全活甚多。生平未尝履公庭。

高田，庠生。公正笃实，排难解纷。有司额其庐曰：芳行堪式。

孙会澎，字象离。弟早逝，乐善好施，费不赀。恐累其侄，欲析产。弟妇周氏义之，弗之许。舍田百亩，设育婴堂于施家坡。倡募立恒心义学于李渡镇。施棺木、药物、寒衣，岁以为常。

周廷瑶，捐赀倡设陈家墕义渡船二只。

刘祖耆，慷慨好义。岁歉，以积谷贷族邻，不索券，无偿者听之，垂四十年。

罗永义，道光庚子（二十年，1840）岁饥，买米减价平粜。

刘立堂，州同衔。家素裕，每岁入谷约千石，不再置业。赈恤孤贫，收养无依子女常十数。终年修培桥路不辍，实阴藉以赡无业也。

陈于智，常拾银于铜锣场酒肆中，守候其人，还之，不受谢。

李国俸，捐设鸭子塘义渡，又立义学于存真阁。孙荣第，入邑庠。

陈万宝，性诚朴，家巨富。咸丰、同治间前后捐军饷七千金，岁修治道路，平如砥，可方轨行。子武庠，议叙游击衔。

倪秉泰，道光辛丑（二十一年，1841）岁饥，捐菽麦三十石于李渡镇，赒恤贫乏。

陈炳烈，监生。同治元年（1862）州牧姚公[一]督团攻贼，捐金五百助军饷。又捐资置田二十余亩，设土主庙新渡口义渡。

注释：

[一] 姚公：即涪州知州姚宝铭。据李世权《石刻涪州》第 92 页有《高厚桥碑记》，碑记题衔一为："钦加知府衔赏戴花翎郎补同知直隶州四川重庆涪州正堂加五级随带加

一级又覃恩加二级纪十一次记大功二次姚示。"姚示，即涪州知州姚宝铭所发文告。该题刻为邑廪膳生雪亭王融题，同时亦为清赐花翎重庆镇标右营涪州汛陛用游府录龙示。又李世权《石刻涪州》第366页有《太和场万天官重修示谕碑》，文云：钦加知府衔赏戴花翎郎补同知直隶四川重庆府涪州正堂嘉五级随带加一级又覃恩加二级纪录十一次记大功二次姚示。示谕事：本年二月十八日，据长里上三甲太和场万天官首事雷现瑞、何武元、肖顺兴、雷泽霖、王尊三、庹荣山、黄玉顺、肖恒发以恳赏示谕事禀称，缘首等承允：本场万天官首事，该庙并无常住。自同治元年石逆扰场，庙宇神像恶行烧毁。首等邀集绅耆团甲客商酌议重修。前已禀请印簿赏示在案，择吉兴工。仅此竖□，奈本场乡公费浩繁，募化维艰，约料正殿两廊及乐楼费钱贰仟数百余金。今只现募钱陆佰余金，连公本共成钱捌佰余金。实不敷用，难以告竣。首等无款可筹，商议三十六场期，每卖牛牲一只，取厘金钱六十文；猪羊每只十贰文，铺户货摊每家四文，其余摆零物小摊每家三二文。方可集腋成裘，稍助公杏。倘有私行买卖，图漏厘金者，查出加倍以照平允。但首等不敢擅专，是以禀恳仁廉作主，示晓谕俾场周知，以免临场悭吝、神人均沾。伏乞等情，据此除禀批示外，合行示谕。为此示，仰樟场军民铺户买卖人等，自示之后，尔等各照众议，牛牲货物，均须抽取厘金，以作建修之费。倘有不遵，许该首事等据名具禀，以凭严讯惩。但不得挟嫌妄禀，致于咎戾。各宜凛遵毋违。特示。右谕通知。大清同治五年二月廿七日。

陈大容，倡募捐置田亩，岁收谷十余石，设土主庙徐家渡义渡。

游昶，监生。捐田亩，岁入谷八石，设高洞滩口义渡。

汤武先，滇匪据鹤游坪，助军饷千余金，资团勇攻贼，贼卒退。

黄粤隽，道光庚子（二十年，1840）岁饥，捐银买米平粜，州牧德公[一]以"穀诒孙子"额旌之。寿八十五。

注释：

[一] 德公：即涪州知州德恩。

况显贵，倡设太平场养济会，赈恤孤寡及无力嫁娶者。子阳春捐置田亩扩充之。

任清泉，倡设太平场观音渡义渡。

王师贡[一]，业贾。教匪扰涪北岸，设船渡避乱者，全活甚众。乱后斗米千钱，捐米平粜。不继，又往川南籴米济之。

注释：

[一]蓝勇主编《稀见重庆地方文献汇点》（下）第871页云："王师贡，号政达，幼贫，以贸易致小康。凡父母养葬之费，俱独任之。两兄皆贫，事之如父母。三族中无赖者均寄食其家。教匪作乱，以船二只沿河渡人，不取财利，活人数千。乱息后，斗米千余钱，出所积米减半价以粜，更令人往川南买米以济乡人。享年八十五岁。"

余祖芳，捐田四十亩入宗祠以隆祭典。族中贫乏者，赒之。修桥路，镌善书，不靳千金。子式荣，现任叙永厅教谕。

文　苑

宋

秦子明，杨升庵《谭苑醍醐》：秦子明，涪州人。买石摹刻僧宝月《古法帖》十卷，载入黔中，壁之绍圣院。

元

贾元[一]，字长卿，涪州人。有文学。凡使蜀还京者，人必问曰："得贾先生文章否？"题《观澜阁歌》，撰《文庙御碑亭记》，乡人重之。见《通志》及《蜀中著作记》。

注释：

[一]蓝勇主编《稀见重庆地方文献汇点》（下）道光《重庆府志》卷之八《人物志·人物元》第828页云："贾长卿，《蜀中著作记》：涪州人，有文学，凡使蜀还京者，人必问曰：'得贾先生文章平？'题观澜阁歌，撰《文庙御碑记》，乡人重之。"《涪陵历史人物》第45页《元代涪州著名学者贾元》云：贾元，字长卿，一字易岩。生卒年不详。元代涪州著名学者。一说长寿人。大约活动在元成宗大德元年（1297）至元顺帝至正十三年（1353）。贾元不入仕宦，清贫高雅，终于布衣。其代表作是《学宫碑亭记》，记述了元顺帝至正十三年（1353）夏四月，涪陵郡守臣僧间自捐俸金，采坚石，召石匠，

勒碑建亭，以倡儒学的盛举。其《涂山碑记》首创"禹生石纽"说，考证精详，论证层次清楚，论据有力，颇具说服力。贾元不仅是散文家，还是书法家，书学苏体，温雅有法，涪陵北岩"观澜阁"匾额和《涪陵文庙御碑亭记》是其遗墨，笔法苍古，韶秀俊逸。参见《历代名人与涪陵》第104-105页《贾元在涪州留下的散文与书法》、《涪陵文史资料选辑》第三辑第116页汪长春《涪陵市书画名人录》。

贾易岩，涪州人。以文名，著有《涂山古碑记》。见《通志》。

明

陈计长，字三石。学问淹博。官江南松江府同知。解组归，著有《鸣鹤堂六政亿言》行世。

夏铭，官御史，精理学，著有《四书启蒙》行世。

夏道硕，号华仙。工书，能文。献贼陷涪州，被执，断其右臂。后以左书，虽零缣寸楮，人宝之如月氏天犀也。

国朝

黄坦，潜心经史，为文博大昌明。著有《辉荨堂诗文集》，待刊。

陈永图，字固庵。博通经史，为文力追先正，寝食于古。著有《章水唱和集》行世。

张克镇，字重夫，贡生。父永载，官河南上蔡县。重夫随侍，遍游陈勾山窦东皋、张阳扶、陈未斋各名宿门，尽得古作者诗古文义法。归拥万卷，牙签之富，甲于涪属。著有《思及堂诗文集》。

周汝梅[一]，字雪樵。博通经史。与张重夫友善，以诗古相切劇。其杰作与张伯仲，几登古作者之堂而哜其胾也。著有《绿韵山庄古文》。

注释：

[一]蓝勇主编《稀见重庆地方文献汇点》（下）第871页云："周汝梅，字雪樵，笃学敦伦。父辈有微嫌，必积诚以感之，俾和睦如初。分产以膏腴让其弟议堂，己独取其硗瘠者，故屡遭骨月之变而不失其所常。后官郫县教谕，倡修圣庙，购祭器，铸铁鼎，以经术造士，名士多出其门。"

石彦恬，字麟士，晚号素翁。学问淹雅，工诗，精书法。自闽中归，遍历吴越、荆楚名山水，交其贤豪长者。书法益进，晚岁骎骎逼晋人。尝以千金购蕲州淳化阁帖版归涪，自有记。著《三君子堂诗文集》。

彭应槐，字文轩。与弟应桂俱博学能文。著有《地舆便览》，行世。应桂亦著有《馥元堂诗草》，待刊。其家缥缃万轴，高拥若城。

隐　逸

宋

渡江老父，涪陵人。伊川先生谪涪，渡江中流，舟濒覆，人皆哭，伊川独正襟危坐如常。及岸，老父问曰：当船危时，君正坐，色甚庄，何也？伊川曰：心存诚敬耳。老父曰：心存诚敬固善，然不若无心。伊川欲与之言，而老父径去。

崔彦直，《质斋书录》：宋有崔彦直者，涪人也。黄山谷谪涪，尝与交好，称之曰：六合佳士曰崔彦直，其人不游诸公门，盖贤而有守之士也。所著有《谥法》一卷。

谯定，事具《乡贤》

明

晏亚夫，性恬淡，博学嗜古，不乐仕进，郡人称其贤。配享伊川、山谷、和靖，号四贤祠。

文渊[一]，号跃吾。工书翰。足不履廛市，莳花种竹以自娱。生五子，植五桂于庭，勉以忠孝，卒为名宦。孙、曾多贵显。

注释：

[一] 蓝勇主编《稀见重庆地方文献汇点》（下）道光《重庆府志》卷之八《人物志·隐逸》第878页云："文渊，旧《通志》：涪州人，号跃吾。工书翰。足不履城市，栽花莳竹以娱老。"

刘昌祚[一]，号瀛台，司谏忠愍公孙也。恬雅，工词翰，无贵介气。神宗朝以祖荫召用，弗就。结七叟为友，日事觞咏，白鹤梁镌有"七叟胜游"四字。

注释：

［一］蓝勇主编《稀见重庆地方文献汇点》（下）道光《重庆府志》卷之八《人物志·隐逸》第878页云："刘昌祚，旧《通志》：涪州人，美丰议，工词翰，虽阀阅清华，绝无贵介气。以祖忠愍公之荫，高尚不就职。与邑中名士唱和联吟，号为七叟。"

刘天民[一]，昌祚之子。年十二，补弟子员。下帷读书，不履市廛。崇正［祯］间以忠愍公廕召用，不就。时人称"昌祚有子"。

注释：

［一］蓝勇主编《稀见重庆地方文献汇点》（下）道光《重庆府志》卷之八《人物志·隐逸》第878页云："刘昌祚……子天民，年十三为弟子员。崇祯以忠愍公荫召用，不就。人呼为'昌祚有子'。"

周伯昱，字介中。笃行力学，辟举不就。隐居自乐，以清德遗子孙。

夏可洲[一]，号海鹤。学问淹博，结草亭大渠濒，吟咏著书。倪司农遇同颜其居曰："野史堂"，赠诗云："有才司马因成史，未老虞卿已著书。"

注释：

［一］蓝勇主编《稀见重庆地方文献汇点》（下）道光《重庆府志》卷之八《人物志·隐逸》第878页云："夏可洲，旧《通志》：涪州附贡生，筑亭于江岸，与弟吟咏偕隐。同郡倪司农赠以联云：'有才司马因成史，未老虞卿已著书。'"

夏可洪，洲之弟。狷介笃学，不应科举。尝曰：学古入官，若迁疏寡效，适以自病也。与兄可洲号"夏氏二难"。

刘绍武[一]，号石冈，司谏忠愍公侄也。忠愍被谪，石冈于宅后创最乐洞，琴书自娱，导宗族子弟以礼让。一生不履城市。

注释：

［一］蓝勇主编《稀见重庆地方文献汇点》（下）道光《重庆府志》卷之八《人物志·隐逸》第878页云："刘绍武，旧《通志》：涪州人，号石冈，司谏刘秋佩犹子奇山子也。秋佩字武宗朝以忠节显，而奇山事秋佩如师，友恭交笃。甘为葛天吴怀之民。石冈善继其

志，晚年绝迹城市。辟安乐洞以自娱，洞有楼，高痴云台。名曰'永思'，盖念厥考昆仲也。年逾八十，子孙绕膝，而潜德敛晦，永言孝思如一日云。采夏子云《安乐洞永思楼记》。"

国朝

冉嶙，贡生。性恬淡，跬步不苟。选训导，不就。以经学迪后进，门下多正士。年七十余。

耆硕_{寿妇附}

宋

谯定。_{一百三十岁，不知所终。}

明

周文汉。_{年百岁。}

李师伺。_{年百岁。}

刘志德、刘道、曾彦甲、陈文常、夏可洲、罗瑛，_{俱年近百岁，名镌白鹤梁。}

国朝

唐可惠^[一]。_{一百二十岁。}

注释：

[一] 蓝勇主编《稀见重庆地方文献汇点》（下）道光《重庆府志》卷之八《人物志·耆寿国朝》第880页云："唐可惠、罗氏，乾隆五十年，可惠寿一百九岁，妻罗氏寿一百岁。"

甘克和^[一]。_{一百零五岁。}

注释：

[一] 蓝勇主编《稀见重庆地方文献汇点》（下）道光《重庆府志》卷之八《人物志·耆寿国朝》第880页云："甘克和，庠生，乾隆五十六年，寿一百五岁，五世同堂。"

王克常^[一]。<small>一百零四岁。</small>

注释：

［一］蓝勇主编《稀见重庆地方文献汇点》（下）道光《重庆府志》卷之八《人物志·耆寿国朝》第880页云："王克常，年一百四岁，五世一堂，夫妇齐眉。"

冉存鳌^[一]。<small>一百零二岁。</small>

注释：

［一］蓝勇主编《稀见重庆地方文献汇点》（下）道光《重庆府志》卷之八《人物志·耆寿国朝》第880页云："冉存鳌，寿一百二岁。天性浑朴，不入城市。州牧张晴湖邀请不至，高之。"

文玮^[一]、罗应甲^[二]、幸文昌^[三]、张伦朝^[四]、王明章。

注释：

［一］蓝勇主编《稀见重庆地方文献汇点》（下）道光《重庆府志》卷之八《人物志·耆寿国朝》第880页云："文玮，寿一百岁。五世同堂。恩赐庆衍期颐坊。州牧张晴湖赠以联云：'三万六千三百日，一堂五世一家春。'"

［二］蓝勇主编《稀见重庆地方文献汇点》（下）道光《重庆府志》卷之八《人物志·耆寿国朝》第880页："罗应甲，乾隆五十年，寿一百岁。"

［三］蓝勇主编《稀见重庆地方文献汇点》（下）道光《重庆府志》卷之八《人物志·耆寿国朝》第880页云："幸文昌，道光中寿一百岁，五世一堂。"

［四］蓝勇主编《稀见重庆地方文献汇点》（下）道光《重庆府志》卷之八《人物志·耆寿国朝》第880页作张朝伦，云："张朝伦，现年一百岁。"两书记载存在"朝伦""伦朝"之别。

右年百岁。

廖岐圣^[一]、彭得贤。

注释：

［一］蓝勇主编《稀见重庆地方文献汇点》（下）道光《重庆府志》卷之八《人物

志·耆寿国朝》第 880 页云："廖歧圣，五世一堂，寿九十八岁。"

右年九十八岁。

夏槐[一]、张能应、杨纯刚[二]、张奇龙、李朝铭[三]、田宗武、刘树才、郑人仪、孙玉堂、樊登荣、王钊、舒国樑、李廷仲。

注释：

[一] 蓝勇主编《稀见重庆地方文献汇点》（下）道光《重庆府志》卷之八《人物志·耆寿国朝》第 881 页云："夏槐，现年九十七岁。"

[二] 蓝勇主编《稀见重庆地方文献汇点》（下）道光《重庆府志》卷之八《人物志·耆寿国朝》第 881 页作杨纯钢，云："杨纯钢，年九十七岁，夫妇齐眉。"两书记载存在"刚""钢"之别。

[三] 蓝勇主编《稀见重庆地方文献汇点》（下）道光《重庆府志》卷之八《人物志·耆寿国朝》第 880 页云："李朝铭，年九十七岁，五世一堂，夫妇齐眉。"

右年九十七岁

诰授奉政大夫潘承志、萧纯、黄连城、杨坚、罗赞韩、汪长清、袁赤玉、胥志玉、张明刚、刘世俸、朱鍠、李常佑、朱天锡、陈文秀、卢正鳌、任国让。

陈文广、王氏。齐眉。

傅朝义、焦氏。齐眉。

姚祖安、袁氏。齐眉。

姚义顺、杨氏。齐眉，生殁同日。

右年九十六岁

诰封五品顶戴孟正璟、增生杨永荣、赵琼英、张应政、湛正一、马文兰、左金魁[一]、郑光乔[二]、黄世爵、田仁恺、王铨。

注释：

[一] 蓝勇主编《稀见重庆地方文献汇点》（下）道光《重庆府志》卷之八《人物志·耆寿国朝》第 881 页云："左金魁，年九十五岁，五世一堂。"

[二] 蓝勇主编《稀见重庆地方文献汇点》（下）道光《重庆府志》卷之八《人物

志·耆寿国朝》第880页作郑元乔，云："郑元乔，道光中寿九十五岁，夫妇齐眉，五世一堂。"两书记载存在"光""元"之别。

徐万成、王氏。_{齐眉。}

张仁学、马氏。_{同日生，齐眉。}

谭荣山。

右年九十五岁

庠生张文仪、陈登第、朱天阳、王若尼、杨春纪、甘家学、田庆楠、黄成瑞、周正康、夏仕奇、谭沛、钟池玉、陈洪富、任国玺、朱楣。

右年九十四岁

庠生朱尔瞻、禹国相、姚君正[一]、谭注江、黄必达[二]、王魁、彭之初、李洋溢、朱铉、杨正邦、苏明甫、李志贤，_{存。}

注释：

［一］蓝勇主编《稀见重庆地方文献汇点》（下）道光《重庆府志》卷之八《人物志·耆寿国朝》第880页云："姚君正，年九十三岁，夫妇齐眉。"

［二］蓝勇主编《稀见重庆地方文献汇点》（下）道光《重庆府志》卷之八《人物志·耆寿国朝》第881页云："黄必达，年九十三岁，五世一堂。"

梁家贵。_{存。}

徐文明。_{存。}

右年九十三岁

恩锡寿耆谭大川、监生朱嗣昌、彭赴选、吴永实[一]、夏曰浩[二]、韩栗、韦巨韬、彭之龙、黄鉴、甘文相、张炳山、李遐昌、刘应朝、韩文宗、陈元纲、陈洪仁、刘玉美、符正纲、谢长远、卢正文，_{夫妇齐眉。}

注释：

［一］蓝勇主编《稀见重庆地方文献汇点》（下）道光《重庆府志》卷之八《人物志·耆寿国朝》第880页吴永贵，云："吴永贵，年九十二岁。妻刘氏九十一岁，夫妇齐眉。"两书记载存在"实""贵"之别。

［二］蓝勇主编《稀见重庆地方文献汇点》（下）道光《重庆府志》卷之八《人物志·耆寿国朝》第 880 页云："夏曰浩，五世一堂，寿九十二岁。"

张世爵、谭学固。

右年九十二岁

监生徐怀仁、李金山、窦仕周、曾仁义、陈顼、曹尔昌、谭华岳、刘惠远、符兆刚、冉尔玉、胡兴苑^[一]、陈子坤、刘沛江、鞠正绪、卢荣贵、郭绍明、张玉朝、叶文成、韦从奎、徐正龙、王安邑、张世万、吴文广、杨登礼、徐正万，存。

注释：

［一］蓝勇主编《稀见重庆地方文献汇点》（下）道光《重庆府志》卷之八《人物志·耆寿国朝》第 880 页云："胡兴苑，道光中寿九十岁。"

张成格、杨氏，齐眉。

周正庸，存。

陈元纲、周增，存。

右年九十一岁

例赠文林郎李万春、庠生徐上仪、舒其学、贺朝鸾、何睿、汪明远、杨本新、傅天庆、吴璿、王文岸^[一]、熊世俊^[二]、邬学先、汪堤^[三]、袁国治、谭大体^[四]、谭灼、金秀^[五]、戴仕仁、黄世隆、何芝仁、高尔类、吴映崚、瞿应联、陈兴邦、周万荣、谭辉宇、秦正瑜、杨正邦、陈兆魁、庹名魁、赵世玉、何其意、何文才、侯思寿，存。

注释：

［一］蓝勇主编《稀见重庆地方文献汇点》（下）道光《重庆府志》卷之八《人物志·耆寿国朝》第 880 页云："王文岸，妻吴氏，夫妇齐眉，寿九十岁。"

［二］蓝勇主编《稀见重庆地方文献汇点》（下）道光《重庆府志》卷之八《人物志·耆寿国朝》第 880 页云："熊世俊，五世一堂，寿九十岁。"

［三］蓝勇主编《稀见重庆地方文献汇点》（下）道光《重庆府志》卷之八《人物志·耆寿国朝》第 880 页云："汪堤，妻程氏，夫妇齐眉，五世一堂，寿九十岁。"

［四］蓝勇主编《稀见重庆地方文献汇点》（下）道光《重庆府志》卷之八《人物

志·耆寿国朝》第 880 页云："谭大体，年九十岁，夫妇齐眉。"

[五] 蓝勇主编《稀见重庆地方文献汇点》（下）道光《重庆府志》卷之八《人物志·耆寿国朝》第 880 页云："金秀，年九十岁，夫妇齐眉，五世一堂。"

余天福。_{存。}

安洪钧。_{存。}

刘三元。_{存。}

戴恭福。_{存。}

李先立。_{存。}

舒勋。_{存。}

袁有书。_{存。}

萧国禄、龚氏。_{齐眉。}

徐万成、王氏。_{齐眉。}

蒲祖祺、李氏。_{齐眉。}

曹仕朋、游忠堂、李璠。

右年九十岁

贡生张祐、庠生何春涵、职员张斗南、袁钿[一]、易乾亨、郑之朝、谭寿山、邹治梁、洪景泗[二]、赵维爵、傅元恺、刘辉德、陈兴乾、蒲祖国、陈维栋、牟文佑、陈大祯。

注释：

[一] 蓝勇主编《稀见重庆地方文献汇点》（下）道光《重庆府志》卷之八《人物志·耆寿国朝》第 880 页云："袁钿，妻李氏，寿八十九岁，夫妇齐眉。"

[二] 蓝勇主编《稀见重庆地方文献汇点》（下）道光《重庆府志》卷之八《人物志·耆寿国朝》第 881 页云："洪景泗，乐行善事，五世一堂，年八十九岁。"

陈大仲、刘氏。_{齐眉。}

蒲祖德、杨氏。_{齐眉。}

石翠榜。_{存。}

高登。_{存。}

右年八十九岁

贡生张焜、庠生夏纫兰、陈止朝、李高仁、陈现玉、邓应鹏、张德清、高成章、杨廷用、朱国相[一]、萧邦礼、郑时芳、孙镇、徐宇福、徐周文、余镕、汪居仁、郭茂林、杨本胜、徐九富、杨春玺、刘登魁、张子骥、田太义、汪文甲、瞿文椿、陈心明、邓懋贤、涂明仁，存。

注释：

[一]蓝勇主编《稀见重庆地方文献汇点》（下）道光《重庆府志》卷之八《人物志·耆寿国朝》第881页云："朱国相，年八十八岁，五世一堂。"

周重贤。存。

黄绍光。存。

彭荣俸。存。

王在常。夫妇齐眉。

王登尧、严氏。齐眉。

雷仲贵、张氏。齐眉。

袁兆恒、吴氏。齐眉，现存。

苏才茂、吴氏。齐眉。

张正谊、游国祚、赠文德郎易兴华。

右年八十八岁

诰赠朝议大夫陈于宣、诰封修职郎赵一淙，存。

庠生易乾一、庠生夏礼行、王理、栾珏、陈纯、宋寀、罗一瑞、吴之瑄、刘乾生、张曲秀、谭尚书[一]、何启聪、谭登典、黄华铣[二]、彭伯顺[三]、张文卿、刘应试、陈汤、戴天与、盛旭德、谭志学、冉如琏、刘正礼、谭仁陞、窦学玩、谭如玥、湛泽远。

注释：

[一]蓝勇主编《稀见重庆地方文献汇点》（下）道光《重庆府志》卷之八《人物志·耆寿国朝》第880页云："谭尚书，年八十七岁，妻徐氏，夫妇齐眉。"

[二]蓝勇主编《稀见重庆地方文献汇点》（下）道光《重庆府志》卷之八《人物志·耆寿国朝》第881页云："黄华铣，年八十七岁，夫妇齐眉。"

[三] 蓝勇主编《稀见重庆地方文献汇点》（下）道光《重庆府志》卷之八《人物志·耆寿国朝》第 881 页云："彭伯顺，现年八十七岁，夫妇齐眉。"

张东藩，_{夫妇齐眉。}

钱天德、夏氏，_{齐眉。}

艾天奎、王维城、秦正璜、周载阳、曾应桂、胡自约、王天俸、钱天荣、傅元俸、傅正文。

张正德，_{存。}

谢文璧，_{存。}

阮真圆、杨世智。

右年八十七岁

岁贡舒亭枢、庠生宋宣、庠生王洪猷、庠生徐受采、监生高永昌、武生陈世泰、儒生黄城、舒光宗、张瑢、梁锡泰、张旭、彭国芸、陈忰、况尔仲、夏景玮、张鹏舒、冯春秀、余翼鳌、陈杙、陈祥、高成典、刘合林、刘建祖、鲁大荣、谭映明、杨元升、王在洪、蒋芝秀、邹治岷、王大德、张玉岱、潘朝元、吴周文、陈利华、邵维林[一]、徐盛琦、李本杰、陈昌玉[二]、盛榜文[三]、高仲辅、刘璋、刘礼杰、杨正纯、周万德、黄文禄、窦在明、李元宾、黎金玉、窦大德、杨宗寿、张应榜、张应玺、蔡维志、周正庭、刘应庠、盛天禔、戴心淮，_存、倪心洪、戴心奎、胡自鉴、勾代伦、韩杰、余绍禹、张崚、李国玺、韩毂、文抡魁、谭成昌、夏宗淇、李进仲、许希光舒氏，_{齐眉}、杜元凯何氏，_{齐眉}、郑元吉、赠奉直大夫易兴兰。

注释：

[一] 蓝勇主编《稀见重庆地方文献汇点》（下）道光《重庆府志》卷之八《人物志·耆寿国朝》第 881 页云："邵维林，年八十六岁，夫妇齐眉。"

[二] 蓝勇主编《稀见重庆地方文献汇点》（下）道光《重庆府志》卷之八《人物志·耆寿国朝》第 881 页云："陈昌玉，年八十六岁，五世一堂。"

[三] 蓝勇主编《稀见重庆地方文献汇点》（下）道光《重庆府志》卷之八《人物志·耆寿国朝》第 880 页作盛枋文，云："盛枋文，年八十七岁，妇常氏，白发齐眉。"两书记载存在"榜""枋"之别。

右年八十六岁

庠生陈万通、庠生李子方、监生毛宗乾、张应祥、张文玉、张珍、何启厚、赵凤林、吴述先、杨溥、谭青山、谭盛朝、覃文魁、陶运德、毛作新、乐仁、郑玉相、夏帝顺、陈典[一]、刘子美、邵维儒、柴文祥[二]、李应桂[三]、田宗科、郑玘[四]、刘正书、杨正贵、魏文忠、汪耀昭、陈燧、沈世英、杨国士、杨正信、谭光宗、张治象、蒋立乾、夏光昌、蔡仕富、蔡月顺、何锡桂、傅年孝、陈朝钦、刘增祥、傅洪清、蒲文寿、刘扬怀、朱良、刘尚本、刘德本、宋天朝，_存。

注释：

［一］蓝勇主编《稀见重庆地方文献汇点》（下）道光《重庆府志》卷之八《人物志·耆寿国朝》第881页云："陈典，现年八十五岁，五世一堂。"

［二］蓝勇主编《稀见重庆地方文献汇点》（下）道光《重庆府志》卷之八《人物志·耆寿国朝》第881页云："柴文祥，年八十六岁，夫妇齐眉。"

［三］蓝勇主编《稀见重庆地方文献汇点》（下）道光《重庆府志》卷之八《人物志·耆寿国朝》第881页云："李应贵，年八十五岁，五世一堂。"

［四］蓝勇主编《稀见重庆地方文献汇点》（下）道光《重庆府志》卷之八《人物志·耆寿国朝》第880页云："郑玘，年八十五岁，五世一堂。"

高仲甫。_存。

何锡贵、刘氏。_{齐眉}。

郭于富、卢氏。_{齐眉}。

王登芝。_{耳目聪明}。

谭先学、廖氏。_{齐眉}。

蒲祖寿、邬氏。_{齐眉}。

罗福伦、陈氏。_{齐眉，现存}。

黄粤隽、胡正芝。

右年八十五岁

诰封修职郎张玮、重赴鹿鸣潘鸣谦、贡生张寅清、庠生何震一、刘英贤、何鳞、夏建松、杨公卿、张洪儒、刘俸祖、郭茂松、王其英、张正楷、谭世洲[一]、刘宗朝、刘世俸、熊松茂、傅良臣、冉椿、王国臣、袁国印、喻梓美、何道亨、王嘉荣、王子珑、向畅、朱绣、禹荣臣、张朝佐、夏舜先、陈登华、王俸国、黎金元、汪志武、高学举、陈文科、杨国禄、陈光德、周一宣、罗学正、夏昌朝、萧贵彦、陈武寿、张廷佐、黄仕义、何锡周、王登林、申周达、杨在禄、冉大义、杨登荣、曾文明、陶桂林、监生魏光耀、钱星煜、傅正纲、傅洪清、何心礼、韩见南、蔡现举、胡元宗、张祥、蒲祖荣、傅正常、陈荣泮、监生张裕朝、杨通显、邱景阳、朱正纪、郭绍明、向腆，存。

注释：

［一］蓝勇主编《稀见重庆地方文献汇点》（下）道光《重庆府志》卷之八《人物志·耆寿国朝》第 880 页云："谭世洲，年八十四岁，五世一堂。"

李国玺。存。

吴友顺。存。

官纯先。存。

郑玉辉。存。

朱正纪。存。

杨宝林、罗氏。齐眉。

高世可、邹氏。齐眉。

冯选谟、刘氏。齐眉。

谢光鹤、苏氏。齐眉。

王廷立、任氏。齐眉。

邓在傅、曾氏。齐眉。

郑廷相、赵氏。齐眉。

刘邦极、贺氏。齐眉。

右年八十四岁

庠生冯甲第、庠生夏元昇、监生冉玮、何镇、何镇、程明诗、张得中、曹旭、贺梧、李国珍、尚鸿儒、石镛、杨于铣、张登高、杨能鹜、夏元会、吴世瑨、石若瀛、袁现诗、申炳南、陈臻治、黄鈒、叶光照、蒋芝栋、刘洪范、王志鳌、刘邦贤、张思华、杨正禄、王登廷、余廷望、陈翮、夏占才、夏明礼、张明应、金国桂、徐盛琦、舒尔哲、王应

泰、黄登林、王功成、卢必崇、卢正河、韩以宾、程以操、李仕绪、蔡能胜，_存。林汉先、
孟大儒。

余天成、谭氏。_{齐眉。}

陈必达。_{夫妇齐眉。}

萧存访、徐氏。_{齐眉。}

谭仁礼、汪氏。_{齐眉。}

何德明。_{夫妇齐眉。}

陈涵智、李氏。_{齐眉。}

谭万龙、焦氏。_{齐眉。}

刘璧、袁氏。_{齐眉。}

李广进、陈氏。_{齐眉。}

易宣、刘氏。_{夫妇现存。丙寅重宴花烛。}

张玉珩、杜氏。_{齐眉，现存。}

彭之淇、秦氏。_{双寿。}

庠生邹璋。

右年八十三岁

诰封修职郎赵天长、庠生盛长、武生张坤、杨天池、唐三超、刘万唐、王治朝、
刘文达、刘家鹏、湛惠、谢仁杰、杨秀荣、向尚明、汪绍羲、王其华、杨春俸、汪天元、
陈应泽、张仕臣、游学周、张轩俸、汪绍魁、蔡能泽、陈尚爵、郭廷玉、蔡启宇、张朝鼎、
王楚、勾代亨、勾祥陞、夏启敏、萧国明、吕秀有、姚子建、杨仕琼、李钺、王洪泽、
瞿先进、吴先信、陈维礼、王举先、王连元、安时德、盛有余、李本涵、夏其书、林平斋、
周廷彩、任正爵、陈世荫、邓芳政、余有刚、张大宽、黄文斗、罗朝先、窦正建、罗朝铭、
王文泰、罗永仁、谭元、潘理、陈文相、晏大勋_存、洪国政_存、王安国、傅正兴、罗荣富、
李学俊、袁联元_存、王贵龄、魏金贵_存、张在成、朱国相、赵一国_存、赵一聪_存、盛维臻、

朱天成、吴氏。_{氏九十，齐眉。}

刘唐球、龙氏。_{齐眉。}

陈联、郭氏。_{齐眉。}

陈昌华、田氏。_{齐眉。}

张天署、刘氏。齐眉。

何其顺、李氏。齐眉。

冯尚勤、黎氏。齐眉，现存。

刘琼、向氏。齐眉。

盛治平。齐眉。

刘邦极。双寿。

右年八十二岁

庠生陈仁、武生谭绍武、从九谢德寿、黄溶、周宗溏、熊恒瑞、陈于相、姚瑚、刘瑛、袁星斗、何调元、李曰礼、严以庄、夏永泗[一]、杨碧如、谭景琏、舒登堂、王珍、刘文先、冉洪仁、张子骥、张朝纲、蔡占隆、刘朝俸、胡世茂、文条、高元槐、黄钄、罗朝铭、朱腾芳、黄汝才、冉裕先、陈文模、经明德、毛永信、陈文权、张德金、毛远铭、郑炳照、杨俸图、黄彦富、王官玉、王明仲、瞿国文、傅玉仲，邱氏、谭光富、张朝、冉茂槐、谭文彩、蔡能一、蔡绳武、夏体仁、王登泰、陈曰玥、蔺国泰、徐铣、卢占鳌、朱天赐、傅年明、刘正位、张芳、文章、任正银、谢顺仁、李本有、赵维寿、唐全琮，存。

注释：

［一］蓝勇主编《稀见重庆地方文献汇点》（下）道光《重庆府志》卷之八《人物志·耆寿国朝》第880页云："夏永泗，道光中寿八十一，妻邬氏八十九岁，五世一堂。"

文于暄。存。

陈大廷。存。

梁可金。存。

王公臣。存。

游应义。存。

欧阳丹魁。存。

甘文彦、周廷会、罗维泰、赵玉省。

黄成瑶、陈氏。齐眉。

罗经鋧、雷氏。齐眉。

覃熙和、彭氏。齐眉。

李尚武、陈氏。齐眉。

李尚武、陈氏。齐眉。

陈耀荣、夏氏。齐眉，现存。

从九刘绍昆。存。

从九魏光耀。现存。

王正宗、陈氏。齐眉，州牧锡"五世同堂"额。

胡正萱。存。

王连元。

右年八十一岁

诰封六品顶戴王心向、庠生周福、增生吴煜、庠生吴玉成、庠生胡味三、监生何镶、监生秦钟禄、夏元敏、彭锈、唐纯、张显潜、王纶、任儒修、徐荣试、雷汝烈、彭体训、王洪勇、高攀、申代荣、刘文朗、伍文魁、龚子珍、倪恒丰、王世弼、陈廷照、胥希乾、程克举、王朝贵、胥希亮、甘文衡、孙学诗、李仕儒、甘家廷、吴常安、杨有鼎、甘国选、李增衡、杨有聪、朱华宇、冉洪秀、夏正楷、朱效乾、黄敏武、陈文权、毛永书、毛永信、赵正纲、张仲元、陈绍和、钱星煌、刘大贤、郑人敏、钱星灿、郭宣、萧心亮、谭绪谟、李仕学、张曙治、胡朝林、余鉴、黄存鉴、罗登祥、张嵩、萧明现、明定一、刘万清、周廷棣、戴学琏、秦正洪、舒尔寿、戴心仁、杨在学、瞿应淮、李义荣、李文纲、张应恪、陈耀彩、吴应爵、刘永富、况必俸、吴桂芳、杨德铸、余上鳌、吴汉章、赵之模、陈在和、蔡金童、冉永清、刘醒、李文照、李本厚、何仁纯、李三乐、蒋伦礼、何朝品、赵文林、陈元汜、夏维炳、刘惠西、尹如久、刘增、曾遇铎、王明材、王仕才、喻琬、傅玉彩、傅席珍，存、张仕印、谭景德、游正才、张子铨、卢廷章、高必蕃、黄子宗、路朝辅、张奇能、喻棕、陈为绪、罗朝兴、朱华国、经思祥、郑人泽、王仁刚、孙会泮、陈廷书、何仕仲、张成暎、刘天荣、胡光耀、陈武元、张天爵、谭文绪、乐正斗、何光谟、郭天钊、陈世恒、庞世谦、刘荣、吴敬久、杨国臣、陈万昌、郑文贤、简茂礼、陈仕佐、吴仕侨、周纯修、傅鸿任、盛维兴、傅节文、何子道、潘履泰、宋容、盛思远、瞿思焕、袁德儒、杨表、瞿克孚、盛维寅，存、杨于镛、郎永蓁、刘文贵、郭嘉奖、余在廷、傅元恺、舒尔栋、汪文海、冯选超、何锡禄、谭尚易、黄学周、钟毓文、张绍麟、唐承佐、蒲光潜、李思道、盛维安、谭思永、高世业、张鳌，存、李国昌、贺雪柱、明其仁、潘大临、夏文思，存、李永魁、袁清书、汪文泰、职员明琢章。

杨正吕。_{夫妇齐眉，存。}

张国榕。_{夫妇齐眉，存。}

卢正礿、陈氏。_{齐眉。}

罗应典。_{齐眉。}

董洪榜、张氏。_{齐眉。}

蒲祖贵、王氏。_{齐眉。}

龚缔德、雷氏。_{齐眉，现存。}

刘光藜、夏氏。_{齐眉，重宴花烛。}

刘灿萱、皮氏。_{俱存。}

夏镜、黄氏。_{双寿。}

王举先。_{存。}

陈维樑、张芳。

右年八十岁

国朝

梁冉氏。_{梁增习之妻，一百零五岁。}

韦盛氏。_{韦才福之母，一百零二岁。}

周庞氏。_{周正江之妻，一百零二岁。}

田蒋氏。_{田□□之妻，一百零一岁。}

陈曾氏。_{陈其瑞之妻，一百零一岁。}

徐孙氏。_{徐焕之妻，一百零一岁。}

高陈氏。_{高文清之妻，一百零一岁，现存。}

朱戴氏。_{朱玉生之妻。}

何李氏。_{何仕泮之妻。}

陈胡氏。_{陈文秀之妻。}

夏杨氏。_{夏尧先之妻。}

张刘氏。_{张可尚之妻。}

陈徐氏。_{现存。}

张况氏。张显文之妻，现存。

陈石氏。

右年百岁以上

张李氏。张荣华之妻。

谭张氏。谭启祥之妻。

江周氏。

右年九十九岁

李彭氏。李同梅之妻。

黄郭氏。黄廷魁之妻。

张卢氏。张曙耀之妻。

夏陈氏。夏禹臣之祖母。

彭舒氏。彭含章之妻。

陈徐氏。武生陈步武之妻。

石陈氏。现存。

陈李氏。陈文焕之妻，存。

右年九十八岁

何刘氏。何大成之妻。

余吕氏。余文楠之妻。

李贺氏。李洪才之妻。

李余氏。李文宽之妻。

杨庹氏。杨国祥之妻，存。

陈朱氏。陈育姜之母，现存。

王汪氏。王占元之妻。

右年九十七岁

何邓氏。何子文之妻。

戴纪氏。戴天明之妻。

曾龚氏。曾孙达之妻。

韦姜氏。韦丛奎之妻。

傅焦氏。 傅明义之妻。

夏王氏。 夏寅夫之妻。

陈熊氏。 陈汤之妻。

张夏氏。 张泽之妻。

宋郑氏、杨张氏、戴谭氏、徐周氏、陈王氏。

右年九十六岁

王杨氏。 王师贡之妻。

方张氏。 方在明之妻。

刘冉氏。 刘材之妻。

沈刘氏。 沈淮之妻，存。

刘倪氏。 刘尚本之妻。

杨王氏。 杨□□之妻。

陈李氏、何刘氏。

右年九十五岁

陈胡氏。 陈兴朝之妻。

陈石氏。 陈现之妻，节寿。

高蔡氏。 高必胜之妻。

右年九十四岁

韩王氏。 韩□□之妻。

杨黄氏。 杨之洪之妻。

汪何氏。 汪文朗之妻。

章何氏。 章□□之妻。

彭黄氏。 彭逢春之妻。

鲜夏氏。 鲜□□之妻。

陈赵氏。 陈一廉之妻。

黄吴氏。 黄世泽之妻。

石陈氏。 石彦恬之母。

陈黄氏。 陈登宁之妻。

方张氏。方丹之妻。

戴田氏、何蒋氏、张周氏、姚周氏。

右年九十三岁

文殷氏。文理龙之妻。

周王氏。周回澜之妻。

李邹氏。李天泰之妻。

何梁氏。何廷熙之妻。

瞿张氏。瞿恩荣之妻。

吴邵氏。吴永级之妻。

高蔡氏。高必俊之妻。

高陈氏。高登林之妻。

陈张氏。陈尚贤之妻。

包陈氏。现存。

胥谭氏。现存。

卢唐氏。

右年九十二岁

魏何氏。魏世锐之妻。

冉何氏。冉茂槐之妻。

舒鞠氏。舒尔馨之妻。

雷何氏。雷应相之妻。

王郭氏。王魁之妻。

夏熊氏。夏时育之妻。

戴胡氏。戴恭发之妻。

雷张氏。雷雍相之妻。

陈蓝氏。陈臻治之妻，存。

徐盛氏。徐尚荣之妻。

安文氏。安时德之妻。

张包氏、王殷氏、杨谢氏。王江氏。王清玥之妻。

右年九十一岁

彭陈氏。彭学源之妻。

朱万氏。朱瓒之妻。

覃李氏。覃古魁之妻。

刘陈氏。刘荣之妻。

张陶氏。张元春之妻。

潘周氏。潘廷锡生母。

杨冯氏。杨昌基之妻。

潘□氏。潘廷抡生母。陈王氏。陈朝龙之妻。

萧龚氏。萧国禄之妻。

刘申氏。刘正纲之妻。

吴戴氏。吴成之妻。

陈刘氏。陈天仲之妻。

张陈氏。张俊贵之妻。

瞿郑氏。瞿应麟之妻。

张谭氏、王倪氏、刘徐氏。陈张氏。陈复元之妻。

陈周氏。陈朝书之妻。

瞿乐氏、夏张氏、徐王氏。刘钟氏。现存。刘但氏。现存。

右年九十岁

冯黄氏。冯选松之妻。

夏何氏。夏维原之妻。

陈刘氏。陈天仲之妻。

杨方氏。杨盛和之妻。

汪夏氏、卢谭氏、谭萧氏、夏邬氏、夏龙氏、杨陈氏、陈李氏。蔡江氏。现存。

赵杨氏。现存。

王孙氏。王用予之妻。

右年八十九岁

孔吴氏。孔广春之妻。

袁周氏。袁茂芝之妻。

舒郑氏。舒廷杰之妻。

吴何氏。吴朝贵之妻。

夏王氏。夏宗霖之妻。

黄戴氏。黄登林之妻。

蒲郑氏。蒲光朝之妻。

游蔡氏。游于泗之妻。

游许氏。游学周之妻。

夏周氏。夏宗怀之妻。

张蒲氏。张行钊之妻。

谭萧氏、李黄氏、刘汪氏、刘吴氏、赵罗氏。唐梁氏。唐先周之妻。

右年八十八岁

刘游氏。刘传书之母。

刘李氏。刘廷杰之妻。

张程氏。张后泰之妻。

张蒲氏。张行钊之妻。

钱盛氏。钱星焕之妻。

谭夏氏。谭圣乐之妻。

夏徐氏。夏纫芷之妻。

李覃氏。李荣祖之妻。

张王氏。现存。

陈胡氏、赵张氏、杨张氏、杨曹氏。

右年八十七岁

周吴氏。周一宣之妻。

夏袁氏。夏昌珂之妻。

陈杨氏。陈余安之妻。

刘石氏。刘祖耆之妻。

余夏氏。余学朝之妻。

盛李氏。 盛宗远之妻。

冯黎氏。 冯维徵之妻。

黄刘氏。 黄信宽之妻。

黄刘氏。 黄信笏之妻。

谭徐氏。 谭德尚之妻。

高郑氏。 高辉朝之妻。

谭周氏。 谭辉宇之妻。

蔡周氏。 蔡德珍之妻，存。

蔺文氏、蔺吴氏、高邓氏、李陈氏、何刘氏、高杨氏、杨陈氏、陈李氏、杨毋氏。

张朱氏。 诰封孺人。

刘夏氏。 刘光藜之妻。

赵杨氏。 现存。

右年八十六岁

谭陈氏。 谭世清之妻。

钱姚氏。 钱珍之妻。

李王氏。 李举纲之母，存。

蒲申氏。 蒲文献之妻。

蒲郭氏。 蒲文林之妻。

何李氏。 何心纯之妻。

魏韩氏。 魏文忠之妻，存。

徐郑氏。 徐大受之妻。

唐汪氏。 唐正培之妻，现存。

张陈氏。 现存。

赵周氏。 现存。

傅邱氏、汪陈氏、李钱氏、蔡赵氏、周杨氏。

右年八十五岁

王郑氏。 王官锡之妻。

符胡氏。 文生符国玺之妻。

蒲杨氏。蒲文远之妻。

蒲李氏。蒲文海之妻。

盛曹氏。盛硅德之妻。

罗李氏。罗维福之妻。

谭焦氏。谭万龙之妻，存。

陈杨氏。陈登贵之妻。

龙朱氏。现存。

李夏氏。现存。

张夏氏。现存。

鲁孟氏、汪刘氏、罗陈氏、刘张氏、陈朱氏、符洪氏、吴谭氏、龙陈氏、张周氏。

右年八十四岁

潘戴氏。潘翅之妻。

蒲罗氏。蒲祖学之妻。

游夏氏。游汝贵之妻。

林蒋氏。林荣仁之妻。

蒲孔氏。蒲正觐之妻。

蒲金氏。蒲光润之妻。

王徐氏。王贵龄之妻。

陈罗氏。陈正训之妻，存。

贺庹氏。贺正贵之妻，存。

谢黄氏。谢万章之妻，存。

张周氏。张坤之妻。

石罗氏。现存。李余氏、罗张氏、张郑氏、夏田氏、易钟氏。

右年八十三岁

张刘氏。张朝珍之妻。

游盛氏。游洪道之妻。

张夏氏。张行铎之妻。

谭陈氏。谭应榜之妻。

陈王氏。陈兴唐之妻。

彭秦氏。彭之淇之妻。

汤杨氏。汤延年之妻。

卢李氏。卢世栋之妻，存。

张李氏。张治岱之妻。

蔺文氏。存。

陈熊氏、袁戴氏、吴窦氏、张钟氏、庞左氏、陈张氏、张黄氏、朱赵氏、谭黄氏、戴杨氏、易戴氏。

右年八十二岁

李孙氏。李高仁之妻。

杨何氏。杨琰之妻。

韩张氏。韩尚之妻。

王贺氏。王兴亮妻，存。

陶蒋氏。陶元曙妻。

童余氏。里党以孝闻。

张敖氏。张学琏妻。

周罗氏。周学洪妻。

杨覃氏。增生杨憺妻。

窦蔡氏。窦仕周妻。

王邓氏。王万仲妻。

蒲韦氏。蒲文光妻。

钱谢氏。钱天荣妻。

黄戴氏。黄登林妻。

罗夏氏、徐周氏、陈冉氏。

右年八十一岁

张何氏。张朝华妻。

魏黄氏。魏钟义妻。

高黄氏。高学举妻。

陈喻氏。_{陈武宣妻。}

罗杨氏。_{罗维元妻。}

罗周氏。_{罗正义妻。}

黄游氏、陈朱氏、张陈氏、瞿甘氏、胥田氏、甘李氏、张周氏、杨张氏、张谭氏。
江汪氏。_{现存。}

田唐氏。_{田支全妻，节寿。现存。}

谭陈氏。_{谭瑞举妻。}

袁窦氏。_{窦先孝女。}

许吴氏。_{许文彬妻。}

陈王氏。_{陈永仕妻。}

张夏氏。_{存。}

右年八十岁

重修涪州志卷十一　人物志

列女

节　妇

秦

《史记》：巴寡妇清，其先得丹穴，而擅其利数世，家亦不訾。徐广曰:涪陵出丹。清，寡妇也，能守其业，用财自卫，不见侵犯。秦皇帝以为贞妇而客之，为筑女怀清台。《正义》曰:《括地志》云:寡妇清台山，俗名贞女山，在涪州永安县东七十里也。

明

张王氏[一]，年十九，夫德星卒，子元甫二岁，抚之成童，就外傅。躬织纴以给之。元，领乡荐；孙善吉、曾孙桂，俱成进士。

注释：

[一] 蓝勇主编《稀见重庆地方文献汇点》（下）道光《重庆府志》卷之八《人物志·烈女完节》第 905 页云：“张德星妻王氏，旧《通志》：涪州人。年十九守节，家贫，抚之成童，织纴课子铉，后领乡荐；铉子善吉为都给事。”

张冯氏[一]，年廿二，夫孔时殁。养亲抚孤，守节六十四年。

注释：

[一] 蓝勇主编《稀见重庆地方文献汇点》（下）道光《重庆府志》卷之八《人物志·烈女完节》第 905 页云：“张孔时妻冯氏，旧《通志》：涪州人。年二十二，抚幼子，养舅姑，历六十四载。”

任萧氏[一]，年十六，适任学。十九，夫卒，贫无子，遗一女，殇。誓死不贰，以事姑为庶母。弟拮据，婚配。守节六十三年，寿八十二。

注释：

[一]蓝勇主编《稀见重庆地方文献汇点》（下）道光《重庆府志》卷之八《人物志·烈女完节》第905页云："任学妻萧氏，旧《通志》：涪州人。年十九守节，家贫无子，事姑克孝。年八十二终。"

吴范氏[一]，年十七，夫鼎卒，无子。兄怜其贫，迎之归，弗许。州牧廖公森存恤旌奖。守节六十八年。

注释：

[一]蓝勇主编《稀见重庆地方文献汇点》（下）道光《重庆府志》卷之八《人物志·烈女完节》第905页云："吴鼎妻范氏，旧《通志》：涪州人。青年守节，家贫。兄怜其孤苦，欲迎之还，氏弗许。历八十五岁卒。州守旌之。"

夏陈氏，庠生邦本妻，孝子正之母。孙国孝请旌，建坊河凤滩。

张夏氏[一]，进士夏国孝女，归庠生张诩。年十九，诩卒，无子。豪家谋娶之，割耳截发以誓。坊建西门外。

注释：

[一]蓝勇主编《稀见重庆地方文献汇点》（下）道光《重庆府志》卷之八《人物志·烈女节烈》第892页云："庠生张诩妻夏氏，旧《通志》：涪州人。年十九而寡，无子女，矢志守节。豪强多谋娶，氏毁容以死自誓。"

刘许氏[一]，适刘大节。年十九，夫卒。养葬舅姑，抚遗腹子，以寿终。今其地名节孝里。

注释：

[一]蓝勇主编《稀见重庆地方文献汇点》（下）道光《重庆府志》卷之八《人物志·烈女完节》第905页云："刘大节妻许氏，《一统志》：涪州人，年十九守节，抚遗腹子成立，营葬舅姑，至今称为节孝里。"

文庞氏[一]，文可宗妻。年二十一，夫卒。矢志抚孤，葬两姑，嫁三女。守节五十五年。州牧张公详请旌表建坊。

注释：

[一]蓝勇主编《稀见重庆地方文献汇点》（下）道光《重庆府志》卷之八《人物志·烈女完节》第905页云："文可宗妻庞氏，旧《通志》：涪州人，二十八岁守节，养姑抚子。年七十六卒，事闻旌表。"

张朱氏[一]，张亲仁妻。夫卒，事姑。孝坊在北关外。

注释：

[一]蓝勇主编《稀见重庆地方文献汇点》（下）道光《重庆府志》卷之八《人物志·烈女完节》第905页云："张亲仁妻朱氏，旧《通志》：涪州人，夫卒，事姑孝。守志终身，事闻旌表。"

钱刘氏[一]，司谏秋佩公女，适进士钱玉之子。年十九，夫殁。庐夫墓旁，誓死靡他。躬辟纴，造四桥。享高寿。父忠女节，人咸称之。

注释：

[一]蓝勇主编《稀见重庆地方文献汇点》（下）道光《重庆府志》卷之八《人物志·烈女完节》第905页云："钱玉安妻刘氏，旧《通志》：涪州人，年十九夫卒，誓死靡他。"

沈张氏[一]，沈掞妻。坊在盐井坝。

注释：

[一]蓝勇主编《稀见重庆地方文献汇点》（下）道光《重庆府志》卷之八《人物志·烈女完节》第905页云："沈掞妻张氏，旧《通志》：涪州人，以节孝建坊盐井坝。"

陈赵氏[一]，年二十，夫一廉卒。抚一子成立。三孙皆领乡荐。寿九十三。建坊北门外。

注释：

[一]蓝勇主编《稀见重庆地方文献汇点》（下）道光《重庆府志》卷之八《人物

志·烈女完节》第 905 页云："陈一廉妻赵氏，旧《通志》：涪州人，年二十夫卒。抚一子，三孙皆领乡荐。九十三乃卒，事闻建坊旌表。"

文王氏[一]，文武妻。年十八，夫卒。事姑孝，贞静慈和，言动惟谨。有劝其改志者，割耳刺面示之。守节五十年。建有坊。

注释：

[一]蓝勇主编《稀见重庆地方文献汇点》（下）道光《重庆府志》卷之八《人物志·烈女节烈》第 892 页云："文武妻王氏，《旧通志》：武卒，年十八。事姑孝，言动惟谨。有劝其改节者，氏割耳毁容以明志。茹苦五十余年。"

周蔡氏，崇祯甲申（十七年，1644）归周文焕。时献贼蹂蜀，琐尾流离，备尝诸苦。逾年，夫故。有仇家逼令再醮偿其逋，氏知势不敌，归母家。纺绩自给，苦节四十六年。

周邓氏，周睿妻。年二十二，夫故。守节四十三年。

国朝

前明节妇，《旧志》毁。应不止十五人，而十五人传者亦云幸矣。我朝二百年来，山钟水毓，秉坤维之正气者，州属千五百八十二人。历境虽不同，而茹蘖含冰之苦，坚金白玉之操，固皆如出一辙也。士有二三其德者，视此能勿愧乎。依年汇编为闺阁劝，不第为闺阁劝矣。

年十五守节者：

罗贤章妻张氏。守节五十二年。

年十六守节者：

高以元妻夏氏。守节六十年。

王琪妻古氏。守节四十五年。

王宏才妻苗氏。守节四十年。

戴文庸妻王氏。守节五十五年。

朱俊廷妻张氏。守节四十年。

胡自孝妻冉氏。守节四十年。

何柄妻蔡氏。_{守节四十一年。}

夏相廷妻汪氏。_{守节五十一年。}

李万发妻夏氏。_{守节二十八年。发逆之警刎难。}

冯有珏妻李氏。_{守节四十三年。}

汪其兰妻徐氏。_{现守节三十四年。}

邓天启妻游氏。_{守节二十四年。}

冯品玉妻李氏。_{守节二十一年。}

邓天与妻游氏。_{守节十二年。}

孝子周儒妻章氏。_{守节四十年。}

年十七守节者：

庾孔茂妻沈氏。_{守节四十六年。}

张天全继妻陈氏。_{守节五十年。}

韩铭妻吴氏。_{守节三十八年。}

秦宗鲁妻易氏。_{守节三十六年。}

李曰书妻何氏。_{守节六十七年。}

范尊五妻倪氏。_{守节三十六年。}

张成明妻李氏。_{守节五十二年。}

徐鸿宪妻李氏。_{守节三十年。}

陈应玺妻刘氏。_{现守节四十年。}

梅煜才妻张氏。_{现守节四十四年。}

刘廷魁妻左氏。_{现守节四十年。}

韩文才妻郭氏。_{现守节六十一年。}

邬文远妻夏氏。_{守节三十六年。}

林玉白妻夏氏。_{守节十七年。}

高天祐妻秦氏。_{守节十五年。}

瞿光玉妻王氏。_{守节十八年。}

瞿一谟妻夏氏。_{守节十六年。}

年十八守节者：

彭子由妻傅氏。现守节二十年。

庠生熊犹麟妻陈氏[一]。知县陈岱女。继嗣殁，同媳何氏抚孤孙。守节五十五年。

注释：

[一]蓝勇主编《稀见重庆地方文献汇点》（下）道光《重庆府志》卷之八《人物志·烈女完节涪州》第916页云：“熊犹麟妻陈氏，乾隆、嘉庆年间，旌表入祠。”

周傀妻张氏。守节五十五年。

朱瓒妻万氏。守节五十九年。

蒲榕妻何氏。同媳曾氏抚孤孙成名。氏年五十三，媳年六十五，一门双节。

孔傅贤妻吴氏。守节六十年。

余绍綍妻卢氏[一]。守节五十九年。

注释：

[一]蓝勇主编《稀见重庆地方文献汇点》（下）第918页作余绍绂。两书记载存在“绂”“綍”之别。

张法载妻陈氏。守节四十四年。

谢洪绅妻蒋氏[一]。守节四十五年。

注释：

[一]蓝勇主编《稀见重庆地方文献汇点》（下）第918页作谢洪绅。两书记载存在“坤”“绅”之别。

乐世宽妻何氏。守节三十七年。

文以慧妻朱氏。守节三十六年。

杜良相妻王氏。守节二十八年。

文刚妻李氏。守节四十年。

曾琰妻徐氏。守节二十四年。

苏朝松妻倪氏。守节五十三年。

周廷扬妻郎氏。守节三十八年。

黄琦妻吴氏。守节四十六年。

监生郑允祥妻周氏。守节五十年。

张琨妻余氏[一]。守节三十三年。

注释：

［一］蓝勇主编《稀见重庆地方文献汇点》（下）道光《重庆府志》卷之八《人物志·烈女完节涪州》第916页云："张琨妻余氏，乾隆、嘉庆年间，旌表入祠。"

刘仕宁妻吴氏。守节三十五年。

石百福妻王氏。守节四十三年。

戴镇妻王氏。守节五十六年。

戴绍虞妻邵氏。守节五十年。

陈昌友妻牟氏。守节五十五年。

熊昆妻李氏。守节六十二年。

谭世滨妻朱氏。守节三十四年。

曾锁妻徐氏。守节六十二年。

孟谦义妻汪氏。守节二十四年。现存。

覃培元妻吴氏。守节二十六年。

蒋仕惠妻张氏。守节五十四年。

孙鍹妻王氏。守节三十四年。

潘仁章妻胡氏。守节四十年。

曾松章妻刘氏。守节卌四年。

汪永福妻唐氏。守节三十五年。

曾鲁妻唐氏。守节五十五年。

喻锡光妻何氏。守节四十五年。抚前室子成立。

杨仕贵妻薛氏。守节四十四年。

郑成典妻田氏。守节六十年。

文俱妻冉氏。守节四十八年。

马三元妻周氏。守节五十九年。

梅国玉妻郭氏。守节五十四年。

徐宇高妻陈氏。守节十七年。

文绣妻刘氏。守节六十二年。

刘吉士妻田氏。现守节三十一年。

彭远清妻段氏。现守节四十二年。

袁朗然妻夏氏。现守节三十五年。

彭超凡妻郭氏。现守节三十五年。

冉文韩妻陈氏。现守节三十八年。

徐永秀妻彭氏。现守节四十四年。

鞠永高妻杨氏。守节十二年。

范鸿儒妻李氏。守节十六年。

张文仲妻沈氏。守节廿年。

年十九守节者

庠生黄文中妻陈氏。知州陈援世女。剪发拌麻成履以殓其夫，守节四十七年。

徐有中妾杨氏。云南人。中贾云南，聘为妾，旋卒。氏扶柩归涪，事嫡若母。守节六十五年。

彭长春妻杨氏[一]。夫卒，哀毁几绝，断发自矢。姑病，刲股疗之。事继姑亦尽礼。抚遗腹子成立，列胶庠。

注释：

[一] 蓝勇主编《稀见重庆地方文献汇点》（下）道光《重庆府志》卷之八《人物志·烈女完节涪州》第916页云："彭长春妻杨氏，年十九而夫卒，哀毁几绝，断发自矢。姑病，割股以疗。事继姑亦尽礼。抚遗腹子成立，列州庠。"李世权《石刻涪州》第252页云：白马三溪牌坊，建于清雍正二年（1724），为涪州境内现存最早的节孝坊。高7米，厚0.35米，宽5.2米。四柱三门，歇山飞檐。顶龛有"圣旨"二字，刻有"雍正乙卯孟春告占"题记，刻有"旌表故孺彭长春妻杨氏节孝之坊"，背面刻有"冰心映日，顺德承天"。

何淳妻彭氏。守节五十五年。

余忭妻张氏。守节四十五年。

游瑶妻余氏。守节三十三年。

监生陈鹏遥妻周氏[一]。守节四十年。

注释：

[一]蓝勇主编《稀见重庆地方文献汇点》（下）道光《重庆府志》卷之八《人物志·烈女完节涪州》第916页云："陈鹏遥妻周氏，乾隆嘉庆年间，旌表入祠。"

黎国泰妻徐氏。守节三十三年。

向乾禄妻余氏。守节廿四年。

萧儒颀妻王氏[一]。守节三十年。

注释：

[一]蓝勇主编《稀见重庆地方文献汇点》（下）第918页作萧儒欣。两书记载存在"颀""欣"之别。

蔡桂妻余氏。守节四十一年。

冉万钟妻王氏。守节三十六年。

刘沅妻黄氏。守节四十八年。

韩仕釰妻蒋氏。守节三十二年。

石鎯妻汪氏。守节三十四年。

洪武义妻李氏。守节四十三年。

龙镰妻胡氏。守节三十六年。

王嘉谟妻徐氏。守节六十八年。

文潞妻邓氏。守节七十四年。

刘心田妻熊氏。守节五十一年。

邓国珍妻袁氏。守节四十七年。

刘天鹏妻舒氏。守节四十三年。

石文俸妻张氏。守节四十二年。

毛志云妻简氏[一]。守节四十五年。

注释：

[一] 蓝勇主编《稀见重庆地方文献汇点》（下）第 910 页作毛志荣。两书记载存在"云""荣"之别。

汤辉祖妻岳氏。守节三十年。

操国柱妻何氏。守节三十七年。

王明中继妻黄氏。守节四十五年。

高元极妻任氏。守节六十七年。

唐永治妻兰氏。守节三十六年。

郑月堂妻夏氏。守节七十六年。

李抡元妻沈氏。守节三十年。

陶元仲妻游氏。守节三十三年。

刘忠榜妻邵氏。守节三十九年。

李映明妻侯氏。守节五十五年。

文字春妻唐氏。守节三十七年。

王国仲妻李氏。守节四十九年。

陈启贤妻李氏。守节三十八年。王五总有诗。

徐□□妻邓氏。守节三十年。

陈稷田妾唐氏。守节三十三年。

陈廷升妻白氏。守节二十六年。

徐纯臣妻盛氏。守节七十二年。

赵邦国妻黄氏。守节二十七年。

庠生周昙妻刘氏。守节三十一年。

舒伯恺妻潘氏。守节三十二年。

黄兴宪妻何氏。守节三十五年。

陈照妻李氏[一]。守节三十一年。

注释：

[一] 李世权《石刻涪州》第 253 页云：凤来宋坪牌坊位于凤来乡宋坪村学校旁，

建于清光绪十七年（1891）。高6.5米，宽6米，顶龛有"圣旨"二字。正龛刻有"十九年鸾镜中分手挈雏孤大造茫茫不可问，万余里龙章贲恩承凤门高风落落竟何如"，其背面有"柏质""松操""冰清""玉洁"字样，背面楹联"三世抚遗孤，铁石心坚，巾帼卓有须眉气；九重膺诰命，经纶宠锡，奕叶犹钦节孝风。"附录《凤来宋坪牌坊·旌表铭文》："堂叔婶李孺人故同里李公讳国学女，生于嘉庆二十二年丁丑十月二十三日辰时，年十五归我堂叔陈公讳照字月朗。举子彦宽方周岁，月朗公故。孺人甫临十九，矢志抚孤不贰适。事舅姑以孝闻，舅姑卒，尽哀尽礼。彦宽早殁，遗子一月，传禹亦早逝，遗子三：曰廷纪、廷声、廷铸。孺人咸抚以立。廷纪等慧而能读，泽之诗礼。婿惠阙训，二子妇、孙妇皆青年守贞，全孝不减孺人。而孺人待旌既久，族众以其年符朝例，合辞请官上闻。得旨褒嘉，给银币建坊。立准寿终入节孝祠，与春秋祭飨。堂侄彦修沐手敬识，侄弟周天德沐手敬书，皇清光绪十七年辛卯季冬月上浣谷立。参见李世权《石刻涪州》第254页。

王化章妻刘氏。现守节三十年。

杨天德妻朱氏。现守节四十八年。

罗纯笃妻刘氏。现守节四十二年。

李先魁妻谭氏。现守节三十四年。

杨德深妻姚氏。现守节二十五年。

周汝林妻禹氏。现守节四十三年。

黄永武妻冯氏。现守节十三年。

余辉堂妻杨氏。现守节二十五年。

李昌元妻余氏。现守节二十五年。

吴正富妻敖氏。现守节五十七年。

张辉祖妻向氏。现守节二十六年。

监生谭照藜妻陈氏。现守节三十二年。

熊三义继妻刘氏。现守节三十年。

邵之乐妻赵氏。现守节三十二年。

刘宗顺妻余氏。现守节四十二年。

曾永顺妻胡氏。<small>现守节三十一年。</small>

周世纹妻张氏。<small>现守节四十二年。</small>

陈修文妻李氏。<small>现守节三十年。</small>

李冠贤妻彭氏。<small>现守节三十年。</small>

郑廷弼妻陈氏。<small>守节三十三年。</small>

徐柏谦妻郑氏。<small>守节十二年。</small>

余作华妻李氏。<small>守节二十五年。</small>

刘仕亇妻吴氏。<small>守节二十五年。</small>

年二十守节者：

进士刘为鸿妾黄氏。<small>守节四十三年。</small>

张崇典继妻冉氏。<small>守节五十五年。</small>

解元陈于端妻夏氏[一]。<small>守节三十六年。</small>

注释：

[一] 蓝勇主编《稀见重庆地方文献汇点》（下）道光《重庆府志》卷之八《人物志·烈女完节涪州》第916页云："举人陈于端妻夏氏，乾隆年间旌表，载《一统志》。"

邱国英妻何氏。<small>守节六十二年。</small>

刘元泰妻袁氏。<small>守节四十八年。</small>

杨崧妻周氏。<small>守节五十八年。</small>

贺谦妻李氏。<small>守节五十二年。</small>

彭汝㟼妻陈氏。<small>守节六十年。</small>

萧洪志继妻张氏。<small>守节四十六年。</small>

邵崇谟妻李氏。<small>守节五十二年。</small>

席廷秀妻夏氏。<small>守节三十一年。</small>

谭灿妻王氏。<small>守节五十八年。</small>

李应梅妻侯氏。<small>守节四十年。</small>

陈经常妻余氏。<small>守节二十九年。</small>

王育松妻陶氏。<small>守节六十二年。</small>

陈之育妻冷氏。守节五十八年。

夏汤玉妻芶氏。守节四十三年。

杨于仑妻何氏。守节七十一年。

胡茂林妻杨氏。守节二十二年。

张允文妻曾氏。守节五十四年。

刘惩妻盛氏。守节三十四年。

杨芳林妻吴氏。守节三十年。

雷可华妻莫氏。守节四十二年。

易文位妻徐氏[一]。守节四十七年。

注释：

[一]蓝勇主编《稀见重庆地方文献汇点》(下)道光《重庆府志》卷之八《人物志·烈女完节涪州》第916页云："易文位妻徐氏，列总坊。"

李之连妻杨氏。守节五十年。

杨庆元妻卢氏。守节三十八年。

方行健妻况氏。守节七十一年。

卢心明妻刘氏。守节四十一年。

陈于华妻刘氏。守节三十七年。

李天泰妻邹氏。守节七十二年。

石若鸿妻尹氏。守节三十一年。

萧国珍妻刘氏。守节七十六年。

杨鸣珂妻孙氏。守节五十九年。

张宏载妻古氏。守节五十八年。

鞠敬成妻杨氏。守节五十年。

周镕妻冉氏。守节四十年。

李如镕妻王氏[一]。守节三十八年。

注释：

[一]蓝勇主编《稀见重庆地方文献汇点》(下)第918页作李如榕。两书记载存在

"镕""榕"之别。

方体乾妻况氏。_{姑病瘫痪，卧床八载。氏侍汤药，毫无倦容。守节四十二年。}

徐正业妻陈氏。守节三十二年。

杨加润妻徐氏。守节五十年。

杨仕贵妻薛氏。守节二十八年。

安修德妻罗氏。守节四十五年。

杨通时妻陆氏。守节五十六年。

林元慈妻杨氏。守节五十年。

余三贵妻刘氏。守节五十六年。

郭履祥妻周氏。守节三十八年。

王锡九妻汪氏。守节三十八年。

廖永清妻夏氏。守节六十年。

陈文衡妻夏氏[一]。守节二十五年。

注释：

[一] 据李世权《石刻涪州》第 248 页，陈文衡之妻夏氏节孝牌坊位于涪陵区蔺市镇双井村一组，小地名岩口。海拔 653 米，牌坊长 7.1 米，高 6.1 米，占地面积 43.31m²。该牌坊为青石结构，形制为仿木重檐歇山式建筑。牌坊整体为四柱三开门，门楣正背面分别阴刻楷书"坤维正气""巾帼完人"。边联："大清同治四年己丑冬遵诣同治八年己丑冬吉立。"中联："夏社松贞湘江竹劲，鸾封帝肠鹤算天酬。"上联："脍鲤丸熊卌年苦节，环山带水千载贞珉。"中门顶有浅浮雕二龙抢宝，门鼓上有石刻海螺一个，门柱上刻有圆圈形图案。

彭中安妾万氏。守节三十年。

黎景铎妻刘氏。守节六十二年。侍病姑以孝称。

胡国佐妻戴氏。守节四十九年。

文毓南妻胡氏。守节六十一年。

邬世亨妻陈氏。守节二十二年。

晏名世妻余氏。守节六十年。

李元坤妻刘氏。守节四十八年。

刘金柱妻陈氏。守节五十年。

何启星妻韩氏。守节二十五年。

赵邦国妻黄氏。守节四十八年。

戴顺文妻张氏。守节二十九年。

杨华妻冉氏。守节六十六年。

何昶妻李氏。守节十九年。

庹灵机妻夏氏。守节十九年。

邹巽廷妻韩氏。守节十八年。

杜升富妻彭氏。守节十七年。

蒋秀芳妻徐氏。守节四十三年。

李怀仁妻罗氏。守节十六年。

张泽妻夏氏。守节七十五年。

吴霖妻李氏。守节四十二年。

谭守志妻夏氏。现守节五十一年。

曾毓品妻刘氏。现守节四十八年。

张朝俊妻余氏。现守节四十三年。

孙会澎继妻周氏。现守节三十年。

李国交妻刘氏。现守节三十年。

周星卫妻刘氏。现守节三十一年。

吴见宗妻窦氏。现守节四十二年。

周一有妻张氏。现守节三十年。

何金海妻况氏。现守节四十年。

杨奇妻何氏。事孀姑以孝著，抚孤成名。守节三十五年。

张其枢妻蒋氏。现守节三十九年。

王定镒妻邓氏。现守节三十一年。

王应禄妻庹氏。现守节三十八年。

尚国元妻邹氏[一]。现守节三十二年。

注释：

[一] 李世权《石刻涪州》第 376 页云：冰雪盟心题刻位于涪陵区蔺市镇上南坪崖口百步梯左侧一整块巨幅石壁上。"冰雪盟心"尺幅为长 3.55m，宽 1.35m。字体丰满，笔画深凿。"心"字中的一点深窝若用以来盛米，足够三四人煮饭吃一顿。其碑刻顶端有"圣旨"二字，楹联为"茹苦含辛卅载贞操光百姓，表贤崇善一卷介石足千秋"。小序："旌表节孝尚邹氏孺人者，故儒士尚国元妻也。父占元，母高，幼娴严训，长归国元。事翁姑以孝称，年二十夫故，抚一女适刘凤楼。苦节三十余年，终寿五十有一。以大胞侄益三继嗣，更名益谦。今为节母建碑，余为志梗概并书。恩奖四字（即冰雪盟心）。"赞曰："坪山维高，江水维长。节贞介石，亘古流芳。"落款："涪陵禀生刘廷海澜氏敬题皇清光绪十一年（1885）岁次乙酉季冬月朔日男益谦恭立。"1987 年 10 月，时四川省涪陵市政府将此题刻公布为市（县）级文物保护单位。

饶国玉妻胡氏。现守节三十四年。

王国缙妻孙氏。现守节三十年。

刘金冕妻杨氏。现守节五十八年。

瞿洪泰妻余氏。现守节三十年。

周天祥妻邱氏。现守节三十年。

杨仕泰妻萧氏。现守节三十一年。

李文贤妻张氏。守节三十一年。

年二十一守节者：

武生张应元妻黄氏。守节五十一年。

黄琼妻覃氏。守节四十四年。

庠生周瀚妻鲜氏。守节五十七年。

文楷妻夏氏[一]。守节四十年。

注释：

[一] 蓝勇主编《稀见重庆地方文献汇点》（下）道光《重庆府志》卷之八《人物志·烈女完节涪州》第 916 页云：文楷妻夏氏，列总坊。

高人爵妻夏氏。_{守节四十三年。}

余钫妻王氏。_{守节五十七年。}

姚宗国妻陈氏。_{守节四十三年。}

况普妻吴氏。_{守节五十一年。}

高必达妻文氏。_{守节四十年。}

罗祥举妻戴氏^[一]。_{守节三十年。}

注释：

[一] 蓝勇主编《稀见重庆地方文献汇点》（下）道光《重庆府志》卷之八《人物志·烈女完节涪州》第 916 页云：罗祥举妻戴氏，列总坊。

张行诚妻潘氏。_{守节三十一年。}

胡廷镇妻刘氏。_{守节二十四年。}

庞世才妻张氏。_{守节三十三年。}

夏时育妻熊氏。_{守节七十年。}

樊育林妻陈氏。_{守节四十二年。}

张行玠妻夏氏。_{守节四十一年。}

黄仕进妻陈氏。_{守节三十九年。}

张旭诰妻庞氏。_{守节五十七年。}

刘如玉妻杨氏^[一]。_{守节三十年。}

注释：

[一] 蓝勇主编《稀见重庆地方文献汇点》（下）道光《重庆府志》卷之八《人物志·烈女完节涪州》第 916 页云：刘如玉妻杨氏，列总坊。

袁永基妻冉氏。_{守节三十三年。}

夏之琏妻何氏^[一]。_{守节五十二年。}

注释：

[一] 蓝勇主编《稀见重庆地方文献汇点》（下）道光《重庆府志》卷之八《人物志·烈女完节涪州》第 916 页云：夏之琏妻何氏，列总坊。

庹文彬妻刘氏。守节四十九年。

沈松妻向氏。守节五十二年。

曾述闻妻华氏。守节五十四年。

张华昌妻何氏。守节六十四年。

郑国元妻陈氏。守节三十三年。

李奇蔚妻冉氏。守节五十一年。

黄景淮妻李氏。守节四十一年。

夏修和妻余氏。守节三十年。

吴大成妻倪氏。守节四十年。

石在岱妻张氏。守节六十五年。

周玺辉妻彭氏。守节三十四年。

廖长玖妻王氏。守节五十二年。

何毓琨妻余氏。守节三十七年。

庠生经懋志妻杨氏。守节三十六年。

谭如琰妻席氏[一]。守节三十六年。

注释：

[一] 蓝勇主编《稀见重庆地方文献汇点》（下）第 918 页作谭如埏。两书记载存在
"琰""埏"之别。

余志显妻陶氏。同媳周氏以苦节传。

经懋臣妻杨氏。守节十六年。

熊大仁妻杨氏。守节十七年。

陈生安妻邵氏。守节十七年。

戴金茎妻李氏。守节十三年。

周一有妻张氏。守节三十年。

陈步华妻张氏。守节二十五年。

高启隆妻陈氏。守节三十二年。

夏维霖妻王氏。守节四十七年。

汤枞妻万氏。守节二十年。

刘明祖妻罗氏。守节二十八年。

文顺友继妻陈氏。守节三十七年。

郑以伦妻刘氏。守节三十年。

张其□妻任氏。守节四十年。

余大鹏妻熊氏。守节四十年。

郑文榜妻张氏。守节五十四年。

杨作超妻让氏。守节三十三年。

汪地官妻江氏。守节三十五年。

曾淳清妻吴氏。守节四十一年。

瞿国荣妻陈氏。守节六十五年。

何樾妻王氏。守节六十年。

周天顺妻熊氏。守节三十年。

陈钋妻黄氏。守节三十二年。

黄远广妻周氏。守节三十年。

周光煌妻夏氏。守节三十六年。

武生高辉斗妻周氏。守节三十七年。

况荣廷妻蒋氏。守节二十一年。

蔺国治妻刘氏。守节四十年。

潘品洁妻夏氏。守节四十九年。

李文斌妻夏氏。守节三十二年。

李春溶妻杨氏。现守节四十二年。

罗承义妻夏氏。现守节二十四年。

朱景昂妻李氏。现守节三十一年。

向子钊妻陈氏。现守节四十五年。

吴本立妻李氏。现守节二十八年。

张玉衡妻石氏。现守节五十一年。

刘祥麟妻盛氏。现守节四十一年。

瞿运开妻王氏。<small>现守节三十八年。</small>

游以发妻周氏。<small>现守节三十六年。</small>

李子通妻罗氏。<small>现守节三十七年。</small>

幸□□妻刘氏。<small>现守节三十三年。</small>

袁儒妻魏氏。<small>现守节三十年。</small>

张文贤妻吴氏。<small>现守节四十二年。</small>

夏万育妻蒋氏。<small>现守节四十年。</small>

陈焕妻王氏。<small>现守节三十七年。</small>

蒲兴元妻陈氏。<small>现守节四十七年。</small>

余体猷妻秦氏。<small>现守节三十六年。</small>

李象贤妻郎氏。<small>现守节三十年。</small>

冉慎修妻黄氏。<small>现守节三十年。</small>

王镒妻傅氏。<small>现守节二十二年。</small>

黄文盛妻鞠氏。<small>现守节四十三年。</small>

周天骥妻范氏。<small>现守节二十一年。</small>

黄文谷妻覃氏。<small>现守节三十二年。</small>

罗朝元妻唐氏。<small>守节三十六年。</small>

年二十二守节者：

庠生毛师尧妻何氏[一]。<small>守节四十年。</small>

注释：

[一] 蓝勇主编《稀见重庆地方文献汇点》（下）道光《重庆府志》卷之八《人物志·烈女完节涪州》第916页云：毛师尧妻何氏，乾隆、嘉庆年间，旌表入祠。

黎濬妻赵氏。<small>守节三十四年。</small>

举人夏嵿妻高氏[一]。<small>守节三十年。</small>

注释：

[一] 蓝勇主编《稀见重庆地方文献汇点》（下）道光《重庆府志》卷之八《人物志·烈女完节涪州》第916页云：夏嵿妻高氏，乾隆年间旌表，载《一统志》。

李统妻谢氏。守节四十七年。

举人沈宾妻向氏。守节二十三年。

刘琮妻陈氏。守节四十年。

庠生石若汉妻陈氏^[一]。守节四十五年。

注释：

[一]蓝勇主编《稀见重庆地方文献汇点》（下）道光《重庆府志》卷之八《人物志·烈女贞孝涪州》第902页云："庠生石若汉妻陈氏，年二十四夫亡，孀姑在堂，以哭子丧明。闻活血可治目疾，氏刺臂渗血和药舐之，半月目复明。姑病且剧，割股以疗，遂瘳。抚子入邑庠，历年七十二而终。"

知县黄道中妾王氏。守节三十年。

邓维淳妻陈氏。守节三十一年。

陈文学妻蒋氏。守节五十八年。

监生谭福妻贺氏。守节六十三年。

韩廷梁妻张氏。守节三十年。

监生谭绍尧妻张氏^[一]。守节三十六年。

注释：

[一]蓝勇主编《稀见重庆地方文献汇点》（下）道光《重庆府志》卷之八《人物志·烈女完节涪州》第916页云："监生谭绍尧妻张氏，乾隆年间旌表，载《一统志》。"

刘世枚妻王氏^[一]。守节三十三年。

注释：

[一]蓝勇主编《稀见重庆地方文献汇点》（下）第918页作刘世梅。两书记载存在"枚""梅"之别。

倪文燕妻徐氏。守节四十一年。

陈衷妻周氏。守节三十二年。

张学桂妻潘氏。守节三十八年。

瞿铨妻杨氏。守节五十八年。

毛志禄妻李氏。守节三十五年。

栾琦妻郑氏。守节五十八年。

郭点妻周氏。守节五十年。

何靖基妻刘氏。守节三十四年。

杨玩妻谢氏。守节四十三年。

向上安妻庞氏。守节二十三年。

罗焕章母李氏。守节四十一年。

邹心泰妻袁氏。守节五十九年[一]。

注释:

[一]蓝勇主编《稀见重庆地方文献汇点》(下)道光《重庆府志》卷之八《人物志·烈女完节涪州》第916页云:邹心泰妻袁氏,列总坊。

张泽妻夏氏。守节六十一年。

杨蕊熙妻黄氏。守节四十三年。

龙曙妻梁氏。守节三十八年。

刘邦杜妻周氏。守节二十六年。

余正绪妻张氏。守节六十年。

孔传圣妻何氏[一]。守节三十三年、

注释:

[一]蓝勇主编《稀见重庆地方文献汇点》(下)道光《重庆府志》卷之八《人物志·烈女完节涪州》第916页云:"监生孔传圣妻何氏,乾隆、嘉庆年间,旌表入祠。"

张仕朝妻王氏。守节三十八年。

萧道政妻任氏。守节四十七年。

万文焕妻郭氏[一]。守节六十年。

注释:

[一]蓝勇主编《稀见重庆地方文献汇点》(下)道光《重庆府志》卷之八《人物

志·烈女完节涪州》第916页云：万文焕妻郭氏，列总坊。

石维岱妻刘氏。守节四十年。

李万才妻冉氏。守节五十年。

陈于枢妻刘氏。守节四十九年。

陈世荣妻张氏。守节四十一年。

周国炳妻秦氏。守节三十八年。

刘为鹃妻李氏。守节五十六年。

刘琮妻陈氏。守节四十一年。

廪生赵宗铭妻魏氏。守节十五年。

张兆奎妻韩氏。守节十六年。

蔺芳妻梅氏。守节二十八年。

宋朝东妻徐氏。守节十二年。

郭仕俊妻杨氏。守节二十九年。

杨澄清妻雷氏。守节十四年。

刘维妻王氏。守节十五年。

余体猷妻秦氏。守节三十年。

蔺国治妻刘氏。守节三十九年。

张洪道妻冉氏。守节三十一年。

秦邦彦妻况氏。守节六十一年。

王容［妻］周氏。守节五十二年。

张天文妻罗氏。守节二十七年。

徐尚易妻陈氏。守节三十五年。

彭应学妻夏氏。守节六十三年。

刘仁宏妻徐氏。守节三十九年。

黎玉陞妻李氏。守节四十一年。

何宗泰妻徐氏。守节三十七年。

徐国祥妻李氏。守节五十三年。

周道清妻黄氏。守节三十八年。

赵志怀妻王氏。守节四十年。

孙汝龙妻刘氏。守节二十八年。

刘有桃妻徐氏。守节五十年。

夏明德妻常氏。守节四十一年。

张荣华妻夏氏。守节三十一年。

刘金声妻王氏。守节四十六年。

蒲蒸然妻夏氏。守节三十一年。

梁国材妻曾氏。守节三十六年。

陈兴旺妻马氏。守节三十六年。

窦正寿妻李氏。守节五十年。

何毓玭妻余氏。守节二十三年。

冯文法妻傅氏。守节三十一年。

戴仁寿妻谭氏。守节四十六年。

朱学益妻魏氏。守节四十年。

黄新岐妻苏氏。守节四十一年。

马元龙妻谭氏。守节六十一年。

吴永顺妻陈氏。守节二十九年。

胡登进妻汪氏。守节四十年。

余体亨妻刘氏。守节二十八年。

林中芝妻周氏。守节四十二年。

徐□□妻郑氏。守节六十二年。

余体芳妻刘氏。守节三十七年。

文宗智妻张氏。守节三十二年。

贺如芝妻彭氏。守节二十八年。咸丰辛酉（十年，1860）粤逆入境殉难。

文自清妻操氏。守节五十六年。

文灼继妻周氏。守节五十九年。

陈文衡妻夏氏。守节四十一年。

刘世荣妻陈氏。守节三十九年。

邓汝梅妻张氏。守节三十九年。

周权妻文氏。现守节五十九年。

向仕治妻潘氏。现守节二十八年。

冯元泰妻郑氏。现守节三十四年。

赵邦彦妻郑氏。现守节五十一年。

乐朝富妻张氏。现守节三十一年。

赵邦鈘妻傅氏。现守节五十年。

袁春阳妻包氏。现守节三十四年。

童正远妻汪氏。现守节三十三年。

何学汤妻薛氏。现守节三十四年。

刘明扬妻邓氏。现守节三十二年。

郑家骏妻李氏。现守节三十四年。

王官耀妻龙氏。现守节六十年。

朱高祥妻陈氏。现守节三十四年。

施万祥妻王氏。现守节四十年。

周紫垣妻雷氏。现守节三十八年。

陈绍寅妻刘氏。现守节五十年。

陈以试妻徐氏。现守节三十一年。

冉渭珍妻蒋氏。现守节五十年。

杨天才妻吴氏。现守节四十三年。

王正品妻秦氏。现守节四十年。

李文贤妻张氏。现守节二十五年。

罗志声妻杨氏。现守节二十五年。

舒伯海妻潘氏。现守节二十五年。

廖永福妻向氏。现守节二十七年。

张泽妻夏氏。守节七十五年。

年二十三守节者：

庠生夏树本妻戴氏。_{守节三十年。}

张圣统妻罗氏。_{守节六十六年}

庠生黄璞妻李氏。_{守节二十九年。}

李廷梅妻杨氏。_{守节二十九年。}

举人周朴妻王氏。_{守节二十五年。}

张登贵妻任氏。_{守节五十年。}

庠生陈于宸妻文氏[一]。_{守节四十五年。}

注释：

[一] 蓝勇主编《稀见重庆地方文献汇点》（下）道光《重庆府志》卷之八《人物志·烈女完节涪州》第 916 页云："陈于宸妻文氏，乾隆年间旌表，载《一统志》。"

夏渊妻赵氏[一]。_{守节三十四年。}

注释：

[一] 蓝勇主编《稀见重庆地方文献汇点》（下）道光《重庆府志》卷之八《人物志·烈女完节涪州》第 916 页云："夏渊妻赵氏，乾隆、嘉庆年间，旌表入祠。"

庠生陈于熙妻周氏。_{守节三十年。}

高旭妻王氏。_{守节四十五年。}

向上高妻熊氏。_{家贫，无子，抚夫弟成立。守节六十七年。}

李廷藩妻袁氏[一]。_{守节二十八年。}

注释：

[一] 蓝勇主编《稀见重庆地方文献汇点》（下）道光《重庆府志》卷之八《人物志·烈女完节涪州》第 916 页云：李廷藩妻袁氏，列总坊。

徐玉阶妻冯氏[一]。_{守节五十八年。}

注释：

[一] 蓝勇主编《稀见重庆地方文献汇点》（下）道光《重庆府志》卷之八《人物志·烈女完节涪州》第 916 页云："徐玉阶妻冯氏，乾隆、嘉庆年间，旌表入祠。"

蔡心定妻杨氏。守节二十年。

夏锡妻蔡氏。守节三十八年。

李文喜妻罗氏。守节四十一年。

谭景祥妻陈氏。守节四十七年。

刘泽著妻文氏。守节三十二年。

舒正文妻李氏。守节二十九年。

余廷儒妻傅氏。守节四十一年。

夏在爵妻倪氏。娴女箴，事继姑以孝闻。家贫苦节，教子为梁，口授经史。食廪饩。

况国柱妻周氏。翁姑迫之再醮，引刀自矢。纺绩自给。后遭教匪，欲污之，不从。被刺，幸伤轻不死，柱字，《府志》作桂。

吴仕杰妻杨氏。守节四十二年。

夏元会妻盛氏。守节四十三年。

朱联妻易氏。守节三十年。

何其凤妻李氏。守节五十年。

江一汲妻徐氏[一]。守节三十二年。

注释：

[一] 蓝勇主编《稀见重庆地方文献汇点》（下）第 919 页作汪一汲。两书记载其姓存在“江”“汪”之别。

余文星妻陈氏。守节四十四年。

李硚妻胡氏。守节四十三年。

况仕进妻舒氏。守节三十一年。

吴南华妻张氏。守节五十一年。

杨茂荣妻郑氏。守节三十年。

覃仕富妻周氏。守节二十二年。

李同谟妻杨氏。守节三十一年

张珊妻王氏。守节四十八年。

谭鐍妻夏氏。守节二十一年。

周奕华妻陈氏[一]。守节三十六年

注释：

［一］蓝勇主编《稀见重庆地方文献汇点》（下）第 917 页作周奕桦。两书记载存在"华""桦"之别。

陈鹤龄妻夏氏。守节五十六年。

魏钟善妻黄氏[一]。守节五十五年。

注释：

［一］蓝勇主编《稀见重庆地方文献汇点》（下）第 917 页作魏宗善。两书记载存在"宗""钟"之别。

徐富存妻张氏。守节二十九年。

陈若龙妻汪氏。守节五十六年。

高辉斗妻周氏。守节二十四年。斗，庠生、

程庆秀妻张氏。守节三十一年。

徐增荣妻王氏。守节四十六年。

夏崇礼妻冯氏。守节三十年。

窦正德妻张氏。守节五十年。

鞠永富妻余氏。守节二十六年。

倪喜泰妻夏氏。守节二十年。

贺莹妻傅氏。守节四十七年。

杨秀贵妻孙氏。守节四十九年。

王天荣妻朱氏。守节八十七年。

杨澄儒妻雷氏。守节五十五年。

蔺国铭妻刘氏。守节三十年。

刘仁钊妻杜氏。守节二十六年。

阙树原妻李氏。守节五十八年。

汪濬川妻夏氏。守节六十三年。

王文炘妻廖氏。守节二十七年。

余体道妻杨氏。守节三十一年。

袁履亨妻余氏。守节四十一年。

蒋秀芳妻徐氏。守节四十三年。

何志鹏妻胡氏。守节三十九年。

陈心和妻黄氏。姑病瘫痪，侍奉六载，毫无倦容。现守三十二年。

余建元妻周氏。守节二十年。

王荣安妻郭氏。守节三十一年。

王庆臣妻陈氏。守节三十五年。

蔺璞妻任氏。守节三十四年。

谢秀凤妻田氏。守节三十年。

庠生张秉光妻曾氏。守节四十一年。

邱贤宗妻张氏。守节二十五年。

廖永建妻龚氏。现守节二十九年。同媳邹氏以节孝传。

庞正柄妻胡氏。守节二十八年，存。

高班衡妻欧阳氏。现守节三十一年。

陈□□妻何氏。现守节五十一年。

倪远奎妻熊氏。现守节三十六年。

举人何轩妾张氏。现守节三十六年。

任思肃妻陈氏。现守节四十三年。

瞿运鼎妻吴氏。现守节四十四年。

陈超妻石氏。现守节五十年。

吴三益妻周氏。现守节二十八年。

何兴禄妻周氏。现守节四十八年。

尚国华妻蔡氏。现守节三十年。

余式植妻刘氏。现守节二十七年。

周元星妻雷氏。现守节二十六年。

谭大广妻王氏。现守节三十七年。

唐朝元妻罗氏。现守节四十七年。

陈光蔼妻周氏。现守节三十八年。

汪其贵妻陈氏。现守节二十八年。

汪其秀妻谭氏。现守节三十六年。

周兴义妻文氏。现守节六十二年。

曹际昌妻姚氏。现守节二十七年。

赵忠晋妻韩氏。现守节四十四年。

钟同寿妻姚氏。现守节三十年。

刘榜荣妻王氏。现守节四十九年。

彭宗城妻陈氏。现守节三十一年。

赵宗道妻余氏。守节十七年。

廖锡麟妻胡氏。现守节十七年。

年二十四守节者：

庠生陈鹏图妻罗氏。守节三十九年。

周镐妻黄氏[一]。守节四十七年。

注释：

[一] 蓝勇主编《稀见重庆地方文献汇点》（下）道光《重庆府志》卷之八《人物志·烈女完节涪州》第916页云："周镐妻黄氏，乾隆年间旌表，载《一统志》。"

举人杜昭妻夏氏。守节二十八年。

郭檀妻周氏[一]。守节五十九年。

注释：

[一] 蓝勇主编《稀见重庆地方文献汇点》（下）道光《重庆府志》卷之八《人物志·烈女完节涪州》第916页云：郭檀妻周氏，列总坊。

知县何铠妾陈氏。守节二十七年。

曾煦继妻罗氏。守节三十四年。

廪生高汝龄妻杨氏。守节二十六年。

夏从义妻冯氏[一]。守节二十七年。

注释：

［一］蓝勇主编《稀见重庆地方文献汇点》（下）道光《重庆府志》卷之八《人物志·烈女完节涪州》第 916 页云：夏从义妻冯氏，列总坊。

杨学诗妻李氏。守节十九年。

李本相妻何氏。守节十九年。

余文柳妻邬氏。守节三十二年。

何载璜妻曹氏。守节十六年。

周兴义妻文氏。守节二十二年。

何永高妻张氏。守节二十六年。

罗志陞妻张氏。守节十六年。

向日赤妻黄氏[一]。守节廿九年。

注释：

［一］蓝勇主编《稀见重庆地方文献汇点》（下）道光《重庆府志》卷之八《人物志·烈女完节涪州》第 916 页云："贡生向日赤继妻黄氏，日赤被贼害，氏矢志坚贞，甘心穷约。抚二子成立婚娶，子与媳又相继而亡，复抚幼孙远鹏成立，举于乡。"

李来仪妻王氏。守节十六年。

夏林妻陈氏。守节十五年。

倪喜泰妻夏氏。守节二十七年。

杜有垣妻张氏。守节十八年。

傅镣妻游氏。守节二十七年。

余允昌妻刘氏。守节二十八年。励志抚孤成立，列成均。

陈朝龙妻王氏[一]。江津贡生王家俊女。甫结褵，龙卒。矢志抚嗣子煦，成庶吉士。氏寿逾九十。

注释：

［一］蓝勇主编《稀见重庆地方文献汇点》（下）道光《重庆府志》卷之八《人物志·烈女完节涪州》第 916 页云："陈朝龙妻王氏，乾隆、嘉庆年间，旌表入祠。"

庠生熊轶林妻陈氏。守节六十四年。

李联榜妻张氏。守节三十二年。

监生何宗榕妻徐氏[一]。守节三十二年。

注释:

[一] 蓝勇主编《稀见重庆地方文献汇点》(下) 道光《重庆府志》卷之八《人物志·烈女完节涪州》第 916 页云:"何宗溶妻徐氏,乾隆、嘉庆年间,旌表入祠。"

余仕榜妻何氏。守节五十二年。

文于端妻况氏。守节二十八年。

刘绅妻张氏。守节四十四年。

袁正渭妻李氏。守节四十年。

余文柳妻邬氏。守节五十三年。

冉琼妻易氏。守节四十六年。

廖铸妻谢氏。守节五十五年。

何榔妻乐氏。守节三十七年

游溶妻舒氏。守节五十九年。

陈仕忠妻胡氏。守节三十四年。

张大学妻王氏。守节二十九年。

陈玺妻吕氏。守节三十三年。

夏静源妻赵氏。守节五十四年。

赖含章妻张氏[一]。守节五十三年。

注释:

[一] 蓝勇主编《稀见重庆地方文献汇点》(下) 道光《重庆府志》卷之八《人物志·烈女完节涪州》第 916 页云:赖含章妻张氏,列总坊。

秦仕校妻朱氏。守节三十一年。

李其昌妻张氏[一]。守节三十三年。

注释：

［一］蓝勇主编《稀见重庆地方文献汇点》（下）道光《重庆府志》卷之八《人物志·烈女完节涪州》第916页云：李其昌妻张氏，列总坊。

余德伦妻邹氏。守节五十五年。

鲜廷相妻李氏。守节五十一年。

杨学诗妻李氏。守节二十九年。

余仕俊妻高氏^{［一］}。守节五十二年。

注释：

［一］蓝勇主编《稀见重庆地方文献汇点》（下）第917页作余世俊。两书记载存在"仕""世"之别。

陈珍妻王氏。守节四十七年。

魏明远妻王氏。守节五十年。

张捷元妻应氏。守节六十六年。

谢万珣妻郑氏。守节三十六年。

陈文福妻谭氏。守节七十五年。

鲁启光妻萧氏。守节四十年。

夏时新妻张氏。守节二十年。

高焜妻石氏。守节四十七年。

高必达妻文氏。守节三十年。

石若濊妻杨氏。守节三十五年。

盛维玖妻朱氏。守节二十三年。

熊璜妻夏氏。守节六十年。

潘翠妻曾氏。守节四十八年。

栾廷槐妻姚氏。守节三十六年。

黄德元妻曾氏。守节四十四年。

陈上清妻彭氏。守节五十年。

蔡德贞妻周氏。守节三十八年。

谢万珍妻杨氏。守节四十六年。

谭万林妻侯氏。守节三十年。

关位邦妻萧氏。守节四十二年。

蒋克善妻周氏。守节三十八年。

李在望妻吕氏。守节二十二年。

郭之俨妻郑氏。守节三十一年。

熊大鹏妻蹇氏。守节三十四年。

喻洪顺妻刘氏。守节三十年。

段远银妻张氏。守节五十三年。

熊珊继妻洪氏。守节五十六年。

蔡万才妻刘氏。守节二十八年。

尚德智妻徐氏。守节五十九年。

杨嘉栋妻龙氏。守节五十年。

罗登第妻朱氏。守节五十二年。

王清远妻谢氏。守节三十三年。

李廷魁妻崔氏。守节四十六年。

黎滔妻谭氏。守节四十七年。

何仕玉妻舒氏。守节五十二年。

何其书妻陈氏。守节五十年。

杨全妻张氏。守节三十二年。

朱□□妻皮氏。守节四十六年。

陈谏文妻严氏。守节二十五年。

龙文德妻梁氏。守节二十四年。

陈洁妻夏氏。守节四十八年。

庞文贡妻杨氏。守节二十四年。

谭怀宽妻邓氏。守节二十九年。

陈思第妻蹇氏。守节三十年。

汪时榕妻朱氏。守节三十六年。

聂承恩妻李氏。守节三十四年。

李郁南妻孔氏。守节二十二年。

张子万妻杨氏。守节四十六年。

罗承授妻焦氏[一]。守节三十八年。

注释：

[一] 蓝勇主编《稀见重庆地方文献汇点》（下）第 919 页作罗世授。两书记载存在"世""承"之别。

张在桂妻袁氏。守节三十五年。

冉裕龙妻蔡氏。守节五十年。

匡定汉妻萧氏。守节三十六年。

黄禄高妻夏氏。守节四十五年。

郑连城妻刘氏。守节三十年。

陶元俊妻石氏。守节四十三年。

卢心正妻杨氏。守节五十一年。

姚纩妻陈氏。守节三十四年。

田仁先妻陈氏。守节四十六年。

李心全妻余氏。守节五十二年。

文陈柱妻张氏。守节三十年。

余有成妻苟氏。守节五十年。

蔡能才妻冉氏。守节四十四年。

陈正达妻杨氏。守节二十六年。

陈世荣妻聂氏。守节□□□年。

陈友尊妻冉氏。守节二十九年。

操国柱妻何氏。守节三十五年。

周文元妻唐氏。守节六十年。

杨国发妻刘氏。守节五十四年。

张玉尺妻谭氏。_{守节三十七年。}

罗纯骥妻毛氏。_{守节四十七年。}

赵维孝妻余氏。_{守节四十四年。}

朱锦妻冉氏。_{守节三十年。}

徐国祥妻李氏。_{守节四十八年。}

余学朝妻夏氏。_{守节六十二年。}

鞠志壹妻何氏。_{守节五十年。}

伍茂莲妻吴氏。_{守节三十二年。}

何汝谐妻余氏。_{守节五十五年。}

高本忠妻李氏。_{守节六十年。}

冉龙浩妻杨氏。_{守节三十四年。}

戴文庸妻王氏。_{守节六十六年。}

徐国祥妻李氏。_{守节四十六年。}

彭长春妻戴氏。_{守节四十年。}

陈登朝妻李氏。_{守节六十六年。}

陈光吉妻高氏。_{守节二十二年。}

高吟占妻何氏。_{守节四十三年。}

杜为祯妻何氏。_{守节三十五年。}

陈大儒妻孔氏。_{守节二十七年。}

周朝纲妻任氏。_{守节三十九年。}

张永和妻田氏。_{守节四十六年。}

杨心发妻郭氏。_{守节三十二年。}

刘富万妻梁氏。_{守节三十八年。}

刘大衡妻朱氏。_{现守节三十九年。}

周静轩妻高氏。_{现守节三十五年。}

袁世华妻周氏。_{现守节三十四年。}

李瑶芝妻夏氏。_{现守节三十年。}

胡永兴妻韩氏。_{现守节三十三年。}

何永高妻张氏。现守节五十六年。

陈遵铭妻何氏。现守节五十三年。

陈仁妻周氏。现守节四十一年。

秦维扬妻熊氏。守节六十二年。

黎治清妻熊氏。现守节三十年。

黄远澍妻彭氏。现守节二十四年。

王建庠妻毛氏。现守节三十二年。

甘家美妻刘氏。现守节三十三年。

赵存顺妻冉氏。现守节三十一年。

张耀祖妻夏氏。现守节二十四年。

张世霖妻艾氏。现守节三十一年。

汪兴盛妻韩氏。现守节五十六年。

冉正纲妻陈氏。现守节三十九年。

袁儒妻魏氏。现守节二十七年。

黄景芳妻杨氏。现守节三十六年。

郑建勋妻晏氏。现守节三十一年。

郑光明妻王氏。现守节二十五年。

王明进妻方氏。现守节三十六年。

陈汝弼妻熊氏。现守节三十九年。

张上芸妻石氏。现守节四十一年。

毛永富妻王氏。现守节三十年。

王朝俸妻梅氏。现守节六十四年。

黄大缙妻吴氏。现守节三十年。

周正左妻黎氏。现守节三十一年。

张曰溥妻戴氏。现守节三十八年。

李永昂妻刘氏。现守节四十三年。

夏礼章妻余氏。现守节四十四年。

李崇道妻甘氏。守节十五年。现存。

年二十五守节者：

举人何铨妻陈氏。青年励志教子有基，成进士，官沔阳州。守节五十四年。寿七十九。

举人陈源继妻李氏。守节五十五年。

汪轶妻罗氏。守节四十九年。

陈遵廉妻黄氏。守节二十七年，教子成立，贡成均。

潘鹤妻刘氏。守节二十三年。

石若浩妻夏氏。守节三十年。

蔡宏玉妻郭氏。守节四十五年。

陈于极妻任氏。守节四十五年。

曹绪儒妻李氏。守节五十年。

王永才妻徐氏。守节四十一年。

周樽三妻高氏。守节四十八年。

戴正文妻覃氏。守节四十七年。

张岱妻余氏。守节三十八年。

张仕龙妻田氏。守节六十四年。

陈于楹妻任氏。守节三十八年。

汪维源妻张氏。守节六十五年。

杨海妻张氏。守节三十五年。

陈开义妻李氏。守节三十九年。

王复荣妻徐氏[一]。守节四十六年。

注释：

[一]蓝勇主编《稀见重庆地方文献汇点》（下）第917页作王馥荣。两书记载存在"馥""复"之别。

陈昭麟妻周氏。守节四十八年。

张耀祖妻夏氏。守节十七年。

高国猷妻唐氏。守节二十八年。

周自沛妻夏氏。守节五十五年。

徐珍妻潘氏。_{守节四十五年。}

刘遇熙妻何氏。_{守节三十三年。}

陈国柱妻倪氏。_{守节五十八年。}

余文楠妻吕氏。_{守节七十二年。}

王国正妻陈氏。_{守节五十年。}

陈瑄妻杨氏。_{守节二十二年。}

陈让妻何氏。_{守节三十九年。}

周天逵妻况氏。_{守节二十年。}

邹治岐妻徐氏。_{守节二十三年}

张金玺妻余氏。_{守节五十八年。}

李潜妻谭氏。_{守节三十六年。}

洪武论妻向氏。_{守节三十六年。}

徐适妻汪氏。_{守节五十五年。}

栾学妻黄氏。_{守节五十年。}

余士英妻冉氏[一]。_{守节三十三年。}

注释:

[一] 蓝勇主编《稀见重庆地方文献汇点》(下)第917页作余世英。两书记载存在"士""世"之别。

文东汉妻陈氏。_{守节五十年。}

周兴涞妻罗氏。_{守节五十五年。}

邓凤仪妻张氏。_{守节四十八年。}

杨文柄妻段氏。_{守节六十年。}

戴绍先妻冉氏。_{守节五十年。}

汪思义妻况氏。_{守节四十九年。}

董业明继妻邵氏。_{守节四十九年。}

蒋仕岱妻徐氏。_{守节五十六年。}

杨理妻郑氏。_{守节五十年。}

沈名贤妻戴氏。守节五十六年。

方兴权妻王氏。守节三十年。

熊猷麒妻廖氏。守节三十年。

李志赵妻何氏。守节二十五年。

邹光照妻刘氏。守节二十三年。

陈廷桢妻丁氏。守节四十八年，以寿终。子孙多列胶庠。

喻文馥妻刘氏。守节三十六年。

吕思逵妻刘氏。守节五十年。

张新禄妻邓氏。守节三十年。

杨畯妻曹氏。守节三十年。

栾珩妻冉氏。守节四十八年。

陈洪道妻潘氏。守节四十三年。

韩诏妻马氏。守节三十八年。

郑国进妻徐氏。守节二十八年。

何如星妻谢氏。夫殁，即自缢以殉。

张在朝妻王氏。守节三十一年。

刘华美妻黄氏。守节二十五年。

郑凤祖妻龚氏。守节四十一年。

韩绍元妻戴氏。守节三十一年。

游文相妻王氏。守节五十二年。

蔺仕俸妾王氏。守节四十八年。

张裕稷妻谭氏。守节二十九年。

余正潜妻谭氏。守节三十五年。

蔺天文妻陈氏。守节五十五年。

包乐柱妻蒋氏。守节二十五年。

黄廷魁妻陶氏。守节五十八年。

邹炳妻杜氏。守节四十五年。

吴永仕妻戴氏。守节五十四年。

吴永佑妻冉氏。守节三十九年。

吴仕超妻张氏。守节二十五年。

郑显祖妻周氏。守节三十六年。

庠生谭光斗妻刘氏。守节二十五年。

向仕福妻舒氏。守节三十七年。

高璇衡妻曾氏。守节三十四年。

熊元陛妻陈氏。守节三十五年。

冉昭卫妻冯氏。守节二十五年。

张奇正妻任氏。守节五十四年。

陈兴槐妻张氏。守节五十二年。

张培能妻王氏。守节三十七年。

魏正梁妻杨氏。现守节四十五年。

汤玉科妻石氏。现守节五十四年。

余鸿极妻陈氏。现守节三十四年。

刘金玉妻陈氏。现守节三十四年。

余式枢妻左氏。现守节三十三年。

袁赓飓妻李氏。现守节二十年。

黄登旭妻陈氏。现守节二十八年。

庞茂林妻周氏。现守节三十七年。

欧阳谟远妻周氏。现守节五十六年。

梁象吉妻李氏。现守节二十九年。

杨秀山妻周氏。现守节五十二年。

田洪词妻熊氏。现守节二十四年。

倪远镒妻熊氏。现守节三十六年。

张正绅妻石氏。现守节三十年。

邹世弼妻苏氏。现守节四十八年。

郑玉轩妻张氏。现守节三十年。

陈永宗妻王氏。现守节三十二年。

席厥中妻夏氏。_{现守节二十五年。}

杜家绥妻倪氏。_{现守节四十五年。}

陈辉斗妻任氏。_{现守节四十年。}

陈亮明妻庹氏。_{现守节二十五年。}

杨盛伯妻傅氏。_{现守节四十年}

舒挹芝妻张氏。_{现守节三十三年。}

易象暄妻庞氏。_{现守节三十五年。}

陈大进妻韩氏。_{现守节五十七年。}

宋凤林妻石氏。_{现守节二十八年。}

张兴阳妻刘氏。_{现守节二十九年。}

张兴阶妻何氏。_{现守节二十九年。}

陈超妻石氏。_{守节二十三年。}

梁先敏妻□氏。_{守节五十年。}

潘应会妻吴氏[一]。_{守节四十六年。}

注释：

[一] 蓝勇主编《稀见重庆地方文献汇点》(下)第 917 页作潘应惠。两书记载存在"会""惠"之别。

杜栩妻杨氏。_{守节六十四年。}

庠生谭永谟妻韩氏。_{现守节二十二年。}

年二十六守节者：

举人文步武妻周氏[ ]。_{守节四十五年。}

注释：

[一] 蓝勇主编《稀见重庆地方文献汇点》(下)道光《重庆府志》卷之八《人物志·烈女完节涪州》第 916 页云："举人文步武妻周氏，乾隆年间旌表，载《一统志》。"

彭佐卿妻张氏。_{守节五十七年。}

庠生汤辉文妻罗氏。_{守节四十二年。}

孝子彭学鸿继妻张氏。庠生张崇典女。年十六，适彭前室子应槐。甫四岁，视如己出。生应桂、应棕。夫卒，义方教子。长季登贤书，次贡成均。孙十余人多列胶庠，领乡荐。

张希贤妻栗氏。守节三十八年。

李朴妻罗氏。守节五十一年。

郭炘妻刘氏。守节三十三年。

余琪妻唐氏。守节三十七年。

吴文定妻赵氏。守节二十四年。

彭锐妻杨氏。守节五十二年。

邹瑾枝妻杜氏[一]。守节三十一年。

注释：

[一] 蓝勇主编《稀见重庆地方文献汇点》（下）道光《重庆府志》卷之八《人物志·烈女完节涪州》第 916 页云：邹瑾枝妻杜氏，列总坊。

王朝卿妻刘氏[一]。守节二十年。

注释：

[一] 蓝勇主编《稀见重庆地方文献汇点》（下）道光《重庆府志》卷之八《人物志·烈女完节涪州》第 916 页云：王朝卿妻刘氏，列总坊。

况锟妻周氏。守节二十四年。

傅良璧妻李氏。守节二十一年。

夏在禧妻倪氏。守节二十四年。

盛国鹗妻罗氏。守节五十八年。

洪钫妻张氏。守节四十年。

黄声宏妻刘氏。守节三十五年。

汪绍福妻况氏。守节四十八年。

高化龙妻张氏。守节四十六年。

汤柏妻张氏。守节四十四年。

瞿恩荣妻张氏。守节六十六年。

潘履坦妻罗氏。守节二十二年。

杨正碧妻陈氏。守节二十五年。

樊毓林妻陈氏。守节五十九年。

陈于贤妻瞿氏。守节六十一年。

黄振宗妻熊氏。守节二十七年。

彭梅妻周氏。守节三十三年。

彭世煌妻鞠氏。守节三十三年。

陈芝瑞妻周氏。守节三十一年。

谢奇武妻周氏。守节四十六年。

邹锡节妻刘氏[一]。守节三十余年。临终以簪珥属婢曰：予若，我死，若为我沐浴，勿令外人见我体也。

注释：

[一] 蓝勇主编《稀见重庆地方文献汇点》（下）道光《重庆府志》卷之八《人物志·烈女完节涪州》第916页云："邹锡节妻刘氏，年二十六夫殁，姑怜其年少，婉言以示意，氏默然不答，乘夜投缳，幸小婢觉，号呼救免历节三十余年，临卒以簪饵给婢女，栉沐端坐而逝。"

夏纯智妻周氏。守节二十二年。

苟麟妻席氏。守节四十五年。

陈朝富妻杨氏。守节十九年。

曹光禄妻余氏。守节十九年。

余海妻杜氏。守节十九年。

周遇春妻李氏。守节十七年。

熊承慧妻刘氏。守节十二年。

冯元德妻瞿氏。守节三十一年。

高汝霖妻杨氏。守节二十八年。

郑文会妻曾氏。守节二十七年。

杨文同妻傅氏。守节三十六年。

王亮青妻潘氏。守节□□年。

戴文庸妻王氏。守节二十一年。

汪能言妻张氏。守节三十五年。

陈熙妻周氏。守节五十一年。

庠生高玉镶妻舒氏。守节六十三年。

潘元会继妻孔氏。守节三十四年。

国学李田玉妻韩氏。守节二十九年。

国学游应龙妻石氏。守节三十四年。

薛元举妻吴氏。守节三十六年。

伍万远妻徐氏。守节五十二年。

庠生蔡如桂妻汤氏。守节五十一年。

龚宗礼妻谭氏。守节五十三年。

杨桢妻欧氏。守节四十四年。

刘金才妻张氏。守节五十六年。

萧天伦妻莫氏。守节三十五年。

杨汝熙妻黄氏[一]。守节四十六年。

注释：

[一] 蓝勇主编《稀见重庆地方文献汇点》（下）第 917 页作杨汝蕊。两书记载存在"熙""蕊"之别。

杜海妻刘氏。[守]节三[十]六年。

戴正清妻覃氏。守节三十一年。

曹仕宾继妻舒氏。抚四世遗孤。守节五十七年。

夏能承妻刘氏。守节四十年。

黄辅文妻张氏。守节三十三年。

汪映梅妻白氏。守节二十六年。

胡星妻彭氏。守节四十九年。

胡忠德妻罗氏。守节四十八年。

高瑯妻陈氏。守节三十九年。

周兴淮妻王氏。守节四十二年。

夏一富妻包氏。守节三十九年。

余海妻杜氏。守节三十三年。

何煦妻潘氏。守节四十四年。

李桂兰妻陈氏。守节三十五年。

熊柱妻雷氏。守节三十九年。

刘邦科妻赖氏。守节三十七年。

杨有柄妻周氏。守节五十二年。

周之桢妻杨氏。守节四十四年。

黄登鳌妻冯氏。守节三十四年。

杨永梁妻周氏。守节三十二年。

谢代芳妻冉氏。守节三十年。

夏尚恒继妻袁氏。守节二十九年。

陈应学妻王氏。守节四十八年。

吴瑸妻张氏。守节五十四年。

张象贤妻盛氏。守节四十二年。

吴莹妻蒋氏。守节七十一年。

窦正现妻王氏。守节五十年。

周成龙妻张氏。守节三十三年。

何彬妻陈氏。守节四十年。

郑显祖妻周氏。守节三十年。

吏员潘仕尧妻刘氏。守节四十年。

严仕进妻吴氏。守节四十三年。

庹鸣皋妻高氏。守节二十五年。

陈应芳妻苏氏。守节四十八年。

徐月桂妻刘氏。守节二十四年。

张逢泰妻李氏。守节三十一年。

雷添禄妻黄氏。守节三十三年。

陈育妻高氏。守节二十年。

谭道一妻张氏。守节二十六年。

丁荣华妻邹氏。守节四十四年。

罗分继妻方氏。守节二十九年。

向永德妻孙氏。守节四十年。

秦银妻杨氏。守节三十八年。

冉国朝妻毛氏。守节五十二年。

周兴淑妻陈氏[一]。守节四十年。

注释：

[一]蓝勇主编《稀见重庆地方文献汇点》（下）第 919 页作何典潊。两书记载存在“淑”“潊”之别。

王亮清妻潘氏。守节三十二年。

罗纯经继妻方氏。守节二十四年。

庞尚清妻文氏。守节三十五年。

聂荣恩妻石氏。守节三十年。

陈世荣妻聂氏。守节四十四年。

余□□妻秦氏。守节四十四年。

郑人望妻任氏。守节五十二年。

欧阳金霞妻徐氏。守节四十九年。

苏宗志妻夏氏。守节二十四年。

张曙株妻周氏。守节四十四年。

杨朝钦妻钱氏。守节二十六年。

王载凤妻刘氏。守节三十四年。

刘秉珪妻瞿氏。守节四十九年。

陈登贵妻杨氏。守节五十六年。

周正汉妻熊氏。守节四十年。

罗祥魁妻余氏。守节五十三年。

廖其藻妻刘氏。_{守节二十三年。}

喻在祥妻刘氏。_{守节三十六年。}

周�早妻张氏^[一]。_{守节五十二年。}

注释：

［一］蓝勇主编《稀见重庆地方文献汇点》（下）第918页作周某。两书记载存在"�早"与代称"某"之别。

李尚明妻秦氏。_{守节四十四年。}

张文贵妻余氏。_{守节三十四年。}

覃显绪妻夏氏。_{守节二十八年。}

孙仕相妻匡氏。_{守节四十年。}

庠生周珩妻张氏。_{守节五十四年。}

黄家琳妻王氏。_{守节二十四年。}

陈君常妻冯氏。_{守节三十九年。}

傅廷美妻乐氏。_{守节五十七年。}

文光明妻况氏。_{守节三十九年。}

何永盛妻张氏。_{守节二十九年。}

杨秀瑚妻陈氏。_{现守节三十六年。}

冯元德妻瞿氏。_{现守节三十一年。}

杨秀福妻陈氏。_{现守节三十一年。}

廪生夏承薰妾何氏。_{现守节四十三年。}

杨昌元妻蓝氏。_{现守节四十二年。}

庠生陈光辅妻刘氏。_{现守节三十六年。}

张仁翼妻余氏。_{现守节四十一年。}

李昌延妻夏氏。_{现守节三十六年。}

朱义方妻张氏。_{现守节三十四年。}

王明亨妻龚氏。_{现守节四十五年。}

邱荣先妻郑氏。_{现守节四十二年。}

陈汝恩妻杨氏。_{现守节三十九年。}

黎达善妾施氏。_{现守节二十三年。}

王富彬妻陶氏。_{现守节二十三年。}

李万福妻杨氏。_{现守节四十年。}

蒋光汉妻张氏。_{守节二十七年。}

陈步华妻石氏。_{现守节四十八年。}

陶乾栋妻王氏。_{现守节二十三年。}

张曰泗妻高氏。_{现守节三十七年。}

何坦妻刘氏。_{现守节三十四年。}

杨心福妻简氏。_{现守节三十二年。}

庠生潘清献妻陈氏。_{现守节二十六年。}

知县周均继妻张氏。_{现守节二十六年。}

黄琨富妻何氏。_{现守节三十年。}

何元榛妻王氏。_{现守节三十二年。}

陈大文妻唐氏。_{现守节二十六年。}

夏大伦继妻余氏。_{现守节四十八年。}

□德福妻薛氏。_{现守节二十七年。}

吴月仲妻余氏。_{现守节三十三年。}

席佩玉妻陶氏。_{现守节二十三年。}

高国献妻唐氏。_{现守节二十六年。}

秦树品妻谭氏。_{现守节四十六年。}

盛景昭妻谭氏。_{现守节三十三年。}

年二十七守节者：

廪生谭珩妻冯氏。_{守节五十年。}

刘洪任妻陈氏。_{守节五十七年。}

庠生高元模妻吴氏。_{守节三十一年。}

黄道一妻周氏。_{守节三十年。}

蔡廷贵妻袁氏。_{守节三十年。}

周兴泮妻蔺氏。<small>守节二十八年。</small>

周广传妻罗氏。<small>守节三十六年。</small>

邹导和妻李氏。<small>守节四十一年。</small>

张瑜妻涂氏。<small>守节三十三年。</small>

徐树泽妻杨氏。<small>守节五十八年。</small>

况德厚妻刘氏。<small>守节四十五年。</small>

何琏妻李氏。<small>守节五十五年。</small>

张鹏妻罗氏。<small>守节三十五年。</small>

吴正富妻夏氏。<small>守节二十四年。</small>

瞿瑜妻何氏。<small>守节四十六年。</small>

谭杲妻何氏。<small>守节三十八年。</small>

郑子才妻胡氏。<small>守节三十三年。</small>

阚洪浩妻向氏。<small>守节三十八年。</small>

朱之俊妻梁氏。<small>守节三十三年。</small>

吴璜妻周氏。<small>守节四十三年。</small>

张琪妻王氏。<small>守节二十七年。</small>

瞿正文妻潘氏。<small>守节四十二年。</small>

况仕纯妻曾氏^[一]。<small>守节二十一年。</small>

注释:

[一]蓝勇主编《稀见重庆地方文献汇点》(下)道光《重庆府志》卷之八《人物志·烈女完节涪州》第916页云:况仕纯妻曾氏,列总坊。

石正仕妻刘氏。<small>守节三十三年。</small>

王师万妻夏氏^[一]。<small>守节四十三年。</small>

注释:

[一]蓝勇主编《稀见重庆地方文献汇点》(下)道光《重庆府志》卷之八《人物志·烈女完节涪州》第916页云:王师万妻夏氏,列总坊。

国学张大才妻汪氏。守节三十九年。

魏世锐妻何氏。守节四十六年。

杨道义妻彭氏。守节四十六年。

张型渠妻陈氏。守节四十年。

夏培本妻冯氏。守节三十五年。

何思尧妻夏氏。守节五十七年。

张锡龄妻廖氏。守节三十三年。

周世澜妻姚氏。守节三十年。

王桩妻易氏。守节三十六年。

郎成明妻周氏[一]。守节四十九年。

注释：

[一] 蓝勇主编《稀见重庆地方文献汇点》（下）第917页作郎成名。两书记载存在“名”“明”之别。

蒲在院妻刘氏。守节三十八年。

罗文献妻徐氏。守节四十八年。

高必俊妻蔡氏。守节五十五年。

陈绖妻刘氏。守节三十三年。

汪体仁妻余氏。守节五十二年。

王世芳妻毛氏。守节二十三年。

覃嘻妻蒋氏。守节四十二年。

蔺仕鉴妻李氏。守节三十七年。

谭登福妻余氏。守节二十九年。

甘家珍妻李氏。守节五十二年。

高国治妻魏氏。守节三十五年。

邹桥妻陈氏。守节二十年。

覃易妻陈氏。守节四十五年。

陈普妻黄氏。守节四十四年。

何汝谐妻余氏。守节四十五年。

魏奠川妻陈氏。守节五十八年。

庠生张玉光妻洪氏。守节四十年。

张洪榜妻谭氏。守节四十一年。

郑醴妻刘氏。守节五十年。

罗斐然妻孙氏。守节三十年。

吴以行妻王氏。守节三十年。

王国贤妻杨氏。守节六十三年。

文登级妻张氏。守节五十三年。

彭治桂妻廖氏。守节三十一年。

王文秀妻舒氏。守节五十年。

舒文旨妻艾氏。守节三十七年。

袁春阳妻余氏。守节三十年。

邓显谟妻高氏。守节六十一年。

张显华妻郑氏。守节二十九年。

监生余海中妻刘氏。守节二十八年。

周纯全妻杨氏。守节四十六年。

何其清妻朱氏。守节四十年。

蔡维奇妻方氏。守节三十七年。

杨昌发妻周氏。守节四十六年。

窦天国妻孙氏。守节五十四年。

刘继古妻乐氏。守节三十三年。

陈遵廉妻黄氏。守节二十七年。

蒋大茂妻唐氏。守节五十七年。

车懋田妻周氏。守节三十四年。

王世芳妻毛氏。守节五十六年。

舒斐妻庞氏。现守节二十一年。

杨光秀妻陈氏。现守节四十四年。

张文龙妻陈氏。现守节三十七年。

何正江妻汪氏。现守节二十三年。

车棠妻夏氏。现守节三十二年。

邱学书妻熊氏。现守节三十五年。

何锡畴妻张氏。现守节二十八年。

张华嶷妻鲁氏。现守节二十八年。

刘士秀妻李氏。现守节二十九年。

李攀桂妻卢氏。现守节二十四年。

刘铨绣妻李氏。现守节三十九年。

易起义妻俞氏。现守节三十二年。

杨仕田妻陈氏。现守节三十八年。

张仕道妻幸氏。现守节四十八年。

何琼如妻王氏。现守节四十五年。

王荣富妻倪氏。现守节二十三年。

曹仁怀妻王氏。现守节四十年。

罗绍清妻赵氏。守节二十四年。

苏国桢妻邹氏。现守节二十三年。

廖开国妻蔡氏。现守节三十二年。

吴月东妻蒲氏。现守节二十五年。

周文河妻田氏。现守节二十七年。

梁□□妻马氏。现守节二十一年。

王廷芳妻熊氏。现守节四十三年。

余士忠妻□氏。现守节三十八年。

万芝进妻舒氏。现守节三十九年。

刘长荣妻钱氏。现守节四十二年。

吴定国妻余氏。现守节二十三年。

武生王正龙妻陈氏。现守节五十一年。

谢朝恺妻吴氏。现守节三十三年。

唐文元妻陈氏。_{现守节四十四年。}

郑国聘妻沈氏。_{现守节十六年。}

陈光明妻何氏。_{守节十五年。}

余式柏妻杨氏。_{守节十八年。}

黄明举妻金氏。_{守节十九年。}

何锡畴妻张氏。_{守节二十八年。}

年二十八守节者：

庠生李材妻何氏。_{守节四十七年。}

陈宪谟妻舒氏。_{守节五十二年。}

庠生文裕武妻冯氏。_{守节四十二年。}

熊犹龙妻袁氏。_{守节三十四年。}

进士何有基继妻王氏。_{游击王懿女。守节七十三年。}

庠生李纯妻黄氏。_{守节三十二年。}

谭瑜妻吕氏。_{守节四十八年。}

庠生张秉岐妻程氏。_{守节四十四年。}

石鲁存妻罗氏。_{守节五十五年。}

庠生夏晓妻文氏。_{守节四十三年。}

陈照妻何氏。_{守节四十七年。}

庠生杜纯祖妻李氏。_{守节四十五年。}

黄道符妻秦氏。_{守节五十年。}

庠生吴钦妻杨氏。_{守节五十三年。}

张守道妻唐氏。_{守节四十三年。}

庠生汪瑄妻舒邓氏。_{守节五十三年。}

曾鲁妻唐氏。_{守节五十六年。}

庠生舒其德妻何氏。_{守节四十四年。}

彭儒彬妻杨氏。_{守节四十年。}

举人张一载妻陈氏[一]。_{守节六十三年。}

注释：

［一］蓝勇主编《稀见重庆地方文献汇点》（下）道光《重庆府志》卷之八《人物志·烈女完节涪州》第 916 页云："张一载妻陈氏，乾隆、嘉庆年间，旌表入祠。"

孙经妻王氏。<small>守节三十六年。</small>

刘维教妻秦氏。<small>守节四十七年。</small>

杨树成妻鞠氏。<small>守节四十五年。</small>

刘体乾妻彭氏。<small>贼潜入室，欲污之，号呼力拒获免。牧旌以"直节流芳"额。守节五十八年。</small>

石若潜妻戴氏。<small>守节三十七年。</small>

彭铸妻李氏。<small>守节四十二年。</small>

张秉钜妻周氏。<small>守节三十三年。</small>

汪玳妻夏氏。<small>守节三十七年。</small>

陈经妻杨氏。<small>守节三十三年。</small>

夏裕妻刘氏。<small>守节三十三年。</small>

李林生妻杨氏。<small>守节三十年。</small>

夏元铎妻曹氏。<small>守节五十二年。</small>

吴文杞妻王氏。<small>刲股愈姑疾。守节三十七年。</small>

覃邦教妻王氏。<small>守节三十年。</small>

张厚载妻程氏[一]。<small>守节五十年。</small>

注释：

［一］蓝勇主编《稀见重庆地方文献汇点》（下）第 919 页作张元载。两书记载存在"厚""元"之别。

毛志凤妻张氏。<small>守节三十三年。</small>

熊珩妻王氏。<small>守节四十二年。</small>

夏敬勤妻程氏。<small>守节四十八年。</small>

易洪文妻张氏。<small>守节四十七年。</small>

张秉中妻湛氏。<small>守节四十八年。</small>

余祖训妻焦氏[一]。守节二十九年。

注释：

[一] 蓝勇主编《稀见重庆地方文献汇点》（下）道光《重庆府志》卷之八《人物志·烈女完节涪州》第 916 页云：余祖训妻焦氏，列总坊。

周泽仁妻陈氏。守节三十四年。

高翠屏妻宋氏[一]。守节五十三年。

注释：

[一] 蓝勇主编《稀见重庆地方文献汇点》（下）道光《重庆府志》卷之八《人物志·烈女完节涪州》第 916 页云：高翠屏妻宋氏，列总坊。

郭进学妻舒氏。守节三十三年。

张珂妻王氏。守节三十八年。

夏鹭鸟妻陈氏。守节三十二年。

王镒妻蒋氏。守节二十二年。

杨常舒妻何氏。夫被人殴毙，氏携子自免，克报夫仇。守节三十年。

尧太兴妻张氏。守节四十四年。

王灿妻何氏。守节四十二年。

孙尚攀妻汪氏。守节三十七年。

张盛世妻刘氏[一]。守节五十三年。

注释：

[一] 蓝勇主编《稀见重庆地方文献汇点》（下）道光《重庆府志》卷之八《人物志·烈女完节涪州》第 916 页云："张盛世妻刘氏，列总坊。"

聂墉妻包氏。守节五十一年。

余祖荫妻张氏[一]。守节四十五年。

注释：

[一] 蓝勇主编《稀见重庆地方文献汇点》（下）道光《重庆府志》卷之八《人物

志·烈女完节涪州》第 916 页云：余祖荫妻张氏，列总坊。

范安仁妻赵氏[一]。_{守节三十三年。}

注释：

[一] 蓝勇主编《稀见重庆地方文献汇点》（下）道光《重庆府志》卷之八《人物志·烈女完节涪州》第 916 页云：范安仁妻赵氏，列总坊。

徐灿妻张氏。守节三十七年。

余思明妻李氏。守节四十八年。

夏浩妻李氏。守节二十二年。

梁照妻李氏。守节四十九年。

程世垲妻许氏。守节四十年。

喻文达妻余氏。守节三十一年。

龚文林妻谭氏。守节四十一年。

余占魁妻覃氏。守节三十四年。

高行恕妻李氏。守节五十七年。

徐占元妻夏氏。守节四十二年。

刘正春妻黄氏。守节五十六年。

蔡世礼妻杨氏。守节五十二年。

潘灏妻余氏。守节二十七年。

骆兴才妻周氏。守节四十一年。

何一沅妻袁氏。守节二十八年。

熊文炳妻谭氏。守节四十九年。

幸开伦妻田氏。守节五十二年。

夏在爵妻倪氏。守节三十二年。

李天庆妻冉氏。守节四十五年。

杨怀禄妻高氏。守节六十年。

张元枚妻向氏。守节五十一年。

杨昌基妻冯氏。守节六十二年。

陈仕滨妻何氏。守节六十二年。孝养翁姑，抚子成立。享年九十一岁。咸称节寿兼隆。

石绪妻曹氏。守节三十年。

杨纯德妻王氏。守节五十二年。

刘国鼎妻郑氏。守节五十二年。

刘川伯妻陈氏。守节四十五年。

李敩妻陈氏。守节三十年。

钟功武妻吴氏。守节三十五年。

周兴滢妻夏氏。守节四十年。

汤辉廷妻李氏。守节五十年。

陶涵妻周氏。守节五十二年。

王嘉贤妻马氏。守节四十四年。

雷时荣妻陈氏。守节三十三年。

周正文妻曹氏。守节四十年。

杨华妻冉氏。守节三十七年。

陈大才妻张氏。守节三十二年。

庠生黄廷魁妻潘氏。守节四十三年。

高灿斗妻周氏。现守节三十年。

余万煌妻王氏。守节三十六年。

冉正岳妻孙氏。守节五十年。

何世祥妻谭氏。守节三十七年。

段含仁妻黄氏。守节四十八年。

许佩妻胡氏。守节四十年。

左汉俊妻杨氏。守节五十二年。

曹柄继妻潘氏。守节五十六年。

薛世材妻任氏。守节四十八年。

李廷瑛妻张氏。守节四十一年。

蔺芳妻梅氏。守节四十年。

贾秀通妻萧氏。守节五十五年。

王锡晋妻张氏。守节三十七年。

罗洪信妻毛氏。守节五十四年。

李其泽妻余氏。守节三十二年。

张达伦妻陈氏。守节四十年。

陶元俊妻石氏。守节四十年。

骆德位妻李氏。守节四十五年。

瞿先伸妻罗氏[一]。守节四十年。

注释：

[一] 蓝勇主编《稀见重庆地方文献汇点》(下) 第 919 页作瞿光坤。两书记载存在"先""光"之别。

宋子龙妻张氏。守节三十一年。

张嶟妻文氏。守节三十年。

陈鹏龄妻夏氏。守节五十三年。

刘照妻陈氏。守节三十三年。

冯琢芝妻刘氏。守节四十年。

姚棉妻魏氏[一]。守节三十一年。

注释：

[一] 蓝勇主编《稀见重庆地方文献汇点》(下) 第 919 页作杨棉。两书记载其姓存在"姚""杨"之别。

夏文著妻王氏。守节三十三年。

梁增妻方氏。守节四十二年。

吴藩妻李氏。守节二十八年。

田泰元妻刘氏。守节四十五年。

刘元妻吴氏。守节四十一年。

彭中和妻曹氏。守节二十八年。

何光晋妻况氏。<small>守节四十二年。</small>

汪文升妻舒氏。<small>守节二十三年。</small>

洪武諓妻周氏。<small>守节四十九年。</small>

罗柏桥妾王氏。<small>守节四十二年。</small>

欧阳暹妻张氏。<small>守节二十年。</small>

李煌妻彭氏。<small>守节四十三年。</small>

田仁里妻李氏。<small>守节三十四年。</small>

张银万妻李氏。<small>守节二十三年。</small>

刘蔚然妻卢氏。<small>守节四十年。</small>

熊嵋妻萧氏。<small>守节二十三年。</small>

张国模妻王氏。<small>守节三十年。</small>

夏治文妻姚氏[一]。<small>守节五十二年。</small>

注释：

[一] 蓝勇主编《稀见重庆地方文献汇点》（下）第 917 页作夏文治，名入总坊。两书记载存在"文治""治文"之别。

杨正才妻常氏。<small>守节二十六年。</small>

刘继崇妻郑氏。<small>守节二十七年。</small>

刘鑻妻吴氏。<small>守节四十九年。</small>

陈绍庆妻刘氏。<small>守节五十二年。</small>

瞿应海妻韩氏。<small>守节五十年。</small>

荀一元妻贺氏。<small>守节二十五年。</small>

汪绍元妻张氏。<small>守节三十一年。</small>

周衿妻陈氏。<small>守节四十七年。</small>

周兴淑妻陈氏。<small>守节四十一年。</small>

夏泮妻刘氏。<small>守节六十三年。</small>

张文开妻倪氏。<small>守节二十九年。</small>

罗正义妻周氏。<small>守节五十六年。</small>

黄□□妻蔡氏。_{守节四十五年。}

赵邦龙妻张氏。_{守节二十一年。}

杨秀川妻徐氏。_{守节五十九年。}

王锡晋妻张氏。_{守节三十三年。}

张世位妻时氏。_{守节二十四年。}

范有伦妻易氏。_{守节三十八年。}

闫启福妻陈氏。_{守节四十年。}

王万仲妻邓氏。_{守节五十四年。}

郑文海妻王氏。_{守节三十一年。}

黄明举妾金氏。_{守节二十九年。}

江世璧妻吴氏。_{守节五十年。}

李子隆妻张氏。_{守节六十六年。}

黄学瑚妻冉氏。_{守节三十三年。}

高世龙妻邹氏。_{守节五十二年。}

黄㠔妻蔡氏。_{守节四十三年。}

孙文忠妻欧阳氏。_{守节四十二年。}

增生汤涟妻周氏。_{守节四十三年。}

周廷枬妻夏氏。_{守节三十二年。}

郑文会妻曾氏。_{守节三十九年。}

梁兴仁妻李氏。_{守节四十五年。}

方国樁妻陈氏。_{守节二十九年。}

高汝龄妻杨氏。_{守节二十一年。}

夏准妻周氏。_{守节五十六年。}

邓文遴妻况氏。_{现守节二十八年。}

举人夏恺妻石氏。_{现守节四十四年。}

郑如江妻方氏。_{现守节三十七年。}

李苞妻陈氏。_{现守节二十三年。}

王万明妻石氏。_{现守节四十四年。}

余铭妻吴氏。现守节四十三年。

石如璋妻徐氏。现守节五十一年。

举人陈光载妻周氏。现守节二十四年。

周维桢妻陈氏。现守节二十四年。

增生熊元烈妻周氏。现守节二十二年。

郭守贵妻文氏。现守节三十五年。

方永福妻秦氏。现守节三十三年。

谢世禹妻郭氏。现守节五十一年。

庠生夏浩然妻韩氏。现守节二十年。

张奎翼妻夏氏。现守节三十六年。

李转兴妻刘氏。现守节四十一年。

戴心高妻王氏。现守节三十三年。

文焕妻陈氏。现守节三十六年。

李斗慳妻张氏。现守节二十八年。

刘朝序妻廖氏。现守节二十四年。

张元一妻白氏。现守节三十二年。

刘元诚妻胡氏。现守节二十二年。

赵载魁妻吴氏。现守节四十二年。

冉永耀妻吴氏。现守节四十六年。

余明士妻袁氏。现守节三十二年。

袁周书妻唐氏。现守节五十七年。

杨映文妻瞿氏。现守节二十八年。

何光澄妻周氏。现守节三十三年。

谭仁瑜妻郭氏。现守节三十一年。

黄光德妻潘氏。现守节二十三年。

刘国鲛妻龚氏。现守节三十年。

郭德沛妻周氏。现守节二十五年。

夏坦妻高氏。现守节三十八年。

雷发凤妻夏氏。_{守节三十八年。}

徐世俸妻张氏。_{现守节六十年。}

倪学本妻张氏。_{现守节二十七年。}

李果成妻黄氏。_{现守节六十年。}

周敏谦妻潘氏。_{现守节三十五年。}

石正仕妻刘氏。_{现守节三十四年。}

罗运鸿妻谢氏。_{现守节二十三年。}

王国儒妻瞿氏。_{守节十三年。}

张文炳妻谭氏。_{守节二十一年。}

刘钦妻熊氏。_{守节三十四年。}

张珂妻王氏。_{守节三十八年。}

曹柄妻潘氏。_{守节六十年。}

蒲文榜妻郑氏。_{守节四十二年。}

谢璋妻周氏。_{守节五十一年。}

郎文朝妻余氏。_{守节五十六年。}

朱景春妻石氏。_{守节二十一年。}

艾正常妻徐氏。_{守节三十六年。}

黄学宪妻韩氏。_{守节三十九年。}

刘金声妻王氏。_{现守节五十二年。}

周逢春妻陈氏。_{现守节二十三年。}

杨廷光妻何氏。_{现守节三十四年。}

陈以约妻傅氏。_{现守节三十二年。}

刘国昌妻阴氏。_{现守节三十四年。}

邱邦俊妻朱氏。_{现守节三十六年。}

万能选妻卢氏。_{现守节四十年。}

年二十九守节者：

举人周石兰继妻孟氏。_{守节四十年。}

张仕仙妻石氏^[一]。_{守节五十四年。}

注释：

[一] 蓝勇主编《稀见重庆地方文献汇点》（下）第 917 页作张世迁。两书记载存在"仙""迁"之别。

县丞潘廷欢继妻夏氏。守节四□□年。

周鉴妻罗氏。守节三十一年。

庠生高本忠妻李氏。守节四十二年。

傅仲昇妻郭氏。守节五十一年。

庠生文炳妻曹氏。守节三十八年。

罗德永妻周氏。守节四十一年。

监生汪永妻甘氏。守节三十三年。

曾孙达妻龚氏。守节六十七年。

增生高晋阶妻周氏。守节五十年。

吴煌妻蒋氏。守节三十九年。

孙洪道妻余氏。守节□□[年]。

周吾妻张氏。守节四十九年。

薛元举妻吴氏。守节三十七年。

盛时德妻刘氏。守节四十二年。

任尚信妻杨氏。守节六十五年。

王登佐妻谈氏。守节三十二年。

舒健翼妻庞氏。守节三十九年。

经思有妻粟氏。守节三十 年。

李凤妻王氏。守节四十一年。

金朝献妻刘氏。守节四十六年。

黄忠敏妻鲁氏。守节四十年。

王仕爵妻罗氏。守节五十四年。

石灿章妻王氏。守节三十七年。

汪清相妻□氏。守节三十九年。

邓良才继妻敖氏。守节四十年。

郑国均妻曾氏。守节三十年。

蒲文光妻韦氏。守节五十二年。

吴文梁妻姚氏。守节三十三年。

何瑄妻黎氏。守节四十九年。

宋荣安妻张氏。守节二十六年。

王为轮妻易氏。守节四十四年。

王正明妻程氏。守节二十六年。

刘邦栻妻张氏[一]。守节二十七年。

注释：

[一] 蓝勇主编《稀见重庆地方文献汇点》（下）道光《重庆府志》卷之八《人物志·烈女完节涪州》第 916 页云：刘邦栻妻张氏，列总坊。

林维栋妻瞿氏。守节五十一年。

刘浯妻文氏。守节四十三年。

吴进涵妻鞠氏。守节五十年。

张曙才妻夏氏。守节五十四年。

傅近韩妻吴氏。守节六十九年。

陈应魁妻杨氏。守节三十三年。

彭体慧妻刘氏。守节五十年。

潘显芝妻郑氏。守节五十九年。

黄志廉妻陈氏。守节三十五年。

刘维潜妻余氏。守节二十二年。

李倚伦妻毛氏。守节三十年。

杨桢妻陈氏。守节四十六年。

郭文基妻潘氏[一]。守节三十七年。

注释：

[一] 蓝勇主编《稀见重庆地方文献汇点》（下）道光《重庆府志》卷之八《人物

志·烈女完节涪州》第 916 页云：郭文基妻潘氏，列总坊。

方蒸妻周氏。<small>守节五十七年。</small>

艾萱妻王氏。<small>守节五十四年。</small>

张理妻况氏。<small>守节四十二年。</small>

贾正伦妻冉氏。<small>守节五十二年。</small>

蔺天仲妻刘氏。<small>守节五十八年。</small>

朱文辉妻夏氏。<small>守节四十五年。</small>

陈惇五妻王氏<small>[一]</small>。<small>守节三十四年。</small>

注释：

[一] 蓝勇主编《稀见重庆地方文献汇点》（下）道光《重庆府志》卷之八《人物志·烈女完节涪州》第 916 页云："陈惇五妻王氏，乾隆、嘉庆年间，旌表入祠。"

宋大珍妻杨氏。<small>守节二十四年。</small>

潘绘妻尤氏。<small>守节五十六年。</small>

蔺世俸妻许氏。<small>守节三十一年。</small>

汤清泉妻张氏。<small>守节三十二年。</small>

李钟益妻盛氏。<small>守节四十七年。</small>

孟大成妻谭氏。<small>守节二十二年。</small>

吴缵洄妻曾氏。<small>守节三十七年。</small>

梅国玉妻郭氏。<small>守节五十四年。</small>

盛维琯妻庹氏。<small>守节五十年。</small>

但杰士妾袁氏。<small>守节二十二年。</small>

傅铿妻冉氏。<small>守节四十二年。</small>

孙锦妻刘氏。<small>守节三十四年。</small>

张廷玉妻廖氏。<small>守节四十一年。</small>

瞿应科妻朱氏。<small>守节四十年。</small>

范安仁妾周氏。<small>守节四十九年。</small>

陈映嵩妻李氏。守节三十一年。

王德福妻蒋氏。守节三十二年。

蒋成纪妻刘氏。守节四十年。

夏廷献妻余氏。守节三十七年。

王宗全妻陈氏。守节二十二年。

夏奎妻谭氏。守节五十年。

瞿应麟妻郑氏。守节六十年。

李文耀妻冉氏。守节六十年。

程鹤翶妻冯氏。守节六十二年。

许云路妻陈氏。守节五十四年。

李子桢妻张氏。守节四十年。

向伊妻夏氏。守节三十八年。

邓成贵妻李氏。守节六十年。

杨春光妻萧氏。守节三十年。

陈显忠妻杨氏。守节三十四年。

潘裕朝妻张氏。守节五十年。

高性妻何氏。守节二十五年。

张天文妻时氏。守节二十二年。

尹启先妻毛氏。守节三十五年。

苟芝元妻郑氏。守节四十三年。

钱天元妻陈氏。守节四十七年。

李正禄妻刘氏。守节三十六年。

杨定镗妻张氏。守节三十九年。

周国文妻黄氏。守节四十六年。

文琨妻王氏。守节三十三年。

骆世珍妻陈氏。守节二十八年。

罗朝元妻唐氏。守节二十五年。

徐树铎妻杨氏。守节二十五年。

汪文奎妻项氏。守节二十五年。

雷时荣妻陈氏。守节四十年。

蒋贤士妻夏氏。守节二十五年。

王明昇妻张氏。守节五十二年。

吴雍和妻余氏。现守节四十二年。

汪登藻妻洪氏。现守节四十年。

陈文堂妻罗氏。现守节三十三年。

高能子妻周氏。现守节三十二年。

杜焕章妻周氏。现守节二十一年。

郑如柏妻黄氏。现守节二十三年。待旌。

黄宗示妻刘氏。现守节三十九年。

张文衡妻赵氏。现守节二十六年。

黄登福妻陆氏。现守节二十一年。

钱文禄妻胡氏。现守节三十一年。

刘廷熙妻吴氏。现守节三十六年。

黄兴万妻徐氏。现守节二十一年。

何宣妻冉氏。现守节四十六年。

张正文妻陈氏。现守节三十一年。

陈铋妻邓氏。现守节四十四年。

张现祖妻鲜氏。现守节四十四年。

刘廷元妻夏氏。现守节三十二年。

工天锡妻郭氏。现守节二十八年。

王崇刚妻刘氏。现守节四十四年。

陈宗开妻蔡氏。现守节三十七年。

郭德万妻王氏。现守节二十五年。

李朝凤妻刘氏。现守节三十一年。

刘继志妻王氏。现守节二十三年。

陈以椞妻王氏。现守节五十一年。

徐其宽妻胡氏。_{现守节三十五年。}

廖荣昭妻余氏。_{现守节三十年。}

夏之瑚妻舒氏。_{现守节三十一年。}

芶芝芳妻郑氏。_{现守节二十五年。}

王奇礼妻胥氏。_{现守节二十五年。}

李其灿妻庞氏。_{现守节三十一年。}

萧定相妻孙氏。_{现守节二十二年。}

黄正魁妻徐氏。_{现守节二十一年。}

任复泰妻邹氏。_{现守节三十四年。}

周谟妻陈氏。_{现守节二十七年。}

徐世俸妻郑氏。_{现守节六十年。}

沈金韬妻何氏。_{守节三十三年。}

周之瑶妻冯氏[一]。_{守节四十四年。}

注释:

[一] 蓝勇主编《稀见重庆地方文献汇点》(下)第 917 页作周之楹。两书记载存在"瑶""楹"之别。

车云程妻周氏。_{守节二十六年。}

谭璞妻陈氏。_{守节六十二年。}

汤辉甲妻刘氏。_{守节四十一年。}

刘敬敷妻秦氏。_{守节五十六年。}

曾文仲妻刘氏[一]。_{守节三十二年。}

注释:

[一] 蓝勇主编《稀见重庆地方文献汇点》(下)道光《重庆府志》卷之八《人物志·烈女完节涪州》第 916 页云:曾文仲妻刘氏,列总坊。

杨珊妻孙氏。_{守节五十五年。}

彭涛妻李氏。_{守节三十六年。}

麻廷瑞妻张氏。_{守节二十七年。}

张运妻吴氏。_{守节四十年。}

罗献图妻张氏。_{守节十八年。}

蒲文榜妻郑氏。_{守节四十三年。}

严邦治陈氏、鲜廷相李氏。_{俱守节三十六年。}

何恒如妻王氏。_{现守节四十二年。}

陈世荣妻张氏。_{守节三十六年。}

年三十守节者：

庠生舒怀妻吴氏。_{守节三十年。}

夏仕祥妻黄氏。_{守节四十三年。}

监生黄持锐妻易氏。_{守节四十三年。}

黄琬妻孙氏。_{守节五十二年。}

吴皞妻杨氏。_{守节四十年。}

夏涵妻郭氏[一]。_{守节三十七年。}

注释：

[一]蓝勇主编《稀见重庆地方文献汇点》（下）道光《重庆府志》卷之八《人物志·烈女完节涪州》第916页云："夏涵妻郭氏，乾隆、嘉庆年间，旌表入祠。"

杨馥妻彭氏[一]。_{守节三十四年。}

注释：

[一]蓝勇主编《稀见重庆地方文献汇点》（下）第919页作杨馥。两书记载存在"馥""馥"之别。

张仕英妻盛氏。_{守节五十一年。}

张荣妻刘氏。_{守节三十年。}

杨永贵妻冯氏。_{守节三十年。}

彭旭妻魏氏。_{守节四十三年。}

张秉煌妻舒氏。_{守节二十六年。}

汤枞妻万氏。守节三十七年。

彭宏义妻梁氏。守节五十三年。

周憴妻彭氏。守节三十七年。

何文广妻张氏。守节五十四年。

王玉试妻黄氏[一]。守节三十八年。

注释：

[一]蓝勇主编《稀见重庆地方文献汇点》（下）道光《重庆府志》卷之八《人物志·烈女完节涪州》第916页云：王玉试妻黄氏，列总坊。

张应祥妻薛氏。守节三十年。

彭镗妻潘氏。守节三十年。

杨宗鲁妻彭氏。守节四十五年。

舒尔鼎妻罗氏。守节四十四年。

戴正清妻覃氏。守节二十八年。

邹瑶枝妻王氏[一]。守节三十二年。

注释：

[一]蓝勇主编《稀见重庆地方文献汇点》（下）道光《重庆府志》卷之八《人物志·烈女完节涪州》第916页云：邹瑶枝妻王氏，列总坊。

彭中安妻周氏。守节二十五年。

杨映筠妻彭氏。守节四十二年。

张治中妻钱氏[一]。守节四十九年。

注释：

[一]蓝勇主编《稀见重庆地方文献汇点》（下）第917页作张治宗。两书记载存在"中""宗"之别。

盛天成妻黄氏。守节四十七年。

余崇礼妻杨氏。守节二十一年。

孟谦恒妻文氏。守节三十一年。

张仕清妻陈氏。守节三十七年。

周镒妻梅氏。守节五十年。

谭振玉妻贺氏。守节三十六年。

彭为柄妻李氏。守节四十八年。

胡双桂妻张氏。守节三十一年。

潘怡谦妻陈氏。守节四十三年。

夏沂妻刘氏。守节三十六年。

彭烈妻姚氏。守节二十八年。

张廷举妻舒氏。守节三十一年。

蔺仕俸妻许氏。守节四十八年。

石良澍妻刘氏。守节三十三年。

余体耀妻李氏。守节二十八年。

陈东材妻赵氏。守节二十八年。

蒲仕贵妻聂氏。守节五十四年。

陈鹏龄妻夏氏。守节五十一年。

李尚贵妻刘氏。守节三十五年。

廖仕奇妻蔡氏。守节二十八年。

张月卿妻陶氏。守节二十四年。

张永文妻曾氏。守节二十九年。

王大顺妻夏氏。守节三十二年。

何彬如妻王氏[一]。守节四十年。

注释:

[一] 蓝勇主编《稀见重庆地方文献汇点》(下)道光《重庆府志》卷之八《人物志·烈女完节涪州》第916页云:何彬如妻王氏,列总坊。

黄镛妻陈氏。守节五十年。

瞿国璜妻陈氏。现守节五十年。

陈天保妻聂氏。现守节三十六年。

李其善妻陈氏。现守节四十五年。

王孟陞妻李氏。现守节三十四年。

周光煜妻戴氏。现守节四十一年。

刘希向妻程氏。现守节四十年。

萧文相妻石氏。现守节四十四年。

毛存进妻蒲氏。现守节二十年。

冉永耀妻吴氏。现守节四十四年。

黄汝祺妻曹氏。现守节四十六年。同媳徐氏以双节传。

王芝椿妻郑氏。现守节三十年。

司马寿德妻张氏。现守节五十年。

武生晏焜然妻吴氏。现守节二十九年。

余正元妻汪氏。现守节四十五年。

龙会云妻戴氏。现守节三十一年。

杨昌万妻黄氏。现守节五十七年。

何宣妻冉氏。现守节四十四年。

陈文范妻罗氏。现守节四十八年。

周炕远妻谢氏。现守节三十六年。

郑士俊妻邓氏。现守节四十三年。

谭大成妻刘氏。现守节三十一年。

刘长荣妻钱氏。守节十六年。

王育松妻陶氏、张子□妻杜氏、余芳妻王氏、夏元良妻何氏、胡玺妻刘氏、张洪道妻冉氏、余银妻张氏[一]、廖朝贵妻陈氏[二]、王文炳妻熊氏[三]、熊璐妻何氏[四]、夏元度妻冯氏、陈文仲妻沈氏[五]、聂承恩妻李氏。

注释:

[一]蓝勇主编《稀见重庆地方文献汇点》(下)道光《重庆府志》卷之八《人物志·烈女完节涪州》第916页云:"余银妻张氏,乾隆、嘉庆年间,旌表入祠。"

[二]蓝勇主编《稀见重庆地方文献汇点》(下)第918页作廖潮贵。两书记载存在

"朝""潮"之别。

[三]蓝勇主编《稀见重庆地方文献汇点》（下）道光《重庆府志》卷之八《人物志·烈女完节涪州》第916页云："王文炳妻熊氏，乾隆、嘉庆年间，旌表入祠。"

[四]蓝勇主编《稀见重庆地方文献汇点》（下）道光《重庆府志》卷之八《人物志·烈女完节涪州》第916页云："熊璐妻何氏，乾隆、嘉庆年间，旌表入祠。"

[五]蓝勇主编《稀见重庆地方文献汇点》（下）道光《重庆府志》卷之八《人物志·烈女完节涪州》第916页云："陈文仲妻沈氏，乾隆、嘉庆年间，旌表入祠。"

附

夏克昌妻苟氏[一]。氏身不育，为夫置妾，生子承祧。夫病，刲股愈之。

注释：

[一]蓝勇主编《稀见重庆地方文献汇点》（下）道光《重庆府志》卷之八《人物志·烈女贤孝涪州》第888页云："夏克昌妻苟氏，《涪州志》：氏因不育，为夫置妾生子。夫病，刲股救之，愈。"

王为车妻夏氏[一]。夫早殁，家贫。孝养翁姑，义方教子，族党敬之。

注释：

[一]蓝勇主编《稀见重庆地方文献汇点》（下）道光《重庆府志》卷之八《人物志·烈女贤孝涪州》第889页云："王为车妻夏氏，《涪州志》：夫早殁，家贫。孝亲尽孝，教子义方。慈爱宽仁，族党咸敬之。"

潘鸣谦侧室周氏[一]。谦卒，氏生三子俱幼。氏为延师课读，母兼父道。卒使廷桂副贡生；廷咢领乡荐；廷彦，廪生就教，历署学博，皆姆教也。

注释：

[一]蓝勇主编《稀见重庆地方文献汇点》（下）道光《重庆府志》卷之八《人物志·烈女贤孝涪州》第889页云："潘鸣谦妻周氏，《涪州志》：廷桂、廷咢、廷彦生母。夫卒时三子尚幼，延师课读，有断机劝学风。三子行必禀命，畏如严父。廷桂成副贡生；

廷咢领乡荐；廷彦就教职，皆母教之力。"

陈周氏^[一]。安徽埠阳知县陈葆森母，家居力行阴陟。义方教子。

注释：

[一] 蓝勇主编《稀见重庆地方文献汇点》（下）道光《重庆府志》卷之八《人物志·烈女贤孝涪州》第889页云："陈周氏，《涪州志》：安徽埠阳知县陈葆森母，家居力行阴陟。义方教子。"

陈继唐妻邹氏^[一]。有女德。家贫，鸿案相庄。尽力劳瘁，必延名师课于子，爔入词林，炳领乡荐，俱显达。

注释：

[一] 蓝勇主编《稀见重庆地方文献汇点》（下）道光《重庆府志》卷之八《人物志·烈女贤孝涪州》第889页云："陈继唐妻邹氏，《涪州志》：继唐家素贫，氏尽力经纪，必延名师教子，其子爔、炳、焌俱显达，内助之力居多云。"

节妇补遗

丁开科任氏。年二十□，夫故。现守节□□五年。

龙光明妻高氏。年二十九，夫卒。守节二十八年。

杨怀御妻钱氏。守节二十三年。

重修涪州志卷十二　人物志

孝贞　烈义　流寓　方技

孝　妇

国朝

陈熊氏，丹棱彭端淑《墓志铭》曰：稽古贤媛，载诸史册者，历今千百余年，尚垂不朽，未尝不咨嗟太息之。故于吾川，国朝兵燹后，凡闺中妇女，其行事卓卓可传者，得于所闻，力为表彰，然亦寥寥不可多觏。今年秋，余年家子陈君廷璠以其母安人熊太君墓铭为请。余读其行述而喟然曰：嗟乎！是真可传也已。安人生于涪州，系本郡明经英公之女，而吾宁翁先生之淑配也。生而沉静，厚重寡言，动必以礼。年十九，归宁翁家。固素寒，黄太夫人在堂，常忧甘旨不给，脱簪珥以奉一切，日用饮食及薪水之属，不辞劳勤，使宁翁不以家事营心，壹志于学。乙卯得登贤书者，皆安人之力也。最可异者，太夫人素有咳嗽，疾用茅根煎汤，饮之立愈。一日，病甚，夜深倏作。方是时，家无同侣，安人仓惶失措，不得已，携锄执火取之。越宅数百步，行穿古墓间，燐火光怪，毫不知惧。及至其处，将锄之，置火于地，火将灭，四顾寂寥，方用为忧。俄而余烬复燃，其光炯炯，迥异于常，因得取归以进，而疾以瘳。太夫人闻之，叹曰：此吾妇孝思所感，言之使我心悸者也。呜呼！此之能然。而安人平昔之生养死葬，必敬必诚，与夫一切宜室宜家可无再述矣。及其随任会同官署也，每泣下曰：昔常不足而今有余，恨太夫人曾不得享一日之养，于是自奉俭约，一如平时。因佐宁翁捐私项以济贫，赍蚕豆以种边，皆巾帼中绝无而仅见者也。至调任绥宁，其俗每于元日，一二老妪入内谒见夫人，安人亦不之拒，慰以温语，给以饮食，告以孝友姻睦之谊，皆唯唯而退，其后来者渐众。及旋里之日，数百妇女挽舟而泣，其德意感人又如此。铭曰：贤哉夫人，天生淑德。虔供中馈，克敦妇职。曰勤曰俭，不忧逼仄。孝思惟诚，鬼神来格。阴火荧荧，惊魂动魄。处丰以约，衣不重帛。化及边妇，声称啧啧。书诸简编，永堪为则。里人具实上闻，旌表节孝。

石陈氏[一]，荣县教谕陈廷女，庠生石若汉妻。年廿四生子，七月而汉殁。姑以哭子丧明，氏刺臂血和药，舐之复明。后复刲股疗姑疾。旌表节孝。

注释：

[一] 蓝勇主编《稀见重庆地方文献汇点》（下）道光《重庆府志》卷之八《人物志·烈女完节涪州》第916页云："生员石若汉妻陈氏，乾隆年间旌表，载《一统志》。"

彭皮氏，皮绍先女，适贡生彭铣。铣卒，以哭子丧明。氏躬栉沐三十余年，姑寿九十三。人谓至孝所致云。旌表节孝。

周王氏，王克卿女，庠生周惺妻，居州东关外。姑八十余，卧病，忽邻屋火，氏负姑携三岁儿突火出。鸡栖蓬荜，纺绩孝养。

舒易氏，贡生舒其仁妻。姑病思梨，遍觅无所得。邻妇嗤之曰：雪霾中，梨且朵花，何由得梨？氏哭泣仰天，瞥见园树硕果存焉。以奉姑，病愈。

谭王氏、谭夏氏，增贡谭孝达《双节传》曰：节母姓王氏，邑儒谭灿妻也。舅南山，姑汪氏，家贫多支绌，节母偕灿左右就养，常若裕如。年二十一，灿卒，节母拮据治丧。欲从死，以舅姑齿既暮，两孤稚弱，无可死之理。因夙兴夜寐，勤纺织，支持门户，家事赖以经纪。先是灿殁，时长子德会，年三岁；次子德广，方五月，节母以母兼父道，教之成立。茶苦五十余年，家卒隆然起。孙曾林立，一堂五世。前任巫山县学博道衢，其从侄也。雅敬重节母，道光三年（1823）倡邑人士详列节母事实上闻，旌表建坊入祠。年八十四岁寿终，与其曾孙妇夏节母后先辉映焉。夏节母者，王节母曾孙守志之妻也。王节母嫠居既久，律己甚严，生平未尝与宴会。其六十寿辰丙戚，夏邦本登堂拜祝，见守志迥异常儿，因以女字焉。比成婚，甫三载，守志以疾卒。生子治达，甫半岁。夏抱以泣曰：吾之生也如敝屣，徒以谭氏一块肉在，殉所不忍言耳。而王节母爱怜治达为尤甚，襁褓中即抱置膝上，为之含饴抚弄。盖自娱兼用以慰夏也。暇辄为夏述当日励志抚孤事，夏节母敛衽听之，左右皆为之动容。逾年王节母卒。夏节母持家奉亲，事事皆效法之，治达就外傅归省母，母诲之曰：汝尚记高祖母含饴时乎？勉之必为善人，以无负高祖母于地下。余知两节母事最悉，因为立传，俾其后有所考焉。夏节母现年七十一，距夫死盖五十一年，距王节母死盖五十二年云。

论曰：谭氏两世节妇，在夏孺人为尤难。曾祖姑虽弱一个，尚两子侍养。夏乃至抱半岁孤儿作巾帼程婴，卒致家等素封，兰桂芬郁，当所天摧殒，讵料有今日耶？妇人立身莫大于节，尤莫大于节而能孝。世有夫亡守节不豁勃于舅姑之前者鲜矣。而夏孺人独能以冢妇统夫介妇，逆来顺受，侍奉无违，教子成立，媲美前徽，不其难乎？牵连书之以告天下之为节妇者，能不以生死存亡而易其心则几矣。

陈任氏，任光永女，陈昌福妻也。姑病，大便难，常以银匙挑取燥粪，八年无难色。

杨朱氏，朱绍兴女。年十四，绍兴病笃，刲股疗之。洎适杨，事舅姑，咸以孝称。

何杨氏，江右杨开元女，举人何锡九继室，□□如目瞽，病燥结。锡九赴礼闱，氏独力奉养不稍离，挑取粪秽，十余年如一日。

谭石氏，垫邑石从曾女，归谭特钟。侍养舅姑，无少忤。姑年七十，中风，氏刲股啖之。病少间，而手足不仁，亲躬栉沐，十八年不懈。

李覃氏，举人覃模女，适李荣祖，善事姑嫜。舅殁，尝移榻伴姑宿，姑年九十八卒。子孙偶进异味，辄凄然含泪曰：吾姑未尝食此也。寿八十七。

潘卢氏，潘桐妻。姑病，需辽参，家贫无所得。氏鬻簪珥倩人赴渝买归，刲股和药以进，遂瘳。子文櫵，登乙榜。

张氏^[一]。陈宗器妻。

注释：

[一] 蓝勇主编《稀见重庆地方文献汇点》（下）道光《重庆府志》卷之八《人物志·烈女贞孝涪州》第 902 页云："陈宗器妻张氏，割股愈翁姑疾。"

廖氏。陈朝礼妻。

谭氏^[一]。鞠功臣妻

注释：

[一] 蓝勇主编《稀见重庆地方文献汇点》（下）道光《重庆府志》卷之八《人物志·烈女贞孝涪州》第 902 页云："鞠功成妻谭氏，割股愈翁姑疾。"两书记载存在"臣""成"之别。

尹氏^[一]。何命基妻。

注释：

［一］蓝勇主编《稀见重庆地方文献汇点》（下）道光《重庆府志》卷之八《人物志·烈女贞孝涪州》第 902 页云："何命基妻尹氏，割股愈翁姑疾。"

覃氏^[一]。杨家祥妻。

注释：

［一］蓝勇主编《稀见重庆地方文献汇点》（下）道光《重庆府志》卷之八《人物志·烈女贞孝涪州》第 902 页云："杨家祥妻覃氏，性至孝，姑病，日侍汤药，衣不解带，饮食亲进，溺器亲涤。如是者数年，毫无倦容。"

熊氏^[一]。陈□秉妻。

注释：

［一］蓝勇主编《稀见重庆地方文献汇点》（下）道光《重庆府志》卷之八《人物志·烈女贞孝涪州》第 902 页云："陈秉妻熊氏，及笄于归，姑老久病。氏婉颜承顺，侍奉床箦，衣不解带，历数年无倦容。"两书记载姓名存在一定的差异。

陈氏^[一]。谢良卿妻。

注释：

［一］蓝勇主编《稀见重庆地方文献汇点》（下）道光《重庆府志》卷之八《人物志·烈女贞孝涪州》第 902 页云："谢良卿妻陈氏，割股愈翁姑疾。"

程氏。刘希向妻。

任氏。陈映蒿妻。

陈氏。蓝宝霖妻。

傅氏。祖枝盛妻。

童余氏。

右十二人。俱刲股疗姑疾。

贞　女

明

郭贞女，幼字人。届婚期，而所字者殁，守贞六十余年，卒。葬处名贞女湾。

夏老姑[一]，达州庶吉士李长祥传曰：夏氏老姑，州人也。父子霄，万历间明经生。姑夏氏远祖，江南英山人。元末因避乱之蜀，其后或在壁山，或在江津，或在涪，而涪为盛，世世以科名显，为涪望族。涪之人结婚姻必曰夏氏。子霄生三女，姑幼，年十五。议娶妇者数求姑，子霄正为姑卜。姑私念以貌事人者也，人之情何限？貌不能终保，意中道而变者多矣。吾不幸为女子，女子必事人，吾不愿也，于是屏膏沐，反缲丝为布，一身无所饰，父母大惊异。姑前告之以故，则相与婉劝止。故志坚不可回，父母无如何，各流涕痛怜，随之矣。久之，年渐长，家之人无所呼，呼老姑。姑好读书，与诸兄辨析古今，有卓议，诸兄多逊服。而性严峻，常绳上下以礼，家之人皆惮之。或群聚僻处燕笑，影见姑，亟曰：老姑来矣，皆散去。有喜女者，不知何姓氏，姑俾也，与姑少长等。夏氏，世世科名贵显，诸兄又有贵者，家婢左右侍女，姑皆不役，独役喜女，以喜女坚忍能附姑者也。役之久亦不欲妻人，竟与姑愿终寡，姑亦深任之，卒与姑终寡以死。姑以女子守三十年死。姑死，喜女哭三年，遂自尽以死。涪之人至今称述其事，父老犹欷歔出涕。以为老姑之役喜女也，识喜女也。故卒得喜女也，能终始也。喜女之终始老姑也，识老姑也。其役于老姑也，不苟役也。日常出汲，老姑盖不仆役，故喜女出汲。一日，汲将抵家，有男子噪渴，奔来乍吸其水。饮讫，喜女倾之。其人曰：何为然？曰：吾此水以供吾老姑者也。公男子吸之，吾不忍以余供姑也。其人愧，谢过。见之者莫不相顾叹息不已，喜女于是复往水处汲之返焉。

注释：

[一]蓝勇主编《稀见重庆地方文献汇点》(下)道光《重庆府志》卷之八《人物志·烈女贞孝》第898页云："夏子霄老女姑，旧《通志》：涪州人。子霄无子。姑矢誓不字，以供子职。父母屡强之，不从，好书史，屏华饰。年四十而卒，万历四十四年旌表。"

李长祥曰：夏老姑之世有女夏氏，适张氏子庠生诩。诩早死，夏氏年二十，无子。或劝之再嫁，夏氏不言，但默告之诩神主，家人不识其何故。无何，引刀断其左耳矣。

夏氏解学画，以诩故，欲得其形貌。画已，追思仿佛，画之似即毁去笔墨，不复画。自是饮食坐寝必在诩影前，器必双。葬诩时即作双茔，如是者二十年，死遂同穴。考之，则老姑之姑也，姑之去世旋踵耳，又老姑出焉，夏氏之女子何不幸哉！何幸哉！呜呼！炜矣。

何贞姑[一]，何子厚女，字张珝。未婚，珝卒。姑截指誓，不再字，奔丧守制。姑病笃，刲股疗之愈。

注释：

[一] 蓝勇主编《稀见重庆地方文献汇点》（下）道光《重庆府志》卷之八《人物志·烈女贞孝涪州》第902页云："何氏女，许字张珝，未婚珝卒，奔丧成服。守贞五十余年。嘉庆三年旌表入祠。"

黄贞姑[一]，黄俸朝女。字杨姓子，外出不归，姑矢志不嫁。侍养父母，纺绩自给。六十六岁卒。

注释：

[一] 蓝勇主编《稀见重庆地方文献汇点》（下）道光《重庆府志》卷之八《人物志·烈女贞孝涪州》第902页云："黄氏女，许字杨姓，未婚，夫外出不归。女矢志守贞，勤针纫以养父母，年六十六岁卒。"

夏贞姑[一]，夏粲女。字田伦，未婚而伦卒。守贞不字，纺绩置田业，岁可入谷三十石，捐入节孝祠以供祀事。道署定案有碑记。

注释：

[一] 蓝勇主编《稀见重庆地方文献汇点》（下）第902页云："夏葵姑，许字田伦，未婚伦卒，过门守贞。于乾隆年间旌表，载《一统志》。又葵姑以纺绩余资置买地亩，捐入节孝祠，由儒学经管，每年收取十二千文以作公费。"

易贞姑[一]，字冉裕，外出不归。守贞六十九年，卒。

注释：

[一] 蓝勇主编《稀见重庆地方文献汇点》（下）第898页云："易贞女，《涪州志》：

冉裕聘妻，年二十，冉外出不归。女誓不再字，守贞至六十九岁殁。"

田贞姑[一]，字刘国璋。届期而璋卒，守贞七十七年，卒。

注释：

[一]蓝勇主编《稀见重庆地方文献汇点》（下）第898页云："田贞女，《涪州志》：刘国章妻，年十八，刘病故陕西。女誓不再字，守贞至七十七岁殁。"两书记载存在"璋""章"之别。

戴贞姑[一]，戴绍先女。年及笄，亲殁。弟稚，守贞抚弟。七十岁，卒。

注释：

[一]蓝勇主编《稀见重庆地方文献汇点》（下）道光《重庆府志》卷之八《人物志·烈女贞孝涪州》第902页云："戴绍先女，年及笄，父母见背。胞弟戴宗幼弱无依，女守贞不字，抚弟成立，年七十卒。"

朱贞姑[一]，朱大有女。许字王氏子，远出不归。父母相继殁，弟未毁齿。泣曰："朱氏仅此一脉，将何依？"遂抚弟，终身不字。

注释：

[一]蓝勇主编《稀见重庆地方文献汇点》（下）道光《重庆府志》卷之八《人物志·烈女贞孝涪州》第902页云："朱贞女，朱大友女。王荣位聘室。王远出不归，父母相继物故。女顾弱弟兴全曰：'朱氏仅此一脉，必抚成立。'遂抚弟，终身不字。于是守贞不字，现年四十九。"两书记载存在"有""友"之别。

杨贞姑[一]，杨光盛女。字陈氏子，远出不归。有劝之嫁者，截发毁容誓之。

注释：

[一]蓝勇主编《稀见重庆地方文献汇点》（下）道光《重庆府志》卷之八《人物志·烈女贞孝涪州》第902页云："杨贞女，杨光盛女。有许字陈氏子，远出二十载不归。有劝之另字者，女断发毁形，年五十而卒。"

梁贞姑[一]，字文氏子。未及笄而文卒。守贞，依母居。母殁，依兄嫂。兄嫂殁，遗孤七龄。姑抚以成立。

注释：

[一]蓝勇主编《稀见重庆地方文献汇点》（下）道光《重庆府志》卷之八《人物志·烈女贞孝涪州》第902页云："梁贞女，幼许文氏子。未及笄，文卒，女誓守贞，依母居。母殁，依兄嫂。兄嫂殁，兄嫂又相继物故。遗孤七龄，女代理家政，抚育成立。现年六十四。"

王贞姑[一]，字高氏子。将婚而高殁，奔丧不归，奉舅姑以终。葬白里高姓大坟坝。

注释：

[一]蓝勇主编《稀见重庆地方文献汇点》（下）道光《重庆府志》卷之八《人物志·烈女贞孝涪州》第902页云："王贞女，高勖聘妻。高卒，女奔丧不归。奉养舅姑，守贞终身。葬白里高姓大坟坝。"

傅贞姑[一]，傅世福女。字张氏子，张远出无耗。父另字之，不从。焚其针黹衾物，剪发誓志，侍奉父母。及殁，哀痛数日不食。后寿终。

注释：

[一]蓝勇主编《稀见重庆地方文献汇点》（下）道光《重庆府志》卷之八《人物志·烈女贞孝涪州》第902页云："傅贞女，傅世福女。许字张氏，未及笄，张远出，久无迹信。父劝另字，不从。焚其衾物针黹，剪发为尼。"

梁贞姑[一]，幼失怙恃，未字。兄嫂生子甫数月，相继殁。姑抱其子泣曰："梁氏只此呱呱儿，将谁依耶？"抚之成立。侄生子，旋卒。姑复抚侄孙。寿至九十。

注释：

[一]蓝勇主编《稀见重庆地方文献汇点》（下）道光《重庆府志》卷之八《人物志·烈女贞孝涪州》第902页云："梁贞女，幼失怙恃，未字人。兄嫂是依，兄兴元生子崇鳌，甫数月，夫妇相继殁。女曰：'梁氏一线，今将谁依？'于是守贞抚侄成立。娶氏生子，旋卒。又抚其侄孙以延梁嗣，极尽辛苦，现年九十。"两书记载存在"现年

九十""寿至九十"之别。

喻贞姑，字钟氏子。后钟姓负义，姑誓不字。卒时，年五十。

陈贞姑，监生陈品三女。所字未婚而卒，姑奔丧不归。有欲夺其志者，截耳自誓。

秦贞姑，幼受冉姓聘。未笄，冉氏子卒。姑奔丧，奉舅姑。父母强夺其志，别字周姓。女闻之，昼夜哭，不食死。

杨贞姑[一]，杨崤女。事继母樊氏最孝，不忍离。终身不字，年七十卒。

注释：

[一] 蓝勇主编《稀见重庆地方文献汇点》（下）道光《重庆府志》卷之八《人物志·烈女贞孝涪州》第902页云："杨贞女，杨崤女。事继母樊氏最孝，有慕其贤淑求婚者，女以不忍离母拒之。守贞不字，现年五十二。"

田三姑，田仁瑞女。鲜兄弟，矢愿孝养父母。不字，年六十三卒。

何三姑，何义可女。节妇何乐氏，孙女也。弟稚弱多病，养亲抚弟。不字，寿六十七卒。

陈翠屏，陈鉴女，幼字人。未及笄，而所字者殁。奉养父母以终，年五十五。

王三姑，王汝梅女。字任姓，未婚而任氏子卒。守贞四十七年，殁。

郭素贞，三岁丧明，矢志守贞。寿九十六。

蔡转姑，年十四丧明。矢志不字，依父母居五十余年。父母殁，依兄弟。现年七十一。

刘幺姑，刘致远女。以母病，终身不字。现年四十八。

陶旬姑，陶军武女。誓不字，以养母。现年五十二。

周思孝，周廷榘女。通《女诫》，事父母有至性。年十五病脚气，父偶语其母曰：病者剧，不字可也。逾年，父殁，女擗踊泣血。服阕病愈，有议婚者，兄元龙将许之，痛哭不食曰：父言犹在耳，誓终身依吾母耳。后每闻议婚，辄厉色拒。同治元年（1862），石逆之警，泣谓母曰：今何时耶，弱女子适足累老母？遂薙发作男子装，辛苦间关，人无识其女子者，现年三十五。

烈　女

明

文姑[一]，文晓女。甲申之变，随父避乱酉阳。途次遇贼，欲犯之。姑怒曰："我名家女，岂受辱耶！"贼鞭棰交下，百折不从。其夜乘隙自缢死，巡抚文公有庵，葬之，为树石。

注释：

[一]蓝勇主编《稀见重庆地方文献汇点》（下）道光《重庆府志》卷之八《人物志·烈女节烈》第891页云："文晓女。崇祯末，随父避兵酉阳。途遇贼，欲犯之。女怒曰：'我名家女，岂受辱耶！'贼鞭挞交下，百折不从。至夜乘隙自经死。"

国朝

何多姑[一]，明经冯懋柱《传》曰：古来至美之事，必先有一不美之事成之。忠臣、孝子之名，至美矣，而必由其不美者先。在君父，即妇人之节烈亦然。或成于遇之不幸，若董氏之封发，齐女之守符是也。或激于事之不顺，若张氏之断臂，李氏之陨崖是也。乃遇不必其不幸事，不必其不顺而亦以节著，此又节之奇者也。涪陵明经何述先，世族也。无子，育三女，以节见者二。长女为余长子媳。长子纶早殁，遗三孙女。媳誓死不再嫁，此其节之常，未为奇也。奇莫奇于次女之烈。次女名多姑，生而颖异，多气骨。父钟爱之，欲为之觅佳婿，且欲令其赘门易姓以为后。适有酉阳冉氏子求婚，从其议。述先诺之，冰人遂投一帖以为定，继而冉氏子悔之，不愿为其后。述先恶之，因返其帖。厥后有议婚者，将诺之，未果。彼为女子而选良配，父道也。无子而欲纳婿以为后，人情也。非不幸也，非不顺也。不意女闻之而遂有死心焉。以为身虽未字，一诺便为百年，再诺即再嫁也，乌可以不死？一日，谓其姊曰：予性好水，水能洁身，异日者长江为予死所矣。姊曰：死亦安往，不可奚必于江。答曰：刎颈而死者，令父母见尸则抱痛，且葬以棺衾，是尚以既死之身累父母，非孝也。何若以长江为予之椁，以鱼鳖为予之棺，茫茫万顷，杳不知其所之也，宁不甚善？姊以为戏言而不之觉。忽于是岁四月初四日潜投于江，身浮而不沉，流一里许，舟人见而救之，其母引之以归。自是不复言死，终日谈笑自适，从不作一愁戚态，家人亦不之觉也。忽于五月二十五日投江而死。维时家人寻踪至江，但见岸头足迹，仓忙沙崩草拂，若野马奔驰状。吾想其时，金石之心不知何如其激烈也。越四日，涪有蔺姓者见其尸，出于平西坝，肌肤完固，面貌如生，报之父母。父母觅其处，不见。旋流至酆都。酆都人掉舟往收之，舟将近而尸忽沉矣。如是者三，终不欲令父母见，似与前言隐相合矣。彼女子未字而死节奇矣，死而出之从容则更奇，至其初投江而死，若有默为救之者。尸出而乌鸦不敢近，若有默为护之者。尸三浮而忽三沉，若有默而成其志者。其节也奇，则其报之也亦奇。然而，非奇也宜也。呜乎！以弱小之闺英而有此凌霜之气节，则不独男子逊其慷慨，即豪杰亦谢其雍容。求之古人中岂多觏欤？独怪夫今之人闻恶则信，闻善则疑。疑之者，疑其尸不获而其事未可传也。不知正惟尸不获而其事愈足传。盖身湮没矣，名其湮没哉！余，野人也。以野人而为野史，非僭也。因序其大略如此，设有采风者过焉。吾且赋诗以陈之，其诗曰：少小闺中女，冰心贯斗牛。百年无二诺，一死重千秋。英魄随波洁，芳名逐水流。须眉道上客，羞许吊江头。

注释：

[一] 蓝勇主编《稀见重庆地方文献汇点》（下）道光《重庆府志》卷之八《人物志·烈女节烈》第 896 页云："何多姑，《通志》：贡生何述先女。始于酉阳冉氏订姻，因无子，令冉子作赘婿，冉子不从，遂毁盟别字。女知之，谓其姊曰：'以一身而再字即再醮也，吾其濯清流以雪耻乎？'潜赴江边投水而死。"

舒幺姑[一]，舒敦五女。嘉庆初，避贼渠溪。贼至逼之，骂贼死。时年十六。

注释：

[一] 蓝勇主编《稀见重庆地方文献汇点》（下）道光《重庆府志》卷之八《人物志·烈女节烈》第 896 页云："舒烈女，《涪州志》：舒敦五女。避贼矶猛滩，贼逼之同行，不从，骂贼伤毙，时年十六。"

王幺姑，家蔺市镇。父早殁，事母孝。年十五，巨猾蔺畏三阳媒而阴图之，母不可，强委禽焉。力却之，蔺怒，以鸣官恐吓，女服毒死。既葬，蔺犹意其诈也，必掘棺验视乃信，因成讼。女棺露停檐下两月，经盛暑，颜色不变。蔺鬼蜮关说，官竟薄予责释之。噫！季世之刑诛，漏网者可胜道哉！

李寅生，李举纲女。发逆之乱，随祖母王氏避崔家岩，贼追攻，执祖母手，坚不解，贼以刃挑手，曰：不解，杀汝矣。女持益急，贼力解捽而去，女号望祖母曰：我可去否？祖母曰：我亦不知可去否也。贼拥之走里许，乘间投岩，凡坠三层，折齿伤臂，不死。贼复驱之，女怒曰：吾死不从汝矣。贼怒，遂杀之。时同治元年（1862）三月也，女年十四。

烈　妇

明

李姚氏[一]，夫李文惠外出，为强暴刘秀南强污，自缢死。旌表有坊。

注释：

[一] 蓝勇主编《稀见重庆地方文献汇点》（下）道光《重庆府志》卷之八《人物志·烈女节烈》第 896 页云："李文惠妻姚氏，《通志》：为刘秀兰调戏，羞忿自缢。经旌表。"

周何氏，宸濠之乱，其夫周大江司运军粮。讹传其死，氏闻信缢以殉。

文刘氏[一]，刘天民女，参议刘之益女兄也。崇正甲申（十七年，1644）随夫文可衡避乱。夫出，遇贼被杀。女闻，触石死。

注释：

[一] 蓝勇主编《稀见重庆地方文献汇点》（下）道光《重庆府志》卷之八《人物志·烈女节烈》第 892 页云："庠生文可衡妻刘氏，崇祯甲申，夫妇避兵于乡，夫被贼伤，氏触石死。"

张刘氏[一]，刘天民次女，庠生张光璧妻。甲申避乱涪陵江，贼追至，投江死。

注释：

[一] 蓝勇主编《稀见重庆地方文献汇点》（下）道光《重庆府志》卷之八《人物志·烈女节烈》第 892 页云："庠生张光璧妻刘氏，甲申，夫妇避兵小江，贼追至，赴水而死。"

文刘氏[一]，刘之龙女，庠生文而元妻。甲申避乱涪陵江杨家硐，贼攻硐，投水死。

注释：

［一］蓝勇主编《稀见重庆地方文献汇点》（下）道光《重庆府志》卷之八《人物志·烈女节烈》第892页云："庠生文而元妻刘氏，甲申，夫妇避兵小江杨家洞，贼至，赴水而死。"

李赵氏，庠生李瑛妻。献贼之乱，瑛遇贼，投江死。氏为贼目一只虎所掳。夜，醉贼以酒，窃其佩刀手刃之。逸至瑛死处，投江死。今名夫妻滩。

国朝

冉王氏[一]，康熙四十一年（1702），夫仲道外出，邻恶况荣谦破扉欲污之，不从。胁以斧，骂益厉。荣谦怒，斧劈之。五日殒。事闻，旌表建坊。荣谦伏法。

注释：

［一］蓝勇主编《稀见重庆地方文献汇点》（下）道光《重庆府志》卷之八《人物志·烈女节烈》第896页云："冉仲道妻王氏，《通志》：邻居况荣谦见仲道外出，用计引诱，氏怒詈不从，持斧砍伤氏囟门，身死事闻，旌表。载《一统志》。"

官杨氏[一]，官有本妻。官张氏，官有庆妻。兄弟力农在外，恶少陈大用、陈大洪欸入其室调奸，不从。逼勒用强，两妇诟骂益急，大用、大洪臂揉之。事闻，旌表建坊青铜溪。大用、大洪伏法。

注释：

［一］蓝勇主编《稀见重庆地方文献汇点》（下）道光《重庆府志》卷之八《人物志·烈女节烈》第896页云："官有本妻张氏、官有庆妻杨氏，《通志》：二氏因陈大用、陈大洪非礼相犯，守义抵拒，同被殴死。经旌表。"

邝张氏，同治元年（1862）周逆躏珍溪镇，夫崇林遇害。翁姑逼令再醮，自缢死。

曹王氏[一]，曹文奇妻。恶少邹怀仁调谑之，羞忿自刎死。

注释：

［一］蓝勇主编《稀见重庆地方文献汇点》（下）道光《重庆府志》卷之八《人物志·烈女节烈》第896页云："曹文奇妻王氏，《通志》：因邹怀仁出言戏谑，持刀自抹咽喉，身死。经旌表。"

张文氏[一]，张相臣妻。拒奸不从，羞忿自缢死。

注释：

［一］蓝勇主编《稀见重庆地方文献汇点》（下）道光《重庆府志》卷之八《人物志·烈女节烈》第896页云："张相臣妻文氏，《通志》：拒奸不从，羞忿自尽。经旌表。"

刘白氏，刘廷俸妻。于归四年，夫卒。时岁饥，斗米二千钱。家无宿粮，无肯为役者，氏拮据负土成茔。逾年，姑谕令再嫁，不从。阴与媒约，强嫁之。氏闻，缢死。

许戴氏，年二十，夫国赞远出不归，讹传已死，姑令再醮。氏誓死以待，迫之，投溪死。

吴刘氏，刘寿山女，适吴士贞。甫三日，发逆之乱，避贼南岸浦。士贞母子为贼掳，氏号呼请代，贼并执之。夫妇骂贼不屈死。

詹周氏，随父廷承宦皖，适宜城举人詹霖。咸丰三年（1853），发逆踞金陵，分党四出，氏谓詹曰：管家圩要隘，贼若破此，一邑无噍类矣。亟宜募勇防守，妾愿倾奁资抚战士。詹从之，数败贼。贼怒，悉锐攻破之。詹战殁，氏抱幼子投井死。事闻，旌表。

胡朱氏，监生朱倚江女。年十七，适胡登顺，逾岁生子。石逆至，避洞中，贼烟薰之，众欲降。氏曰：降，未必生。且男子不过一死，妇女恐求死不得矣。众竟降。贼入，搂氏，氏抱其子咬贼手。释，急出，投崖触石。不死，扑火中，又不死。奔赴池中，乃死。十余日，面如生，子犹在抱。

汪刘氏，刘万有女，汪烺妻。石逆寇涪，氏携子女避贼盐井沟。贼搜出，氏绐以愿从，将军至营，贼信之。令前行，氏稔前途有池，促家人走。既至先推两女入水，身从之。一家同死者十七人。

刘王氏，刘在朝妻。死时年二十二。石逆之乱，氏偕邻妇避山中。遇贼，拥之行。至谭家坝，见路旁一坑，腾身跃入。死后廿余日，邻妇归言其事。起殓，颜如生。

李陈氏，陈象九女，李正廷妻。新寡，石逆至。恐受污，遥望贼帜，缢其女，乃自缢。姑及嫂同缢，惜姑与嫂名氏不传。

嘉庆四（1779）、五（1800）两年教匪之乱贼执不屈被杀者二十四人：胡长姑[一]、唐二姑[二]、赵小姑[三]、黎大姑[四]、程三姑[五]、夏姑[六]、谭姑[七]、马长姑[八]、游幺姑[九]、蒲姑[十]、冯小姑[十一]、袁大姑[十二]、尹长姑[十三]、孔小姑[十四]、熊大姑[十五]、鞠大姑[十六]、彭姑[十七]、柴小姑[十八]、黄二姑[十九]、白小姑、文小姑、郑姑[二十]、尹大姑[二十一]、况高姑[二十二]。

注释：

[一]蓝勇主编《稀见重庆地方文献汇点》（下）道光《重庆府志》卷之八《人物志·烈女节烈》第896页云：胡长姑，《通志》：嘉庆四年二月初七日子在鹤游坪寨破死难。

[二]蓝勇主编《稀见重庆地方文献汇点》（下）道光《重庆府志》卷之八《人物志·烈女节烈》第896页云：唐二姑，《通志》：嘉庆四年二月初七日子在鹤游坪寨破死难。

[三]蓝勇主编《稀见重庆地方文献汇点》（下）道光《重庆府志》卷之八《人物志·烈女节烈》第896页云：赵小姑，《通志》：嘉庆四年二月初七日子在鹤游坪寨破死难。

[四]蓝勇主编《稀见重庆地方文献汇点》（下）道光《重庆府志》卷之八《人物志·烈女节烈》第896页云：黎大姑，《通志》：嘉庆四年二月初七日子在鹤游坪寨破死难。

[五]蓝勇主编《稀见重庆地方文献汇点》（下）道光《重庆府志》卷之八《人物志·烈女节烈》第896页云：程三姑，《通志》：嘉庆四年二月初七日子在鹤游坪寨破死难。

[六]蓝勇主编《稀见重庆地方文献汇点》（下）道光《重庆府志》卷之八《人物志·烈女节烈》第896页云：夏姑，《通志》：嘉庆四年二月初七日子在鹤游坪寨破死难。

[七]蓝勇主编《稀见重庆地方文献汇点》（下）道光《重庆府志》卷之八《人物志·烈女节烈》第896页云·谭姑，《通志》：嘉庆四年二月初七日子在鹤游坪寨破死难。

[八]蓝勇主编《稀见重庆地方文献汇点》（下）道光《重庆府志》卷之八《人物志·烈女节烈》第896页云：马长姑，《通志》：嘉庆四年二月初七日子在鹤游坪寨破死难。

[九]蓝勇主编《稀见重庆地方文献汇点》（下）道光《重庆府志》卷之八《人物志·烈女节烈》第896页云：游么姑，《通志》：嘉庆四年二月初七日子在鹤游坪寨破死难。

[十]蓝勇主编《稀见重庆地方文献汇点》（下）道光《重庆府志》卷之八《人物志·烈女节烈》第896页云：蒲姑，《通志》：嘉庆四年二月初七日子在鹤游坪寨破死难。

　　〔十一〕蓝勇主编《稀见重庆地方文献汇点》（下）道光《重庆府志》卷之八《人物志·烈女节烈》第 896 页云：冯小姑，《通志》：嘉庆四年二月初七日子在鹤游坪寨破死难。

　　〔十二〕蓝勇主编《稀见重庆地方文献汇点》（下）道光《重庆府志》卷之八《人物志·烈女节烈》第 896 页云：袁大姑，《通志》：嘉庆四年二月初七日子在鹤游坪寨破死难。

　　〔十三〕蓝勇主编《稀见重庆地方文献汇点》（下）道光《重庆府志》卷之八《人物志·烈女节烈》第 896 页云：尹长姑，《通志》：嘉庆四年二月初七日子在鹤游坪寨破死难。

　　〔十四〕蓝勇主编《稀见重庆地方文献汇点》（下）道光《重庆府志》卷之八《人物志·烈女节烈》第 896 页云：孔小姑，《通志》：嘉庆四年二月初七日子在鹤游坪寨破死难。

　　〔十五〕蓝勇主编《稀见重庆地方文献汇点》（下）道光《重庆府志》卷之八《人物志·烈女节烈》第 896 页云：熊大姑，《通志》：嘉庆五年闰四月初五日子石龙寺遇贼，不屈被害。

　　〔十六〕蓝勇主编《稀见重庆地方文献汇点》（下）道光《重庆府志》卷之八《人物志·烈女节烈》第 896 页云：鞠大姑，《通志》：嘉庆五年闰四月初五日子石龙寺遇贼，不屈被害。

　　〔十七〕蓝勇主编《稀见重庆地方文献汇点》（下）道光《重庆府志》卷之八《人物志·烈女节烈》第 896 页云：彭姑，《通志》：嘉庆五年闰四月初五日子石龙寺遇贼，不屈被害。

　　〔十八〕蓝勇主编《稀见重庆地方文献汇点》（下）道光《重庆府志》卷之八《人物志·烈女节烈》第 896 页云：柴小姑，《通志》：嘉庆五年闰四月初五日子石龙寺遇贼，不屈被害。

　　〔十九〕蓝勇主编《稀见重庆地方文献汇点》（下）道光《重庆府志》卷之八《人物志·烈女节烈》第 896 页云：黄二姑，《通志》：嘉庆五年闰四月初五日子石龙寺遇贼，不屈被害。

　　〔二十〕蓝勇主编《稀见重庆地方文献汇点》（下）道光《重庆府志》卷之八《人物志·烈女节烈》第 896 页云：郑姑，《通志》：嘉庆五年闰四月初五日子石龙寺遇贼，不屈被害。

[二十一] 蓝勇主编《稀见重庆地方文献汇点》（下）道光《重庆府志》卷之八《人物志·烈女节烈》第896页云：尹大姑，《通志》：嘉庆五年闰四月初五日子石龙寺遇贼，不屈被害。

[二十二] 蓝勇主编《稀见重庆地方文献汇点》（下）道光《重庆府志》卷之八《人物志·烈女节烈》第896页云：况高姑，《通志》：嘉庆五年闰四月初五日子石龙寺遇贼，不屈被害。

嘉庆四（1779）、五（1800）两年教匪之乱遇贼不辱死者四十三人：

周唐氏[一]。周之荣妻。

注释：

[一] 蓝勇主编《稀见重庆地方文献汇点》（下）道光《重庆府志》卷之八《人物志·烈女节烈》第896页云：周之荣妻唐氏，嘉庆时被难，遇贼强逼同行，不从，骂贼歼毙。

喻黎氏[一]。喻琼妻。

注释：

[一] 蓝勇主编《稀见重庆地方文献汇点》（下）道光《重庆府志》卷之八《人物志·烈女节烈》第896页云：喻琼妻黎氏，嘉庆时被难，遇贼强逼同行，不从，骂贼歼毙。

喻李氏[一]。喻文谟妻。

注释：

[一] 蓝勇主编《稀见重庆地方文献汇点》（下）道光《重庆府志》卷之八《人物志·烈女节烈》第896页云：喻文谟李氏，嘉庆时被难，遇贼强逼同行，不从，骂贼歼毙。

夏乐氏[一]。夏汉妻。

注释：

[一] 蓝勇主编《稀见重庆地方文献汇点》（下）道光《重庆府志》卷之八《人物

志·烈女节烈》第896页云：夏汉妻乐氏，嘉庆时被难，遇贼强逼同行，不从，骂贼歼毙。

夏王氏^[一]。夏启聪妻。

注释：

［一］蓝勇主编《稀见重庆地方文献汇点》（下）道光《重庆府志》卷之八《人物志·烈女节烈》第896页云：夏启聪妻王氏，嘉庆时被难，遇贼强逼同行，不从，骂贼歼毙。

钟黄氏^[一]。钟为梅妻。

注释：

［一］蓝勇主编《稀见重庆地方文献汇点》（下）道光《重庆府志》卷之八《人物志·烈女节烈》第896页云：钟为梅妻黄氏，嘉庆时被难，遇贼强逼同行，不从，骂贼歼毙。

夏刘氏^[一]。夏宗儒妻。

注释：

［一］蓝勇主编《稀见重庆地方文献汇点》（下）道光《重庆府志》卷之八《人物志·烈女节烈》第896页云：夏宗儒妻刘氏，嘉庆时被难，遇贼强逼同行，不从，骂贼歼毙。

夏宋氏^[一]。夏廷权妻。

注释：

［一］蓝勇主编《稀见重庆地方文献汇点》（下）道光《重庆府志》卷之八《人物志·烈女节烈》第896页云：夏廷权妻宋氏，嘉庆时被难，遇贼强逼同行，不从，骂贼歼毙。

席冯氏^[一]。席元音妻。

注释：

［一］蓝勇主编《稀见重庆地方文献汇点》（下）道光《重庆府志》卷之八《人物

志·烈女节烈》第896页云:"席元音妻冯氏,《通志》:嘉庆四年,教匪破鹤游坪,愿代姑受刃,贼杀之。"

席夏氏[一]。席廷秀妻。

注释:

[一] 蓝勇主编《稀见重庆地方文献汇点》(下)道光《重庆府志》卷之八《人物志·烈女节烈》第896页云:"监生席廷秀妻夏氏,《通志》:嘉庆四年,教匪破鹤游坪,愿代姑受刃,贼杀之。"

伍李氏[一]。伍万祥妻。

注释:

[一] 蓝勇主编《稀见重庆地方文献汇点》(下)道光《重庆府志》卷之八《人物志·烈女节烈》第896页云:"伍万祥妻李氏,《通志》:贼至,氏赴水死。"

贺范氏[一]。贺广宗妻。

注释:

[一] 蓝勇主编《稀见重庆地方文献汇点》(下)道光《重庆府志》卷之八《人物志·烈女节烈》第896页云:"贺广宗妻范氏,《通志》:贼至犯之,氏曰:'吾岂受辱者,速杀我!'贼怒杀之。"

张傅氏[一]。张效载妻。

注释:

[一] 蓝勇主编《稀见重庆地方文献汇点》(下)道光《重庆府志》卷之八《人物志·烈女节烈》第896页云:"监生张效载妻傅氏,《通志》:'氏过贼不屈,同死节。'"

夏李氏、况李氏[一]、萧秦氏[二]、周高氏[三]、钱冯氏[四]、刘萧氏[五]、罗袁氏[六]、萧夏氏[七]、戴魏氏[八]、杨张氏[九]、夏韩氏[十]、徐杨氏[十一]、谭何氏[十二]、谭余氏[十三]、蒋王氏[十四]、余陶氏[十五]、汪熊氏[十六]、朱王氏[十七]、瞿陈氏[十八]、张孙氏[十九]、包郭氏[二十]、游李氏[二十一]、余邹氏[二十二]、吴柴氏[二十三]、蒋谢氏[二十四]、徐薛氏[二十五]、陈梁氏[二十六]、鞠黄氏[二十七]、彭何氏[二十八]、张周氏[二十九]，张仪载妻。

注释：

[一]蓝勇主编《稀见重庆地方文献汇点》（下）道光《重庆府志》卷之八《人物志·烈女节烈》第896页云：况李氏，《通志》：嘉庆五年闰四月初五日子石龙寺遇贼，不屈被害。

[二]蓝勇主编《稀见重庆地方文献汇点》（下）道光《重庆府志》卷之八《人物志·烈女节烈》第896页云：萧秦氏，嘉庆三年，死贼难。

[三]蓝勇主编《稀见重庆地方文献汇点》（下）道光《重庆府志》卷之八《人物志·烈女节烈》第896页云：周高氏，嘉庆三年，死贼难。

[四]蓝勇主编《稀见重庆地方文献汇点》（下）道光《重庆府志》卷之八《人物志·烈女节烈》第896页云：钱冯氏，嘉庆三年，死贼难。

[五]蓝勇主编《稀见重庆地方文献汇点》（下）道光《重庆府志》卷之八《人物志·烈女节烈》第896页云：刘萧氏，嘉庆三年，死贼难。

[六]蓝勇主编《稀见重庆地方文献汇点》（下）道光《重庆府志》卷之八《人物志·烈女节烈》第896页云：罗袁氏，嘉庆三年，死贼难。

[七]蓝勇主编《稀见重庆地方文献汇点》（下）道光《重庆府志》卷之八《人物志·烈女节烈》第896页云：萧夏氏，《通志》：嘉庆四年二月初七日子在鹤游坪寨破死难。

[八]蓝勇主编《稀见重庆地方文献汇点》（下）道光《重庆府志》卷之八《人物志·烈女节烈》第896页云：戴魏氏，《通志》：嘉庆四年二月初七日子在鹤游坪寨破死难。

[九]蓝勇主编《稀见重庆地方文献汇点》（下）道光《重庆府志》卷之八《人物志·烈女节烈》第896页云：杨张氏，《通志》：嘉庆四年二月初七日子在鹤游坪寨破死难。

[十]蓝勇主编《稀见重庆地方文献汇点》（下）道光《重庆府志》卷之八《人物志·烈女节烈》第896页云：夏韩氏，《通志》：嘉庆四年二月初七日子在鹤游坪寨破死难。

[十一]蓝勇主编《稀见重庆地方文献汇点》（下）道光《重庆府志》卷之八《人物志·烈女节烈》第896页云：徐杨氏，《通志》：嘉庆四年二月初七日子在鹤游坪寨破死难。

[十二]蓝勇主编《稀见重庆地方文献汇点》（下）道光《重庆府志》卷之八《人

物志·烈女节烈》第 896 页云：谭何氏，《通志》：嘉庆四年二月初七日子在鹤游坪寨破死难。

［十三］蓝勇主编《稀见重庆地方文献汇点》（下）道光《重庆府志》卷之八《人物志·烈女节烈》第 896 页云：谭余氏，《通志》：嘉庆四年二月初七日子在鹤游坪寨破死难。

［十四］蓝勇主编《稀见重庆地方文献汇点》（下）道光《重庆府志》卷之八《人物志·烈女节烈》第 896 页云：蒋王氏，《通志》：嘉庆四年二月初七日子在鹤游坪寨破死难。

［十五］蓝勇主编《稀见重庆地方文献汇点》（下）道光《重庆府志》卷之八《人物志·烈女节烈》第 896 页云：余陶氏，《通志》：嘉庆四年二月初七日子在鹤游坪寨破死难。

［十六］蓝勇主编《稀见重庆地方文献汇点》（下）道光《重庆府志》卷之八《人物志·烈女节烈》第 896 页云：汪熊氏，《通志》：嘉庆四年二月初七日子在鹤游坪寨破死难。

［十七］蓝勇主编《稀见重庆地方文献汇点》（下）道光《重庆府志》卷之八《人物志·烈女节烈》第 896 页云：朱王氏，《通志》：嘉庆四年二月初七日子在鹤游坪寨破死难。

［十八］蓝勇主编《稀见重庆地方文献汇点》（下）道光《重庆府志》卷之八《人物志·烈女节烈》第 896 页云：瞿陈氏，《通志》：嘉庆四年二月初七日子在鹤游坪寨破死难。

［十九］蓝勇主编《稀见重庆地方文献汇点》（下）道光《重庆府志》卷之八《人物志·烈女节烈》第 896 页云：张孙氏，《通志》：嘉庆四年二月初十日子在鹤游坪寨破死难。

［二十］蓝勇主编《稀见重庆地方文献汇点》（下）道光《重庆府志》卷之八《人物志·烈女节烈》第 896 页云：包郭氏，《通志》：嘉庆四年二月初七日子在鹤游坪寨破死难。

［二十一］蓝勇主编《稀见重庆地方文献汇点》（下）道光《重庆府志》卷之八《人物志·烈女节烈》第 896 页云：游李氏，《通志》：嘉庆五年闰四月初五日子石龙寺遇贼，

不屈被害。

　　［二十二］蓝勇主编《稀见重庆地方文献汇点》（下）道光《重庆府志》卷之八《人物志·烈女节烈》第 896 页云：余邹氏，《通志》：嘉庆五年闰四月初五日子石龙寺遇贼，不屈被害。

　　［二十三］蓝勇主编《稀见重庆地方文献汇点》（下）道光《重庆府志》卷之八《人物志·烈女节烈》第 896 页云：吴柴氏，《通志》：嘉庆五年闰四月初五日子石龙寺遇贼，不屈被害。

　　［二十四］蓝勇主编《稀见重庆地方文献汇点》（下）道光《重庆府志》卷之八《人物志·烈女节烈》第 896 页云：薛谢氏，《通志》：嘉庆五年闰四月初五日子石龙寺遇贼，不屈被害。

　　［二十五］蓝勇主编《稀见重庆地方文献汇点》（下）道光《重庆府志》卷之八《人物志·烈女节烈》第 896 页云：徐薛氏，《通志》：嘉庆五年闰四月初五日子石龙寺遇贼，不屈被害。

　　［二十六］蓝勇主编《稀见重庆地方文献汇点》（下）道光《重庆府志》卷之八《人物志·烈女节烈》第 896 页云：陈梁氏，《通志》：嘉庆五年闰四月初五日子石龙寺遇贼，不屈被害。

　　［二十七］蓝勇主编《稀见重庆地方文献汇点》（下）道光《重庆府志》卷之八《人物志·烈女节烈》第 896 页云：鞠黄氏，《通志》：嘉庆五年闰四月初五日子石龙寺遇贼，不屈被害。

　　［二十八］蓝勇主编《稀见重庆地方文献汇点》（下）道光《重庆府志》卷之八《人物志·烈女节烈》第 896 页云：彭何氏，《通志》：嘉庆五年闰四月初五日子石龙寺遇贼，不屈被害。

　　［二十九］蓝勇主编《稀见重庆地方文献汇点》（下）道光《重庆府志》卷之八《人物志·烈女节烈》第 896 页云："监生张仪载妻周氏，《通志》：'氏过贼不屈，同死节。'"

　　咸丰、同治间滇、发两逆之乱死义者具录《忠烈传》中，而闺阁淑媛猝遭变故，视死如归，正复不少，备载之贞魂毅魄，庶几慰矣。虽然，深山穷谷之间、燐青苔碧之地，搜访者信无珊网之遗乎哉！姑就详案及采稿汇编如左。

遇贼不屈被杀烈女

熊金定。熊铁匠女。

滕福英。滕传经女。

雷三姑。雷正顺女。

萧二姑。萧洪顺女。

冯长姑。冯洪太女。

吕大姑。吕大有女。

张大姑。张秀德女。

易桂英。易辅贞女。

何寅姑。何在文女。

廖招姑。廖品三女。

胡接弟。胡万泰女。

李寅姑。李俊峰女。

魏长姑。魏顺芳女。同母郭氏。

戴长姑。戴宽栋女。

戴幺姑。戴宽栋女。

张大姑。张文华女。

张二姑。张文华女。

申银秀。申洪顺女。

傅金莲。傅福顺女。

王午姑。王聘立女。同母蔺氏。

左大姑。左世位女。

王二姑。王辅极女。同母李氏。

左细幺。左世位女。

杨大姑。杨兴顺女。

杨二姑。杨兴顺女。

杨三姑。杨兴顺女。

刘大姑。刘照然女。

刘招姑。刘启仁。

刘凤英。刘启仁女。

张群英。张大常女。

张兰英。张大纲女。

妮通□。妮普顺徒。

妮通莲。妮照成女。

妮通达。妮照成女。

刘月英。刘启祥女。

刘兰英。刘启祥女。

刘大姑。刘大江女。

刘二姑。刘大江女。

宋春来。宋仕贵女。

宋辛来。宋仕贵女。

宋存英。宋启仁女。

徐金来。徐洪春女。

杨幺姑。杨焕成女。

戴寿英。戴义益女。

戴寿姑。戴义益女。

徐月英。徐继先女。

张引第。张大德女。

杨月英。杨惠然女。

夏秋姑。夏圣恭女。

雷二姑。雷长顺女。

冯大姑。冯洪顺女。

冯二姑。冯洪顺女。

贼追惧辱投崖烈女

卢二姑。<small>卢光泽女。</small>

万大姑。<small>万家春女。</small>

贼警惧辱自缢烈女

周四姑。<small>周盛钊女。</small>

周五姑。<small>周盛钊女。</small>

夏幺姑。<small>夏超群女。</small>

何二姑。

李贞姑。<small>李正廷妹。</small>

毕二姑。<small>毕友信女。</small>

汪大姑。<small>汪烺妹。</small>

汪二姑。<small>汪烺妹。</small>

汪幺姑。

陈贞姑。<small>陈友仁女。</small>

周寅弟。<small>周盛兰女。</small>

周二姑。<small>周盛蓝女。</small>

傅姑。<small>傅世华女。同母李氏。</small>

夏三姑。<small>夏金缄女。</small>

贼警惧辱服毒烈女

赵二姑。<small>赵克成女。</small>

赵四姑。<small>赵克成女。</small>

余冬月。<small>余宗鹏女。</small>

冉大姑。<small>冉文诰女。</small>

高大姑。高晴江女。

高二姑。高正埜女。

卢凤姑、徐来弟、萧大姑。

贼警惧辱投水烈女

张二姑。张成彩女。

张大姑。张文荣女。

廖女。廖成章女。

黎大姑。黎德言女。

黎二姑。黎德言女。

黎三姑。黎德言女。

萧二姑。萧仁和女。

梅接弟。梅芳兰女。

卢福姑。卢东阳女。

卢接姑。卢文光女。

卢玉姑。卢炳然女。

田酉姑。田同女。

田姑。田书女。同母陈氏。

李寿喜。李品斋女。

张佑姑。张自钰女。

勾大姑。勾德贵女。

田细姑。田庆远女。

田幺姑。田庆远女。

田接弟。田庆远女。同母钟氏。

刘大姑。刘海涛女。

吴三姑。吴成瑛女。

潘姑。潘东山女。同母傅氏。

贼警惧辱自刎烈女

汪二姑。汪兴政女。

游二姑。游成名女。

何世英。何在邦女。

黄银桂。黄亨女。

易金莲。易辅杞女。

遇贼不屈扑火烈妇

洪杨氏。洪廷扬妻。

贼围惧辱投秽烈妇

徐氏妇二，一逸其姓氏。石逆扰木根铺围场，三妇投围池死。

遇贼不屈触石烈妇

谭鲜氏。谭兴植妻。

遇贼不屈被杀烈妇

萧李氏。萧经文妻。

杨傅氏。杨在友妻。

彭李氏。彭贵保妻。

邓勾氏。邓安银妻。

秦张氏。秦瑞银妻。

章袁氏。章登有妻。

蒋路氏。蒋立成妻。

梅吴氏。梅昌武妻。

蔺傅氏。蔺远升妻。

滕傅氏。滕传义妻。

王熊氏。王金魁妻。

熊魏氏。熊照山妻。

邵王氏。邵恒丰妻。

胡郭氏。胡□□妻。

赵张氏。赵明申妻。

朱谢氏。朱大贵妻。

刘朱氏。刘万荣妻。

熊贺氏。熊元妻。

陈熊氏。文生陈光冕妻。

萧李氏。萧洪顺妻。

刘王氏。刘玉林妻。

张邓氏。张保之妻。

傅张氏。傅长兴妻。

雷黎氏。雷集能妻。

谢王氏。谢五福妻。

何张氏。何玉祥妻。

郭傅氏。郭月武妻。

李彭氏。李仕林妻。

左张氏。左仕位妻。

黄刘氏。黄志才妻。

李王氏。李其昌妻。

雷冯氏。雷应明妻。

胡朱氏。胡登顺妻。兼投水死。

王汪氏。王琏妻。

李覃氏。李仕松妻。

萧黄氏。萧见祖妻。

杨陈氏。杨耀宗妻。

吴彭氏。吴郁文妻。

周左氏。周帝顺妻。

张李氏。张兴林妻。

程何氏。程富德妻。

袁庞氏。袁尚明妻。

钟常氏。钟山岚妻。同一婴儿。

萧李氏。萧金意妻。

何章氏。何上安妻。

吴秦氏。吴正发妻。

萧梁氏。萧际昌妻。

贺彭氏。贺宗禄妻。

李况氏。李仕德妻。

何梁氏。何仕洋妻。

李樊氏。李东妻。

魏郭氏。魏顺芳妻。同女长姑。

吴张氏。吴宝香妻。

李高氏。李占鳌妻。

陈何氏。陈和顺妻。

刘蒲氏。刘廷均妻。

张蔺氏。张在谟妻。

彭舒氏。彭兴发妻。

蔺傅氏。蔺永恬妻。

刘徐氏。刘显名妻。

张杜氏。张月明妻。

周邹氏。周云峰妻。

刘文氏。刘有受妻。

周张氏。周文光妻。

周夏氏。周文明妻。

彭金氏。彭维万妻。

蔺勾氏。蔺仕奎妻。

熊梁氏。熊光明妻。

张覃氏。张恒安妻。

江夏氏。江明妻。

常李氏。常连芳妻。

万蔺氏。万仕珍妻。

潘傅氏。潘恒丰妻。

江万氏。江焕堂妻。

卢梅氏。卢大陞妻。

王吴氏。王纯一妻。

王郑氏。王朝玉妻。

卢余氏。卢治国妻。

王周氏。王贞一妻。

王万氏。王辅一妻。

邓勾氏。邓懋华妻。

王邹氏。王明一妻。

王吴氏。王朝怀妻。

蒲卢氏。蒲元昌妻。

任李氏。任太顺妻。

王李氏。王辅极妻。同女二姑。

余胡氏。余朝仲妻。

胡郭氏。胡镜涵妻。

周萧氏。周德元妻。

袁夏氏。袁常美妻。

王蔺氏。 王在仁妻。

彭张氏。 彭光富妻。

张王氏。 张大纲妻。

周赵氏。 周本宗妻。

杨金氏。 杨在有妻。

樊王氏。 樊锦章妻。

冉王氏。 冉祯祥妻。

王蔺氏。 王聘宜妻。同女严姑。

何严氏。 何焕章妻。

易何氏。 易辅锐妻。

何陈氏。 何大发妻。

李萧氏。 李炳南妻。

何伍氏。 何寿山妻。

勾邓氏。 勾春荣妻。

刘陈氏。 刘启仁妻。

刘戴氏。 刘荣级妻。

刘杨氏。 刘启祥妻。

杨谢氏。 杨吉武妻。

刘王氏。 刘大德妻。

陈盛氏。 陈富先妻。

徐王氏。 徐荣卿妻。

张祝氏。 张伯顺妻。

宋郭氏。 宋永田妻。

徐章氏。 徐洪春妻。

易张氏。 易辅礼妻。

宋张氏。 宋仕贵妻。

徐张氏。 徐书圃妻。

易刘氏。 易辅仕妻。

罗姚氏。罗尚学妻。

陈刘氏。陈兴俸妻。

易何氏。易虞廷妻。

张秦氏。张怀山妻。

张龙氏。张大仲妻。

罗杨氏。罗惠然妻。

张刘氏。张平山妻。

杜王氏。杜绅甲妻。

宋田氏。宋嘉言妻。

张罗氏。张大德妻。

翁罗氏。翁洪玉妻。

张曾氏。张兴洪妻。

田宋氏。田兴银妻。

张贾氏。张大明妻。

孙王氏。孙汝楼妻。

张蒋氏。张兴仁妻。

李叶氏。李兴悻妻。

田姚氏。田兴怀妻。

刘唐氏。刘焕然妻。

张田氏。张达三妻。

金周氏。金长鉴妻。

刘蒲氏。刘才遗妻。

龚张氏。龚德芳妻。母子同死。

王张氏。王义元妻。

陈王氏。陈贵生妻。

陈曾氏。陈元楚妻。

祝蒋氏。祝儒纲妻。

张祝氏。张天林妻。

周田氏。周文河妻。

胡郭氏。胡辉匠妻。

蔺傅氏。傅陞妻。

邓勾氏。邓安银妻。

萧李氏。萧经文妻。

余胡氏。余朝仲妻。

卢余氏。卢日璜妻。

蔺傅氏。蔺远浩妻。

吴刘氏。吴士贞妻。

李赵氏。李瑛妻。

戴陈氏。戴文德妻。

唐罗氏。唐天遂妻。

刘张氏。刘明恪妻。

陈戴氏。陈兴仁妻。

张杨氏。张怀位妻。

胡戴氏。胡斗峰妻。

唐王氏。唐天福妻。

刘杨氏。刘明达妻。

陶刘氏。陶大伦妻。

蓝祝氏。蓝有林妻。

李黄氏。李兴隆妻。

黄陈氏。黄世杰妻。

张何氏。张荣吉妻。

戴田氏。戴义益妻。

项戴氏。项忠元妻。

陈莫氏。陈普忠妻。

郭傅氏。郭学清母。

潘项氏。潘正福妻。

遇贼不屈投崖烈妇

邬冯氏。邬世本妻。

傅吴氏。傅正荣妻。

汪沈氏。汪汉法妻。

卢余氏。卢双和妻。

黎刘氏。黎三元妻。

万李氏。万世福妻。

卢余氏。卢光泽妻。

尤王氏。尤成名妻。

傅陈氏。傅世祥妻。

尤符氏。尤明贵妻。

傅陈氏。傅家兴妻。

许秦氏。许国顺妻。

李彭氏。李丰顺妻。

杨戴氏。杨理之妻。

程高氏。程国坤妻。

卢李氏。卢世兴妻。

王郭氏。王德寿妻。

杨邬氏。杨应榜妻。

张杨氏。张世爵妻。

廖杨氏。廖福应妻。

杨戴氏。杨应奇妻。

高刘氏。高大成妻。

傅陈氏。傅世华妻。

郭骆氏。郭正荣妻。

傅陈氏。傅家荣妻。

万向氏。万治成妻。

向孙氏。 向廷举妻。

贼警惧辱自缢烈妇

冉孙氏。 冉光荣妻。子女并缢。

李夏氏。 李万发妻。

傅李氏。 傅世华妻。同女傅姑。

余胡氏。 余朝潮妻。

李王氏。 李向林妻。

杨汪氏。 杨光远妻。

陶陈氏。 陶辅臣妻。

卢李氏。 卢广元妻。

周徐氏。 周廷楫妻。

邓蒋氏。 邓相国妻。

邓廖氏。 邓奇合妻。

杨孙氏。 杨光海妻。

陈龙氏。 陈翠山妻。

陈龙氏。 陈元林妻。

蔺勾氏。 蔺仕奎妻。

蒲卢氏。 蒲江沛妻。

杨孙氏。 杨义盛妻。

李雷氏。 李□□妻。

孙秦氏。 孙仕伦妻。

傅李氏。 傅炳妻。

申黄氏。 申行友妻。

贼警惧辱投水烈妇

卢万氏。卢万盛妻。

闵王氏。闵志道妻。

江张氏。江思义妻。

蒲卢氏。蒲江溶妻。

简王氏。简正纲妻。

卢余氏。卢日锐妻。

吴蒋氏。吴成瑛妻。

陈莫氏。陈昌崇妻。

卢郑氏。卢文英妻。

周张氏。周仕和妻。

郭傅氏。郭月武妻。

邹王氏。邹世官妻。

张刘氏。张家瑞妻。

潘项氏。潘仁甫妻。

王朱氏。王金朝妻。

申黄氏。申洪顺妻。

吴张氏。吴成焕妻。

卢郑氏。卢秀夫妻。

罗陈氏。罗文龙妻。

陈张氏。陈宗银妻。

游程氏。游晴川妻。

傅张氏。傅文章妻。

陈夏氏。陈文灿妻。

游谭氏。游宗礼妻。

陈余氏。陈治海妻。

张吴氏。张文星妻。

罗谭氏。罗兴发妻。

谭廖氏。谭效恒妻。

廖张氏。廖道行妻。

陈张氏。陈洲之妻。

陈胡氏。陈宗纯妻。

谭张氏。谭效炯妻。同子庆寿。

廖舒氏。廖德旬妻。同女。

陈秦氏。陈文材妻。

黎张氏。黎德郁妻。

黎徐氏。黎喜妻。

黎朱氏。黎正起妻。

陈谯氏。陈翔远妻。

吴杨氏。吴同兴妻。

陈张氏。陈宗玉妻。

陈张氏。陈文朝妻。

杨张氏。杨八之妻。

陈吴氏。陈文光妻。

余冯氏。余景武妻。

龚汪氏。龚廷槐妻。

傅舒氏。傅天淮妻。

余舒氏。余玉衡妻。

云龚氏。云正祥妻。

余张氏。余维城妻。

张刘氏。张模之妻。

胡魏氏。胡万泰妻。

周文氏。周泽明妻。

卢徐氏。卢炳然妻。

罗卢氏。罗景洪妻。

杨汪氏。杨廷芳妻。

罗张氏。罗贤章妻。

赵廖氏。赵殿扬妻。

汪刘氏。汪文彩妻。同儿及媳。

廖游氏。廖荣纲妻。

徐梅氏。徐照然妻。

龚张氏。龚德芳妻。同两子溺。

任张氏。任成章妻。

何吴氏。何有珖妻。

李田氏。李天佑妻。

姚洪氏。姚大有妻。

田陈氏。田书妻。

周陈氏。周正德母。

周李氏。周正德妻。

李田氏。李君先妻。

覃何氏。覃允寿妻。

李叶氏。李时昌妻。

田陈氏。田凤鸣妻。

卢余氏。卢日铣妻。

吴蒋氏。吴成瑛妻。同女三姑。

卢郑氏。卢文英妻。

张吴氏。张桂林妻。

王李氏。王笃烈妻。

郎周氏。郎守成妻，同一婴儿。

卢刘氏。卢世泽妻。

罗秦氏。罗长太妻。

罗马氏。罗长青妻。

梁周氏。梁辅臣妻。

杨申氏。杨介臣妻。

潘傅氏。潘东山妻。同女潘姑。

廖杨氏。廖清泉妻。

廖罗氏。廖仕琴妻。

田钟氏。田庆远妻。同女接弟。

周洪氏。周大成妻。

郭骆氏。郭万珊妻。

胡符氏。胡必达妻。

许唐氏。许天才妻。

张龚氏。张正本妻。

易张氏。易之才妻。

刘张氏。刘朝臣妻。

谭鲜氏、杨李氏、滕杨氏、游陈氏、颜何氏。周赵氏。正定府知府周衡妾。

卢龚氏。卢元性妻。

余黎氏、胡魏氏、闵王氏。苏蒲氏。苏宗荣妻。

简张氏。简正刚妻。

贼警惧辱自刎烈妇

汪谭氏。汪兴政妻。

余刘氏。余天银妻。

勾李氏。勾德贯妻。

刘杨氏。刘元福妻。

刘徐氏。刘文焕妻。

李许氏。李逢春妻。

李王氏。李光锡妻。

廖胡氏。廖三元妻。

卢李氏。卢仕栋妻。

贼警惧辱服毒烈妇

赵刘氏。赵克成妻。同二女。

余黎氏。余宗鹏妻。

余汪氏。余九皋妻。

邬汪氏。邬世钦妻。

邬陶氏。邬光钦妻。

邬杨氏。邬光礼妻。

万何氏、周洪氏、李王氏、刘杨氏、刘徐氏、何张氏、吴彭氏、余刘氏、卢徐氏、周文氏。

义　妇

国朝

陈吴氏，陈廷彩妻。年三十二，彩卒。夫弟廷春夫妇相继殁，遗孤甫二岁，氏抚之如己出，置产与均。

杨刘氏，杨培妻。有幼婢，刘养之。及笄，培以为妾，嬖甚。逼刘大归，时年廿四，母怜其少，订媒再醮，约成矣。刘闻而自缢，救免。纺织自给，居母家十余年。妾死，生子甫二龄。族党以刘节义，劝合镜焉。年余，培卒。刘抚妾子如己出，州牧毛公[一]额奖之。

注释：

[一] 毛公：即涪州知州毛震寿。《涪陵历史人物》第94页《清代涪州良吏毛震寿》云：毛震寿（1832–1913），江西南昌府丰城县人。进士。道光三十年（1850）任涪州牧。后任酉阳州知州。善文词，工书法。今存其酉阳南腰界"保安坪"三字题刻，体现了"保众安民，寻求太平"的为官之道。在涪州北岩胜景绝壁上，有题刻"官守当为斯民造福，臣心誓与此水同清"，反映出"官为民立，清正廉洁"的境界。其书宗北魏，笔势豪劲纯熟，结体紧密有致，文词与书风俱为世人所赞颂。该题刻有较高的历史、艺术价值，已被选入高文等编辑的《四川历代石刻艺术集》一书中。

周何氏，举人何锡九女，适南郑县令周蕃寿，最得姑欢心。泊蕃寿殉南郑，无子。氏在家得耗泣血，欲死。遍贷扶柩资无应者，乃尽典衣饰，亲身往寻。于乱尸枕籍中，卒得蕃寿尸，并伯兄廷绩火中余骨以归。

黄游氏。<small>黄城妻。</small>

周鞠氏。<small>周调元妻。</small>

高覃氏。<small>高锐妻。</small>

右三人俱刲股愈夫疾。

流　寓

唐

李白尝往来于涪，喜涪陵山水之胜，流连不忍去，李渡因之名。

宋

程颐[一]，哲宗时，擢崇政殿说书。绍圣间削籍窜涪州，寓居北岩注易。涪人祀之北岩。载《省志》。

注释：

[一] 蓝勇主编《稀见重庆地方文献汇点》（下）道光《重庆府志》卷之八《人物志·谪宦》第882页云："程颐，字正叔。年十八，游太学。见胡瑗，处以学职。哲宗初，司马光、吕公著其［笔者注：当为'共'］疏其行谊，擢崇政殿说书，出管勾西京国子监。久之，加直秘阁，在上表辞。董敦逸复撼其有怨，望语去官。绍圣中，削籍窜涪州，李清臣、尹洛即日迫遣之。欲入别叔母，亦不许。明日赆以银百两，颐不受。徽宗即位，徙州，俄复其官，又夺于崇宁。卒年七十五。颐于书无所不读，其学本于诚。以《大学》《语孟》《中庸》为标指而达于六经，动止语默，一以圣人为师，其不至乎圣人不止也。涪人祀颐于北岩，世称伊川先生。嘉定十三年，赐谥曰正公。淳祐元年，封伊阳伯，从祀孔子庙廷。"参见《涪陵历史人物》第22-23页《程颐在涪陵》、《历代名人与涪陵》第65-66页《程颐在涪陵》、《神奇涪陵》第20-21页《程颐涪州点〈易〉》。

　　罗从彦，字仲素。尝从杨时讲《易》，至乾九四爻，云：伊川先生说甚善。鬻田走涪州，见伊川。问之，伊川反覆以告，从彦谢曰：龟山先生具是矣。乃归卒业。

　　黄庭坚，洪州人。以修实录谪涪州别驾、黔州安置，自号涪翁。《与太虚书》曰：某屏弃远方，以御魑魅耳。耳目昏塞，旧学废亡，是黔中一老农耳。载《省志》。

　　黄知命，山谷弟。尝客涪州，山谷《与王补之书》云：知命，舍弟，昨过涪陵官所，流连十余月。所将侍妾遂生男名小牛，近方挈归。小牛白皙魁岸。舍饴弄稚子，亦可忘老。又《答李长倩》云：知命在涪陵。逾岁，舟行日又留舍弟官所。约九月来，归犹未得近音。

　　尹焞[一]，洛阳人，师事程伊川。靖康初以荐召至京师，不欲留，赐号和靖处士，归。金人陷洛阳，阖门遇害。焞死复甦，刘豫以礼聘之，不从。乃至商州，潜窜蜀。绍兴四年（1134）止于涪，就伊川注易处，辟三畏斋以居。又在千福院构一室名曰习堂。<small>取"学而时习之"义。</small>又一室名曰六有斋。<small>取横渠先生"言有教、动有法、昼有为、宵有得、息有养、瞬有存"之义。</small>涪人宗之。后以范冲举召为崇政殿说书，以疾辞。冲请命漕臣，至涪趣驾，乃就道，祭伊川而后行。载《省志》。

　　注释：

　　[一] 蓝勇主编《稀见重庆地方文献汇点》（下）道光《重庆府志》卷之八《人物志·流寓宋》第883页云："《宋史》本传：字彦明，一字德充。世为洛阳人。焞少师事程颐，常［笔者注：当为'尝'］应举，发策有诛元祐诸臣议，焞曰：'噫，尚可以干禄乎？'不对而出。靖康初，种师道荐焞德行，赐号和靖处士。金人陷洛，焞阖门被害，焞死复苏，门人舁置山谷中而免。刘豫以礼聘，焞不从，以兵恐之。焞自商州奔蜀，至阆，得程颐《易传》十卦于门人吕稽中，又得全本于其婿邢纯，拜而受之。绍兴四年，止于涪。程颐读《易》地也，辟三畏斋以居，邦人不识其面。侍读范冲举焞自代，授左宣教郎，充崇政殿说书，以疾辞。范冲奏给五百金为行资，遣漕臣奉诏至涪亲遣。六年，始就道，作文祭颐而后行。当是时，学于程颐之门者固多君子，然求质直宏毅、实体力行若焞者盖鲜。颐尝以鲁许之，且曰：'我死而不失其正者，尹氏也。'其言行见于《涪陵记善录》，为详有《论语》及《门人问答》传于世。"参见《涪陵历史人物》第25—26页《终身不应举的程氏门人尹焞》、《历代名人与涪陵》第76页《尹焞在涪州传播"程学"》、《涪陵文史资料选辑》第三辑第112页汪长春《涪陵市书画名人录》。

苏轼^[一]，眉州人，_{与其弟辙蚤岁宦游}汴京经此，多题咏。见《艺文》^[二]。

注释：

[一]苏轼，参见《历代名人与涪陵》第69-71页《苏轼涪州贻珍》、《涪陵文史资料选辑》第三辑第112-113页汪长春《涪陵市书画名人录》。

[二]《同治志》卷十五《艺文志》收录有苏轼《涪州得山胡次子由韵》、苏轼《荔支叹》、苏辙《山胡》。

范成大^[一]，帅蜀时，过涪州，有涪陵江诗^[二]。

注释：

[一]范成大，参见《历代名人与涪陵》第79-80页《南宋诗人范成大乌江留咏》。

[二]即《同治志》卷十五《艺文志》范成大《涪州江险不可泊入黔江舣舟》诗。

王充，梁州人。游黔南，时黄庭坚谪涪，与充相爱甚笃。庭坚书曰：南充王子美，其质温粹，久与之游，见其诚心而不疑，循理而不竞。见《一统志》。

吴敏^[一]，字元中，真州人。大观二年（1108）辟雍首选，擢湹东学士司干官，充馆职。钦宗即位，知枢密院事，拜少宰。金兵围汴，与李邦彦议不合，谪涪州安置。

注释：

[一]蓝勇主编《稀见重庆地方文献汇点》（下）道光《重庆府志》卷之八《人物志·谪宦宋》第882页云："吴敏，《宋诗纪事》：敏，字元中，真州人。大观二年（1108），辟雍私试首选，擢浙东学事司干官，充馆职。钦宗即位，知枢密院事，拜少宰，谪涪州安置。"

刘彝^[一]，福建福州人。仕宋，累官直史馆。知桂州，禁与交人互市。交趾陷钦、连等州，坐贬官安置随州。又除籍为民，编隶涪州。载《省志》。

注释：

[一]蓝勇主编《稀见重庆地方文献汇点》（下）道光《重庆府志》卷之八《人物志·谪宦宋》第882-883页云："《宋史》本传：字执中，福州人。幼介特，居乡以行义称。从胡瑗学，瑗称其善治水。凡所立纲纪规式，彝力居多。第进士，移胸山令。治

簿书、恤孤寡、作陂池、教种艺、平赋役、抑奸猾，凡所以惠民者，无不至。邑人纪其事，目曰'治筑'[笔者注，当为'范']。后知桂州，会交阯陷钦、廉、邕三州，坐贬除名，编隶涪州，徙襄州。元祐初，以都水丞召还。著《七经中义》百七十卷，《明善集》三十卷，《居阳集》三十卷。"

明杨慎[一]，字升庵，新都人。正德辛未（六年，1511）状元，与夏松泉尚书同年，交厚，结诗社，尝客于涪。[二]

注释：

[一]杨慎，《涪陵历史人物》第59页《杨慎在涪陵》云：杨慎（1488-1559），字用修，号升庵。明代文学家。他与解缙、徐渭并称明代"三大才子"。后因贬流放滇南，故自称博南山人、金马碧鸡老兵。祖籍庐陵，生于四川新都。其父杨廷和（1459-1529）从成都新都入仕为官，是明代著名政治改革家，明正德朝继李东阳为内阁首辅。杨慎生于名宦之家，自幼在新都受家学教育，饱读诗书，11岁能诗，12岁作《古战场文》《过秦论》，长幼皆惊。他于正德六年（1511）高中状元，官翰林院修撰，预修《武宗实录》，事必直书，多次上书谏议朝政，遭廷杖，被迫称病还乡。嘉靖即位，召其回京师，任经筵讲官。嘉靖三年（1524），与王元正等冒死直谏，受廷杖，谪戍边陲云南等地。贬谪期间，杨慎或在新都，或在云南，或在永昌（云南保山），于各地都得到地方的善待。嘉靖三十年（1551），任官户、吏、礼部尚书的涪州人夏邦谟被罢官，晚年居涪州。杨慎与夏邦谟情趣相投，遭际颇似。在夏晚居涪州的岁月，杨慎常到涪州，与夏邦谟交游，诗文唱和，留下《涪州泛舟》《赠张先生一鹏归涪州并柬太宰松泉夏公》《寄夏松泉》《夏松泉太宰寿诗》《鹧鸪天·北岩寺酒阑书感》等诗篇。参见《历代名人与涪陵》第115-116页《明代四川状元杨慎涪州贻玉》、《涪陵文史资料选辑》第三辑第119页汪长春《涪陵市书画名人录》。

[二]《同治志》卷十五《艺文志》收录有杨慎《浮江泛舟》《赠张生一鹏归涪江并柬夏松泉》《寄夏松泉》《寿夏松泉太宰》诗。

国朝

王士正，字渔洋。尝客涪，有《碧云亭》《江心石鱼》诗。

吴省钦，字白华。官四川学政，有《游北岩注易洞》诗。

张问陶[一]，号船山，遂宁人。诗名震海内，为周东屏侍郎婿。尝客涪，题咏颇夥。

注释：

[一] 张问陶，《涪陵历史人物》第85-86页《张问陶与涪陵》云：张问陶（1764-1814），字仲冶，一字柳门，号船山，也称老船。四川遂宁人。清代杰出诗人，诗论家，著名书画家。因善画猿，亦称"老猿"。乾隆五十五年（1790）进士，历任翰林院检讨、江南道监察御使、吏部郎中，后任山东莱州知府。后辞官寓居苏州虎丘山塘，漫游大江南北。工书画，存诗3000余首，有"蜀中诗人之冠"的美誉。有《船山诗草》20卷和道光年间（1821-1850）在安徽芜湖、阜阳等地任知县的涪州人陈葆森与张问陶内兄周廷授（诰授中宪大夫分巡贵西安大兴遵兵备道）组织刊印的《船山诗草补遗》6卷传世，其中，有不少是题咏涪陵的诗章。《清史稿》《清史列传》《四川通志》《遂宁县志》有传。张问陶与涪陵关系紧密，其原配妻子之祖父是太子太傅周煌，父亲是周煌次子周兴岱。周兴岱（1744-1809），乾隆三十六年（1771）中进士，官至侍郎，历礼、吏、户诸部，命在南书房行走。乾隆五十一年（1786），张问陶岳祖父周煌卒于京师，岳父周兴岱率全家回涪陵守制，张问陶与妻周氏同行。在这期间，张问陶夫人及长女阿梅因病离开人世，张问陶痛不欲生。乾隆五十二年，张问陶娶成都通省盐茶道林俊之女林颀，次年考中进士。5年后，张问陶北上京师途经涪州，写下《涪州感旧》二首："拍拍飞桡十二枝，涪陵水落横舟迟。伤心七载崇兴寺，风景偏能似旧时。""小冢埋香痛阿梅，离鸾雏凤总成灰。眼前新妇新儿女，已是人间第二回。"诗写得哀惋，表达了张问陶对原配周氏和长女阿梅母女二人的痛切追忆和深情怀念。张问陶对涪陵可说是情深意切，写下数十首题咏涪陵人、事的诗作，主要有《琉球刀歌为周补之廷授作》《送周补之雄樵赴广东之外舅学十任》《峡中谢人送橘柚》《留涪州两日作诗谢亲旧》《与陈郁度言穷》《送外舅周东屏先生奉使川陕祭告岳渎》等。参见《历代名人与涪陵》第139页《张问陶客涪贻玉》、《涪陵文史资料选辑》第三辑第121-122页汪长春《涪陵市书画名人录》。

林鸿年，字梧村，福建侯官人。道光丙申（十六年，1836）状元。观察岭南，退居林下十余载。咸丰十年（1861）召用，除云南大理府。会滇黔回苗乱，道梗。留涪一年，日手一编。不通宾客，耽禅悦闲，与通方外说者游。未几，迁至云南巡抚，不能赴，罢归。

田兴恕，字忠普，湖南凤凰厅人。少小从戎，骁勇善战，积功官贵州提督，以钦差大臣兼摄巡抚篆。时佛兰西主教夷目在各省横甚，恕独绳以法。不受，戮其主教二人。论戍，道经涪州，寓居年余。与谈国事，忠愤之气辄形于色云。

方技　仙释

北魏

尔朱仙，名通微，号归元子，乃元魏尔朱荣族弟。见荣不轨，弃家隐去，遇普庵大士得道。唐僖、懿、昭间，游成都，于江滨取白石投水，众莫测。后至合州，卖丹于市，一粒价十二万。太守欲买，曰：太守金多，非百十二万不可。太守恶其反覆，盛以竹笼，弃诸江。至涪州，白石渔者得之。因索酒与之剧饮，取丹分饵，至荔支园，仙去。见《神仙通鉴》。

唐

蓝冲虚[一]，州人。居祖师观。神龙乙巳（元年，705）秋，一夕乘云仙升。《通志》作兰冲虚。

注释：

[一] 蓝勇主编《稀见重庆地方文献汇点》（下）道光《重庆府志》卷之八《人物志·仙释唐》第884页云：“蓝冲虚，《一统志》：涪州人。居精思观。神龙乙巳（元年，705）秋，一夕乘云而升。”

白石渔人，州人。姓名佚，少好道术。僖宗时遇尔朱仙于江中流。既登舟，仙与语曰：吾师云：遇三都白石，乃仙去，其此地耶？视子类有道者，亦有所得乎？曰：昔从海上仙人受三一之旨，炼阳修阴，亦有年矣。剧饮分丹，后随飞升去。按白石江即白鹤梁。

石姓叟，《十国春秋》：唐末尔朱先生隐炼于金鸡关下石室，居久之。有异人药一丸，且戒曰：子见浮石，吞而服之，仙道成矣。自是遇石必投之水间，视其浮沉，人皆笑以为狂。一日游峡上，有叟舣舟相待，叩其姓氏，对曰：涪州石姓也。遂豁然悟曰：异人浮石之言，斯其应乎！因服药，轻举而去。

王帽仙[一]，儵居天庆宫。出入阛阓，为人修敝冠，号王帽子。一夕，解尸去，道士葬之。月余，自果山遗书致谢。

注释：

[一] 蓝勇主编《稀见重庆地方文献汇点》（下）道光《重庆府志》卷之八《人物志·仙释五代前蜀》第884页云："王帽仙，《十国春秋·前蜀本传》：蜀人也，失其名。居常出入圜阓，为人饰敝冠，号王帽子。性落魄，忘尔我。暮则卧涪州天庆观，一夕间暴死，道士敛赀葬之。甫匝月，王自果山贻书来，始知为尸解。"

韦昉[一]，蜀人。夜渡涪陵江，有骑迎之江滨，询之曰：宫中玉镜台已下，君宁忘之耶？昉痴思良久，曰：然视其骑则犀也。跨之长鬣，相者前导，入康庄如砥，金银宫阙，崇闳玮丽，宫中服食，迥非人间。昉出，旋登第。十年，知简州。龙女忽遗书相迓，受箓为北海水仙。

注释：

[一] 蓝勇主编《稀见重庆地方文献汇点》（下）道光《重庆府志》卷之八《人物志·仙释唐》第884页云："韦昉，《一统志》：蜀人。夜泊涪陵江，忽遇龙女遣骑迎入宫，后昉登第。十年知简州，龙女复遗书相迎，敕命昉充北海水仙。"

宋

石矼女子[一]，涪州太守吴公游石瓮矼，遇一女。濒去，解玉环，付庙吏曰："为我谢使君，异日当历显仕，子孙复守此土。"言讫不见。据《志》称：吴光辅知涪州，孙信中复守涪，疑即其人。见《方舆考要》。

注释：

[一] 蓝勇主编《稀见重庆地方文献汇点》（下）道光《重庆府志》卷之八《人物志·仙释宋》第885页云："石矼女子，《方舆考要》：涪州太守吴侯尝游石瓮矼，遇一女。濒去，解玉环，付厢吏曰：'为我谢使君，异日当历显任仕，子孙复守此州。'言讫不见。"

无相[一]，州人。尝渡江，无舟楫，则置钵水面，曰：汝可自渡已，乃取蕉叶浮水，冉冉达岸，钵亦随至。见《神仙传》。

注释：

[一]蓝勇主编《稀见重庆地方文献汇点》（下）道光《重庆府志》卷之八《人物志·仙释宋》第885页云："无相，《神仙传》：涪州人。尝渡水无船，乃安钵于中流，曰：'汝可自渡。'便取芭蕉叶，搭水渡之。钵已随至，达岸而去。"

元

宝崖[一]，州人。幼寡言笑，弃家为僧。以布裹指烧之，曰："信佛如此，可也。"人以为癫。问：何不治？答曰："心且空耳，肢体复何有耶！"投火灭身而心不坏。

注释：

[一]蓝勇主编《稀见重庆地方文献汇点》（下）道光《重庆府志》卷之八《人物志·仙释明》第885页云："宝崖，《一统志》：涪州人。幼颖悟，弃家为僧。以布裹五指，烧之，曰：'信佛如此，可也。'人以为癫，问：'何不治？'答曰：'心且空耳，肢体复何有耶！投水灭身而心不坏。'"

明

萧公[一]，江西新淦县人。只身寓李渡，拯溺多著灵迹。时值岁除，镇数十家召公饮，同时皆至，群异之，遂去。先是，公出囊金购地数亩，而焚券于石。去后，镇人立庙攻基起石得所焚券，墨沈犹新。施闰章《江西萧公庙碑》：讳天任，广颡修髯，蚤通神术。尝瞑目，端坐良久，乃醒。问之曰：吾救某处覆舟矣。岁时，乡人召饮异地，同时处处在坐，甘胤虬神迹纪，潇然物外，为江湖游。巴蜀、荆湘，最其游神地也。曾鼎《新淦庙碑》：永乐乙酉（三年，1405）啖白石，坐而瞑，后乡人商游者往往于川蜀江淮间见之。李渡立庙，时得公同乡友卢公闳侃为之记，夕梦公指山间古琴为谢。旦日，登岸见曲径垂杨，断桥流水，小屋欹侧。一妪持板架檐下，水涡通礼，鸭行乞归，濯视有"卢氏家宝"四字，声清越，非他琴比云。

注释：

[一]蓝勇主编《稀见重庆地方文献汇点》（下）道光《重庆府志》卷之八《人物

志·仙释清》第 886 页云："萧公，《涪州志》：江西人。只身寓李渡，担水给食。便溺不向江边，恐汙水府，如是有年。一日，买地基立契，后对人焚之。腊日，镇人数十家邀饮，公同时俱至。后有自梓里来者询之，其事亦同，人甚诧异。公遂飞升，众将自置业为之立庙。造基起石，其契完好，至今庙极灵显。"

篆水，博综内典，讲《楞严经》于青莲寺，有雨花之瑞。崇正［祯］间，坐化时，莲香馥郁，数日不绝。

林端[一]，号虚泉，万历时人，涪陵名家子。就外傅，有黄冠相随，父母问其人，不答。尝携囊入人家，随手挂空际则着，与食则食。不与，探囊中，酒肴悉具，馨香满室，拉主人共酌，尽欢乃去。州牧过访，咄嗟备珍，错席间多苍蝇。牧曰：可驱否？虚泉唤侍者取泥一丸，捏虾蟆数头，趯趯食蝇，余遂散。牧宿其家，池中蛙声聒耳。问曰：可驱否？虚泉碎白纸数张，方寸许，投水中，声遂止。次日视之，蛙各带纸枷一，不能声也。然与州牧语，绝不涉幻诞。惟嘱以忠君爱民，省刑薄敛，谓往日诸戏不过款客小技耳！一时缙绅乐与游，后为滇中某巨公迎去，游诸名山，不知所终。

注释：

［一］蓝勇主编《稀见重庆地方文献汇点》（下）第 884 页道光《重庆府志》卷之八《人物志·艺术明》云："林端，《涪州志》：号虚，泉州人。生而颖异，幼就外传（笔者注：当为'外傅'），常见有黄冠相随，父母问之，秘不言，长多幻术。一日，刺史往谒，留饮于家圃。珍馐罗列而筵间，蝇蚋营营。刺史问曰：'是可驱否？'端曰：'可'。唤从人取泥一握，捏作蛤蟆数头，跳跃几上，蝇蚋尽避之而去。刺史又恶池中蛙声聒耳。问曰：'是又可驱否？'端曰：'可。'取白纸数张，碎作方寸，投之水中，其声即止。次早视之，诸虾蟆项上各带一纸枷，并不湿烂，而蛙欲作声不可得。然其平日所进言于刺史者，皆以省刑罚、薄税敛、忠君爱民之大旨。谓某之小技，不过于饮食筵前博一嬉笑耳！故一时士大夫乐与交游。后滇南沐公遣使迎去，未知所终。"

乌豆禅师[一]，成化间住白云观。不火食数十年，惟日掘生乌豆食之。严冬常单衣，赤足行雪中。山多虎患，师入山，寝其穴，虎避之。日有白云覆其上，积久不散。时刘秋佩喜其人，与之交。后坐化，体不毁，龛以石塔。碑尚存。

注释：

[一] 蓝勇主编《稀见重庆地方文献汇点》（下）第886页道光《重庆府志》卷之八《人物志·仙释明》云："乌豆禅师，《涪州志》：成化间住涪州白云观，数十余年不火食，惟荷锄掘生乌头啖之。天寒雪冻，赤足单衣栖于岩穴。山多虎，乡人患之。师往寝其穴，虎弭尾而去。炎暑烈日中有白云覆其顶，刘忠谏尝与之交。遗蜕不坏，迄今尚存石龛间。"

碧峰和尚[一]，栖龙洞寺。能前知，文御史微时读寺中，历试皆验。一日与文坐，忽大喝，既而曰："公仆持饷自家来，途遇虎，我为公逐之。"文不信。顷家人至，匼桉俱碎。询之，果值虎，暴雷击之遁。文与弟同攻苦，僧尝曰："伯子当贵显，惜不寿。子虽止明经，却以耄耋终。"后果然。圆寂日，以火葬，烈焰中见其冉冉蹑空去。

注释：

[一] 蓝勇主编《稀见重庆地方文献汇点》（下）道光《重庆府志》卷之八《人物志·仙释明》第886页云："碧峰和尚，《涪州志》：龙洞寺僧，有戒行。文御史少时读书寺中，一日与坐谈，忽谓文曰：'公仆有持饷，来者山中遇虎，我为逐之。'俄顷，家人至，匼器已碎。云遇虎于途，忽暴雷击之，虎遁，得免于厄。文有弟同在寺中，僧曰：'伯子当贵显，惜不寿。仲子止明经，享大年。'后皆如其言。卒后火化，乡人见其烈焰中杖锡而去。"

清虚羽客袁荣，有道术。岁旱，居民祷雨不应。荣设坛书符，雨立沛。年百岁，颜如少时。忽一夕化去，邻人成大阜葬之，实空棺也。墓前晒经石镌"万历丙戌（十四年，1586）仲冬书"，字体飘逸有凌云气。

国朝

果圆和尚[一]，居武隆福寿寺。终日诵经，夜则油渍布裹中指燃之。诵毕，指如故，或诘之，不应。乾隆十年（1745）化去。

注释：

[一] 蓝勇主编《稀见重庆地方文献汇点》（下）道光《重庆府志》卷之八《人物志·仙释清》第886页云："果圆和尚，《涪州志》：武隆福寿寺僧，终日念经，夜以布裹

右手中指，燃油照之。念毕，指如故。人诘之，僧默不答。乾隆十年（1745）坐化去。"

樵道人[一]，住城西桓山，得辟谷术。尝画月石壁间，晦、朔、弦、望合太阴象。后不知所终。

注释：

[一] 蓝勇主编《稀见重庆地方文献汇点》（下）道光《重庆府志》卷之八《人物志·仙释清》第886页云："樵道人，《涪州志》：住城西环山，能辟谷羽化。尝于石壁上图一月形，凡上弦、下弦月满缺时，观石上所画之月，盈亏毕肖。"

清真和尚[一]，年三十祝发为僧。夏不扇，冬不炉，不巾不袜。五十年后，圆寂于灵泉山。

注释：

[一] 蓝勇主编《稀见重庆地方文献汇点》（下）道光《重庆府志》卷之八《人物志·仙释清》第886页云："清真和尚，《涪州志》：邑人，三十为僧，不处古刹，募金创寺。虽素不相识之人，亦欣然布施。常独出，腰缠多金，不畏盗贼。开创灵泉、同古两山禅院，置寺四百余亩。年七十余，夏不扇，冬不炉，破衲赤足如。圆寂于灵泉山。"

重修涪州志卷十三　武备志

营制　兵额　器械　邮驿　塘房　兵燹

营　制

驻防把总一员。明设千户一员，百户二员，操兵五百名，隶之守道。国朝设守备一员，千总一员，把总二员，操兵三百名驻防守御。

康熙四十年（1701）奉文移守备驻忠州，改设把总一员。

俸薪

把总俸银四十五两四钱六分四厘。

把总养廉银九十两。

战粮十分，饷银二百零四两。

守粮三十二分，饷银四百九十一两六钱。

原设哨船守粮六分，饷银八十八两八钱。

新添哨船守粮九分，饷银一百三十三两三钱。

兵额，弓箭兵丁四名，鸟枪兵丁三十八名，原设哨船兵丁十名，新添哨船兵丁十五名。

军器，鸟枪三十八杆，弓箭撒袋四副。盔甲四十二副，号衣帽四十二副。大旗一杆，小旗五杆，红旗一杆。原设哨船二只，新添哨船三只。

附：滇发两逆之警阖邑捐置军火器械

咸丰十一年（1861）新添军火局军器。在文庙近侧。

火药二十九缸。每缸净重二百七十五斤，共计七千九百七十五斤。

火药两木桶。每桶连皮六十二斤，共计一百二十四斤。

铅弹。蔑包、木桶，共六十五件，连皮共重七千二百九十二斤。

火绳六千盘。

大劈山炮七十尊，小劈山炮三十六尊，罐子炮四尊，抬枪五十二杆，营枪四百五十三杆，牛角槎九十把，布火蛋一千零十个，铁沙子十六包一小木桶，铁钉脚五百七十根，铁喷筒十六杆，铁铲二十五个，细圆火蛋三小篓。以上存军火局。

存汛库军器，咸丰十一年（1861）新添：大劈山炮三十五尊，小劈山炮四十五尊，罐子炮六尊，抬枪五杆。

存城隍庙军器，咸丰十一年（1861）新添：号衣一千八百七十件，号帽一千二百一十顶。营官蓝布帐棚一顶，白布新帐棚六十五顶，白布旧帐棚二百五十四顶。锣锅五十口，战鼓八面，战锣七面，透心铁茅一千零二十根，顺刀四百二十把，大小旗帜三百七十首，督阵令旗八十首，火药皮包五十个，藤牌号衣三十件，大小铁槎七十二把，炮挡四十架。

邮　驿

宋元明

重庆递运所，涪州龙溪驿、蔺市驿、涪陵驿、东青驿。

蔺市驿[一]。州西六十里。开庆元年（1259）蒙古主蒙哥攻合州，命其将[二]造浮桥于涪州之蔺市以杜援兵。今为蔺市水驿。

注释：

[一]蓝勇主编《稀见重庆地方文献汇点》（下）第469页云："蔺市，州西六十里。宋开庆元年（1259）元兵攻合州，其将耨坰造浮桥于涪州蔺市，以杜援兵，即此。明置蔺市驿，今裁。"

[二]将，即蒙哥大将纽璘。参见《历代名人与涪陵》第99-100页《元代大将纽璘率军在涪州造浮桥》、《神奇涪陵》第22-23页《涪州蔺市抗蒙之战》。

涪陵驿。在州治东。滨江水驿也。

青水驿。 州东六十里。

白马驿。 《九域志》: 涪陵县有白马驿。

国朝

塘房: 土主庙、冷水关、谢石坝、底塘、凉水铺、灯盏铺、木根铺、闻天铺、白果铺、火炉铺、沙台铺、木棕铺、武隆、郭祥铺、上堡塘。 以上陆塘。 李渡镇、韩公沱、黄谷嘴、平西坝、守经溪。 以上水塘。

右水陆塘共二十所。烟墩、哨楼、栅栏俱全。

铺司: 底塘铺[一]、双庙铺[二]、白岩铺[三]、灯盏铺[四]、闻天铺[五]、火炉铺[六]、木棕铺[七]、沙溪铺[八]、青龙铺[九]、白果铺[十]、绿竹铺[十一]、沙台铺[十二]、木根铺[十三]、凉水铺。

注释:

[一] 蓝勇主编《稀见重庆地方文献汇点》(下) 第 638 页云:"底塘铺,在州城内。"

[二] 蓝勇主编《稀见重庆地方文献汇点》(下) 第 639 页云:"双庙铺,西八十里。"

[三] 蓝勇主编《稀见重庆地方文献汇点》(下) 第 639 页云:"北崖铺,东三十里。"两书记载存在"白岩""北崖"之别。

[四] 蓝勇主编《稀见重庆地方文献汇点》(下) 第 639 页云:"灯盏铺,东一百三十里。"

[五] 蓝勇主编《稀见重庆地方文献汇点》(下) 第 639 页云:"闻天铺,东二百三十里。"两书记载存在"闻天""闻天"之别。

[六] 蓝勇主编《稀见重庆地方文献汇点》(下) 第 639 页云:"火炉铺,东三百一十里。"

[七] 蓝勇主编《稀见重庆地方文献汇点》(下) 第 639 页云:"木棕铺,东三百九十里。"

[八] 蓝勇主编《稀见重庆地方文献汇点》(下) 第 639 页云:"沙溪铺,西四十里。"

[九] 蓝勇主编《稀见重庆地方文献汇点》(下) 第 639 页云:"青龙镇铺,东三十里;大柏树铺,西一百二十里。"

[十] 蓝勇主编《稀见重庆地方文献汇点》(下) 第 639 页云:"白果铺,东

二百七十里。"

　　[十一]蓝勇主编《稀见重庆地方文献汇点》(下)第639页云:"绿竹铺,东一百一十里。"

　　[十二]蓝勇主编《稀见重庆地方文献汇点》(下)第639页云:"沙台铺,东三百五十里。"

　　[十三]蓝勇主编《稀见重庆地方文献汇点》(下)第639页云:"木根铺,东一百九十里。"

　　右共十四铺[一],每铺兵二名,总计二十八名。每名月支工食银五钱,连闰加增,共一百八十二两。

　　注释:

　　[一]蓝勇主编《稀见重庆地方文献汇点》(下)第639页云:"额设司兵二十八名。"

兵　燹

周

战国:楚威王使庄蹻将兵循涪陵江上,略巴郡黔中以西。

战国:秦司马错自巴涪水取定商於之地为黔中郡。_{於一作淤。}

汉

武帝时,使发南夷兵,征南越,且兰不从,乃反。汉发巴蜀校尉击破之,遂平南夷,为牂牁郡。乐史注云:今涪州之义众郡也。_{义众即今音杜。}

建武十一年(35),岑彭等讨公孙述,破述将侯丹于黄石。《岑彭传》:长驱入江关,至江州,留刘骏攻围,自引兵直指垫江,_{即今合州。}述别遣侯丹拒黄石,彭乃自垫江还江州。沂都江而上,袭击侯丹,大破之。_{黄石即横石滩,见《滩险》。}

建安十六年(211),先主率万人溯江西上,所在供奉,入境如归。至巴郡,严颜拊心叹曰:此所谓独坐穷山,放虎自卫者也。先主由巴水达涪。十九年(214),诸葛亮、张飞、赵云等溯江,降下巴东,入巴郡。赵云自江州分定江阳、犍为,飞攻巴西,亮定德阳。按今州境有铁柜城、张爷滩诸古迹。

延熹十一年（248），涪陵大姓徐巨反，邓芝讨平之。

晋

咸宁五年（279）伐吴。王濬别遣参军李毅将军由涪陵入取武陵，会巴陵。

太安二年（303）三月，罗尚讨李雄，遣督护张龟、何冲、左氾等军繁城，而绵竹降。涪陵民药绅，^{一作乐。}杜阿应尚。

秋七月，三蜀民流进，南入东下，饥饿。惟涪陵民千余家在江西，依青城山处士范贤自守。平西参军涪陵徐舆求为汶山太守，抚帅江西民，与官犄角讨雄，尚不许。

太安二年（303）李雄攻陷郫城，蜀民皆保险结坞。或南入宁州，或东下荆州。城邑皆空，野无烟火。惟涪陵千余家依青城山处士范长生[一]。长生有名德，蜀人重之。

案此二说大同小异，或即一书有年号有舛讹耳。并录以。

注释：

[一] 范长生，《涪陵历史人物》第8—9页《大成帝国丞相范长生》云：范长生（218—318），一名延久，又名九重，一名支，字元。别号蜀才，尊称范贤。丹兴（今重庆黔江区）人，中国天师道首领，蜀中八仙之一。西晋时大成政权（都成都）丞相，被封为天地太师、西山侯。蜀后主延熙十三年（250），涪陵郡（治今重庆彭水苗族土家族自治县郁山镇）反，车骑将军邓芝率兵征讨。在平定涪陵属国都尉叛乱后，朝廷为免再生事端，将涪陵豪族徐、蔺、谢、范等5000余户强行迁往成都，为猎射官，分羸弱配督将韩、蒋，为助郡军。当时，一些处于战乱的人们，为摆脱现实苦难的困扰和寻求精神的寄托而皈依宗教。由张道陵创建的"天师道"，在四川盛极一时。饱受战乱与歧视之苦的范长生，加入天师道，长期住在成都西山（青城山）。因他注重信义，博学多才，深得天师道教徒的敬服，被拥为成都一带天师道的首领。西晋太安二年（303），李特率关中、汉中入蜀流民组成的起义部队，攻入成都平原，陷州夺郡，蜀民自扰，涪陵民1000余家依范长生自保。后李特战死。李流、李雄继领余部，广招贤才，充实力量，以图东山再起。范长生对流民起义军十分同情，亲自出山，以其天师道首领的声望，为其筹集粮秣，招募兵马，给予李氏队伍以有力的支持，李氏队伍重振声威。李流死，李雄继位，都郫城，后再次攻占成都。西晋永兴元年（304），李雄因敬慕范

长生的才德和威信，欲让位于范长生，长生固辞，劝李雄自立。十月，李雄称成都王，年号建兴。西晋光照元年（306），李雄称帝，改元晏平，国号大成，约法七章，剔除苛法。范长生从西山到成都造谒李雄。李雄率百官亲迎，拜范长生为丞相，加号"四时八节天地太师"，封西山侯，尊称范长生为范贤，复其部曲，军征不预，租税皆入范家。在范长生"清心寡欲，敬天爱民"的涉世宗旨影响下，在其"休养生息，薄赋兴教，切莫穷兵黩武"的劝导下，大成政权宽和政役，轻徭薄赋，规定赋民男丁一岁谷三斛，女丁半之；疾病又半之；户调绢不过丈，丝不过数两，事少役稀，民多殷实，建官学，兴文教，端风化，罚不妄举，刑不滥及，恩威远播，夜不闭户，道不拾遗。来称臣依附的人增多，大成一度昌盛。范长生"博学多能"（《资治通鉴》语），尤精书法。其笔触豪放，"饱满大方"，蜀境书苑，首屈一指，与慕容恪、王猛齐名。另著有《蜀才易传》4卷，著录于《隋书·经籍志》，惜该书已佚，其内容散见于唐李鼎祚的《周易集解》之中。范长生擅长易学，被明朝著名学者杨升庵誉为"西山蜀才"，将其与襄阳庞德公、谷口郑子真、东海王霸并论，评价甚高。范长生担任大成丞相13年，东晋大兴元年（318），范长生以百岁高寿辞世。后人在青城山为其立庙，尊崇他为"长生大帝"。故里黔江县城亦建有范公祠。清光绪《黔江县志》卷四载黔江县令张九章《范贤传》对范长生的事迹较为详细，故录之：范贤名长生，一名延久，又名九重，又名支，字元，又字延寿，别号蜀才，邑名丹兴时人也，属涪陵郡，其先世无可考。据《晋书》及《华阳国志》载，永康（300-301）间处于灌之青城山，能以信义孚众。时蜀大姓李特、李流等因饥为乱，连年攻陷州郡，蜀民皆保险结坞，或南入宁州，或东下荆楚，城邑皆空，野无烟火，掠靡所获，道殣相望。惟涪陵民千余家在江西依贤自守。晋平西参军徐舆说罗尚厚结长生与共讨贼，尚不许，舆怒降流，反说长生给流军食。及永兴元年（304），李雄据成都，以长生有名德，为蜀人所重，欲迎以为君，长生不可，雄遂即王位，改元大成（《华阳国志》作大武）。未几称尊号，遣百官具仪仗拜长生为丞相，其从弟置以不陪列，斩之。长生乃自西山乘素舆诣雄，雄迎于门，执板延坐，称曰范贤。已而尊为四时八节天地太师，封西山侯，复其部曲，军征不预，租税皆入贤家。贤乃深劝雄以虚己受人，宽和政役，兴文教，立学宫。其赋民男丁一岁谷三斛，女丁半之，疾病又半之，户绸绢不过数丈，丝不过数两，事少役稀，民多富实，至乃间门不闭，路无拾遗，狱无滞囚，刑不滥及，致天水、武都奉贡称臣，款关内附者日益而至。凡相成十有三年，至晋大兴元年（318）卒。卒之后，李氏复用其子贲为丞相，《纲目》大书成丞相范长生，卒盖予之也，书法谓其臣者录贤也，终。《纲目》卒僭国臣者二十有二，长生居一焉，与慕容恪、王猛辈争列矣，《通鉴》鉴称其博学多艺能，年近百岁，蜀人奉之如神云。著有《蜀才易传》十卷，详《隋书·经籍志》，其说散见唐李鼎祚《周易集解》。明杨升庵以西山蜀才与襄阳庞德公、谷口郑子真、东海王霸并论，可想见其人矣。盖公本道家者流，隐居求志，故屡易其名，会逢一时之运，伟然僭国之师，名垂竹帛，至今青城山中犹崇祀之曰长生大帝，亦可谓生为名世，殁为明神者欤！惜史未立传，而县志亦略举不详，故余采辑诸书及云帆氏说而为之传。参见《历代名人与涪陵》第57-58页《“一瓢诗人”唐求题涪州范贤观》。

永宁五年二月，氏隗文反于□□□有文武，共表巴郡太守张罗行三府事。罗治枳，自讨文于宫坼，破降之。旋叛，罗败死。三府文武复共表涪陵太守向沈行西夷校尉，吏民南入涪陵。

建兴元年（313）春，向沈卒。涪陵多疫疠，各郡太守、令、吏共推汶山太守涪陵兰维为西夷校尉。时中原既乱，拯救无所顾望。蜀郡太守程融等共率吏民，北出枳，欲下巴东，遂为雄将所破获。

五月，梁州刺史张光攻王如党。涪陵李运、巴西王建于盘蛇便作山，疑其欲叛也。攻破，杀之。

义熙三年（407），刘豫使刘敬宣讨谯纵。敬宣入峡，率舟师由忠、涪趋重庆。遣别将出外水，自帅诸军出垫江。八年（412），复命朱龄石等进讨。龄石至白帝，仍由忠、涪兼行至平模。敌出不意，奔溃，纵走死。蜀平。

齐

中兴元年（501），涪陵王宝卷遣军救郢州，屯加湖。

梁

大宝二年（551），宇文泰命尉迟回袭取成都，遣别将东略重、涪、忠、夔，以东皆为西魏地。

唐

上元二年（761），黄荤峡_{即黄草峡}。獠贼结聚，江陵节度请隶于江陵，置兵镇守。

大历四年（769），泸州刺史杨子琳作乱，沿江东下。涪州守提［捉］使王守仙伏兵黄草峡，为子琳所擒。

开成三年（838），牂牁蛮寇涪州之清溪镇，镇兵击却之。

后梁

乾化四年（914），高季昌以夔、万、忠、涪四州旧隶荆南，兴兵取之。不克。

后唐

长兴初，孟知祥与董璋合谋拒命，石敬瑭等讨之，不克。董璋陷阆州，遂略涪、合、巴、蓬、果等州。三年（932），知祥复并东川。

宋

乾德二年（964），王全斌等伐蜀。刘光义克夔州，尽平峡中地。_{万、施、忠、涪、开诸州是也。}

治平中，熟夷李光吉、梁秀等三族据板楯蛮地劫掠边民。板楯七姓蛮，唐南平獠也。熙宁三年（1070）转运使孙国、判官张说、使兵马司冯仪、弁简杜安行图之，因进兵复宾化寨，平荡三族，以宾化寨为龙化县，隶涪州。建荣懿、扶欢二寨。_{板楯在巴黔。广西、湖南有㲋瓠之后。在夔、峡、阆、果者，廪君之后。似与獠种不同。又板楯，今所谓弩头虎子者也。蜀向无獠，李特乱时，山谷洞中攘攘而出，转之渐大自为夫娘。殆坏生蛆，蛆化蝇之类耶？}

开庆元年（1259）三月，蒙古主蒙哥攻合州，命其将纽璘造浮桥于涪州之蔺市，以杜援兵。吕文德攻浮梁，力战得重庆。_{端平一年（1235），蒙古命阔端等侵蜀，四路悉被残破。孟珙、余玠相继帅蜀，仅保夔州一路及潼川路之顺庆、泸、合，西有嘉定一庖而已。}

淳祐十八年（1258），宪宗自引兵由忠、涪渡鸡爪滩，至石子山，督战合州城下，会师围之。

德祐元年（1275）冬，张珏复泸、涪州，遂败元军于重庆。_{张珏留合州，以抗元军，且遣师复泸、涪二州，及元围兵以不合而溃。珏乃得入城，遣将四出，元军屡败。}

景炎三年（1278），元军入重庆。张珏率兵巷战，不支。归索鸩饮，不得。乃顺流走涪，不花遣舟师邀之，遂被执。至安西寨，解弓弦自经死。涪州守将王明不屈被害。

元

汪德臣，世显子。袭父爵，为总帅。从入蜀，将军出忠、涪，所向克捷。

刘思敬，至元八年（1271）授西川副统军。与宋臣战于青城，宋兵大败。攻克嘉定、泸、叙、忠、涪诸郡。

至正十四年（1354），明玉珍以兵千人桨斗船五十溯夔而上。时青巾盗李喜喜聚兵苦蜀，元义兵元帅杨汉以兵五千御之，屯平西，_{涪州平西坝。}右丞相完者都镇重庆。

明

洪武四年（1371）正月，征西将军汤和率副将周德兴、廖永忠等以舟师由瞿塘进涪州，趋重庆。

天启元年（1621）辛酉夏四月，贵州土司奢崇明奉调入重庆，巡抚王象乾至演武厅点兵给饷，贼目张同以标戕射杀象乾，遂反。城中大乱，警报至涪。署州牧胡公平表徒步入石柱，效秦庭之哭，土司官秦良玉率所部上援，贼趋成都。良玉入城安抚，涪境获安。因立胡公祠城北祀之。

崇正［祯］十六年（1643）癸未夏五月，摇黄十三家贼遵天王袁韬、四队王友进、必反王刘维明攻劫鹤游坪，民争渡南岸避乱。

八月庚寅，官军败绩于罗池竹山寺。摇黄诸贼咸集，遵天王曰：川东北寨硐仅存一二，不若重庆渡江，南至叙、马可就食。由是梁、垫、长、涪大小硐寨皆被破。积尸盈路，臭闻千里。

十七年（1644）甲申春_{正月，摇黄}贼烧李渡镇。_{分守道刘龄长遣兵勇百余渡江哨探，遇贼，杀伤过半。}

是年，夔、巫十二隘总兵曾英御献贼于万县湖滩。二月庚寅，贼陷万县，曾英退保涪州望州关。又湖滩之溃，余大海走涪州。

六月八日，献贼入涪城。_{英至涪为守御计。于两江滨联以木栅，献贼尾其后。初八日，贼大至，舳舻继进。分巡道刘龄长退走綦江，郡守冯良谟退走彭水，曾英以寡不敌众退守望州关。薄暮，贼追至。英下马持刀，殿于关口要路堵截，官兵乃得过关。贼拥上，英短兵相接。被伤，昏死，落坡下。夜深贼去，英甦起。复从水路奔去，由南川至綦江，贼焚官民舍，城内外皆为灰烬。}

十一日，_{献贼}分水陆二路起营。_{陆由南川，水由大江，约十八日会于重庆。}

九月，曾英从綦江以练兵至江津，下重庆，军声复振。

乙酉（1645）春三月，贼发伪水军都督下取川东。曾英大破之，诏封英为平寇伯。

曾英泊船两岸。警至，英令家眷退涪州，止留战船数百。号发，水师将余大海等水路迎敌，自率马步从北岸潜赴合州地，袭取广才营于多功城。贼溃，渡江，淹死无数。于是两路夹攻，贼大败奔回。涪州得有两载之安，督帅王应熊为英题督总兵，继题平寇伯，有印。

十月，明官兵乱。总镇甘良臣，副参贾登联、莫宗文、屠龙英、王祥、胡朝宣、王启等走忠、涪、泸、合、永、遵，所过皆劫掠而食。东南大扰，庐舍悉空。

国朝

顺治二年（1645）乙酉三月，明参将杨展复叙州。总督樊一蘅令余大海、李占春取忠、涪。

三年丙戌（1646），明副将曾英请屯田于重庆，不果行。由是兵皆抢劫，自叙、泸至重、涪，打粮至一月往返，无异于贼。

四年丁亥（1647），摇黄贼掠北岸，袁韬亦率众百万，军于涪。民虽降而劫掠如故，死亡不可胜计。

五月，肃王发贝勒、贝子诸营取涪州，袁韬大败。渡涪陵江，走贵州。八月，李占春统诸营上复重庆，占春，一名李鹞子。摇黄久掠川东北，千里无烟。野无所掠，贼党王友进、扈九思等复由涪州、武隆、彭水过江口，掠绥阳、綦江。

十二月，袁韬与李占春等争功，自相攻杀。占春败退，下涪州。

五年戊子（1648）李占春结营平西坝。饷绝，杨展馈米万石，银万两。

六年（1649）李占春仍营平西坝。

七年（1650）李占春仍营平西坝。

八年（1651）辛卯刘文秀将卢名臣击李占春、余大海于涪，败之。二人降于我师。李占春旋遁，复禽之。三月，献孽孙可望、刘文秀，王自奇降袁韬，武大定后乘势下叙、泸，陷重庆。至涪州，败李占春于群猪寺口，遂陷涪州，占春投诚国朝，而涪州已空矣。摇黄贼乱涪，凡九年。

十六年（1659），大兵下叙州。王师所指，望风款服。惟土司牟胜据武隆维摩硐，大兵克其硐。解胜赴京。令招未服者以自赎，纳款益众。

康熙十三年（1674）三月总兵谭洪反，应逆藩吴三桂。东川州县皆陷。涪州陷于贼。

十九年（1680）正月湖广提督徐治都败贼将杨来嘉于巫山，复夔州，复重庆。涪州复。

二十年（1681）谭洪、彭时亨等再叛于川东，涪州被扰。九月贼尽入滇，阖境肃清。

吴三桂之乱，凡八年。

嘉庆二年（1798）十二月二十五日，白莲教匪王三槐由黄草山入州境，劫掠烧毁，珍溪、李渡蹂躏尤甚。贼三次往来，飘忽无定。鹤游坪下四周乡市寨硐，杀掠搜括，几无遗类。

十二月涪州、大竹、邻水各团勇据贼，王三槐复回达州。

三年（1799）十月，林亮功余党王光祖、包正洪、萧占国、张长庚等复蹂躏江北涪、忠诸地。

四年（1800）二月，群贼窜川东，涪州鹤游坪几为贼据。坪中白家场李扳弓杆潜通贼。初八夜，引贼由三伏岭卡入坪，势甚炽。武举谭在榜等急赴勒宫保大营，营造在垫江县董家场，离坪三十里。号哭请救。大兵至，贼遁。

二月，官兵屡挫徐天德、冷天禄二贼于涪州、长寿、大竹，徐天德窜达州，冷天禄窜邻水。

教匪扰涪，凡三年。

十一年（1807）长寿马鞍山教匪倡乱，纠合州民王于崇等起事。邑人陈焕率团勇捕剿，立平。

咸丰七年（1857）二月八日夜三鼓，教匪刘汶澧纠党入鹤游坪，戕州同昆秀于署，据城。十三日，汪绍洋、赵衔宣、赵宗宣联络罗家场、飞龙场、白家场各团攻之。汤大鹏、陈登和、张映山奋勇，直薄城下，贼溃散。十五日，谭道立、陈芳元等获刘汶澧于瓜坪卡，解州，伏诛。并母、妻、子女正法，事平。先是妖人刘义顺匿住州城，煽惑远迩。汶澧，其党也。潜约五月五日起事，教中王巴颈案先破，义顺远飏，汶澧见事泄，惧诛，遂蠢动。

咸丰十一年（1861），发逆伪丞相傅姓、伪检点李姓由贵州败窜州境。八月一日，由红荷关入州界，李瑞率众御诸土地坡。贼越弹子山，至羊角碛。在籍新津县教谕高伯楷率团蹙之。初七日，贼扎浮桥，东渡涪陵江，至三窝山、火炉铺等处。州牧姚公宝铭率在籍教谕毛徒南、在籍督标守备黄道亨、武生王应锡、罗富春，职员陈实录，监生李芝青等蹑其后。初十、十一等日，贼由木棕河窜彭水，姚公追至黔江而还。贼所过杀掠，村市为墟。

同治九年（1870）二月七日，发贼伪翼王石达开拥众数十万由石砫寇涪州。涪陵江东岸贼垒亘二百里，伪宰辅赖汶洸最慓悍，为前锋。三月三日，扎浮桥由朱家嘴渡涪陵江，而西入正安州、南川县折而北。三月十二日，由南川县合口河入州境之冷水关。十三、四日入巴县之本洞镇。贼行迅疾，一日夜率二百余里。各隘防守兵弁猝不及防，所至摧破。

三月五日，石达开扎浮桥自陈家嘴、夏家嘴渡涪陵江，下围州城。州牧姚公宝铭暨训导刘焕堂督同邑绅周曾祐、李树滋、周作霖、周祖缨等，激励民兵，婴城固守。十一日翼长刘岳昭引舟师，溯江来援，泊北岸。十二日候补知府唐炯、记名总兵唐友庚由重庆来援。十三日，唐镇入城，周视至南门。劲贼屯聚处也。贼铳伤唐镇队长一人。唐怒，麾众出战，身从城埤跃而下，民兵助之。徐邦道者，州人，积军功得副将衔，时在城中为勇目。先开西城，直撼贼壁。至南门山仰天窝，与唐兵会斗正酣，守陴者发呼〔喊〕为助，声震屋瓦。刘军隔江遥应之，贼大奔，围解。

十五日，石达开溃至冷水关。十七、八日，入南川县石牛河。伪李宰辅为后队，连日扰州境兴隆场、五马石等处。闻达开败，廿二日随奔冷水关。二十三日，窜南川县。唐太守炯引军追之，然贼踪已远，无及矣。

咸丰十一年（1861）十二月，滇匪周蹾子据梁山县平井铺，警报至涪。十六日，州牧姚公宝铭至鹤游坪以守御。属州同郑邦尉，十九日改令保举训导汪绍洋领其事，不相下。二十三日，贼过垫江县，直趋鹤游坪西北，人情惺惧。廿四日，团民纷无统属，各溃散去，郑州同奔涪州。二十五日卯刻，贼由石峡卡间道上坪，驻分州署。联营三十余里，号称二十余万，搜括钱谷，掳掠人口，折民舍为营房，拣悍贼据要隘，官兵屡攻不克，欲据为老巢。同治元年（1862）二月二十八日，贼目蓝大顺、曹统领自垫江至鹤游坪，欲与合，贼内相忌。三月二日，蓝、曹二逆由李渡、珍溪镇入酆都县。七月，楚兵云集州城，贼掠亦无所得，部下多逃亡。闰八月十八日，始从容起营去，而所集兵勇复踞之。冬初，民始稍稍复业。百里为墟，元气索矣。

同治三年（1864）贵州号匪盘踞正安州之丁家坝，骆制军调楚军及州属龙洞场团丁防诸大河坝。五月二十二、三等日，贼众至，团丁出隘御之，遇伏被害四十八人。六月十二日，贼分扰龙洞、广坪，烧杀掳掠。成总戎耀星率湘勇六百，大创之。十三日，贼去。

重修涪州志卷十四　艺文志上

散体文三十九首·骈体文三首

汉

货殖传，_{节录}　司马迁

巴蜀寡妇清^[一]，索隐曰：《汉书》作巴寡妇清。巴，寡妇之邑。清，其名。其先得丹穴，徐广曰：涪陵出丹。○《正义》曰：《括地志》云：寡妇清台山，俗名贞女山。在涪州采安县东北七十里。而擅其利数世，家亦不訾。清，寡妇也。能守其业，用财自卫，不见侵犯。秦皇帝以为贞妇而客之，为筑女怀清台。夫倮，鄙人牧长；清，穷乡寡妇。礼抗万乘，名显天下，岂非以富耶？

注释：

［一］蓝勇主编《稀见重庆地方文献汇点》（下）道光《重庆府志》卷之八《人物志·烈女完节》第 904 页云："《史记·货殖列传》：巴寡妇清，其先得丹穴而擅其利数世，家亦不赀。清寡妇能守其业，用财自卫，人不敢犯。始皇以为贞妇而客之，为筑女怀清台。王梦庚诗：嬴秦肆凶暴，黔首遭痛毒。独有巴妇台，清风系芳躅。丹穴擅素封，嫠也财用足。厉节得以贞，自卫不能辱。巴江净如镜，巴山洁如玉。台名今古留，清光怀旧著。"《涪陵历史人物》第 2 页《秦代著名的女实业家巴清》云：巴清（？～前 221），又称巴寡妇、寡妇清、巴寡妇清，巴郡（治今重庆市渝中区）人，其具体籍贯，一说枳县（治今重庆涪陵区）人，一说重庆长寿区人，一说重庆彭水县人，一说重庆黔江区人。最早记载巴清事迹的是司马迁的《史记·货殖列传》。其后，《一统志》《括地志》《地舆志》《舆地纪胜》等古典文献对其事迹均有记载。巴清积极寻找丹砂矿源，开辟丹砂运输商道，组建丹砂护卫商军，足迹遍及重庆、长寿、涪陵、武隆、彭水、

黔江、酉阳、秀山。她以自己的勤劳、智慧、坚毅、果敢，创造了一个丹砂财富帝国。最后捐资助国，名贯清史。巴清去世后葬于"清台山"，秦始皇为之专门修建"怀清台"，在今重庆市长寿区；巴清被近代史学家和经济学家称为"中国最早的女企业家"；今重庆彭水县尚有巴清的后人——青氏；清同治《涪州志》《涪陵市志》《彭水县志》《黔江县志》《彭水民族宗教志》等地方志，《巴族史》《巴国史》《涪陵乡土知识读本》等地方研究专著，《西南民族丹砂开发史略》《解读黔中盐丹文化》《寡妇清评传》等文章，或列"巴清"专条，或研究"巴清"事迹。巴清事迹更是历代文人墨客讴歌咏叹的对象。明代金俊明就写有《登怀清台》诗，云："丹穴传资世莫争，用财自卫守能贞。祖龙势力倾天下，犹筑高台礼妇清。"1942 年，郭沫若创作了历史剧本《高渐离》，亦言及巴清。香港著名武侠小说家黄易创作的《寻秦记》，其女主人公琴清的原型就是著名女实业家巴清。参见《历代名人与涪陵》第 15—17 页《秦始皇为巴著名女矿冶家筑怀清台》、《神奇涪陵》第 40—42 页《中国第一个女企业家——巴清》。

与秦世章文思[一]　黄庭坚

令嗣云：到涪数日，即治装。向侍傍[二]，适有宾客会食。作书草草，幸照察。舍弟在涪州已数月，比欲归。适秋雨江涨，未能来，计十月可到此。小儿稍能[三]诵书，性质颇朴懋。亦买得园地，他日令就黔州应举，为乡人矣。承垂意翰墨，已刻法帖后记，摹刻甚工，但不知法帖石几时得到黔中耳。《华严合论》承已干置，此非小缘，印成请三两看经僧遍读，点检得业无重复脱漏，则方为成器。若早得来尤幸，不肖与范上人若为公看[四]数遍，可不孤法施之心也。所助修华严阁五十千则未须，且留与黔中诸人结缘也。向解元还盐井尸数月，亦以渠老亲多服药。然数通书，每承问遗之勤，顾未有佳物为报，所谓子女玉帛，则君有之，其波及晋国者，君之余也。

注释：

[一]《酉阳直隶州总志》第 545 页收录有该文。

[二]向侍傍：《酉阳直隶州总志》第 545 页无此三字。

[三]能：《酉阳直隶州总志》第 545 页作"诵"。

[四]看：《酉阳直隶州总志》第 545 页无"看"字。

答黎晦叔[一]　黄庭坚

　　顿首。承寄惠长韵诗[二]，去年三月中到涪陵乃得之。词意高妙，气格老成，叹服无已。惟所以待不肖于古人，则极不敢当。贾谊有王佐之才，而不能尽其蕴；李白歌诗度越六代，与汉魏乐府争衡，岂不肖之所敢望？不肖者犹未弃衣冠一老僧，安能有益万分？又自元祐中以病眩，不能苦思，遂不作诗。无以报来贶，但珍藏耳。文长院诸表甥为致问千万，适有亲旧相过，连日苦人事，来人迫书甚急，作记极草草。

　　注释：

　　[一]《酉阳直隶州总志》第 546 页收录有该文。

　　[二]承寄惠长韵诗：《酉阳直隶州总志》第 546 页作"承见赠百韵诗"。

答孟易道傅通判　黄庭坚

　　某再拜。礼部之集于今九年。某哀毁之余，几无生理，以是与中朝士大夫音问不通。今得罪远窜，道出贵郡。流人永弃簪缨，又多病，疲于行李，幅巾直裰，非参谒之服，故不敢先书。乃蒙谦厚，过赐笺翰，恩意千万，感服无以为喻。逆旅无佐书吏，不能作笺，谨泐手状，伏幸痛察。涪州别驾、黔州安置黄某顿首。

答黎晦叔暹[一]　黄庭坚

　　顿首白：顷数辱惠书，大概三四拜赐，乃办一报。足下不倦益勤，惟好学求友之心不愧古人。顾不肖捐弃漂没，来御魑魅，不得复齿于士大夫之列，足下何求而勤[二]若是？自视[三]歉然，愧不自胜也。人来奉手[四]海勤恳，喜承履春安胜，良慰怀仰。山川悠远，瞻对[五]无阶，千万强学珍重。

　　注释：

　　[一]《酉阳直隶州总志》第 546 页收录有该文。

　　[二]勤：《酉阳直隶州总志》第 546 页作"勤苦"，多一字。

　　[三]自视：《酉阳直隶州总志》第 546 页作"窃"。

〔四〕奉手：《酉阳直隶州总志》第546页作"复奉手"，多一字。

〔五〕瞻对：《酉阳直隶州总志》第546页作"干望"。

答王观复[一]　黄庭坚

顿首。某去国八年，重以得罪，来御魑魅。抱疾杜门，屏绝人事，虽邻州守官者或不知姓字，如是者三年于兹矣。忽奉来教，乃承官守在阆中，虽寡友朋，藏修游泳，自放文字之间，此亦吏隐之嘉趣也。蒙不鄙昏耄，远寄述作，璆琳琅玕，森然在列。如行山阴道中，风光物采，来照映人，顾接不暇。后生可畏，反视老拙重迟，甚羞愧也。承索鄙文，岂复有此？顷或作乐府长短句，遇胜日，樽前使善音者试歌之，或可千里对面，□□〔故复〕[二]手抄一卷。无缘会集，求琢磨之益，于不肖有所闻，不外教戒之。

注释：

〔一〕《酉阳直隶州总志》第548页收录作《答王观复书》。

〔二〕□□：字原缺，《酉阳直隶州总志》第548页作"故复"，今补之。

答戎州新守，黄庭坚

再拜。某名在不赦之籍，长为明时弃物。隐约蓬蒿之下，已无衣冠可从人间礼教，但有幅巾直裰，仅自盖缠，不可以参谒。长吏之服，终不敢拜迎前道，伏谒宾次。切惟盛德之度，可以存而不论。冒渎自陈，不寒而栗。某再拜。

予王补之　黄庭坚

家园新芽，似胜常年，辄得四种，皆可饮，但不知有佳石硙否？硙须洗涤，令无他种茶气。风日极干之芽，予以疏布净揉，去白毛，乃入硙。少下而急转，硙如旋风落雪，方得所。大率建溪汤宜熟、双井汤宜嫩也。

跋刘钧国卧龙行记　王行谨

涪翁以文学名世，学徐浩书而婉美。一时名士从之游者，皆文义卓然，间有得其笔法之妙者。涪翁死三十年矣，今人见其翰墨及从之游者，莫不欣然景慕之。都运徽猷久从涪翁游，而文学翰墨皆造其妙。走趋之相若，模范之相承，誉望之相继，辉映炳燿，卓乎其能肖也。后之人苟未知涪翁之贤，请观于公可知矣。苟未知公之贤，请观于涪翁可知矣。乐其师友之道之光华，因书于留题之后。建炎五年正月日。

观石鱼记^[一]郡守　晁公溯

江发岷山，东流入于巴，其下多巨石。霜降潦收，则石皆森然在水上。昔涪之人有即其趾刻二鱼。或考其时，盖唐云。其后始志其出，曰其占有年。前予之至，尝一出，已而岁不宜于稼。今予至，又出。因与荆南张度伯受、古汴赵子澄处度、公暕景初、李景罕[嗣]^[二]绍祖、杨侃和甫、西蜀张瑶廷镇、任大受虚中往观。既归，未逾月而旱。予窃怪其不与传者协，岂昔之所为刻者，自为其水之候而无与于斯耶？抑其出，适丁民之有年而夸者附之以自神耶？将天以丰凶警于下而象鱼漏之则，惧其不必于政而必于象鱼，故为是不可测者耶？于是归三十有六日，乃书此以告后之游者。是岁绍兴十五年（1145）正月廿八日也。嵩山晁公溯子西。

注释：

[一] 参见曾超《三峡国宝——白鹤梁题刻汇录与考索》第 257-258 页收录作《晁公朔题记》。王晓晖《白鹤梁题刻文献汇集校注》第 74-75 页作《晁公遡题记》。该题刻为 1996 年国家文物局和中国历史博物馆在白鹤梁水下考古中新发现的题刻，参见吴盛成《白鹤梁题刻水下考古新发现及其历史意义》（《涪陵特色文化研究论文辑》，第二辑）；曾超、彭丹凤、王明月《白鹤梁题刻〈晁公遡题记〉价值小议》（《三峡大学学报》，2007 年 3 期）；周晏《白鹤梁晁公遡题记中的宋儒形象》（《三峡大学学报》，2007 年 6 期）。

[二] 罕：即"嗣"字。

锦绣洲刻石[一]　盛景献

襄阳盛景献绍兴岁乙亥（二十五年，1155）正月七日，率河南张景南，河内游正父、游希尹、雷泽孟虞卿泛舟江南，折梅赋诗。复开帆[二]至石瓮下，步磐石，席坐纵饮，既醉。日且莫[三]，溯江而归。

注释：

[一]参见曾超《三峡国宝——白鹤梁题刻汇录与考索》第262页收录作《盛景献题刻》；王晓晖《白鹤梁题刻文献汇集校注》第83页作《晁公遡题记》；《涪陵辞典》第523页"石瓮碛"条。三书部分文字为：泛舟江南，折梅赋诗，复开至石瓮下，步磐石席坐。

[二]帆：曾超《三峡国宝——白鹤梁题刻汇录与考索》第262页、王晓晖《白鹤梁题刻文献汇集校注》第83页均无"帆"字；《涪陵辞典》第523页"石瓮碛"条有"帆"字。

[三]莫：通"暮"。

伊川先生祠堂记[一]　曹彦时

昔韩文公谪潮阳，潮人[二]祠之。俎豆之事，岁时不绝，盖重其道则尊其人也。伊川先生程公颐，夤[三]以道鸣，传孔孟之业于百世之下，毅然特立于一时。在熙宁、元丰间，隐于伊洛，杜门不求仕。虽退而处穷，确守所学，不循时以变。延祐初，温、申二公立朝，思得一代之真儒，如《甘盘》[四]之敩、傅说之诲，以启迪重学。乃从天下之望，交章荐先生于朝。上累诏趋召，辞不获命。起自布衣，入侍讲筵。先生以尧舜事其君，惓惓敷纳忠言正论，日以警悟天聪。天子礼之，是崇是信。绍圣中，指为元祐党，乃谪于涪，因寓北岩之梵宇。先生身虽穷而道益通矣。乃以平日自得于《易》者为《传》。豫章黄公庭坚榜其堂曰"钩深"，迨今凡四十年矣。巴峡地连西蜀，文物风化，岂潮阳荒陋之比？然四十年间，寂无追奉先生而祀之者。峡之俗，尚鬼而多淫祀，独于事前贤往哲之礼阙而不讲，官于此者亦未尝过而问焉。乌[五]乎！异哉！绍兴五年（1135），李公瞻[六]来守兹土，尊道贵德，以崇名教、励风俗为先。因访先生遗迹，悯古风之沦替，悼后学之茫昧，乃审厥象以置祠于钩深堂之上。俭而不侈，质而不华，俾学者瞻仰德容，洋洋乎如在其上；诵其遗书，佩其遗训，知前言往行，所以扶翼先圣万世之教者实在于先生，不犹愈于以有若似圣人而事之乎？工既毕，乃择季冬某日以礼寅奉而安之，庶无愧于潮人之事韩公也。命彦时记其略以载岁月，其何敢辞？绍兴五年十二月十五日荥阳曹彦时记，河汾王冠朝书，右承直郎涪州军事判官雒[七]阳张振孙立石，右宣教郎奏差知涪陵县事□主管劝农公事阆中陈萃篆盖。

注释：

[一]李世权《石刻涪州》第391页收录有该文。

[二]潮人：李世权《石刻涪州》第391页作"其后潮人"。

[三]蚤：即"早"。

[四]盘：李世权《石刻涪州》第391页作"磐"。

[五]乌：李世权《石刻涪州》第391页作"呜"。

[六]李公瞻：李世权《石刻涪州》第391页作"果山李公瞻"。

[七]雒：即"洛"。李世权《石刻涪州》第391页作"名佳"。

白鹤梁刻石[一]　黄仲武

濮国黄仲武、梁公寿、春明宋子应小艇同来。是日积雨初晴，江天一碧，徘徊终日而归。时绍兴丁丑（二十七年，1157）元宵后五日。

注释：

[一]参见曾超《三峡国宝——白鹤梁题刻汇录与考索》第104页、王晓晖《白鹤梁题刻文献汇集校注》第83页、陈曦震《水下碑林——白鹤梁》第73页、黄海《白鹤梁题刻辑录》第122页收录，均作《黄仲武等题记》。

游北岩还观石鱼记[一]　郡守[二]　种慎思

□□[三]刘意彦王[至][四]、豹林种（□□□）[佚慎][五]思，皆以职事趋郡。遇故人江[六]西李尚义宜仲还自固陵，种法[七]平叔来自南宾。相率挐[八]舟，载酒游北岩[九]。还观石鱼，竟日忘归。客怀顿释，殊不知薄宦飘零江山之牢落也。[十]

注释：

[一] 曾超《三峡国宝——白鹤梁题刻汇录与考索》第 65 页、王晓晖《白鹤梁题刻文献汇集校注》第 55 页、陈曦震《水下碑林——白鹤梁》第 45 页、黄海《白鹤梁题刻辑录》第 79 页收录，均作《黄仲武等题记》。

[二] 郡守：今查曾超《三峡国宝——白鹤梁题刻汇录与考索》第 65 页、王晓晖《白鹤梁题刻文献汇集校注》第 55 页、陈曦震《水下碑林——白鹤梁》第 45 页、黄海《白鹤梁题刻辑录》第 79 页均不见"郡守"题衔，《同治志》载种慎思职衔来源于白鹤梁题刻，不知何据。

[三] □□：白鹤梁题刻已经无法释读。

[四] 彦王 [至]：曾超《三峡国宝——白鹤梁题刻汇录与考索》第 104 页、王晓晖《白鹤梁题刻文献汇集校注》第 83 页、陈曦震《水下碑林——白鹤梁》第 73 页、黄海《白鹤梁题刻辑录》第 122 页均作"彦至"。

[五] □□□：原缺，据白鹤梁题刻当为"佚慎"，今补之。曾超《三峡国宝——白鹤梁题刻汇录与考索》第 104 页、王晓晖《白鹤梁题刻文献汇集校注》第 83 页作"佚慎思"；陈曦震《水下碑林——白鹤梁》第 73 页作"佚慎思"；黄海《白鹤梁题刻辑录》第 79 页作"□，□□"。

[六] 江：曾超《三峡国宝——白鹤梁题刻汇录与考索》第 104 页、王晓晖《白鹤梁题刻文献汇集校注》第 83 页作"江"；陈曦震《水下碑林——白鹤梁》第 73 页作"江"；黄海《白鹤梁题刻辑录》第 79 页作"□"。

[七] 种法：曾超《三峡国宝——白鹤梁题刻汇录与考索》第 104 页、王晓晖《白鹤梁题刻文献汇集校注》第 83 页作"种法"；陈曦震《水下碑林——白鹤梁》第 73 页作"种法"；黄海《白鹤梁题刻辑录》第 79 页作"□种法"，多一字。

[八] 挈：曾超《三峡国宝——白鹤梁题刻汇录与考索》第 104 页作"挈"、王晓晖《白鹤梁题刻文献汇集校注》第 83 页、黄海《白鹤梁题刻辑录》第 79 页作"挈"；陈曦震《水下碑林——白鹤梁》第 73 页作"拿"，诸书均误。据黄海《白鹤梁题刻辑录》第 79 页，当为"挈"。

[九] 岩：曾超《三峡国宝——白鹤梁题刻汇录与考索》第 104 页、王晓晖《白鹤梁题刻文献汇集校注》第 83 页均作"岩"；陈曦震《水下碑林——白鹤梁》第 73 页、

黄海《白鹤梁题刻辑录》第 79 页作"崖"。

〔十〕《同治志》缺署时署名。曾超《三峡国宝——白鹤梁题刻汇录与考索》第 104 页、王晓晖《白鹤梁题刻文献汇集校注》第 83 页、陈曦震《水下碑林——白鹤梁》第 73 页、黄海《白鹤梁题刻辑录》第 79 页作"绍兴壬子季春初六日，慎思题记"。唯王晓晖《白鹤梁题刻文献汇集校注》第 83 页"季"作"年"。

<h2 style="text-align:center">石鱼记^{〔一〕}　郡守　朱永裔</h2>

诗人以梦鱼为丰年之祥，非比非兴，盖物理有感通者。涪郡石鱼，出而有年，验若符契，比岁频见，年亦屡丰。今春出水几四尺，乃以人^{〔二〕}日躬率同^{〔三〕}僚：教^{〔四〕}官相台李衍、郡幕七闽曾稷、秋官武信胥挺^{〔五〕}、武龙簿东平刘甲来观，知今岁之复稔也。因识其喜云。^{〔六〕}

注释：

〔一〕曾超《三峡国宝——白鹤梁题刻汇录与考索》第 117 页、王晓晖《白鹤梁题刻文献汇集校注》第 92 页、陈曦震《水下碑林——白鹤梁》第 82-83 页、黄海《白鹤梁题刻辑录》第 138 页均作《朱永裔题记》。

〔二〕人：曾超《三峡国宝——白鹤梁题刻汇录与考索》第 117 页、王晓晖《白鹤梁题刻文献汇集校注》第 92 页、黄海《白鹤梁题刻辑录》第 138 页均作"人"；陈曦震《水下碑林——白鹤梁》第 82-83 页作"七"。

〔三〕同：曾超《三峡国宝——白鹤梁题刻汇录与考索》第 117 页、陈曦震《水下碑林——白鹤梁》第 82-83 页、黄海《白鹤梁题刻辑录》第 138 页均作"同"；王晓晖《白鹤梁题刻文献汇集校注》第 92 页作"仝"。按："仝"即"同"。

〔四〕教：曾超《三峡国宝——白鹤梁题刻汇录与考索》第 117 页、王晓晖《白鹤梁题刻文献汇集校注》第 92 页、黄海《白鹤梁题刻辑录》第 138 页均作"教"；陈曦震《水下碑林——白鹤梁》第 82-83 页作"□"。

〔五〕"曾稷、秋官武信胥挺"：曾超《三峡国宝——白鹤梁题刻汇录与考索》第 117 页、王晓晖《白鹤梁题刻文献汇集校注》第 92 页断句为"曾稷、秋官武信胥挺"；黄海《白鹤梁题刻辑录》第 138 页、陈曦震《水下碑林——白鹤梁》第 82-83 页作"曾稷秋，官武信，胥挺”，有误。

[六]《同治志》缺署时署名。曾超《三峡国宝——白鹤梁题刻汇录与考索》第117
页、王晓晖《白鹤梁题刻文献汇集校注》第92页均作"是岁淳熙己亥，假守阆中朱永
裔书"；黄海《白鹤梁题刻辑录》第138页、陈曦震《水下碑林——白鹤梁》第82-83
页均作"是岁淳熙己亥，尉守阆中朱永裔书"。据题刻，"尉守"，误。

观石鱼记[一]　陶侍卿[二]

涪陵江心石梁，刻二鱼。古今相传：水大落鱼见，则时和岁丰。自唐广德间，刺史
郑令珪已载[三]上其事，而鱼之镌刻莫详何代？盖取诗人"众维鱼矣，实维丰年"之义。
淳熙五年（1178）正月三日，刘师文闶约同勾晦卿、□[四]清卿来观。时水落鱼下三尺，
邦[五]人舟楫往来，赏玩不绝。[六]

注释：

[一]曾超《三峡国宝——白鹤梁题刻汇录与考索》第113-114页、王晓晖《白鹤
梁题刻文献汇集校注》第90页均作《向仲卿题记》；陈曦震《水下碑林——白鹤梁》第
80-81页作《刘师文等题记》；黄海《白鹤梁题刻辑录》第134页作《陶侍卿题记》。

[二]陶侍卿：曾超《三峡国宝——白鹤梁题刻汇录与考索》第114页、王晓晖《白
鹤梁题刻文献汇集校注》第90页均作《向仲卿题记》；陈曦震《水下碑林——白鹤梁》
第81页作"向仲卿"；黄海《白鹤梁题刻辑录》第134页题记名称作"陶侍卿"，题记
正文作"陶仲卿"，肯定存在错误。

[三]已载：曾超《三峡国宝——白鹤梁题刻汇录与考索》第114页、黄海《白鹤
梁题刻辑录》第134页均作"已载"；王晓晖《白鹤梁题刻文献汇集校注》第90页作"已
三载"；陈曦震《水下碑林——白鹤梁》第81页作"已二载"。据黄海《白鹤梁题刻辑录》
第134页当为"已载"。

[四]□：原缺。曾超《三峡国宝——白鹤梁题刻汇录与考索》第114页、王晓晖《白
鹤梁题刻文献汇集校注》第90页均作"贾"；陈曦震《水下碑林——白鹤梁》第81页、
黄海《白鹤梁题刻辑录》第134页均作"□"。

[五]邦：曾超《三峡国宝——白鹤梁题刻汇录与考索》第114页、王晓晖《白鹤

梁题刻文献汇集校注》第 90 页均作"邦"；陈曦震《水下碑林——白鹤梁》第 81 页、黄海《白鹤梁题刻辑录》第 134 页均作"□"。

[六]《同治志》缺句及署名。曾超《三峡国宝——白鹤梁题刻汇录与考索》第 114 页、王晓晖《白鹤梁题刻文献汇集校注》第 90 页、陈曦震《水下碑林——白鹤梁》第 81 页均作"因书以识升平瑞庆云。向仲卿题"；黄海《白鹤梁题刻辑录》第 134 页均作"□书以识升平瑞庆云陶仲卿题"。

嗣韵石鱼诗序[一]　郡守　刘叔子

鉴湖之石鱼，唐人所刻也。《图经》谓：三五年[二]或十年方一出，出则岁稔。大率与渝江《晋义熙碑》相似。圣宋宝祐二年（1254）岁次甲寅腊[三]月立春后一日，郡假守长宁刘叔子君举，偕别驾蹇材望君厚，送客江上，过石鱼浦，寻访旧迹，则石鱼已见，实维丰年之兆。因披沙阅古碣，得转运使、尚书主客郎中刘公忠顺所题一诗，叔子感慨[四]颓波之滔滔，击节石鱼之砥柱。而转运公之佳句与之相为无穷，敬嗣韵以识盛事，尚庶几《小雅》歌牧人之梦之意云[五][六]

注释：

[一]曾超《三峡国宝——白鹤梁题刻汇录与考索》第 145-146 页、王晓晖《白鹤梁题刻文献汇集校注》第 113 页均作《刘叔子诗并序》；陈曦震《水下碑林——白鹤梁》第 98-99 页、黄海《白鹤梁题刻辑录》第 167-168 页均作《刘叔子诗》。

[二]年：曾超《三峡国宝——白鹤梁题刻汇录与考索》第 145-146 页作"年"、王晓晖《白鹤梁题刻文献汇集校注》第 113 页、陈曦震《水下碑林——白鹤梁》第 98 页、黄海《白鹤梁题刻辑录》第 167 页均作"季"。据黄海《白鹤梁题刻辑录》第 167 页当为"季"。下一"年"字，亦当为"季"。

[三]腊：曾超《三峡国宝——白鹤梁题刻汇录与考索》第 146 页、黄海《白鹤梁题刻辑录》第 167 页、王晓晖《白鹤梁题刻文献汇集校注》第 113 页均作"蜡［腊］"、陈曦震《水下碑林——白鹤梁》第 98 页作"蜡"。

[四]慨：曾超《三峡国宝——白鹤梁题刻汇录与考索》第 146 页、黄海《白鹤梁题刻辑录》第 167 页、陈曦震《水下碑林——白鹤梁》第 98 页均作"慨"、王晓晖《白鹤

梁题刻文献汇集校注》第 113 页作"概"。据黄海《白鹤梁题刻辑录》第 167 页当为"慨"。

　　[五]云：曾超《三峡国宝——白鹤梁题刻汇录与考索》第 146 页、黄海《白鹤梁题刻辑录》第 167 页、王晓晖《白鹤梁题刻文献汇集校注》第 113 页均作"云"、陈曦震《水下碑林——白鹤梁》第 98 页作"示"。据黄海《白鹤梁题刻辑录》第 167 页当为"云"。

　　[六]《同治志》未有收录刘叔子诗和署时署名。

<h2 style="text-align:center">观石鱼记^[一]　蔡惇</h2>

　　绍兴壬子（二年，1132）开岁十有四日，涪陵郡守平阳王择仁智甫招云台夷门李敏能成之、郡丞开封李寘［置]^[二]元辅、太平散吏东莱蔡惇^[三]元道，过饮公堂。酒罢，再集江干^[四]。^[五]泛舟中流，登梁观瑞鱼。邦人以鱼为有年之兆。惟侯^[六]善政，民已怀之，桑麻之歌，颂声^[七]载道。是以隐于数年而见于一日^[八]，故惇喜^[九]为之记。

注释：

　　[一]曾超《三峡国宝——白鹤梁题刻汇录与考索》第 68 页、王晓晖《白鹤梁题刻文献汇集校注》第 57 页均作《蔡惇题记》、黄海《白鹤梁题刻辑录》第 84 页、陈曦震《水下碑林——白鹤梁》第 48 页均作《王择仁题记》。

　　[二]寘：即置。曾超《三峡国宝——白鹤梁题刻汇录与考索》第 68 页、黄海《白鹤梁题刻辑录》第 84 页、陈曦震《水下碑林——白鹤梁》第 48 页均作"置"；王晓晖《白鹤梁题刻文献汇集校注》第 57 页均作"寘"。

　　[三]惇：曾超《三峡国宝——白鹤梁题刻汇录与考索》第 68 页、王晓晖《白鹤梁题刻文献汇集校注》第 57 页均作"惇"、黄海《白鹤梁题刻辑录》第 84 页作"□"；陈曦震《水下碑林——白鹤梁》第 48 页作"惇"。

　　[四]干：曾超《三峡国宝——白鹤梁题刻汇录与考索》第 68 页、王晓晖《白鹤梁题刻文献汇集校注》第 57 页均作"上"、黄海《白鹤梁题刻辑录》第 84 页作"□"；陈曦震《水下碑林——白鹤梁》第 48 页作"上"。

　　[五]泛舟：曾超《三峡国宝——白鹤梁题刻汇录与考索》第 68 页作"《古记》：泛舟"；王晓晖《白鹤梁题刻文献汇集校注》第 57 页作"古记，泛舟"；陈曦震《水下碑

林——白鹤梁》第48页、黄海《白鹤梁题刻辑录》第84页均作"古□：泛舟"。

[六]侯：曾超《三峡国宝——白鹤梁题刻汇录与考索》第68页、黄海《白鹤梁题刻辑录》第84页、陈曦震《水下碑林——白鹤梁》第48页均作"□□"。王晓晖《白鹤梁题刻文献汇集校注》第57页均作"侯"。

[七]颂声：曾超《三峡国宝——白鹤梁题刻汇录与考索》第68页、黄海《白鹤梁题刻辑录》第84页、陈曦震《水下碑林——白鹤梁》第48页均作"□□"。王晓晖《白鹤梁题刻文献汇集校注》第57页均作"颂声"。

[八]于一日：曾超《三峡国宝——白鹤梁题刻汇录与考索》第68页、黄海《白鹤梁题刻辑录》第84页、陈曦震《水下碑林——白鹤梁》第48页均作"□□□"。王晓晖《白鹤梁题刻文献汇集校注》第57页作"于一日"。

[九]故惇喜：曾超《三峡国宝——白鹤梁题刻汇录与考索》第68页、王晓晖《白鹤梁题刻文献汇集校注》第57页均作"故惇喜"。黄海《白鹤梁题刻辑录》第84页作"故喜"；陈曦震《水下碑林——白鹤梁》第48页作"故惇喜"。据黄海《白鹤梁题刻辑录》第84页当为"故惇喜"。

白鹤梁刻石[一]　_{郡守}　孙仁宅

涪陵江心石上，昔人刻鱼四尾。旁有唐识云：水涸至其下，岁则大稔。隐见不常，盖有官至此，终更而不得睹[二]者。绍兴庚申（十年，1140）首春乙未，忽报其出，闻之欣然。庶几有年矣，邀倅林琪来观。从游者八人：张仲通、高邦仪、晁公武、姚邦孚、仁宅之子允寿；公武之弟公退、公适；邦仪之子宁祖。

注释：

[一]曾超《三峡国宝——白鹤梁题刻汇录与考索》第78页、王晓晖《白鹤梁题刻文献汇集校注》第64页、黄海《白鹤梁题刻辑录》第95页、陈曦震《水下碑林——白鹤梁》第55-56页均作《孙仁宅题记》。该题刻为1996年国家文物局和中国历史博物馆在白鹤梁水下考古中新发现的题刻，参见吴盛成《白鹤梁题刻水下考古新发现及其历史意义》（《涪陵特色文化研究论文辑》，第二辑）。

[二]睹：曾超《三峡国宝——白鹤梁题刻汇录与考索》第78页、王晓晖《白鹤

梁题刻文献汇集校注》第 64 页均作"睹";黄海《白鹤梁题刻辑录》第 95 页、陈曦震《水下碑林——白鹤梁》第 55-56 页均作"观"。据黄海《白鹤梁题刻辑录》第 95 页当为"睹"。

与周卿教授学士书　朱熹

十月十六日,熹顿首。去岁暮,何幸辱远访,得遂少款为慰。为慰顷,客舍语别。忽忽期年又两三阅月矣,不审何日得遂旧隐?官期尚几何时,比来为况何如?读书探道亦颇有新功否耶!岁月易得,义理难明,但于日用之间随时随处提撕此心,勿令放逸。而于其中随事视理,讲求思索,沉潜反覆,庶几于圣贤之教渐有默相契处,则自然有得。天道、性命真不外乎此身,而吾之所谓学者,舍是无有别用力处矣。相望数千里,无由再会面。因书涯略,不觉缕缕,切勿为外人道也。此书附建昌包生去,渠云:自曾相识。且欲求一异书,不知果有之否?刻舟求剑,似亦可笑,然亦可试为物色也。所欲言者非书可悉。灯下目昏,草草不宣。熹再拜。款署周卿教授学士贤友,_{后附数行云:}濂溪丈字,后来更会访问得否?去岁归建阳,后方得。于此所惠书,并书稿策问。所处既非,今又何敢复道耶?

元

涂山碑记　贾易岩,_{州人}

《华阳国志》云:渝郡涂山,禹后家也。古庙废。元至正壬辰(十二年,1352)郡守费著仍建庙。尝考娶于涂山之说,一谓在此,一谓在九江当涂。东汉《郡志》云:涂山,在巴郡江州。杜预考曰:巴国地有涂山禹庙。又古《巴郡志》云:山在县东五千二百步岷江东所,高七里,周围三十里。郦道元《水经注》云:江州涂山有夏禹庙、涂后祠。九江当涂亦有之。杜预所谓:巴国江州,乃今重庆巴县。江州,非九江之江州,《汉史》《蜀志》可稽。至今洞曰涂洞,村曰涂村,滩曰遮夫,石曰启母。复合《帝王世纪》《蜀本纪》《华阳国志》《元和志》等书参考之,禹乃汶山郡广柔人,其母有莘氏感星之异,生禹于石纽广柔。随［隋］[一]改广柔为汶川。石纽在茂域，隶石泉军。所生之地，方百里，彝人共营之，不敢居牧，灵异可畏。禹为蜀人，生於蜀，娶于蜀。古今人情不大相远，导江之役往来必经，过门不顾，为可凭信。先是，禹曾大父曰昌意，为黄帝次子，娶涂山氏，生帝颛顼。颛顼生鲧，鲧生禹。禹之娶于蜀，又有自来。又谓蜀涂山肇自人皇，为蜀君，掌涂山之国，亦一征也。至会诸侯于涂山，当以九江郡者为是。东汉《郡志》云：山在当涂。杜预云：在寿春东北，今有禹会村。柳子有铭，苏子有诗，且于天下稍向中，会同于此宜矣。《通鉴外纪》亦云：禹娶涂山之女，生子启。南巡狩，会诸侯于涂山。如是，则娶而生子，而后南巡。南巡，而后会诸侯。娶则在此，会则在彼，次序昭然。会稽乃致群臣之地，或崩葬之所，故有禹穴。所谓涂山，一曰栋山，一曰防山，纷纷不一。意者晋成帝时，当涂之民徙居于此，故亦名其县曰当涂。好事者援此以为说，而实非涂山。世次绵远，地名改易，烦乱傅会不足征。况会稽当涂，在禹时未入中国，禹安得娶彼哉？今特辨而正之，庶禹庙之建得其本真，而禹后受享于诞生之地，尤不可阙耳。

注释：

［一］随：隋王朝改"随"为"隋"。

学宫碑亭记　贾元

　　碑亭之建，臣子所以奉扬国家至美，勒之金石以示无穷。至正癸巳（十三年，1353）夏四月，涪郡守臣僧嘉间新建碑亭成，教官张安具其事之本末，俾元为文以纪之。

　　盖知大之至者必崇天而极其至，知圣人之至者必崇圣人而极其至。昔者帝尧知天之至，故曰："钦若昊天。"至我孔子，知圣人之至。又曰："大哉！尧之为君！"于天而曰昊，于尧而曰大哉，可谓极其至矣。自孔子没，惟孟轲氏知圣人之至。故曰："孔子之谓集大成。"自生民以来，未有孔子，厥后世君世主皆不能知。汉平之封，止曰褒成侯。其后有封邹国公者，有封隆道公者。及唐元[一]宗封文宣王，宋真宗于文宣之上加"元圣"二字，后又改为"至圣"，其号略备，然亦未足以尽圣人之德美。至我圣元，礼极隆备，振耀古今，此碑之不容于不刻也。成宗皇帝制若曰："孔子之道，垂宪万世，有国家者所当崇奉。"其言至矣、尽矣。武宗皇帝之践祚也，首祀先圣。制曰："先孔子而圣者，非孔子无以明；

后孔子而圣者，非孔子无以法。"于"至圣"之上特加"大成"，切当之论，极古未有。文宗皇帝在位之四年，制谓："生知之出，有开必先。"乃封先圣父母为启圣王夫人。又谓："闺门成教，尚虚元媲之封。"乃封夫人亓官氏为至圣文宣王夫人。一家之内，自上及下、自外及内皆被宠荣，有光万年，极前代所无。又谓："圣道之传，由其徒嗣而明之。"而褒颜、曾、思、孟为复圣、宗圣、述圣、亚圣，封以上公，亦前代所无。历圣之心，可谓知圣人之至，故能尽尊圣人之典。其文当与天地日月相为无穷。

然元窃伏思之，创业垂□之君，具高世之识、不凡之见，故能立一代令典，为后世取正。恭惟我世祖圣德神功文武皇帝受命，首重圣师，春秋严释奠之礼，原庙隆祠祀之制，开大学为首善之地，教胄子为出冶之原。其在待王鹗也，每见则赐之以坐，呼状元而不名，其在正位也礼。命名儒许衡隆以师礼。亲之、信之，一时文化之盛，远过前代，是又神孙善继善述之所自来也。今皇上以天纵之姿，尤用意文治，人才彬彬，克复至元之盛，此当勒之金石为万世法程也。

涪之文庙，旧惟一碑，刻至元三十一年（1294）、大德十一年（1307）诏文，其余封谥之碑，未遑也。守臣僧嘉闾至郡，叹为缺典，乃捐俸金，采坚砥，召匠抡才，勒碑建亭，命学正张安董其事。丹腠华丽，金碧辉映，诸郡所无。盖臣子心必诚必信。又于亭之前为小亭，居丛桂之上，扁曰："天香"，亦致敬天之意。亭道通泮池，池之上又为阁，道通讲堂。堂正面碑，亦无日不致瞻仰之意。先是，庚寅秋公甫莅政，首创尊经阁，次御碑亭，后先相继。其于学宫，可谓详且尽矣。元，草野布衣，幸亲见休光，敢拜手稽首，敬为之记云。

注释：

〔一〕元：即"玄"。

明

石鱼记〔一〕，四川按察司佥事李宽

涪陵江心有〔二〕石焉，层见叠出，矻然〔三〕于万流之中，而其深不知几千万〔四〕仞，固〔五〕不可穷也。涪为西蜀岷江〔六〕之汇，当春夏之交，江水涨溢，其石潏〔七〕没而不见，至秋冬[八]或犹然不出[九]，或水落石见[十]，其年必丰。昔之好事者，因刻石鱼，题咏于上，以为大有年之征[十一]。自唐迄宋、迄元以[十二]至我皇明，名公巨卿，骚人墨客，悉皆有诗有记、银勾[十三]铁画、琼[十四]章玉句，隐见江波之中，历数百年而不磨灭，盖天地间一奇迹也。正德[十五]丙寅（元年，1506）仲春既望，予偕叙州府同知陈旦，保宁府同知郭总、府通判盛应期[明]、德阳县知县吴琏、新繁县知县祁瓛、江安县知县徐崧，皆奉命于涪，簿书狱讼，既倦于勤，郁不得畅。时州守袁宗夔来，谓予曰：江中石鱼，今忽复见，州民皆以为丰年之祥，盍往观之？予于是泛舟逆流而上，众亦相继来观。石果见，自公卿文士雄文杰制，累累可数，而其隐伏于江波之中而未见不知其几也。呜呼！真天地间一奇迹哉！是不可以不记[十六]。

注释：

[一]曾超《三峡国宝——白鹤梁题刻汇录与考索》第176-177页、王晓晖《白鹤梁题刻文献汇集校注》第137-138页、黄海《白鹤梁题刻辑录》第200-201页、陈曦震《水下碑林——白鹤梁》第119页均作《李宽观石鱼记》。

[二]有：曾超《三峡国宝——白鹤梁题刻汇录与考索》第176页、王晓晖《白鹤梁题刻文献汇集校注》第137页、黄海《白鹤梁题刻辑录》第200页均作"有"。陈曦震《水下碑林——白鹤梁》第119页作"□"。

[三]矻然：曾超《三峡国宝——白鹤梁题刻汇录与考索》第176页、王晓晖《白鹤梁题刻文献汇集校注》第137页、黄海《白鹤梁题刻辑录》第200页均作"屹然"。陈曦震《水下碑林——白鹤梁》第119页作"□□"。

[四]知几千万：曾超《三峡国宝——白鹤梁题刻汇录与考索》第176页、王晓晖《白鹤梁题刻文献汇集校注》第137页、黄海《白鹤梁题刻辑录》第200页均作"知千万"，无"几"字。陈曦震《水下碑林——白鹤梁》第119页作"知乎，万"。

[五]固：曾超《三峡国宝——白鹤梁题刻汇录与考索》第176页、黄海《白鹤梁题刻辑录》第200页均作"固"。陈曦震《水下碑林——白鹤梁》第119页作"□"。王晓晖《白鹤梁题刻文献汇集校注》第137页作"由"。

[六]为西蜀岷江：曾超《三峡国宝——白鹤梁题刻汇录与考索》第176页、黄海《白鹤梁题刻辑录》第200页均作"为西蜀岷江"。陈曦震《水下碑林——白鹤梁》第119页作"□"。王晓晖《白鹤梁题刻文献汇集校注》第137页作"为□江"。

[七]湮没：曾超《三峡国宝——白鹤梁题刻汇录与考索》第176页作"湮没"；黄海《白鹤梁题刻辑录》第200页均作"淹没"。陈曦震《水下碑林——白鹤梁》第119页作"□汶"。王晓晖《白鹤梁题刻文献汇集校注》第137页作"水没"。

[八]冬：曾超《三峡国宝——白鹤梁题刻汇录与考索》第176页、黄海《白鹤梁题刻辑录》第200页、王晓晖《白鹤梁题刻文献汇集校注》第137页作"冬"。陈曦震《水下碑林——白鹤梁》第119页作"□"。

[九]不出：曾超《三峡国宝——白鹤梁题刻汇录与考索》第176页、黄海《白鹤梁题刻辑录》第200页、陈曦震《水下碑林——白鹤梁》第119页作"间"。王晓晖《白鹤梁题刻文献汇集校注》第137页作"见"。

[十]见：曾超《三峡国宝——白鹤梁题刻汇录与考索》第176页、陈曦震《水下碑林——白鹤梁》第119页、王晓晖《白鹤梁题刻文献汇集校注》第137页均无"见"字。黄海《白鹤梁题刻辑录》第200页均作"□"。

[十一]大有年之征：曾超《三峡国宝——白鹤梁题刻汇录与考索》第176页、陈曦震《水下碑林——白鹤梁》第119页、王晓晖《白鹤梁题刻文献汇集校注》第138页均无"大有年之征"字。黄海《白鹤梁题刻辑录》第200页均作"大有□"。

[十二]"宋迄元以……钜卿"：曾超《三峡国宝——白鹤梁题刻汇录与考索》第176页作"迄宋迄元以至我，□□□□□，钜卿"；王晓晖《白鹤梁题刻文献汇集校注》第138页作"迄宋迄元以至我朝，□□□□，钜卿"；陈曦震《水下碑林——白鹤梁》第119页均无"迄宋□□□□至哉，□□□□□，钜卿"字。黄海《白鹤梁题刻辑录》第200页均作"迄宋迄元以至我。钜卿"。

[十三]"有诗有记、银勾铁画"：曾超《三峡国宝——白鹤梁题刻汇录与考索》第176页、黄海《白鹤梁题刻辑录》第200页、王晓晖《白鹤梁题刻文献汇集校注》第138页均无"有诗有记、银勾铁画"字。陈曦震《水下碑林——白鹤梁》第119页均作"□□□□□铁画"。

[十四]琼：曾超《三峡国宝——白鹤梁题刻汇录与考索》第176页、黄海《白鹤梁题刻辑录》第200页、王晓晖《白鹤梁题刻文献汇集校注》第138页、陈曦震《水下碑林——白鹤梁》第119页均作"瑷"。

[十五]"之中，历数百年而不磨灭，盖天地间一奇迹也。正德"：曾超《三峡国

宝——白鹤梁题刻汇录与考索》第176页、王晓晖《白鹤梁题刻文献汇集校注》第138页均作"之中，历数千载而不磨灭，盖天地间一奇迹也。正寅"；黄海《白鹤梁题刻辑录》第200页作"之中，历数载而不磨灭，盖天地间一奇迹也。正德"；陈曦震《水下碑林——白鹤梁》第119页均作"之□□□□□□□□□□□□天地间一奇迹也。正寅"。

　　[十六]"仲春……不记……"：曾超《三峡国宝——白鹤梁题刻汇录与考索》第176—177页作"仲春既望，予偕叙州府同知陈旦，保宁府同知郭念、府通判盛应明、德阳县知县吴琏、新繁县知县祁璜、江安县知县徐崧，皆奉□□□□□□□□□□□□于涪，薄书狱讼，既倦于勤，□不得畅。时州守袁宗夔来观□，曰：江中石鱼，今忽复见，州民皆以为丰年之祥，盍盍往于是，遂之舟，逆流而上，众亦相继来观石鱼。□见自公□文士雅文，杰制累累可数，而其隐伏于江波之中而未见不知其几也。呜呼。真天地间一奇迹哉！是不可以不记，□□乎书。正德丙寅仲春既望，四川按察司金事德安李宽记"；王晓晖《白鹤梁题刻文献汇集校注》第138页均作"仲春既望，予偕叙州府同知陈旦，保宁府同知郭公、府通判盛应明、德阳县知县吴琏、新繁县知县祁璜、江安县知县徐崧，皆奉□□□□□□□□□□□□于涪，薄书狱讼，既倦于勤，□不得畅。时州守袁宗夔来□，曰：江中石鱼，今忽复见，州民皆以为丰年之祥，去往予于是，□遂之舟，逆流而上，众亦相继来观石鱼。□见自公□文士雅文，杰制累累可数，而其隐伏于江波之中而未见不知其几也。呜呼。真天地间一奇迹哉！是不可以不记，□□乎书。正德丙寅仲春既望，四川按察司金事德安李宽记"；黄海《白鹤梁题刻辑录》第200页作"仲春既望，予偕叙州府同知陈旦，保宁府同知郭□、府通判盛应明、德阳县知县吴琏、新繁县知县祁谦、江安县知县徐崧，皆奉于涪，薄书狱讼，既倦于勤，□不得畅。时州守袁宗夔来□□江中石鱼，今忽复见，州民皆以为丰年之祥，盍往予于是，遂之舟，逆流而上，众亦相继来观。石鱼果见，自□公稚文，□制累累可数，而其隐伏于江波之中而未见不知其几也。呜呼，真天地间一奇迹哉。是不可以不记，□□乎书。正德丙寅仲春既望，四川按察司金事怀□李宽记"；陈曦震《水下碑林——白鹤梁》第119页均作"仲春既望，迹□□□□□□□□□□□保宁府同知□□府通□□□□□□□□□□□□□县知县□□知县□□奉□□□□□□□□□□□时州守袁宗□来□□江中石鱼，今复见，州民□□为□□之□□往于□，遂之舟，逆流而上，众亦相继来观石鱼，□见自公□又□制□□可数，而□隐伏□江波之□□未见不知其□也。□□真天地间一奇迹哉！是不可以不

记书。□丙寅□□既望，四川按察司金事德安李宽记"。

跋杨升庵临涪翁与人帖　<small>东阜</small>　刘大谟

　　余尝爱涪翁刀笔，其苍古如商彝周鼎，其壮健如阵马风樯，不独度越当时，实能凌驾往昔。今兹数帖，《集》中所未载。观夫命词蕴藉，用笔遒劲，且升庵逼真之临，风骨宛然，可不谓之三绝矣乎！反覆展玩，弗觉心醉神降。隋珠赵璧，恐不足为宝也。呜呼！望厥影，孰若睹厥形，安得韩参将家藏真迹一寓目焉耶？闻已化去，莫知所在。然异物何能自秘，斗间紫气，试于中夜候之，容可得其珍收处也。嘉靖辛丑（二十年，1541）秋日东阜刘大谟跋。

恩荣堂序　<small>经筵讲官</small>　卫国史

　　张君善吉，字本谦，蜀之涪州人。济南教授成功先生冢嗣也。先生由举人授学正，克立师道，而士类多造就。年未五十，即卸仕家居。阃唐有淑德，君承庭训，以明经登成化丙戌（二年，1466）进士第，拜官兵科都给事中，朝廷以其克称厥职，推本父母之教，封教授。君如其官，唐为孺人，赐之敕命以褒嘉之。君念二亲年皆六十又一，去膝下日久，乃上章乞归省亲，蒙诏许之，且恩赐楮币以为道里费。诸同寅谓君父母俱庆而有是恩典，又得锦衣归庆以志其荣，恩荣孰尚焉，遂以"恩荣"额其奉亲之堂。谒予文序之，用以赠君行。

　　予惟父母之教子孰不欲其擢高科、跻膴仕，为之子者亦孰不欲立身扬名以显其亲？然有命焉，不可强也。故子显荣而亲不我逮，亲寿考而子不显荣者，比比皆是。求其克兼，遂所愿欲如君父子者，殆十中而仅一二见也，不深可喜而可嘉耶！虽然余窃有告焉，《诗》曰："无言不雠，无德不报。"故人之有德于人，一语而终生不忘，感人一饭而委身图报。君之所受于上者，如天之仁也，所以酬而报之，宜何如耶？今给事中最为要官而侍天子左右，凡政令之施于下与下之所陈于上者皆给事详审而后五府六部行之，其或事有迟违、谬戾即参驳之，而人不敢不服，不宁惟是上而厥职之或有阙次而任用之，或非其人又次而闾阎行伍之弊有未革、有未剔者，给事中悉得以纠正而廷论之，故非他官之各司一职、各专一事者比，士君子出而试用，不得骤陟宰辅，得居是任亦尽足以行其志也。君归而复来也，与夫职之所当为者悉明目张胆言之而不少有顾忌。使忠直之气动于朝，宁謇谔之誉，脍炙士林庶几哉！克报君恩于万一，于职乎为无忝矣！君尚勉之。君能勉于是，则崇阶峻秩之超迁，龙章凤彩之荐臻，朝廷必不为君吝，而其恩荣又奚翅今斯？而其恩荣又奚翅今斯！

余侯重立知稼亭记　夏国孝，_{州人}

惟我郡大夫重农务稼，政先立本。始至，谕诸民曰：若治生，尚其毋后稼事。夫稼事也者，贱而用贵，卑而教尊，劳而享逸。尔尚及时芟柞，徂隰徂畛。泽泽厥耕，绵绵厥耘。成兹嘉谷，以洽百礼，以供赋事，以宁尔妇子。众曰：诺。比恭承藩臬，文宗南村阮公，洞明水利，悉心兹务。区画十有二条，忧心思切，曲尽事宜，相期有成。檄至，大夫曰：仁人于民也，心忧之矣。言开之，政成之。寝而弗行，是重违德意与辜民瘼者也。乃斋居，卜日，再申诸民曰：治生莫如稼，治稼莫如滋。滋润成实，上农也。陂塘渠堰所潴水也，尔其从事如法。浚淤洞塞，崇污拓隘，厚防固基，然后合四塞之冲，迁九曲之道，开张巨浸，引回洪流。若横私要据，怠荒玩愒，吾其任之。众曰：诺。大夫曰：役民而阅躬先，非以均劳慰怨而与作则也，民谁与我。乃测影正方，构亭凿塘于州城南隅，扁曰：知稼。呜呼！尽之矣。亭成，州人士再拜，属冠山夏子为记。夏子曰：闻诸耕法，沿耒耜之教为说愈长，然辍讲之日盖久。水者，天地之泽予无穷，顾溢则涝，涸则旱，稼之灾也。夫耕法辍讲而水之利润更以灾稼，厥咎在政。政也者，赞化者也。因利导以制其中，谷不可胜食也。稽古哲圣经野画田，爰讲沟洫。《诗》曰：信彼南山，维禹甸之。我疆我理，南东其亩。斯之谓也。顾兹伟画，上下式成。其以勤民，皆太上意也，可以训矣。嗟乎！隆替者，数也。兴废者，事也。贤不肖者，人也。亭址久湮，伊今再作，日居月诸，知复如何？嗣是代至，若见羊昧礼，翦伐棠荫，无可考政与德，缅思旧迹，其于南村公暨郡大夫遗意，重有怍色，且于公论有余，罚不可慎哉！南村公，楚麻城甲科，号通岩。守吾涪四载，惠政滂敷，盖不独此。

劾逆珰刘瑾疏 刘菠，州人

正德元年（1506）十二月二十二日，户科给事中刘菠谨题：为痛陈忠悃，乞斥奸佞以全君德，以保圣躬，以为宗社生灵至计事。臣闻事之急者，不容缓声。今臣当奸佞误国之秋，世道危疑之际，不得不极力、不痛切为陛下言之也。

窃照近侍太监刘瑾、马永成、谷大用、张永、魏彬、罗祥、邱聚、张兴等，或先朝近臣，或春宫近侍，受恩至厚，被宠最隆。当皇上继统之初，正国家多事之际，为官者正宜小心恭谨，辅英君之妙年，因事纳忠，引陛下以当道，庶几稍报先帝之厚恩，光辅今日之太平，何各挟技能，争献谀论，蛊惑君心，靡所不为。导引圣驾专事宴游，或于西海子，或于南城内，或放鹰犬，或肆射猎，或登高走马，轻忽万乘，或搬弄杂剧，亵渎九重，或盛奏郑、卫妖艳之音，或依稀竹叶八风之舞，或出入之无节，或暮夜之未休，或于文华殿前搏兔而喧声著闻，青宫岂搏兔之所？或于厚载门交易而贵贱杂踏，天子岂交易之人？事势异常，人心忧惧，虽殿下聪明英姿，刚敏不为所惑。然习与正人居不能不正，如芝兰种之沃壤，不见其长，日有所增。习与不正人居，如宝石之砺刀，不见其亏。日有所损，是以视事莅朝，渐至稀晚，读书讲学未见缉熙，国事因之日非，盛德为之稍累。此辈乃投闲抵隙，诬上行私，一言一笑都有机关，一行一止揣知上意，或有所荐引，或有所干求，或因喜而希赏则府库钱帛用之如泥沙，或恃爱而乞恩则玉带蟒衣施之及童稚，或机务因之擅决，或章奏落其掌中，聪明渐以壅蔽，弊政因而日滋。丝纶之布多不惬夫人情，朝报一出人皆付之嗟叹。台谏非不进言，求塞责耳，从与不从在朝议。府部非不执奏，供职业耳，行与不行随圣断。夫岂忍国家耶？亦见时势难为，付之无可奈何而已。

臣备员谏职，深切痛心，自知言出祸随，未暇顾惜，姑即今日弊政，可为痛哭流涕者为陛下言之。且如取进太仓四十万之银两，藏府已竭而必欲搜括马房食粮，五七岁之童稚岂堪勇士？织造停免矣而又织造，传奉查革矣而又传奉，盐法方差大臣整理而朱达等又奉买残盐，则奔竞之门大开，整理何益？地土方差科道清查，而张永等又奉买地方，则贪缘之路渐启，清查何补？各营管操太监，何必数数更换，用新人固不如用旧人也。各处镇守内臣，何必纷纷替回，养饿虎固不如养饱虎也。名分不正则小吏可骂尚书而不知罪。此可恕也，孰不可恕？威令不行则阉监可犯陵寝而不问死。是可忍也，孰不可忍？王忻、郑广不曾传奉四部，而与甘宁监枪，则政体纷更，渐不可守矣。常经索官库银两，准雇觅水手则弊端滋蔓，渐不可遏矣。国家大事，数人坏之而有余，虽百官交章，千言争之而不足。败祖宗之家法，伤清明之治化，略陛下之初政，成天下之祸乱，皆刘瑾也。况今各处灾伤，民穷盗起。兵威、财力皆竭于内，北虏、南蛮横于外，彗孛飞流见于天，日有食之于岁之首。汉唐季世，桃李冬花，其应甚烈。今桃李且秋花矣。正统十四年（1449）雷击奉天殿鸱吻，未几而有土木之难。今雷又击鸱吻矣，以古今罕见之灾异，并见于此时。皇天之意，盖不可测。臣私忧过计如涉春冰，验天象以睹人事，决非太平之兆。察民情与夫国势，若有土崩之形，而且人心悠悠，大臣不以死争，不知今日之天下为安为危，为否为泰也？

昔汉儒贾谊云：抱火纳之积薪之下，而寝其上，火未之及燃，因谓之安，天下之势何以异此。臣思方今备边无良策，只增年例之银；理财无大道，谋及广东之库。浙江既奏军士无粮饷者已累数月，山西交奏岁入不毂岁出者几五十万，小民困苦而征敛益急，帑藏窘乏而用度日奢，今日之财用如此，陛下何所恃而不动心哉？去年警报犯北边，选择大军出征，旬日之间，奏疏不勾三万。有盔者无甲，有马者无鞍，大将不识军人，军人不识把总，以此御敌，所谓驱群羊而格猛虎也。今日之兵威如此，陛下又何所恃而不动心哉？夫军马钱粮，国之命脉也。今命脉微矣，譬如人身，外貌丰肥而脉理沉涩，不急就医，死期立至，岂可沉湎酒色，坐视其蔽乎？臣所以揣腹扪心，将废寝食而莫知其所以矣。

陛下此时正宜兢兢业业，侧身修行，亲贤远奸，图维治理，蚤朝晏罢，节用裕民，庶可以转灾为福，易危为安。讵可谓天下无事，高枕肆行，安闲般乐而不思税驾之所耶？臣每入朝，远而望之，圣体清癯，毋乃先帝之在，念皇储未有终是。陛下正宜保养精神元气，以及后主，若复游幸过度，未免伤神。夫千金之子，坐不垂堂，而况祖宗神灵，惟陛下一脉，可不慎哉！臣言至此，肝胆毕碎矣。

今刘瑾恣所欲为，百巧千班，惟恐陛下游乐之不足，其于宗社之关系欲何如？其于先帝之遗训欲何如？其于两宫之厚望欲何如？今日外议汹汹，恨此数人，痛入骨髓，憾不扼其吭而啖其肉。其数人之中，惟瑾最险恶。而陛下进瑾为司礼太监，使之得监军务，是假虎以翼也。臣若失今不言，恐此辈祸胎养成，乱本牢固，则昔之十常侍及近日王振之祸复见于今，咎将谁诿？伏望皇上念我高祖高皇帝之取天下，间关百战，出万死于一生；念我成祖文皇帝之定天下，北伐南征，竟终天于异域；念我宣宗章皇帝之缵天下，内难纵横，而干戈谋动于邦内；念我英宗睿皇帝之理天下，外夷继叛，而播迁流离者数年；念我孝宗敬皇帝者奄弃天下，顾命之言，反覆丁宁者不已，无非欲陛下之敬德修业，敬天勤民，为祖宗绍基业，为万世开太平，为生民增福寿也。陛下倘能深念列圣创业之难，俯念愚臣进言之恫，乞敕锦衣卫刘瑾数人拿送法司，明正典刑、另选安静良善内臣数辈置诸左右以充任使，更望陛下出入起居，不近玩好，视听言动，俱循理法，使人欲退听天理，流行以之讲学则清心而目明，以之修身则道存而诚立，推而措诸天下，太平之业不难致矣。臣不胜迫切待命之至。

荐兵部尚书刘大夏疏　刘蔇

臣惟成天下之治功在贤才，别天下之贤才在公论，寄天下之公论在科道。科道者，明贤辨奸，遏恶扬善之门也。科道之言同出于至公，则劾一奸恶而群邪落魄，荐一君子而士类扬眉。公道昭明，忠良必遂，天下未有不治者也。苟或家立町畦，人怀封畛，好恶拂乎公论，爱憎僻于私情，则忠谗混淆，邪正杂揉，天下未有不乱者也。

昨者尚书马文昇致仕，会推员缺，或荐或劾，众议哗然，其中亦有公论不明、弹劾失实者，臣不得不辨。且如尚书刘大夏，臣不详知其人。尝于兵部阅章疏，见其敷奏有方，心窃慕之。及见先帝委任之隆，陛下嘉留之切，臣意一时之望也。今乃有劾其有愧于先进之人，谓不得与马文昇相伯仲而亟宜黜退者，则是非乖谬亦甚矣。昔我太祖皇帝谓廷臣曰：观人之法，即其小可以知其大，察其微可以知其著，视其所不为可以知其所为。臣尝奉此言以观当代之士夫，如刘大夏，官至二品，不为其子乞恩，比之纵子庇婿者为孰优？小者如此，大者可知。其子弟俱在原籍，恪守家法，寂无形迹，比之纵容家人商贩四方、嘱托衙门者为孰优？微者如此，著者可知。历官数十年，居家不逾中人之产，比之田连阡陌、甲第通衢者为孰优？其所不为如此，则其所为可知矣。夫以大夏持身如此，而诸臣下有断断不可之意，则公论先晦于朝廷，其何以服天下哉！臣非曲为大夏辨论也，但念天之生才甚难，国家之得才尤难，才用于时而保全始终之节为更难。玷人之行如玷贞女，臣窃为今之士人不取也。

记曰：古之君子，进人以礼，退人以礼。今之君子，进人若将加诸膝，退人若将坠诸渊。故马文昇一人也，有劾其贪奸欺罔者，又有颂其劳绩茂著者。刘大夏一人也，有荐其简质无私者，有劾其识议鄙薄者。甲可乙否，莫知适从。昔汉御史大夫张忠枉奏京兆尹王尊罪，壶关三老、公乘舆上书讼尊之冤，曰：一尊之身，三期之间，乍贤乍佞，岂不甚哉！今一人之身，数日之内，屡变其说，此正所谓乍贤乍佞也，陛下从何听信焉？人谓闵珪有挤井下石之嫌者，不知挤谁于井？有谓大夏有蹊田夺牛之状，不知夺谁之牛？迹其心，若为马文昇不平焉者，殊不知文昇官高一品，寿逾八旬，投闲颐老，实惟其时，亦惟其愿也。荷蒙陛下厚其恩礼，准其致仕，予夺之柄悉在朝廷。闵珪何能挤于井？大夏何能夺之牛哉？如斯言论，大伤国体，殊非治世所宜有者。况今皇上新政之初，凡厥庶僚正宜同心一德共图治理，却乃方底圆盖，牴牾时政，臣恐坏天下之公论，惑陛下之见闻，生人心之荆棘，而使老臣不安其位，人主孤立于上，故不得不详悉为陛下言之也。乞敕吏部查勘闵珪、刘大夏果有前项挤井下石、蹊田夺牛情由，宜奏请黜罢。如无此事，亦宜究治造言之人，使老臣得以安其位而行其志，勿使负屈青天白日之下也。更祈备查大夏历官年劳、应否廕子缘由，上请圣裁。如果相应，乞准其子一人送监，以为人臣尽节者劝。如此则言路正，公论明，人心服而天下安矣。

乞谥宋景濂先生疏　刘蕴，州人

臣闻之记曰：节以一惠，谥以易名，故生而有爵，死而有谥。周之道也，先王制治谓歆善而耻恶。夫人之同情彰善而瘅恶，为治之要务。如彼贤圣，固无事于抑扬，乃若中人，直有待于惩劝，故自成周至于今日，率用此道，鼓舞士风，盖其节惠之法善善恒长，恶恶恒短，德学有闻，才节皆邵，无他疵疾，固宜与之美谥。尺璧而微瑕，或瑕不掩瑜，则节其善以为谥。即行虽未有闻，而一善不可掩，则但取其善以为谥，皆以示劝也。善泯而恶扬，乃得恶谥则以示戒之。故虽孔文子犹得谥"文"而幽厉则孝子慈孙不能改也。汉唐以下，谥之善多，谥之恶少。本朝制谥不宣其恶，列圣爱惜人才，忠厚尤至。若夫少有过咎或遭谴谪，则节惠之典例不复畀。以是坊士，士犹有弃道，撲驰法守以自速戾者，然后知节惠之靳，所以忧天下也。然过咎有眚有怙，则谴谪有幸有不幸。罪出于怙，诚不足矜；罪出于眚，则皆可宥。故欧阳修以罪黜州郡，去而卒犹谥文忠；苏轼以罪窜海外，归而卒亦谥文忠。盖修有文章，兼有忠劳，故宋薄其辜；轼有文章，兼有忠节，故宋略其过。宋之遇士大夫亦庶几乎先王矣。

国家肇基之初，物色老儒于金华山中，首得宋景濂之文学，故高太祖之接礼亦厚，备顾问则有裨补圣聪之益，掌纶綍则有黼藻圣治之功，讲《左氏传》则劝读《春秋》，论黄氏书则请观谟典，语及军略以得人为规，语及牛租以捐利为讽，总《元史》笔削居多，封功臣讨论甚当，神仙之问谓此心曷移以求贤才，衮冕之词谓此服只用以祀天地，至云帝王之学独衍义为要三代之治必仁义为归。册历有编，知命之迹可考；辨奸有录，知人之鉴自昭。《宝训》作而贻谋，燕翼之道以传；祖训序而创业，守成之戒俱在。律历咨之制度，郊庙为之乐章。纪创修事同乘志，铭功德语协旂常。属之政事则辞，属之议论则不辞；问之君子则对，问之小人则不对。诚恳形于事行，忠告寓于文词。是以予之勅符，予之《楚辞》，皆宠以奎画。予之袭衣，予之甘灵，悉出以特恩。赐坐于便殿而叹其纯，赐饮于御筵而强之醉。致仕而置之左右，为日甚久；来朝而延之禁中，为礼甚优。辞则为之觞道途，去则为之感梦寐。受恩至此，得君可知。方为赞善之时，茂修勤学之职，读书请究兴亡之故，谨礼请防言动之非，称呼致父师之名，褒赏侈旧学之翰，故圣谕谓为开国文臣之首，而士论尊为间世儒者之宗。

偶孙慎干犯于班行，濂亦连坐于桑梓，法从末减，犹安置于茂州。天不慭遗，遂丧亡于夔府，既不蒙葬祭，亦不蒙赠谥，当世莫为之言，盖以为罪人也。至今莫为之言，又以为往事也。臣惟我太祖，昭代之圣君，而濂以学问文章为昭代之名臣，顾以外至之愆，遂废身后之典。臣今独为之追言，则以为缺典也。欧阳修、苏轼皆以得罪于宋，或出或窜。及其没也，宋以其一代文宗，不以有罪而夺其谥。濂之文章实为本朝欧、苏，当时得罪自其孙，不自其身。天地之大，当见容也；日月之明，当见察也。见容见察，则漏泉之泽当身恤矣。臣往年得罪言路，欲言之而未及。今者蒙恩承乏。适濂之乡郡，故敢以濂为言。伏望圣慈，追念濂为圣祖文学旧臣，为本朝文章大家，略可赦之眚，流非常之恩，兴久废之事。特敕礼官讨论，内阁画一，赐濂扬明之典。则圣朝彰善之政，善善之心，激昂人才之风，光辉文治之运，一举而兼得。追迹先王矣，宋安得专美哉！臣下情无任陨越仰望之至。

白云书院记　刘蒗，州人

凤凰山，去州治七十里。秀发迥异，降钟多才。宋有李椿甲科，接武簪缨旧族，一门三举神童。唐有冉评事亦当时俊杰，但碑记残缺。荒烟磷燹之余，其详不可稽者多矣。

本朝明洪武间，余先人卜居山下。宏［弘］治间，余幸掇科第，备员谏职。一日，乡人梦凤山动摇，而余宅旁有巨石中裂，声如劈薪，数刻乃已。而余以言事落职，韦褐家食，然则山灵真有韬敛期待之意与？山之顶益高益奇，如绘如铸。一登眺间，东望黔、彭，南望金山，西极真、播诸郡，如堆众皱，俯视人寰，不啻泛春水船游天河之表。凤山之妙为已极矣，逮夫北望，数里峰峦清耸。摄衣陟其巅，凤山又如在膝，是盖母脉也。来形如奔，住势如蹲。左右之山，卫护如藩。苍松发响如涛，修竹森列如戟，野猿、山鹿、鸟雀之狎食，如驯调舌引吭，山禽之弄音如笛。山合处仅通人。行如关，而水声淙淙，如敲金石，四时云气依附，山木如盖如练，如素衣卷舒聚散之异态，俗号为白云观。

成化初，有衲子结庐，居此十余载。山高气寒，凡所播种，风霾夺其稔，鼯雀啮之既，老衲惟啖乌豆而已，人因称为乌豆禅师。迨老衲既没，胜地成墟。越廿余年，僧澄玉、子星、续观至。乡人更延之诛茆筑土，开辟勤垦，以时以岁，则山谷回阳，风霆扇煖，螟螣潜消。陆产之谷播之，宜土而有成。山若增采，人若增气，岂物理久啬而当丰与？亦耕者之为力有勤惰与？抑亦地之旺气流转，他有嘉兆不系乎释子之去来欤？皆未可知。乡人重为捐赀，戮力鼎新。正堂五间，肖佛像，安僧于堂之旁。连甍为庖浴所，未讫工，澄玉、子星相继沦没，观率其徒觉兴、宗鉴、宗正嗣葺而享其成。

余侄威武、步武、绍武及诸生沈洪、文行、沈崇、曾栋读书其间，慨异境，据于学，幻而咨嗟，绻恋之弗置。余曰：得毋介甫争墩意乎？夫山水之胜，造物不能私而付于人。其性之嗜山水者，或为亭榭以供眺望，不则为浮屠、精舍，释子守之，使佳山胜水不致埋没于荒烟蔓草间耳，非为浮屠人设也。岂浮屠人所得私哉？兹白云关新宇既成，有释子为之守，而诸生肄业于此，则山水之胜，不致埋没。第恐愚者不悟，误以诵读流览之地为释子传灯之地。弃孔孟之道而从杨墨，则人心风俗至于大坏。是兹，余之命名不可以不慎也。余因题其扁曰：白云书院。置经、书、子、史四科书籍于堂之壁，为四柜贮之，供诸生诵读。续观知时务，达道理，忖度予意。拜而言曰：山僧为大人先生看守此籍，贤于东坡玉带远矣。余亦忘其道之可拒，而乐其人之可取，于是乎为文刻诸石。

龙洞寺修丹墀记 曹第，州人

□江北三十里，有洞曰普润。爵通渊侯，宋所封也。俗传灵毓，周朝精英，幽赞匪罟，清流溉沃，野神涌作，商霖而已。沙门从而辟居之，历宋元至国初，为龙泉寺。成化时，改卜今址，遂号龙洞寺焉。胜概则眺青濯碧，噏雾呀飂。谦恭揖其西，紫微照其右。天池彻映，铁柜连峥。迩如黛，遐如黝，卓如屏，锐如笋，信壄阴佳境也。僧屃者，酌涓披翠，啖菊佩兰。按摩灵烟，呼吸霄霞。久之而尘心息，厥惟休哉！顾土涉嵚嵋，石多层恶。梵宫垂百载，而墀台路角率芜秽弗治。一值浸溦则泥苴塞道，虽堪补葺培修，畴与极目一睐。郡方岳谭公命僧续香董其事，且捐赀为里闬风。自元年秋鸠工，迄今始竣。盖石艰，夫力用缺于支，不惮醵金道旁。三年告成者也，属予记。予惟永宁瑶光，筑而铭铎增悲，雁门、五台建而碑镌贻訾，是勒可省也。白谭公曰：勿庸。夫寺本为浮屠设也。迹锁白云，山依苍壁。萝洞、莓苔、古茅、亭草、树荒，修而治之，非吾侪舞雩便乎？矧兹役也，仿前遗制，壮后观瞻。不过芜者薙，洼者夷，缺者垫，仆者立已。纪石曷伤哉！予弗克遣而还。识曰：石以垂远，贞也。庵以养神，定也。泉以涤神，明也。坚则磨不磷，静则志不杂，洁则行不汩。汲泉履石，冲泊洞瀴，非明心见性者一喻根筏欤！并勖诸。

送太子少保涪陵刘公致仕序 大学士 邱濬文庄

太子少保、礼部尚书、掌太常寺事刘公凌云，年未髦，以足不良于行，乞致其事，上弗许。既而章再三上，上以其情词恳切，特俞其请，且敕有司月给粮米，岁给舆隶，以示优礼大臣之意，嗟乎！圣天子之于大臣，恩礼一何隆哉！然此非特以为公，盖以公所职掌者国家之礼乐，佐天子以郊天享庙者逾十年。每遇大礼，致辞于殿陛之上，周旋于坛壝之间。咫尺天颜，道引赞助圣躬以祼献，所以对越上帝，灵承列圣在天之灵以致其顾歆，于以受禄于天而锡绥和丰穰之庆，于天下非但供一事、莅一职者可比也。公寅清勤恪，服劳有年，为先皇帝所眷注。今上嗣登宝位，方赖公之用而顾容其以私去。噫！岂得已哉！盖古者仁君之于其臣下也，方其壮而强也，用之必尽其才而不遗余力，苟或疾而髦焉，则亦未便其私而不强其所不能，致事而归犹必使之得所安养以终其天年，其仁义之兼尽也如此。

后世则有不然者矣。欧阳子尝言两汉以来，虽位至三公，每上印绶即自驾其车辕，一辞高爵遂列编氓。而韩文公亦云：中世士大夫以官为家，罢则无所于归。由是观之，则前代之仕者，平生竭力以尽心所事，一旦老而休焉，盖有不得其所者矣。孰若公生盛时，起家诸生而荐历华要，叠荷恩封，及其祖考若妣。官登八座，位极人臣。兹其归也，而又特给之日食，资以人力。昔人所谓虽有还政之名，而仍享终身之禄者，公实有之。公世以农畯为业，有田园之乐，有林泉之胜，仓囷足禾稼，亭沼饶花木。有可以养生之具，有可以适趣之景。昔人谓闭门归隐，则俯仰山林之下者，公亦实有之。矧今年方五十有九，距古人引年之期犹将十稔，兹以疾而预告，非以老而谢事。近时公卿大臣有以老疾家居者，朝廷有事往往起之，具有成例。公偶以疾去，非废不可起也。国计之重，甚于身谋，民瘼之瘳，急于己疾。公之归也，其尚颐精神，近医药以毋忘乎圣天子之所轸念，九重之使朝临而万世之辕晡驾可也。予犬马之齿，较公为长，归装久束。第以国史事重，未敢言私，然旦暮间尔。公之再来，予已去矣。与公同年登第，今三十有六春秋矣。在班行中特相亲厚，公行，其太常僚属序公厚德，相率求予文以赠行。于是乎书，兼以致予意云。

吏部尚书夏松泉公墓志铭　尚书　许国文穆

嗟乎！任事之臣，岂不难哉？事有纤巨夷险，才有短长。具兼才者，又或以贿败。即不败，或不能不动于毁誉荣辱之故能不动矣。而世又往往挠之事，孰与任？余观尚书夏公，所谓任事之臣非耶？公名邦谟，字舜俞，号松泉，涪州人也。其先庐人，而徙蕲水，已又徙蜀壁山。凡三徙，竟家涪之黑石里。高祖辅，辅生朝佐，朝佐生友纶，友纶生彦策，公父也。与大父俱赠户部尚书。母夫人郭氏。

公生而不群，宏［弘］治甲子（十七年，1504）领乡荐，正德戊辰（三年，1508）举进士，除户部主事，监德州仓政。吏部考功稽勋，谪出为两淮运判，转同知通州，升佥事，督贵州学，历云南参议，湖广、浙江、江西副使，参云南政，以福建按察使转广西右使，贵州、江西左使，进右副都御史，督苏、松赋，兼抚江南，出入南北户部侍郎、尚书。中外四十二年，官数十转，皆簿书钱谷甲兵之任。又数往来西南夷间，即得善地，乃又辄值其多事。

公为人廉直，视国事如其家，不避疑怨，毅然肩之。初监德州廪廥，出纳则躬阅钩概，群吏敛手。在吏曹持论不阿，同列严惮之。猥以考察出公，欲挠公所为。既谪两淮，两淮故为利薮，四方豪贾窟其中。时权珰黩货诸豪，借势横甚，有司莫敢问。公一切绳之以法，即豪日伺公，竟莫得其隙。在通州，布条格，平徭赋，岁省万数。又计擒黠盗，民勒石志思焉。会朝议边学，亦以文第具等名贵。诸生争言不便，有司持数岁，莫敢决。公至则以文之优劣，稍参年之浅深为之等，而诸生帖然。摄巡守，官普定，有桀虏三，屡逮不获，公计获其一。边储久蠹莫能清，公厘清之。参读时，会嘉靖初革金齿中官参将镇者，更置永昌府，群小大噪，飞语撼当事者。公搜恶党，悉论如法，竟定永昌副使。时湖北盗屡扑复炽，延蔓余十年，檄公讨之。公谍贼所负险，突兵入而以奇兵分批夹捣，歼渠魁十二，俘其党五百余，湖北以平。遭母丧，起补浙。寻丧父，补江西，涉云南诸任，有声而福贵未及。任督赋苏、松，亲磨勘赋额，悉如周文襄故所参定法。太仓盐徒秦璠、王良等啸聚海上，诏操江都御史王学夔、总兵汤庆提兵剿之，而公足馈饷以佐兵。公则与戮力援枹而先将士，遂枭璠、良，斩获贼党，释其胁从。捷再奏，并赐金币，增俸一级焉。在户部时，户部岁入百四十余万，而藩禄、边饷且十倍，其入势寝不支。公殚心计，追逋搜羡，衰权征赎，多方筹之，用赖以不诎。既总吏部，益厉清白，重咨访日被殊眷。每春秋祈报，及永明殿，帝社稷坛诸大祀，数诏公代拜。会考察，上以属公，不听公辞。公与众旌别，诸所去留悉当人心。而招权者忌公，嗾言官论公短于风采，公遂致仕。嗟呼！如公而短于风采耶？

天下不患多事，患无任事之臣。夫臣幸而任事，孰非所宜任者？今官卑事巨则曰非所及，官崇事纤则曰所不屑，当其夷曰无开衅，当其险曰难斡旋，实诿之曰余有待，稍及于己曰如掣肘，何则？事无时而可任也。若公者，今何可得耶？今丗以考察谪者，未有能自振者也，而公卒所树立如此，岂苟而已哉！公自莅官，终始一节。既归，则杜门绝请谒，独嗜翰墨，以诗酒徜徉。人既高公出处，而闻其卒也，沐浴衣冠，戒舆从如之官状。遍召所亲诀，分布家事，进觞微酣，坐而瞑。夫死生之际，亦足观公矣。

奉谭大夫棨状，来丐余铭。铭曰：矫矫夏公，为世名臣。木直而伐，蠖屈以伸。人将谓公，一蹶不振。公无卑官，其气逾劲。自兹扬历，臬藩台省。巨细攸宜，文武惟允。官之失德，由宠赂章。公为太宰，冰清鉴光。操以终始，盖其天性。事国如家，失得勿问。

帝眷固殊，憎口兹厉。优哉游哉，聊以卒岁。出处之际，公亦有言。出吾禹稷，处则颜渊。公言可复，公逝不迷。死生尚尔，有何誉毁？人臣任事，于公爰式。拜公墓者，请视兹石。

邹刘合刻序，<small>邹公讳智，理学名臣，合州人。户部侍郎</small>倪斯惠，<small>巴县人</small>

吾郡盖有邹立斋、刘秋佩两先生者，先生素不具论，论其大者。一读书中秘，当乡人秉政之时，抗疏危言，首列忠佞。一焚草青琐，当珰焰滔天之日，感时流涕，立抵逆瑾，至今读其疏，凛凛生气，令人舌吐而不收，其不死于三木囊头者幸也。夫披龙鳞同履虎尾，同赍志抱愤，不获竟展其用同。两先生疏俱未有合刻之者，合之自郡守龙公、督抚王公始。二公雅好读书，而于忠义则称两先生。居是邦，事大夫之贤者，两公其有焉，余不佞受而卒业。窃叹国朝在宏［弘］、正间，一坏于庸相怙宠，委靡顽钝，不知人世间有可耻事。所称正人君子如三原辈，率摈斥不用而大弊，极坏则逆瑾煽权，倒持太阿，窃弄神器，祖宗二百六十年之国脉，几不绝如线。一时朝绅靡然，无复具须眉气。两先生突起，暧孤势，处疏逖，于上无结知之素，于下无朋党之援，不殉同闱之私，不惜干霄之焰，出万死一生之中，徼万一见听之幸，积于衷之所无，期而发于性之所欲吐。子曰：无欺也，而犯之。又曰：信而后谏。则两先生之自信信人为何如哉？秋佩读《易》伊川洞，立斋晚从白沙游。处则嘿嘿，出则谔谔。其素所蓄积然也。独怪学士大夫居恒扼腕，恨不披沥谈天下事，及至事权属手，荃蕙化而为茅。非中靡于弱骨，则外张于虚气；非剿袭于雷同，则苟且以了局。不则其植党也，其鬻权也。一人也，众有所独归，则媚之以干泽；众有所偶去，则借之以沽名。一疏也，非藏头露尾，中人主之猜则借甲指乙。凭在覆之射若两先生者，岂不明目张胆、解衣折槛烈丈夫哉！可以欺人，可以自欺，不可以欺天下。后世犹欲刻其疏而信诸后，则两先生之自信信人为何如？藉令两先生在，执鞭所欣慕焉。

新建十方堂碑记^[一] 向鼎，<small>州人</small>

善夫！苏端明有言曰：凡作佛事，各以所有。富者以财，勇者以力，辩者以言，各以其心。见闻随喜，及受厥报等无有二。夫以力、以言犹或庶几，至于以财，非破尽悭[二]情，鲜不吝予，以致香积不修，行脚头陀所至乏供，其谓善知识何？曾君益我独喜为之。其作佛事，当不自十方堂止，亦不自十方堂始，而兹堂之建则有可不朽者。堂住高僧，如贵自峨眉圆觉庵为海上游，复从海上西来，挂锡五龙镇。思为行脚诸僧地，见曾君益我好善乐施，募从元帝宫前求得一胜地，创立堂楹。买田十五石，俾堂庑及丛林中所宜有者无不悉具，于以待十方衲子。堂成之日，予方奉简命镇荆南。贵公不远千里，飞锡至楚，乞余一言以志之。余初以为贵公广长舌之所致也。贵公谓余曰："堂成为诸行脚僧所取给，山僧幸有尺寸功，悉自曾公益我出。自兹以往，所济不可胜计。僧闻'君子不背本'，今之喜作佛事，宜莫如益我公。无论兹堂之功，其人足多也。"余居乡已习，益我所谓现长者身说法[三]，而堂址则予夙所登眺者，其景物最奇。曩余承乏海防，登普陀，普陀以海胜。及提兵备潼谷，稍暇得登华山，华山以石胜。惟泰岱、崧高[四]、衡、恒、五台诸名胜境，雅欲探奇而有志未逮。昔者窃闻之皆以岩壑胜，而此山石削江回，烟峦万态，当与海岳争胜。春暖秋明，天风四至，翩翩千仞之上，骚人墨士览胜于此，诗情赋兴，必有不让汉晋隋唐诸名人独擅千古，则益我之建此，岂独有补鹿苑哉！况今日南征北御、东伐西讨，大司农仰屋而叹，而益我从容兹举。恢恢乎有余地，使天下之为僧者皆若贵公、天下之为儒而仕者皆若益我，峙粮[五]以待饥，虚席以伺往来，何至凶年有沟壑之民耶？益我之子若孙，皆修行读书，为时贤所推重。天才骏发，伫建旗鼓中原，而益我更多方积善以厚其基，其丰禧未易量也。若第谓惠[六]行脚，以北参南，询取资之德，奚足尽益我乐善之怀与[七]？

注释：

[一] 李世权《石刻涪州》第 233 页收录有该文。

[二] 悭：李世权《石刻涪州》第 233 页作"吝"。

[三] 现长者身说法：李世权《石刻涪州》第 233 页作"长者现身说法"。《同治志》误。

[四] 高：李世权《石刻涪州》第 233 页作"嵩"。按："高"与"嵩"通。

[五] 粮：李世权《石刻涪州》第 233 页作"粮"。

[六] 惠：李世权《石刻涪州》第 233 页作"天惠"，多一"天"字。

[七] 与：李世权《石刻涪州》第 233 页作"欤"。

松石书斋记　陈计长，_{州人}

　　种松山，离城二里许。相传尔朱先生种松时，松影映石，石皆有松纹，至今呼松屏石。余雅慕之，建书斋于中，为下帷地八窗，山色一榻，涛声不减，斯立之咏哦，宏景之卧游也。有时月筛碎影，满院绿阴，虽一笏地，何异千顷斋。先辈有言：此地有丹砂、云母奇石，或烂然类黄金，意先生金丹之余也。然非祷于先生，不得佳者。余心祷已久，然所见多不足奇。一日，步林下，忽得一石，非绘非镌一"松"字镜于石面，拂之不去，岂云液之委地而成文耶？抑玉骨之凌霄而遗蜕也？把玩逾年，竟失所在。余考《丹经》言：古得道至人藏丹名山，非当仙者辄不见。既见，亦辄变焉，如嵇叔夜、葛稚川辈犹不免赍恨以终，而况俗子乎！则知神物之变现，未可测度。而涪陵之改县丹兴，厥有由耳。以余沉酣艺苑，奔走风尘，名心未忘，或非仙翁之所许也，虽日吟卧于此，可幸致耶！第不知先生能许我于异日否。

答总督李雨然书　陈计长

　　仁兄书使自嘉陵来，宣布大檄。时平西坝上用事诸人念望仁兄英略，孰敢不听？即弟困踣之余，有距踊三百，亟欲奔走从事，顾论人心于漂流板荡之余，一呼而乌合数万，非经教养之后，不过假操戈挟矢为护身糊口之计，一旦举事而欲众志之成城也，恐未易得。则兵不可恃，即西川号召以来，投石超距，夫岂乏人？间有一二，傲岸自用，不受约束，竟不以为跃冶而隐忍，收之恐无当于缓急之用也。则将未可恃以年台长才神智似无藉于此，然窃闻兵家之事必须勇者效力，智者效谋，富者效粟，应援者各当一面，方克有济。今见檄到，而应者等于惰置。况西北寥寥，仅北东南三四镇，又各自雄一方。外无扼吭之地利，内有瓦解之人心，警报一至，自顾不遑，宁暇为人谋？矧原无合谋之志乎？前者曾英拥二十万众，奔溃一朝，今贼行胁令，掩袭良多，较之当日固应什百，虽有袁武之桓桓赳赳，亦勿易视此剧寇，乃为全策。弟实庸驽，谬蒙下询，虽无壮发，久已手额此举矣。愤懑之情，迫于缠索，倘不审处而冒焉，从事鞭弭，惧有进退维谷之患。弟与兄同情而异地，在缓急之间耳。反覆来章，殊不自安，然又何能使喉间格格不吐，况不肖倚年台为命，自当尽所欲言，故不觉其敷陈缕缕也，惟台鉴悉。

上马抚台书　陈计长

治晚自京邸归，问候间阔。记在公车同舟时，知公祖负不世出之才，胸蟠武库，捧日为思者曾为说项于长安矣。今日建牙西蜀，正当宁侧席西顾之时，谓宜立殄元凶，首协坤命，夫复何疑？窃计今日事势，尚有大可商者。习闻此贼不蓄老弱，不携妇女，三日一检，不私橐金，良为悍寇。且冲突靡常，兵不解甲，马不弛鞍，密令甫布，昼夜三百余里，又为飞寇。矧逆贼入川，二年有余，聚党既繁，习险尤熟，旌旗所至，蔽天障日，又为巨寇。以三者而闪烁变现于疆场之中，或隐或现，已疑宵遁矣。而倏忽露形，以为东指矣，而犹然北向则不可不图画万全以歼此狡贼也。今川中之义勇四应，不下二十余万，所可恃者莫如曾英一镇。昔者曾英多功城一战斩获颇多。渠魁亦觉，避锐而去，昔其尚未大创，一时未得老祖台临阵秉钺耳。近闻献逆僭号省会，痛恨蜀人之不附，戮无噍类而去，躬率枭种，布满保、顺间。既无意于成都，全军奔进，势难向迩，此曾英之所以逡巡敛锷不即加遣耳。但思兵家之事，势不两立，固不当轻躁以示暇，亦非可持重而处钝。想祖台神谋在握，自必万举万当。而贼势纵横，不应以合阳河下为坚垒。治晚谊属编氓，负弩前驱，分固然也。舍亲李雨然曾以总督编氓，挫贼锋于溆浦，调度所在，无有不率，岂谓同舟无怒发哉！敢拜缄以待裁统，惟鉴其迫切。

建东壁阁记　夏道硕，州人

按东壁，图书之府，往牒盖侈谈焉。而扶舆之秀，有开必先，所关于世运人文，固有毓注区矣。蜀山水之奇甲于宇内，而史所称涪更著。涪学宫隆起，东亘以峨嵋为原，瞿塘为委，都江濯其迹，黔流绕其襟。棂星独跨，专城而层蹬穿云。凭高四望，云霞飞而波涛涌也，堪舆家谓：形胜迥异他封，而巽方宜有台阁应辉煌之气。涪人士每心计之而不敢请，天假斯文朱公以六诏人豪，来守是邦。一日，谒宣尼庙庭，欢然指顾多士曰：地灵人杰，棂之左方为巽地，当以修补，云龙风虎之会其崛兴乎！侯日拮据郡国之务，鞅掌不遑督土木，事竣，当奏最阙下。遂鸠工平基，选梗楠巨材，亭亭竖立为坊表，约高数十尺。旁为五楹，饰以青黄彩色以仿佛五行。焕乎！所谓层楼耸翠，高接云霄，飞阁流丹，下临无地，扶舆之秀若更有孕结焉。再阅月落成，乃诏诸学博、士大夫觞于其上，风响铮铮，星辰可摘，把酒临风，其喜洋洋有不鼓豪杰之气而乘运光启者乎？侯之曾大父于嘉靖间振铎涪庠，誉传郡乘。侯之绍美，赫然有光，而两嗣君当舞象时，名动三川矣。侯之万世功，独在涪也乎哉！侯之治涪，更先民瘼，三载底绩，四封口碑，啧啧具在《惠政录》。舆人颂东壁阁之建，其一班［斑］云。侯讳家民，别号任宇，进士，云南曲靖府人。

西门关帝像灵显记　夏道硕

蜀汉前将军汉寿亭侯壮缪关公，昔称圣之烈者也，海内外率庙而祀之久矣。然性之近义者宗之，性之近勇者慕之，即未必能义能勇者莫不畏之爱之，庸者劣者亦谬而妄祝之，是故敬其烈而亦仰其像也。像，土木也。侯即欲显其灵，亦不能使土木灵。大概或示于事，或游于梦，或发于签卜，或托于迷魂呓语，又或隐现于云雾荒渺之中，盖不能使其土木灵也。唯吾涪西门外之关像则又土木灵焉，异哉！方前明甲申崇正［祯］十七年（1644）六月初八日，流贼张献忠拥数十万众，溯川江而上至于涪。涪人走，贼尽毁城内外官民舍，涪赭。凡庙之毁不待言，即铜铁之神像，亦无不毁裂镕溃，独关庙虽毁而二法身巍然两座，若未尝有变也者。二法身前后相去约五七尺许，前者高过人，后者高丈余，火大作，砖瓦厚重，零星注下如雨，而二法身者皆土木也，无寸毫毁。近而瞻之，冠履俨然，须眉如故，金屑不剥。至左右诸侍将则又皆毁。金刀四十余斤，亦色毁卷蚀。正殿上中梁坠于二法身之间，独完不毁。其余栋、柱、椽、楹、宸、案皆毁。余时为贼所执，虽被创，在火烟中亦得不死。贼去，火熄，遥望二法身，金光露处于瓦砾焦烙之上三昼夜，火气犹蒸人。及后，人民归，见之起敬。随以草蓬盖护，已而鸠工庀材，构新殿居焉，即今殿是。而今人入觐、下拜以为与新造者同，而不知仍为有明来之旧身也。今余六十有八矣，恐事久弗彰，敬以闻之郡守萧公。公曰：然。吾将勒石以传，是为记。

旌陈母赵夫人节孝疏　陈苳，州人

崇祯年月，臣祖母赵氏，年二十七岁，称未亡人。相倚为命者，仅臣父致孝弱龄耳。四壁萧条，穷愁备历。竭养寡姑黄氏备至，襄事尽礼，茹荼饮冰，行道为之酸伤矣。乃赋性峻方，虽臣父一脉如线，绝不作妇人怜惜态，出则延师督课，归则纺绩伴咿唔声，丙夜不休。尝以忠义相提撕，起居言动不以纤毫逾越，因渐训及臣，兄弟、诸孙继来。臣父，补增广生，为州庠名儒。臣兄直，举万历十年（1582）乡试。臣举万历三十四年（1606）乡试，臣兄直之子计安举天启四年（1624）乡试。余尚居业未竟，皆出臣父一经传家，夫孰非祖母督诲之力也哉！臣兄直历任鄘县、广信府同知，清异声绩，两地可考。臣历任栾城、良乡，冰檗冲途，叨蒙今职。溯本追源，则又皆祖母苦节之遗训也。臣父在州庠时，里耆绅士，公举上之。按臣宋仕旌扁其门，即欲奉闻而臣祖母以妇节应尔，且年未及格暂止，嗣后享年八十六岁，守节近六十年，臣自栾城归，且终且殡矣。适臣乡值重庆府兵变，故未敢烦地方官旌节之请也，兹念臣父前受直封鄘县知县，臣栾城县之赠例格莫伸，今又恭遇恩诏应加授刑部主事矣。臣父屡受皇恩高厚，莫极不转思其始为谁，乃致九原之幽德，尚有未阐。井里之观望，久而未惬，此臣之日夜忧思鳃鳃欲控而又咽咽不敢冒陈者也，伏读恩诏内一款表扬节妇所以扶植纲常，劝励风俗，政之大本，缘有司苦于节坊价难措，遂使幽芳不扬。又云：其子孙自愿捐资造坊者，有司官给以匾额。臣再三庄诵王言，因庆恭逢圣世薮泽，无不耀之幽光，遐陬无不宣之神化，臣于此时不一控陈。是臣下负水源之始基，于家既不可为子，上负风励之盛政于朝，亦何以为臣乎。察得御史王拱、主事吴加宾皆为祖母旌节，具疏上请，臣为之乌私实与相同为是，沥陈冒昧具疏上闻。

龙洞庵碑记　州举人　罗若彦

今天下僧以寺重乎？寺以僧重乎？如以寺重也，则琳宫梵刹，棋布星列者，遥相望也。如以僧重也。则种种稗沙门，适足为寺羞，顾安得为寺一洗之耶？郡南离江里许，有铁柜城，相传汉诸葛武侯屯兵处。孤峰崒嵂，曲涧崎嵚，即武侯今日而在，亦必屯兵于此者。离城数十武有龙洞庵，山高鹤唳，谷冷云间，李青莲云：别有天地非人间，殆若为是发者。

余私心向慕之。适渝城贼平，友人邀余读书庵中，负笈而来。甫至庵门，犬狺狺声不休。一僧出门相迎，延入猊座旁少憩。余观碧眼青瞳，发须根尽幡然，问其年，七旬矣。余曰：此高僧矣。惊讶者久之。越日与余言儒释合一之旨，曰：真如生灭，克己复礼也。定慧诚明也，真空未发也。问其生平诵习经义，则《楞严》《圆觉》，俱以为纸上陈言。余曰：此禅僧也。复惊讶久之。乃僧汲泉煮茗，日进余数杯。又余以秋收侍馆无童，日炊饭劚芹。僧则亲供其事，亦似有殷殷注意余者。余曰：此贤僧、奇僧也。复惊讶者久之。

嘻！余尝馆于家福堂玉泉庵矣，有老僧性永者，庶几近是，谓龙洞庵而更有是僧乎？及问之，则为此庵开山僧也。乃僧一日诣余馆，五体投地而言曰：僧开山本庵有年，庵旧有碑记，鄙俚不文，业已就毁，欲藉如椽笔以为山门光，祈无靳也。余曰：不二法门，无有言语，文字亦何用碑为？况毁则毁矣，又何用多事为也？僧愀然曰：僧出世观化一番，不过藉碑以纪岁月耳。诸檀越功德忍令其泯没无传乎？余曰：诚如是，是乌容无言，愿闻其详。

僧于是离座合十，向余而言曰：僧，郡民李禄季子也。童年祝发，以所得祖地结茆为庵，乡民冷建终喜布施，买田宅，资香火。旋见夺于无赖。建终孙凤与咏者讼诸官而归之。僧复自置产资用足，乃募众鸠工，修庵宇，既成。塑佛、菩萨像，又请大乘、华严诸法宝镇之。今诸檀越功德具在，巍然焕然，僧亦藉手以开山一事恳终惠一言，以永垂不朽。

余闻之，喟然曰：有是哉！若而佛僧也，圣僧也。向余之目而为高僧、禅僧、贤僧、奇僧者之知而尤浅也。盖天下百千万亿世界皆佛世界，尘土泥沙皆佛尘土泥沙，而独童年落发，遗落世事，鼎修庵宇，塑佛、菩萨像，请置诸经典，大都而前世亦是佛，亦是菩萨，亦是罗汉，偶堕落尘埃，而佛、菩萨、罗汉之性不昧，故披缁出家，以世界还他世界，以世界尘土泥沙还他尘土泥沙，其实还他亦自还也。彼冷建终者亦罗汉果也，无赖子则魔也鬼也。然如来云：一切有为法，如梦幻泡影，如露亦如电，应作如是观。汝开山不易，又当勿作开山观也，又当勿作开山想也。一作是观，一作是想，则佛、菩萨、罗汉之性昧也。予言未毕，僧偏袒右肩，右膝着地，合掌恭敬而白予言：先生当头棒喝，老僧数十年开山之功，一毫无着也。遂相视而笑，作礼而退。

谕祭刘蔇文

维嘉靖四年（1525）岁次乙酉十二月朔，越祭日甲戌，皇帝遣四川等处承宣布政使司左参政刘大谟谕祭江西按察司副使刘蔇曰：惟尔资性方严，才猷敏达。发身甲第，列职谏垣。抗疏危言，忤于权贵。废斥既久，起任专城。直道难容，复归田里。属朕初载，奖录忠贤。再领郡符，寻迁宪臬。方兹向用，倏尔沦亡。特示恤典，赐葬与祭。式昭异数，用慰英魂。九原有知，尚其歆服。

谕祭夏邦谟文

嘉靖四十五年（1566）六月十五日，皇帝遣四川布政司左参议余田谕祭致仕吏部尚书夏邦谟曰：惟卿性质温雅，才识疏通。奋迹贤科，筮仕郎署。淮扬佐运，藩臬屡迁。遂督抚于留都，荡平海寇；旋司计于农部，俾益邦储。爰跻卿执之班，特总铨衡之柄。方隆眷注，恳乞归休。宜享寿荣，遽闻哀讣。追维往勋，良切朕怀。谕祭特颁，式昭恩恤。卿灵不昧，尚其只承。

《嘉靖四十五年十二月初五日载颁谕文》

惟卿早擢科名，扬历中外。年劳溘逝，益增悼惜。载颁谕祭，用示恩恤。

重修涪州志卷十四　艺文志下

散体文二十一首　骈体文二

国朝恩纶晋赠太子太傅原任左都御史加兵部尚书谥文恭周煌碑文

朕维经帷著望，凤标武库之才；台宿依光，特重夏官之掌。忆耆年之入直，雅誉常垂；稽令典以饰终，褒纶载锡。尔晋赠太子太傅，原任左都御吏加兵部尚书周煌，持躬只慎，绩学淹通。初翘秀于词垣，爰升华于坊秩。虎符龙节，曾传诏令于中山。玉册金章，俾煦恩光于薄海。勤劳既著，简拔宜加。贰秋卿而克奏平反，襄枢务而爰资钤辖。采风南土，抡才则冰鉴重持；谳事西川，衔命而星轺再莅。统百工而率属，总九伐以宣猷。南宫列桃李之英，北阙领风霜之职。每值晨趋丹禁，许控青丝；属当庆集兰陔，宠颁彩服。迨赐闲以摄疾，复谒觐而承恩。甫定归期，忽闻遗疏。赠恤而崇阶特晋，奠醊而令谥攸昭。文敷经籍之华，恭著威仪之抑。於戏！缅中枢之耆望，宠额曾题；眷遗老之音徽，丰碑是勒。丕光幽壤，庶永令名。

谕祭文

乾隆五十年（1785）岁次乙巳五月己酉朔越八日丁巳，皇帝遣礼部右侍郎德明谕祭于晋赠太子太傅原任左都御史加兵部尚书周煌之灵曰：中枢著绩，表清望于垂绅；内署宣勤，缅成劳于曳履。惟奉职无愆夙夜，斯饰终宜备哀荣。纶綍宣恩，几筵贲泽。尔周煌提躬恪谨，植品端方。早擢词科，预瀛洲之荣选；泳膺文柄，历槐署之清班。属海国之疏封，命持龙节；遴词臣以奉诏，往涉鲸波。鉴其忠信之诚，嘉乃猷为之懋。爰升华于讲幄，更课读夫胄筵。星使频临，递衡文于江浙；月卿泳陟，兼奏绩夫兵刑。

辂车协秋瀮之平，戎府界夏官之长。每值开韶锡宴，侍丹陛以联赓；属当听钥趋朝，许紫闱之缓鞚。台有恒春之柏，领清职于风霜；庭开介寿之觞，贲殊荣于冠服。方冀长承乎渥眷，岂期忽遘夫沉疴？甫引疾以陈情，特宣纶而予告。谓摄调之可愈，何徂谢之遽闻。良用轸怀，宜加赐酹。阶更隆夫晋赠，额胥涤乎因公。恤典从优，彝章备举。於戏！忆自城闉接觐，弹指而晦朔俄经；怅兹台宿韬辉，转瞬而音尘顿杳。爰摅恻怆，式享苾芬。

陈母夏安人墓志铭，翰林院侍读学士　吴伟俊菊村

余尝览史传，慨自古危乱之际，贞姬孝女泯灭于兵火者，不可胜纪。间有一二幸而全，全而子孙备载其行迹，俾后人因其事以追考其世则。夫身殉而名不存者，亦得附著焉以显。而此一二人者，天若有意留之，不使之并没，如涪州陈母夏安人，非其彰彰者乎？

安人，今松江郡丞陈君三石讳计长之配，而用其子命世等之行状为请。三石，余友也。泣而言曰：吾妻获邀今天子之覃恩以得封，而其卒也在己丑年（顺治六年，1649）之正月六日，是为张献忠破蜀后之五岁。当吾提携细弱、奔走窜伏于穷山绝箐之中，其得脱于万一者，繄安人黾勉措持是赖。今计长窃禄此方，诸子克有宁宇，而安人年已不待，《诗》有之"将恐将惧，惟予与汝？将安将乐，汝转弃予。"惟仁人君子，赐之不朽之一言，庶有以慰其无穷之悲乎？余因诺其请，为之铭。

按状：安人夏氏，其先以宗人故冢宰讳邦谟为望族，而癸未进士员外郎讳国孝之孙女也。父可淇，诸生。母赵氏，尝病已革，安人刲股肉进以愈。年十七，归于陈。栾城令讳某郡丞，君之大王父也。栾城有母曰刘太恭人，年八十余矣。蜀道远，而栾城初仕，母老不能从行。栾城之配曰文恭人，请留。安人长跽请曰：吾舅万里远宦，姑不行，无以主内政。太恭人晨昏定省，则新妇事也。盖涕泣固请而后许。久之，刘太恭人以无疾逝。先期君与其叔、与兄以公事不得已于省会。既闻讣而望国以哭，则安人已踊而成丧，自余阁之奠以及于浴衣含玉，附身附棺，终事毕举。栾城归而询诸左右长御，知大小敛无遗憾者。乃聚其弟若子以泣，召安人前而劳之曰：若有大功于吾陈氏。安人逊谢不敢当。

初，君之举贤书也，少尝上南宫，一再不第归。同辈多卒业于京师，往往得官。自栾城亡后，秦楚有寇难，蜀道梗。君犹豫不成行，独坐恒拊髀自叹。安人宽譬之曰：人生穷达会有命。母在，君奈何以身蹈不测？且吾幸有先人余禄，以娱奉甘旨不亦可乎？君从之，得以一意闲居养志，与其兄推财让分，遇凶札则倾囊橐以赈贷宗亲里党，凡此皆安人赞之也。文恭人病目，医言得人血可治，安人潜刺臂出血渍之，不使姑知。文恭人临殁，诀曰：吾昔者不能视吾姑，饭含以累汝，今吾二子在膝下而获殁身汝手，夫何恨？西土将乱，诸孙少，汝必勉之。安人泣而受命。呜乎！亦可谓之孝矣。

安人生于丁未之六月十七，距其卒己丑春，得年四十有三。即以其月，权厝于涪南三里马援坝之阳。有六子：名世、维世、命世、德世、辅世、寿世，皆已出。孙二，幼未名也。安人能训诸子，诸子亦克尽其孝。名世与辅世以贡为明经，命世中庚子四川乡试。余三人，诸生。所娶皆名族。

初，文恭人之丧也，君挈子姓避乱，自涪至黔之婺县。同年生西充李乾德雨然者，怀其偏沅巡抚节，间行归家，亦抵婺，相抱恸哭。李公者，智略士，自其在沅中，数以计破贼，战不利而后走。既入蜀，闻西充陷，其父被杀，益愤结思报，而与君相知，谋起事以拒献忠。安人从东厢微闻其语，既入，亟戒之曰：李公重臣，君父遭大难，义不可以没没。君，儒者，未尝居官，任事其材与地，大非李公者比。我闻诸先姑，居危邦慎毋为指名，因顾视诸子曰：君独不为若等计耶？君出而盛推让李，谦言己不足共事者。李亦知其意，不复强，而敬君长者，谋以妻子托之。安人与君参语，许诺，喜曰：李公不负国，而君可不负李公，其胜于从李同死者多矣。其后李公没于兵，而君以免，室家完具。第四子德世，为雨然婿。李氏弱息，实赖君以存，然后知安人之言不徒以为其诸子也。嗟乎！岂不贤且智哉？

安人之厝也，以乱故礼不备。三石之言又曰：献忠躏蜀，弃骸之不葬者，高于巴陵之堆，吾妻得土为幸，讵敢谋诸楩柟。然以吾之流离白首，诸子侨于异邦，它日者归扫先恭人之垄，以为伉俪谋同穴，期尚有待。惟即蒇宫告哀，西望呜咽于魂气之无不之而已。余曰：我闻楚蜀间好为哀些之辞，今陈氏之速铭也，语多怆恻，请变铭体而系之以歌。曰：涪水潺湲兮，涪山巉岏。虎豹暗暗兮，风雪屠颜。从夫本末兮，哺子草间。黄雀啁啾兮，猿猱以攀。丹枫陨叶兮，血泪斑斑。苟尽室之可免兮，一身奚观。彼巴姬之何辜兮，委骨江边。幸坏土之犹在兮，从姑以安。念夫君之远道兮，匹马征鞍。倘梦魂之可越兮，宁愁间关。乱曰：已焉哉，伏波驻兮铜柱滩，马鬣封兮西风寒，望不见兮涕泛澜。莼羹兮郫筒，鹤唳兮啼鹃，劖赤甲兮片石，刻铭辞兮千年。

<h2 style="text-align:center">募修鹰舞寺引^[一]　周俨</h2>

州南三十里许，有山绵^[二]亘百里，其最^[三]高而耸翠者为鹰舞梵刹。昼则俯瞰江流，鹢艒似叶；夜则仰瞻^[四]天象，星贯如珠。若其春也，万卉妍而香生寒谷；及其秋也，千峰紫而彩映浮霞。匪惟^[五]作一州胜概，抑且为终古巨观。较之灵光鹫岭，当无以异。余自丙寅卜居此山之下，喜其地之高可以风，而幽可以潜。其矗立而逶迤也若盘谷，其林疏而雨积也若辋川，其渊邃而隐僻也如桃源之在目前，其栖闪而变化也如麻姑之非人境。欲诛茅建舍，奉亲避暑，无如念方及而先君子逝矣。至今瞻^[六]望此山，犹有遗憾^[七]。忽一日，僧人某持簿造门，合掌曰：某至鹰舞^[八]寺斩棘而耕者三年矣。是三年中未敢向众君子持钵，喜今岁大稔^[九]，可以募工，若及此不谋，是委金像于草莽也。丐公一言以为之引。余曰：士各有事，不相谋也。吾一州之中宜修建者如先圣庙，而今则颓隘非制也，不能遂吾志以为之倡；一家之中宜修建者^[十]如濂溪书院，而今则祀事阙如也，不能率吾族以为之理；一身之中宜修建者如先人墓，而今且^[十一]坏土未安也，不能竭吾力以为之营。况此时儿号寒于冬燠^[十二]，妻啼饥于年丰，安得余赀佞佛而乃为人题疏^[十三]耶？僧乃^[十四]偏袒右肩，右膝着地而言曰：是非佞佛也。公曾闻鹰舞之说乎？当释迦成道时，有群鹰集顶翔舞而下，则此刹之名当因大士苦行而然，未可与凡^[十五]为刹者并观也。然此犹或瞿^[十六]昙家之私言耳。彼儒者有言，时当春分，鹰化应天之侯^[十七]，准时之序，非直作梵刹观也。况此山之下，支干叠出，凡钟灵而毓秀者皆以是为宗祖。彼云起日出，烟光弥天，风雨变化不啻鲁之有东山而^[十八]齐之有泰山也。此刹一复则凡招游而览^[十九]胜者不苦萧条焉。不但此也，高人达士每欲梯云就日，刹成则凡读经史而服道者，不苦^[二十]寂寞焉。不但此也，山踞一方之巅，烟火百里，刹成而暮鼓晨钟时鸣天际，不啻木铎之警而遒^[二十一]人之徇也，则此山可以佐王功。不但此也，山蕴蛟龙之气，泉壑千丈，刹成而祈祷晴雨，呼吁咸集，当得雨旸之若而百灵之顺也，则此山可以服圣泽。

余曰：是说也虽近于谩，然与余当年欲诛茅建舍之心所见若隐隐有合，且以一州之古迹计之，当亦不失为^[二十二]兴举废坠之意。至佛刹之施报^[二十三]，虽为儒者所不言，而其化人为善之心亦足以赞王道所不及。是为引。

注释：

〔一〕李世权《石刻涪州》第 218-219 页收录，然文字略有差异。

〔二〕绵：李世权《石刻涪州》第 218 页作"斜"。

〔三〕最：李世权《石刻涪州》第 218 页作"岩"。

〔四〕瞻：李世权《石刻涪州》第 218 页作"观"。

〔五〕惟：李世权《石刻涪州》第 218 页作"唯"。

〔六〕瞻：李世权《石刻涪州》第 218 页作"观"。

〔七〕有遗憾：李世权《石刻涪州》第 218 页作"深感动"。

〔八〕鹰舞：李世权《石刻涪州》第 218 页无"鹰舞"二字。

〔九〕大稔：李世权《石刻涪州》第 218 页作"年登大有"。

〔十〕宜修建者：李世权《石刻涪州》第 218 页无"宜修建者"四字。

〔十一〕且：李世权《石刻涪州》第 218 页作"垠"。

〔十二〕爕：李世权《石刻涪州》第 218 页作"火"。

〔十三〕疏：李世权《石刻涪州》第 218 页作"引"。

〔十四〕乃：李世权《石刻涪州》第 218 页无"乃"字。

〔十五〕凡：李世权《石刻涪州》第 219 页作"山"。

〔十六〕瞿：李世权《石刻涪州》第 219 页作"惧"，误。

〔十七〕侯：当为"候"。

〔十八〕而：李世权《石刻涪州》第 219 页无"而"字。

〔十九〕览：李世权《石刻涪州》第 219 页作"揽"。

〔二十〕苦：李世权《石刻涪州》第 219 页作"若"，误。

〔二十一〕道：李世权《石刻涪州》第 219 页作"道"。

〔二十二〕亦不失为：李世权《石刻涪州》第 219 页作"示"。

〔二十三〕施报：李世权《石刻涪州》第 219 页作"报施"。

周南梁先生墓志铭　太仆寺卿　陈兆仑，浙江人

丁巳之春，兆仑充会试同考官，得蜀士曰周煌。问其年，才二十有四，熟察其言论举动，甚谦退，不类生长宦族而少年得志者。叩之则称其父天门令君之训曰：人必有可以贫贱之具而后可以富贵，否则贪得冒进而不知止，贪得冒进而不知止即必一旦失之而僦焉不可终日。谅哉斯言，吾因之想见其人。周生官司翰林之岁，其父罢官，阅今十有二年。父讣至，潸行涕泣，徒跣赍行状踵门，索为墓志，且云是先人志也。

按状：君姓周氏，讳珙，字象圆，号易亭，别号南梁。其先为楚之营道县人，仕元，爵万户。明初隐姓为伏，迁于蜀之涪州。曾王父曰诚所公，王父曰彝山公，仕明皆贵显。父曰墨潭公，讳俨，康熙庚午（二十九年，1690）举人。母曰徐太孺人。君为墨潭公第三子，由康熙辛卯（五十年，1711）举人，十年不转一阶，然其贤与能则上官司无不知者。楚俗剽轻，荆鄂之间尤繁剧难治。君初摄汉阳县事，旋知通城，改知江陵，又改知巴东，最后知天门。天门之民思之，号所筑堤曰周公堤。而自知通城以来，又数摄旁县事，以故名声出同辈右，所至倚重。

君之署汉阳也，会楚苦水患，流民觅食者多集汉口，君甫视事三日，汉镇豪煽众哗于市，声言欲劫官仓，君侦知其诈，且众不附也。部吏卒将缚其豪而未发，即有张其事以告大吏者，大吏急召守令及前令至，作色曰：此固与新令无涉，第此何如事而无一纸见及耶？君对曰：新令既受事，无所逃罪，顾报闻不以实，或转以滋事则罪更何如？太守某目之谢，不为动。大吏曰：尔不吾告，吾既已戒，将弁且渡江。君曰：镇本不变，若兵行乃真变耳。如职计，请予二日，限捕首事者治之，众当自解，不须兵也。大吏悟而从之，事遂息。时雍正五年（1727），太岁在未之夏四月也。其秋补知通城。通城于武昌为僻邑，其民屋角或悬大竹笼其上名曰家法，族子弟行窃，则纳而投之池。有汪氏儿，十余岁，窃布裤见获，族会治毙之，并及其母与同母之女弟。汪氏儿词连崇阳民王某，汪以告其兄，其兄亦杀某以谢汪氏。君至则悉执其首从抵以重罪，由是遂除家法。夫通城之与汉阳，君非有私德怨于其民也。寝兵于前，而执法于后，宽猛不同，同于弭乱而已。此惟读书通政体者知之，不足为一二文吏道也。

君性刚介，耻迎合上官，上官则才之。凡被灾要地及邑有滞案与苗疆初内属者，

辄以烦君，故更调兼摄，几无宁岁。荆守某以戆得罪，来代者阿大吏意，必致之死，以江陵首邑欲引为助，卒不可。其后君于天门，亦以忤守意被构劾罢。呜乎！凡人之情，见异己者如见怪物焉，君所由被构者也则立异之不可也，纵不见为异己而见为胜己，庸独可乎？盖消患于未形则事隐而不见功，决策于独谋则功成而反致忌，又况好谀恶直，贤者不免，急用缓弃，自古而然。如君所为，直自取病耳。人乎何尤？

君既归卧里门，家无长物，日讽咏竹屋中，课其诸孙，怡然若自得者，岂所谓可以贫贱者恃此其具耶？然则君固无憾于地下矣！铭曰：周氏之先，名伏三郎。自楚徙蜀，世居涪江。谭宏之乱，身为父捍。兄俨幸全，弟儒及难。俨生文林，克承欢心。请旌先世，用表幽沉。起家孝义，一行作吏。慈惠之师，不善侧媚。去官食贫，含饴弄孙。使星归觐，闾里为荣。魂兮无恻，穿碑深刻。生夸金貂，没颂铜墨。

群猪滩辩　夏景宣，州人

涪江东北距城三里许有滩焉，怪石林立，色纯黑如豕，有巨者、细者、起者、伏者、蹶蹄窜者、昂首喷者、庞然而茁壮者、癯瘦欲折如失养者，磊落错出，参差万状。盛夏，水势汹涌澎湃，声上接城市，夜听益彻，俗名曰群猪夜吼，为涪陵八景之一。其由来旧矣，昔工部诗有云：白狗斜临北，黄牛更在东。余尝以公车北上，往复于巫山、三峡间，诹得其所谓白狗黄牛者，非实有狗若牛也。凡以水石相遭搏击成声，榜人、舟子上下其间，率厥天真，随意命名，不以象拘，不以形求，一人呼之，千百人继而传之，盖不知几历年所矣。故少陵句中亦仍俗号，未之有改。兹之群猪得无类是，惜乎子美无诗，猪之不幸，不若狗牛之幸也。乃有好事者易群为琼，易猪为珠，甚至刻之岩壁间以矜新而示异。意者荆山石里早自成声，老蚌胎中便能作吼，吾不知于义何居也，抑或谓珠之于猪，有清浊之异，不无贵贱之分，将欲假一字为山水重乎？夫从来人杰地灵，山川之生色，惟其人不惟其物也，如谓清而贵者之可以假重，而浊且贱者之不足以表异也。则是历山之圣人不与鹿豕同游，而季伦之绿珠始足以照耀千古也，益见其谬矣！至谓常有江猪喷吼者，其说尤为胶柱。

重修学宫碑记，雍正五年（1727）　学政　任兰枝，江苏人

我国家文德诞敷，崇儒重道。今天子御极之初，既加封孔子五代王爵，又令天下各州郡详请改学，增设博士、弟子员。一时山陬海澨，霞蔚云蒸，靡不争自濯磨以应昌隆之运，猗欤休哉！自昔学校人文之盛，未有如今日者也。余奉命督学西川，巡行各属，见当事诸君率皆有志修葺学宫，教励士子以求克副上意，心窃嘉之。娄东王君为太原华胄，簪缨鼎盛，以副车出牧涪州，律己公，抚民惠，治涪数载，息讼劝农，锄奸剔蠹，罔有遗力。而敷政覃化之余，尤兢兢以风教为首务。每朔望只谒先师，见学宫不饬，荒陋狭隘，愀然兴感，谓圣人之道与天地无极，历代忠孝挺生，英哲奋起，皆沐圣人之教而成。顾令具瞻所在，榱桷几筵尽沦草莽，是岂所以妥圣贤而隆禋祀？且有宋大儒如伊川、山谷诸先生谪居此地，遗爱犹存，夫非后起而官斯土者之责欤？爰进阖州绅士而商之，自涪学遭明季兵燹之后，湫尘已极，虽经前任萧、董各牧更番修举，今逾数纪仍就倾颓，君乃捐俸为之倡。斩荆驱石，庀材鸠工，经始于雍正四年（1726）岁次丙午三月，其大成殿、崇圣祠、明伦堂、东西两庑及礼门、戟门、泮池、棂星门等皆黝垩丹碧，巍焕炳烺。复新建名宦、乡贤、忠义、节孝四祠，各置神主，配享春秋。缭以周垣，坚固高峻。工既竣，绘成一图，请记于余。余惟学校者礼义之所出，政治之所本，而人品心术之所在也。涪虽僻处巴蜀，去京师万里，然值圣朝右文郅治薄海，教化大行之时，君乃建学明伦，礼乐具备，文物聿新。俾涪之人士揖让圣人之堂，日习夫衣冠、剑佩、钟鼓、管弦之盛，吾知慢然怍然，其益兴起于圣人之教有不待言者。今科秋闱榜发，涪士登贤书者较他邑独倍焉。君之为此也，树百代之仪型，萃千秋之彬雅。其为西蜀人文之助，厥功岂浅鲜哉？君名愿，字济谷。其治尚德化，崇本务。此举尤其守涪首事，余故乐为之记。

重修涪州学宫碑记　周煌，州人

涪州文庙创自前明宣德间，州大夫邵贤、观察陈大道先后集事，一时人才蔚起，称极盛焉。迄明之季，冷劫残烟，鞠为茂草。我朝定鼎，文教聿兴，圣祖仁皇帝临驭之二十二年，洪都萧公星拱来治斯邑，因前任赵公廷正草创之旧而更新之。栋宇巍峨，

典制大备，都人士槐市衣冠科名踵接，甲于全蜀。今百余年来，风霜剥蚀，丹碧飘零，大宪细桷，半皆朽蠹。当事屡进绅耆欲事修葺，以公冗不果。乾隆甲午（三十九年，1774）秋，大殿前檐倾折，时陈君于宣自绥宁任告归，倡义重修，长子宗岐在籍襄厥事，同人舒其文协力输募，庀材鸠工，峻固宏敞，门庑堂殿，配食从祀诸祠焕然改观，于以妥神灵，明祀事，绍前光而昭来许也。戊戌（四十三年，1778）春，余奉使就假归里，适落成，诸司事属序于余，爰志颠末。工始于甲午（三十九年，1774）仲冬月，告成戊戌年（四十三年，1778）十二月，计阅日一千五百二十，费金一千二百有奇，督建历任刺史马公文炳、王公兴谟、牛公兆鼎、赛尚阿公、司铎张君中元、王君正策、司训涂君会川、吴君懋仁、董事候补通判知湖南绥宁县事陈君于宣、翰林院编修周宗岐、国学生舒其文、监修邑廪生周宗沔、何道灿、陈濡，而经理部属，始终不懈，舒君之力褒焉，备勒诸石。

双节传　何浩如，州人

双节者，谓孝廉杜公昭之妻夏孺人，孝廉嶷公之女；及处士夏公锡之妻蔡孺人，庠生如兰公女也。俱生望族。夏长于蔡一岁，幽闲贞静，善女工，通书史。乾隆癸亥（八年，1743），蔡年十八，归于夏。次年甲子（九年，1744）昭登乡荐，而夏亦以二十岁适杜家。盖两孺人为从姑嫂，往来过从，相得无间，有自来也。越四载戊辰（十三年，1748），夏孺人方二十四岁，昭卒。而是年锡之卒也，蔡孺人才二十三岁耳。皆无嗣，止一女。两孺人各哭其夫，哀感苍旻，濒于死者屡矣。顾念弱女无依，隐忍苟活。于是夏孺人归母家，与蔡孺人誓死守节，出入必偕。初嶷公之配高孺人矢志柏舟，称未亡人，至此二十有五年矣。于夏为母，于蔡为从姑。当是时，一堂相对，俨若严师，两孺人依依膝下，屏服饰，谨笑言。凡子侄至亲有请见者，非奉高孺人命，不出中堂。至于疏逖亲戚，若男仆辈，有历年未经谋面者，每旦盥栉后，即坐高孺人侧，取齐孟姬、卫共姜、楚伯嬴及古今之从一而终者互相讲说以励节操。日午则取班大家《女诫》十一章以课女，兼教之以刺绣缝裳，至晚则侍高孺人说闺中事。每及所天，未尝不感慨欷歔、泪涔涔下也，如是者亦有年。厥后家计日薄，乏儋石储。先世之臧获、婢妾无一存者，两孺人遂合爨纫麻缉苎，共给饔飧。荆钗布裙，亲操井臼。女当有家之年

皆不禄，错结盘根，于斯极矣。而两孺人之心益坚，节益懋。岁戊戌，高孺人以上寿终。两孺人哭之恸，盖自苦志以来，相依者三十年，哭其亲正以哭其师也。今既各周甲子矣，犹然足不出闺门，言不闻峻厉，尺步绳趋，罔敢纵佚，碌碌然如处女，非松坚冰洁有得于坤维之正气而能若是乎？且其年相若，遇相同，心相知，而节相等，是盖又有天焉。不可多得也，作《双节传》。

何母陈太宜人传　<small>大学士</small>　陈宏谋，<small>广西人</small>

癸卯春，宏谋举于乡。秋七月，将试礼部。晤涪陵何君乐田于都门，滚滚红尘中而君言论丰采甚谦退，不啻幼束于父兄之教者，余心窃异之。既而第南宫诸君多改庶常，而余与乐田同纂修兵部，趋走编摩之暇，辄往来过问，评诗论文，兼各说家世事，久乃知其母夫人荼蘖中之衍其祥而流其泽者为已远矣。乐田尝语余曰：家母姓陈氏，考讳用世，为本州名族，代有闻人。母氏幼娴姆教，贞静幽闲。康熙庚午（二十九年，1690），余先君子举孝廉，母氏于归，年才一十有九。当是时，祖母倪孺人在堂，母氏视膳问安必洁必诚，巾裙厕牏皆手自盥涤，未尝委之婢妾也。越五载，先君子以干济才，艰于时，倏忽见背，遗予等一子一女，茕茕孑孑，惟母氏是依。母氏日间料理家务，夜则促予坐纺车侧。课读之余，教以植品慎交，勿坠先人遗绪。余每夜阑就卧，漏率三四下，寤时犹见母氏青檠荧荧，手纺指擘不辍也。予依依膝下二十有余年，今虽幸能负薪而远羁职守，定省久缺，迢迢数千里，昼不能晤，梦寐之间如亲见之，子其谓我何？言毕，出涕。宏谋曰：乐田可谓孝子矣。抑余聆其言有以得夫人之孝，得夫人之节，兼得夫人之义方。敬其母而不可见一一于其子，遇之夫败检之行，酿于姑息舐犊之爱，贤者不免。世之二三其德者既不足以取之，即矜言节烈而后嗣不振，颓其家声，终吝之道也。夫人松坚冰洁，教其子成名，克永先绪，柔质而有刚德。倪既醉之卒章，所谓女士者非欤？何君砥砺廉隅，文章报国，将来显荣崇大，俾其母叠被锡命如欧阳夫人，则益以彰德门之庆，而增彤管之辉也。如夫人者，可以风矣。

宿云洞记^[一]　潘履谦，_{州人}

　　胜地名区，所在多有，特非其时则莫传。苟得其时矣，即深山涧谷中，人皆欲得而览焉。涪陵有宿云洞，余幼时至其地，见为豹虎之所藏，狸鼠之所游，嘉葩毒卉，乱杂而争植，芜秽不堪，形势不出，不胜慨然。越甲戌秋，里人斩刈恶木，扫除污垢，以为祭祀祈神之所，较^[二]前所见，焕然改观。自是岁时伏腊，喜聚饮焉。洞凡^[三]两层，中平坦^[四]处，率烟雾丛生，有字在隐现中，人弗觉也。拂拭视之^[五]，乃"宿云洞"三字。求其故，或曰：其取诸少陵"薄云岩际宿"之句乎？余曰：不然。此境有飞泉、有竹、有木、有石，大江环绕，溪水曲流，曲径苍苔，林树翁蔚，石楼石室，种种异常，拟之桃源不是过也。其云游客所常至乎？且今愿言观止，类多新奇瑰异，或奕、或赋、或饮，随其兴之所至^[六]。迨棋散、诗罢、酒阑，间止翠竹之中，卧古木之下，坐怪石之上，此呼彼应，几忘夕阳在山。兼以诸生朝夕吟哦，无分日月，宁非青云士所居乎？二说于古人必不诬也。独计斯洞也，前何以荒凉，非其时也；今何以壮丽^[七]，得其时也。随时之义，洞独有焉。是为记。

　　注释：

　　[一] 李世权《石刻涪州》第 370 页收录有该文。

　　[二] 较：李世权《石刻涪州》第 370 页作"比"。

　　[三] 凡：李世权《石刻涪州》第 370 页作"有"。

　　[四] 中平坦处：李世权《石刻涪州》第 370 页作"中有平处"。

　　[五] 拂拭视之：李世权《石刻涪州》第 370 页作"及拂拭之"。

　　[六] 兴之所至：李世权《石刻涪州》第 370 页作"所兴"。

　　[七] 壮丽：李世权《石刻涪州》第 370 页作"轰烈"。

腾蛟洞记　陈于铭，_{州人}

　　岁在癸丑，余得是山而家焉。读洞石之遗镌，乃知先我处此者樊子。樊子者，始以腾蛟名是洞者也。自经品题而后，此山数百年来俨然蛟矣，非山矣。余尝优游登眺，见夫蜿蜒郁积，若千里，若数百里，未有知其修者。其起伏迤逦宛如长蛟，而荆棘灌莽，郁郁葱葱，相与蒙翳。其上复如青蛟出龙门，越巴蜀，跨千里而南来，昂头数十仞。一洞宽二三丈许，若张口欲吞噬状，又不啻如怒蛟还顾。洞口旁有二坪，其右坪势若垂天之云，夏夫子之读书处也。其左坪形如挂榜之山，相传某斋公之遗址，其名不可得而考也。孤峰圆尖，秀色插天。犹竖万丈之笔于洞门者，牛星山也，三峰攒列似可架笔。森然特立者，三颗石也，既直且平，形如塞屏，壁立于牛星、三颗间以障南北者，古名砚山，不知名自何人，始于何年也。俯视其下，犹砚池一勺，碧波潆洄则风荡曲溪。分流而南，合腾蛟枕藉乎其上若嘘而若吸也。余为之瞻顾徘徊，所谓如长蛟、青蛟、怒蛟者，又不啻如潜蛟，然则谓山为蛟信矣。谓蛟为腾，宜其变化风云，从龙上天，奚偃卧于斯而弗去，腾固如是耶？虽然，蛟非池中物也，特其得坤母之孕育也，独优不肯为躁鳞以小试云雨故耳？然自樊子去今已百有余年，蛟之蓄锐养精于斯也不为不久矣。吾知其积数百年之潜蛟必将为一朝之腾蛟也夫，余是以记之。

兵部尚书太子太傅周公墓志铭[一] 彭元瑞

乾隆四十九年（1784）九月，左都御史周公以末疾解职[二]，得旨慰留加摄，越三月再请，谕俟千叟宴礼成。明年（1785）正月六日，盛典届期。公疾不克入，加赉赋诗如预宴例。翌日，以太子少傅、兵部尚书予告，有"小心勤慎"之褒。春寒未果行。十一日，上行祈谷礼。三月二日，躬耕耤田[三]，公再掖拜于城闉，温询再三，亲解赐佩囊。四月朔，公薨于京师邸第。谕嘉其老诚端谨，奉职克勤，晋赠太子太傅，派散秩大臣奠醊，赐祭葬，谥文恭。五十一年（1786）十二月二十七日葬于七贤冈山庄之原，首乙趾辛。小门生彭元瑞谨按状志墓[四]。公讳煌，字景垣，号海山，四川涪州人。其先世赠光禄人夫、工部尚书讳茹荼，曾祖考也。康熙庚午科（二十九年，1690）举人、赠光禄大夫、工部尚书讳俨，祖考也。康熙辛卯（五十年，1711）科举人、湖北巴东县知县、赠光禄大夫、工部尚书讳琪，考也。其历官由乾隆丙辰（元年，1736）科举人，丁巳（二年，1737）科二甲进士，翰林院庶吉士、编修、右春坊右中允，入直侍郎[五]、兵部左侍郎、工部尚书、兵部尚书、尚书房总师傅，赐紫禁城骑马。其司文衡，三为山东、云南、福建乡试考官，一为会试总裁，一为顺天乡试同考官，再为江西、浙江提督学政。其撰述有《应制集》《海东集》《豫章集》《湖海集》《蜀道吟》《海山存稿》《江右庠音选》《诗林》《韶濩选》，而《琉球国志略》旨命武英殿板行者也。其配曰文夫人，诰赠一品夫人；继方夫人，诰封一品夫人，今皆合葬。其后嗣男子七人：翰林院编修宗岐、翰林院编修兴岱、乾隆癸卯（四十八年，1783）科举人兴峰、兴岷、宗岳、宗华、宗畲；女一人，孙男六人，女六人。公积[六]学砥品，泊于荣利。在翰林十九年，始晋一官，卒受特达之知。授学青宫，正位七卿。公仪体伟岸，声如洪钟，与人交无款曲耳语。遇有不可面折，无所避退，未尝非毁人，故望者[七]或以严毅难犯，而天下之人咸知其坦怀挚谊，孚信有素，以是益景附之。世或谓直道难行，非也。公以严气正性，践平履坦，始终一致。呜呼！可谓正直大臣矣。铭曰：中山之封，以荣海东。鸾章麟服，衔使惟公。台飓告暴，舟礁姑米。忠信涉波，务持大体。明神昭昭，帝乃嘉慭。以笃简在，浮陟巨任。三谳于蜀，持法允钦。告谕父老，宣[八]播德音。在乡言乡，汝毋引嫌。命衔闾里，一德堂廉。惟神所呵，惟帝所护。正直是与，千秋隧固。

注释：

［一］李世权《石刻涪州》第159-160页据《恩余堂辑稿》卷二收录有彭元瑞《光禄大夫太子太傅兵部尚书海山周文恭公墓志铭》。

［二］解职：李世权《石刻涪州》第159页作"请解职"，多一字。

［三］耤田：李世权《石刻涪州》第159页作"籍田"，当为"藉田"。

［四］"五十一年十二月二十七日葬于七贤岗山庄之原，首乙趾辛。小门生彭元瑞谨按状志墓"，李世权《石刻涪州》第159页作"某年月日葬于其乡之某山某址，某小门生彭元瑞谨按状志墓"。

［五］入直侍郎：李世权《石刻涪州》第159页作"入直上书房左春坊左庶子、翰林院侍讲学士、内阁学士兼礼部侍郎、刑部右侍郎"。

［六］积：李世权《石刻涪州》第159页作"绩"。

［七］故望者：李世权《石刻涪州》第159-160页作"合于君子三变之容，故望者"。

［八］宣：李世权《石刻涪州》第160页作"宜"，误。

左都御史东屏周公墓志铭　秦瀛

都察院左都御史东屏周公以嘉庆十四年（1809）十一月九日卒于京师邸第。阅明年（1810）二月，其孤廷授等将御匶归葬涪州，先期乞余文。公讳兴岱，字冠三，号东屏，先世为楚之营道县人。明初自麻城迁蜀，居涪州。高祖茹荼，明湖南路总兵官。曾祖俨，康熙庚午（二十九年，1690）举人。祖珙，康熙辛卯（五十年，1711）举人，湖北汉阳县知县。父煌，乾隆丁巳（二年，1737）进士，历官兵部尚书，赠太子太傅，谥文恭。自高祖以下，并以父秩赠光禄大夫、工部尚书，妣文氏、方氏俱封赠一品夫人。

公兄弟七人，行二。方出也，生而颖悟，七岁读书过目成诵，体貌端严如成人。既长，从钱塘陈星斋先生学，文恭故出先生门。先生以文章名，海内雅重。公乾隆庚寅（三十五年，1770）举于乡，辛卯成进士，改翰林院庶吉士。壬辰（三十七年，1772）授编修。丁酉（四十二年，1777）充顺天乡试同考官。癸卯（四十八年，1783）充山东乡试副考官。甲辰（四十九年，1784）文恭公薨于位，扶榇回籍。丁未（五十二年，1787）服阕，补原官。戊申（五十三年，1788）擢右春坊右赞善。己酉（五十四年，1789）转左春坊左赞善，迁司经局洗马，充陕西乡试副考官，旋授右春坊右庶子，翰林院侍讲学士。庚戌（五十五年，1790）视广东学政。辛亥（五十六年，1791）擢内阁学士兼礼部侍郎。癸丑（五十八年，1793）还充会试知贡举，武会试总裁。甲寅（五十九年，1794）充湖北乡试正考官。乙卯（六十年，1795）迁礼部右侍郎，充顺天乡试监临、武会试总裁，入直南书房。嘉庆丁巳（二年，1797）转礼部左侍郎。戊午（三年，1798）充顺天乡试监临。己未（四年，1799）调吏部右侍郎，兼管乐部事务，充经筵讲官，转吏部左侍郎，祭告川陕岳渎。庚申（五年，1800）调户部右侍郎。辛酉（六年，1801）充殿试读卷官，充江南乡试正考官。壬戌（七年，1802）降补翰林院侍读学士。癸亥（八年，1804）以病乞休，复授编修，在实录馆行走。乙丑（十年，1805）迁翰院侍讲，擢内阁学士，兼礼部侍郎，充玉牒馆副总裁，署文渊阁直阁事，擢兵部右侍郎。戊辰（十三年，1808）充会试知贡举，寻授都察院左都御史，充武会试总裁。

方公在内廷，以品学受知两朝。赏赉优渥，逾于常等。其奉命祭告岳渎，时秦蜀贼方张，四出焚劫，胁从甚众。上不忍概予殊死，命公宣布德音，贳其罪，慰谕父老毋遽播迁失业。闻者皆感泣，民乃安堵。过家上冢一如文恭故事，闾里以为荣。所过州县，见事有不便于民者，辄移文地方大吏谳而撤之。盖公居平勇于任事，以身在禁近，虽时有陈奏，未足尽其职而勤勤于奉使之日，留心民瘼，如是殆亦庶几古大臣之风与？无何以微眚降职，踬而复起，陟掌风纪。或以为文恭在上书房久，上眷念旧学，推恩以及于公，不知公方正严毅，故始终卒被知遇。

余交公最晚，公顾数数过，余且尝同有事于通潞。每见论其当世之利病，生民之休戚，人材之邪正，侃侃不阿其造膝所陈，外人无从而知，而听其议论是是非非，较然不欺其志，亦可以知公之为人矣。

公卒时年六十有六。娶杜氏，诰封一品夫人，工部主事鹤翱女。有贤德。先公一年殁。子二，廷授二品廪生，工部屯田司主事；廷抡，太学生。女三，适吏部验封司郎中、前监察御史张问陶；江西候补县丞林蕃；举人王赓。孙九人，克宽、克敏、克惠、克勤，廷授出；克家、克恭、克信、克仁、克让，廷抡出；孙女三人。

铭曰：伟矣宫傅，拔起涪水。象贤有公，克趾厥美，蜀山矗矗，蜀江弥弥。灵䲛遄归，幽宫在兹。公所表见，仅乎于斯。我铭其藏，增余歔欷。

州牧晴湖张公祠碑记[一]　陈廷璠[二]，州人

公姓张氏，名师范，江苏阳湖人，初以薄秩入蜀，佐军务有功，擢县令。历任东乡、荥经、什邡、新繁诸[三]县，多惠政，有贤声。上官器重，复擢刺史。嘉庆十六年辛未（1811）来守是州。州，故涪陵郡也。左接巴渝，右界忠、夔，前枕凤邑，却背黔彭。绵亘数百里，民物辐辏，称繁剧难理[四]。公初下车，兴利除弊，有不便于民悉更张之。政令严肃，听断若流，折狱必以情，虽世家巨族亦不得干以私。廉明勤慎，与民休息。数年[五]风俗移易，狱讼衰息[六]。公[七]之莅[八]涪也，岁屡旱，公设策备荒，无微不至[九]。癸酉[十]（十八年，1813）、甲戌（十九年，1814）间，旱尤甚，民大饥，死者相枕藉[十一]，郡县皆议请于上官，发粟平粜。公曰：必待请于上而后行，文报往来，动淹[十二]时日，则民死无噍类矣。乃先发粟而后以上闻，民藉以活者数[十三]千万人，上官题之[十四]。涪旧有钩深书院，生童肄业其中。公岁延名师，按月课艺。文风士习，蒸蒸日上[十五]。又虑幼学者之无所师资也，乃立义学二。一设东关，一设西关。捐俸延师，俾童蒙得以[十六]养正。又大修孔子庙及北崖尹子三畏斋，其所以端教化而厚风俗，类如此。宋涪陵郡太守王公仙守城不屈死，前明甲申（崇祯十七年，1644）殉难刑部主事我叔祖计安公大节凛然，向无特祀。公为请旨修建昭忠祠，春秋致祭，兼祀嘉庆二（1797）、三年（1798）遭贼阵亡诸义民，则又所以重节义而崇祀典也[十七]。至

若[十八]置买济田，修[十九]养济院，虽皆奉行之事，要以实心行实政，而非徒苟且粉饰者。呜呼！士大夫平居论世，鲜不谓此身一出即可措斯民于仁寿，而末世之吏治不足言。及一旦躬膺简任，则又思所以恤身家、保妻子，大都计管钥耳，问苞苴耳，谁其虑及于士习民风，如公之治理卓卓[二十]耶！其系士民之思也固宜。丁丑（二十二年，1817）春，公以[二十一]年逾七旬引疾去，士民感公之德，惜公之去[二十二]，乃立祠于三畏斋西偏，以为岁时顶祝之所[二十三]。嘱璠为之记，璠亦部民也[二十四]，匏系边隅，心钦佩之恨未得一见。然观于阖涪士民之思公如是，已[二十五]足以见公之所以出身加民者之大异乎俗吏之为之也。因记之以告后之牧涪者[二十六]。

注释：

[一]李世权《石刻涪州》第394-395页收录，文字多有差异。亦见于《涪陵市志》第1372页。

[二]璠：李世权《石刻涪州》第395页正文作"璠"，介绍作"膰"。

[三]诸：李世权《石刻涪州》第394页、《涪陵市志》第1372页作"等"。

[四]难理：李世权《石刻涪州》第394页作"难理焉"。《涪陵市志》第1372页同。

[五]数年：李世权《石刻涪州》第394页作"数年间"。《涪陵市志》第1372页同。

[六]衰息：李世权《石刻涪州》第394页作"衰息，几于刑措"，多四字。《涪陵市志》第1372页同。

[七]公：李世权《石刻涪州》第394页作"方公"，多一字。《涪陵市志》第1372页同。

[八]莅：李世权《石刻涪州》第394页作"守"。《涪陵市志》第1372页同。

[九]至：李世权《石刻涪州》第394页作"致"。

[十]癸酉：李世权《石刻涪州》第394页作"迨癸酉"，多一字。《涪陵市志》第1372页同。

[十一]相枕藉：李世权《石刻涪州》第394页作"相枕藉"，少一字。《涪陵市志》第1372页同。

[十二]淹：李世权《石刻涪州》第395页作"需"。《涪陵市志》第1372页同。

[十三]数：李世权《石刻涪州》第395页作"几"。《涪陵市志》第1372页同。

[十四]匙之：李世权《石刻涪州》第395页作"亦匙之"，多一字。《涪陵市志》第1372页同。

〔十五〕蒸蒸日上：李世权《石刻涪州》第 395 页作"固已蒸蒸日上矣"，多三字。《涪陵市志》第 1372 页同。

〔十六〕得以：李世权《石刻涪州》第 395 页作"得就以归"。《涪陵市志》第 1372 页同。

〔十七〕则又所以重节义而崇祀典也：李世权《石刻涪州》第 395 页无。《涪陵市志》第 1372 页同。

〔十八〕至若：李世权《石刻涪州》第 395 页作"至若"后多"编连保甲"四字。《涪陵市志》第 1372 页同。

〔十九〕修：李世权《石刻涪州》第 395 页作"及重修"，多二字。《涪陵市志》第 1372 页同。

〔二十〕如公之治理卓卓耶：李世权《石刻涪州》第 395 页作"如公之廉而明、勤而慎哉。公之所治理如此卓卓"。《涪陵市志》第 1372 页同。

〔二十一〕"丁丑春，公以……"：李世权《石刻涪州》第 395 页作"丁丑春，公决计解组。涪士民遮道攀辕，请于上而留公行，公以……"。《涪陵市志》第 1372 页同。

〔二十二〕惜公之去：李世权《石刻涪州》第 395 页作"惜公之去，思而不已"。《涪陵市志》第 1372 页同。

〔二十三〕之所：李世权《石刻涪州》第 395 页作"之所，以著涪士民客商爱戴之忱也，所以祝公之寿而康也"。《涪陵市志》第 1372 页同。

〔二十四〕部民也：李世权《石刻涪州》第 395 页作"部民也，部民共沐恩膏，戴德弗谖，只缘"。《涪陵市志》第 1372 页同。

〔二十五〕已：李世权《石刻涪州》第 395 页作"诚"。《涪陵市志》第 1372 页同。

〔二十六〕因记之以告后之牧涪者：李世权《石刻涪州》第 395 页作"古人云：得大贤而名益彰。璠不敏，合口碑以叙公德之可传，璠亦将附公之末以传矣，幸夫！"。

放生池序　何炎午

城东天庆宫，前朝古刹也。相传晏亚夫尝读书于此，流连光景，如见先型。有隙地一区，构亭其上，周以回廊，而凿其下为放生池，客有问于余者曰：放生池处处有之，诚于吾涪为阙典，然要之福田利益耳。今以名贤故地而顾汲汲于是者，有说乎？余曰：然。天地之德曰生，帝王之治曰好生，生理同然也。然天地有时以生，有时以杀，帝王亦有时以生为杀，生理同而所以生者不同也。释氏之教，绝男女之欲，去君父之伦，生机阂矣。而其在于己虽然指烧顶而不惜，其在于物谓草木、昆虫皆佛性，身之可舍，生安用放？足以见其颠倒背戾而不能与于斯也。夫士君子立身行事宜衷诸圣人之道，圣人之道可以杀生而不流于忍，即可以放生而不病其迂。夫子之不纲不宿，高柴之不杀不折，非此类与？国大夫生鱼之畜，受欺校人而圉圉洋洋得所一叹，千载下犹可想其仁心之为质焉。今之言放生者，意实权舆于此，无为而为之，行其心之所安；有为而为之，乐其仁之能强。乡先生可作也，其将以是质也。客曰：善。遂书之以为捐赀者劝。

修考棚记 州牧 吴庭辉

　　川东州县向无考棚，试则诸童列坐于公廨，前期预搭席篷，搭篷之具取于民。差役藉以需索扰累，沿江州县有强取船桅以供用、榜人维舟以待试毕者。试之日，唱名而入。应试者往往自挟几案以应名，拥挤杂遝，不胜其苦。风雨骤至，则坐篷下者群哗而避于堂，不能禁。庚辰（嘉庆二十五年，1820）春定远县试，余目见其状，如前所云。时因移建仓廒有隙地，在公堂左；又因修文庙有余材，遂成屋十数楹，足容八九百人，以为试所。其时尚无考棚之名，而重庆属之有考棚自此始矣。至于涪州则应试者倍于定远人数既多，其需考棚为尤亟。爰集绅士议之，择基于学署前数十武，买民居以拓其地。余捐廉为之倡，绅士等踊跃捐输，争先恐后。复举谭君辉宇董其事，其子逵九孝廉及陈禹畴、周步云、谭世浴、谭登岸等协理之。鸠工庀材，众力毕举。经始于丁亥之秋，迄庚寅春落成。气象光昌，规模严整。涪陵为人文蔚起之区，其仰今兹之广庇，思曩日之艰辛以愈励其奋发有为之志也夫！

新文昌帝君像序 张克镇，州人

　　盖闻文昌，先天之孔子。孔子，后天之文昌。前明邱琼山序《化书》，殆据《史记》：天官，斗魁，戴匡六星曰文昌宫。其第三星曰贵相，掌理文绪。凡天下学宫及村落文士皆祀贵相也。天开于子，星昭于天。人生于寅，何尝举其人以实之。而《化书》所载九十七化，并以为吾一十七世为士大夫身，意者郎官上应列宿，而况文教所关，定符星象。天欲发蒙启聩，自必使之诞生人间，显灵斯世，传所谓聪明正直而为神，理或然也。是故周有孝友张仲，晋有武功张亚子。说者谓文昌之化身有其姓，斯有其人矣。称孝友者尚矣，周至晋千有余年而有亚子。考亚子，梓潼人。其先越嶲人，避难徙梓潼七曲山，仕晋战没，庙食于乡，以武功祀。《山堂肆考》云：亚子死后，屡著灵应，唐元［玄］宗西巡，追晋左丞；僖宗幸蜀，始加王爵。宋元祐时改号文昌梓潼，称文昌自此始。其庙出于蜀人，牟子才所请。当是之时，未闻诸路咸诏立庙，则是亚子之神不能与贵相争血食矣。《蜀碧》载：献贼屠川，惟梓潼一邑得保无恙，亦以亚子姓张，故非为文教而然也。我朝嘉庆初年，教匪扰蜀，诏天下各州县俱以太牢祀文昌，则此日所祀者即亚子也。由前之说文昌在天上，由后之说文昌在人间，文与武各异其局，似不无区别。而以理衡之，一而二，二而一，即以祀梓潼者，祀贵相可也。抑又闻之苍苍者，天也。尊无二上者，何以有玉皇之名？何以著其姓？司善恶者，灶也。何以有其姓、有其名而共称为张也？善夫沈归愚先生过张匠门旧园，有诗云：天上文星未改张，不已合而一之乎？紫云庵有文昌像，由来旧矣。里人欲募众修葺以壮观瞻，请序于予，故详其巅末，俾好古之士得其所考焉。

余节妇传　谭道衢，_{州人}

节妇邹氏，巴县邹鸣皋女也。性严重，幼即不好嬉戏。家人有嬉嚆者，哑哑作恚怒声。父母传以为笑，绝爱怜之。将笄议婚，鸣皋少许可。久之，得涪州余氏子德伦，因许字焉。岁嘉庆丙寅（十一年，1806）归于余，年十八。娩婉善事舅姑，伉俪无笃。然遇德伦行稍轶，必正色规悛乃止。逾年生子璨，间岁生子瑾，又间岁生一女。甫四月而德伦病。是时，节妇归宁母家，闻信，心悸呼舆，兼程奔归。就榻审视，倚床自挝，泪涔涔下。日侍汤药，夜数数焚香告天，愿以身代。时抱两儿诣榻前，呼阿爹。德伦弥留中见两儿，摩顶泪落，欲言中止。节妇睨之，问所欲言，德伦瞠目视上，气断续不相属，不能声也。节妇迫以剪刀，刲股肉和药以进，绝复苏喘延半日，无声息，节妇试以飞絮，头撞壁穿，躄踊无数，哽噎几绝，舅姑谕以抚孤，乃稍止，然泪渍麻衣为赤，时壬申（十八年，1812）之六月也。

既葬，除丧，代姑理内政，事事绳家人以法，臧获无敢嬉笑。亲主中馈，洁瀡瀡奉舅姑惟谨。先是，舅姑江右人，自其大父迁涪甫二世，积赀巨万。中年丧子，两孙孤伥伥如有所失，节妇婉劝舅姑置侧室，广嗣续，舅姑重违其意，纳妾江氏，生二子。舅姑相继逝，姑庶弟弱，相倚为命，节妇奉之无失礼，庶姑母子咸德之。有从兄嫂贫而寡，节妇怜其孤苦甚于己也，割膏腴数十亩赡之。道光戊戌（十八年，1838），州人士具实以闻于朝，得旨旌表建坊，入节孝祠。年七十一。子璨、瑾，国学生。孙士樵，议叙从九；士峨、士骥，入邑庠。

石母陈太孺人七十征诗启，_{节录}　石彦恬，_{州人}

彦恬，生小多疾，八岁就傅，正三房析而复合之时也。与诸孤兄弟同师塾，恬较敏，异先君子，一意刻成，恨诸侄不己子若，恐他日学不成，严督责，家慈尝为言穷达自有定，毋过苦人孤儿，伤其母心，辄复遮其小过而责恬，独不少假。彦恬年十九，补郡庠。逾冠，血气既盛，好任侠，恶见村学究。尝与豪滑亡命游，家益贫，愈不谋生事，弋猎、狗马、弓矢、刀剑无不试也。先君子爱而弗深责，家母则深以为忧，必欲束之绳墨而后快。恬为诸生八年，游历蜀中几遍，尽交豪杰。老生、后进稍稍识恬名。宾客集门时，复酬歌醉酒，遗落世事。母尝谓先君子是儿胆力可用，惟狂气不除，恐终取祸。年二十七，举乡荐归来，母乃喜曰：此可以章缝束缚是儿矣。自是游京师，师资既博，交游日众，颇延誉于四方。三上书，两荐不中。庚辰（嘉庆二十五年，1820）大困而归。先君于是年下世，恬忍死营葬，既毕。时两弟儿女渐多，食指至三十口，赖恬笔墨养给。大吏推荐郡县，礼请无虚岁，家居叩门求书，乞作碑版、诗文，持润笔来供鸡豚，家母顾之乐，不喜闻仕进语，恬自领荐至通籍。凡五入京师，八上春官，科名蹭蹬，奔走仓皇，多违色笑。道光壬辰（十二年，1832）会试徐熙莼太常时为给谏，得余卷荐之戴金溪尚书，已拟中第三名，同事总裁官某以余文有意开天崇风气，一力黜之。徐公持余卷传观十八房，愤恚为镂板播于京中，留恬再上。明年又落第，归途中热病几死，抵门尫损特甚，家母益不忍，遂极口止恬。筮仕谓富贵有命，必欲与决生死无益也，况得未必为福，不得未必即非福也。甲午（十四年，1834）冬泸州徐提举怀霖携游赀忽来叩门，拉与北上，家母坚不放行，曰：去恐无益，徒苦可怜耳。怀霖从容说曰：麟士，今之奇士。其才智年力非甘以孝廉老于家者，怀与安徒羁骥足，可惜已。再三启告，乃允其去。明年乙未（十五年，1835）会试，后大挑一等引见，奉旨以知县用，分掣福建。即遣丁回蜀迎养，亲友劝行，不肯。发命三弟奉内子来长泰任，勷办家事遗彦恬书教之曰：吾乡土美泉甘，工役耕凿自给，先人敝庐可蔽风雨，亲旧往来，鸡黍不缺，何事七十之年，万里仆仆为若。夫国恩之荣，老妇寂居贫家，叨受至矣，且往来徒增官累何益，汝但好为官足矣。

刘氏族谱序　石彦恬

刘姓最显，自两汉四百年，诸侯王、宗室布满天下，莫可纪数，然多歧出。传自刘累为尧豢龙，由其始也。为唐杜、为豕韦、为范氏、为随氏，皆刘姓也。又多杂入，娄敬以定朝仪，项庄以翼蔽功，皆赐姓刘氏。而五胡刘元海自冒高帝之后，曜、聪同之，刘智〔之〕远，沙沱胡人，亦祖汉。至十国时，刘龑、刘嗣源皆祖汉号，称帝而嗣业，降宋又改姓杨氏，出入无定若斯之类，子孙岂尽不有后至今存乎？且夫君子之于其先也，知其所可知，不知其所不可知而已。强为依附，则罪之大者也。涪陵刘氏，自明迄清多显族，然不一宗。予门人刘光持其先人手订家谱来乞叙。自岐凤公由江西庐陵入涪，历今四世。岐凤公为灿臣公仲子，灿臣公为庆远公子，以上不可知不载。余曰：不可知而不知，是也。明太祖自父祖以上不知其名，朱文公后裔自闽持谱叩求合族，太祖不之问。圣人卓识可为万世法矣，抑予犹有说。徐铉曰《说文》无刘字，只有镏字。许叔重，汉人。皇皇国姓，不在讳例而佚之，有是理乎？又曰：镏即刘，史传又无称何也？刘向校书天禄，天帝使太乙老人然藜照读，谓以卯金之子校书故也。又王莽恶钱为刀，故易为货布、货泉，是卯金刀字未尝无之，而《说文》不载何也？《诗》：丘中有麻。毛注：彼留子嗟，彼留子国，为二人名留或即刘、镏也。宋状元有留梦炎抑刘姓钦？此俱难以臆断，既而语光曰：知其所可知而不以遗后，子之罪也。自此传之十世百世，昭穆不紊，子之功也。而子孙又流失不知则子若孙之大罪也夫？

重修观音寺碑记　张一载，州人

盖闻金捐八十，精舍告成；狮容万千，方丈宏启。垂画于清源台上，功德无边；集经在华林园中，慈悲不少。宅凡两易，奉诏而修三乘之慧门；像现一躯，闻钟而植五宗之净果。信是佛慈曜日，康衢共切皈依，因之人力移山，庙貌常隆顶礼。李渡观音寺者，五龙胜迹，一镇雄观。峻岭右环，百卉偕贝枝而畅茂；长江左带，群波向性海以潆洄。烟火连万家，绚烂天花之色；鸡犬达四境，啁嘈梵呗之音。诸刹俱列旁围，此寺适当正脉。睹斯香阜，知灵感之非虚；建厥莲宫，识因缘之不偶。自明太祖垂裳之日，张庆庵发念捐修；洎明熹宗听政之年，张与可加功补葺。维时缁庐壮丽，顶结绛云；妙相辉煌，座嵌绿玉。三千兰若，南海即是西天；四八庄严，白衣常临紫竹。于是僧皆蚁聚，法以象肩。日月增新，不仅晨钟暮鼓；乾坤交泰，常留花雨香风。解脱网开，个个求救苦救难；和南礼至，声声诵大圣大慈。菩萨有灵，招提称盛。然而泰山岳岳，或感其颓；沧海茫茫，屡闻其变。当汉臣东返，洛邑之白马攸崇；迨魏帝西征，长安之青莲殆尽。良以无平不陂，天时固然；若夫由废而兴，人事有力。此前明兵燹而后，不无灰烬之伤；本朝定鼎以来，正值轮转之日也。但恐悭囊难破，空瓠易讥。洛阳河边，虚羡掷金之子；长白院里，徒怀掘地之踪。世路其难，人情渐薄。岂能风雨骤至，相轮从刹县时来；那得雷电合章，玉梁自天空降下。非有领袖之檀越，奚能集锦于绀园？时则本镇善士某某等体创修寺院之文，发供养如来之愿。或欢心而舍己，或为首以募人。腋集则裘可成，篑勤而山在望。用遵旧制，间酌新裁。乌革翚飞，香宇焕琉璃之色；指挥足慧，金身腾舍利之光。从此杨柳枝头，再浮甘露；鹦鹉车上，重转慈缘。鸟窠鹊窠，不令道林栖树；僧半俗半，徐看宝目赋诗；是役也，鹿苑改观，因婆心之感应；鸯摩矢念，皆居士之转移。种去福田，非怀求报之意；结来善果，宜表布施之功。爰寿贞珉，以纪盛事。鸡园塔内，明灯照碣以常昭；旃檀树间，茂竹荫碑而不朽。

周墨潭公墓志铭　翰林院编修　俞长策

盖自《易》呈八卦，《书》载九畴。故天道著消长之宜，而人事有荣枯之感。生不满百，芸窗励尔经纶；劳则倍千，薪传寓此怀抱。气质性、理义性，凡人乳合不离；梦觉关、人鬼关，达士犀分彻照。今思蜀地，不乏名才。缅怀周公，理学真脉。金章耀彩，已蜚声于前朝；铜柱铭功，复嗣音于后代。然而中流砥柱，不可无人；金璧生辉，端赖硕彦。出坎大变，岂仅莱菔升堂；集木小心，无待荆花献兆。加以气冲霄汉，囊备程朱之精；笔阵风云，口吐班马之艳。巫山数峰秀，秀色拟高峰以争妍；峡水层澜清，清节与鸣澜而和韵。是以手探月窟，即佩桂香；足蹑天根，不染尘俗。无何两楹入梦，二竖出迎。非为化鹤之新翔，即归潜龙之故室。吉穴可久安矣，勒铭以永祀焉。铭曰：天地之精，笃产伟人。申为岳降，传亦列星。前哲既往，后贤嗣兴。含辉有耀，亦擅奇英。惟此周公，苏海为群。辞章灿烂，远继少陵。秉性越俗，大节克敦。隆栋一折，天亦垂青。彼君子兮，入白帝乡。鹃啼巴国，猿号夜郎。众籁悲凄，如鼓笙簧。

重修涪州志卷十五　艺文志

古今体诗一百八十五首

唐

黄草峡　杜甫[一]

黄草峡西船不归，赤甲山下行人稀。秦中驿使无消息，蜀道兵戈有是非。万里秋风吹锦水，谁家别泪湿罗衣。莫愁剑阁终堪据，闻道松州已被围。

注释：

[一] 杜甫，参见《历代名人与涪陵》第41-44页《杜甫五咏涪州》。

送李长史归涪州　张祜

涪江江上客，岁晚却还乡。暮过高唐雨，秋经巫峡霜。急滩船失次，叠嶂树无行。好为题新什，知君思不常。

五代

题范贤观，王建时人　唐求

数里缘山不厌难，为寻真诀问黄冠。苔铺翠点仙桥滑，松织香梢古道寒。昼傍绿畦薅嫩玉，夜开红灶撚新丹。钟声已断泉声在，风动茅花月满坛。

明月峡龙女。《全唐诗话》：后蜀明月峡龙女与何光远冥会，赠答有诗云云。一作明月潭。

赠光远

坐久风吹绿绮单，九天月照水晶盘，不思却返沉潜去，为惜春光一夜寒。

留别光远　龙女

负妾当时寤寐求，从兹粉面阻绸缪。空宫月苦瑶云断，寂寞巴江水自流。

答龙女诗，_{东海人}　何光远

澹荡春光物象饶，一枝琼艳不胜娇。若能许解相思佩，何羡星天渡鹊桥。

催妆诗二首　何光远

玉漏涓涓银汉清，鹊桥新架路初成。催妆既要裁篇咏，风吹鸾歌早会迎。
宝车辗驻彩云开，误到蓬莱顶上来。琼室既登花得折，永将凡骨逐风雷。

还丹歌　尔朱先生

《全唐诗话》：有胡二郎者，常见一道士醉卧通衢，二郎怜之。辄取石支其首，道士醒。感之，因劝修道，且歌以讽之。二郎问为何人？曰：我，尔朱先生也，二郎后亦得仙。

欲究丹砂诀，幽玄无处寻。不离铅与汞，无出水中金。金欲制时须得水，水遇土兮终不起。但知火候不参差，自得还丹微妙理。人世分明知有死，刚只留心恋朱紫。岂知光景几时闲，将为人生长似此。何不回心师至道，免逐年光空自老。临樽只觉醉醺醺，对镜不知渐枯槁。二郎二郎听我语，仙乡咫尺无寒暑。与君说尽只如斯，莫恋骄奢不肯去。感君恩义言方苦，火急回心求出路。咏成数句赠君诗，不觉便成今与古。

宋

涪州得山胡次子由韵，（山胡，鸟也。善鸣，出黔中。）苏轼

终日锁筠笼，回头惜翠茸。谁知声嘲嘲，亦自意重重。夜宿烟生浦，朝吟日上峰。故巢何足恋，鹰隼岂能容。

荔支叹　苏轼

十里一置飞尘灰，五里一堠兵火催。颠坑仆谷相枕藉，知是荔支龙眼来。飞车跨山鹘横海，风枝露叶如新采。宫中美人一破颜，惊尘溅血流千载。永元荔支来交州，天宝岁贡取之涪。至今欲食林甫肉，无人举觞酹伯游。我愿天公怜赤子，莫生尤物为疮痏。雨顺风调百谷登，民不饥寒为上瑞。君不见武夷溪边粟粒芽，前丁后蔡相笼加。争新买宠各出意，今年斗品充官茶。吾君所乏岂此物？致养口体何陋耶！洛阳相公忠孝家，可怜亦进姚黄花。

高庙评云：君不见一段百端交集，一篇之奇横在此，诗本为荔支发叹，忽说到茶，又说到牡丹，其胸中郁勃有不可以已者，惟不可以已而言，斯至言至文也。

山胡　苏辙[一]

山胡拥苍毣，两耳白茸茸。野树啼终日，黔山深几重。啄溪探细石，噪虎上孤峰。被执应多恨，筠笼仅不容。

注释：

[一] 苏辙，参见《历代名人与涪陵》第71-72页《苏辙咏涪州山胡》。

北崖，庆阳　王庶

哀病飘零心久灰，扁舟舣棹北崖隈，江连白帝浮空下，山背青城出剑来。三户亡

秦期可必，八公助顺势将回。老臣愿献中兴颂，汉武周宣何远哉！

王庶诗刻北崖三畏斋侧，碑仆久矣。咸丰辛酉（十一年，1861）榜人劈之为他用，予捄之稍迟，已去左侧刻字半行，仅可辨识。考《宋史·岳忠武王传》云：（绍兴）八年（1138），还军鄂州，王庶视师江淮，飞与庶书曰：今岁若不进兵，当纳节请闲，庶甚壮之。则庶为南宋人。复读虞集《题王庶山水诗》云：蜀人偏爱蜀江山，图画苍茫咫尺间。驷马桥边车盖合，百花潭上钓舟闲。亦知杜甫贫能赋，应叹扬雄老不还。花重锦官谁得见，杜鹃啼处雨斑斑。则又似蜀人也。元时已宝重之，是此石宜为涪人珍惜，决矣。附识数语以告后来，庶不为支锏础柱之用。王应元跋。

访苏黄遗墨　　查篯

槛外滔滔水，嵩前冉冉云。行人舟似叶，题墨藓生纹。岁月帆樯去，山川楚蜀分。十年三舣棹，永愧北山文。

涪州　　宋输

锦绣州犹在，熊丽梦已无。文风齐两蜀，仙洞接三都。白石从天设，青岩见地图。荔支妃子国，不复曩时输。

涪州道中　　陆游

远客喜归路，清游逾昔闻。雨添山翠重，舟压浪花分。洛叟经名世，张侯勇冠军。

原注：郡境有伊川先生故居及张翼德祠。怀人不可觌，袖手对炉熏。

北岩，原注有正叔程先生祠堂　　陆游

舣船涪州岸，携儿北岩游。摇楫横大江，褰裳蹑高楼。雨昏山半失，江涨地欲浮。老矣宁再来，为作竟日留。乌帽程丈人，闭户本好修。骇机一朝发，议罪至窜投。党

禁久不解，胡尘暗神州。修怨以稔祸，哀哉谁始谋。小人无远略，所怀在私仇。后来其鉴兹，赋诗识岩幽。

高庙评云：持论严正，所见者大。集中如此等作于君子小人之分，判若黑白，足以观其所处矣。

寄谯先生　陆游

序云：青城大面山中有二隐士。一曰谯先生，名定，字天授。建炎初，以经行召至扬州，欲留之讲筵，不可。通直郎直秘阁致仕。今百三十余岁，巢居险绝，人不能到。而先生数年辄一出，至山前。人有见之者。一曰姚太尉，盖皆得道于山中云，偶成五字二首，托上宫道人寄之。

寄谢谯夫子，今年一出无？万缘随梦断，百念与形枯。云护松巢谷，神呵炼药炉。冯高应念我，白首学征租。

涪州　陆游

古垒西偏系钓舟，倚栏搔首思悠悠。欲营丹灶竟无地，不见荔支空远游。官道近江多乱石，人家避水半危楼。使君不用勤留客，瘴雨蛮烟我欲愁。

北岩题壁　朱熹

渺然方寸神明舍，天下经纶贝此中。每向狂澜观不足，正如有本出无穷。

偶感贴壁　尹焞

少蒙师教指迷津，老读羲经味入神。无限青山随意好，强来骑马踏红尘。

缺二：庚午春之七日，前成都通判陵阳程遇孙舣东去之舟涪陵岸下，太守谢宋卿以踏碛故事招饮北岩，谒伊川先生像于钩深堂，敬赋五古一章。

刻诸岩石　程遇孙

春风吹客舟，沙际初倚柁。怀人爱其屋，木杪墨石堕。欣从太守游，江色清照坐。当年绍述议，洛党亦奔播。时人欲杀翁，甘此采薇饿。流离终爱君，怨语无骚戍。寥寥十翼后，学易孰无过？诸儒践陈迹，如蚁困旋磨。岩栖独钩深，混沌为凿破。书成置篚中，山鬼岩夜逻。向东新说行，六籍乃生祸。氛埃满神州，久被犬羊浼。何如北岩石，樵牧不敢唾。诗寒不成章，聊为兹石贺。

涪州江险不可泊入黔江舣舟　范成大

黄沙翻浪攻排亭，溃淖百尺呀成坑。坳洼眩转久乃平，一涡熨帖千涡生。篙师绝叫驱川灵，鸣铙飞度如奔霆。水从峨来如浊泾，夜榜黔江聊濯缨。玻璃澈底镜面平，忽思短棹中流横，钓丝随风浮月明。

涪州十韵　马提干

地据襟喉重，城依雉堞坚。东渐邻楚分，南望带彝边。舟楫三川会，封疆五郡连。人烟繁峡内，风物冠江前。溪自吴公瀹，园由妃子传。许雄山共峻，马援坝相连。滩急群猪沸，崖高落马悬。石鱼占岁稔，铁柜验晴天。地煖冬无雪，人贫岁不绵。岩标山谷子［字］，观塑尔朱仙。

白鹤梁观石鱼，_{西陵人}　高应乾_{侣叔}

访胜及春游，双鱼古石留。能观时显晦，不逐浪沉浮。守介难投饵，呈祥类跃舟。胥归霖雨望，千载砥中流。

张桓侯习斗，_{原注上有八分书，张桓侯书也}　张士环

天下英雄只豫州，阿瞒不共戴天仇。山河割据三分国，宇庙威名丈八矛。江上祠

堂严剑佩，人间刁斗见银钩。(祠在铜柱滩上大观中，居民于祠前掘得刁斗、珮钩，印上刻侯铭，仍沉之，以镇滩险。)空余诸葛秦州表，左祖何人复为刘！

元

涪陵江　尔朱迈人

杨柳天边树，征夫未忍攀。雨遥三楚戍，春入五溪蛮。犬马分新岁，渔樵失旧山。莫弹行路曲，吾道正间关。

明

望江　三丰道人

蜀江何浑黄，黔江何澄澈。两江既合流，两水各殊色。处世忌分明，睿哉泯黑白。

清江曲送宋尚德自峡中回　詹同

清江水清峡水黄，清江之上多绿杨。浣花女儿立沙际，青裙白足如秋霜。蜀山雪消十日雨，一夜扁舟欲齐树。两岸猿声不肯休，送君流向峡中去。

白鹤梁石鱼　张楫，州人

江石有双鳞，沉浮验年岁。牧长宜自规，凶乐正相系。占人为此镌，览者发长喟。鱼格符易占，中孚自有济。

涪江泛舟　杨慎，新都人

明月沉清露，秋风起白云。兰桡乘溜急，木叶下江闻。爽籁金悬奏，遥峰翠积氛。

碧潭留雁影，锦裆散虹文。旅望随天豁，幽阿与岁分。登临知自好，寂寞共谁云。

赠张生一鹏归涪江并柬夏松泉　杨慎

家君新自涪州至，袖有松泉经岁字。江潭憔悴采离骚，丘壑风流闲启事。西窗剪烛话巴山，空谷跫音一解颜。何日陶潜三径就，追随范蠡五湖间。

寄夏松泉　杨慎

山中睡起三竿日，天上书来五朵云。念我独愁开阒寂，感君长跪谢殷勤。两年故友交情隔，千里同心歧路分。奇树花滋看已遍，不禁春色恼离群。

寿夏松泉太宰　杨慎

赤舄归来鬓未星，紫垣光焰照涪陵。山中宰相无尘事，河上仙翁有道经。春色又惊梅蕊白，薰风几换荔枝青。停云落月多篇咏，何日沧浪一共听。

江心石鱼　黄寿

正德间州牧，朝暮焚香危坐，凡百念虑动处事，皆符应，世因号为神官。详《秩官志》。

时乎鸾凤见，石没亦是丰。时乎鸱鸮见，石出亦是凶。丰凶良有自，奚关水石踪。节用爱人心，胡为有不同。

登北岩　<small>巡按四川监察御史</small>　李廷龙，<small>湖南进士</small>

北岩高耸向谁开，云际偕登目八垓。道自洪濛传蜀远，易从伊洛入涪来。风清落叶依晴路，露重飞泉点翠苔。坐语不知尘界迥，恍疑踪迹是蓬莱。

九日偕但富顺、李印江登北崖　张应麟

殊方又见菊花开，故国曾无白雁来。到处茱萸堪插鬓，频年风雨罢登台。偶逢剑外神仙令，同醉霜前浊酒杯。天地西南饶物色，冯高欲赋愧非才。

北岩寺　陈计长，州人

白云傍江浔，荒草没山路。岩石多棱棱，止许高僧住。壁立万斯年，藤萝杂古树。江翻岛亦沉，木斩台先露。幸有基址存，苦无檀越护。比丘失讲场，野鸟上阶步。欲去重徘徊，苍凉远山暮。

题涪州北岩　蔡汝南，浙江人

点易岩阴露未干，台临水府碧涛寒。后儒重问伊阳秘，一画当年示子安。

铁柜城　陈计长

铁柜久不见，屹立胡遥遥。连弩需劲卒，相传赤甲高。至今黄草峡，犹疑白战袍。石瓮碛还在，卧龙法全消。四望成虚壤，百雉顿蓬蒿。瞿塘犹象马，蜀道迫云霄。余民知几许，归心方郁陶。丹灶未易觅，松枝安可樵。寂寞群猪滩，千年向夜号。

赠刘秋佩　新建侯　王守仁，余姚人

骨鲠英风海外知，况于青史万年垂。紫雾四塞麟惊去，红日重光凤落仪。天夺忠良谁可问，神为雷电鬼难知。莫邪亘古无终秘，屈轶何时到玉墀。

又赠刘秋佩　王守仁

检点同年三百辈，大都碌碌在风尘。西川若也无秋佩，谁作乾坤不老人？

登岙壁山眺望　何楚，州人

何处岩岩天竺峰，高横一壁川之东。孤云淡锁千秋月，霁日长吟万里风。绿树枝头朝哢鸟，烟波江上暮流虹。仙人遗有长生诀，谁向山间问赤松。

登岙壁山　何以让

四山横一碧，彩袖披青沥。静夜水淘淘，晴空声寂寂。扶桑曙色开，极浦月皑皑。征雁穿云去，香风绕翠苔。琼瑶亘紫陌，茅草搆新宅。不觉天地宽，浑忘池馆窄。旌悬竹影翻，乐奏鸟声喧。酒带清泉饮，羹和白雪飧。疏林看虎啸，画舫横流钓。触目有鸢鱼，回头堪极眺。归鸦舞夕阳，顾兔吐清光。法界星辰朗，仙家日月长。

过访何环斗先生岙壁山琴堂书院　蔺希夔，州人

锦缆潆舸发，霜寒月正迢。主人卧岙壁，客子梦云霄。折柬来相从，肩舆不惮遥。孤峰耸杰阁，仰望惊高标。洞口烟霞合，琴台音韵调。池翻鱼弄藻，天敞鹤鸣皋。树叶临风舞，梅花映雪飘。流觞飞曲水，染翰拂芭蕉。探书理河洛，琢句宝琼瑶。艇窄渔蓑稳，山深桂树招。兴来苍翠满，意到酒棋消。自负千秋赏，宁堪半点嚣。殷勤留胜迹，不复恋金貂。

登岙壁山访何环斗　曹愈参，州人

濮水寒龙剑，恒云送隼旟。题舆堪展翼，拥鹢惜悬车。江汉声犹茂，朝歌望始苏。北山思悒悒，陟岵意蓁蓁。不问三公贵，宁辞五斗储。庄周椿绰约，彭泽柳扶疏。视膳青青笋，供瀡白白鱼。纫兰饶畹泽，戏彩度居诸。去国轻于叶，居家味是蔬。渐达堪作式，贲迹欲还初。吾道渔樵在，亲心菽水舒。乾坤原大治，轩冕等蘧庐。披阅怜元草，操瓠重子虚。高舂迟梠沐，轻尘伴琴书。题凤情如昔，登龙志已摅。感时增太息，阅世可唏嘘。几见东郊外，群公饯二疏。

桂楼秋月 (八景之一)　夏邦谟

老桂婆娑白玉楼，月华三五正中秋。天香有种清虚散，宝鉴何人玉斧修。金粟清芬横海宇，仙娥妆点出云头。岁中能有几宵好，吟到天明意未休。

荔圃春风 (八景之一)　夏邦谟

南海移来种最奇，贞姿绚烂艳阳时。焉知涪地珠林实，偏荷昭阳国色知。当日曾劳人远贡，而今不复马飞驰。喜逢君德同尧舜，独重贤才贱荔支。

白鹤梁石鱼。 万历己丑(十七年,1589)上元后一日，予偕江、金二别驾往观石鱼。读宋淳祐中太守同寨别驾麐刘转运诗，因步韵以纪事云，罗奎

神鱼翠壁览奇镌，不向池塘共戏莲。春雨涨江翻巨浪，晴波浮石兆丰年。渔人罢钓空舻后，太史占祥瑞雪先。惟愿双鳞相继见，公余聊咏附前贤。

黔水澄清　州牧　余光

萦回冷浸碧无瑕，图画天开景最嘉。醉后船头洗鹦鹉，水晶宫里弄烟霞。

重修碧云亭　夏道硕

北岩幽处碧云眠，左挹环亭右渺然。龙树不教云出岫，亭成依旧宿亭边。

国朝

题飞泉桥 (桥系刘秋佩之女钱节妇捐资建)　文珂

父忠女烈傲严霜，人迹平桥客路长。问是何年成砥柱，溪头流出柏舟香。

道经涪陵游北岩注易洞　四川典试　王士正，山东人

鸡鸣截江去，磊落见残星。古洞生苍藓，层岩列翠屏。五溪秋水岸，万里碧云亭。蜀洛清流尽，千秋忌独醒。

江心石鱼　王士正渔洋

涪陵水落见双鱼，北望乡园万里余。三十六鳞空自好，乘潮不寄一封书。

松屏列翠　州牧　董维祺，奉天人

文光山夺尽，秀色列屏风。形胜朱颜媛，神传绿发翁。自然参造化，绝不假人工。漫道碑无字，犹惊石结丛。

桂楼秋月　董维祺

一片小山月，偏滢危榭中。种原分玉阙，香永袭黉宫。桂在秋还在，楼空月不空。何其消永漏，翘首问苍穹。

荔圃春风　董维祺

斯圃名何日，人传天宝中。惟余芳草碧，不见荔支红。南海香同烈，东川事已空。酸甜虽有味，耐得几春风。

鉴湖鱼笛　董维祺

无眠因浪稳，潇洒捕鱼翁。宛似桃源客，犹然苏长公。调高千幛月，曲静一江风。试问人何在，茫茫烟水中。

群猪夜吼　董维祺

滔滔流不住，横锁在涪东。归梦声中断，乡思分外穷。黄昏疑塞马，黑夜类边风。枕上常腾沸，更深听自聪。

白鹤时鸣　董维祺

素羽为仙骥，曾鸣达九穹。猿啼千古恨，雁阵几行空。此地非栖处，何缘偶息翀。惟于清夜里，领略梦辽东。

荔圃春风　章绪

铁柜城西驿路赊，几人重问绛枝斜。空余古苑怜芳草，漫道天工妒艳花。环佩香销曾牧马，玉颜日影忆寒鸦。年年亦有春风至，不是当时景物华。

群猪夜吼　章绪

群猪相搏暮云愁，柱砥狂澜白浪收。河伯雷车过石峡，冯夷鼍鼓汇双流。梦惊铁骑笳鸣塞，枕忆金风木落秋。静夜奔涛争激转，江横地轴锁名州。

聚云寺晚归赠源澈上人　州牧　国栋，满州人

千峰环古刹，石磴入云层。暂作偷闲客，忻逢竹院僧。人随明月到，心与大江澄。归路何愁晚，回头有佛灯。

其二　国栋

溪毛浑漠漠，山谷自棱棱。细路披榛过，危梯数级登。树瘿堪作茗，竹蔓竟为藤。

他日重来访，当年到此曾。

鉴湖鱼笛　学正　王正策，大竹人

湖开镜面碧波平，短笛渔舟趁晚晴。闲载清风孤艇稳，徐吹寸管暮山横。菱花映水心同彻，箬笠临风身更轻。曲调无妨随意谱，沙汀还许订鸥盟。

白鹤时鸣　王正策

飞来金穴下河梁，独立亭亭水一方。石上风回翻素翮，云间响彻引员吭。只期侣凤谐韶濩，岂屑群鸡饱稻粱。学得缑山仙子诀，伫看跨鹤唳青苍。

黔水澄清　王正策

飞滩走峡势如倾，千里奔腾尚自清。水底光涵星倒列，波间影掠树横生。风摇白浪尘缘净，月入虚舟镜面行。汜出大江同赴海，源流清浊各分明。

荔圃春风　王正策

名园久不与凡同，未识何年望眼空。自古岸南原有圃，而今岩北只飘风。游人草踏三春碧，野戍尘销一骑红。独怪青莲留李渡，曾无只字入吟中。

桂楼秋月　夏景宣

可是元龙百尺楼，蟾宫兔阙满天秋。好凭李白停杯问，漫向吴刚觅斧修。此夕光莹奎阁里，当年香绕泮池头。贪看天上婆娑影，晓彻扶桑尚未休。

关滩口占 陈鹏飞，州人

重阁蠢峙拥双峦，泻出江流第一滩。最苦波心砥柱石，为谁管钥锁狂澜。

舟行黔水道中 陈鹏飞

黔水涪江一脉连，乘舟鼓枻溯流鲜。才临绝壁疑无路，忽转回峰别有天。过眼已忘沧海阔，当头几见斗星悬。白云封里深深处，会有诛茅住脚仙。

涪陵夜泊 翁若梅[一]，福建进士

一棹涪江夕，千峰返照开。为钦注易洞，独上雨花台。吾道资扬阐，诸儒赖剪裁。瓣香今在否，有客尚徘徊。

注释：

[一] 翁若梅，参见《历代名人与涪陵》第 136–137 页《进士翁若梅涪江留咏》。

其二 翁若梅

木叶双堤雨，滩声一枕风。人随秋色淡，心为夜涛空。鱼隐江间石，龙潜水底宫。但饶巴国月，相伴碧流东。

涪江舟行抵武隆 翁若梅

孤棹发涪陵，单微一径入。缭曲而窈深，令我心懵慄。倏忽度危滩，凌波如拾级。百丈云际垂，缆夫一当十。时复值平流，山回径路窒。舟如掠水凫，前后互相失。五步一灵崖，幽赏不暇给。或如虎豹蹲，或象老人立。天半洒飞泉，水帘悬石室。猿狖壁上行，游鱼镜中出。四顾悄无声，片帆曳残日。蜀中山水奇，应推此第一。安得王右丞，再试辋川笔。

黔水澄清　八景，萧学旬，孝感人

一脉黔西水，漾漾出汉平。周旋山曲折，涵养月澄清。洲渚千年洁，楼台永夜明。烟横云淡处，渔唱两三声。

松屏列翠　八景，萧学旬

岂是天台种，荣舒岁月奢。干非因雪老，叶不逐风斜。草络疑垂蔓，苔痕没断霞。何须开孔雀，对此兴无涯。

桂楼秋月　八景，萧学旬

百尺凌霄峻，蟾蜍魄正圆。人同秋月冷，心共画楼悬。金粟浓如酒，山云拥似绵。客愁容易释，千里共婵娟。

荔圃春风　八景，萧学旬

小圃依然在，颓垣荆棘丛。已无妃子笑，不许荔支红。陌上春空到，溪头日自融。虬珠何处觅，惆怅夕阳中。

铁柜樵歌　八景，萧学旬

幽壑松阴暗，奇峰雪正寒。闲蹲石径上，高唱晚林端。拨雾寻归路，乘云下翠峦。后先声互答，唱罢夕阳残。

鉴湖鱼笛　八景，萧学旬

烂醉沙汀酒，高吹短笛清。一声江月小，数曲晚烟横。浩荡湖天阔，逍遥世事轻。

迢迢岑寂夜，有客倚荒城。

群猪夜吼　八景，萧学旬

何处滩声起，奔腾入耳奇。三更风定后，万里客愁时。怒煮波中月，惊催枕上诗。欲眠眠不得，数问夜何其。

白鹤时鸣　八景，萧学旬

闻道朱仙鹤，滩头曾一鸣。风高声更足，秋老气难平。钓艇灯全暗，芦汀月正明。即今何处去，四顾野云横。

石鱼兆丰　萧学旬

不向龙门跃，淹留蟹稻乡。我方怀尺素，人共庆仓箱。苇压三冬雪，枫凋两岸霜。音书何处达，好倩雁翱翱。

神仙洞　何行先，州人

古洞何年凿玉岩，翠微深处隔尘埃。药炉画永烟消篆，棋局年深雨长苔。流水一溪瑶草秀，天风几树碧桃开。静听五夜笙簧响，知是神仙跨鹤来。

题长孙无忌墓　舒国珍，州人

滚竹坡高吊昔贤，孤坟断碣写寒泉。江涛白喷填精卫，陇树红花叫杜鹃。万古冤沉谁与雪，一朝功大尚凌烟。长安春色今犹好，忍说黔州被谪年。

登城东奎星阁　邹洢宁，州人

奎星高阁接层峦，拾级登临得伟观。地夹双江秋水碧，城开万户晓烟寒。光联文宿垂珠斗，气蔼炉香喷麝兰。试问今朝谁造极，笑予独步拍栏干。

附

鉴湖石鱼记　陈预

蜀之东有水曰鉴湖，在涪州所治西偏。湖之中，石梁横亘百余尺，刻双鱼形，不知何人所作。鱼各三十六鳞，一衔芝草，一衔莲花。其旁又为斗、秤形各一。蜀之父老相传云：牧是邦者，有循吏绩则石鱼见，见则年丰。余五世伯祖范卿公，明季时曾牧兹地，今乙未岁，余奉命观察川西，时莠民不靖，兵事方殷，余职司飞挽，滞迹通川，欲一寻讨遗躅而未暇也，比家君自都邮书属令访范卿公遗事，并示吴江沈某所著《近事丛残》一条。按条内载，陈良谟，字范卿，吴江人，万历壬午（十年，1582）举于乡。知涪州，有循吏声。江中石鱼出者三，州人皆谓惠化所感云云。余即寓书，今涪牧李君属访其事。盖石鱼之说良然，而范卿公宦迹湮没无考。惟州乘职官志有与范卿公同讳者冯姓，六合人，亦以明季时为涪牧。岂兵燹之余，文献无征而后之秉笔者偶乖耶，抑别有其人也？余始祖于宋南渡时迁吴江，故世为吴江人。沈书所载与宋乘合而筮仕之先后亦与涪志同，若别有其人，不应符契若此。司马迁云：疑以传疑，盖其慎也。抑又思《礼经》，有曰：先人有善而弗知不明也。知而弗传，不仁也。余惧夫先人之清芬骏烈，弗克表章，故述其梗概，俾后之君子得以考焉。

题陈观察预鉴湖石鱼记　石韫玉

循吏标前史，先贤式此乡。观风崇豸服，稽古问鱼梁。遗爱甘棠在，流波镜水长。业残征轶事，搜访阐幽光。华阀三吴远，高门五世昌。表微守土职，敬止况维桑。

前题 赵秉渊

鉴湖湖水清且涟，天光荡漾云霞鲜。垂虹下吸碧波涌，蘋蘩荇藻相萦牵。石鱼有二谁所凿，欲考甲子嗟年湮。文鳞六六象惟肖，一衔芝草一青莲。或隐或现瞻政绩，此语自昔渝人传。范卿先生太邱裔，司牧兹土崇正〔祯〕前。双岐五袴口碑颂，鱼也踊跃浮清渊。扬鬐鼓鬣任潜泳，似与赤子同欢然。沧桑陵谷二百载，循声惠政犹流连。使君数典不忘祖，只奉彝训来句宣。诵芬述德志颠末，遐征文献搜遗编。《丛残纪事》若符契，足以传信无疑焉。大书深刻示夹许，观感兴起思前贤。昆明迹荡劫灰古，石鳞里随秋风烟。岂若此鱼被余泽，数罟不入忘其筌。濠梁之乐非所拟，矢诗窃比《嘉鱼》篇。

涪州北岩注易洞 四川学政 吴省钦，江南人

江桡赴岩翠，桡动岩亦动。蚁旋附危急，衰草暮其空。三休入孤院，倾耳辨弦诵。有怀风教存，右折访崖洞。山寒地坚瘦，宿涔惨痴冻。滑泆循坡陀，打面雨飞送。举头见水帘，帘底日穿缝。始知置身处，虚厂覆帷幪。坏藤络虬龙，老树矗鸾凤。留题半磨灭，姓名孰珍重。讲筵赴编管，济恶语堪痛。闲里注《周易》，奥义揭尘梦。石床坐生徒，造次古礼用。尔时川党贤，应悔市争哄。堂成岁三稔，涪翁适过从。摩窠榜钩深，陈义庶善颂。自为夷陵徙，渐作讲堂供。迹削名愈高，吾学著前统。彼哉王真人，练气习腾豇。览古心激昂，幽幽涧禽哢。

钩深堂 吴省钦

有客传周易，遗踪在北山。乾坤窥橐籥，姤复见循环。春入风吹座，冬来雪满关。欲寻河洛理，翘首几追攀。

涪州阻水 吴省钦

外水送孤蓬，又流下武隆。鱼沉萱草绿，驿断荔支红。山色团杯底，滩声拍枕中。

碧云亭徙倚，莫遣月朦胧。

群猪滩　吴省钦

白蹢蒸涉波，夜涨高数仞。膨脝伏波底，聚族肆呼磷。为豮为艾豭，睢盱竟观衅。磨牙吞客舟，立蹄作霆震。喷涌白浪花，漩涡列圆阵。非无舥与篙，激裂断寸寸。一起势一落，鱼腹葬同殉。连遭苦扎水，格豚恃忠信。拟操屠伯刀，肯棨恣排摈。长年启利涉，趋避贵精慎。千指事一槽，整暇如卧镇。汔济色死灰，秋风老霜鬓。

注易洞用吴白华先生诗韵　四川学政　周厚辕[一]

绝磴陟秋风，一啸群木动。山腰复右折，石腹裂中空。剜苔索古镌，钳口难成诵。钩深尚有堂，点易此其洞。阴痴绍圣元，冰坚天地冻。端礼碑未书，汴水飒先送。崇政去已远，织网密无缝。一舸泛黔涪，四境乐蝌幪。海外几归人，朝端鲜鸣凤。致此岩窦栖，势比邱山重。剥余硕果甘，否极群贤痛。象占箕子贞，易拟周公梦。居安序自清，乐玩辞堪用。如何洛蜀争，亦效邹鲁鬨。二贤幸趋向，四坐闲宾从。涪翁两字书，范守千秋颂。槛外朱碧流，遂作潢污供。此邦籍沐浴，继学得真统。系我远游人，落帆一飞羾。仰止问津梁，山禽隔林哢。

注释：

［一］《涪陵文史资料选辑》第三辑第123页汪长春《涪陵市书画名人录》云：周厚辕，字载轩，一字驾堂，江西湖口人。约活动于清雍正至嘉庆年间。少有高行，博学而不得章句。清乾隆年间进士，曾任四川学政、户科给事中等职。所至公正廉明，人蒙其惠。擅诗工书，书学苏轼。任四川学政时，曾来涪州游北岩，题有《注易洞用吴白华先生诗韵》诗一首刻壁。著有《游蜀草》等。

游点易洞　周煌

雨余访胜出郊圻，江上晴光逗翠微。只以羹墙寻道岸，敢将风浴试春衣。苔痕没屐青还细，桃涨浮舟碧正肥。鹿洞鹅湖真未远，扶筇今始到岩扉。

其二　周煌

钩深堂畔草离离，知是康成带镇垂。蜀党既分因被谪，羲图将启未停披。山连二酉藏书处，水到三巴结字时。为想丹铅新注后，几回崇政尚萦思。

其三　周煌

谁从伊洛讨渊源，洞口犹应识旧痕。隔槛有风常入座，落花如雪正当门。斗山直北人师重，杖履之东吾道尊。亦拟尹谯来问字，空岩岑寂竟忘言。

其四　周煌

祠宇千年若有神，即凭刺史构嶙峋。经帷诚厂龙文动，春社刚来燕喜新，亭外碧云痴篆古，池边流水接觞频。视今视昔浑闲事，记取闲关此问津。

奉使入川得告省墓还家日作　周煌

又捧纶言出禁扃，旧谙乡路此还经。巴人未喻相如檄，汉使空投李部亭。渐近家山无偃蹇，重倚墓树亦英灵。不堪两纪归来晚，零落交亲似曙星。

其二　周煌

小筑新成背郭堂，得归恩许一旬强。亦知暂假非长假，已觉吾乡异客乡。老去心情关聚散，平生气谊属行藏。兹来莫漫留盟誓，早晚刀环乞尚方。

予告归里，纪恩述怀兼别同人得诗四首　周煌

早岁功名际圣朝，抽簪华发已萧萧。多惭素食孤恩久，敢恋青山入梦遥。罢职独闲中禁马，<small>前岁蒙赐禁城骑马，昨以足疾乞饯未能入直。</small>缀班虚珥侍臣貂。封章一再陈螭陛，耆宴亲留异数邀。<small>两次乞休，恩喻千叟宴，后具奏。</small>

其二　周煌

悬弧才感被恩光，<small>癸卯（乾隆四十八年，1783）冬，余年七十，恩赉便蕃，并赐"中枢耆望"匾额，</small>弹指流年七十强。岂意初衣临祖道，更教画锦赋还乡。需云湛露颁私第，<small>新春举千叟宴，未得躬预，蒙恩一体赏赉，</small>旧秩新衔拜宠章。<small>得告后，蒙恩以兵部尚书致仕，并加太子少傅衔。</small>最是天颜容再觐，翠华行处赐荷囊。<small>先是，命儿子兴岱赍摺谢恩，上赐煌克食，并传喻于耕耤回銮时谒觐。是日，跪迎道左，上亲解佩包以赐，仰蒙温喻，感极涕零。</small>

其三　周煌

忆从橐笔入承明，箕斗空名负此生。万里乘槎惭博望，<small>丙子（乾隆二十一年，1756）奉使琉球，仰荷天庥，航海无恙，</small>卅年稽古愧桓荣。<small>自注：戊寅（乾隆二十三年，1758）入直书房，迄今已逾两纪。</small>西川曾喻三章法，<small>奉命三次入蜀中，闲得奏请省墓，异数也，</small>南省频司九伐兵。<small>余以兵部侍郎擢工部尚书，未久，仍调兵部。</small>毕竟涓埃无报称，觚棱回首只葵倾。

其四　周煌

衣香同惹御炉烟，南浦离情犹黯然。真率最难忘旧侣，<small>戊戌（乾隆四十三年，1778）同举真率会者七人，今惟锡山、章浦两相国在，朝墨庄总宪先赋归田，不无落落晨星之感，</small>师资终自忝前贤。<small>余屡司文柄，门人多在京宦。</small>鸥边春雨临江驿，乌尾秋风上峡船。莫道天涯从此别，年年倚仗望魁躔。

过荔枝园　李天英，<small>永川进士</small>

栈阁铃声杂雨悲，马嵬谁更吊娥眉。荔枝不管兴亡恨，一夜春风满旧枝。

游聚云山　侯天章，州人

江锁岩关胜概雄，危岩高卓矗遥空。波翻白浪千层雪，路挂青霄百尺虹。几杵钟回尘世梦，数声犬吠碧云中。朱衣皂盖劳生久，笑眼初开第一峰。

碧云亭　黄基，州人

昔人曾此劝农桑，人去亭空事杳茫。黔水倒垂波万顷，屏山遥映树千行。几层苔藓偎春草，无数蝉声噪夕阳。欲问遗踪谁可问，无言桃李笑含芳。

舟泊关滩　舒其文，州太学生

险隘自天开，巉巉在水隈。悬崖惊瀑布，雪浪卷飞雷。万壑归吞吐，孤舟畏往来。关头如有吏，应进驿中梅。

注易洞　王怡

先生精妙理，注易见乎天。大往小来日，济屯出坎年。艰贞蒙以难，元吉视其旋。岩厂无人处，一心返自然。

北岩注易洞怀古示诸生　何启昌，州人

屏山何巉嶪，二水自东流。注易人已往，古洞独千秋，一自为迁客，门墙诸贤收。上阐濂洛理，下待撞钟求。人心知向义，营祠荐庶羞。古今同斯理，传薪良有由。杯水覆堂坳，只以芥为舟。闻有星宿海，其大罕与俦。醯鸡处瓮中，槐穴有蚁游。人非鸡与蚁，讵以瓮穴休。二典传心法，八卦演羲畴。周情与孔思，志士任冥搜。求成不在速，助长杜其谋。好鸟歌细细，天风吹飂飂。高陟峰峦上，愿言追前修。

点易洞怀古　邹锡礼，州人

乘兴到北岩，平生切仰止。石径数级登，危梯就倾圮。注易人何归，注易洞尚尔。飞阁耸高冈，清流绕石趾。研朱殚一心，后儒得宗旨。我来访遗踪，青山与碧水。望古增徘徊，如见昔君子。移步叩门扉，翠苔印屐齿。长林日影西，蓊郁暝烟起。带月听书声，洞旁为钩深书院，欲去犹徙倚。

点易洞怀古　潘嵩，州人

点易人何在，人去洞已空。斯文昭千古，长使白云封。不见摩荡痕，天然露穹窿。我来寻胜迹，瞻拜致虔恭。藤萝滋化雨，桃李茂春风。樵歌高山北，鱼笛大江东。余怀感不胜，长啸豁心胸。如何发元精，炯炯贯当中。观澜欣有术，仰止得其宗。有堂颜钩深，题之自涪翁。宋室两贤人，流寓将毋同。后先相继美，指授推元功。大启乾坤蕴，图书始折衷。因此留芳躅，百世尊钜公。吁嗟铜柱滩，湮没等许雄。吁嗟铁柜城，荒址蔽屏松。从来立功名，不如道德崇。在昔风流渺，于今心源通。更赖贤刺史，一朝振鼓钟。弦歌声不辍，程门雪再逢。

题钩深堂　龙为霖，巴县进士

画前已有易，谁其见天心。画中自有易，千古任追寻。味淡惟元酒，声希识太音。求溪三十载，妙蕴时浸淫。小子方门外，何由测浅深。来矣鲜先生隐居求溪。

北岩注易洞　李天鹏，州人

涪城江外北山隈，旧是伊川讲易来。座上春风留古洞，阶前时雨润苍苔。搜将先圣图书秘，辟得前人闳奥开。当日儒林承正学，至今遗教得根荄。

飞水洞　李天鹏

滚滚原泉出上头，悬崖飞下洞边幽。中涵石室长开户，高撒珠帘不挂钩。听去潺潺风带雨，坐来清冷夏疑秋。流行想到朝宗处，又向蓬瀛结蜃楼。

桂楼秋月　周宗泰

十里风迥负郭游，木犀开候又惊秋。花团皓魄香侵座，光散金英月满楼。静夜未妨吹玉笛，澄江无事泛兰舟。寻常也复知三五，此际偏登最上头。

荔圃春风　周宗泰

彤彤日影荔枝香，远圃风和昼漏长。拂面乍殊杨柳陌，当楼初试美人妆。轻裁燕剪笼绡紫，缓织莺梭皱玉黄。莫向开元寻故事，红尘飞骑笑三郎。

注易洞　何浩如，_{州人}

注易千秋迹，危岩一洞开。云从铁柜起，风逐锦江来。大道归扬阐，群儒乐化裁。北山今寂寂，谁是说经才。

桂楼秋月　何浩如

丹桂蟠根白玉楼，幽香馥馥正中秋。月明午夜疏檽透，人在蟾宫最上头。

荔圃春风　何浩如

江浔小圃荔枝红，盛事曾传天宝中。月夜有魂招不返，而今不复怨春风。

黔水澄清　何浩如

汉平城外水潆洄，派出黔中千里来。日暮乘舟轻荡桨，好从波底看楼台。

涪陵北岩十景　选五，陈昉午垣

洗墨池

分明点画走惊蛇，书法涪翁自一家。濡墨不同头作草，临池想见笔生花。溪光澹荡松烟合，字迹纷披雁影斜。六曲小桥闲眺望，黑蚊蟠处乱云遮。

致远亭

亭前芳草覆苔阴，槛外飞泉漱玉音。四面云山入图画，一天风月豁胸襟。弹琴清澈千年水，放鹤闲游万仞心。目断飞鸿书不至，怀人江上怅春深。

碧云亭

一亭高出与山齐，空水长天望欲迷。城郭午炊烟漠漠，池塘春梦草萋萋。云垂屋角千峰暗，帆过岩廊片影低。人日胜游寻往哲，同怀相约共登梯。

读画廊

路转廊回眼界开，山环水带绕城来。楼台远树烟中断，风雨春帆日暮回。笔法云林翻旧谱，诗情摩诘费新裁。嘉陵粉本天然绘，指向吾曹子细猜。

江天独坐轩

拓得山腰地半弓，高轩小憩念俱空。似嫌诗酒妨幽兴，妙有鸢鱼悟化工。槛外春光分草碧，檐前初日上阶红。澄怀万景观无限，收取江天一屋中。

北岩十咏　选五，州牧　张师范睛湖

致远亭，亭为宋刺史范仲武建。映带江山，下环泉石。

一亭致远得嘉名，刺史风流具胜情。谷口鸟声啼处滑，树间帆影过来轻。坡公放鹤空尘鞅，太守环滁寓酒觥。日暮北岩山下望，无边林壑落霞明。

点易洞，_{伊川先生谪居注易处}

烟波洞外一江横，岸帻研经独坐情。数百年前文运厄，九三爻里系辞精。时穷党祸符屯遁，道合天人有弟兄。涪水悠悠通洛水，古贤芳躅暮云平。

不受暑斋，_{地为伊川、和靖两先生后先栖遁之所，壁镌"尹子读书处"。春夏瀑悬千尺}

书声去后梵音流，_{两先生去后废为梵宇。嘉庆丙子（二十一年，1816）辟治一新。}筑室今看洞壑幽。竹覆千竿忘九夏，襟披六月似三秋。羲皇一枕窗前卧，宏景三层屋外游。面壁达摩尘垢净，飞泉簌簌泻山沟。

江天独坐轩，_{轩仅容膝，江山在抱}

独坐临风抱膝咏，尽宽俯仰纵豪襟。落霞孤鹜江天阔，细雨春帆岭树深。斗室尧夫容啸傲，濠梁庄叟契幽寻。小窗高敞凭遥嘱，井络岷源万里心。

江心石鱼　张师范

石鲸自有形，跃入蛟龙宅。霖雨及时行，永显濠梁迹。

主讲钩深书院二首，_{选一}　陈永图

堂辟钩深旧有名，今容乞假赋闲情。学原如海宜心筏，归觅无田藉舌耕。注易功精寻洞府，观澜兴洽揽江城。当年立雪知何处，快说前贤策后生。

李渡玉皇观文社醉后题壁　刘邦柄

昔人早已乘莲去，_{观中有太乙真人烧丹台。}此地空留旧灶台。草径半荒孤石在，风林小坐片云开。不妨雅俗同蝇集，可有神仙跨鹤来。_{真人不知姓名，朝代亦不可考。}晚听梵钟归梦澈，拟将尘劫问蓬莱。

其二　刘邦柄

山僧只解说荒唐，谰语无稽侮法王。欲击蒲牢祛俗障，因翻贝叶指生方。日移砌

竹竿竿影，午放盆兰箭箭香。好把笔花呈色相，都教舍利吐奇光。

游蔺市揽诸胜　刘邦柄

着屐拟寻春，忽焉阻隈澳。招招舟子来，渡我入深谷。花雨坠濛濛，波鸥丐残馥。何以润诗肠，前村春酒熟。_{梨香溪。}松性最清冷，尘寰种不得。譬诸石隐流，名姓畏人识。一路响秋涛，芳踪入静忆。堪笑武陵源，桃花殊艳极。_{松屏。}我昔游罗浮，晓听天鸡唱。戛尔一长鸣，金蛇腾万丈。斯山酷肖之，胡为不引吭。还当问纪涓，是否神寺旺。_{鸡公山。}

短歌行为孝子孔继智作　张克镇

欃枪一出妖氛起，十万黄巾若风雨。七十二卡一角崩，_{贼由三伏岭卡迫鹤游坪，}漫说深沟并高垒。卯辰巳午才须臾，数万生灵同日死。孔生孔生一书生，有母何孺人，冰蘗励艰贞。有嫂蒲与舒，随母患难行。当此呼吸存亡，岂自知其能留万古之芳馨。母曰儿自为，计毋乱。我心既老儿尚少，母恩不必此时报。天荆地棘将何为，原不望儿成愚孝。刀头过处黑风扫，爷娘妻子不相保。孝子距踊虎咆哮，霹雳一声山岳倒。众贼辟易，骇叹纷纷。有勇如是，好与同群。同群尔可降，即降莫逡巡。孝子昂然气尤旺，瞋目怒发挺相向。委壑填沟我自甘，临难苟免名徒丧。愁云惨雾郁难开，千刀万刀滚滚来。耳可截，齿可抉。头可断，体可裂。只有区区一寸心如铁，纵经百折终难折。吁嗟乎！三军可夺帅，匹夫志难夺。此是嘉庆四年（1799）二月事，孔孝子，名继智。

贺陈接三胞弟鎏父子同科　张克镇

堂堂大手笔，文坛名早擅。翩翩佳子弟，夺魁自操券。汉平科甲隆，原可偻指算。德星聚一家，五色云霞灿。弟兄同一科，康熙甲午（五十三年，1714）见。叔侄同一科，玉堂人共羡。父子同一科，君又开生面。兰谱以齿序，尊卑却有辨。父为同榜尊，不敢敌体慢。子为同榜屈，长辈亲道范。登科分小大，贤良策先献。蟾宫接洞房，良缘牵一线。贤哉君家子，能作其父干。乔梓并增辉，琼林即待晏［宴］。鹤鸣子相和，元音盛世赞。寄语元方兄，辛苦备尝遍。车中王铁枪，老将应恋战。人老志不衰，努力加餐饭。

题桓侯庙步藿亭明府韵　张克镇

新亭初授铸刀头，威壮当年大敌秋。破贼勒铭曾立马，断桥瞋目独横矛。乃能择主无双士，毕竟还君第一流。不是洛阳青盖人，问侯遗恨几时休。侯初授新亭侯，曾铸一刀，勒铭刀头。宋大观中于歜圣庙祠前掘地得三印及佩钩、刁斗，刻侯名。仍沉之水中，以镇滩险。

小江避乱述怀　张克镇

园林如故赏心同，不厌清泉万斛通。四面山分江小大，八年人住水西东。地仍乐土经兵扰，天爱斯民降岁丰。值得一枝栖甚稳，书声时杂鸟声中。

陈节妇割股行　王五总

敬瑜堂前孤燕飞，高秋只雁声鸣悲。燕飞雁叫惨不乐，惊飚吹折珊瑚枝。我有笔如铁，不写浮华写节烈。梦中昨夜吐光芒，笔花灿烂垂成缬。所写者，谁氏子？渝州小女根仙李，嫁与汉平陈氏儿。郎清女秀花初蕊，琴瑟双调无间声。鸳鸯比翼树连理，义门家本豪华族。族华荫弱霜凌木，夫安贫困妾随夫。同奉堂前双舅姑，流光弹指八年逝，逝水东流日西坠。舅往南邦各一天，姑居涪邑成两地。成两地，各一天，甑中尘起灶无烟。全凭纤纤柔荑指，绣出芙蓉五色莲。芙蓉绣出人争市，市得青钱易薪米。磨蝎临宫运复屯，憔悴之中人病矣。缠绵委顿历年岁，费尽兰心勤奉侍。药石翻催二竖凌。阴阳早受三彭制。年壬午月己酉病，已沉神失守闺房。独夜阴云愁天阴，雨黑闻啾啾，鬼声惨淡渐已逼，烈志精诚强欲留，尝闻古人魂可复，丹忱吁天天为哭，倘得重生死不难，何况区区一块肉。五寸刀，二寸肌，手挥利刃血淋漓。肉掷碗中肉尚跳，不蹙蛾眉尚言笑。和药亲调强入唇，欲从冰窟回春窖。谁知已尽命难回，玉楼竟赴修文召。夫既死，妾奚生？膝前忍听呱呱声。夫亡子幼义不死，肯累艰难白发亲。采兰画荻一肩任，拔心菤葹空芽萌。路人常叹息，双泪为之倾。我于氏有渭阳谊，素稔其行钦其人。搦豪为写松筠节，淇园冬岭雪双清。

咂酒诗为周海山先生作　铅山　蒋士铨心畬

地炉暖深瓮，酒香生座隅。缓火蒸融融，鬅发看浮蛆。截竹为留犁，露颈没其趺。主客次第尝，吸之嗛徐徐。中通风过箫，暗引乐出虚。注泉便作醴，仙酿逡巡如。瓮面白水添，瓮底醇醪储。贯糟出沈齐，气体成须臾。枳橘性则一，泾渭源岂殊？神丹变兼金，黄芽转河车。物理可旁悟，速化然非欤！再拜求酿法，酒经愿笺疏。粳稻谷梁［粱］稷，皆可鞠糵俱。和以众露香，若点塞上酥。百花归蜂衙，五金同一炉。至味咂乃出，浅尝得其粗。蜀有云安春，复有郫筒酤。可惜少陵翁，取醉徒咨且。东坡不解饮，真一堪卢胡。苟唊道士蜜，宁发调水符。浙人尚越酿，六载糟邱居。今夕换别肠，沉湎不愿余。只疑虹首垂，又疑斗柄斞。底须吸西江，欲续无功书。久出醉翁门，才识涪溪醽。彭宣醽侯芭，是皆圣人徒。

悼亡，周孺人殁于涪州　张问陶遂宁人

仿佛维摩示疾身，药炉经卷日横陈。即看饮食皆多事，渐苦形骸亦累人。梦岂能真休骂鬼，骨如此瘦欲通神。世间甲子须臾过，半局残棋已廿春。

送周补之旗樵赴广东之外舅学士公任　张问陶

七年离合总关情，销尽离魂是此行。君去难辞双桨急，我留无著一身轻。移居都喜邻萧寺，听雨何堪剩短桨。别有伤心人不识，罗浮情泪梦三生。时周孺人下世已五年矣。

去年秋老住崖阿，颇忆西斋砚共磨。故国怀人犹若此，他乡送客更如何。从今有梦皆沧海，对我无情是潞河。寄语长公归去好，名山一出别离多。时亥日在粤。

涪州感旧　张问陶

拍拍飞桡十四枝，涪陵水落艤舟迟。伤心七载崇兴寺，风景偏能似旧时。
小塚埋香痛阿梅，离鸾雏凤总成灰。眼前新妇新儿女，已是人生第二回。

留涪州两日作诗谢亲书　张问陶

两日停舟访故交，一镫醉语夜呶呶。酒喷客面群儿笑，诗掷船头十吏抄。但觉旧
人多似鲫，转愁孤艇窄如巢。少年莫羡朝衣阔，游子咏成感孟郊。

琉球刀歌为周补之廷授作　张问陶

岛夷作佩求元金，红炉夜铸东海深。七宝装成赠华客，一片冰蛟射人白。携归远
自伊奇麻，晶莹照眼生空花。水光霞彩绚金碧，曾采扶桑十日华。镰锷空明无绣涩，
秋霜秋月争寒色。枉将切玉炫西湖，不用揽环夸大食。欢斯开国异姓王，何曾横海勤
梯航。空传赍诏虚隋代，几见挥戈黩汉皇。洪武以还修贡职，旄头寸铁不加饰。岁遣
银簪耳目官，速香宝扇纷如织。更遇天朝王会新，金函玉册去来频。诏书特免归名马，
宸翰常闻赐外臣。输诚从此心逾密，此刀时复充庭实。敢令虎气匿穷荒，要使龙光护
云日。圣人格远轻神獒，安用吴钩与孟劳。姑米百年迎使节，昆吾一掷比铅刀。尧封
禹贡原无尽，中外一家通献赠。人间觅得重摩挲，抚物长钦天子圣。我从去年游帝京，
主人爱刀悬碧罂。为言雷雨破檐柱，如听铃环匣里鸣。昨夜酒酣双耳热，主人示我惊
奇绝。缠身侧润鹏鹈膏，破胆横飞枭獍血。拔鞘起舞为君歌，苍茫冷雾缠星河。藏锋
可待张华识，试刃聊随贾岛磨。我闻昌虔旧佩遗王览，貂蝉奕世陪雕辇。乌衣名望似
君家，百炼还期君自勉。学剑年年嗜远游，惭余漂泊如风鸥。浮踪拟遍九瀛海。壮志
徒存一蒯缑。乃知利器因人别，郁郁尘埃那可说。弹铗唱歌绕指柔，投刀顾影肝肠结。
灯烬歌残墨未浓，雄心勃勃难销镕。毛锥自笑书生拙，何似将军夺命龙。

戊申（乾隆五十三年，1788）岁腊寓外舅赞善公宅感事有作　张问陶

天涯别鹄惨离群，三载浮踪幻似云。孤馆重依崇让宅，荒阡遥痛魏城君。元稹俸
薄难为奠，孙楚情多不在文。绣褓剩携娇女伴，伶俜泉路莫轻分。周孺人生一女，复早殇。

送外舅周东屏先生奉使川陕祭告岳渎　张问陶

岳镇西蟠位望同，百王陵寝半秦中。人来吊古心犹壮，帝命升香气早通。腊雪全
消关柳绿，春旌遥映陇云红。金天月朗应回首，曾驻轺轩为采风。己亥（四十四年，1779）典试陕西。

其二　张问陶

江源西振禹功长，星使居然指故乡。饮水也叨明主赐，题桥应笑古人狂。春轺问
俗新持节，画锦传家旧有堂。宰树英灵容展拜，恩辉分照七贤冈。

《观音洞》，在西里羊角碛滩上。其先，乡人莫之奇也。偶秦人严复谦游，见其深邃灵异，俨若褒禅，甚奇之。道光辛巳（元
年，1821），捐金五百，倡首培其崎岖。共费千余金，遂成大观。于是游者甚众。今属武隆名胜焉。　陈銮咸

人间罅漏教谁补，能手偏来作山主。亿万斯年毓秀英，藏之邃密崇朝吐。仙槎偶
泛清秋节，选胜遥岑快接武。同人厌故酣新闻，联居曲曲绕廊庑。如入褒禅窈而深，
如寻桃源晤太古。有塔棱棱玉几堆，有田每每石为户。磨顶狞狰踞怒犀，啄粒翻腾堕
鹦鹉。忽逢海市排蜃楼，欲上蓬莱挹花雨。嵌成毗社湖中珠，舍利牟尼光绀宇。剪刀
面佐月儿羹，仿佛公权进钗股。别涌龙湫芳冽馨，勺饮甘疑赐钟乳。天然造化施雕镂，
巧运神斤斫鬼斧。呼童秉烛双瞳惊，形形色色不胜数。方将努力穷其幽，风寒习习涤
酸腐。奥窔应储天上书，暗里摸索衰难鼓。怡情景物贪争先，恐惧我生所不睹。回头
幸借余明归，宝山游罢掌频抚。者番拾得驻颜丹，在家灵运忘家苦。缕陈奇特喧层霄，
目刮金篦学壮语。我时辍诵洗心经，心通耳入亦欢舞。羡君踏破碧玲珑，但憾未谒神
仙府。恒溪罕到是元关，迷途觉路竟如许。不尽灯传无尽灯，留得真精异日取。相招

域外驰大观，鞻底云高众山俯。尘情同异掾语三，世事亏盈组杂五，琅环只许张华探，纯盗虚声误尔汝。洞前休夸稚珪文，诸法相空随傍午。

题听鹤楼　周炳

寓老不知秋，独立空山古。胡为鸣向人，遗响落江渚。江渚近城市，城市盈俗子。莫将鹤唳声，杂入管弦里。管弦声复声，更宜听鹤鸣。惟彼管弦浊，愈形鹤唳清。

鹤游坪八景，录五，李化南棠邮

尊崇直欲视三公，尽有冈峦拜下风。我笑山灵犹俗气，纷纷冠盖集云中。八轿云飞。
双流合注水之涯，有女桥头坐浣纱。无数鱼儿吹浪起，溪前溪后正桃花。两溪浪暖。
溪头风静水无声，鹤有仙容梦亦清。安得缑山招帝子，也来此处一吹笙。仙鹤凌波。
西来爽气满峰峦，幻得芙蓉万古看。曾否月明花烂处，美人一笑出林端。西岭芙蓉。
雾锁云封草绶缠，山林富贵傲神仙。生平意气轻苏子，何日黄金肘后悬。磴峰金印。

春日游凤翔古刹感赋 寺创于明嘉靖四十年（1561），迄国朝康熙年间又加补葺。寺田数十亩，均南之前人所施。今祖塚尚存寺后，地在涪白里。 李化南

浪游踏遍径三三，问柳寻花不讳贪。刚值兴阑人倦后，小桥对面有茅庵。
万山围住屋中间，时有飞云自往还。鸟亦谐禅如说法，最高枝上语绵蛮。
万口争传此地奇，缘何客讨少题诗。胸中别有无穷感，自拂尘沙读古碑。
一杵钟声落照微，奇情欲共鸟争飞。此行自觉风流甚，万紫千红送我归。

涪州江口　黎恂，遵义进士

兹地接牂牁，昔为巴南鄙。山川莽迥亘，岩谷纷谲诡。继周历八代，争据常经此。阳关失故险，草峡余废垒。空闻彭破丹，仍嗤楚得枳。千古几兴亡，往事殊难纪。可

爱涪陵江，沙石映清泚。<small>乌江下流至彭水县为涪陵江，至州城东，合于大江。</small>凫雁迎人来，拍拍芳洲牂。<small>江口有洲名锦绣。</small>汲江快煎茶，中有故乡水。<small>余家门前溪水，亦流注此。</small>南望吾家山，斜阳杳千里。亦欲寄相思，恨乏传书鲤。

三门归舟　石彦恬

一去浑流春水生，归来双桨击澄清。峡风劲起盘雕势，江树森摇挂玃声。叹我于人为寡发，安能系日得长缨。驱驰到此真疲恭。<small>同蔺。</small>不为身谋断不行。

白鹤梁　石彦恬

灵鸟胎仙出，能言复能书。石梁无留字，华表盍归欤？晶晶白鹭群，飞止贪细鱼。儿童不晓事，谓为鹤之雏。缟衣而衒裳，乃公能涸诸。灵台渺何处，太液有巢居。青天傥招来，城郭犹古初。愿假一片羽，飞骑观太虚。

晚渡龙沱　石彦恬

凤吹乌柏树，红叶下扁舟。大壑回松吼，澄江憾月流。天寒不觉重，日暮自生愁。老骨衰尤强，霜威薄蛀裘。

山居遣兴　石彦恬

门前江水绿如油，欲向矶边理钓钩。若有人兮招隐士，我之怀矣绊牢愁。寒松屋外围青嶂，微雪山尖点白头。犹剩蓬庐堪息影，莫将身世等浮鸥。

江出黔中碧浪环，巉崖双扇启重关。牂牁百里峰千叠，鹦鹉三门水一湾。乌柏丹枫临古渡，黄狐青兕噭寒山。刀耕火种秋农事，落木时看野烧殷。

留别涪陵士庶　沈宝昌

去年胡为来，今年胡为去。清夜一思量，来去失所据。良由吏才疏，挟持本无具。利果能兴乎？闾阎未充裕。害果能除乎？盗贼未捐捕。决狱非所长，使民劳讼诉。催科亦太拙，使民困征赋。纵令宪典宽，将毋苍生误。兢兢深渊临，懔懔朽索驭。当食每长叹，就枕犹惶怖。踌躇重踌躇，固应避贤路。重负释一朝，暂得安闲趣。内省难自宽，敢望舆论恕。

临去负官钱，累累盈钜万。不节即嗟若，自疚复奚怨？乏术事补苴，徒手张弓弮。我友尽鲍叔，分金当夜宴。倾囊各伙助，代我偿其半。其半尚未偿，终夜自忧叹。嗟嗟州人士，为我绸缪善。一人奋臂呼，百人闻声劝。锱铢积累成，居然数千贯。顷刻府库充，余力行装办。臂如横流中，拯我登彼岸。我实难为情，众谓诚所愿。何以报吾民，结草殊难遍。行行去此邦，登舆泪如霰。

性本同鳞羽，雅与山水宜。一自来涪州，爱此山水奇。官衙西北隅，有楼将倾欹。缚茅略修葺，耽玩山水姿。俯瞰江浩渺，仰望峰嶔崎。近窗安笔砚，置几列鼎彝。四壁碑墨拓，双琴弦朱丝。清晨茶一瓯，良夕酒一卮。晨夕偶临眺，心旷神为怡。无如繁剧地，殊鲜闲暇时。兴欲琴樽寄，形先案牍疲。楼外事纷纷，楼中踪迹稀。去去与楼别，楼长系我思。

此邦士大夫，爱我谓我好。我过为曲原，我善为扬表。时至偓之室，言论每倾倒。相孚在心性，相交在义道。政事得师资，学问每探讨。我爱王仲宣，_{王春圃，孝廉，}登楼情缥缈。我爱傅修期，_{傅子［紫］^{［一］}卿，中翰，}上马才惊矫。贺监性恬淡，_{贺琢山，山长，}潘令政通晓。_{潘醒园，广文，}吕虔志远大，_{吕昆圃，明府，}刘向事稽考。_{刘朗斋，司马。}落落李元礼，_{李黼堂，明经，}其年渐衰老。遥遥高达夫，_{高静山，学博，}乡居相见少。兄弟汝南周，_{周寿田、慎堂诸君，}乔梓天水赵。_{赵鹤书父子。}数之难更仆，一一萦怀抱。祖饯开绮筵，离肠九回绕。相期崇明德，令名各永保。琅琅赠别章，琛秘同瑰宝。莫嫌宦囊空，诗卷压装饱。

注释：

［一］子：当为"紫"。

绝命词十首，_{录六，}王向氏

妾，涪陵向氏女也，适巴邑王氏长子。未及一年，候焉即世。迄今七载，矢志靡他。昨年，不幸翁又病亡。叔小姑媚，茕茕无恃，朝夕相对，只令人悲增切怛耳。近有以不入耳之言，来相劝勉，俯思衣食事小，名节事大。欲全名节，惟有身赴长流，葬鱼腹中。但媚姑在堂，群季尚幼，恐死反遗累。因冷夜掩泪题《绝命词》十首，藏诸箇中。他日检阅，庶妾之死既明而姑可无累矣，噫！

幼读诗书虽不多，《女箴》《内则》记无讹。蒸梨炊黍三更绩，岂怨微躯受折磨。

屈指于归未一年，儿夫候尔丧黄泉。耕田供职缘何罪，妾欲焚香一问天。

无端妇口劝谆谆，怜我年才廿五春。回首当年花烛夜，何心再觅画眉人。

夫泪未干翁继之，一家孤弱倩谁持。闲来怕读安仁赋，恐惹媚姑老泪垂。

薄浣我衣省我亲，阿娘也劝再联姻。柏舟原在中河内，母也天乎不谅人。

阿翁服制未周年，又别媚姑各一天。此是儿家心恨处，披麻一绖报黄泉。

附：仙诗

听鹤楼　汉钟离权

道光辛卯（十一年，1831）立夏后一日，有神降于试院。时首事诸君子方议建斯楼，问名于神，为书"听鹤楼"三字，并赋此诗，署款汉钟离权。鹤梁为州八景之一，在楼之左，斯可听也。其诗则在可解、不可解之间，不解可也，因榜斯楼。仍刻乩笔摩寨书以识名斯楼之故。冬十月石彦恬识。

听鹤楼开望鹤鸣，一声远映动长庚。春雷不及秋鹿邈，直入云程万里惊。

鬼仙诗　尹青鸾

袁家坪有古塚，前临丁家渡，隆然若邱，上露石三尺许。同治戊辰春，石下陷，出一穴，窅然而深。袁生思尹闻而下窥之，则元堂也。龛石镌"大宋淳熙丁酉年尹氏娘子之墓"十三字，旁镌持■黄庭经，一藏六■。■出，掩以土石。是夜■■将仙姑命招生往，堂室壮丽，一女子廿四五许，向生肃谢，款留股渥，赠诗数章。后数以诗酒邀生冥会，次年冬杪遂绝。

冥台寂寞夜如年，不为多情泪眼穿。墓冷石■■ｃ■■，冢荒无主听狐眠。千秋枯骨能为鬼，廿载贞心爱学（？）仙。自出阴神终古恨，丹邱何日看红泉。

伤心三八陨青年，夜夜窥天望眼穿。亘古嫦娥原未■，通宵婺宿本孤眠。生同柏

节堪为女，死免轮回亦算仙。魂到千年饥渴少，醍醐曾饮玉泉浆。

与君离合只今年，不待榆钱柳线穿。东海倘经得意■，西楼切莫对愁眠。千秋一夕成佳话，九转三关即上■。夜半无人相送好，天涯月色正临泉。

呈采访局四首，_{录一，时重修涪州志，}尹青鸾

千年苦守为今年，罗网重重一旦穿。身是金刚原不■，心非木石岂贪眠。东山驻马寻幽迹，北海扶摇接散■。藉重堂阴乘荫远，长留青塚对江泉。

中秋玩月四十首，_{录一}　尹青鸾

寻思怕看月团圆，漫卷罗帷自独眠。却怪嫦娥偏惹事，娟娟送影到床前。_{留馆。}

奇缘歌　尹青鸾

造化絪缊孕灵气，一正一奇分赋异。乾男坤女各异形，天地为炉从其类。独有奇气产奇才，奇才奇遇堪悲哀。天与奇缘巧会合，世无知者竟沉埋。宋有女子奇更奇，死后千年鬼能诗。诗成不尽谐音律，聱牙佶倔费评议。阳春白雪吟未已，漫言引商兼刻羽。曲高自古和者难，且学巴人歌下里。阿依生小负聪明，信口吟哦若天成。不羡林风闺中秀，七龄拈笔已惊人。欲为进士恨木栉，欲效班姬无史册。朝朝暮暮爱闲吟，闲中得句总奇绝。绫罗试剪听风回，锦绣花成倩蝶飞。绣余勤阅经史子，安排词垒解郎围。老父相攸歌孔乐，可怜才高命却薄。伤心之子未为郎，懒绣鸳鸯泪暗落。幼弟从军兄嫂亡，阿爷奔波老宦场。吟诗反惹诸兄怒，女子才高定不祥。本是才奇干天忌，搁笔日学闺中技。纵有闲愁千万言，都是沉吟无只字。操心危处慧心生，忽想昆仑顶上行。峨眉不免为枯骨，不如割爱学长生。绣阁焚香发愿誓，愿为女子贞不字。阿依若作新嫁娘，除是朱郎再出世。根心依口出誓言，上通碧落下黄泉。暗惹尘缘依不觉，情丝千载便缠绵。佛有因缘仙有分，人定终难胜天定。世人都说佛慈悲，苦海先把迷津问。袈裟新试换罗纨。美人二七学参禅，记得当年无舌法。莫骂东风花落天，妙谛

紧息无名火。无法无相无人我，钟声夜半佛灯青。灰心槁木蒲团坐，长斋绣佛已三年。形容枯槁有谁护，金刚眼大菩萨哑。有来竹篱我无缘，逃■■■■■妙。紫霞仙姑亲口教，匡卢正面是元机。石鼎山炉多奥窍，金丹九转只三关。步步功程归自然，想是前生曾悟此。三花五炁本原还，分付婴儿与姹女。须学真人长不死，莫抛心力作词人。好去蓬莱为仙子，丹成喜见天门通。阴神跃跃离尘红，欲到瑶池终不到。失意方知得意空，欲升霄汉无鹤驾。欲返尘寰身已化，芳魂渺渺将何之。伤心血泪悽然下，月夜魂飞路几千。峨眉山顶遇狐仙，方知自铸千年错。各有来因莫怨天，狐鬼一家真奇异。狐不媚人鬼不祟，出入幽明千余年。灵气直欲还天地，夜台幽闭忽情牵。女伴相携望碧天，居处无郎何所似。嫦娥婺女两孤眠，一宵往返峨眉县。听不闻兮视不见，倏忽飞过山千重。始知身似秋来雁，年年偷眼看清明。多少娇娆事踏青，黛绿粉红侬不怪。伊家原有画眉人，尘心净尽道心悟。忘却当年生死处，漆灯添火诵黄庭。不管春来与秋去，社稷山河几战争。宋元明代歘及清，征徭不及泉下鬼。绝似讨源人避秦，久与人间无迎送。佳城拟作升仙洞，石破天惊地下魂。又逐春风惹春梦，神仙纳婿莫疑猜。刘阮当年事可推，仙子双双非有约。天教官（？）路入天台，生常空负如花好（？），而今始得尘缘了。晨妆对镜花依■，■■■■实未老。

　　倡予和女兴无尽，不敢作弄鬼聪明。按谱填词步郎韵，吟就新诗三百篇。愿对高人见一斑，但得高人知有我。莫愁故鬼不通元，嗟我奇女遭奇遇。奇遇奇人成奇事，奇不离正奇而平，算把奇气还天地。青鸾俚曲号奇缘，事由已作数由天。莫笑阿侬传绮语，有怀欲吐已千年。

重修涪州志卷十六　拾遗志

灾　祥

唐

武后载初中，范端化为虎。<small>见《新唐书》。</small>[一]

注释：

[一]蓝勇主编《稀见重庆地方文献汇点》(下)道光《重庆府志》卷之九《祥异附》第944页云："《新唐书》：武后时，涪州民范端化为虎。"

伪汉

李期时，涪陵民乐氏妇头上生角，长三寸许，凡三截之。

宋

雍熙四年（987），有犀自黔南入，州民捕杀之。

淳化三年（992），维摩洞庆云见，石生鳞鬣。<small>维摩一作摩围。</small>

咸平三年（1000）秋八月，大风坏城舍。

天圣元年（1023）春三月，金铜佛出于土。[一]

注释：

[一]蓝勇主编《稀见重庆地方文献汇点》(下)道光《重庆府志》卷之九《祥异附》第944页云："仁宗天圣元年（1023）三月庚辰，涪陵贤相志寺夜有光出阿育王塔之旧址，发之，得金铜佛像三百二十七。"

庆历三年（1043）秋七月戊辰夜，有黑气，长三丈许，自西南及天而散。

绍兴二年（1132），大疫。_{死者数千人。}夏五月旱。_{是岁，渝、涪皆旱。}[一]

注释：

[一] 蓝勇主编《稀见重庆地方文献汇点》（下）道光《重庆府志》卷之九《祥异附》第 944 页云："高宗绍兴二年（1132）春，涪州疫死数千人。"

[绍兴] 十五年（1145）夏四月丙申，彗星见参度。五月丁巳，化为客星，色青白。六月乃灭。六月乙亥朔日，食于井。

明

正德十六年（1521），武隆甘露降。

嘉靖二十一年（1542），武隆清溪左山崩。

[嘉靖] 二十三年（1555），武隆鬼入市廛，肩人。

万历五年（1577），武隆虫，禾根如刈。

[万历] 八年（1560）三月武隆雨沙，黄云四塞。牛马嘶鸣，沙积如堵

[万历] 十四年（1566）三月，武隆火龙见，其长亘天。

国朝

康熙三十四年（1695），大有年。

雍正元年（1723），大有年。

乾隆二十五年（1760）七月十二日，涪陵江汛，水及武隆司署，仓廒尽没。

[乾隆] 四十三年（1778）戊戌，北背弹子溪巨鱼见，夏大旱。_{谚传：见则岁歉。江雾中鳞鬣可辨，约长十余丈，逾时方隐。是岁，米斗银二两四钱，道馑相望。}

[乾隆] 四十九年（1784）甲辰秋，大熟。

[乾隆] 五十一年（1786）丙午春正月朔，日食。既夏五月六日，地震。六月九日，羊角碛山崩。_{滩险自此始。}[一]

注释：

[一] 蓝勇主编《稀见重庆地方文献汇点》（下）道光《重庆府志》卷之九《祥异附》第 945-946 页云："（乾隆五十一年）六月，江津大水，涪州羊角碛两岸山崩成滩。"

［乾隆］五十七年（1792），涪陵江大水。_{淤塞土捞子滩。}[一]

注释：

［一］蓝勇主编《稀见重庆地方文献汇点》（下）道光《重庆府志》卷之九《祥异附》第 946 页云："乾隆五十七年，涪州大水。"

嘉庆三年（1798）三月，涪陵江大水。_{淤塞小角榜滩。}

［嘉庆］十年（1805）七月，有星孛于西，数月乃没。

［嘉庆］十三年（1808）戊辰三月二十二日夜，大雨雹。二十五日，亦如之。涪陵江水溢。_{淤塞老君滩、曲尺子滩。}[一]

注释：

［一］蓝勇主编《稀见重庆地方文献汇点》（下）道光《重庆府志》卷之九《祥异附》第 946 页云："嘉庆十三年三月，涪州雨雹。"

道光三年（1823）癸未四月三日夜，大雨雹。涪陵江水汛、山崩。_{民庐坍塌，稻田冲没，乾沟一带尤甚。江岸崩落，巨石盘踞江心，水夹道激，下驶为褰臼形。边滩险自此始。}[一]

注释：

［一］蓝勇主编《稀见重庆地方文献汇点》（下）道光《重庆府志》卷之九《祥异附》第 946 页云："道光三年四月三日夜，涪州边滩岸石崩，水极汹涌。是夜，又大雨雹。"

［道光］六年（1826）丙戌二月二十八日，有流星大如盆，自东而西，其行有声。

_{曳尾约四五十丈，阔三尺许，光焰杂赤黄色，声殷殷如雷。}

［道光］七年（1827）丁亥五月二十日，西里雨雹，坏田庐。[一]

注释：

［一］蓝勇主编《稀见重庆地方文献汇点》（下）道光《重庆府志》卷之九《祥异附》第 946 页云："道光七年五月二十日，涪州大雨雹。"

［道光］八年（1828）戊子三月六日，大雨雹。_{鹤游坪、西里马溪同日雹，捐坏田庐无算。}[一]

注释：

［一］蓝勇主编《稀见重庆地方文献汇点》（下）道光《重庆府志》卷之九《祥异附》第 946 页云："道光八年三月，涪州大雨雹。"

［道光］十年（1830）庚寅五月十三日，涪陵江水汛。巷口、土坎民舍湮没过半，中嘴场灾尤甚。东隅一椽，仅存武隆司署。水及檐。[一]

注释：

［一］蓝勇主编《稀见重庆地方文献汇点》（下）道光《重庆府志》卷之九《祥异附》第 946 页云："道光十年五月十二日，涪州、黔江大水。"

［道光］十六年（1836）丙申，长里豺狼食人。以数百计。[一]

注释：

［一］蓝勇主编《稀见重庆地方文献汇点》（下）道光《重庆府志》卷之九《祥异附》第 946 页云："道光十六年，涪州长里豺狼伤人以数百计。"

［道光］十七年（1837）丁酉三月二十七日，夜雨雹。东里石柱山一带毁稻田，圮桥梁，漂溺人畜。[一]

注释：

［一］蓝勇主编《稀见重庆地方文献汇点》（下）道光《重庆府志》卷之九《祥异附》第 946 页云："道光十七年三月二十七日夜，涪州、石柱山大雨雹。"

［道光］十八年（1838）戊戌三月二十五日，夜大雨雹。西里石桥、长里清溪沟桥、蔺市坪板桥皆巨桥，圮于水。[一]

注释：

［一］蓝勇主编《稀见重庆地方文献汇点》（下）道光《重庆府志》卷之九《祥异附》第 946 页云："道光十八年三月二十五日夜，涪州西里大雨雹。"

四月十八日夜，大雷雨，竟夕。长里文家坝发蛟。[一]

注释：

[一]蓝勇主编《稀见重庆地方文献汇点》（下）道光《重庆府志》卷之九《祥异附》第 946 页云："四月十八夜，长里有蛟害，大水，倾圮桥梁二座。"

[道光]二十一年（1841）庚子春，大饥。穷黎掘土，白坟质细而性黏，谓之观音粉。杵芭蕉根，剥桐麻皮，裹白丸白泥，煮食之，气梗不下，多死。

秋七月，三窝山大风，损禾。三窝山风焱发则百余里，稼皆损。嘉庆中里孝廉王玉成祭之，辍者廿余年。同治七年（1868）钟修撰骏声学使经其地，居民以请为文祭之。势少杀，然其风实不自山始也。涪陵江西岸之弹子山岩半有廞窿莫测，榛荆灌莽，绝人踪，风从中出。飚而上及天半，东向驰，势劲而驶，声轰若雷。过江，势渐落，适与三窝山凹处相值，谚所谓风洞也。风力萃以出，如大江出峡，汹涌迅厉，人物、草木当之辄糜居，人恒以绁贯石缀屋，角镇之。然犹揭茅屋，旋空际，飞沙石，相磕磕。值夏秋，灾有不胜言者。

冬十月，虎夜入民舍，挟小儿，卧晨跳出，攫邻妇以去。

[道光]二十二年（1842）壬寅夏六月，稻禾两收，岁大熟。[一]

注释：

[一]蓝勇主编《稀见重庆地方文献汇点》（下）道光《重庆府志》卷之九《祥异附》第 946 页云："道光二十二年，涪州、荣昌、綦江嘉禾遍野，稻穗三岐，合郡大熟，民乐丰年。"

[道光]二十三年（1843）癸卯二月十八日夜，白虹西入参井，指东南，旬日灭。

秋八月二十七日，天裂有声，流光数丈。

[道光]二十八年（1848）戊申夏六月，黄龙见于长里。长里■■日天阴，正午忽如旭照当空，晴光满地，仰见瑞云缭绕，中一龙，金鳞璀璨，仅离屋顶五六丈许，蜿蜒蹑空去，同时蔺市亦有见者。

[道光]三十年（1850）庚戌冬十月，全涪地震，水泉簸荡。

咸丰三年（1853）癸丑三月十四日，雨雹。

[咸丰]四年（1854）甲寅夏五月，雷雹。大雨箐口发蛟。十一月五日全涪地震。

[咸丰]六年（1856）丙辰，有黑气如引绳际天，旬日乃散。

[咸丰]七年（1857）丁巳春正月，大风坏奎阁。风起涪陵江，声汹汹如十万军。及城，屋瓦皆飞。奎阁五层当其冲，折为二段。坏民居无算。未几有刘汶礼之变。

二月，长里铜锣铺，夜见灯火。隐隐鼓鼙声，林鸟惊噪。

［咸丰］八年（1858）戊午秋八月，蚩尤旗见西方，光芒竟天。

［咸丰］九年（1859）己未春三月三日昼晦。

夏四月九日，李渡镇火，死者六七百人。

邑中翰傅炳墀《火灾行》云：己未四月初九日，融风轩轩吹石梁。石梁开场聚歌舞，赛神神降鸾麟翔。金鼓喧阗剧未已，坐见士女来奔忙。揩裳伈艺汗颜赭，罗列骈岉如堵墙。神巫斩龙龙怒立，<small>是日演斩龙，俗剧。</small>雷车欻火飞琳琅。少女奔腾祝融走，须臾天地变苍黄。黑龙驱烟出水府，赤龙掉尾蟠昆刚。猛若蚩尤喷妖雾，燿若黑夜流攙枪。帝尧十日蒸大块，项羽一炬空阿房。掣电轰雷欻然作，赭瓦颓垣摧若狂。天容墨翰郁不乐，阳乌逃匿惨无光。江岸鼋鼍逐浪走，云中鸟雀争山藏。却怜人命虫沙贱，累累尸压春蚕僵。满地烘炉煨榾柮，劫灰顷刻随飞扬。焦头烂额有天幸，入火出火心皇皇。回禄纵虐乃如此，扫地以尽谁为殃。天阴鬼哭新燐火，月夜风凄古战场。我闻东南苦兵燹，妖氛如炽不可当。燔火城郭赭人屋，千邨万落蒿莱长。黄鹤楼边叫野鹊，姑苏台下啼寒螿。大江南北多焦土，往往似此悲苍凉。安得倒挽银河水，净洗烈焰清八荒。

八月，鹤游坪桃李梨花。

十一月十六夜，三鼓流星大如斗，自东而西，殷殷有声如雷。

［咸丰］十年（1860）庚申秋八月，红蜻蜓蔽天■飞三昼夜不绝，■雀斗。<small>雀数十万，飞集东门外桂（？）李坝。蚁络绎至■，不可纪。结队而出斗，凡三日。</small>

［咸丰］十一年（1861）辛酉夏五月，黑雨三日，田畴水尽，墨虹屡夜见。廿五，夜长星出台阶之次，光芒竟天。南行经紫微垣，入天市垣，没于心房之交。凡五十余日见。

同治元年（1862）壬戌三月八日，昼晦，雨雹。时石逆围城。<small>是日巳刻，千里昼晦。一时许，天始渐开。雷电交作，大雨雹，雨如注。时章仙洲兵勇据水城，断城中汲道，得雨赖以不涸。</small>

四月二十七日，夜大风拔木。白里寨堡皆火。雷震，三日不绝声。

［同治］二年（1863）癸亥夏五月，雨溢。秋，长里犀牛坑稻穗两歧。冬，甘露降。

［同治］三年（1864）甲子，米腾贵。<small>兵燹之后，物直［值］皆昂，斗米钱二千六百文。</small>

夏四月七日，小东门外顺城街火，被灾三百七十余家。

秋七月十八日，北门外枣子岩火，被灾二百余家。

［同治］五年（1866）丙寅夏五月，大雨。白里出蛟。

〔同治〕八年（1869）己巳春三月，东门外半边街火，被灾七十余家。

秋八月，桃李花。

九月，雨。虎自黔中入州境，渡大江北岸，千人逐捕，杀其一。虎额有字一"逸"。

十二月三日，黑雨。

〔同治〕九年（1870）庚午正月五日，南门外校场坝火，被灾二百余家。夏六月十六至二十日，江盛涨，水入城。_{江岸南北漂没民居无数，此数百年未见之灾也。}

轶　事

《全唐诗话》：孙定^{〔一〕}，字志元，涪州大戎之族子，景福中应举无成。寄孙储诗云：行行血泪洒尘衿，事逐东流渭水深。秋跨蹇驴风尚紧，静投孤店日初沉。一枝犹挂东堂梦，千里空驰北巷心。明月悲歌又前去，满城烟树噪春禽。

注释：

〔一〕孙定，《涪陵历史人物》第16页《〈全唐诗〉唯一收录的涪州籍诗人孙定》云：孙定，字志元，涪州大戎之族子。《全唐诗》唯一收录的涪州籍诗人。孙定，唐景福（892—893）中应举无成。平生作诗1000余首，多未传，今仅存《寄孙储诗》一首，诗云：行行血泪洒尘衿，事逐东流渭水深。秋跨蹇驴风尚紧，静投孤店日初沉。一枝犹挂东堂梦，千里空驰北巷心。明月悲歌又前去，满城烟树噪春禽。孙定的事迹和作品，见于《唐摭言》《唐诗纪事》《全唐诗》《蜀中广记》、同治《涪州志》民国《涪陵县续修涪州志》、《涪陵市志》《唐诗大辞典》《中国文学大辞典》等。其中最早、最为全面的记载是《唐摭言》卷十，文云：孙定，字志元，涪州大戎之族子，长于（孙）储。（孙）定数举矣，（孙）储方欲就贡。或访于（孙）定，（孙）定谑曰："十三郎仪表堂堂，好个军将，何须以科举为资。"（孙）储颇衔之。后（孙）储贵达，未尝言（孙）定之长。晚年丧志，放意杯酒。景福二年，《下第京西出开远门，醉中走笔寄储》诗曰："行行血泪洒尘襟，事逐东流渭水深。秋跨蹇驴风尚紧，静投孤店日初沉。一枝犹挂东堂梦，千里空驰北巷心。明日悲歌又前去，满城烟树噪春禽。"参见《历代名人与涪陵》第51—52页《涪州晚唐诗人孙定的杰作》、《神奇涪陵》第42页《入载〈全唐诗〉的涪陵诗人——孙定》。

吉阳，治在涪州南。泝黔江三十里得之，有像，设古碑，犹存物业甚多，人莫敢犯。涪州裨将蔺廷雍妹，因过化中盗取常住物，因即迷路。数日之内，身变为虎。其前足之上银缠金钏，宛然犹存。每见乡人，隔树与语，云：我盗化中物，变身如此。求见其母，托人为言之。母畏之，不敢往。虎往来郭外，经年即去。《宦游纪闻》

夏铭，号旂常。前明宣德中官御史，严惮不少挫。尝奉使巡按江西，至杨［扬］子江，舟忽胶滞。舟人曰：此地有水官娘娘庙，甚灵异，必祭之，方得渡。铭肃衣冠往祭之，像欻崩，铭以为妖，立毁之。自是，江无风涛患。

张云谷，《锦里新编》载：涪陵张修圃兄言：伊始祖某，本湖广麻城人，明洪武初任涪州牧，卒于官，不能归，其子谋葬地不得。一日，至州境之黑石里徐坪，见两老人对弈，一老人旁视，貌甚古，须发皓然。某亦坐其旁假憩，欲观胜负。两老人痴眸注视，久之，竟不下子，旁老人以手指盘中曰：我将此紧要之处点与你罢。某方详视三老人，忽化为大鹤飞翔而去。某曰：此必吉穴也。遂葬其地。从此科甲连绵，簪缨不绝，至今为涪陵望族，坪因是名鹤游坪。

周文恭公临卒前数日，谓其子曰：万恶淫为首，百行孝为先。此虽老生常谈，却人人宜奉为铭箴。吾家自先光禄公身被鳞伤，救父于流贼之手，纯孝动天，后世得邀余荫，人固知之。我一生遭际圣明，克享厚禄，岂天之独厚我欤？其间亦自有故，曾记年十八时，同友三人读书江村，值中秋节，友俱还家，独予在馆。夜静，桂香满庭，月明如昼。忽见一人走入卧室，立帐后，予疑为贼，近视之，邻女也。问之不答。予晓之曰：夜静无人来此，何故汝家祖父俱诗书中人，汝夫家亦体面人家，倘一失节，何以见人。女泣，予复慰之曰：此时并无人知汝，第回家，我断不告人，坏汝名节。女叩辞去。数十年来，予未尝一泄其事，今老矣，故为尔辈言之，使知暗室中俱有鬼神。一堕孽渊，必遭冥谴，此等处不可不慎也。又公族孙庠士汝楫，馆孀妇家。孀妇夜奔，力拒之。次日，托故辞去。后长子领乡荐，次子成进士，人咸称之继斯席者。恋其色而贪其财，身卒为戮。吁，可畏哉！三复公言：能勿猛省。

李雨村《续函海》云：涪州孝廉周文芷兴沅，余同年友也。尝言幼年初作文，尝有代为改正者。文甚佳，师疑之，伊亦不知为何人所改。久之，见赤面者，尝侍左右，问其姓名，书"红脸生"三字，不知为狐为鬼，旁人莫之见也。初次来宅，飞沙走石，阁宅警惶，不知所为。久之，习以为常，俱知其为红脸生也。问：在生何为？曰：宋徽宗曾以文墨封。吾再问曰：公未读韩文公庙碑乎？神之在天下，如水之在地中，无所往而不在也。何必问？相伴数年，颇得其益。凡音书，数千里外皆能暗中递送，通其消息，惟应试不能入闱。此外，亦无他异。安之，久矣。后周至京师缺费，各处告贷均无应者，方窘甚，忽室中掷钱数千文，周讶之。数日后，知为邻室友人物，遣人送还，诚之曰：攫人之财谓之盗，子取非其有将欲陷我于不义耶？以后勿蹈前非，致罹法网。邻又有■■■索不得，遂诬指周，语多不逊。周怒甚，与邻■■，并具文于关帝庙焚之，后遂不见。

□□元龙笺正云：吾家撷芳园牡丹百种，循墙竹树参差，绿荫黝密，西偏迟月山房楼高敞，先伯祖文芷■与弟香谷公读其上。一夕，秋月微明，有声如爆竹自西南来者三。香谷隙窗窥之，垂一足，皂鞾鞾，方留意三之一，顷之，见赤面顾身骬二齿，立文芷公■几惊。仆次日于厅除有石裹纸掷文芷公，座启视■红脸生三字。方诧异，空中忽语曰：我文人也，在宋■进士与某争元弗得，气愤血作悴于面，悲恨死。与父宦滇南，曾王母百计驱遣不去，亟招湖南巫至欵巨石自梁际，逼巫帽檐堕地上粘纸条书如"我于君岂相难耶"八字丐天师符张之火自壁间出符焚而陞垩白如素，自是相安无害，与以酒食瓶案，辄空不与，亦不求也。时与文芷公谈诗文，议论闳肆，必钩其元，惟其声虽悉率，如隔壁听，唱和甚多。一日飞笺索和，文芷公鬮之日诗固能和，顾纸先输君一筹矣。俄梁间一帧蝶舞而下，则姑苏冷金笺也。后至京师邸，掷钱事如李雨村所记。当文芷公都中焚祝之夜，香谷公闻窗外欷歔声。述京事颠末，且曰：我意怜才，非有心污蔑，顾不见谅乃尔。余亦从此逝矣，迹遂绝。余童年亦读，是宅风宵月夕，犹觉慄然。宅构自前明，今毁于兵燹。蓬蒿瓦砾之场，昔日之锦屏香海也。可胜叹哉！

　　■里煤夫朱某豢一黄犬，每出必相随。一日，担煤憩道侧，欵一人掷鸡担旁，匆匆去，后有追者至，见鸡，以煤夫为窃，执而送之分州。官以赃确，系图圊中。犬奔回家，衔煤妇衣裾，导前行至夫分州图圊前，始知夫冤，相雨泣，观者云集以犬义。食之，不食。先食煤夫妇，乃食。众偕失主白之官。官不谓然。犬忽衔失主衣至窃鸡家，咆哮怒噬其人不释，邻甲知其人素窃也，送官恳释。煤夫官重索失主赂，乃释煤夫。吁！人之不犬若者多矣。于分州乎何尤。

　　李渡王爷庙侧江边石壁嵌有义犬碑，字多剥蚀。相传有盐商豢一犬相随，登岸遗囊金五十两，匆遽发舟去，至渝州检囊，始悟其遗，急寻至江岸庙侧，见犬毙，挈其犬，遗金宛然，义而瘗之，为树此碑。

　　白里夏长姑，夏可象女。年十二，为赵媪养媳。媪恚其无奁资，樵险汲深，虐使备至。姑不辞，亦不怨，委婉承顺，稍获粗安。及笄，夫妇成礼，抱子矣。媪年逾六十，偶不怿，棰楚不异昔时。姑跪云：愿听棰楚请母怒，恐动老人气致恙。洎媪病，刲股疗之，媪始感悟，爱怜至今，称小康焉。

聚宝场里许李姓家牝犬乳一子，弥月后，杨姓以升米易之，逾半岁，猛健异常犬。李姓家贫，常不举火。牝犬多不得食，小犬每食，以口搏饭衔送里许而反哺之，人以为孝犬云。

分州役林麻二多不法。道光二十五年五月二日大雨如注，霹雳一声，忽霁林麻二为雷击死，朱书其背二行，字画如篆籀，不可识。其家箱笼中衣物俱毁，惟夹有四子书如故，片纸有字者亦豪无损。

东里一甲仙女山张仕珍，家小康。私制斗、称各二，轻重大小，出绌入盈有年矣。道光二十六年（1846）四月十日，欸雷震一声，拉仕珍跪门外。一日，夜方起，斗、称不知所在。后十余日，寻视酒瓮，见斗、称俱在其中。瓮腹大口小，不知何由入斗也。至今不能出。

邹彬然，邑孝廉棠次子也。承嗣伯母邹李氏，幼聪颖，能时文，然屡试辄蹶。道光癸卯秋，方夜读，忽高声应曰：来矣。趋而出，适孝廉自外归家，人以趋庭类然，不之省。有顷，婢出，暗中见彬然卧阶下，烛之，气已绝矣。惟心坎尚温，舁入灌以姜汤，渐苏。目上视，作西安人语，曰：寻汝久矣，乃在此。又作汉中人语，曰：非我非我。则自批其颊，抓其臂，一索命，一呼救，两相拨撊，不相下。又作湖南人语，居间排难，问之曰：我陈良，伴雷掌柜来者，黄孝廉负雷甚矣。雷名有声，西安人，贸褒城，徇财私铢事发，褒城李令欲置之法，黄固邑绅，恒为人关说讼狱。雷贿三百金，求为营脱，黄诺之，饱其囊弗之顾也。雷竟死狱中，请于冥司索命去。黄又托生此地，今始寻得故相仇家耳，家人求免，雷弗许。陈良曲为和解，雷气渐柔，乃要彬然送城隍祠。次日以冥锭焚之，始去。彬然自是神思惝恍嗒焉若丧。逾年，又有与未娶妻冥婚事。

晏大璋，白里麞凤场人。慷慨任侠，如以千金资茂才某，补官山东义举，略见一斑。年七十，无疾终。子六人。入武庠者四，幼子某，字吉斋，好狭邪游。每入渝、涪，舟甫舣而青楼迓之者十数至。家居匝月又走函又络绎也。同治初，饮旧姻家，薄暮归。马上见二鬼卒随之，曰：主簿公召汝，可速去。不觉，身从之行，至州西关，见穰穰者如平日，及城隍庙门，内即主簿府也。吉斋趋诣巷内一老者，呼其名曰：来此。睨之襕衫大袖，圆领、白纯，朱帻，前帙脑际，峨然意即主簿，谛视则其父也。随入，怒骂。移时，多摘隐伏，人所不及知之事，且曰：汝前生泸人，曾登贤书，以淫而无礼，今生合斩。嗣余恩城隍，请于帝，得旨，许汝十月内举子，以汝年来有悔心也。顷之，有吏催移酆都县文，其父色稍霁，吉斋见厅事庨敞，额书"主簿府"三字，南壁下一榻设公座，东西壁架上庋簿以数千计，吉斋前诣，恳查己簿往事，悉符。惟添注子鸿恩，生年月日一行墨沈犹新，其父促卒送归，僵已经夕矣。大惧，深自敛抑，如期生子，间岁入渝，旧态复作，其父召责如前，曰：尔子不可保矣。逾月，竟殇。吉斋悔无及焉。

大柏树场里许方维梁与弟维棠勇健有胆略。同治八年，黔中虎北渡大江，居人辟易。维梁弟兄同数百人追至马羊坪。众多怯，维梁奋勇前驱，虎咆哮，怒抓其臂，仆地将噬之。维棠方稚齿，救兄情急，襢裼直前，以斧击其腰。虎逸，获免。

涪州《典礼备要》目录

《典礼备要》卷一　涪州镌

谟　训

康熙九年（1670）十月

至圣孔子赞并序

　　盖自三才建而天地不居其功，一中传而圣人代宣其蕴。有行道之圣，得位以绥猷。有明道之圣，立言以垂宪。此正学所以常明，人心所以不泯也。粤稽往绪，仰溯前徽，尧舜禹汤文武，达而在上，兼君师之寄，行道之圣人也。孔子不得位，穷而在下，秉删述之权，明道之圣人也。行道者勋业炳于一朝，明道者教思周于百世。尧舜文武之后，不有孔子则学术纷淆，仁义湮塞，斯道之失传也久矣。后之人欲探二帝三王之心法，以为治国平天下之准，其奚所取衷焉。然则孔子之为万古一人也审矣。朕巡省东国，谒祀阙里，景企滋深，敬摘笔而为之赞曰：清浊有气，刚柔有质。圣人参之，人极以立。行著习察，舍道莫由。惟皇建极，惟后绥猷。作君作师，垂统万古。曰惟尧舜文武五百余岁，至圣挺生。声金振玉，集厥大成。序《书》删《诗》，定礼正乐。既穷象系，亦严笔削。上绍往绪，下示来型。道不终晦，秩然大经。百家纷纭，殊途异趣。日月无逾，羹墙可晤。孔子之道，惟中与庸。此心此理，千圣所同。孔子之德，仁义中正。秉彝之好，根本天性。庶几夙夜，勖哉令图。溯源洙泗，景蹑唐虞。载历庭除，式观礼器。摘毫仰赞，心焉退企。百世而上，以圣为归。百世而下，以圣为师。非师夫子，惟师于道。统天御世，惟道为宝。泰山岩岩，东海泱泱。墙高数仞，夫子之堂。孰窥其藩？孰窥其径？道不远人，克念作圣。

颜子赞

圣道早闻，天资独粹。约礼博文，不迁不贰。一善服膺，万德来萃。能化而齐，其乐一致。礼乐四代，治法兼备。用行舍藏，王佐之器。

曾子赞

洙泗之传，鲁以得之。一贯曰唯，圣学在兹。明德新民，止善为期。格致诚正，均平以推。至德要道，百行所基。纂承统绪，修明训词。

子思子赞

于穆天命，道之大原。静养动察，庸德庸言。以育万物，以赞乾坤。九经三重，大法是存。笃恭慎独，成德之门。卷之藏密，扩之无垠。

孟子赞

哲人即萎，杨墨昌炽。子舆辟之，曰仁曰义。性善独阐，知言养气。道称尧舜，学屏功利。煌煌七篇，并垂六艺。孔学攸传，禹功作配。

卧碑文

朝廷建立学校，选取生员，免其丁粮，厚以廪膳，设学院，学道学，官以教之。各衙门官以礼相待，全要养成贤才，以供朝廷之用。诸生当上报国恩，下立人品，所有教条。开列于后。

一、生员之家，父母贤智者，子当受教；父母愚鲁者或有非为者，子既读书明理，当再三恳告，不使父母陷于危亡。

一、生员立志当学为忠臣清官，书史所载忠清事迹，务须互相讲究。凡利国爱民之事，更宜留心。

一、生员居心忠厚正直，读书方有实用，出仕必作良吏；若心术邪刻，读书必无成就，为官必取祸患，行害人之事者，往往自杀其身，常宜思省。

一、生员不可干求官长，交结势要，希图越次进身，若果心善德全，上天知之，必加以福。

一、生员爱身忍性，凡有司衙门不可轻入，即有切己之事，止许家人代告。不许干与他人词讼，他人亦不许干连生员作证。

一、军民一切利病，不许生员上书陈言。如有一言建白，以违旨黜革治罪。

一、生员不许纠党多人、立盟结社、把持官府、武断乡曲，所作文字，不许妄行刊刻，违者提调官治罪。

圣谕十六条

敦孝弟以重人伦

笃宗族以昭雍睦

和乡党以息争讼

重农桑以足衣食

尚节俭以惜财用

隆学校以端士习

黜异端以崇正学

讲法律以儆愚顽

明理让以厚风俗

务本业以定民志

训子弟以禁非为

息诬告以全善良

诫匿逃以免株连

完钱粮以省催科

联保甲以弭盗贼

解仇忿以重身命

康熙十八年（1679）闰三月

训饬士子文

国家建立学校，原以兴行教化，作育人才，典至渥也。朕临驭以来，隆重师儒，加意庠序，近慎简学，使厘剔弊端，务期风教修明，贤才蔚起，庶几朴棫作人之意。乃比来士习未端，儒效罕著。虽因内外臣工奉行未能尽善，亦由尔诸生积痼已久，猝难改易之故也。兹特亲制训言，再加警饬，尔诸生其敬听之。

从来学者先立品行，次及文学。学术事功，原委有叙。尔诸生幼闻庭训，长列宫墙，朝夕诵读，宁无讲究？必也躬修实践，砥砺廉隅，敦孝顺以事亲，秉忠贞以立志。穷经考义，勿杂荒诞之谈；取友亲师，悉化骄盈之气。文章归于醇雅，毋事浮华；矩度式于规绳，最防荡轶。子衿挑达，自昔所讥，苟行止有亏，虽读书何益？若夫宅心勿淑，行已多愆，或蜚语流言，胁制官长；或隐粮包讼，出入公门；或唆拨奸滑，欺孤凌弱；或招呼朋类，结社要盟。乃如之人，名教弗容，乡党弗齿；纵幸逃褫扑滥，窃章缝返之于衷，能勿愧乎？况乎乡会科名，乃抡才大典，关系尤巨，士子果有真才实学，何患困不逢年。顾乃标榜虚名，暗通声气，夤缘诡遇，罔顾身家。又或改窜乡贯，希图进取，嚣凌腾沸，罔利营私，种种弊情，深可痛恨。且夫士子出身之始，尤贵以正。若兹厥初拜献，便已作奸犯科，则异日败检逾闲，何所不至，又安望其秉公持正，为国家宣猷树绩，膺后先疏附之选哉？朕用嘉惠尔等，故不禁反复惓惓，兹训言颁到，尔等务体朕心，恪遵明训，一切痛加改省，争自濯磨，积行勤学，以图上进。国家三午登造，束帛弓旌，不特尔身有荣，即尔祖父亦增光宠矣！逢时得志，宁俟他求哉？若仍视为具文，玩愒弗儆，毁方跃冶，暴弃自甘，则是尔等冥顽无知，终不能率教也！既负栽培，复干咎戾，王章具在，朕亦不能为尔等宽矣。自兹以往，内而国学，外而直省乡校，凡学臣、师长皆有司铎之责者，并宜传集诸生，多方董劝，以副朕怀。否则职业弗修，咎亦难逭，勿谓朕言之不预也，尔多士尚敬听之哉！

雍正三年（1725）五月

训饬士子文

上谕：士者乃四民之首，一方之望，凡属编氓，皆尊之奉之，以为读圣贤之书，列胶庠之选，其所言所行，俱可以为乡人法则也。故必敦品励学，谨言慎行，不愧端人正士，然后以圣贤诗书之道开示愚民，则民必听从其言，服习其教，相率而归于谨厚，或小民偶有不善之事，即怀愧耻之心，相戒勿令某人知之，如古人之往事，则民风何患不淳，世道何患不复古耶？朕观今日之士，虽不乏闭户勤修读书立品之辈，而荡检逾闲、不顾名节者亦复不少。或出入官署，包揽词讼；或武断乡曲，欺压贫民；或违抗钱粮，藐视国法；或代民纳课，私润身家。种种卑污下贱之事，难以悉数。彼为民者，见士子诵读圣贤之书，而行止尚且如此，则必薄待读书之人，而且轻视圣贤之书矣。士习不端，民风何由而正？其间关系极为重大。朕自即位以来，加恩学校，培养人材，所以教育士子者，无所不至，宜乎天下之士，皆鼓舞奋兴，争自濯磨，尽去其挑达之习矣。而内外诸臣条奏中胪列诸生之劣迹，请行严惩者甚多。朕思转移化导之法，当先端其本原。教官者，多士之仪型也。学臣者，教官之表率也。教官多属中材，又或年齿衰迈，贪位窃禄，与士子为朋俦，视考课为故套，而学臣又但以衡文为事，任教官之因循怠惰，苟且塞责，漫不加察，所以倡率之本不立，无怪乎士习之不端，而风俗之未淳也。朕孜孜图治，欲四海之大，万民之众，皆向风而慕义，革薄而从忠，故特简督学之臣，慎重教官之职，欲使自上而下，端本澄源，以收实效也。凡为学臣者，务须持正秉公，宣扬风化；于教官之称职者，即加荐拔；溺职者即行参革。为教官者训诲士子，悉秉诚心，如父兄之督课子弟，至于分别优劣，则至公至当，不涉偏私，如此各尽其道，则士子人人崇尚品诣，砥砺廉隅，且不但自淑其身，而群黎百姓日闻善言，日睹善行，以生其感发之念，风俗之丕变，庶几其可望也！特谕。

雍正四年（1726）九月二十九日

上谕：国家设学校以储养人才，乡会廷试拔其尤者而用之，即古选士造士之遗意也。但士子作文有一日之长短，纵使主司公明搜罗，岂能无遗？况去取惟凭文艺，其人品之高下，才能之优绌，无由得知。每有出群拔萃之才，屡试不售，既或晚得一第而年力衰迈，不堪为国家任使。朕思各省学政，奉命课士，黜劣举优，系其专责，嗣后学政三年任满，将生员中实在人品、端方有猷、有为有守之士，大省举四五人，小省二人，送部引见。朕亲加考试，酌量擢用。现在报满，各学政即遵照荐举，其到任未久者，如有所知，亦即举出。夫一省而举数士，不可谓无人。学政巡历各府三年之久，日与士子相亲，考文察行，不得谓不知，但能虚公衡鉴，所举必得其人，且风声所树，凡读书士子必皆鼓舞振兴，力学敦行，求为有用之儒，于士习人才，大有裨益。该学政其各实心奉行，毋得苟且塞责，如有徇私冒滥等弊，必严加治罪。特谕。

雍正四年（1726）十月初八日

上谕：朕命翰林科道诸臣，每日进呈经史讲义，原欲采圣贤之精蕴，为致治宁人之本。道统学术，无所不该，亦无往不实。而两年来，诸臣条举经史，各就所见为说，未有将宋儒性理诸书切实敷陈，与儒先相表里者，盖近来留意词章之学者，尚不乏人，而究心理学者盖鲜，即诸臣亦有讲章中系以箴铭者。古人鉴盘几杖，有箴有铭，其文也，即其道也。今则词藻相尚，不过为应制之文。具是歧道，与文而二之矣。总因居恒肄业，未曾于宋儒之书沉潜往复，体之身心以求圣贤之道，故其见于议论止如此。夫治统原于道统，学不正则道不明。有宋周、程、张、朱诸子于天人性命大本大原之所在，与夫用工节目之详，得孔孟之心传于理欲，公私义利之界辨之至明。循之则为君子，悖之则为小人。治国家者，由之则治，失之则乱，实有裨于化民成俗、修己治人之要。所谓入圣之阶梯，求道之途辙也。学者精察而力行之，则蕴之为德行。学皆实学，行之为事业，治皆实功。此宋儒之书所以有功后学，不可不讲明而切究之也。今之说经者，间或援引汉唐笺疏之说。夫典章制度，汉唐诸儒有所传述，考据固不可废，而经术之精微，必得宋儒参考而阐发之，然后圣人之微言大义如揭日月而行也。惟是讲学之人有诚有伪，诚者不可多得，而伪者托于道德性命之说欺世盗名，渐启标榜门户之害。此朕所深知，亦朕所深恶。然不可以伪托者之获于名声，遂置理学于不事，此何异于因噎废食乎？盖为己为人之分，自孔子时早已明辨。而戒之学者，正当持择审处，存诚去伪，毋蹈徇名骛外之陋习。崇正学则可以得醇儒，正人心，厚风俗，培养国家之元气，所系綦重，非徒口耳之勤、近功小补之术也。朕愿诸臣精研宋儒之书以上溯六经之阃奥，涌泳从容，优游渐渍，知为灼知，得为实得，明体达用以为启沃之资，治心修身以端教化之本，将国家收端人正士之用，而儒先性命道德之旨有功于世道人心者，显著于国家天下，朕于诸臣有厚望焉。

乾隆五年（1740）十月

上谕：士为四民之首，而大学者教化所先，四方于是观型焉。比者聚生徒而教育之，董以师儒，举古人之成法规条亦既详备矣。独是科名声利之习，深入人心，积重难返，士之所谓汲汲皇皇者，惟是之求而未尝有志于圣贤之道，不知国家以经义取士，使多士由圣贤之言体圣贤之心，正欲使之为圣贤之徒，而岂沾沾焉文艺之末哉！朱子同安县谕学者云：学以为己。今之世，父所以诏其子，兄所以勉其弟，师所以教其弟子，弟子之所以学舍科名之业，则无为也。使古人之学止于如此，则凡可以得志于科举斯已尔，所以孜孜焉，爱日不倦以至于死而后已者，果何为而然哉！今之士惟不知此以为苟足以应有司之求矣，则无事于孜孜为也。是以至于惰游而不知反，终身不能有志于学，而君子以为非士之罪也。使教素明于上，而学者素讲于下，则士者固将有以用其力而岂有不勉之患哉！诸君苟能致思于科举之外，而知古人之所以为学，则将有欲罢不能者矣。观朱子此言，洵古今通患。夫"为己"二字乃入圣之门，知"为己"则所读之书一一有益于身心，而日用事物之间存养省察，暗然自修；世俗之纷华靡丽，无足动念，何患词章、声誉之能夺志哉！况即为科举，亦无碍于圣贤之学。朱子云：非是科举累人，人累科举。若高见远识之士，读圣贤之书，据吾所见为文以应之，得失置之度外，虽日日应举亦不累也。居今之世，虽孔子复生也，不免应举，然岂能累孔子耶？朱子此言，即是科举中为己之学诚能为己，则四书五经皆圣贤之精蕴，体而行之，为圣贤而有余。不能为己，则虽举经义，治事而督课之，亦糟粕陈言，无裨实用，浮伪为时文等耳。故学者莫先于辨志，志于为己者，圣贤之徒也。志于科名者，世俗之陋也。国家养育人材，将用以治君泽民、治国平天下，而囿于积习，不能奋然，求至于圣贤，岂不谬哉？朕膺君师之任，有厚望于诸生，适读朱子书，见其言切中士习流弊，故亲切为诸生言之，俾司教者知所以教而学者知所以学。

乾隆五年（1740）十一月

上谕：从来为治之道，不外教养两端。然必衣食足而后礼义充，故论治者往往先养后教。朕御极以来，日为斯民筹衣食之源、水旱之备，所期薄海蒸黎，盖藏充裕，俯仰有资，以为施教之地而解愠阜财之效，尚未克副朕怀。第思维皇降衷，有物有则，衣食以养其形，教化以复其性，二者相成而不相妨，不容偏废，正如为学之道，知先后然。知行并进非划然两时，判然两事，又安得谓养之之道未裕，随可置教化为缓图也？今学校遍天下，山陬海澨之人，无不挟诗书而游庠序，顾学徒以文艺弋科名，官司以课试为职业，于学问若本切实用功所在概未暇及。司牧者，尽心于簿书筐箧，或进诸生而谈举艺则以为作养人才，振兴文教，其于闾阎小民则谓是蚩蚩者，不足以兴教化。平时不加训迪，及陷于罪则执法以绳之，无怪乎习俗之不淳而诟谇浇漓之不能禁止也。朱子云：圣人教人大概只是说孝弟忠信日用常行的话，人能就上面做将去，则心之放者自收，性之昏者自著也。此处深探立教本源，至为切实。盖心性虽民之秉彝，而心为物诱则放，性为欲累则昏。存心养性，非知道者不足与。几若夫事亲从兄则家庭日用，人人共由孩提知爱，少长知敬。又人人同具，不待勉强。要之尧舜之道，不外乎是。即如得一食必先以食父母，得一衣必先以衣父母，此即是孝。能推是心而所以顺其亲者，无不至则为孝子。父之齿随行，兄之齿雁行，此即是弟。能推是心而所以敬其长者，无不至则为悌弟。一人如此，人人从而效焉。一家如此，一乡从而效焉，则为善俗。孟子曰：人伦明于上，小民亲于下。又曰：人人亲其亲，长其长，而天下平，由是道也。惟在上者不为之提撕警觉，则习而不察。而一时之明不胜积习之渐染，重昏锢数日入于禽兽而不自知，任君师之责者，奚忍不为之申重而切谕之。我圣祖仁皇帝颁圣谕以教士民，首崇孝弟；皇考世宗宪皇帝衍为广训，往复周详，已无遗蕴，但朔望宣讲，只属具文，口耳传述，未能领会，不知国家教人，字字要人躬行实践，朴实做去，人伦日用，正是圣贤学问至切要处。尧舜之世，比户可封，只是能尽孝弟。放僻邪侈，触蹈法网，只为不知孝弟。记曰：将为善，思贻父母令名，必果。将为不善，思贻父母恶名，必不果。诚能如此存心，岂复有纵欲妄行之事？苟不从此处切实做起，诵读诗书，高谈性命，直谓之不学可耳。凡有牧民课士之责者，随时随事，切实训诲。有一事之近于孝弟则从而奖劝之，一事之近于不孝不弟则从而惩戒之。平时则为之开导，遇事则为之剖晰，如此则亲切而易入，将见父诏兄勉。日积月累，天良勃发，率其良知良能以充孝弟之实，蔼然有恩，秩然有义，豫顺积于家庭，太和翔于宇宙，亲逊成风，必从此始。凡吾赤子，其敬听诸，凡厥可牧，其敬奉诸。

《典礼备要》卷二　<small>涪州镌</small>　祀典上

社稷坛

《礼部则例》：凡直省、府、州、县各择爽垲之地建社稷坛。<small>社主土，勾龙氏配。稷主谷，后稷氏配。</small>均北向，岁以春秋仲月上戊日为民祈报。府、州、县皆正印官将事，以各学教官纠仪，生员充礼生，省会丞、倅执事，府、州、县掾史执事。

《仪注·直省祭》：社稷坛，前期二日，承祭、陪祭各官致斋于公所，豫陈祭品，每神位前各帛一，<small>黑色</small>铏二，<small>和羹</small>簠二，<small>黍、稷</small>簋二，<small>稻、粱</small>笾四，<small>枣、形盐、栗、鹿脯</small>豆四，<small>韭菹、鹿醢、菁菹、醢醢</small>爵三，共羊一、豕一、尊一。

祭日，鸡初鸣，承祭官以下，朝服，咸集。黎明，赞引礼生二人引承祭官诣盥洗所，盥洗，通赞礼生赞，执事者各司其事。赞引者引承祭官至阶前，拜位，立。引班礼生二人分引陪祭官，文东武西，各就拜位，序立，乃迎神。赞引者引承祭官升坛，诣香案前，司香跪捧香，承祭官三上香，复位，行三跪九叩礼。陪祭各官皆随行礼，奠帛。初献爵，司帛捧篚进，跪奠篚；司爵捧爵进，献爵，奠正中，皆退。司祝礼生至祝案前跪，承祭官暨陪祭各官皆跪，司祝读祝，毕。诣神位前，跪。安于案，叩如初。退，承祭官及陪祭各官行三叩礼。亚献，爵奠于左；终献，爵奠于右。均仪如初献。乃彻馔送神。承祭官行三跪九叩礼，陪祭各官皆随行礼。司祝、捧祝、司帛、捧帛恭送瘗所。承祭官转立拜位西旁，东面，候祝帛过，复位。引至，望瘗位，望瘗赞告礼成。引退，众皆退。

祝文：维某年月日某官某致祭于社稷之神曰：维神奠安九土，粒食万邦。分五色以表封圻，育三农而蕃稼穑。恭承守土，肃展明禋。时界仲<small>春、秋</small>，敬修祀典。庶丸丸松柏，巩磐石于无疆；翼翼黍苗，佐神仓于不匮。尚飨。

神祇坛

《礼部则例》：凡直省、府、州、县各建神祇坛，于春秋仲月祭天神地祇及本境城隍之神。在城文武皆与祭，雩祭及祭厉，均诣坛，将事例同《仪注》。

神祇坛，春秋仲月致祭，设案一于坛正中，南向。云雨风雷神位居中，境内山川神位居左，城隍神位居右。陈铏二、簠二、簋二、笾四、豆四。案前设俎，陈羊一、豕一。又前设案一，供祝版，陈香盘一、炉一、灯二。西设案一，陈帛七、尊一、爵二十有一，陈福酒、胙肉于尊俎之次，主祭官及陪祀官、执事官序班并如祭社稷坛之仪。引班、引赞、通赞及执事诸人以次序立。质明，引班、引陪祭官入，通赞赞，执事者各司其事。赞就位，引主祭官至阶下盥手，就拜位，立。陪祭官按班就东西拜位，立，均北面。迎神，上香、读祝、行三献礼，饮福、受胙如仪。余与社稷坛同。

祝文：维某年月日某官某致祭于云雨风雷、山川城隍之神曰：维神赞襄天泽，福佑苍黎，佐灵化以流行，生成永赖；乘气机而鼓荡，温肃攸宜。磅礴高深，长保安贞之吉；凭依巩固，实资捍御之功。幸民俗之殷盈，仰神明之庇护。恭修岁祀，正值良辰。敬洁豆笾，祗陈牲币。尚飨。

《礼部则例》：孟夏后诹吉，行常雩礼，陈设、仪注同前。若岁间不雨，守土长吏诹宜祀之辰，具祝文，_{随时撰拟}备脯醢、果实、香帛、尊爵、炉灯之属，率属素服祈祷行礼，仪节与常祀同。既应而报，陈设牲牢，朝服行报。祀礼与祈祀同。

常雩祝文：恭膺诏命，抚育群黎，仰体彤庭保赤之诚。劝农勤稼，俯维蔀屋资生之本。力穑服田，令申爰颁。肃举祈年之典，惟寅将事；用申守土之忱，黍稷惟馨；尚冀昭明之受赐，来牟率育，庶俾丰裕于盖藏。尚飨。

乾隆七年（1742）定旱岁祭雩祈雨，潦则祭城门祈晴，其礼俱同雩祭。既应而报，祀礼均同。

祝文：具官恭承诏命临民，职司守土，惟兆人之攸赖，并藉神功；冀四序之调和，群蒙福荫。必使雨旸应候，爰占物阜而民安。庶几寒燠攸宜，共庆时和而岁稔。仰灵枢之默运，聿集嘉祥；勚元化以流行，俾无灾害。尚飨。

厉坛

《礼部则例》：每岁三月清明节、七月望、十月朔日祭厉坛于城北郊。前期守土官饬所司具香烛，公服，诣神祇坛以祭厉，告本境城隍之神。上香，跪，三叩兴退。至月，所司陈羊三、豕三、米饭三石、尊酒、楮帛于祭所，设燎炉于坛南。黎明，礼生奉请城隍神位入坛，设于正中，香案一、炉、灯具。赞礼生二人引守土官，公服，诣神位前赞跪，守土官跪赞。上香，守土官三上香，赞叩兴，守土官三叩兴，退，执事者焚楮帛，守土官诣燎炉前，祭酒三爵，退。礼生仍奉城隍神位，还神祇坛，退。

告文：遵依礼部札为祭祀本境无祀鬼神事。钦奉皇帝圣旨，普天之下、后土之上，无不有人，无不有鬼。人鬼之道，幽明虽殊，其理则一。故天下之广，兆民之众，必立君以主之。君总其大，又设官分职，为府州县以各长之。又于每百户设一里长以统领之。上下之职，纲纪不紊，此治人之法。如此，天子祭天地神祇及天下山川，王国、各府州县祭境内山川及祀典神祇，庶民祭其祖先及里社土谷之神。上下之礼有等第，此治神之道。如此，尚念冥冥之中，无祀鬼神，昔为生民未知何故而没，其间有遭兵刃而损伤者，有死于水火盗贼者，有被人取财而逼死者，有被人强夺妻妾而死者，有遭刑祸而负屈死者，有天灾流行而疫死者，有为猛兽毒虫所害死者，有为冻饿而死者，有为战斗而殒身者，有因危急而自缢者，有因墙屋倾颓而压死者，有远行征旅死未归籍者，有死后无子孙者，此等鬼魂或终于前代，或没于后世，或兵戈扰攘，流移他乡，或人烟断绝，久缺其祭，姓氏泯没于一世，祀典无闻而不载。此等孤魂，死无所依，精魂未散，结为英灵，或依草附木，作为妖怪，悲号于星月之下，呻吟于风雨之时。凡遇人间令节，心思阳世，魂杳杳以无归；身堕沉沦，意悬悬而望祭。兴言及此，怜其惨凄，故勑天下有司依时享祭。在京都有泰厉之祭，在王国有国厉之祭，在府州有郡厉之祭，在各县有邑厉之祭，在一里又有各乡厉之祭。期于神依人而血食，人敬神而知礼，仍命本处城隍以主此祭。钦奉如此，今某等不敢有违，设坛于城西，以某月某日设备牲醴、羹饭，专祭阖境内无祀鬼神等众灵，其不昧来享此祭。尚飨。

先农坛

《礼部则例》：凡直省、府、州、县各建先农坛，岁以三月亥日致祭。省会以总督或巡抚主祭，有故则布政使摄陪祭，文武官及各执事均与祭。社稷坛同《仪注》，直省祭。

先农坛以三月亥日，主祭、陪祭、执事各官，前期二日各致斋于公所，扫除坛壝内外。祭日，鸡初鸣，执事人入设先农神案于坛正中，南向。陈铏一、簠二、簋二、笾豆各四。案前设俎，陈羊一、豕一。又前设香案一，陈祝文、香盘、炉灯。左设一案，东向，陈帛一、尊一、爵三，陈福酒、胙肉于尊俎之次，设盥洗于阶下之东。质明，引班引陪祭官入，引赞引主祭官入，通赞赞，执事者各司其事。赞就位，引主祭官至阶下，盥手，就拜位，立。陪祭官按班就东西拜位，立，均北面。迎神，上香，读祝，行三献礼，饮福受胙如仪，余与社稷坛同。

祝文：维某年月日某官某致祭于先农之神曰：惟神肇兴稼穑，粒我蒸民。颂思文之德，克配彼天；念率育之功，常陈时夏。兹当东作，咸服先畴。洪惟九五之尊，岁举三推之典。恭膺守土，敢忘劳民。谨循彝章，聿修祀事。惟愿五风十雨，嘉祥恒沐神庥；庶几九穗双歧，上瑞频书大有。尚飨！

《礼部则例》：直省耕耤，督抚以下与祭官皆朝服，致祭先农。礼毕，各官易蟒袍补服。诣耤田，通赞赞，行耕耤礼。督抚以下就耕所，执事者授耒耜与鞭，皆右秉耒，左执鞭，进耕。督抚以府佐贰官一员、执种箱一员播种。布政使、按察使以首领官执箱播种，各道以州县佐贰官执箱播种，知府知县以丞史执箱播种，皆耆老一人牵牛，农夫二人扶犁，各九推九返。毕，释鞭耒，以次序立田首，西面，北上，农夫遂终亩，告毕。各官望阙立，通赞赞，齐班、引班分引督抚以下至香案前，按班序立，重行。北面，耆老。农夫少远列行，北面，随立，赞跪叩兴，行三跪九叩头礼兴，各退。若府不附省，州、县、卫不附省者，正印官率佐贰丞史耕耤，各以耆老二人执箱播种，余与省会同。

勾芒之神，<small>春在十二月望后，芒神执策当牛肩。在正月朔后，当牛腰。在正月望后，当牛膝。</small>先立春一日，长官朝服，率僚属于东郊，祀勾芒之神。礼毕，迎春归，驻署仪门外。至日，各官朝服，祭勾芒，用牲果、酒醴，四拜，礼毕。长官击鼓三声，执彩鞭，率各官环击土牛者三，乡人竞取其土，以为宜年。

迎春祝文：维神司令元春，参赞化育，祛除寒威，渐回温燠，雨顺风调，禾登麦熟，百谷顺成，群黎蒙福。今于某日恭诣东郊，先期迎神驾。敢告！

鞭春祝文：化功造物，无私勿愆。雷动风散，雨润日暄。以时宣布，岁则有年。民为邦本，食乃民天。四时之序，春令为先。敢告尊神，发动春鞭。

《典礼备要》卷三　祀典中　<small>涪州镌</small>

会典则例

文庙

《礼部则例》：不隶省会之府、州、县，文庙丁祭日有道员分驻者以道员为正献，无道员分驻者长官正献，两序以其贰，及所属两庑以食饩学弟子员各一人为分献。

崇圣祠，教谕正献，两序训导分献，两庑皆食饩学弟子员各一人分献。陈设器数、行礼仪节与省会同。月朔释菜，望日上香，亦与省会同。

仪注：《会典》：每岁仲春、仲秋上丁日致祭。前期二日，各署设斋戒牌承祭，分献官致斋。二日宿别室，不饮酒，不食葱、韭、蒜、薤，不吊丧、问疾，不听乐，理刑不判署刑杀文字，不预秽恶事。前二日，执事官补服，至牺牲所省牲。前一日，承祭官签榜，由署中门出，鼓乐迎至文庙前张挂；执事者举祝案送致斋所，承祭官敬视毕，送前殿安设，行一跪三叩礼，退。承祭官率僚属至明伦堂，观演乐习仪，毕。引赞引执事官，穿补服，诣省牲所香案前立，上香、献爵、奠酒、三揖，执事者牵牲过案前。礼毕，执事官监视宰牲并供毛血。执事生用小碟盛毛血，捧送神案前，余埋净处。承祭官率僚属至庙丹墀前，各一揖，退。祭日，主祭分献，陪祭各官至更衣所，_{引赞唱。}更衣各官皆着朝服，入两旁门，序立。_{通赞唱，}签祝版，_{引赞唱，}升堂，_{引各官从东阶上，}序爵、序事、请祝，_{请祝版至，}佥名，_{各官书名，}下堂，_{从西阶下，通赞唱，}启户，_{各门俱开。}乐舞生就位，执事者各司其事，_{《则例》有文舞六佾进。}主祭官就位，分献官就位，陪祭官就位，_{文东武西，}瘗毛血，_{司毛血生将毛血碟捧从中门出，埋于西北隅坎内，}启牲馔盖，举迎神乐，奏《昭平之章》。乐作，_{引赞唱，}众官诣西北隅迎神。众官打躬，神降，复位，_{《则例》无"众官诣西北隅复位"语，乐作下有"上香，赞礼郎赞，就上香位引承祭官升东阶，入殿左门，赞诣先师香案前跪，承祭官跪，俯伏，赞上香，司香跪捧香，承祭官三上香，毕。俯伏兴，以次诣四配位前，跪，上香，仪同。赞复位，引承祭官复位。初，迎神时，赞礼郎分引东西序，分献官各一员升东西阶，入殿左右门，诣十二哲位前，跪，上香，退。复位，引两庑分献官东西各二员分诣先贤先儒位前，跪，上香，均如前仪。然后赞礼郎赞，参神。"《会典》礼有加。}　_{通赞唱，}参神，_{鸣赞唱，}跪叩首_{行三跪九叩礼，}兴。平身，_{众官俱立，乐止，通赞唱，}行初献礼，举初献乐，奏《宣平之章》，乐作，_{《则例》有舞羽籥之舞，}诣盥洗所浴手、净巾，诣酒尊所，司爵者举幂、酌酒、升坛，_{导承祭官由东阶上，入殿左，}诣至圣先师孔子神位前，跪，_{行一跪一叩首礼，}兴奠帛，_{捧帛生以帛跪进，承祭官接帛，捧举立，献案上，}献爵，_{执爵生以爵跪进，承祭官接爵，拱举立，献正中，}跪叩首兴。诣读祝位，_{《则例》有"乐暂止"，}跪，_{鸣赞唱，}众官皆跪，_{引赞唱，}读祝文，_{读祝生至祝案前，一跪三叩，捧祝版，立于案左，}跪读祝，_{读毕，捧祝版至正位前，跪安帛匣内，三叩首，退，}乐作，_{引赞唱，}叩兴，_{承祭官及各官行三叩礼，引赞唱，}行分献礼，_{引赞唱，}诣复圣颜子神位前跪叩兴，_{行一跪一叩礼，}奠帛，_{执事生捧帛跪进于案左，承祭官接帛拱举立，献案上，}献爵，_{执事生执爵跪进于案左，承祭官立献正中，}跪叩首_{行一跪一叩礼，}兴。诣宗圣曾子神位前奠帛、献爵，_{如前仪，}诣述圣子思子神位前，_{如前仪，}诣亚圣孟子神位前，_{如前仪。}

十二哲，两庑分献官，_{教职分献东西哲，典史分献东西庑。}升坛奠帛献爵，_{如承祭官仪。}行礼毕，_{引赞唱。}复位，_{承祭官出西门，由西阶下，分祭官，各复位立。}乐止。_{通赞唱。}行亚献礼，举亚献乐，奏《秩平之章》，乐作。_{《则例》有"舞同初献。"引赞唱。}升坛，_{由东门入，献爵于左如初仪。献毕，引赞唱。}复位，_{承祭官出西门，由西阶下及分祭官，}

各复位，立。乐止，通赞唱。行终献礼，举终献乐，奏《叙平之章》，乐作，则例有舞，同亚献，引赞唱。升坛，献爵于右，如亚献仪，毕。复位，各复位立。乐止，则例有文舞，退。通赞唱。饮福受胙，引赞唱。诣饮福受胙位，承祭官至殿内立，捧酒胙，二人取正中一爵，羊左一脾，自正位案前拱举至福胙位，右旁跪接福胙，二人在左旁跪引赞唱。跪饮福酒，承祭官受爵，拱举，授接爵，执事受胙，承祭官受胙，拱举，授接胙，执事由中门出正阶下，送献官署，叩兴，承祭官三叩首兴，复位，通赞唱，谢神，鸣赞唱，跪兴，承祭分献及陪祭各官俱行三跪九叩礼，通赞唱，彻馔，举彻馔乐，奏《懿平之章》，乐作，牲馔稍为移动，乐止，通赞唱，辞神，举送神乐，奏《德平之章》，乐作，通赞唱，跪叩兴，承祭分献，各培祭官俱行三跪九叩礼，乐止，则例下无送神，诣送神所，打躬，通赞唱，送神，引赞唱，诣送神所，众官俱至戟门，众官打躬，通赞唱，捧祝帛馔各恭诣燎前，捧祝帛生至各位前，一跪三叩，捧起，祝在前，帛次之。捧馔生跪，不叩，捧起，各送至燎所正位，祝帛俱由中门，承祭官退至两旁，候祝帛馔过，仍复位立，通赞唱，望瘗，举望瘗乐，与送神同，乐作，引赞唱，诣望瘗位，举柴焚祝帛，复位，乐止，通赞唱，阖户，鸣赞唱，礼毕，彻班。

祝文：维年月日某官致祭于至圣先师孔子曰：惟先师德隆千古，道冠百王，揭日月以常行，自生民所未有。属明教昌明之会，正礼节乐和之时，辟雍钟鼓咸恪，荐以馨香，泮水胶庠，益致严于笾豆，兹当仲春、秋只率彝章，肃展微忱，聿将祀典，配以复圣颜子、宗圣曾子、述圣子思子、亚圣孟子。尚飨。

愚按：《礼部则例》坛庙祭祀仪注与《康熙会典》互有异同，盖《则例》十年一修，礼制因时损益也。《则例》直省社稷、先农无乐舞，社稷无饮福受胙，文庙三献乐作具有文舞迎神，有分诣、上香，无打躬，送神亦无打躬。乾隆五十二年（1788）裁去一揖礼，即裁去送神打躬也，皆增订尽善者于坛壝，录《则例》于文庙，补《则例》遵循无误，升降益昭雍肃矣。

崇圣祠朝服，三跪九叩，行三献礼，惟无乐舞，无饮福受胙。

祝文：维年月日某官致祭于肇圣王、裕圣王、诒圣王、昌圣王、启圣王曰：维王奕叶钟祥，光开圣绪。盛德之后，积久弥昌。凡声教所覆敷，率循源而溯本，宜肃明禋之典，用申守土之忱。兹届仲春、秋聿修祀典，配以先贤孔氏咸丰年增祀、先贤颜氏、先贤曾氏、先贤孔氏、先贤孟孙氏。尚飨！

执事，俱于本学生员中选派，预期示知，令演习娴熟。通赞，立堂阶左，总赞礼节。鸣赞，立堂阶右，与通赞对唱跪叩礼。引赞，二人相对，立于承祭官前，引导赞礼。捧帛，预实帛于筐，候唱跪进，接奠神前。迎神，预执杯候唱，灌地，唱降神，神降。读祝，预捧祝版，候读祝时跪承祭官左，敬读。司尊，预实尊酒，候唱举毕，以勺酌之。执爵，预涤爵，候唱，捧以跪授接奠，与捧帛同。盥洗，掌匜槃、巾帨，候承祭官、分献官涤爵，拭手。香烛，预以香烛谨候，临祭点炷炉台。司户，殿上、戟门各二人，候唱，以司启闭。福胙，一执爵，一捧胙，进于献官，仍接退，燔瘗，候唱，燔柴、燎炉、瘗毛血，西北坎，撤馔，祭时，司启各牲馔，盖候唱撤稍为移动。

祭前牵牲，监宰监造馔及庶品，洒扫殿宇堂陛，陈设各案，祭器、牲馔俱派生员以上各执事派定，俱各敬谨襄承。

佾舞生三十六名，歌童四名，在本邑童生中择选教习、乐工五十二人预募教习。

礼器：登一、铏三十二、簠一百、簋一百、笾四百零二、豆四百零二、俎三十三、牲盘一百九十六、篚十八、白磁爵四十二、铜爵一百五十一、尊十九、幂十九、勺八，铜匜、洗各一，祝版二，香炉、烛台随案陈设。

祭品：登盛太羹，铏盛和羹，簠、簋盛黍、稷、稻、粱，笾豆盛形盐、鳆鱼、鹿脯、鹿醢、醓醢、鱼醢、兔醢、菁菹、芹菹、笋菹、枣、栗、榛、菱、芡、白饼、黑饼、脾析、豚拍，俎盛牛、羊、豕，篚盛帛。

太羹，煮肉汁，不用盐酱。和羹，盐酱肉汁。黍、稷、稻、粱，各拣完好，淘洗洁净。形盐，干净白盐，印成虎形。鳆鱼，预用白鱼，盐腌，晒干。临祭，温水泡洗，切酒浸用。鹿脯，预以鹿肉晒脯。临祭，煮熟，切条。醓醢，用猪脊肉，切小方块，如鹿醢，烹酢。鹿醢，用鲜鹿肉切小方块，滚水，燀熟，加盐、醋、酒、椒、姜、葱，烹酢。鱼醢，用鲜鱼肉，制同前。兔醢，用鲜兔肉，制同前。韭菹，以韭切去本末，用中切四寸。菁菹，蔓菁摘洗净，切同前。芹菹，芹菜摘洗净，切同前。笋菹，不论干鲜，净切同前。白饼，白面造。枣、栗、榛、菱、芡，不论干鲜，须完好、洁净。黑饼，荞面造。脾析，用牛、羊百叶，细切，汤熟，盐酒造。豚拍，豚肩上肉。牛、羊、豕，俱用牡，纯色。帛，正位用绫，余绢练，白色，长尺二寸。

陈设：正位中陈白磁爵三，次登一太羹，次篚一帛，次俎三牛羊豕，次香案，炉一灯二，登左簠二黍稷，簠左铏一和羹，铏左笾十形盐、鳆鱼、枣、栗、榛、菱、芡、鹿脯、白饼、黑饼。登右簋二稻粱，簋右铏一和羹，铏右豆十韭菹、醓醢、菁菹、鹿醢、芹菹、兔醢、笋菹、鱼醢、脾析、豚拍，尊一醴，疏、布幂勺具、祝版一。

四配，每位帛一、羊一、豕一，俎二，铏二，左右和羹。簠二，黍、稷。簋二，稻、粱。笾六，形盐、鳆鱼、鹿脯、枣、栗、榛。豆六，菁菹、鹿醢、芹菹、兔菹、笋菹、鱼醢。爵三，初、亚、终献。炉一、镫二、尊二，东、西。十二哲，东、西。各帛一、羊一、豕一、铏一，和羹。簠一，黍。簋一，稷。笾四，形盐、枣、栗、鹿脯。豆四，菁菹、鹿醢、芹菹、兔醢。爵三，初、亚、终。尊一、炉一、镫二。两庑二位共一案，每位爵一，每案簠、簋各一，笾、豆各四，东、西。各羊三、豕三、尊三，统设香案二，每案帛一、爵三、炉一、镫二。

崇圣祠正位五案，每案帛一，色幅篚同前殿。羊一、豕一、和羹二、簠二、簋二、笾八、豆八、炉一、镫二、尊一、祝版统一，配位四案，今东配增祀孔氏，应五案。东西。帛各一，羊、豕各一，簠、簋各一，笾、豆各四，爵每案各三。两庑两案，东西，帛各一，羊、豕各一，簠、簠各一，笾、豆各四，爵每位各一。

乐器：麾幡一首、金钟十六，即古编钟、玉磬十六，即古编磬、楹鼓一，即古应鼓、博拊鼓二，即古鼗鼓、柷一、敔一、琴六、瑟四、箫六、笛六、排箫二、笙六、埙二、篪二。

舞器：旌节二、羽籥三十六。

钦定文庙乐谱：春夹钟清商立宫；倍应钟清变宫；主调：迎神昭平。

箫谱：埙、篪、排箫同。

大哉孔子仜仜伬伍、先觉先知仜仩伍伬、与天地参仜仩伬伍、万世之师仜仩伍伍、祥征麟绂伍仩仜伬、韵答金丝仜伬仜仩、日月既揭仜伬仜伍、乾坤清夷仜伬仜伬

奠帛初献宣平

予怀明德仜仜伬伍、玉振金声仩仜伬仩、生民未有伬仜仩伍、展也大成仜仩伍伬、俎豆千古伍仩伬仜、春秋上丁伬伬伍仜、清酒既载仜仩仜伬、具香始升仜伬仜伬

亚献秩平

式礼莫愆仜仜伬伍、升堂再献仩伍仜伬、响协蕤铺仩伍仜伬、诚孚罍斝伍仩伬仜、肃肃雍雍伍伍伬伬、誉髦斯彦仜伬仩仜、礼陶乐淑仩伍仜伬、相观而善伍伬仜伬

终献叙平

自古在昔仜仜伬伬、先民有作仩伬仜伬、皮弁祭菜伍仩仜伬、于论思乐仩伬仜仩、惟天牖民仜仩伬伍、惟圣时若仜仩仜伬、彝伦攸叙伍伬仩伬、至今木铎仩伍仜伬

撤馔懿平

先师有言仜仜伬伍、祭则受福仜仩伬伍、四海黉宫仜仩伬仜、畴敢不肃仜伬仜仩、礼成告撤伍伬仜伍、毋疏毋渎仜伬仜伬、乐所自生伍仩仜伬、中原有菽伍伬仜伬

送神德平

凫绎峨峨仜仜仜伬、洙泗洋洋仩伬仜伬、景行行止仩伬伍伍、流泽无疆仜伬伍伬、聿昭祀事伍伬仜伬、祀事孔明仜伬仜伬、化我蒸民仜伬伍仩、育我胶庠仜伬仜伬

笛谱　笙同

大哉孔子伬亿仩伬、先觉先知伬仜仩仩、与天地参亿仩仜伬、万世之师伬仜仩伬、祥征麟绂仜仩亿仩、韵答金丝亿仩伬仩、日月既揭亿仩仜仩、乾坤清夷仜伬亿伬

笛谱

予怀明德伬亿仩仩、玉振金声亿亿伬仩、生民未有仩亿仩仩、展也大成亿仩仜仩、俎豆千古伬仩伬仩、

春秋上丁仕仕伬仕、清酒既载伏仈亿伏、其香始升亿仕亿伏

笛谱

式礼莫愆伏亿仕伏、升堂再献仈伏亿伏、响协韺镛仈伏亿仕、诚孚罍甒仈伏伏、肃肃雍雍伏伏仕仕、誉髦斯彦亿伏仈伏、礼陶乐淑仈伏亿仕、相观而善伏仕亿伏

笛谱

自古在昔伏亿伏伏、先民有作仈亿亿仕、皮弁祭菜伏仈伏伏、于论思乐仈伏仕亿、惟天牖民仈仈伏伏、惟圣时若亿仈亿仕、彝伦攸叙伏伏仈伏、至今木铎仈伏亿伏

笛谱

先师有言伏亿仕伏、祭则受福伏仈伏伏、四海黉宫亿伏伏仈、畴敢不肃亿仕亿亿、礼成告撤伏仈伏伏、毋疏毋渎亿仕亿伏、乐所自生伏仈亿伏、中原有菽仕仕亿伏

笛谱

凫绎峨峨伏亿仕伏、洙泗洋洋仈亿亿仕、景行行止仈伏仈伏、流泽无疆亿仕伏仕、聿昭祀事伏仈亿伏、祀事孔明伏仈亿仕、化我蒸民伏伏伏伏、育我胶庠亿仕亿伏

钦定文庙乐谱：秋南吕清徵立宫，仲吕清角，主调：迎神昭平

箫谱　埙、篪、排箫同

大哉孔子伏亿仕伏、先觉先知伏仈伏仕、与天地参亿仕伏伏、万世之师伏仈伏伏、祥征麟绂伏伏亿仕、韵答金丝亿仈伏伏、日月既揭亿仕伏伏、乾坤清夷亿仕亿伏

奠帛初献宣平

予怀明德伏仕伏伏、三振金声仈亿伏伏、生民未有仕亿伏伏、展也大成亿仕伏仕、俎豆千古□仈伏伏、春秋上丁仕仕伏仕、清酒既载伏伏亿伏、其香始升亿仕亿伏

亚献秩平

式礼莫愆伏亿仕伏、升堂再献仈伏亿伏、响协韺镛仈伏亿仕、诚孚罍甒仈伏伏、肃肃雍雍伏伏仕仕、誉髦斯彦亿伏仈伏、礼陶乐淑仈亿亿仕、相观而善伏仕亿伏

终献叙平

自古在昔伏亿伏仕、先民有作仈伏亿仕、皮弁祭菜伏仈亿伏、于论思乐仈伏仕亿、惟天牖民伏伏伏伏、惟圣时若亿仈亿仕、彝伦攸叙伏伏仈伏、至今木铎仈伏亿伏

撤馔懿平

先师有言伏亿仕伏、祭则受福伏伏伏伏、四海黉宫亿伏伏仈、畴敢不肃亿仕亿亿、礼成告撤伏伏伏伏、

毋疏毋渎亿仕亿伏、乐所自生伏仉亿伏、中原有菽伏仕亿伏

送神德平

凫绎峨峨伏亿仕伏、洙泗洋洋仉伏亿仕、景行行止仉伏伏仉、流泽无疆亿仕伏仕、聿昭祀事伏仉亿伏、祀事孔明伏伏亿仕、化我蒸民伏伏伏仉、育我胶庠亿仕亿伏

笛谱　笙同

大哉孔子仕仕伏伏、先觉先知仕亿伏仉、与天地参仕仉亿伏、万世之师仕亿伏伏、祥征麟绂仕亿仕仉、韵答金丝仕亿仕亿、日月既揭仕仉仕伏、乾坤清夷仕仉仕仕

笛谱

予怀民德仕仕仕伏、玉振金声亿仕仕亿、生民未有仕仕仕伏、展也大成仕仉伏仕、俎豆千古伏亿仕仕、春秋上丁仉仉伏仉、清酒既载仕亿仕仕、其香始升仕仉仕仕

笛谱

式礼莫愆仕仕仉伏、升堂再献亿仕仕仕、响协蒉铺亿伏仕仉、诚孚罍瓢伏仕伏仕、肃肃雍雍伏伏仉仉、誉髦斯彦仕仕仕仕、礼陶乐淑亿伏仕仉、相观而善伏仉仕仕

笛谱

自古在昔仕仕伏仉、先民有作亿伏仕仉、皮弁祭菜伏亿仕仉、于论思乐亿伏仉仉、惟天牖民伏亿仕伏、惟圣时若仕亿仕仉、彝伦攸叙伏伏亿仕、至今木铎亿伏仕仕

笛谱

先师有言仕仕仉仕、祭则受福仕亿仕仕、四海黉宫仕仕仕伏、畴敢不肃仕仉仕仕、礼成告撤伏亿仕伏、毋疏毋渎仕仉仕仕、乐所自生伏亿仕仕、中原有菽伏仉仕仕

笛谱

凫绎峨峨仕仕仉伏、洙泗洋洋亿仕仕仕、景行行止亿伏伏亿、流泽无疆仕仉伏伏、聿昭祀事伏亿仕仕、祀事孔明仕亿仕仕、化我蒸民仕伏亿仕、育我胶庠仕仉仕仕

舞谱　初献作宁平舞

觉一舞我二舞生一别民一扯圈，陶一召铸二召前一揖圣对面，巍两舞巍对面泰一摆山一灌耳，实一别予二别景一揖行一摆脚，礼一舞备二乐一摆脚和二摆脚，豆对面一摆笾对面二摆脚惟一揖静朝上，既一别述二别六一提经一扯圈，爰一摆斝二摆手三三摆手正一叩头。

亚献作安平舞

大一舞哉二舞圣一别师一扯圈，天一召授二召明一揖德对面，木两舞铎对面万一摆世一灌耳，式一别是二

群别脚揖辟拱手，清舞酒二舞维摆脚醑二摆脚，言对面，一摆脚观对面，二摆脚秉揖翟朝上，太别脚和二别脚常提脚流扯圈，英摆手材二摆手斯三摆手植叩头。

终献作景平舞

猗舞欤二舞素别脚王扯圈，示看尖予二看尖物三看尖轨蹲身，瞻背之背二召在别脚前扯圈，神对面其对面，二舞宁揖止拱手，酌看尖彼二看尖金揖罍扯圈，惟召清二召且蹲身旨蹲身，登摆手献二摆手既三摆手终朝上，弗舒手遐二舒手有三舒手喜二叩头。

历代尊崇先师考

周时鲁哀公十六年（前 479），孔子卒。公诔之曰尼父，为立庙旧宅，置守卒。立庙始此。

汉高帝十二年（前 195），过鲁，以太牢祀孔子。诏诸侯王、卿相至郡国，先谒庙，后从政。自汉后来祀孔子，始此。元帝诏太师褒成君孔霸以所食邑八百户祀孔子，赐霸爵阙内侯。后裔封侯始此。平帝元始元年（1）谥孔子褒成宣尼公。称公始此。

后汉明帝永平二年（59），诏学校皆祀周公、孔子。祀学始此。十五年（72），幸阙里宅，祀仲尼及七十二弟子。章帝元和二年（85），过鲁，以太牢祀孔子，作六代之乐。和帝封褒尊［成］侯。安帝延光三年（124），祀孔子于阙里。桓、灵时，诏孔庙置百户卒史，掌礼器，春秋享礼，出王家钱给大酒，置河南尹给牛、羊、豕各一，大司农给米。灵帝元光[一]元年，置鸿都门学，画先圣及七十二弟子像。画像始此。

注释：

［一］元光：汉灵帝刘宏有建宁年号，公元 168–171 年；熹平年号，公元 172–177 年；光和年号，公元 178–183 年；中平年号，公元 184–188 年。无元光年号。

魏文帝黄初中，诏起旧庙，设卒守。正始七年（246），令太常释奠，以太牢祀于辟雍，以颜渊配。释奠太学始此。前皆祀于阙里。

晋武帝太始[一]三年（267），诏太学及鲁国四时以三牲祀，释奠于中堂，以颜子配。［泰始］七年（271），皇太子亲释奠于太学。太子释奠始此。元、明、成、穆皆释奠。

注释：

［一］太始：即泰始。

宋高祖永初中，诏鲁郡修茸坟庙。文帝元嘉二十二年（446），裴松之议太子释奠，采晋故事，应舞八佾，设轩悬之乐，器用悉依上公。_{释奠用乐始此。}

齐武帝永明三年（485），学生释奠于先圣先师，礼乐、器币悉用元嘉故事。

北魏孝文帝太和十六年（492），亲修谒拜礼，改谥文圣尼父，封后人为崇圣侯，拜孔氏四人、颜氏二人，复给邑百户，与周公并飨。文成帝诏，宣尼之庙别敕有司荐享。有司行荐享始此。

北齐天保间，定春秋二仲释奠于先圣先师，以时修茸祠庙。每月朔，制祭酒领博士弟子以下及国子诸生、太学四门博士升堂，助教以下太学诸生于阶下，皆拜孔圣，揖颜回。朔日行礼始此。

梁武帝天监四年（505），诏立孔子庙，置五经博士，立州郡学。州郡设学始此。元帝承圣初，于荆州建宣圣庙，自图圣像为之赞，书之南北，五代崇祀不绝。

隋文帝开皇初，赠孔子为先师尼父。周公为先圣，南面，孔子东面。制国学、州县学春秋仲月上丁释奠。州县春秋仲月释奠始此。

唐高祖武德二年（619），诏国学分立周公、孔子庙。周、孔分庙始此。太宗贞观二年（628），别祀周公，尊孔子为先圣，颜子为先师，配焉。四年（630），诏州县皆立庙，四时致祭，以左邱明等二十二人配享。遍祀天下郡邑学以先儒配始此。二十年（646），诏皇太子释奠于先圣、先师。遣官释奠，州县守令主祭始此。高宗显庆二年（657），仍尊孔子为先圣，颜回为先师。诏孔子庙用宣和之舞。乾封元年（666），赠孔子为太师。总章元年（668），赠颜子少师，曾子少保。弟子追荐、以曾子配享俱此。元［玄］宗开元七年（719），诏春秋释奠用牲牢，属县用酒脯。八年（720），诏颜子十哲像俱侍坐从祀，曾参像侍坐十哲之次，图七十子及二十二贤于庙壁。十三年（725），封禅还，幸孔子宅，亲奠以太牢祀，墓置卒守，复孔氏赋役，令天下州县立庙，赐百户，充春秋享奠。二十七年（739），追谥孔子为文宣王，服衮冕，乐用宫悬，舞用八佾。赠十哲公侯爵，曾子以下六十七人爵皆伯。夫子追王始此。德宗贞元二年（786），释奠，诏自宰臣以下毕集，祝版自署名毕，各北面肃拜。

后周太祖广顺二年（952），奠阙里庙，谒墓。

宋太祖建隆三年（962），诏文庙门立戟十六，亲撰文宣王、兖国公二赞、从祀贤哲赞，令文臣分为之。太宗太平兴国三年（978），特免孔氏子孙庸调，诏孔宣袭封文宣公。真宗咸平三年（1000），追谥元圣文宣王。大宗［中］祥符二年（1009），诏定州县释奠礼器数。五年（1012），改谥至圣文宣王。执桓圭，冕九旒，服九章。天禧元年（1017），诏释奠仪注及祭器图令崇文馆雕印，颁行下诸路。仁宗景祐元年（1034），诏释奠用登歌。至和二年（1055），诏封孔子后为衍圣公。衍圣公之称始此。神宗熙宁八年（1075），制文宣王冕十二旒，兖国公颜子等皆依本朝郡国封爵品服。徽宗崇宁元年（1102），诏封孔鲤泗水侯，孔汲沂水侯。大观二年（1108），诏跻子思从祀。四年（1110），诏文宣王执镇圭，立二十四戟，并如王者之制。高宗绍兴十年（1140），诏文宣殿与大社、大稷并为大祀。

金章宗明昌二年（1191），孔子庙前置下马牌。

元世祖至元十年（1273），诏春秋二丁释奠，执事官员各公服，如其品，陪位诸儒襕带唐巾行礼。丁祭执事诸儒变常服始此。成宗大德元年（1295），敕各官莅任，先诣孔圣庙拜谒，方许以次谒神庙。武宗即位，追封孔子为大成至圣文宣王，祀以太牢。文宗至顺元年（1331），加封圣父为启圣王，圣母为启圣王夫人，颜、曾、思、孟皆加公爵。

明太祖洪武二年（1369），诏文庙附祀乡贤、名宦。四年（1371），定祭置高案，笾、豆、簠、簋、登、铏悉用磁，牲用熟，乐用六奏。十四年（1381），文庙成，遣官以太牢祀，诏神主不设像。二十四年（1391），敕每月朔望，祭酒以下行释菜礼，郡县学长吏以下诣学行香。二十六年（1393），颁大成乐器于郡州县学。成祖永乐初，遣官释奠。四年（1406），视学，服皮弁，行一奠四拜礼。释奠四拜始此。八年（1410），正文庙绘像圣贤衣冠，令合古制。十二年（1414），释奠增十二笾豆。宪宗成化二年（1466），增乐舞为八佾。世宗嘉靖九年（1530），厘正祀典，改称至圣先师孔子，四配复圣颜子、宗圣曾子、述圣子思子、亚圣孟子。十哲以下皆称先贤，左邱明以下称先儒。去塑像，设木主，罢封爵，改大成殿为先师庙，祭用笾豆十，舞佾六。郡邑学笾豆杀其二，舞止六。

国朝世祖章皇帝顺治二年（1645），定谥大成至圣文宣先师孔子。十四年（1657），改谥至圣先师孔子，通行直省各学。康熙十二年（1673），御题“万世师表”匾额，颁立文庙。圣祖仁皇帝康熙三十五年（1696），御制孔子赞，颜、曾、思、孟四子赞，发直省立碑。五十五年（1716），升朱子于十哲之次。以上见《省志》。世宗宪皇帝雍正三年（1725），御书“生民未有”匾额，颁立文庙。诏郡县春秋仲月祭，增用太牢。高宗纯皇帝乾隆三年（1738），升有若于十哲，移朱子于西哲末。至圣先师神位居中，正南面。御书“与天地参”匾额，颁立文庙。仁宗睿皇帝嘉庆七年（1802），御书“圣集大成"匾额，颁立文庙。宣宗成皇帝道光元年（1821），御书"圣协时中"匾额（额）^[一]，颁立文庙。文宗显皇帝咸丰二年（1852）御书"德齐帱载"，颁立文庙。皇上同治三年（1864）钦颁"圣神天纵"匾书，建立文庙。

注释：

［一］原文多一"额"字。

历代从祀先贤先儒考

后汉明帝永平十五年（72），东巡，祀仲尼七十二弟子。灵帝光和元年（178），置鸿都门学，画先圣及七十二弟子像。

魏齐王正始七年（246），祀孔子于辟雍，以颜渊配。弟子配祀始此。

北魏孝文太和间，拜颜氏二人官。官弟子后裔始此。

唐太宗贞观二十一年（647），诏以左邱明、卜子夏、公羊高、榖梁赤、伏胜、高堂生、戴圣、毛苌、孔国安、刘向、郑众、杜子春、马融、卢植、郑元［玄］、服虔、何休、王肃、王弼、杜预、范宁、贾逵二十二人配享尼父庙堂。高宗永徽中，赠孔子太师，颜子少师，曾子少师。弟子追赠，并曾子配享，俱始此。元［玄］宗开元八年（720），图画七十二弟子及二十二贤于庙壁，令当朝文士分为之赞。二十七年（739），诏追赠颜子兖国公、闵子骞费侯、冉伯牛郓侯、冉仲弓薄侯、宰子我齐侯、端木子贡黎侯、冉子有徐侯、仲子路卫侯、言子游吴侯、卜子夏魏侯、曾参郕伯、颛孙师陈伯、澹台灭明江伯、宓子贱单伯、原宪原伯、公冶长莒伯、南宫子容郏伯、公皙哀郳伯、曾点宿伯、颜路杞伯、商瞿蒙伯、高柴共伯、漆雕开滕伯、公伯寮任伯、司马牛向伯、樊迟凡伯、有若卞伯、公西赤郜伯、巫马期鄫伯、梁鳣梁伯、颜柳萧伯、冉儒纪伯、曹恤曹伯、伯虔聊伯、公孙龙黄伯、冉季东平伯、秦子南少梁伯、漆雕子敛武城伯、颜子骄琅琊伯、漆雕徒父须句伯、壤驷赤北征伯、商泽睢阳伯、石作蜀石邑伯、任不齐任城伯、公夏守亢父伯、公良孺东牟伯、后处营邱伯、秦子开彭衙伯、奚容蒧下邳伯、公肩定新田伯、颜襄临沂伯、鄡单铜鍉伯、句井疆淇阳伯、罕虎黑乘邱伯、秦商上洛伯、申党邵陵伯、公祖句兹期思伯、荣子期雩娄伯、县成钜野伯、左人郢临淄伯、燕伋（鱼）［渔］阳伯、郑子徒（荣）［荥］阳伯、颜之仆东武伯、原亢莱芜伯、乐欬昌平伯、廉洁莒父伯、颜何开阳伯、叔仲会瑕丘伯、狄黑临济伯、邽巽平陆伯、孔忠汶阳伯、公西舆如重邱伯、公西蒧祝阿伯、蘧瑗卫伯、施常乘氏伯、林放清河伯、秦非汧阳伯、陈亢颍伯、申枨鲁伯、琴牢南陵伯、颜哙朱虚伯、步叔乘淳于伯、琴张南陵伯，命所司奠祭如释奠之仪。赠五等爵始此。

后唐长兴三年（932），敕文宣三庙四壁诸贤各释奠，各陈醎醢诸物以祭。

宋初，画七十二贤及先儒二十二人像于东西廊之板壁，命当时文臣为之赞，释奠之礼如旧。真宗咸平三年（1000），诏追封兖公颜回兖国公、费侯闵损琅琊公、郓侯冉耕东平公、薄侯冉雍下邳公、齐侯宰予临淄公、黎侯端木赐黎阳公、徐侯冉求彭城公、卫侯仲由河内公、吴侯言偃丹阳公、魏侯卜商河东公、郕伯曾参瑕邱侯、陈伯颛孙师宛邱侯、江伯澹台灭明金乡侯、单伯虙不齐单父侯、原伯原宪任城侯、莒伯公冶长高密侯、郯伯南宫縚龚邱侯、郳伯公皙哀北海侯、宿伯曾点莱芜侯、杞伯颜无繇曲阜侯、蒙伯商瞿须昌侯、共伯高柴共城侯、滕伯漆雕开平舆侯、任伯公伯寮寿张侯、向伯司马牛楚邱侯、凡伯樊迟益都侯、郜伯公西赤钜野侯、卞伯有若平阴侯、鄫伯巫马期东阿侯、颍伯陈亢南顿侯、梁伯梁鳣千乘侯、萧伯颜辛阳谷侯、纪伯冉孺临沂侯、东平伯冉季诸城侯、聊伯伯虔沭阳侯、黄伯公孙龙枝江侯、彭衙伯秦冉新息侯、少梁伯秦商鄄城侯、武城伯漆雕哆濮阳侯、琅琊伯颜骄雷泽侯、须句伯漆雕徒父高苑侯、北征伯壤驷赤上邽侯、清河伯林放长山侯、睢阳伯商泽邹平侯、石邑伯石作蜀成纪侯、任成伯任不齐当阳侯、鲁伯申枨文登侯、东牟伯公良孺牟平侯、曹伯曹恤上蔡侯、下邳伯奚容蒧济阳侯、淇阳伯句井疆滏阳侯、邵陵伯申党淄川侯、期思伯公祖句兹即墨侯、雩娄伯荣期厌次侯、钜野伯县成城武侯、临淄伯左人郢南华侯、渔阳伯燕伋汧源侯、荥阳伯郑国朐山侯、汧阳伯秦非华亭侯、乘氏伯施之常临仆侯、朱虚伯颜哙济阴侯、淳于伯步叔乘博昌侯、东武伯颜之仆宛句侯、卫伯蘧瑗内黄侯、瑕邱伯叔仲会博平侯、开阳伯颜何堂邑侯、临济伯狄黑林虑侯、平陆伯邽巽高堂侯、汶阳伯孔忠郓城侯、重邱伯公西舆如临朐侯、祝阿伯公西蒧徐城侯、南陵伯琴张顿邱侯。又诏封配飨先鲁史左邱明瑕邱伯、齐人公羊高临淄伯、鲁人谷梁赤龚邱伯、秦博士伏胜乘氏伯、汉博士高堂生莱芜伯、九江太守戴圣楚邱伯、河间博士毛苌乐寿伯、临淮太守孔安国曲阜伯、中垒校尉刘向彭城伯、后汉大司农郑众中牟伯、河南杜子春缑氏伯、南郡太守马融扶风伯、北中郎将卢植良乡伯、大司农郑康成高密伯、九江太守服虔荣［荥］阳伯、侍中贾逵岐阳伯、谏议大夫何休任成［城］伯、魏卫将军太常兰陵亭侯王肃赠司空、尚书郎王弼封偃师伯、晋郑［征］南大将军开府仪同三司当阳侯杜预赠司徒、豫章太守范宁封钜野伯，命三司使、两制待制、馆阁官作赞。神宗熙宁八年，令七十二贤、二十二先儒皆依本朝郡国、县、公、侯、伯爵品官服。元丰六年（1083），诏封孟子邹国公，配享。^{孟子配享始此。}七年（1084），诏邹国公同颜子配食宣圣，封荀况兰陵伯、扬雄成都伯、韩愈昌黎伯，并从祀于左邱明等二十二贤之间，颁行天下，学校塑像，春秋释奠行礼。徽宗大观二年（1108），封孔鲤泗水侯，伋沂水侯，诏跻子思从祀。崇宁四年（1105），诏公夏首封钜平侯、后处胶东侯、公肩定梁父侯、颜祖富阳侯、鄡单聊城侯、罕父黑祁乡侯、秦商冯翊侯、原抗乐平侯、乐欬建城侯、廉洁胙赋侯从祀，从议礼局言。《史记》皆有其名。唐《开元礼》亦载祀典。政和元年（1111），诏孔子弟子所封侯爵与宣圣名同改封。瑕邱侯曾参武城侯、宛邱侯颛孙师颍川侯、龚邱侯南宫绍汶阳侯、楚邱侯司马耕雒阳侯、顿邱侯琴张阳平侯、瑕邱伯左邱明中都伯、龚邱伯谷梁赤雒陵伯、楚邱伯戴圣考城伯。五年（1115），诏兖州邹学孟子以乐正子配享，公孙丑以下从祀。封乐正子克利国侯、公孙丑寿光伯、万章博兴伯、浩不害东河伯、孟仲子清泰伯、陈臻蓬莱伯、充虞昌乐伯、屋庐连奉符伯、徐辟仙源伯、陈代沂水伯、彭更雷泽伯、公都子平阴伯、咸邱蒙须城伯、高子泗水伯、桃应胶水伯、盆城括莱阳伯、季孙丰城伯、子叔永阳伯。理宗淳祐元年，以周敦颐、张载、程颢、程颐、朱熹从祀。景定二年（1261），以张栻、吕祖谦从祀。度宗咸淳三年，以颜渊、曾参、孔伋、孟轲配享。进颛孙师于十哲，以邵雍、司马光从祀。

元仁宗皇庆^[一]三年，以许衡从祀。文宗至顺元年（1330），以董仲舒从祀。

注释：

[一]皇庆：元仁宗孛儿只斤爱育黎拔力八达年号，公元1311-1312年。按：皇庆无三年。

明太祖洪武二十九年（1396），黜扬雄从祀。英宗正统二年（1437），以宋胡安国、蔡沉[沈]、真德秀从祀。八年（1443），以元吴澄从祀。孝宗宏[弘]治八年（1495），以宋杨时从祀。世宗嘉靖九年（1530），诏圣门弟子皆称先贤，左邱明以下皆称先儒，撤塑像，易木主。乐舞仍用六佾，乐章中称王者并易为师，从祀申党及申枨，去党存枨。公伯寮、秦冉、颜何、荀况、戴圣、刘向、贾逵、马融、何休、王肃、王弼、杜预、吴澄俱罢祀，蘧瑗、林放、卢植、郑众、郑康成、服虔、范宁俱各祀于其乡。以后苍、王通、胡瑗、欧阳修、陆九渊从祀。穆宗隆庆五年（1571）以薛瑄从祀。神宗万历十二年（1584），以王守仁、陈献章、胡居仁从祀。四十二年（1614），以罗从彦、李侗从祀。

国朝圣祖仁皇帝康熙五十三年（1714），升周敦颐、张载、程颢、程颐、朱熹、邵雍为先贤。又以范仲淹从祀。世祖宪皇帝雍正二年（1724），复以蘧瑗、林放、秦冉、颜何、郑康成、范宁从祀。增县亶、牧皮、乐正克、公都子、万章、公孙丑、诸葛亮、尹淳〔焞〕、魏了翁、黄幹、陈淳、何基、王柏、赵复、金履祥、许谦、陈澔、罗钦顺、蔡清、陆陇其从祀。东庑首蘧瑗，西庑首林放，列序先贤、先儒共一百二十三人位次。高宗纯皇帝乾隆三年（1738），升有子入殿，次卜子夏，移朱子于颛孙子下，复以吴澄从祀两庑。六年（1741），钦颁定先贤、先儒从祀位次。以上《省志》。宣宗成皇帝道光二（1822）、三年（1823）至五（1825）、六年（1826）、八年（1828），先后以刘宗周、汤斌、黄道周、吕坤、陆贽、孙奇逢从祀。二十三年（1843），以文天祥从祀。二十九年（1849），以谢良佐从祀。文宗显皇帝咸丰元年（1851）以李纲从祀。二年（1852），以韩琦从祀。三年（1853），以公明仪从祀。七年（1857），以公孙侨从祀。九年（1859），以陆秀夫从祀。十年（1860），以曹端崇祀。今上同治元年（1862）以毛亨、吕枬从祀。二年（1863），以方孝孺从祀。八年（1869），以袁燮从祀。

崇圣祠

宋真宗大中祥符元年（1008），东封，幸叔梁纥堂，诏封叔梁纥齐国公，颜氏鲁国太夫人，亓官氏郓国夫人，遣都官员外郎王励祭告。仁宗庆历八年（1048），诏圣父齐国公像易以九章之服，立庙圣殿后。元文宗至顺元年（1328）加封圣父为启圣王，圣母为启圣王夫人。明世宗嘉靖九年（1530）诏加启圣公封爵，令天下学宫，皆建启圣祠，祀叔梁父，以先贤颜无繇、曾点、孔鲤、孟孙激配享，以先儒程珦、朱松、蔡元定从祀。神宗万历二十三年（1595）以周辅成从祀启圣祠。

国朝雍正元年（1723），谕内阁礼部追封孔子先世五代。至圣先师孔子道冠古今，德参天地。树百王之模范，立万世之宗师。其为功于天下者，至矣。而水源木本，积厚流光，有开必先，克昌厥后，则圣人之祖考，宜膺崇厚之褒封，所以追溯前徽，不忘所自也。粤稽旧制，孔子之父叔梁公于宋真宗时追封启圣宫〔公〕。自宋以后，历代遵循而叔梁公以上则向来未加封号，亦未奉祀祠庭。朕仰体考崇儒重道之盛心，敬修崇德报功之典礼，意欲追封五代，并享蒸尝，用伸景仰之诚，庶慰羹墙之慕。内阁礼部可会确议具奏。四月，礼臣议奏：孔子先世五代应俱封公爵。奉上谕：五伦为百行之本，天地君亲师，人所宜重。而天地君亲之义又赖师教以明。自古师道无过于孔子，诚首出之盛者也。我皇考崇儒重道，超轶千古。凡遵崇孔子典礼，无不备至。朕蒙皇考教育，自幼读书，心切景仰，欲再加尊崇，更无可增之处，故敕部追封孔子先世五代，今部议封公。上考历代帝王，皆有尊崇之典。唐明皇封孔子为文宣王，宋真宗加封至圣文宣王，封圣父叔梁纥为齐国公，元加封孔子为大成至圣文宣王，加封齐国公为启圣王，至明嘉靖时犹以王系臣爵，改称为至圣先师孔子，改启圣王为启圣公。王公虽属尊称，朕意以为王爵较尊，孔子五世应否封王之处，著诸大臣具奏。遵旨议定自叔梁公以上至木金父公，凡五代，并追封为王爵。木金父为肇圣王，祈父为裕圣王，防叔为诒圣王，伯夏为昌圣王，叔梁纥为启圣王。启圣祠更名崇圣祠，春秋祭典照启圣王例陈设，各直省、府、州、县、卫学一体遵行。二年（1724），增张迪从祀。咸丰七年（1857），增孟皮配享。

按：古者，天子庙祭九献，又加爵三。汉以后祭皆三献，《祭统》谓：献之属莫重于裸。查《会典》，丁祭无裸礼，与宗庙礼异。牲血在内为幽，毛在外为全。瘗于祭前告幽全也。奠帛即《周礼》所谓舍采帛，长二丈八尺，一说一尺八寸。盛以筐，行三跪九叩首礼，即《周礼》太祝，九拜之，顿首也。酒醴斋有五以泛斋，醴斋设堂上，事孔子以神道也，以盎斋、醍斋、沈斋设堂下，事诸贤以人道也，牲用牛、羊、豕各一如太学礼，从其隆也。考《祭礼》分朝践、馈食、笾豆，有加有羞。初献，仿古朝事，笾则形盐、藁鱼，豆则筐菹、醓醢，亚献、终献仿古馈食，则有榛、栗、豚拍、脾析，次而加荐则菱、芡、芹、笋，次而羞荐饵糍、酏糁，今释奠总为一次陈设，从其简也。太羹、铏羹、簠簋之实俱全，而笾豆之实庶品稍减，太学内祭用十笾，缺糗饵、粉糍；用十豆，缺酏食、糁食。郡邑外止用八笾：刑盐、藁鱼、枣、梨、榛、菱、芡、鱼脯，并少白饼、黑饼；止八豆：韭菹、醓醢、菁菹、鹿醢、芹菹、兔醢、笋菹、鱼醢，并少豚拍、脾析，虽未备十二之数，而礼已极隆矣。登歌乐舞者，以声容相感格也，盖祭必有诗以颂功德，乐章是也。升歌堂上，贵人声歌咏其德。舞以象之乐，颂文德则舞羽籥，歌武功则舞干戚。舞以辅乐，乐可以离舞，舞不可以离乐。八音缺一不和，必钟鼓、琴、瑟、箫、埙、篪、笙、磬、枳敔既备，乃奏而后神人以和。考孔庭释奠，汉平帝始用六代之乐，南宋元嘉始用六佾之舞，明洪武颁大成乐器于天下，增用八佾。嘉靖九年，用张璁议谓鲁用天子礼乐，孔子不欲观之，遂定为礼用三献，乐止六奏，舞用六佾。我朝颁乐舞全图，通行礼亦三献，乐亦六奏，舞六佾。考乐一更始为一奏，又为一成，故九奏曰九成。大祭九奏，中祭六奏，小祭三奏，释奠用六奏，迎神一奏，奠吊合初献一奏，亚献一奏，终献一奏，彻〔撤〕馔一奏，送神合望燎一奏。旧注奠帛另举乐，则七奏矣。望燎另举乐，则八奏矣，非定制也。佾之人数有二说，杜预谓六佾用三十六人，此以纵横如数为佾也。服虔谓用四十八人，此以八人一列为佾也。考春秋晋悼公纳郑女乐二八，以女乐一八赐魏绛，此八人为列之明证。自天子至士，降杀以两。若杜说士二佾止四人，岂复成礼？今舞图从杜说用三十六人，似宜从服说用四十八人较为允协旧志。阙典礼非独馔品，乐舞袭承简陋，并仪节亦多未娴，兹遵《会典》详载，仪注即胪祭品、乐章、舞谱，并礼器、乐器悉绘为图，俾多士得遵据讲习，后之君子稽求备物，亦足资考镜焉。

朔望释菜上香

愚按：《礼部则例》：府、州、县月朔释菜，望日上香，学官行礼，仪节与省会同，省会与太学同。查《则例》，太学释菜，《仪注》：朔日，设案、设洗，陈菜：枣、栗各一，豆、炉、镫、香、盘、尊、爵、幂、勺具。质明，祭酒率属，朝服，诸生吉服，引赞引，由大成东侧入。及庙庭，通赞赞，就位，咸就位，北面立。祭酒、司业为一班，师儒以位序，诸生以齿序咸列于后。通赞赞，行三跪九叩礼兴。赞，行释菜礼。引赞引祭酒诣东阶，盥手，升阶，入殿左门，诣先师位前，赞跪，俯伏。通赞赞，上香，司香跪捧香，祭酒三上香，俯伏兴，退诣尊案前，祝注酒，引赞引，复诣先师位前，赞跪，俯伏。通赞赞，献爵，司爵跪捧爵，祭酒受爵，拱举授献，正中，俯伏兴。以次诣四配位上香，献爵，仪同。赞复位。初行礼时，引赞引两序分献官二员，盥，诣十二哲位前，上香，献爵，复位，均如仪。引赞引分献官各二员，盥，诣先儒先贤位前，上香，献爵，复位，均如仪。通赞赞，行三跪九叩礼毕，各退。望日上香，《仪注》不设尊爵，不陈菜、枣、栗。质明，祭酒、司业率属朝服，诸生吉服，就位。如释菜仪，上香。

先师、四配以司业，两序以助教二员，两庑以学正各二员。

名宦祠、乡贤祠、忠义孝弟祠、节孝祠

《礼部则例》：一、凡直省、府、州、县文庙左右建名宦祠以祀仕于其土有功德者，乡贤祠以祀本地德行著闻之士，忠义孝弟祠以祀本地忠臣义士、孝子、悌弟、顺孙，节孝祠以祀节孝妇女。每岁春秋致祭。一官员忠节著闻已入昭忠祠者，仍准题请入忠义祠。《仪注》：礼部则例，每岁春秋释奠，礼毕。教职一员，公服，诣祠致祭。是日清晨，庙户启祠门，拂拭神案，执事者陈豕一、羊一、笾四、豆四、炉一、镫二，陈祝文于案左，陈壶一、爵三、帛一、香盘一于案右，引赞二人引主祭官入，诣案前，北面立，礼生自右捧香赞，主祭官三上香，讫。引赞赞，跪叩兴，主祭官三叩兴，礼生自右授帛，主祭官受帛，拱举，仍授礼生，献于案上。礼生酌酒实爵，自右跪授爵，主祭官受爵，拱举，仍授礼生，献于正中。读祝者捧祝文，跪案左。引赞赞跪，主祭官跪读，祝毕，以祝文复于案，退。主祭官俯伏兴，执事者酌献于左，又酌酒献于右，退。引赞赞，跪叩兴，主祭官三叩兴，执事者以祝帛送燎。引主祭官出，执事者咸退。

名宦祝文：卓哉群公，懋修厥职。泽被生民，功垂社稷。兹惟仲_{春、秋}，谨以牲醴，用申常祭。尚飨！

乡贤祝文：于维群公，毓秀兹邦。懿德卓行，奕世流芳。兹惟仲_{春、秋}，谨以牲醴，用申常祭。尚飨！

忠义孝弟祝文：维灵禀赋，贞纯躬行。笃实忠诚，奋发贯金石而不渝；义闻宣昭，表乡闾而共式。祇事懋彝伦之叙，性挚莪蒿；克恭念天显之亲，情殷棣萼。楷模咸推夫懿德，纶恩特阐其幽光。祀宇维隆，岁时式祀，用陈尊簋，来格几筵。尚飨！

节孝祝文：维灵纯心皎洁，令德柔嘉。矢志完贞，全闺中之亮节；竭诚致敬，彰闺内之芳型。如冰蘗而弥坚，清操自励；奉盘匜而匪懈，笃孝传徽。丝纶特沛乎殊恩，祠宇昭垂于令典。祇循岁祀，式荐牲醪。尚飨！

《典礼备要》卷四　祀典下 涪州镌

关帝庙

《礼部则例》：一、凡直省俱设立关帝庙，每岁春秋仲月诹吉，_{雍正三年（1725）定，}及五月十三日，_{顺治元年（1862）定，}府、州、县均致祭前殿，以地方正印官主祭，后殿以丞史、将事、执事以礼生。祭日，陈设牲牢、器数及迎神、上香、奠献、读祝，迎神视燎。《仪注》均与京司祭仪同。

顺治元年（1644），封"忠义神武"。乾隆三十二年（1767）加封"灵佑"。嘉庆十九年（1814）加封"仁勇"。咸丰二（1852）、三（1853）、六（1856）、七年（1857）加封"护国、保民、精诚、绥靖"。七年，御书"万世人极"匾额、谕旨摹勒，颁发各直省关帝庙一体悬挂。咸丰三年（1853）十一月二十四日，内阁奉上谕礼部等衙门议奏关帝升入中祀礼节一折：我朝尊崇关帝，祀典攸隆，仰荷神威，叠昭显佑。本年复加崇封号，并升中祀。兹据礼部等衙门详覆礼节，谨拟具奏，著照所议。自明年春祭为始，悉照中祀礼举行，乐用六成，舞用八佾，以昭崇奉，而答神庥，余依议。钦此。

咸丰三年（1853）议准。_{节录直省遵行。}

一、致祭前期，斋戒二日。斋戒日各佩斋戒牌，不理刑名、不宴会、不作乐、不入内寝、不问疾吊丧、不饮酒茹荤、不祭神、不扫墓，有疾有服者勿与。一、斋戒期内适遇素服日期，承祭官及执事、陪祀人员常服，挂朝珠。无执事，不陪祭人员仍穿素服。一、五月十三日告祭关帝庙，承祭遣官祀前，致斋一日，不作乐，不撤馔、供品、鹿、兔、果酒，其余礼节与春秋二季礼同。一、后殿各事宜均照旧例。惟五月十三日告祭礼节，供品与前殿同。一、前殿位前笾、豆、案一，陈设爵垫一、爵三、镫一、铏二、簠二、簋二、笾十、豆十、俎共一，内陈牛一、羊一、豕一，香案陈铜炉、一香，靠其实灰。一、铜烛台二，上设六两重黄蜡二枝。

遣官行礼礼节

祭日，承祭官穿朝服，豫在遣官房候。至时，导引官二员引承祭官至二门外。赞引官、对引官接引，承祭官入二门盥洗处，赞，盥洗。承祭官盥洗，毕。引承祭官由殿左阶至丹陛，上正中行礼处，立。典仪官唱，乐舞生就位。执事官各司其事，陪祭官各就位，赞引官赞，就位，承祭官就位，立。典仪官唱，迎神，司香官捧香盒就前，向上，立。唱乐官唱，迎神，乐作。赞引官赞，就上香位。引承祭官进殿左门，至神位前，立。司香官豫跪，赞引官赞跪，承祭官跪赞，上香。承祭官先举炷香，安香，靠内，次三上瓣香，毕兴。赞引官赞，复位，引承祭官至原行礼处立。赞跪，叩兴，承祭官行三跪九叩礼兴，乐止。典礼官唱，奠帛、爵，行初献礼。奉帛、爵官各奉帛、爵就前，向上，立。唱乐官唱，初献乐作。奉帛官就案前，跪奠帛于案正中，三叩，退。奉爵官立，献于案，爵垫正中，退。读祝官就读，祝案前跪，三叩，恭奉祝文至案左，先跪，乐暂止。赞引官赞跪，承祭官跪，典仪官唱。读祝，读祝官读祝毕，恭奉祝文至神位前，跪安于帛匣内，三叩，退。乐复作，赞引官赞，叩兴，承祭官行三叩礼兴，乐止。典仪官唱，行亚献礼，奉爵官奉爵就案前，向上，立，唱乐官唱，亚献乐作。奉爵官奉爵立，献于爵垫左，退，乐止。典仪官唱，行终献礼，奉爵官奉爵就案前，向上，立，唱乐官唱，终献乐作，奉爵官奉爵立，献于爵垫右，退，乐止。典仪官唱彻［撤］馔，唱乐官唱彻［撤］馔乐，作［乐］止。典仪官唱送神，唱乐官唱送神，乐作。赞引官赞，跪叩兴，承祭官行三跪九叩礼兴，乐止。典仪官唱奉祝、帛、馔，恭送燎位，奉祝、香、帛、馔官诣神位前跪，奉祝、帛官三叩，奉香、馔官不叩，各奉起依次送往燎所。赞引官引承祭官退至西旁立，候祝、帛、馔、香过，毕。仍引承祭官至原接引处，导引官接引，由原进门出，乐止。

关帝庙春秋二祭乐，<small>咸丰四年（1854）春月制谱。</small>

春秋乐章　春夹钟清均　倍应钟起调　萧伬除<small>仩亿</small>笛六除<small>伍仜</small>

迎神　格平之章

懿<small>伏</small>铄<small>伏</small>兮<small>仩</small>焜<small>伍</small>煌<small>伏</small>　神<small>伍</small>威<small>仩</small>灵<small>伏</small>兮<small>伍</small>赫<small>仩</small>八<small>伏</small>方<small>仩</small>　伟<small>伏</small>烈<small>伏</small>昭<small>伍</small>兮<small>伏</small>累<small>伏</small>禩<small>伏</small>祀<small>伏</small>　事<small>仩</small>明<small>伍</small>兮<small>伍</small>永<small>伍</small>光<small>仩</small>　达<small>仩</small>精<small>伍</small>诚<small>伏</small>兮<small>伏</small>黍<small>伏</small>稷<small>伏</small>馨<small>伏</small>香<small>仩</small>　俨<small>仜</small>如<small>伏</small>在<small>仩</small>兮<small>伏</small>洋<small>伏</small>洋<small>伏</small>

奠帛初献　翊平之章

英<small>伏</small>风<small>伏</small>飒<small>伏</small>兮<small>仩</small>神<small>伍</small>格<small>伍</small>思<small>仩</small>　纷<small>伏</small>绮<small>伏</small>盖<small>仩</small>兮<small>伍</small>龙<small>伏</small>旗<small>伏</small>　斟<small>伏</small>桂<small>伏</small>醑<small>仩</small>兮<small>伍</small>盈<small>伍</small>卮<small>仩</small>　香<small>伏</small>始<small>伏</small>升<small>伍</small>兮<small>伏</small>明<small>伏</small>粢<small>伏</small>　惟<small>伍</small>降<small>仩</small>鉴<small>伏</small>兮<small>伍</small>在<small>伏</small>兹<small>伍</small>　流<small>伏</small>景<small>伏</small>祚<small>仩</small>兮<small>伍</small>翊<small>伏</small>昌<small>伏</small>时<small>伏</small>

亚献　恢平之章

觞<small>伏</small>再<small>伏</small>酌<small>伏</small>兮<small>伍</small>告<small>伍</small>虔<small>伍</small>　舞<small>伏</small>干<small>伏</small>戚<small>伍</small>兮<small>仩</small>合<small>伏</small>宫<small>仜</small>悬<small>伏</small>　歆<small>仩</small>苾<small>伍</small>芬<small>伏</small>兮<small>伏</small>洁<small>伍</small>蠲<small>仩</small>　扇<small>伏</small>巍<small>伏</small>显<small>仩</small>翼<small>伍</small>兮<small>仩</small>神<small>伏</small>功<small>伏</small>宣<small>伏</small>

终献　靖平之章

郁<small>伏</small>鬯<small>伏</small>兮<small>伏</small>三<small>伍</small>申<small>伍</small>　罗<small>伏</small>笾<small>伏</small>篚<small>仩</small>兮<small>伏</small>毕<small>伏</small>陈<small>伏</small>　仪<small>伏</small>卒<small>伍</small>度<small>伍</small>兮<small>伏</small>肃<small>伏</small>明<small>伏</small>禋<small>伍</small>　神<small>伍</small>降<small>伏</small>福<small>仩</small>兮<small>伍</small>宜<small>伏</small>民<small>伏</small>宜<small>伏</small>人<small>伏</small>

彻［撤］馔　彝平之章

物<small>伏</small>维<small>伏</small>备<small>伍</small>兮<small>伏</small>咸<small>伏</small>有<small>伏</small>　明<small>伍</small>德<small>仩</small>惟<small>仩</small>馨<small>伏</small>兮<small>仩</small>神<small>伏</small>其<small>伍</small>受<small>伏</small>　告<small>伏</small>彻［撤］<small>仩</small>兮<small>伍</small>礼<small>伍</small>终<small>仩</small>

罔_伏咎_仇　佑_伏我_仕家_伍邦_伏兮_伏孔_伍厚_伏

送神　康平之章_{其一}

幢_伏葆_伏葳_伏蕤_伏兮_仕神_伍聿_伍归_仕　驭_伏凤_伍轸_伏兮_伏骖_伍虬_伏骓_伏　降_伏烟_仕煴_伍兮_仕余_伍酚_伏酣_仕　愿_伏回_伏灵_仕盼_伍兮_仕德_伏洽_伏明_伏威_伏

望燎　康平之章

焄_伏蒿_伏烈_伏兮_伍燎_伏有_伏辉_伍　神_伍光_仕遥_伍爥_伏祥_伏云_伍霏_伏　祭_伏受_伍福_伏兮_伏茂_伏典_伏无_伍违_仕　庶_伏扬_伏骏_仕烈_伏兮_伍永_伏莫_伏置_伏畿_伏

秋祭乐章　秋南吕清均　仲吕起调　箫_伏除_伍_仕　笛_仕除_伏_伍

迎神　格平之章

懿_伏铄_亿兮_仕焜_伏煌_仕　神_伏威_伏灵_仕兮_伏赫_伏八_伏方_伏　伟_仕烈_亿昭_伏兮_仕累_亿禩_仕祀_伏　事_伏明_伏兮_伏永_伏光_伏　达_伏精_伏诚_亿兮_仕黍_亿稷_仕馨_伏香_伏　俨_亿如_仕在_伏兮_仕洋_亿洋_伏

奠帛初献　翊平之章

英_伏风_亿飒_仕兮_伏神_伏格_伏思_伏　纷_亿绮_伏盖_伏兮_伏龙_亿旗_仕　斟_亿桂_伏醑_伏兮_伏盈_伏卮_伏　香_仕始_亿升_伏兮_仕明_亿粢_仕　惟_伏降_伏鉴_亿兮_伏在_伏兹_伏　流_亿景_伏祚_伏兮_伏翊_仕昌_亿时_伏

亚献　恢平之章

觞_伏再_亿酌_仕兮_伏告_伏虔_伏　舞_亿干_仕戚_伏兮_伏合_亿宫_伏悬_仕　歆_伏苾_伏芬_伏兮_伏洁_亿蠲_伏　扇_亿巍_伏显_伏翼_伏兮_伏神_仕功_亿宣_伏

终献　靖平之章

郁_伏邕_亿兮_仕三_伏申_伏　罗_伏箮_伏簋_伏兮_伏毕_亿陈_仕　仪_伏卒_伏度_伏兮_仕肃_亿明_仕禋_伏　神_伏降_伏福_伏兮_伏宜_亿民_仕宜_亿人_伏

彻［撤］馔　彝平之章

物_伏维_亿备_伏兮_仕咸_亿有_仕　明_伏德_伏惟_伏馨_伏兮_伏神_伏其_伏受_仕　告_伏彻［撤］_伏兮_伏礼_伏终_伏　罔_伏咎_亿　佑_伏我_伏家_伏邦_伏兮_仕孔_亿厚_伏

送神　康平之章_{其一}

幢_伏葆_亿葳_仕蕤_伏兮_伏神_伏聿_伏归_伏　驭_伏凤_伏轸_亿兮_仕骖_伏虬_亿骓_仕　降_伏烟_伏煴_伏兮_伏余_伏酚_伏酣_伏　愿_亿回_伏灵_伏盼_伏兮_伏德_亿洽_仕明_亿威_伏

望燎　康平之章_{其二}

焄_伏蒿_亿烈_仕兮_伏燎_亿有_仕辉_伏　神_伏光_伏遥_伏爥_伏兮_伏祥_亿云_伏霏_仕　祭_伏受_伏福_亿兮_伏茂_亿典_仕

无㑃违㑃　庶亿扬伏骏㑃烈伏兮㑃永亿奠仕畺亿幾伏

关帝庙春秋二祭祝文

惟神星日英灵，乾坤正气。允文允武，绍圣学于千秋；至大至刚，显神威于六合。仰声灵之赫濯，崇典礼于馨香。兹当仲_{春、秋}，用昭时飨。惟祈昭格，克鉴精虔。

五月十三日告祭祝文

惟神九宇承庥，两仪合撰。崧生岳降，溯诞圣之灵辰。日午中天，届恢台之令节，聪明正直一者也。千秋征肸蚃之隆盛德，大业至矣哉！六幕肃馨香之荐。爰循懋典，式展明禋。苾芬时陈，精诚鉴格。尚飨！

咸丰四年（1854）奉文知照礼部咨行，各直省主事及执事人员均照中祀，一体办理。

《礼部则例》：同日祭后殿，每位前各设一案。每案陈羊一、豕一、铏二、簠簋各二、笾豆各八、炉一、镫二，殿中设一案，少［稍］西北向，供祝版。东西各设一案，分陈礼神。制帛三，_{色白}香盘三、尊三、爵九、俎、筐、幂、勺具，设洗于后垣门内甬道。承祭官位殿檐下，正中司祝、司香、司帛、司爵、典仪、掌燎，各以其执为位，如常仪。质明，承祭官由前左门入后垣中门，盥手、升阶、就位，迎神。引诣正位前上香，毕。以次诣左右位前上香，复位。行二跪六叩礼。初献、读祝如仪。余仪均如前殿。

雍正三年（1725）议准关帝三代封爵，曾祖光昭公、祖裕昌公、父成忠公。

咸丰五年（1855）内阁奉上谕，太常寺奏遵查关帝先代封爵应否推崇加封，请旨一折，前以关帝神威显佑，特加封号，并升入中祀。兹据太常寺查明，关帝先代封爵并应否援照文庙崇圣祠加封，请旨定夺，自应敬谨加封，以示遵崇。关帝曾祖光昭公著加封为光昭王，祖裕昌公著加封为裕昌王，父成忠公著加封为成忠王，所有应办事宜，著该衙门查例具奏。钦此。

礼部准太常寺知照覆奏，牲牢、酒醴、笾豆、簠簋一切祭品均与文庙崇圣祠同。

春秋二祭祝文

惟王世泽覃庥，令仪裕后。灵钟河岳，笃生神武之英；诚溯渊源，宜切尊崇之报。班爵超躬桓而上，升香肃俎豆之陈。兹际仲_{春、秋}，爰修祀事。尚祈昭鉴，式此苾芬。

五月十三日告祭祝文

惟王迪得承家，累仁昌后。崧生岳降，识毓圣之有基。木本水源，宜推恩之及远。封爵特超于五等，馨香永荐于千秋。际仲夏之届时，命礼官而将事。惟祈昭格，鉴此精虔。

文昌庙

《礼部则例》：一、凡直省春秋致祭文昌庙均与关帝庙祭仪同。谨案：嘉庆六年五月遵旨奏准，致祭文昌帝君，仿照关帝定制，列入祀典，定以二月初三日圣诞为春祭，秋祭另行择吉，一切仪注、祭品等项均照关帝典礼，其各直省春秋致祭之处亦照关帝之例，由该地方官敬谨致祭。

咸丰六年（1856）十一月十一日内阁奉上谕，嘉庆六年钦奉谕旨，文昌帝君主持文运，福国佑民，崇正教，辟邪说，灵迹最著，海内崇奉，与关圣大帝相同，允宜列入祀典，用光文治。当经礼部、太常寺奏准，一切礼节、祭品均与关帝庙同。现在关圣帝君已升入中祀，文昌帝君应一体升入中祀，以昭诚敬。一切典礼著该衙门妥议具奏。钦此。

二十六日内阁抄出奉上谕，礼部等衙门奏遵议，文昌帝君升入中祀、典礼开单呈览一折，文昌帝君升入中祀，前期一日著遣亲郡王行告祭礼，春秋二季俱著，卜吉举行。二月初三日圣诞即照关帝圣诞点香礼节，并毋庸禁止屠宰，一切礼仪、祭品、乐章、祝文均著照所议备办，应行酌改工程及预备各项著工部于明年春秋前赶紧办齐，以昭诚敬。钦此。

咸丰七年（1857）涪州奉文知照礼部咨行，各直省主祭及执事人员均照中祀，一体办理。

遣官行礼礼节

祭日，承祭官朝服，豫在遣官房候。届时，导引官二员引承祭官至魁星殿外，赞引官、对引官接引，承祭官由东角门入，至盥洗处。赞，盥洗，承祭官盥洗，毕。引承祭官至殿阶下正中行礼处，立。典仪官唱，乐舞生就位，执事官各司其事，陪祭官各就位。赞引官赞，就位。承祭官就位，立。典仪官唱，迎神。司香官捧香盒就前，向上，立。唱乐官唱，迎神，乐作。赞引官赞，就上香位。引承祭官进殿左门至神位前，立。司香官豫跪，赞引官赞跪，承祭官跪赞，上香。承祭官先举炷香、安香，靠内。次三上瓣香，毕，兴。赞引官赞，复位，引承祭官知原行礼处，立。赞跪，叩兴。承祭官行三跪九叩礼兴，乐止。典仪官唱奠、帛、爵，行初献礼，奉帛、爵官各奉帛、爵就前，向上，立。唱乐官唱，初献乐作。奉帛官就案前跪，奠帛于案正中，三叩，退。奉爵官立献于案，爵垫正中，退。读祝官就祝案前跪，三叩。恭奉祝文至案左，先跪，乐暂止。赞引官赞跪，承祭官跪，典仪官唱读祝，读祝官读祝，毕。恭奉祝文至神位前跪，安于帛匣内，三叩，退。乐复作，赞引官赞，叩兴，承祭官行三叩礼兴，乐止。典仪官唱，行亚献礼，奉爵官奉爵就案前，向上，立。唱乐官唱，亚献乐作。奉爵官奉爵立，献于爵垫左，退，乐止。典仪官唱，行终献礼，奉爵官奉爵就案前，向上，立。唱乐官唱，终献乐作。奉爵官奉爵立，献于爵垫右，退，乐止。典仪官唱，彻〔撤〕馔。唱乐官唱，彻〔撤〕馔乐作。彻〔撤〕毕，乐止。典仪官唱，送神。唱乐官唱，送神乐作。赞引官赞跪，叩兴，承祭官行三跪九叩礼兴，乐止。典仪官唱，奉祝、帛、馔恭送燎位。奉祝、香帛、馔官诣神位前，跪。奉祝、帛官三叩，奉香、馔官不叩，各奉起，依次送往燎炉，赞引官引承祭官退，至西旁立，候祝、帛、馔、香过，毕。仍引承祭官复位，立，乐作。数帛官数帛，赞引官赞礼毕，仍引承祭官至原接引处。导引官接引，由原进门出，乐止。

文昌庙乐章　春夹钟清均　倍应钟起调　秋南吕清均　仲吕起调

迎神　丕平之章

秉气兮灵躔　翊文运兮赫中天　蜿旌兮戾止　雕俎兮告虔　迓神庥兮于万斯年

初献　俶平之章

神之来兮笾簋式陈　神之格兮九筵式亲　极昭彰兮灵贶　致蠲洁兮明禋　升香兮伊始　居歆兮佑我人民

亚献　焕平之章

再酌兮瑶觞　灿烂兮庭燎之光　申虔祷兮神座　俨陟降兮帝旁　粢醴洁兮斋邀将　绥景运兮灵长

终献　煜平之章

礼成三献兮乐奏三终　覃敷元化兮絜神功　馨香达兮

伫仮皨伏通仮　歆仕明伍德伏兮仕昭仮察伏寅仮衷伏

彻［撤］馔　懿平之章

备仮物仮兮伏惟伍时仕　告仮彻［撤］仕兮伍终伏礼仮仪伏　神仮悦伏怿伍兮仕鉴仮在伏兹仕　垂伍鸿伍佑伏兮伏累仮洽伏重仮熙仮

送神　蔚平之章

云仮骈伏驾伏兮伏风仕旗仮招伏　神伍之仕归伏兮伏天伏路仮遥伏　瞻仕翠伏葆伍兮仕企伍丹仮霄仕　愿仮回伏灵仕眷仕兮伍福仕我伏朝仮

望燎　平

烟仮煴仮降伍兮伏元伍气仮和伏　神仮光伏爡伍兮仕梓仮潼伏之伍阿伏　化仮成伏耆伍定仕兮伍櫜仮弓伏戢伍戈仕　文仕治伍光伏兮仕受仮福伏则仮那仮

文昌帝君春秋二祭祝文

维神道阐苞符，性敦孝友。并行并育，德侔天地以同流；乃圣乃神，教炳日星而大显。仰鉴观之有赫，示明德之惟馨。兹当春、秋，用昭时享。惟祈歆格，克鉴精虔。

二月初三日告祭祝文

维神功参囊籥，撰合乾坤。溯诞降之灵辰，三台纪瑞；庆中和之令节，九宇承晖。若日月之有光明，阐大文于孝友；如天地无不覆载，感郅［至］治于馨香。爰举上仪，敬陈芳荐。精禋罔致，神鉴式昭。尚飨！

后殿二月初三日告祭祝文

维文昌帝君道备中和，神超亭毒。禀贻谋而允绍，钦毓圣之有基。云汉昭回，际岳降崧生之会。馨香咸格，兴水原木本之思。式肇明禋，用光彝典。尚祈神鉴，享此清芬！

《礼部则例》：谨案：嘉庆六年太常寺奏准文昌帝君三代姓名，查无确据，未便请加封号，谨拟增制神牌一分，牌面书"文昌帝君先代神位"字样。

《礼部则例》：同日，祭后殿神位前设一案，陈羊一、豕一、铏二、簠簋各二、笾豆各八、炉一、镫二，迎神、上香、行礼、奠献、送燎仪节悉与致祭关帝后殿仪同。

后殿原祝文

祭引先河之义，礼崇返本之思。矧夫世德弥光，赏延斯及。祥钟累代，炯列宿之精灵；化被千秋，纬人文之主宰。是尊后殿，用答前庥。兹当仲春、秋，肃将时祀，用申告洁，神其格歆。尚飨！

火神庙

岁以季夏月下旬三日致祭

祭品：羊一、豕一、果实五盘、尊一、爵三。

仪注：主祭官蟒袍补服，行二跪六叩礼。迎神、上香、奠帛、读祝、三献爵、送神、望燎，告礼成，退。

祝文：维神德著离宫，光昭午位。广阳亨之运，象启文明；彰燮理之能，功参化育。土以生而水以济，丙丁之大用常昭；府既修而事既和，虞夏之九功惟叙。丽兹万物，实赖化成，乂我生民，咸资利用。仰邀神贶，虔答鸿庥，爰尊祀事之仪，式叶春禋、秋尝之典，肃陈牲币，敬布几筵。尚飨！

龙神祠

岁春秋诹吉致祭。

祭品：帛一、羊一、豕一、果实五盘、尊一、爵三。

仪注：与火神庙同。

祝文：维神德洋寰海，泽润苍生。允襄水土之平，经流顺轨；广济泉源之用，膏雨及时。绩奏安澜，占大川之利涉；功资育物，欣庶类之蕃昌。仰藉神庥，宜隆报享。谨遵祀典，式协良辰，敬布几筵，肃陈牲币。尚飨！

城隍庙

岁以春秋仲月上戊设位祭于神祇坛，以三月清明、七月望、十月朔奉请神位，祭于厉坛，《仪注》见神祇坛。厉坛，愚按：《礼部则例》：直省坛庙祭祀无火神庙、龙神祠，惟京师祠祭，岁以季夏月下旬三日致祭。火神庙，承祭官拜位殿内正中。龙神祠则每岁春秋诹吉致祭，承祭官拜位阶上正中，皆朝服，行三跪九叩礼。又直省无祀城隍神礼，盖即祀于神祇坛、八腊坛。部议附祭于先农，亦不另立坛祠。

《典礼备要》卷五　朝贺　迎诏　救护　乡饮酒 涪州镌

《会典》

圣诞、元旦、冬至三大节朝贺礼

省会守土官豫于公所正中设万寿龙亭，南向。设香案于亭之南，其日五鼓，有司设燎于庭，设镫于门庑，教授、训导二人，纠仪学弟子员二人、通赞二人引班阶下，东西班位皆文东武西立，位东西面北上拜位。北面，东班西上、西班东上，重行异等。纠仪官位班行之北，通赞引班位，纠仪官之南，皆东西面，夜漏未尽，群官朝服，毕会公所。质明，引班引入至丹墀内，东西序立。通赞赞，齐班引班。分引至拜位前，立。赞进，少〔稍〕进。赞跪叩兴，群臣行三跪九叩礼毕，引退。若府不附省州、县，不附府者均以正贰教职各一人、纠仪学弟子员二人，通赞引班，在城文武官于公所，按班行礼，如省会仪。

迎诏礼

诏下直省之礼，礼部按直省督抚驻札之地，行取阁部院寺。笔帖式乘传赍诏前往颁布，工部给龙旗、伞仗前导，所经府、州、县五里之内文武官，朝服跪迎，军民仗道右，候过省会，有司预于公廨设屏，南向。屏前设诏案，又前设香案，案东设台，阶下为文武官，拜位。文东武西，重行、异等如朝贺仪。_{详见三大节朝贺礼。}绅士班于文官之末，耆老、军民集于武官之末，皆北面，宣诏官一人，展诏官二人，立台下西面。通赞生立香案左右，引礼生立百官班位左右，皆东西面。诏及郊守土官备龙亭、旗仗出迎使者，承诏书以架，奉陈龙亭内，乘马后随，鼓乐前导，总督暨同城文武大僚率所属文武官，朝服出迎道右，跪候过兴，先至公廨门外序立，绅士、耆老、军民毕会。诏至门，跪迎如初礼，使者下马从龙亭入，众随之入，使者奉诏书陈于案，退立案东，西面，引礼生引群官就位，北面立，通赞赞，跪叩兴，众行三跪九叩礼，赞。宣诏使者奉诏授宣诏官，复位，立。宣诏官跪接，登台，展诏官二人从升，均西面。展诏书宣读讫，复于案，皆降。众听赞，复行三跪九叩礼如初，退。使者以诏书授督抚，恭镌誊黄，颁学政、盐政、织造、管关两司道府，转颁所属州县、卫将军、提镇、协将，转颁所属营汛。至日，宣布军民诏书誊黄至，府、州、县各官恭迎宣读，均与省会仪同。

救护礼

《救护仪注》: 直省、府、州、县、卫, 遇日月食, 各按钦天监推定时刻分秒 [秒], 随地救护。省会于督抚署, 府、州、县、卫各于公署, 均以督抚及正官一人, 领班行礼, 正副教职二人纠仪学弟子员二人, 通赞二人引班, 阴阳官一人报时。至日, 阴阳官报初亏, 引众官素服, 立拜位前, 序班赞, 行三跪九叩礼, 毕。班首官进至香案前, 三上香, 毕。复位, 皆跪。执事奉鼓, 进跪于左。班首官伐鼓三声, 仪门外金鼓振作, 仍按班更番上香、更番祗立。阴阳官报复圆, 金鼓声止, 众行三跪九叩礼, 退。

日食, 遇元旦, 停止朝贺、筵宴。日食月朔, 官员俱常服, 惟救护时素服。日、月食遇穿朝服之期, 初亏、复圆俱穿素服行礼。

乡饮酒

古饮酒之礼有四, 一则三年宾兴贤能, 简不率教者, 习乡上齿饮酒。一则乡大夫饮国中贤者。一则州长。春秋以礼会民, 射于州序, 因而饮之。一则岁十二月大蜡祭。党正以礼属民, 饮酒于序以正齿位。今所行即乡大夫饮国中贤者之礼, 其义则尊让洁敬以远斗, 辨免人祸, 先礼后财则民敬让尊长, 养老而孝弟之行立, 所以感人心、维风俗者, 典綦重也。

《仪注》: 岁孟春望日、孟冬朔日, 举行乡饮酒于学宫。京师则礼部侍郎一人监礼, 顺天府府尹为主人, 直省、州、县则正印官为主人, 以乡之年六十以上德厚望重、舆论允协者一人为宾, 其次一人为介, 又其次为众宾。以士子中习礼者一人为司正, 二人司爵、二人赞礼、二人引礼、一人读律令, 僚佐皆与。前期戒宾, 宾礼辞, 许戒亦如之。右谋宾介。

戒宾介。先一日, 司正率执事者诣讲堂肄仪, 设监礼席, 次于席东北面。州、县以教职监礼。布宾席于堂西北, 南向, 主人席于东南, 西向, 介席于西南, 东向, 众宾之长三人, 席于宾西, 南向, 东上皆专席, 不属。众宾席于西序, 东向。僚佐席于东序, 西向。皆北上。司正, 席于主人之东北向, 设律令案一于主介间, 正中东西肆; 又设尊案一于序端, 南北肆, 乐部和声署设乐, 悬于西阶下, 如仪。右陈设布席。届日, 质明, 执事者入, 具馔, 设尊于案, 实酒于尊, 加幂、勺、觯、爵在尊北, 读律者, 奉律令, 陈于中案。既办, 礼部侍郎朝服, 诣学宫就次监礼。主人率司正及僚属, 咸朝服入,乃速宾介、主人立东阶下西面，僚佐序立于主人之后，西面。北上，司正读律令者立僚佐之南，北面西上，赞礼者一人，立东阶下，又一人立庠门之外，均西面。届时，宾介盛服至，序立于庠门外之右，介居宾南，众宾居介南，皆东面，北上。执事者以宾至告主人，主人出迎宾，西面揖，宾介以下东面答揖。主人入门，左宾揖介，介揖众宾，以次入门。右当阶，主人揖，及阶揖，宾皆答揖。主人与宾让，升三让，宾三辞。主人升，宾乃升。主人东阶上，宾西阶上。赞者赞拜，主人北面再拜。宾客拜兴，即席。主人降阶延，介揖让，升介、升拜如宾礼。就位，主人复揖众宾。众宾以次皆揖，主人三揖，宾长三人各答一揖，众宾皆就位。主人率僚佐以下咸就位。右迎宾介。

赞礼者赞，扬觯。执事者引司正由东阶诣堂中，北面立。赞揖，司正揖，宾介以下答揖。司爵诣酒尊所，举幂、酌酒于觯，进授司正。司正扬觯而语曰：恭维朝廷率由旧章，敦崇礼教，举行乡饮，非为饮食。凡我长幼各相继劝勉，为臣尽忠，为子尽孝，长幼有序，兄友弟恭，内睦宗族，外和乡里，无或废坠以忝所生。语毕，赞者赞，司正饮酒。司正立，饮毕，以觯授执事者，反于案。赞揖，司正揖，宾介以下皆揖。司正，复位。右扬觯。

赞读律令，引礼引读律令者，就中案前，北面立。宾介主人以下听赞，咸起立，族揖如司正扬觯礼。乃读律令，曰：律令凡乡饮酒，序长幼，论贤良高年，有德者居上。其次序齿，列坐，有过犯者不得干豫。违者，罪以违制、失仪，则觯扬者以礼责之。读毕，复位，宾主以下皆坐。右读律令。

赞者赞，举馔案，执事者奉馔案于宾席，次介，次众宾，主人以下遍举，讫。赞献宾，主人起，离席，北面立。司爵诣酒尊所，酌酒实爵，授主人。主人授爵，诣宾席，奠于案，稍退。宾避席，立于主人之左，赞拜。主人再拜，宾答拜，皆复位，立。次献介如献宾之礼，次献众宾之长者三人。每献一人，主人揖，宾长避席答揖，皆复位。执事者遍献众宾爵，讫。赞宾酢主人，宾离席，司爵酌酒授宾，宾受爵，介及宾长咸离席，从诣主人席前拜送爵，主人答拜如前仪，复位，皆坐。右献宾宾酢主人。

酒数行，工升歌周诗《鹿鸣》之章，卒歌，笙奏御制《补南陔诗》，辞曰：我逝南陔，言陟其岵。昔我行役，瞻望有父。欲养无由，风木何补？我逝南陔，言陟其屺。令我行役，瞻望有母。母也倚庐，归则宁止。南陔有笋，箨实包之。孱孱孩提，孰噢咻之？慎尔温清，洁尔旨肴。今尔不养，日月其慆。

闲歌周诗《鱼丽》之章，笙奏御制《补由庚诗》，辞曰：由庚便便，东西朔南。六符调燮，八风节宣。由庚容容，朔南西东。维敬与勤，百王道同。由庚廓廓，东西南朔。先忧而忧，后乐而乐。由庚恢恢，南朔东西。皇极执建，惟德之依。乃合乐歌周诗《关雎》之章，卒，歌工告备出，执事者行酒，主宾以下饮无算爵。右乐宾。

赞礼赞，彻［撤］馔案，众起离席，主人率僚属在东西上宾，介在西东上，皆北面赞拜。主人再拜，宾介以下皆再拜。降西阶，出介及众宾从立庠门之右。东面北上，主人降东阶，出僚属从，送宾于庠门之左，西面皆再拜兴，宾介退。礼卒，无愆，礼部侍郎出，主人率僚属送于庠门外，皆退。右彻［撤］馔宾出。

直省、府、州、县乡饮酒之礼以守牧令为主人，省会及监司分驻之地，皆以监司视其礼。《仪注》同前。

《典礼备要》卷六　昏 涪州镌

《会典》

昏

官员昏礼

官员_{七品以上}自昏及为子孙主昏，豫访门第清白女，年齿相当者，使媒氏往通言，俟许，男年十六以上，女年十四以上，身及主昏者无期以上服，皆可行。_{下士、庶人同。}右议婚。

纳采，诹日主人具书，_{书辞随宜，后仿此。}请女为谁氏出，并问生年月日，别具昏者生年月日，附于书，使媒氏豫告女家。届日夙兴，以子弟一人为介，公服，侍于厅事。主人公服，奉书出，西面授介，再拜。介避，拜受书出，如女家。其日，女氏主人设案于庙，洒扫厅事待宾，亦使子弟一人为摈，公服以竢。宾至，摈告主人，如宾服，出迎于门外，揖入。升堂，宾左，主人右。入堂少深，宾东面奉书致词，从者陈礼物于庭，主人北面再拜受书。宾避，拜请退俟命，摈揖宾款于别室。主人以书入诣庙，陈于案上，启椟，告事如常告仪，乃具复书，其女所出及生年月日附于书。摈延宾升堂，主人奉书出，西面授宾。再拜，宾受书避拜，授从者请退。主人请醴宾，宾礼辞许馔者布席中堂。宾东主西，揖让就坐，进馔行酒三巡。宾与离席告退揖，主人答揖。送宾于门外，如初介还复命。主人纳书，如授书仪，醴介以家人之礼。右纳采。

　　纳币，诹日具书备礼物。一品章服一称，章如其品，币表裏各七两，<small>以制衣服。</small>绘帛七两，<small>以制衿褚。</small>布七两，容饰合二十事。<small>钗、钏、簪、珥之属。</small>二品至四品，币表裏各五两，绘帛五两，布五两，容饰合十六事，余同一品。五品至七品，币表裏各三两，绘帛三两，容饰合十有二事，余同四品。媒氏预告女家。届日，夙兴。主人遣使奉书及礼物入女家，女氏主人受书及礼物告庙，具复书授宾醴宾。还复命、主人礼介，并同纳采。右纳币。

　　昏期诹吉具书备礼物。三品以上羊、酒，四品以下鹅、酒。豫日，主人遣使入女家，女氏主人迎宾入。宾致词请期，主人辞逊，宾乃奉书告期。主人拜受，具复书授宾。宾还，复于主人，皆如纳币仪。右请期。

　　昏期前一日，女家使人奉箕帚于婿室，陈衾帷、茵褥、器用具。至日，婿家筵室中位东西向，别设案于牖下匏壶一、琖四，合卺。<small>剖匏为二合，琖以备三酌之用。</small>设醮爵于堂下，为匏壶、琖具。初昏，婿公服，竢于堂下。有官者各以其□□其子孙则摄盛。三品以上摄五品服，五品以上摄七品服，六品以上摄八品服，仪从亦如之。婿马一乘，二烛马、前妇舆一乘，<small>或车随俗，</small>襜盖饰彩绢乘流苏。五品以上，前后左右各二，六品以下，前二后二，均竢于门外。主人公服出醮子，<small>若自主昏则以有服尊长醮，后仿此。</small>位于堂东西面。昏者升自西阶再拜。执事者升授爵。昏者跪受卒爵反于执事者，父命之迎应唯，俯伏与降。出乘马，执事随以雁，仪从在前，妇舆在后，入女家。其日，女父告于庙，词曰：某之第几女将以今日归某氏，敢告。余如常，告仪还。醮女于内堂，父东母西，姆相女具服如饰视婿之等，出至父母前，北面再拜，侍者斟酒醴女，如父醮子仪。父训女以宜家之道，母为之整冠裙，申以父命，女识之不唯。婿既至，主人迎于门外，揖让入，婿执雁从入。至厅事，主人东阶上，西面。婿西阶上北面，立。奠雁再拜，主人不答拜。姆为女加景盖首出，婿揖降，女从。主人不降送，姆导女升舆二烛前舆，婿乘马先，俟于门，妇至降舆，婿导升西阶入室逾阈，媵<small>妇家送者。</small>布婿席于东，御<small>婿家迎者。</small>布妇席于西，婿妇交拜，讫。姆脱妇景，媵、御设匕、箸、醢、酱，婿揖妇就筵坐。馔入，卒食，媵取琖实酒酳婿，御取琖实酒酳妇。三酳用卺卒，酳婿出，媵、御施衾枕，婿入，烛出。右亲迎。

　　厥明，妇夙兴，盥漱栉，总以枣、栗、服修诣舅姑室。姆入，设席于堂中为位，舅东姑西均南向。舅姑即席，妇执笲实枣栗，升自西阶北面拜奠于席。舅坐抚之，妇兴降阶，执笲实腶修，升拜奠席。姑坐抚之，舅姑兴，入于室。右妇见舅姑。

妇具酒馔，设匕、箸、醯、酱，行盥馈礼。舅姑就坐，妇奉馔入献舅姑，视卒食。乃酌酒酳舅姑。送酒，皆再拜，舅姑卒饮兴，乃共飨妇。侍者布妇席于阼阶上，西向，具酒馔，设匕、箸、醯、醢，舅姑于堂中临之。妇卒食，姑酳之，妇拜受卒饮。舅姑先降自西阶，妇降自阼阶。退飨妇送者，男于外，女于内，酬以布帛。右妇盥馈舅姑飨妇。

三日，妇见于庙。厥明，执事者设馔具，主人启椟，陈主如常祭礼。主人布席阶下之东，昏者在后。主妇布席阶下之西，妇在后。各就位，再拜。主人升上香献酒读告词曰：某之等几子某今已昏毕，率新妇见。余词如祭式。俯伏兴退立于东。妇进，当中阶下，北面再拜兴复位。主人复位，及主妇以下行再拜礼毕，纳主撤退。若同居有尊者，妇见如见舅姑礼。见夫之伯叔母与见姑同，答以肃拜。见娣姒、小姑以夫之齿序拜，皆答拜。夫兄弟之子者若女，妇受拜，答以肃揖。右庙见。

庙见之明日，昏者以贽，_{视分所应用。}往见妇之父母。主人迎于门外，揖让入。升堂奠贽，婿北面再拜，主人西向答拜。见主妇，主妇立于门内，婿立于门外再拜，主妇门内答拜。出，主人醴以一献之礼。右婿见妇父母。

士昏礼，_{八品以下官同}

纳采，诹日，具书，媒氏告于女家，主人使子弟一人为介，奉书入女氏。女氏主人出迎宾，揖让入门。升堂，宾东面致词奉书，主人西面受书再拜。宾避拜，请退俟命。主人使子弟待宾，以书入告于寝如仪，具复书出授宾，宾受书。主人布席礼宾毕，宾揖辞。主人送之如初。介还复命，主人拜受书，礼介行家人礼。诹日，纳币，具书，备礼物。章服一称，_{八品以下官如其品，士视九品。}布帛各五两，容饰八事，食品六器。媒氏告于女家主人，遣使奉书、物行礼。女家受礼、告寝、复书礼宾、宾复主人，均如纳采。昏有日，主人备鹅酒书昏期于柬，使媒氏奉如女家告女氏。主人报柬，授媒氏复。昏前一日，主人使人以衾具张陈婿室。至日，婿家筵于室中位东西面，别以案陈合卺器，设醮爵于堂东。初昏，婿摄公服，竢于堂下，婿马一乘二烛前马。妇舆一乘，襜盖前饰采绢二，竢于门外。主人盛服，醮子于堂东，命之迎婿出乘马如女家，雁及妇舆从。

其日，女氏主人告于寝如仪毕，主人位内堂东，主妇位内堂西，父醮女如婿仪。婿至女家门外，主人出迎，婿执雁从入。主人东阶上西面，婿西阶上北面。奠雁再拜，主人不答拜。姆加女景盖首出，婿揖之降，主人不降送。姆导女升舆，女家亦以二烛前舆。婿乘马先竢于门，妇至降舆。婿导妇入室逾阈，媵布婿席于东，御布妇席于西。婿妇交拜讫，姆脱妇景，婿揖妇即席。婿东妇西，坐行合卺礼。厥明，妇夙兴俟见，舅位堂东，姑位堂西，皆南向。妇以贽见于舅姑再拜，舅姑受贽，妇具酒馔，行盥馈礼。舅姑就位，妇拜馈，舅姑卒食一酳。妇再拜送酒，舅姑卒饮，共飨妇于阼阶。及飨妇送酒，均与官员礼同。三日，妇见祖祢于寝，陈设如荐仪。主人在东，昏者从。主妇在西，妇从。参神，再拜。主人升诣香案前，上香、奠酒告毕，俯伏兴，退位于东。妇进当中阖再拜兴，复位。主人复位及主妇以下皆再拜兴，礼毕，退。见祖祢之明日，婿以贽见妇之父母。迎入奠贽再拜，主人答拜。见主妇，婿拜于寝门外，主妇答拜于门内。出，主人醴婿皆如仪。

庶人昏礼

庶人昏礼纳采，诹日，书昏者生年月日以授媒氏，奉如女家，女氏主人受书告于寝，书女为谁氏出及生年月日，授媒氏。道远具馔，近则否。媒氏复命，主人礼之纳币，备礼物，服一称，用帛无章，布五两，容饰六事或四事，食品四器。媒氏奉如女家，女氏主人受之，飨媒氏复命如纳采礼。昏有期，备（鹜）[鹅]书昏期于柬，使媒氏奉如女家，告女氏主人，许使媒氏。复婚前一日，女家使人以衾具陈于婿室。至日，婿家筵于室中东西为位，别以案陈合卺器，设醮爵于厅事东序。初昏，婿盛服饰于阶下，婿马一乘二烛前马，妇舆一乘，襜盖无饰，竢于门外。主人盛服至厅事东位西面，婿升，主人醮之。命之迎，婿再拜出乘马，如女家雁，及妇舆从。其日，女家告于寝，醮女以竢。婿既至，主人出迎于门外导入，婿执雁从入。升堂，主人东阶上西面，婿西阶上北面。奠雁再拜。姆加女景盖首出，婿揖之降，妇从降。姆以女登舆二烛前舆，婿乘马先俟于门，妇至降舆，婿揖入室逾阈。布席，婿妇交拜，讫。姆脱妇景，婿揖妇就位坐。婿东妇西，行合卺礼。妇夙兴，盛服以贽见舅姑于堂，拜献如礼。馈酒食于舅姑，舅姑飨妇及妇送者。三日，妇见祖祢于寝，如堂荐礼。明日，婿往见妇之父母，妇父设酒食醴婿如仪。

《典礼备要》卷七　丧 涪州镌

《会典》

官员丧礼，_{凡公、侯、伯视一品，子、男各视其等。}

有疾居正寝，_{女居内寝。}疾革遗疏，_{三品以上官得具遗书。}遗言皆书之。既终，子号哭擗踊，去冠被发徒跣，诸妇女去笄。期功以下，丈夫素冠，妇人去首饰，皆易素服。男哭床东，女哭床西，异向。作魂帛，_{结白绢为之。}为位于尸东，前设案奠阁余，_{生前食饮所余。}脯、醢、酒、果用吉器。立丧主、_{以嫡长子，无则长孙承重。}主妇_{以亡者之妻，无妻及母之丧则以丧主之妻当之。}护丧，司宾、司书赞祝诸执事人治棺及凡丧具护丧者，使人上遗疏，讣于有司及亲属僚友。右初终。

越日，小敛。侍者于寝室施帷，设浴床于尸床前，床东置案，陈沐浴、巾栉、含具，三品以上含用小珠玉，五七品以上用金玉屑五。袭床在浴床西，袭事陈其旁。常服一称，朝衣、冠戴各以其等。侍者迁尸浴床南首，诸子哭踊。妇人出，_{女丧则男出。}乃去尸衣，覆以敛衾。侍者奉汤入，哭止，沐发栉之，晞以巾束之，抗衾而浴，拭以巾讫。结袭衣，纵置于床南，领举尸易床，撤浴床、浴具，埋巾栉及余水于屏处。乃去衾袭，常服、朝服加面巾，丧主以下为位而哭，丧主及诸子坐于床东，奠北。同姓丈夫以服为序，坐诸子后西面。主妇及诸妇女子坐于床西，同姓妇女以服为序，坐诸妇后，婢妾又在其后东面，均南上。尊行丈夫坐东北壁下，西上。尊行妇女，坐西北壁下东上。异姓丈夫坐于帷外之东西上，异姓妇女坐于帷外之西东上。若内丧则同姓丈夫皆坐帷外之东，异姓丈夫皆坐帷外之西，执事者执含具前，丧主起盥，亲含尸，讫哭。复位。右袭。

是日，执事者帷堂如寝，陈敛床于堂东。加敛衣，三品以上五称，复三禅二；五品以上三称，复二禅一；六品以下二称，复一禅一，皆以绘。复袭，一、二品以上色绛，四品以上色缁，五品色青，六品色绀，七品色灰，紟绞皆素帛。既办，乃迁尸床于堂中，行敛事，毕。丧主暨诸子括发，加首绖、腰绖，皆以麻，妇麻髽，余同。右小敛。

三日，大敛。执事者以棺入，承以两橙。棺内奠七星版藉茵褥，施绵衾垂其裔于四外。届时，奉尸入棺，实生时所落齿发，卷衣以塞空处，令充实平满。丧主以下冯棺哭踊尽哀，乃盖棺加锭施漆。三品以上，比葬每月三漆，五品以上月再漆，七品以上月一漆。（彻）〔撤〕敛床，迁枢其处。枢东设灵床，施帷帐、枕衾、衣冠、带屦之属，设頮盆、帨巾于灵床侧，皆如生时。枢前设灵座，奉魂帛、几筵供器具。以绛帛为铭旌，三品以上长九尺，五品以上八尺，七品以上七尺，题曰：某官某公内丧书某封某氏。之枢，悬于竹杠，依灵右。执事者陈馔案，食品用素器，启帷行敛奠礼。内外就位如寝，司祝焚香奠酒，丧主以下哭，尽哀，毕。下帷，每奠皆同。及夜，奉魂帛复床，诸子次于中门之外，寝苫枕块不脱经带。诸妇女次于中门之内，帷幔、枕衾皆布素，哀至则哭，昼夜无时。右大敛。

　　是日，成服。五服各以亲疏为等，斩衰三年。子为父母、为继母慈母，妾子无母，父命他妾养之者。养母，自幼出继与人者。子之妻同；庶子为嫡母、所生母，庶子之妻同；为人后者为所后父母，为人后者之妻同；女在室及已嫁被出而反在室者为父母；嫡孙承重为祖父母，若祖父俱亡，为高曾祖后者同。承重者之妻同。妻为夫、妾为家长服生麻布，旁及下际，不缉麻冠经、菅屦、竹杖，妇人麻屦不杖，余同。齐衰杖期，嫡子、众子为庶母，谓父妾有子者。嫡子众子之妻同。子为嫁母、亲生母，父卒而改嫁者。出母，亲生母，为妇所出者。嫡孙祖在为祖母承重，夫为妻服，熟麻布旁及下际缉之，麻冠、经草、屦桐杖，父母在，夫为妻不杖。妇人麻屦，余同。齐衰不杖期为父卒，继母改嫁而已从之者，为改嫁继母，为同居继父无大功以上亲者为伯叔父母，及姑在室者为兄弟，及姊妹在室者为兄弟之子，及女在室者、祖为嫡孙、父母为嫡长子，众子及嫡长子之妻为女在室者，为子之为人后者，继母为长子、众子，孙为祖父母，孙女在室、出嫁同。女出嫁为父母，为人后者为本生父母，女在室及虽适人而无夫与子者，为其兄弟姊妹及兄弟之子与兄弟之女在室者，女适人为兄弟之为父后者，妇为夫兄弟之子及女在室者，妾为家长之父母、家长之妻，家长之长子，众子与其所生子，冠经屦，同上。齐衰五月。孙及女，孙为曾祖父母服熟桐麻布冠，经如其服。草屦，妇人麻屦，齐衰三月。为继父，先同居后不同居者，为同居继父两有大功以上亲者，孙及女孙为高祖父母冠经屦，同上。大功九月，为从兄弟及姊妹在室者，为姑及姊妹已嫁者，为人后者，为其兄弟及姑姊妹在室者，为兄弟之子为人后者，祖为众孙及孙女在室者，祖母为嫡孙、众孙，父母为众子，妇及女已嫁者，伯叔父母为众子，妇及兄弟之女已嫁者，妇为夫，祖父母、本生父母、伯叔父母，女出嫁为本宗伯叔父母、本宗兄弟及兄弟之子，本宗姑姊妹及兄弟之女在室者，服粗白布，冠经如其服，茧布绿屦。小功五月，为伯叔祖父母，为从伯叔父母，及从姊妹已嫁者，为再从兄弟及姊妹在室者，为从兄弟之子及女在室者，为祖之姊妹在室者，为父从姊妹在室者，为兄弟之妻，为兄弟之孙，为兄弟之孙女在室者，为外祖父母，为母之兄弟及母之姊妹，为姊妹之子，祖为嫡孙之父，为人后者，为其姑及姊妹之已嫁者，妇为夫兄弟之孙及孙女在室者，为夫之姑姊妹兄弟及兄弟之妻，为夫从兄弟之子及女在室者，女出嫁为本宗从兄弟及从姊妹之在室者，服稍细白布，冠经如其服屦，同上。缌麻三月，为乳母，为曾祖兄弟及曾祖兄弟之妻，为祖从兄弟及祖从兄弟之妻，为父再从兄弟及父再从兄弟之妻，为三从兄弟及姊妹在室者，为曾祖之姊妹在室者，为祖之从姊妹在室者，为父之再从姊妹在室者，为兄弟之曾孙及曾孙女之在室者，为兄弟之孙女已嫁者，为从兄弟之孙及孙女在室者，为再从兄弟之子及女在室者，为祖之姊妹、父之从姊妹及己之再从姊妹已嫁者，为从兄弟之女已嫁者，为父姊妹之子，为母兄弟姊妹之子，为妻之父母，为女之夫女之子若女，为兄弟孙之妻，为从兄弟子之妻，为从兄弟之妻，祖为众孙妇，祖母为嫡孙、众孙妇，曾祖父母为曾孙，高祖父母为元孙，妇为夫，高曾祖父母为夫之伯叔，祖父母及夫祖姑在室者，为夫之从伯叔父母及夫从姑在室者，为夫之从兄弟姊妹_{在室、出嫁同}。及从兄弟之妻，为夫再从兄弟之子及女在室者，为夫从兄弟之女已嫁者，为夫从兄弟子之妻、从兄弟之孙及孙女在室者，为夫兄弟孙之妻、兄弟之孙女已嫁者，为夫兄弟之曾孙及曾孙女之在室者，女出嫁为本宗伯叔、祖父母及祖姑之在室者，为本宗从伯叔父母及从姑在室者，为本宗从兄弟之子及女在室者，服细白布，经带如其服，素屦无饰。凡丧三年者，百日薙发，在丧不饮酒、不食肉、不处内、不入公门、不与吉事，期之丧二月薙发。在丧，不昏嫁。九月、五月者，逾月薙发。三月者逾旬薙发。在丧，均不与燕乐。右成服。

大敛，翼日。丧主以下夙兴，侍者设頮水栉，具于灵床侧。五服之人，各服其服就位。侍者收頮栉具，奉魂帛，出就灵座，朝奠，众哭。执事者设果蔬、酒馔如生时，祝焚香、斟酒、点茶。丧主以下诣案前再拜，哭尽哀。各以其服为序，皆男先女后，宗亲先外姻后，复位。哭止。日中设果筵，奠酒，及夕又奠，均如朝奠仪。侍者诣灵床，舒衾枕、奉魂帛于床上，退。诸子妇哭，尽哀乃止。夕奠皆如之。朔望则殷奠，具盛馔，于朝奠行之，遇新物则荐如朝奠仪。右朝夕奠。

亲宾闻讣，告吊于丧主之家。未敛，至者入门，易素服，司宾待于厅事，以赠賻仪物授司书。入，临尸哭尽哀，遂吊。丧主持哭，丧主以下哭，稽颡无辞。宾出，司宾送成服。以后至者，各以其服吊，具酒果、香烛，厚则加赗财，皆书于状。先使从者持状通名，司书籍记之。以礼物入陈灵前，丧主以下就位，哭。司宾出迎，宾入，诣灵座前，举哀，哀止。跪焚香，酹酒，再拜兴丧主。出帷，稽颡，哭谢。宾答拜，慰唁出，丧主哭入。司宾延客侍茶，宾退。司宾送于门外。右亲宾吊奠赗。

若一、二品官奉特恩遣官致奠，其日丧家设使者奠位于灵前，丧主及诸子跪位于灵右，主妇跪位于帷内，使者素服至，丧主率诸子免绖，去杖止哭，出迎于大门外道右。先入，就位跪，俯伏。赞者引使者，升中阶就位上香。执事者酹茶，使者立受茶，奠茶。复授酒，使者奠爵三，讫。少退，丧主率诸子，降西阶下，北面三跪九叩谢恩。仍至大门外，竢使者出，跪送，乃还苫次。若赐谥及恩恤、遣官致祭者，其日丧家设读祝位于灵几之左，余如前位。执事者豫陈祭物。斋谕祭文，从使者至，丧主出迎入，就位跪俯伏。使者就位，上香。司祝就读祝位，立。读祭文，讫。复于案，退。使者奠爵三，毕。少退，丧主以下向阙谢恩，送使者，与遣官致奠仪同。右遣官祭奠。

品官卒于位与在任遭父母丧者。初丧成服，朝夕奠，皆如前仪，择日扶榇还家。卒于京者，兵部给邮符、夫马。备行轝仪从，各视其品，告启期于亲戚僚友。启行前一日行启奠礼，丧主以下就位哭祝，诣灵前跪告曰：今择某日奉灵柩还故乡，敬告。俯伏兴，丧主以下稽颡哭，再拜兴，复位，尽哀止。厥明，迁奠，告迁于柩前，礼节亦如之。（彻）[撤]祝，纳魂帛于椟，役人举轝，入迁柩就轝，主人以下辍哭，视载出大门，加帷盖，发引仪从在前，铭旌魂帛从，丧主以下杖哭随柩，及郊亲戚僚友祖者向柩设祖奠，役人停轝，宾向柩再拜，主人稽颡哭谢，宾退。敛仪从，遂行。主人乘素车，途次止宿，奉魂帛，铭旌于灵柩前。凡柩暂停同。水行则设奠，陆行则上食。及朝启行，亦如之。至家前一日，遣仆戒家人，豫于十里外布幕，具奠以待。至日，五服之人各服其服以迎柩，至暂驻幕内，设奠祝，焚香、斟酒、跪告，白灵辀远归将至家，亲属来迎敢告。俯伏兴，众序哭。再拜兴，柩行，咸徒步哭从。至家，安灵床于殡所。男女各就位，哭。设奠祝、焚香、斟酒，跪告曰：灵辀远归至家，敢告。俯伏兴，众拜哭如初受吊，朝夕设奠并如前仪。右扶丧。

官员在外闻丧三年者，讣至哭，对使者问故，又哭尽哀。易服如初丧仪。讣于有司，遂奔丧。戴星而行，见星而止。途中哀至则哭，哭辟市邑。将至家，望其境、其城、其乡皆哭。自家哭入门，升自西阶，冯棺西面哭踊，妇人东面哭踊无算。少顷，尊卑

相向哭。细问病终之故，复哭。乃披发徒跣，妇人不徒跣。翼日，成服括发，妇人髽
皆加麻绖。丧期以闻讣日始，余如在家之仪。期以下问讣者，易服为位而哭，若奔丧
则至家成服。若官员在职，非本生父母丧，虽期犹从政，不奔丧。闻讣，易素服，为
位而哭。各持其服于私家，入公门治事，仍常服。期丧者一年不与祭祀之事。服满日
于私家为位哭，除之。右闻丧奔丧。

三月而葬，营葬地及葬具。凡坟茔一品九十步，五尺为步。二品八十步，封皆丈有四
尺。三品七十步，封丈有二尺。石兽皆六。四品六十步，五品五十步，封皆八尺，石
兽四。六品、七品四十步，封皆六尺。墓门勒石，书某官某公之墓。妇人则书某封某氏，若合葬则
并书之。五品以上用碑，龟趺螭首；六品、七品用碣，方趺圆首。刻圹志用石二，一书如碑
碣，一详记姓讳、谥字，无谥则止书字。州邑、里居、服官、迁次及其生卒年月日时，葬处
坐向，所遗子女。石字内向，以铁合而束之，作神主及主椟，制柩轝下为方床，上编
竹格为盖，四出襜，垂流苏，绘荒绘帷。五品以上画云气为饰，六品、七品素绘无饰，
五品以上障盖画翣四，六品五品画翣二，皆引布二、功布一，灵车埏土为明器、炉、缾、
烛、䌽、五事，仪从各从其品。右治丧具。

择日开兆，丧主率诸子适兆所，以宗亲或姻宾一人告于土神，报事者设案兆左，
陈酒馔，置祝文告诸，吉服至盥，诣案前立，执事者二人奉香执壶醆，随立左右。告
者跪，上香、再拜、酹酒如仪。祝奉祝文，跪于告者之左，读曰：维某年月日某官某敢
告于司土之神，今为某官某营建宅兆，神其保佑，俾无后艰，谨以清酌，庶羞只荐于神。
尚飨！读毕兴，退。告者俯伏兴，复再拜，退。遂开圹，随地所宜，使子孙干事者一
人留视之，丧主以下还。右开兆祀土神。

葬有日，豫以启期，告于亲戚僚友。发引前一日厥明，五服之人各服其服，入。
就位，哭。朝奠，讫。祝跪告于殡前曰：今以吉辰，迁柩敢告。俯伏兴，丧主以下哭尽
哀，再拜。役人（彻）［撤］帷，迁柩障以翣，侍者移灵床于堂正中，灵座、几筵仍设，
祝奉魂帛前、柩，丧主以下哭从。及外堂布席置柩，祝奉魂帛，跪告曰：请朝祖。俯伏兴，
执事者布席于庙两楹间，祝奉魂帛诣庙，丧主以下哭从。及门，止哭，入。序立阶下，
祝奉魂帛，置席北正中，再拜兴。奉魂帛还，迁灵座，丧主以下从。出庙门，哭从如初。
右迁柩朝祖。

日夕，祖奠设馔如朝奠仪。丧主以下举哀，祝盥，诣灵座前，丧主以下止哀。祝

焚香，奠酒，毕。告曰：永迁之礼，灵辰不留。今奉灵车，式遵祖道。俯伏兴，丧主以下再拜，哭尽哀，亲宾致奠行礼如成服致奠仪。宾出，丧主以下代哭，如在殡时。右祖奠。

厥明，五服之人会葬者毕会。执事者陈明器、吉凶仪从于大门外，纳灵车于门之右，役人举轝入，设于堂上，丧主以下哭踊，乃载丧主。辍哭，视载周围以組令平正牢实。执事者设奠于庭，如祖奠仪，祝跪告曰：灵輀既驾，往即幽宅。载陈遣礼，永诀终天。俯伏兴（彻）〔撤〕。役人异轝，祝奉魂帛就灵车，奉主椟，设魂帛后，枢出大门，施帷盖，属引遂发前仪从，次明器、次铭旌、次灵车、次功布、次轝。外亲分挽。引布在前，丧主以下，绖杖衰服。男在枢旁步从，女在枢后舆从，哭不绝声，尊行者皆乘车马出城门。若里门亲宾不至。墓者，于前途立，向枢再拜。役人权停轝，乘者皆下，丧主哭谢。宾退，枢行如初。若墓远，主人以下皆乘素车从，望茔而下。道中衰至则哭，每宿设灵座置奠如在殡仪，次日启枢亦如之。右遣奠发引。

葬之日，执事者豫张灵帷于墓道右，中置几一，设籍枢席，荐于圹外，铺陈圹中之事。设妇人行帷于羡道之右，灵车至幄外止，祝奉魂帛，置几上，奉主椟置魂帛侧，设奠如仪。枢车至圹前，役人脱载，去帷盖，方床下于藉席，祝取铭旌，去杠纵加枢上，丧主以下冯棺哭踊，尽哀。亲宾送者再拜，辞归。丧主及诸子稽颡谢，宾退。届时将窆，内外五服之亲，以次再拜，辞诀，丈夫哭羡道东，妇人哭羡道西，躄踊无算遂窆。丧主辍哭临亲，执事者整铭旌、藏志石，设明器，掩圹复土，丧主以下哭尽哀退。就灵幄，序立。右窆。

是日，祀土神于墓左，如开兆祭仪，惟祝辞营建宅兆改为窆兆。择宗亲善书者一人题主。执事者设题主案于灵座东南，西向。笔墨具对案，设盥二，一祝盥，一题主者盥。丧主以下序哭于灵座侧，祝盥启椟出木版，卧置案上，题主者盥就位，书某封谥某官显考某公，母则称显妣某氏。神位，讫。祝奉木主置灵案上，焚香奠酒，丧主以下再拜，祝跪读告词于灵座之右，曰：哀子某谨告于先考某公封谥府君，母则称先妣某封氏。形归窀穸，神返堂室。神主既成，伏惟精灵，舍旧从新，是冯是依。读毕兴，复于案。丧主以下哭，再拜，尽哀。祝焚告词，奉魂帛，埋墓侧。奉主纳椟，置灵车而还，在途不驱。丧主以下哭，从如来仪。右祀土神题主。

灵车至家，丧主以下哭从，入大门及庭止。祝奉木主出车，并椟奉之。设几上，南向。丧主及诸子在寝东，西向。亲属以服轻重为序，在诸子后，妇人哭于房中。有吊者如在殡仪，乃修虞事。执事者具牲馔品数，各视其等，陈设如祭礼。_{见吉礼官员家祭。}祝启椟，陈主于灵座，主人以下就位哭。哭止，赞参神，主人盥洗，诣香案前跪。执事者二人，一奉香盘，一把尊酌。酒诣，主人左右跪。左进香，主人三上香。右进爵，主人酹酒于地，以爵奠于案，退，复拜位。及诸子亲属行一跪三叩礼。赞初献，主妇率诸妇出于房，荐匕、箸、醢、酱于几前案北，跪，一叩兴，退入于房。庖人解牲醴，实于俎。执事者奉以升荐于供案，执爵者奉爵，主人献爵于中，跪叩兴，复拜位立。赞读祝，主人以下跪。祝诣祝案之左，跪读文曰：维某年月日朔，孤子某敢告于先考某官，_{妣则称先妣某封某氏。}日月不居，奄及初虞。夙兴夜处，哀慕不宁。谨以洁牲、庶羞、粢盛、醴斋，哀荐虞事。尚飨！读毕兴，复于案退。主人以下哭，一叩兴，赞亚献。主妇率诸妇和羹实于铏，实饭于敦，出荐于案。及腊肉、炙胾，叩兴，退如初。主人献爵于左，赞三献，主妇率诸妇出于房，荐饼饵、果蔬，叩退。主人献爵于右，如初献仪。赞送神，主人以下一跪三叩兴，哭。祝焚祝文，主人奉神主、纳椟（彻）[撤]哭止。至夕，奉神主于灵床，朝奉诸灵座，朝夕朔望奠如初，遇柔日再虞，遇刚日三虞，如初虞礼。_{祝文易初虞为再虞、三虞，余同。}右反哭虞。

百日卒哭，仪同虞祭，_{祝文改虞事为成事。}卒哭之明日夙兴。执事者诣庙具馔，陈设如常祭礼。设亡者案于祖考神案东南，西向。祝启室，奉四世神主，以次设于几，如时荐之位。主人率众先哭于几筵前，奉亡者之祖诣庙，诸子以下哭从，及庙门止哭。主人陈主于东南案上序立，阶下焚香进馔，祝读告词曰：维某年月日，孝曾孙某谨以洁牲、庶羞、粢盛、醴斋适于显曾祖考某官府君，跻祔孙某官某府君某尚飨！次读祝于亡者位前，曰：孝子某谨以洁牲、庶羞、粢盛、醴斋哀荐，祔事于显考某官府君，_{妇则称妣某氏。}适于显曾祖考某官府君，尚飨！余行礼仪节与常祭同。毕，祝焚告文，奉神主复于室，（彻）[撤]主人奉亡者之主复寝，诸子以下从，出庙门。哭，随至几筵前，纳于椟，讫。哭止，众退。护丧者代丧主为书，使人遍谢亲宾吊赙者。右卒哭祔。

期而小祥，于忌日行事，质明，祝启椟出主，诸子及期亲就内外位，哭尽哀，焚香，进馔酒，读祝，_{辞同卒哭，惟改卒哭日小祥，成事为常事。}行礼与卒哭同。右小祥。

再期大祥，忌日行事。先一日告迁于庙，执事者具果酒如常仪。设案于东序、西序前各一，主人盥，诣庙，启椟，陈诸神主，焚香，进果酒如常告仪。祝读告辞曰：维某年月日孝孙某谨告于某官府君、某封某氏，<small>四代备书。</small>兹以先考某官府君大祥已届，礼当迁祖入庙，某官某府君、某封某氏神主亲尽当祧，某官某府君、某封某氏以下神主宜改题世次递迁，不胜感怆，谨以果酒，用申虔告。尚飨！读毕，焚祝。主人以下俯伏兴，再拜，奉各神主卧置东案上，子弟善书者一人改题高曾祖神主，讫。以纸裹应祧神主陈于西序案，奉改题主，递迁于室虚左一位，以俟阖室众退。厥明，诸子、诸妇、女子致祭于几筵前，陈设、行礼如初期仪，<small>惟祝辞改小祥为大祥，常事曰祥事。</small>诸子从。丧主奉亡者之主诣庙，设于东室，再拜。奉祧主藏于夹室，阖门出。乃（彻）［撤］寝室灵床灵座，罢朝夕奠。（彻）［撤］几筵、断杖，弃之屏处。右大祥。

中月而禫。二十七月既周之日行事。届日，夙兴，执事者设几案于寝堂之中。主人率诸子入庙诣考位前，启室焚香再拜，跪告曰：孝子某将只荐禫事，敢请神主出就正寝，俯伏兴。奉主至寝堂，陈于案，执事者陈馔。馔案于前，丧主及诸子于东壁下就位，举哀。妇人哀于房中，焚香，进果馔、酒醴如常仪。祝读告辞曰：维某年月日孝子某谨告于显考某官府君神主。禫制有期，追远无及，谨以清酌庶羞，只荐禫事。尚飨！主人以下俯伏兴，再拜，祝焚告文，讫。奉主复于庙，阖室皆退。诸子素服，终月始服常服。右禫。

岁逢忌日前期斋。厥明，主人及子弟素服诣庙，设案于所荐神主室前，主人盥，启室，奉主就案，焚香，荐蔬果、酒醴，告曰：兹以某官某府君避讳之辰，<small>妣称某封某氏。</small>谨备庶羞清酌，恭伸追慕，俯伏兴。及子弟皆再拜，如时节荐新之仪。礼毕，（彻）［撤］纳主，阖室退。右忌日奠。

岁寒食或霜降节，拜扫圹茔。其日，主人夙兴，率子弟素服诣坟茔，执事者具酒馔，仆人备芟翦草木之器从。既至，主人周视封树，仆人翦除荆草，讫。以次序立墓前，焚香，供酒馔，再拜。在列者皆再拜兴。遂祭土神，陈馔墓左，上香，酹酒，主人以下序立，再拜扫。

士丧礼

疾革书遗言，既终，子号哭躄踊，去冠，被发，徒跣。诸妇、女子去笄。期功以下丈夫素冠，妇人去首饰，皆素服。立丧主、主妇护丧，赞、祝诸执事人，治棺及凡丧具。护丧者使人讣于有司及亲友，执事者帷寝设沐床于尸床前，袭床在浴床西，东陈浴巾栉、含具，含用金银屑，三袭事陈其旁，常服一称，冠及礼服各以其等，带靴皆备。侍者迁尸浴床南首，诸子哭踊，妇人出。_{女丧则男出。}乃去尸衣，覆以殓衾。侍者奉汤及巾栉入，沐浴，丧主及诸子止哭。视执事者结袭衣，纵置于床南，领举尸易床，（彻）[撤]浴床、沐浴具，埋巾栉及余水于屏处。乃去衾裳，常服、礼服加面巾即床前为位，立魂帛设奠，陈生前所食脯醢、酒果，用吉器。丧主以下为位，序哭如礼。_{位详见官员丧仪，后同。}执事者奉含具前，丧主启盥，含尸，讫。哭，复位。越日，小殓。执事者帷堂陈殓床于堂东，加殓衣，复一，禅一，复禅一，紟绞皆备。殓毕，迁尸于堂。丧主及诸子麻，括发，加首绖、腰绖，皆以麻。妇麻髽，余同。二日，大殓。执事者以棺入，陈以两凳，棺内奠七星，版藉茵褥，施绵衾，垂其裔于四外。届时，奉尸入棺，实生时所落齿发、卷衣以塞空处。丧主以下冯棺哭踊，尽哀，乃盖棺加锭，施漆。比葬月，再漆。（彻）[撤]殓床，迁柩其处。柩东设灵床，施帷帐、枕衾、衣冠、带屦之属，设颒盆、帨巾，皆如生时。柩前设灵座，奉魂帛、几筵，供器具以绛帛，为铭旌，长五尺，题曰：某官封_{未仕则否。}显考某府君之柩。_{妇则显妣某氏。}依灵座之右，设殓奠，内外序哭如仪。及夜，奉魂帛，复床。诸子次于中门之外，寝苫枕块，不脱绖带，诸妇、女子次中门之内，帷幔、枕衾皆布素，哀至则哭，昼夜无时。右初终袭敛。

是日成服，轻重以亲疏为等。_{详见官员丧礼。}厥明，丧主以下夙侍者设颒水、栉具于灵床侧，五服之人各服其服，就位。侍者收颒、栉具，奉魂帛出就灵座，设奠，焚香、斟酒、点茶，丧主以下哭叩尽哀。及夕，如朝奠礼。侍者诣灵床，舒枕衾，奉魂帛于床上，众哭尽哀，乃止。夕奠皆同。朔望则具殷馔于朝奠行之，亲宾吊如礼。_{见官员丧礼。}右成服朝夕奠。

士卒于其职，_{八品、九品官以下同。}或在职遭丧者，扶榇还家。闻丧、奔丧皆如品官之礼。右丧奔丧。

三月而葬，营葬地及葬具，坟茔周三十步，封高六尺，墓门石碣，（员）[圆]首方趺，勒曰：某官某之墓，无官则书庶士某之墓。_{妇则称某封氏，无封则称某氏。}刻圹志。_{式见官员丧礼。}作神主及椟，制柩轝，下为方床，上编竹格为盖，四出檐垂流苏、绢荒、绢帷，无翣，引布二，灵车一，明器、炉、檠皆具。开兆，丧主率诸子适兆所，以亲宾一人告土神。执事者陈酒馔于兆左，告者吉服，盥，就位，上香，酹酒，读祝，_{祝词均见官员丧礼，下同。}行礼如仪。遂开圹，使子弟一人留视之，丧主以下还。葬有期，豫以启期告于戚友，发引前一日厥明，五服之人各服其服，入就位，朝奠，讫。告迁柩于殡前，丧主以下再拜，哭尽哀。役人入，迁柩。祝奉魂帛前，丧主以下哭从。及外堂，仍设座于柩前，奉魂帛辞于祖祢，复灵座从，哭如初。及夕，祖奠如朝奠仪，丧主以下再拜，哭尽哀。亲宾致奠行礼如成服致奠仪。宾出，丧主以下代哭如初。质明，五服之人会葬者毕会，执事者陈明器于大门外，纳灵车于门内之右，役人举轝入，设于厅（事）[室] 正中，丧主以下哭踊。乃载丧主，辍哭，视载牢实，载讫。设遣奠如祖奠仪。役人舁轝，祝奉魂帛就灵车，奉木版椟设魂帛后，柩出大门，施帷盖，属引遂发，前明器，次铭旌，次灵轝从。外亲分执引布在前，丧主以下绖杖、衰服，男在柩旁步从，女在柩后舆从，哭不绝声。出城门，若里门亲宾不至墓者，于前途立，向柩再拜。役人暂停轝，丧主哭谢。宾退，柩行如初。及墓，执事者豫张灵帷于墓右，置灵座、几筵，设题主案于右，设藉柩席，荐于圹前，铺陈圹中之事，设妇女行帷于羡道之右，灵车至帷外止，祝奉魂帛于几上，奉主椟置魂帛侧。柩车至，脱载，去帷盖方床，下于藉席，祝取铭旌，纵加柩上，丧主及诸子冯棺哭，妇女哭羡道西。届时，男女以次哭叩，辞诀，亲宾送者再拜，辞归。丧主及诸子哭谢，遂窆，丧主辍哭。视执事者整铭旌，藏志石、明器，复土，丧主以下哭尽哀。执事者陈馔于墓左，致祭土神如开兆祭仪。丧主以下退就灵帷之左，序立，祝盥，复魂帛于厢，启椟出木版，卧置案上，宗亲善书者一人，盥就位，题主讫。祝奉木主于几上，设奠、焚香、奠酒、告辞，丧主以下哭叩尽哀，祝焚告辞，奉魂帛埋于墓侧，奉主纳椟，置灵车而返，在途不驱，丧主以下哭从，如来仪。右启殡至葬。

灵床至家，丧主以下哭，从入门。祝奉木主，设几上，诸子在寝东，服亲序在诸子后，妇女哭于房中，有吊者如在殡仪，乃修虞事。执事者具馔，品数各以其等，主人以下就位哭。主妇荐羹饭，主人献爵、读祝、行礼如时荐仪，毕。主人奉主纳椟，（彻）[撤]，哭止，众退。百日卒哭，仪同虞祭。厥明，执事者具馔于寝室，如常荐礼。设亡者案于祖考神案东南，启室，陈神主，主人率众，先哭于几筵前，奉亡者之主如寝，诸子以下哭从，及寝门止哭。陈主于东南案上，众序立，焚香、进馔、读告辞，行礼如常荐仪。祝焚告文，奉神主复室，（彻）[撤]。主人奉亡者之主复寝，哭。随至几筵前，纳椟，讫。哭止，众退。右反哭至祔。

期而小祥，于忌日行事。厥明，丧主以下及期亲就内外位，哭尽哀，焚香，进馔酒，读祝，行礼仪与卒哭同。再期而大祥，先忌一日，设案于寝堂东西各一，主人率诸子诣寝堂，启室以递迁改题之事，告于祖，陈设、读祝、行礼如时荐仪，乃以纸裹应祧神主陈于西案，奉曾祖以下神主卧置东案，使子弟善书者一人改题，讫。复于室递迁其位虚室中下级以竢，阖门出。质明，主人以下就几筵前序哭，陈设、行礼如初期仪。主人奉亡者之主跻于寝室，再拜，阖门。（彻）［撤］灵床、灵座，罢朝夕奠，（彻）［撤］几筵、断杖弃之屏处。奉祧主于墓祭而埋于侧如仪。二十七月既周，设几筵于厅（事）［室］正中，主人以下如寝堂，启室，奉新祔神主，陈于厅（事）［室］几上，只荐禫事，主人及诸子位东壁下举哀，妇女哀于房中，焚香，荐果馔、酒醴，读祝如仪，毕。奉主复于寝室，阖门退。诸子素服，终月始服常服。右祥禫。

岁逢忌日，前期斋。厥明，主人及子弟素服，如寝堂，启室，出专荐之主于案，焚香，荐酒馔，读祝，行礼如时节荐新之仪。礼毕，（彻）［撤］纳主，阖室退。右忌日奠。

岁寒食节或霜降节日，主人夙兴率子弟素服，具酒馔，诣墓拜扫。既至，芟除荆草，设馔于墓前。主人以下序立，焚香，再拜兴。别陈馔于墓左，祀土神，行礼如仪。右拜扫。

庶人丧礼

疾革书遗言，既终，子号哭擗踊，去冠，被发，徒跣。诸妇、女子去笄。期功以下丈夫去冠，妇人去饰。男东女西，异向环床哭立。丧主、主妇使子弟护丧事，治袭殓之具，讣于亲友。逾时，子弟奉汤及巾栉入，妇女出_{妇丧则男出}。浴沐，丧主及诸子止哭。周视，（彻）［撤］巾栉及余水埋之。设袭床于尸床前，陈衣冠带舄，迁尸于床袭，丧主以下哭踊。即床前为位，立魂帛，设奠，陈生前所食酒馔，内外序哭如礼。丧主起，盥，含尸以银屑三。既袭，帷堂设殓床于堂东，加殓衣、复衾一，皆以绢，紟绞皆备。殓毕，迁尸于堂。执事者以棺入，棺内奠七星版，籍褥施绵衾，垂其裔于四外。届时，奉尸入棺，实生时所落齿发，以衣实其空处。丧主以下冯棺哭踊，尽哀。乃盖棺加锭，施漆，比葬一漆，（彻）［撤］殓床，迁柩其处，柩东设灵床，施枕衾衣被之属，设额盆、帨巾如生时。柩前设灵座，奉魂帛、几筵，供器具设奠，内外序哭如仪。及夜，奉魂帛于床，诸子居柩侧，寝苫枕块，不脱绖带。诸妇、女子易常，次帷幔，枕席用布素。哀至则哭，昼夜无时。右初终袭敛。

是日成服，_{服制见上。}厥明，五服之人各服其服，就位，子弟设额水、帨巾于灵床侧，敛枕衾，奉魂帛，出就灵座，设奠，焚香，斟酒，点茶。丧主以下哭叩，尽哀。及夕，设奠亦如之。舒枕衾，复魂帛于床，（彻）[撤]颡具，众哭尽哀乃止。以至于虞，朝夕同，亲宾吊奠如礼。若在外闻讣者奔丧、成服，均如二丧之礼。右成服朝夕奠。

逾月而葬，营葬地及葬具，坟茔周八十步，封四尺，有志无碣，择吉开圹，祀土神，作神主，备灵车一，柩輴一，别制布衾衣柩，不施帷盖。发引前一日，丧主以下就位哭，朝奠，讫。奉魂帛辞于祖祢，迁灵座。晡时，设祖奠以永迁告，丧主以下再拜，哭尽哀。厥明，五服之人毕会，纳灵车于大门内之右，纳柩輴于厅（事）[室]，内外各就位哭，（彻）[撤]帷，迁灵座。役人举柩就载，衣以大衾，丧主以下哭。视载，讫。设奠柩前如祖奠礼，奉魂帛就灵车，置主椟于后，乃发引，男女以次哭从，及墓。执事者豫设藉席于圹前，设灵座于墓道之右，设奠案于座前，设题主案于奠案右。灵车至，奉魂帛于座。柩至，脱载，下于藉席，丧主以下冯棺哭，妇女哭墓右。届时，男女以次哭叩，辞诀。诸亲会葬者均以次哭叩，辞归。丧主及诸子哭谢，乃窆，纳柩于圹下，志石，复土，祀土神如仪。丧主以下退就灵座之侧，序立。子弟启椟，奉木版，卧置案上，宗亲善书者一人题主，讫。子弟奉置灵座，纳魂帛于厢，设奠，读告辞，毕。丧主以下哭叩，尽哀。祝焚告辞，奉魂帛埋于墓侧，奉主纳椟遂行。丧主以下哭从如来仪。右启殡至葬。

灵车至家，子弟豫设几筵于殡寝故处，奉木主陈之，丧主以下序哭，如士丧反哭之位，乃虞馔品，器数视荐礼，主人以下就位哭，主妇荐羹饭，主人荐酒醴，读祝、行礼，如时荐仪，毕。主人奉神纳椟（彻）[撤]，哀止，众退。百日卒哭，设奠、行礼，仪同虞祭。厥明，丧主以下凤兴，哭于几筵前，奉主诣寝，陈于祖考神室东南以祔告，启室、陈设、行礼如时荐仪，毕。仍奉主复于几筵，纳椟，退。右反哭虞祔。

期而小祥，于忌日行事，厥明，丧主以下及期亲就内外位，设奠、哭叩、如卒哭仪。再期大祥，先一日诣寝以改题告迁于祖考，如士丧告迁之仪。届时凤兴，丧主以下就几筵前序哭，设奠行礼，仪同初期。主人奉亡者之主跻祔于祖，再拜，阖门出。（彻）[撤]灵床、灵座、几筵，罢朝夕奠。断杖弃之屏处，奉桃主埋于墓侧，如庶士仪。二十七月既周，设几案于厅（事）[室]，奉新祔神主陈土[室]。丧主以下，就内外位，哭奠行礼，如常荐仪。礼毕，复主于寝，阖门退。诸子素服，终月始服常服。右祥禫。

忌日，主人具馔羞羹饭。凤兴，及子弟素服，启寝室，出专荐之主于案，焚香，荐酒馔行礼，如常荐仪。毕，主阖室退。右忌日奠。

岁寒食或霜降节，具馔，主人率子弟素服，拜扫坟墓。既至，芟除荆草，讫。设馔于墓前，主人以下焚香，再拜兴。陈馔于墓左，祀土神，行礼如仪。右拜扫。

《典礼备要》卷八　祭 涪州镌

《会典》

品官家祭礼

品官家祭之礼，于居室之东立家庙。一品至三品官庙五间，中三间为堂，左右各一间，隔以墙。北为夹室，东为房堂，南檐三门。房南檐各一门，阶五级，庭东西□各三间，东藏遗衣服，西藏祭器，庭缭以垣。南为中□，又南为外门，左右各设侧门。四品至七品官庙三间，中为堂，左右为夹室、为房，阶三级，东西庑各一间，□制与三品以上同。世爵公、侯、伯、子视一品，男以下按品为差等。八九品庙三间，中广，左右狭，阶一级，堂及垣皆一门，庭无庑，以箧分藏遗衣物，祭器陈于东西房，余与七品以上同。在籍进士、举人视七品，恩拔、副岁、贡生视九品。堂后楣北设四室，奉高曾祖祢四世，皆昭左穆右，妣以适配，南向。高祖以上亲尽则祧。由昭祧者藏主于东夹室，由穆祧者藏主于西夹室。迁室祔庙，均依昭穆之次。东序西序为祔位，伯叔祖之成人无后者，伯叔父之成人无后及其长殇十六岁至十九。者，兄弟成人无后及其长殇、中殇者，十二至十五者。妻先殁者，子侄成人无后及其长殇、中殇、□殇九岁至十一岁。者皆以版按行辈墨书，男统于东，女统于西，东西向。岁以春夏秋冬仲月择吉致祭，戒子弟。祝读一人，赞礼一人，执爵每案二人，分荐祔位东西各一人。凡在庙所出了孙午及冠以上者皆会，行礼。右庙制祭期。

先祭三日，主人及在事者咸致。斋前一日，主人率子弟盛服入庙视洁，除拂拭，毕。执事者于各室前设几，几前供案堂南，总香案一，炉槃具祔位东西，各统设一案，设祝案于香案之西，设奠于东序，设盥盘于东阶上，视割牲。一品至三品官羊一、豕一，四品至七品特豕，八品以下豚肩，不特杀，视涤祭器。三品以上每案俎二、铏二、敦二、笾六、豆六。七品以上笾四、豆四。八品以下笾二、豆二，皆俎一，铏、敦数同。代以时用盘碗者听。办祭器之实，俎实牲醴，铏实羹，敦实饭，笾实时果、饼饵、鱼腊、兽腊之属，豆实炙胾、时蔬之属。右致斋具牲馔。

　　届日五鼓，主人朝服与祭，执事者盛服入庙。主人竢于东阶下，族姓竢庭东西，以昭穆世次为序，执事者陈炉灯于供案南，陈尊爵于东序案，代以壶、盏者听。陈祭文于祝案，实水于盥，盘加巾，主妇率诸妇盛服入诣爨所，视烹饪羹定，入于东房，治笾豆之实，陈铏、敦、匕、箸、醯、酱以竢。质明，子弟之长者盥，诣各室前跪，一夙兴，启室，奉主以次设于几，昭位考右妣左，穆位考左妣右，分荐者设东西袝位，毕。赞礼，立堂东檐下，西面。诸执事分立东西序端，相向。赞就位，主人升自东阶，盥，诣中檐拜位，立。族姓行尊者立于东西阶上，卑者立于阶下，皆重行，北面。赞参神，主人入堂，左门诣香前，跪。执事二人，司爵者充。一奉香盘，一挹尊，酌酒，诣主人左右跪，左进香，主人三上香。右进爵，主人酹酒于地，以爵奠于案兴。退，出右门复拜位，及族姓行一跪三叩礼。赞初献，主妇率诸妇出于房，荐匕、箸、醯、酱于几前案北跪，一叩兴，遍及袝位，退入于房。庖人解牲体，实于俎。执事者奉以升，各荐于供案，主人诣高祖考案前，执爵者奉爵，主人献爵，奠于正中，跪叩兴，以次诣曾祖祖祢案前，献爵如前仪。分荐者遍献袝位，酒讫，退立于拜位。赞读祭文，主人跪，族姓皆跪。祝诣祝案之左，跪读祭文曰：维某年月日孝孙某谨告于某考某官府君、某妣某氏之灵，曰：气序流易，时维仲春、夏、秋、冬。追感岁时，不胜永慕。谨以洁牲、庶品、粢盛、醴斋敬荐，岁时以某亲某氏等袝食。尚飨！读讫兴，以祭文复于案，退。主人以下一叩兴。赞亚献，庖人纳羹饭于东房，主妇率诸妇和羹实于铏、饭于敦，出荐于案及腊肉、炙胾遍，跪叩兴，退如初礼。主人献爵于各位之左。赞三献，主妇率诸妇出于房，荐饼饵、果蔬，叩退。主人献爵于各位之右，分荐者遍献袝位酒，均如初献仪。赞受嘏，祝取高祖供案酒馔，降至香案旁，主人诣香案前跪，祝代祖考致嘏于主人。主人啐酒、尝食，反器于案，祝接以兴。主人一叩兴，复位。赞送神，主人以下一跪三叩。赞望燎，祝取祭文由中门出送燎，主人退避东阶下，行辈长者咸降阶，主人诣燎位。视燎毕，与祭者出，主人率子弟纳神主，上香、行礼，（彻）[撤] 祭器，传于燕器，洁涤，谨藏之，阖门各退。右祭仪。

　　日中乃馂。三品以上时祭遍举。四品至七品，春秋二举。八品、九品，春秋一举。庖人热酒馔，仆人布馂，席于堂东西北上，陈醯酱于席，四隅盏、碟、匙、箸之属皆办，与祭者尊卑咸在。从曾祖诸父居东第一席，从祖诸父居西第一席，诸父次东一席，诸昆弟次西一席，诸子、诸孙在东西之末，各一席，序定。主人肃尊者入席，从尊祖诸父即席，从祖诸父东向，尊者肃揖就位，诸父东向揖，西向揖就位，诸昆弟揖如之，复揖诸父，就位，诸子揖如诸父，复揖诸昆弟，诸孙揖如诸子，复揖诸子，皆就位。主人离席，仆执壶实酒从主人酌诸尊长酒。每酌一人，肃揖，尊长答揖。遍，就位。子弟之长者离席，仆人执壶从，敬酌主人，诸子弟咸避席揖，主人答揖，复位。主人命诸子弟遍酌酒，席中少者举壶各酌于长者，既遍，皆坐。主人兴举酒，请于尊长坐，尊长乃尝酒，卒爵。众尝酒，卒爵。仆人进食主人兴，请食尊长坐，尊长举箸尝食，乃皆食。每进食，子孙间行酒，三巡。长幼献酬交错，饮无算爵，汤饭毕，长者起，主人请留，长者告饱，遂离席。诸子弟咸随离席以次出，主人送长者于门外，入命（彻）〔撤〕席，馂庖人、仆人皆尽。右馂。

焚黄告祭之礼

制书至，主人以黄纸恭誊一通，奉于厅（事）〔室〕正中。诹吉日，择同姓或戚属已仕者一人宣制，戒子弟。引赞二人，通赞二人，遍戒姓族。届期，会行礼前一日，斋戒，备告文、祝文、牲馔，视新赠之爵为等。至日，夙兴，洒扫堂宇，供张设馔案、_{以追赠所}及世数为准。香案、枙架如仪。设改题神主案于堂东西向，使人宿，宣制者。主人朝服，率子弟盛服入庙，诸与祭者皆会。主人诣赠主室前，启室，焚香，跪。子弟一人奉告文跪于主人之左，读告文，辞曰：维某年月日孝子某_{或称孝孙随宜}。谨告于某考某官府君、妣某封某氏之灵，曰：某幸得列于位，恭逢恩命赠及先人，敬请神主只受制书改题，奉祀谨告。读讫兴，主人叩兴，奉考主，子弟奉妣主及族姓出庙门，竢于道左，宣制者奉制书，前引二人导行。至庙，众跪，接制书，入中门，升中阶，南向立。众皆随入，至阶下，序立。主人奉考主在东，子弟奉妣主在西，族姓重行立其后，皆北面。通赞分立东西柱前，赞宣制，主人以下皆跪听，宣制毕，奉主行三跪九叩礼，众随行礼。宣制官以制书，供香案架上，主人奉主置改题案上，揖劳宣制者，宣制者答揖，复揖辞。降自西阶，主人从。至庙大门外，揖送入。改题神主爵位，讫，奉主复位，序立，参陈祝、三献酒如时祭之仪，祝辞曰：维某年月日孝子某谨告于显考某府君、显妣某氏之灵，曰：某恭承庭训，列位于朝，仰荷仁推恩所生，赠考为某衔，妣为某衔，感念先泽，禄弗逮养，兹以焚黄，谨备牲醴，用伸荐告。尚飨！祭毕，焚黄并祝文，奉主复于室。

阖室出，主人以下皆退，颁胙于宣制者，餕于姓如仪。右焚黄告祭。

威逢令节荐新物，一、二、三品官每案时果四、庶羞四，为饭具。四品至七品官每案时果二、庶羞四，八品、九品官每案时果、庶羞各二，余同。是日，夙兴。主妇洁办果馔，主人盛服，率族姓子弟入庙，（然）[燃]灯，洒扫，设案室前，讫。盥洗，启室，子弟分陈匙、箸、壶、琖之属于案北，主人序立于香案前，族姓以次序列于主人之后，主人跪，焚香，讫。叩兴。子弟奉果羞从，主人诣高祖考妣位前，荐果荐羞，毕。子弟举壶、取琖、酌酒进于主人，主人奠酒，讫。子弟复奉羹饭从，主人荐羹饭，讫。以次诣各案，荐奠如前仪。退至香案前，率族姓子弟一跪三叩兴，子弟（彻）[撤]馔，主人阖室皆退。右时节荐新。

月朔望日，主人豫备茶、食之属，每案二器，主人威兴。盥洗，盛服，率族姓子弟入庙，洒扫，洁神案，启室，序位于香案前，主人跪焚香，讫。叩兴，子弟奉茶食从，主人诣各神案前以次供食供茶，毕，退复位。率族姓子弟礼如时荐之仪。（彻）[撤]，阖室皆退。右朔有献茶。

本士家祭礼

士_{贡、监生员，有顶带者。}家祭之礼。于寝室之北为龛，以版别为四室，奉高曾祖祢，皆以妣配位，如前仪。南向，前设贡案，总一服亲男女成人无后者，按辈行书纸位，祔食。男东，女西，相向事。至则陈，已事焚之。不立版，岁以春夏秋冬节日，出主而荐。粢盛二盘，肉食、果蔬之属四器，羹二、饭二。前期，主人及与祭者咸斋戒，荐之前夕，主妇盛服，治馔于房中。厥明夙兴，主人吉服，率子弟设香案于南，（然）[燃]烛，置祭文堂北，设供案二，昭东穆西，均以妣配位，均南向，设祔案于两序下各一。男东女西，东西向。主人以下盥，奉木主设于案，设祔位于两序案讫。主人东阶下立。众各依行辈，东西序立。主人诣香案前，上香毕。率在位者一跪三叩兴，主妇率诸妇出房中，荐匕、箸、醯、酱，跪叩如仪，退。子弟奉壶，主人诣神案，以次斟酒，荐熟，讫。皆就案南，跪叩兴，子弟荐祔位，毕。主人跪在位者，皆跪祝进至香案之右，读祭文。

_{辞见品官祭礼，减洁牲二字，余同。}讫兴退。主人以下叩兴。再献，主妇献荐羹饭。三献，主妇荐饵饼、时蔬，主人斟酒，跪叩均如初仪。毕，主人率族姓一跪三叩兴，祝取祭文及祔食纸位焚于庭，众出。主人纳木主（彻）[撤]退。日中而餕，春一举，布席于堂东西北

上，陈椅、盏、匙、箸，如其人数，传祭食于燕器，热酒、馔。族姓至，主人肃入序位，以行辈年齿为等，旅揖，即席进酒馔、酬酢如礼。汤饭毕，长者离席告退，主人送于门外，诸子弟皆随以出，（彻）［撤］。仆人馂余食，皆尽。月朔望日，主人及家众夙兴，盥洗，启寝室，（然）［燃］烛，诣香案前，依行辈序立，主人上香，讫。子弟奉茶，主人献茶，复位，率众一跪三叩兴，（彻）［撤］茶。阖室众退，若家有吉事，主人盥洗，启室，（然）［燃］烛，焚香，以其事告，行礼如朔望仪。

庶人寝荐

庶人家祭之礼，于正寝之北为龛，奉高曾祖祢神位。岁逢节序，荐果蔬新物，每案不过四器，羹饭具。其日，夙兴，主妇治馔，主人率子弟设案、（然）［燃］灯，启室，奉神主于案上，以昭穆序，主人立于香案前，家众序立于主人下，以行辈为先后。主人上香，一跪三叩兴，主妇陈匕、箸、醢、酱，荐羹饭、果羞，跪叩如仪。主人酌酒进于各位前凡三次，皆跪一叩兴毕，主人率众一跪三叩兴，纳主于室，（彻）［撤］退。日中众馂神食，岁一举，论行辈先后同行序齿列坐酒行饭已，肃揖以退。月朔望日，供茶、（然）［燃］香灯，行礼告事，亦如之。均与庶士仪同。

涪州义勇汇编

按：乾隆五十九年（1794），邪匪刘松、宋之清、刘之协等因习教破案，经各省挐获审办，松、清伏法，惟刘之协自扶沟漏逃，阴结匪党张天伦等于嘉庆元年（1796）倡乱湖北襄阳、宜都、当阳等处。是年九月，四川达州徐天德、东乡王三槐等乘机蠢动，蔓延楚、豫、陕、甘，倏往倏来，越吕堰双沟，出朱阳荆子关，上秦岭，入南北栈，渡汉沔，逾阴平，扰巴山渔渡，逾白水江，蓦梓潼水，出没夔、巫、郧、竹、商、洛之间，而以南山老林为巢穴，东至于唐、邓，西至于松潘，北至于礼县，南至于孝感。蜀中东乡两次被劫，巴州、通江、仪陇、长寿等处城俱陷，邻水、云阳、新宁、垫江、涪州、忠、夔及长江北数十州县遭贼焚掠两三至七八至不等。嘉庆二年（1797）十一月威勤侯勒公奉命督师入川，协同德、额二公及都统明亮、安西将军赛冲阿、固原提督杨公遇春、湖北巡抚惠龄、湖广总督吴熊光等各路追剿，前后斩获著名首逆冉文俦、罗其清、冷天禄、张汉潮等不下百余人，其头目萧占国、樊人杰、汤思蛟、龚健等数百人，悔罪投诚，渐次归款者数万。九年，功始成。

州境遭教匪之乱，绅团死事入祀昭忠祠者五百一十三人。

^{武生}盛万春、^{庠生}徐昶、^{监生}刘玉梅、^{团首}夏尧先、^{贡生}操文昇［升］^{〔一〕}、^{增生}汪琏、^{监生}夏宗濬、^{团首}余东山、^{廪生}夏渥荣、^{附生}赵勖^{〔二〕}、^{庠生}汪琳、^{团首}王国琛、谭朝举、赵天福、冯帝传、胡怀书、杨光太^{〔三〕}、黄岐山、蔡金柱、王松、彭自澄、张志元、陈绍虞、夏帝宗、彭于彬、赵贵、余应祥、黄国龙、彭绍献^{〔四〕}、冉仕元、赵洪韬^{〔五〕}、刘贵、邹仕俸^{〔六〕}、彭永清、李纯修、赵天福、杨文、喻泽远、徐正常、彭作模、余廷彩、陈绍广、何贵、周荣举、萧光明、王凤山、蒲在锡、舒贵、张本海、王天相、黎正鳌、余清明、谭龙、王国顺、王国正、沈元泰^{〔七〕}、孔继仁、夏学贤、陈贵、汪占元、张显元、舒世碧、黎荣山、黎维祥、余世龙、赵应科、方正常、李富春^{〔八〕}、朱山、魏世金、张正禄、杨肫如、李建远、贺文元、何玉林、李乾锐、曾贵、王正顺、李俸、刘文照、鞠志连、李荣、鞠保、李正华、张德贵、

刘仕学、李作楫、黄百川[九]、李作富、周汝明、熊五凤、李廷俸、熊五龙、李芳、王文秀、姚永政[十]、李培、彭学波、李本万、郭俸山[十一]、蔡金虎、郭长生、蔡金梅、石大章、杨仕贵、蔡金仁、石彩文、蔡金禄、吴登秀[十二]、唐千发、蔡金明、吴金文、蔡金安、周文奇、唐万发、蔡金瑶、廖奇荣、蔡金贵、朱明占、陈秀谟、蔡金顺、朱明章、唐荣先、蒲仕玉、周一梅、李秀春、古文恒、李明贵、古文德、周成年、陈金柱、冯上乾、唐三才、冯上春、刘纯先、陈国安、王荣从、蒋成富、孙长生、黄顺年、蒋成荣、孙国林、蒲禄、周克顺、吴国荣、吴国顺、刘钊、魏国顺、陶大遂、蒲学胜、魏国举[十三]、蒲汉鼎、张本海、蒲汉元、蒲在年、僧通学、蒲汉高、魏碧、萧富三、刘启昆、谭世吉、冯以仁、张正银、萧星斗、刘启万、余文举、盛三、张应全、王玉春、王国明、夏宗才、萧贵、李廷杰、罗广贤、王朝林、许登玉、张荣富、黄学孝、王鉴、余文学、瞿文芳、吴国松、董多能、黎正乾、汪明冈[十四]、魏世宗、周于奇、夏希文、陈富勾、魏仕早、周之硕、马应贵、陈富乾、张本洪、周连升、白伦升、李一万、陈国奇、周长元、邬国昂、唐荣邦、戴荣、周荣举、马祥爵、周一位、陈长生、吴国清、朱衣焕、刘映先、黄朝林、胡德远、余文伦、王朝树、刘四海、王维富、蔡金朝、黄显、陈朝、王维仲、冯朗山、蒲在相、王珍、张子贞、张双玉、蒲长生、刘健行、张正春、陈俸、蒲在汤、刘敬荣、张正诗、苟俸[十五]、僧果正、蒲汉仲、蒲大山、王天文、蒲正法、王天才、蒲在朗、萧玉廷、尹仕科、蒲在邦、萧星万、陈大珍、李文科、周明海、袁衷、唐世兴、唐待聘[十六]、王贵、宁贵、唐之成、徐廷芳、胡文宗、罗芳廷[十七]、徐举荣、唐文贵、徐举榜、陶文、黄学礼、徐举文、刘长生、徐举道、刘登芳、刘二、盛登荣、魏金良、盛文富、周之荣、黄宗孔、高国才、高文锦、余金玉、高长林、杨昌法[十八]、何学纲[十九]、万洪玉、何学常、卓相赞、陈国恒、余文连、朱金钟、余文郁、徐元、蒋崇太、朱仕礼、刘允才、魏仕登[二十]、赵子宽、张廷碧、周廷扬、赵允才、刘仲贤、马俸、黄丙、张和南、傅信学、黎应龙、赵应富[二十一]、何曾安、李贵、夏建成、李廷清[二十二]、夏奇敏、熊桂理[二十三]、赵斗弼、夏廷玉、赵洪元、冯丙受、余墨斋、余文祥、席元龙[二十四]、余文浩、席光美、王珍儒、余文学、何元、唐之桐、朱茂德、刘锦华[二十五]、张朋、刘湛祥、张万、冷友、刘辉朝、孙廷芳、冷贵、严生于、马朝爵、刘启书、陈文刚[二十六]、马锡爵、刘启文、刘泗洺[二十七]、孙国用、刘维邦、刘太明、刘辉彩、刘文全、王朝相、刘天成、刘林祖、刘美安[二十八]、刘应先、王成、刘明、刘国辅、刘均、刘在朝、黎朝富、刘启铸、刘美东、刘汉玉、刘廷献、高明贤、高明华、白允扬[二十九]、高明贵、周声扬、周于稿、冯南山、周南扬、冯海山、周殿扬、周之业、高明成、周之聪、冯秀清、周汝明、周之珍、冯启汉、周之秀、冯昆元、周之道、周之明、冯所如、周于潜、周之弼、周龙安、李文同、周之伍、周汝龙、周孔扬、周二炳[三十]、吴正兴、周之寅、周毓、周朝扬[三十一]、王世德、王维进、周朝举、李朝相、周廷举、李万元、王维龙、周廷辅、李美章、周朝中[三十二]、李昌荣[三十三]、王硕、文廷彩、白汉钦、文钜、蒲在升、张子洪、文洪儒、夏元吉、徐宇高[三十四]、魏国玉、张子修、谷相[三十五]、魏廷祥、况荣[三十六]、魏廷芳、谭世太、操文元[三十七]、余文亮、王天忠、夏登魁、余文迻、王天眷、夏学衡、张显元、夏登芳、余文进、罗开远、胡国贵、何世凤、胡登元、许君泽、何世举、余文明、戴成龙、鞠志仁、李保、冯升、陶学宽、王秀荣、韩正文、何汤、夏登国、余学龙、夏学校、夏天文、王如碧、程本周、夏见文、王秉忠、沈元泰、王天伦、李安常、夏文衡、黎升、赵帝潜、王朝相、张正体、夏文英、夏学、朱仕孔、邬国举、陶正海、徐华章、刘在朝、白登龙、汪潜安、余学伦、赵子贞[三十八]、夏福保[三十九]、刘美东、冯子全[四十]、余文俊、夏一戴[四十一]、王岐山、夏一绪、孙容江、刘启万、胡正富、孔继智、杨正泰、冯占元、舒正连、王官保、蒲汉龙、幸文元、周之举、陈正纲、钟文、周于书、熊占明、吴廷魁、姚永宁、罗仲坤、郑元[四十二]、况万选[四十三]、吴东山、赵俸、甘羽周、张林、李升[四十四]、李泰[四十五]、王璇、魏忠。

注释：

[一]蓝勇主编《稀见重庆地方文献汇点》（下）道光《重庆府志》卷之八《人物志·忠节国朝涪州》第861页有庠生操文升。

[二]蓝勇主编《稀见重庆地方文献汇点》（下）道光《重庆府志》卷之八《人物志·忠节国朝涪州》第861页有贡生赵勖。

[三]蓝勇主编《稀见重庆地方文献汇点》（下）第860页作杨光泰。两书记载存在"太""泰"之别。

[四]蓝勇主编《稀见重庆地方文献汇点》（下）第860页作黄绍猷。两书记载存在"彭绍献""黄绍猷"之别。

[五]蓝勇主编《稀见重庆地方文献汇点》（下）第860页作赵洪滔。两书记载存在"韬""滔"之别。

　　［六］蓝勇主编《稀见重庆地方文献汇点》（下）第860页作邹世俸。两书记载存在"世""仕"之别。

　　［七］蓝勇主编《稀见重庆地方文献汇点》（下）第861页作沈元太。两书记载存在"太""泰"之别。

　　［八］蓝勇主编《稀见重庆地方文献汇点》（下）第860页作李富香。两书记载存在"香""春"之别。

　　［九］蓝勇主编《稀见重庆地方文献汇点》（下）第860页作黄柏川。两书记载存在"百""柏"之别。

　　［十］蓝勇主编《稀见重庆地方文献汇点》（下）第860页作姚允正。两书记载存在"永政""允正"之别。

　　［十一］蓝勇主编《稀见重庆地方文献汇点》（下）第860页作郭俸先。两书记载存在"先""山"之别。

　　［十二］蓝勇主编《稀见重庆地方文献汇点》（下）第860页作吴金秀。两书记载存在"金""登"之别。

　　［十三］蓝勇主编《稀见重庆地方文献汇点》（下）第860页作魏举，无"国"字。

　　［十四］蓝勇主编《稀见重庆地方文献汇点》（下）第860页作汪鸣冈。两书记载存在"明""鸣"之别。

　　［十五］蓝勇主编《稀见重庆地方文献汇点》（下）第861页作苟俸。两书记载存在"苟""苟"之别。

　　［十六］蓝勇主编《稀见重庆地方文献汇点》（下）第861页作唐代聘。两书记载存在"待""代"之别。

　　［十七］蓝勇主编《稀见重庆地方文献汇点》（下）第861页作罗方廷。两书记载存在"方""芳"之别。

　　［十八］蓝勇主编《稀见重庆地方文献汇点》（下）第861页作杨昌发。两书记载存在"发""法"之别。

　　［十九］蓝勇主编《稀见重庆地方文献汇点》（下）第861页作何学刚。两书记载存在"纲""刚"之别。

　　［二十］蓝勇主编《稀见重庆地方文献汇点》（下）第861页作魏世登。两书记载存

在"仕""世"之别。

　　［二十一］蓝勇主编《稀见重庆地方文献汇点》（下）第861页作赵应付。两书记载存在"富""付"之别。

　　［二十二］蓝勇主编《稀见重庆地方文献汇点》（下）第861页作李廷青。两书记载存在"清""青"之别。

　　［二十三］蓝勇主编《稀见重庆地方文献汇点》（下）第861页作熊桂林。两书记载存在"理""林"之别。

　　［二十四］蓝勇主编《稀见重庆地方文献汇点》（下）第861页作席文龙。两书记载存在"元""文"之别。

　　［二十五］蓝勇主编《稀见重庆地方文献汇点》（下）第861页作刘谨华。两书记载存在"锦""谨"之别。

　　［二十六］蓝勇主编《稀见重庆地方文献汇点》（下）第861页作陈文纲。两书记载存在"刚""纲"之别。

　　［二十七］蓝勇主编《稀见重庆地方文献汇点》（下）第861页作刘四铭。两书记载存在"泗洺""四铭"之别。

　　［二十八］蓝勇主编《稀见重庆地方文献汇点》（下）第861页作刘姜安。两书记载存在"美""姜"之别。

　　［二十九］蓝勇主编《稀见重庆地方文献汇点》（下）第861页作白允阳。两书记载存在"扬""阳"之别。

　　［三十］蓝勇主编《稀见重庆地方文献汇点》（下）第861页作周二丙。两书记载存在"炳""丙"之别。

　　［三十一］蓝勇主编《稀见重庆地方文献汇点》（下）第861页作周朝阳。两书记载存在"阳""扬"之别。

　　［三十二］蓝勇主编《稀见重庆地方文献汇点》（下）第861页作周朝仲。两书记载存在"中""仲"之别。

　　［三十三］蓝勇主编《稀见重庆地方文献汇点》（下）第861页作李昌乐。两书记载存在"荣""乐"之别。

　　［三十四］蓝勇主编《稀见重庆地方文献汇点》（下）第861页作徐于，误断。当为

"徐宇高"。

　　[三十五] 蓝勇主编《稀见重庆地方文献汇点》（下）第861页作高谷相，误断。当为"谷相"。

　　[三十六] 蓝勇主编《稀见重庆地方文献汇点》（下）第861页作况荣操，误断。当为"况荣"。

　　[三十七] 蓝勇主编《稀见重庆地方文献汇点》（下）第861页作文元，误断。当为"操文元"。

　　[三十八] 蓝勇主编《稀见重庆地方文献汇点》（下）第861页作冯于全。两书记载存在"子""于"之别。

　　[三十九] 蓝勇主编《稀见重庆地方文献汇点》（下）第861页作夏福宝。两书记载存在"保""宝"之别。

　　[四十] 蓝勇主编《稀见重庆地方文献汇点》（下）第861页作夏一载。两书记载存在"载""戴"之别。

　　[四十一] 蓝勇主编《稀见重庆地方文献汇点》（下）第861页作郑元况，误断。当为"郑元"。

　　[四十二] 蓝勇主编《稀见重庆地方文献汇点》（下）第861页作万选，误断。当为"况万选"。

　　[四十三] 蓝勇主编《稀见重庆地方文献汇点》（下）第861页作黎升。两书记载存在"李""黎"之别。

　　[四十四] 蓝勇主编《稀见重庆地方文献汇点》（下）第861页作李太。两书记载存在"泰""太"之别。

附　防守鹤游坪议叙军功

　　^{武举,授千总衔}谭在榜、^{象州吏目}谭鎰、^{开县汛}汪调元、^{千总}谭世清、^{千总}张耀文、^{千总}谭崇荣、^{千总}舒世禄、^{千总}张执中、^{千总}石文轩、^{千总}赵斗吉、^{千总}刘瀛川。

　　咸丰十一年（1861）及同治元年（1862）滇匪周蹍子踞鹤游坪、贼目蓝大顺入寇州境，绅团死事入祀昭忠祠者一千三百三十四人

职员傅渐逵、张显达、龚真廷、卢含章、胡成彩、黎元彩、汤应祥、汤玉光、刘文光、游昌、游成仁、卢太元、周廷杰、卢占元、朱长、王汝元、汤大鹏、周汝坤、卢万顺、张么、王焕廷、黄玉斗、廖腾海、龚俊三、何廷遂、郭蔚然、刘立堂、邬正斗、龚席珍、何维常、黄正斗、刘立矩、邬先举、廖三元、何朝福、汪兴甲、杨天时、沈洪顺、孔占彪、杨顺德、彭兴贵、徐绍林、傅永固、林暄亭、游朝品、彭德贤、徐麒麟、卢仁美、陈玉容、张道五、洪廷选、徐廷禄、王遇贵、王玉富、张茂春、李成栋、吴德奎、文东林、陈春、张世福、游喜、谭立鹤、廖友、傅正芳、黎启林、黎元福、黎传碧、孙宗贵、钟昌元、王廷滔、谈世贵、胡廷顺、龚廷臣、游荣群、游成陶、余维城、王秀槐、胡元禄、龚廷斌、游荣瑀、游成奎、余宗雄、王秀奎、丁富、龚喜元、游荣琬、游成伦、汪汉昌、王士席、许金莲、龚晓林、游荣琚、余景武、汪汉河、王士问、余廷蛟、龚绍元、游成宗、张文清、汪兴健、王士才、陈朝宁、游金宗、张国政、汪兴祖、王士禄、吴长春、游荣琼、游宗皋、余国芹、汪汉廉、王秀爵、吴应禄、游荣瓘、游文芳、张正楷、汪兴歧、金柱贵、吴三、游荣斌、王永双、张国才、汪汉院、王秀金、盛应贵、游荣钟、王永贵、张碧、张兆凤、王士贵、邱仕华、游朝品、游荣辉、夏邦禹、张兆福、王士双、汪祥官、游荣钧、游应唐、陈文光、蒲应道、王士龙、陶木匠、游荣东、姜大兴、陈宗逵、王学闵、刘元纯、冯月和、游荣党、游荣九、陈文进、王正元、刘五、岳朝科、游金成、夏文烈、傅永德、王秀坤、刘长生、岳朝恩、杨文鉴、游成朝、谭仁有、王秀士、孔二、高万益、王秀彩、夏桂元、陈应田、汪忠溢、郑星柱、张三、王七、孙一堂、陈应福、汪五、郑际阳、张四、王士儒、孙百禄、陈廷文、汪德朝、郑在阳、王国玉、王四、孙灿一、陈廷彩、汪应彩、朱天成、王国林、张二、冯舟和、陈廷爵、黎启之、王元辉、龚廷辅、吴春道、陈廷章、游天绪、龙子章、王国彬、杨天爵、龚廷模、吴盛林、陈绍斗、杨金祥、刘文龙、王元碧、龚春阳、龚国玉、陈绍泮、杨金锡、刘国隆、王元发、陈廷贞、陈绍良、刘仕栋、李秀海、王国友、龚东星、陈应禄、陈绍怀、夏文诗、杨福、王国选、龚海湖、陈应级、陈绍禄、龙朝元、夏邦亨、王元喜、龚海澶、陈廷官、陈廷芳、游成、秦树禄、王元高、龚应启、陈绍银、高朝贵、游朝义、陈应荣、王元斗、龚国兴、陈应凡、陈绍治、陶顺祥、郑协祥、王元思、李君江、陈应平、陈廷栋、江四、郑荣生、王万伦、李君相、陈应文、汪汉万、游萃、郑二、王文礼、周应德、陈应旦、汪兴福、夏国明、张绍桂、王万学、夏桂芳、陈应泉、汪汉华、刘元端、张绍俸、谭仲载、游荣恩、游七、夏都河、郑图元、徐二喜、李君怀、游宿曰、游应尧、刘宇陌、郑德元、夏心田、龚应福、游荣联、游应堂、黎传弟、郑心明、周世奇、黎德业、吴应举、魏荣福、杨天心、郑心仲、王永顺、黎德蔚、游荣升、魏麻元、沈二、刘高德、魏世顺、黎世锡、张黑子、僧福田、胡六十、曹占魁、高滕兰、刘汉成、游五、僧满屡、潘元龙、高滕臣、谭三元、董贵、周仕荣、僧满荚、陶双凤、蒲明德、何再顺、孙崇、张一、高元、陶二、谭兴樊、陈开崇、唐玉章、游荣朗、游登槐、刘玉白、黄世喜、陈登蟾、任玺同、游荣秋、游应鼎、刘乾松、黄长元、彭学乾、王万双、游双、游应文、朱兴武、郑大光、陈开顺、刘翌成、游卯、游登岸、余子隆、郑大周、陈开锡、刘轨宗、游仲、周元、胡元支、陈攀桂、陈登宽、黎行仁、游应举、陶大钦、胡沅禄、伍二、邓有光、黎三鹏、游金城、陶大昭、白钟慧、陈士会、冯玉鼎、黎三兴、游荣田、游佑、胡玉顺、陈士海、何本立、黎元怀、游儒、李成德、郑顺祖、陈三元、王有三、刘应科、叶文盛、黎四、黎正阶、唐宗品、谭春德、梁东成、何占彪、周一万、夏邦炳、汪正周、谭顺才、陈开柱、张振宿、周一党、黎春、陈占彪、谭清德、陈开彩、李含芳、周孝、周汝易、李顺、谭朝福、陈开奎、罗炳南、周一礼、夏国琏、夏占彪、陈文亨、陈登虞、周本立、周一汉、龚文灿、秦得胜、赵玉贵、邓有臣、吴明鉴、周一庆、吴绍陵、邬炳麟、洪四、伍登禄、王永福、周一仲、杨狗、汪在阳、熊义和、陈开伦、周汝祥、周一祥、吴栻陵、谭登沛、贺隆五、况占先、周仕鹏、周狗、吴德俊、谭褅铄、黎福、张正旭、周仕顺、周一秋、周南、谭褅才、谭文廷、况海、龚七、姜有芳、龚世高、谭应春、汪三阳、况正伦、孟人秀、周一寿、周朝琼、陈麻元、谭褅润、何福田、王永顺、姜盛余、龚双喜、谭彰德、谭同、张文品、文兴启、周一山、周朝先、谭才德、张有成、何长生、王洪顺、焦三、许五、谭美德、蒋德奎、余大兴、唐贵才、周一陶、吴碧陵、赵三贵、张三德、蒋应成、周一元、夏邦举、吴宜富、云正洪、夏邦南、李春芳、任涛寿、杨石保、易汉万、卢洪顺、李镇之、王喜、陈开丛、周必胜、黎洪顺、程洪、孔安邦、叶双胜、包乐发、包长林、张彪、郭万祺、程国斗、任同、谭文照、李万道、李长顺、杨世清、陶耀田、任春、沈元魁、林正举、杨大二、焦荣之、白玉春、周汝山、余长林、卢子俸、包宗品、黎宗二、王荣洲、周世顺、包兴发、杨世海、余天朗、王永太、程全秀、周丑、余占彪、白长春、王世太、刘五十、王仕太、胡应元、程占彪、张轩、孔广学、张盲子、梁后廷、周海晏、胡寿、沈进忠、杨辛丑、田占彪、王永吉、李正芬、余占盛、黎尚才、黎元福、黎六十、程兴顺、秦子玉、汪应九、蒲应珍、周正邦、孔正海、邹德贵、卢玉山、任德寿、查万发、夏洪朝、易福生、郝春、周应元、陈登宇、伍元宇、胡应崇、汪祥春、杨昌平、杨乔保、杨金典、戴仕文、陈万盛、王秀昭、张道五、陶应义、杨朝珍、邓茂林、邱占山、李永忠、张四、黎正顺、杨金其、汪世玖、李正友、周世琴、李大双、周汝维、杨德朝、谢天怀、胡维芳、周喜元、刘大喜、陶国伦、杨元昭、秦先信、伍进元、何二蛮、夏二喜、张顺、杨朝相、杨天福、蒲鹏飞、何连升、刘喜生、贺龙斌、陈甲、何仕海、刘元凤、李廷元、向洪春、彭丙、周应毓、何金巨、刘元明、吴蛮子、向长春、杜文举、周应智、何毛三、胡国清、袁长、梁大顺、余昌子、何在圣、熊三、夏来福、董二、冯鼎、黎尚莹、周德盛、罗永成、刘廷灿、汪四喜、冯占龙、陈金秀、袁尚仁、刘福、刘廷椿、杨金和、张占武、陈金之、李占魁、杨朝武、刘廷枢、杨元中、王鹏举、卢占彪、王占雄、秦天玉、刘心纯、冯祥受、冯辅臣、陈廷标、陈洪顺、赵仕谟、刘元函、冯长茂、冯国庆、杨正友、刘一清、沈文安、邱贵、周应升、冯在鼎、刘欲贤、夏邦衡、周汝郎、许正廷、谭九德、王四、蔡应春、刘登盛、周双福、夏长生、李腾兴、颜贵、吕明星、刘文明、汤仁祖、余天朗、谭育德、陈万贵、秦天爵、夏闰、汤春年、孙宗顺、谭守泽、洪子禹、黄永义、夏邦怀、汤于年、游易发、谭芳成、林占彪、王占彪、张道斌、黎和顺、湛有兴、谭守立、林在兴、唐科、张明宣、周飞海、谭守祥、王国泰、林在福、苏占彪、杨顺德、邹龙升、谭邦轼、石用乾、刘喜吉、廖太平、刘仕信、古月明、谭朝聘、石用榜、刘细五、张占雄、张元恩、秦立诚、谭仲超、邹惺、游占雄、夏廷彪、汤绍光、廖永年、谭述松、严人和、游玉春、陈回生、汤顺光、汪应学、谭述兴、张源玺、李仕芳、秦子玉、林复扬、汪仕良、伍同应、谭立德、韩五元、岳正才、刘玉喜、汪维芳、秦树圃、谭守泮、李学全、彭在盈、唐贵芝、张之奇、徐诗怀、李嘉谟、汤占祥、彭在顺、袁现桂、张占雄、伍全体、李秀仁、李应长、王步东、周之兴、蔡应春、程占武、夏邦斗、张俊、刘仕福、何仕文、魏连同、王秀和、李永兴、曹启洪、夏都鉴、操文江、董应科、周仕隆、刘五子、马仕龙、刘玉柄、徐文斗、董文礼、马元伦、徐长林、王维顺、王喜、袁大连、董文玉、刘五尺、余占春、文占彪、汪九、席学贵、胡国瑞、刘占魁、程治国、文占元、夏都泗、胡国金、夏银生、袁么和尚、程治禹、熊羲和、刘乾淞、袁毛子、胡维坪、刘元明、刘占元、游正万、文占魁、袁和均、胡登松、李吉、姚华亮、谭人栋、王兴其、王联华、伍登山、何学士、蒋学淋、谭光铎、王丙、王应彪、胡登伦、何长生、叶文榜、郎志、张斌、张永贵、夏邦福、魏居光、张之政、邓田、游万春、杨春、陶应奎、龙纯玉、何仕学、夏明朝、罗乔、黄德顺、包昌、蒋洪盛、朱荣喜、王心贵、张贵林、傅大有、胡国银、刘天朗、汪正栋、刘明宽、余三喜、傅忠堂、刘洪兴、刘五池、李永发、李福、吴东元、吴廷彪、刘仁超、李木匠、王必贵、李永宗、刘福生、毛映鎏、唐天星、王世正、刘朝宽、刘玉万、袁恒兴、蒲正光、何再文、马长、李玉福、夏安定、张光春、王天佑、周文元、何吉太、谭效试、余天相、罗在国、刘立生、黎明贵、朱荣顺、邬之应、邬之廉、夏清臣、罗在纲、袁应喜、袁宗智、何占彪、邬光林、夏芝圃、瞿守忠、刘九、吴传礼、余大兴、邬之谊、夏国武、杨天璜、刘保童、谭占彪、胡学榜、陈国珍、夏飞龙、熊得魁、张本全、游彪、胡麻二、邬世美、岳其祥、任玺同、周躭巴、瞿元吉、夏祧万、刘有信、周万春、任升、周世申、彭在银、夏都举、邬世堂、陶天佑、张正文、袁大会、匡应彩、胡学权、刘朝贵、石万成、刘寿生、袁河、陈开从、李秀权、邬荣盛、夏继春、夏祧德、袁于礼、胡应祖、游朝福、周文法、周昌福、吴国栋、徐治、任申、包乐法、邬光明、王忠福、何兴顺、周世应、任玺载、曾复顺、谭光云、陈占斗、罗大德、黄代发、刘福、谭怀镕、谭仲达、周平山、王仕良、张大成、刘受生、谭怀锜、王学金、夏万春、黎银、张五、任玺盛、汪在荣、傅庆芳、王天荣、王已元、李十林、陶庭润、游荣尝、傅庆福、夏继模、周汝俊、唐天宽、沈世清、杨正丑、张仕俊、邬之英、周寿元、胡占魁、杨昌平、周应祥、周德贵、陈广富、王良锐、邬同生、李地先、晏鹏举、袁闰平、周荣发、张飞燡、黄得胜、焦银寿、高荣华、袁映生、陈廷祯、刘海宾、晏国万、陈广贵、周朝元、包罗发、刘元树、夏玉元、晏仁发、何文榜、龚老幺、张国栋、刘元福、喻洪发、王科兴、王兴隆、刘天仁、彭玉彪、夏朝书、袁应升、邹德贵、焦正海、王吉昌、余飞海、邬四、刘举成、张四喜、王大顺、冯学仁、周朝龙、张国柱、罗文福、夏钟华、冯国兴、刘元善、龚老二、袁祧顺、袁步高、夏祧华、周朝纲、王长太、游正禄、万年、张青云、李正友、龚正和、周汝璸、刘天申、黄万宗、汤新年、谭在礼、游有平、周本善、游芳、周之顺、周鸣凤、余子龙、余兴贵、朱启贵、游蛮子、周青连、何裕顺、冯星正、孙占山、游占雄、朱荣常、袁映生、邱占山、张正学、张廷彪、游玉田、张学成、周仕孝、王荣福、谭兴顺、彭玉发、游玉春、游显芹、周应兴、周二、王洪发、张文俊、焦玉海、游洪禄、游成仁、陈登荣、冷二、黄得胜、何本力、谭文栋、朱家兴、刘文魁、黎元文、谢均山、蒋应福、谭守顺、朱仓贵、文德囲、白应三、秦仕坤、何仕学、谭祵锐、张寿、周德兴、文荣普、陈玉、谭光鋆、夏正山、陈在骑、夏廷彪、陶廷润、谭怀远、谭光锜、游朝荣、胡元芝、刘九、周仕复、秦树为、谭孝德、游长生、黎七、夏喜生、陶元升、余克昌、谭礼德、谭怀学、易汉万、郑荣升、陶国伦、胡应朝、谭方佑、谭方伦、黄云海、黎顺、黎传科、杨大士、谭应山、谭寿、王心田、王泽三、龚正合、谭登洪、周应武、谭三、罗祥龙、宋飞鹏、王吉昌、刘万天、谭在科、刘同映、秦树斗、黎大顺、刘天仁、汪应荣、钟昌元、刘登盈、秦树福、周飞海、龚文碧、汪在荣、岳大二、程朝伦、郑崇生、许有元、陶荣本、谭人鹤、岳应寿、刘文拔、秦联喜、周朝先、陶宗洵、廖心友、岳占雄、刘正吉、周玉溥、许宗元、陶荣龙、谭效轼、何国俊、张正禄、金国臣、冯阳春、陶宗灿、王学经、夏益俸、胡群三、谭矩模、周金山、何文斗、傅正福、张泰春、岳应成、余占洪、陈清洋、唐长生、朱飞雄、黎启蛟、岳应武、岳飞龙、夏有胜、何正荣、汤宗年、夏德九、陈其龙、蒲鹏程、杨天时、刘洪兴、蒋占彪、周文顺、李福受、岳应雄、王洪发、刘复兴、周仕福、刘玉文、王占彪、张国珍、谭洪顺、刘喜元、詹天禄、石荷亭、王凤山、蒲应道、汪九、游镇庭、易文周、石凤鸣、罗应远、李芳、陈玉龙、吴廷扬、鲜其礼、夏东福、石在朝、陶元洪、李大受、李秀海、周在福、刘贵、陈占鳌、瞿子珊、周仕川、刘仕栋、陈兴发、高正元、郑凤林、瞿宇忠、周仕阿、黎启芝、孙贵和、刘尧、黄正品、瞿宇耀、周仕泮、邬光被、沈世印、夏映生、周步高、夏明朝、夏国柱、汪五、周福、李木匠、蔡广华、瞿宇魁、李秀权、许应聪、周四、夏釜和、王春、杨天璜、夏来生、吴三、黎元龙、游宗涛、蒲二、陈永乾、谭登科、郑际阳、蒋占彪、蔡星壁、游成伦、瞿子童、曾兴顺、郑明才、汪超群、夏大湘、游成奎、瞿际文、许正廷、郑载阳、黎元麒、谭守顺、游芹芳、蒋有顺、朱荣善、王喜、张道五、刘占彪、吕明星、胡国喜、沈源奎、黎占元、余廷辅、夏大顺、曾玉丰、夏占元、刘占春、黎万隆、孔廷英、程洪顺、曾其禄、王世甲、李占彪、王登级、周应淮、陶应仕、余应成、王德盛、贺武隆、陶应仁、周凤歧、卢洪顺、陶世禄、杨伦、王登周、郭万圣、汪兴政、胡春亭。

同治元年（1862）发逆石达开闯入境围城及周蓝两逆入寇，绅团死事入祀昭忠祠者八百二十九人

何升玉、李恩来、刘应德、庞顺、郑永福、刘童、况辅廷、洪子芳、卢元泽、杨魁熊、

张朝相、冉奇、袁步高、刘二元、朱洪川、钟太平、张朝芝、冉学广、张三元、车三元、朱廷芳、黎元文、向福兴、冉瑞发、徐长、曾世华、朱治和、杜正山、何竹园、傅正荣、沈宗明、岳朝升、黄恒顺、杜正川、盛榜达、黄现文、许子镒、冯有寿、杨占鳌、刘元相、盛兴文、彭万富、陈尚顺、冯有秀、胡绍华、杨二、杨八、毕仕顺、冯太、冯绍华、郭维寿、冯武云、赵二、王应堂、张海、刘旸圃、张国洪、黄占彪、刘应科、张兴岱、何仕洪、余朝贵、蒋么、杜占彪、吴正模、张兴顺、徐清龙、蒋志元、曾长福、彭童、吴学洪、钟化宽、王顺有、唐贵才、杨一顺、吴正常、唐永顺、钟山璜、徐清明、秦文义、李文华、王精一、姚正谷、胡心忠、徐清德、沈彪、魏正武、王应、高正璜、陈永川、徐清喜、张兴顺、何文升、胡家仁、李福生、唐君宇、王见顺、张邦品、何廷模、杨华峰、高飞龙、罗东顺、张三顺、蔡七十、勾廷福、何童生、张洪顺、戴永祖、陈万顺、冯仕朝、秦世林、况泥水、周永年、黄顺廷、程东山、戴大、张永发、袁中才、熊仲顺、游醇受、秦新顺、戴二、张正玉、张大本、张调元、游醇模、陈长清、李贤珍、吴石匠、吴学洪、申荣、萧崇政、陈占鳌、李勋伯、况仕本、熊仲顺、唐二、杨盛然、杨正元、杨兆武、周正贵、吴正模、张四、曹正国、盛调阳、陈福泰、周文伯、姚贞谷、罗仲山、张廷顺、周福、黄开贵、周文扬、唐文光、张福顺、杨朝宗、唐长、李东宝、殴喜、许国模、许国信、杨盛聪、张福、汪东洋、陈春山、萧国明、林占彪、刘兴玉、冉二、汪大顺、梅洪恩、萧国安、林锦福、胡德润、张东升、汪景山、官大旗、萧国禄、林在星、陈梦兰、庞三元、刘名扬、李洪顺、萧德怀、王廷模、王明举、王文龙、刘文灼、邹廷彪、萧国儒、王新远、刘兴吉、王文福、刘有寿、邹占雄、萧茂时、罗仲山、董卯、王武印、王席珍、邹占鳌、韦才禄、秦朝龙、盛贵亮、徐心同、刘廷辉、蔺国秀、余天才、游敢受、盛富汇、徐顺先、潘周南、蔺理堂、梁同福、蔺远登、盛新喜、徐官元、陈油匠、胡成品、高二、李仕科、陈洪道、王武才、余洪慈、张隆一、盛维梧、杜国顺、蔺有仲、魏顺生、高吉元、郭清一、邓玉禄、吴传礼、蒋三、魏五、夏雨田、胡喜寿、陈凤仪、罗东二、杨师周、罗三、沈怀兴、王丙子、凌祖福、傅玉伦、冉四、戴宽栋、王占超、蔺三、汪华山、陶贵生、杨寿、彭长春、邓国才、郭三、邱玉禄、胡德庆、杨天喜、祖黑子、李洪荣、涂仕应、田兴奎、董熙尧、陈贵、杨正发、夏迎宾、王朝聘、何世伦、曾国玩、万治全、王学全、林黑子、曾三超、李琼芝、杨通迎、勾德贵、夏鸦雀、梅童、郑大模、高及元、蔡守林、万尚德、刘二、张福生、余朝春、杨昌科、杨通奎、勾于福、杨光福、张长久、陈忠、申允圣、申允贤、杨光亮、尤名珊、谭金福、何永洪、卢仕福、官克清、蔡文庆、王天福、乐禄、官克明、夏太祐、何天贵、余开仕、况么、蔺国贤、李伯寿、夏德藩、杨光贵、胡贵寿、李童三、洪贵、徐怀德、王正月、倪大庚、李登榜、蔡成材、王龙庆、谭可荣、庹廷辉、蔡顺元、蔺巴三、郑在福、王纯、侯占超、张天瑞、万治禄、张洪顺、王福生、万童、蒋光明、夏太元、李洪陶、梅发顺、曾天琮、刘元、蒋飞虎、申汉阳、李超寒、郭瓦匠、洪双、李开兴、王光奎、王炳堂、洪天元、尤名鸿、李祯祥、洪子方、刘太、陈长受、万二蛮、蔡成柱、尤在林、萧登瀛、田兴顺、伍仕亮、万润生、尤名陶、石世臣、李大士、杨通乐、许长青、万三蛮、王天禄、廖仕儒、李双童、汪德顺、张龙一、万治洪、王五十、喻升、王灼然、王万禄、王苗二、申东阳、李大、杨学会、娄泽荣、郑顺瑜、乔心保、夏受之、李童、杨学普、娄泽贵、郑顺成、戴康、高天枢、陈宗奇、杨学愚、何学诗、郑顺榜、蓝康林、徐尚书、陈宗富、杨学海、何学礼、焦受、喻正春、祝上青、张照、杨学渊、何学文、焦敬年、田蛮、胡四九、张太、杨学纯、何照、李彪、高玉春、郭文榜、薛荣、孙昂、何井、袁占雄、胡正学、陈官荣、蒋犬、孙成国、何石保、袁占魁、刘兴玉、毕世品、蒋大烈、孙大、游家庠、李耀雄、刘万受、魏仕德、石福、孙二、游家烈、李飞雄、刘百受、魏仕贞、石长寿、孙蛮、皮朝斗、陈正邦、陈景惠、魏仕林、石井、孙成周、皮朝选、陈恺、冯仕奎、李田受、石荣华、孙成章、刘庆、陈培、冯德受、毛大元、朱正奇、尧正俸、王彪、陈忠、王正武、何献瑞、朱正江、尧正江、王牛、廖康、杨润生、何晓岚、朱正烈、尧正都、粟三、廖四、蒋三、李明、朱正书、薛煌、粟四、廖升、刘国顺、李长生、杨学鲁、蒋炳、郑得周、乔心林、刘闰生、任三、杨长、吴永祥、刘心贵、石兴发、王庆余、袁大、田应洪、陈古三、张应德、莫显万、杨世旦、袁二、田潘龙、潘二、张廷榜、张荣、刘兴贵、张顺成、杨正发、杜正桂、皮朝觐、萧常宇、张应德、唐维玩、李元俸、_{文生}高建忠、田兴儒、宋朝权、瞿见斗、萧宗仁、_{监生}杨盛洲、蔺国秀、胡子应、宋贵生、何载福、_{监生}萧金谷、萧宗道、罗万顺、黄应洪、宋永和、_{文生}高荣第、罗钦岱、安大才、王朝安、何在福、周明、邓宗碧、彭传孝、陈五、王心元、陶大有、宋老三、杜坤二、盛兴虞、冉四、王盛书、陶大常、罗朝良、杨心顺、傅家福、杨在顺、王盛乾、罗仁、罗尚周、陈卯林、傅家寿、杨二、刘高、易仁和、罗尚伦、杨宗顺、傅世华、张福、刘兴荣、易仁位、罗荣、刘佐文、傅世福、钟照、汪三元、冉珍朝、周东、刘理达、傅世祥、周国栋、周冠宇、陶喜生、周海、刘海明、曾吉凤、李锜、罗育才、僧觉超、杨白受、周广泰、罗朝阳、周银生、刘海汉、李应顺、杨寿亭、卢治奇、罗朝相、周明三、刘海顺、何廷模、李兴朋、冉如琏、罗相烜、刘景林、刘金斗、吴昌炽、汤有光、傅木匠、惠芳、惠木匠、李占彪、李成泰、杨师周、萧崇智、萧崇仁、杨盛银、庞美缙、蔺国柱、鲁孔模、涂文治、汤作霖、贺丑、冉璠、卢治歧、王文芳、莫显万、刘兴贵、任恩秀、萧常宇、任现贵、张应德、石兴发、杜正桂、王庆余、田应洪、张荣、傅太、李兴贵、田兴达、邓玉禄、刘玉贵、刘世龙、秦大、徐国端、田兴茂、周闰年、罗印洪、刘玉才、李济荣、邓光辉、汪绍兴、董金彪、蒙文忠、尚伦、李荣林、邓朝龙、蓝有余、王炳英、叶阳春、尚正型、陶成兴、汪华山、姚凤舞、王锡朋、叶全春、尚正谊、陶玉顺、易仁海、谭东海、张汇川、叶长青、刘魁、李秀荣、易仁涛、秦世才、汪三益、冉玉顺、刘文亮、李秀春、易月成、田景坤、汪青云、何瑞荣、刘文成、李天申、况荣福、刘仕才、叶步青、何瑞朝、刘才、李秀彦、张三级、祝三江、樊喜、何大志、袁普、姚德喜、张三江、卢江、王正俸、何三、勾月清、吴永和、王聘三、郑七、张玉堂、何卯、勾逢春、吴永禄、余仕海、周福林、李世久、何井、李启明、吴永万、戴义才、王三多、李正元、何石保、田正受、周泽明、柳长青、何锡爵、田汉甲、黄国贵、张楠、周泽华、张东海、何惠然、田井保、周清、马正元、周泽贵、陈光裕、杨三余、赵长林、周丑、马旬、廖玉林、何玉顺、杨明惠、赵心林、周敢、周正宽、张正江、傅之清、任恩秀、张光吉、薛廷丰、僧心月、张正榜、傅之贵、任现贵、邓光斗、张海涛、田子英、张三、彭宗长、白受、蒙文福、王旬、周正位、焦五、白正位、余文彬、蒙文魁、王书、廑春、余旭、余井、瞿立成、瞿凤林、童文昭、张景春、游春、游三喜、李逢春、李满、晏福生、张二、吴昌炽、彭二、魏三、晏可升、何易福、王福生、僧觉超、彭继武、任金二、殷贵义、王五寿、罗天位、罗长寿、彭克纯、邹荣德、梅国俸、李老陕、罗二、韦朝钦、唐得华、杨寿徵、秦明远、宋二、徐三、胡愈顺、王文龙、李应、李在荣、胡永孝、杨先江、王见琨、王文元、徐朝用、倪顺兴、程朝福、盛榜祥、王三元、朱四、余国万、王仲芳、冉林瑞、戴四、萧福元、姚老陕、黄元仲、王五岳、刘廷仁、李世栋、邓有生、欧志发、伍照连、黎天友、杨世旦、王新盛、李文福、李世科、黄忠贵、张荣、田应洪。

同治三年（1864）号匪窜境及龙洞团民阵亡入祀昭忠祀者七十二人

　　佘廷国、向必秀、李元品、李登顺、文天柱、冉崇应、刘朝品、詹夏品、李朝武、罗应才、萧通富、徐春福、刘朝钦、张福、陈洪林、张喜、曹宗德、梁裁缝、汪海远、陆三、陈洪榜、姜长坤、蒋立华、冉四、汪未远、牟二、陈吴卯、卢正榜、邹洪鼎、王时贵、汪有寿、唐万镒、田宗禄、王天发、胡长寿、陈显照、张同寿、张文玺、张昕、孔家福、胡开义、吴锡正、张老幺、陈学俸、张寿喜、杨应清、张万、简羽华、陈凤堂、唐正鼎、邹儒连、杨春、朱世祥、龚世海、陈廷俸、杨桂芳、冉贵林、李朝禄、向洪纲、荣大、易登喜、陈洪荣、陈凤银、李元贡、张大望、牟德顺、刘子伍、向长寿、简启元、文天福、李元祯、舒正鼎。

　　招募外境弁勇练丁阵亡者六百二十人，名列昭忠祀，不具录。

《勇补遗》

　　夏泰祐、夏宇恬、夏寅宾、夏德藩、庹五、张石投、刘树棠、刘敬堂。

参考文献

一、方志

［清］董维祺主修，《重庆府涪州志》，清康熙五十四年（1715）刻本

［清］多泽厚等纂修，《涪州志》，清乾隆五十年（1785）刻本

［清］德恩修，《涪州志》，清道光二十五年（1845）刻本

［清］吕绍衣主修，《涪州志》，清同治九年（1870）刻本

［清］邹宪章修，《涪乘启新》，清光绪三十一年（1905）刻本

［民国］施纪云总纂，《涪陵县续修涪州志》，民国十七年（1928）刻本

［晋］常璩撰；刘琳校，《华阳国志注》，巴蜀书社，1985年

［清］王应元等，《同治重修涪州志》，《中国地方志集·四川府县志辑》（46）江苏古籍出版社·上海书店·巴蜀书社，1990年

［清］黄廷桂，《四川通志》，四库全书本

《日本藏中国罕见地方志丛刊》，书目文献出版社，1992年

《稀见中国地方志汇刊》，中国书店，1992年

四川省黔江土家族苗族自治县志编纂委员会编，《黔江县志》，中国社会科学出版社，1994年

涪陵市志编纂委员会编，《涪陵市志》，四川人民出版社，1995年

《中国长江三峡大辞典》编纂委员会，《中国长江三峡大辞典》，重庆出版社，1997年

《涪陵辞典》编纂委员会编，《涪陵辞典》，重庆出版社，2003年

［清］冯世瀛、冉崇文等编纂，酉阳自治县档案局整理，《酉阳直隶州志》，巴蜀书社，2009年

［清］庄定棫等，《彭水县志》，光绪元年（1875）刻本，彭水档案局《彭水珍稀地方史料汇编》，巴蜀书社，2012年

《彭水县志（康熙本）》，彭水苗族土家族自治县档案局编《彭水清代方志集成》，巴蜀书社，2013年

《彭水县志（同治本）》，彭水苗族土家族自治县档案局编《彭水清代方志集成》，巴蜀书社，

2013 年

《彭水县志（光绪本）》，彭水苗族土家族自治县档案局编《彭水清代方志集成》，巴蜀书社，
　　2013 年

重庆市黔江区党史和地方志办公室编，《黔江清代四志·黔江县乡土志（光绪末年）》，广陵书社，
　　2013 年

重庆市黔江区党史和地方志办公室编，《黔江清代四志·黔江县志（咸丰）》，广陵书社，2013 年

重庆市黔江区党史和地方志办公室编，《黔江清代四志·续增黔江县志（同治）》，广陵书社，
　　2013 年

重庆市黔江区党史和地方志办公室编，《黔江清代四志·黔江县志（光绪）》，广陵书社，2013 年

《道光重庆府志》，蓝勇《稀见重庆地方文献汇点》，重庆大学出版社，2013 年

二、著述

［清］陆增祥，《八琼室金石补正》，文物出版社，1985 年

许肇鼎，《宋代蜀人著作存佚录》，巴蜀书社，1986 年

傅平骧，《四川历代文化名人辞典》，四川文艺出版社，1992 年

［清］姚觐元、钱保塘，《涪州石鱼文字所见录》，上海书店出版社，1994 年

政协四川工委，《世界第一古代水文站——白鹤梁》，中国三峡出版社，1995 年

陈曦震，《水下碑林——白鹤梁》，四川人民出版社，1995 年

陈曦震编，《水下碑林——白鹤梁》，四川人民出版社，1995 年

水利部长江水利委员会，《长江三峡工程水库水文题刻文物图集》，科学出版社，1996 年

胡人朝，《中国西南地区历代石刻汇编（四川重庆卷）》，天津古籍出版社，1998 年

徐世群、杨世明，《巴蜀文化大典》，四川人民出版社，1998 年

巴声、黄秀陵编著，《历代名人与涪陵》，中国文史出版社，2005 年

曾超，《三峡国宝——白鹤梁题刻汇录与考索》，中国文史出版社，2005 年

李胜，《涪陵历史文化研究》，中央文献出版社，2006 年

胡昌健，《恭州集》，重庆出版社，2008 年

胡昌健，《恭州集》，重庆出版社，2008 年

李金荣，《黄庭坚谪居巴蜀行迹交游与创作考论》，河南人民出版社，2010 年

曾超，《枳巴文化研究》，中国戏剧出版社，2013 年

胡昌健，《巴蜀史地与文物研究》，光明日报出版社，2013 年

李胜，《涪陵历代诗文选校注》，中国戏剧出版社，2014 年

黄海，《白鹤梁题刻辑录》，中国戏剧出版社，2014 年

李世权，《石刻涪州》，中国戏剧出版社，2014 年

蒲国树、李文丽，《涪陵地名文化》，中国戏剧出版社，2014 年

冉光海主编，《涪陵历史人物》，重庆出版社，2015 年

王晓晖，《白鹤梁题刻文献汇集校注》，天津古籍出版社，2016 年

三、论文

曾超、张正武，《西南地区白鹤梁题刻唐宋涪州牧考述》，《长江师范学院学报》，2013 年 1 期

曾超，《白鹤梁题名人董维祺涪州史迹考》，《重庆三峡学院学报》，2014 年 3 期

曾超，《元明清涪州牧考述》，《重庆三峡学院学报》，2014 年 5 期

曾超，《白鹤梁题刻〈聂文焕题记〉"奥鲁""劝农事"考辨》，《三峡论坛》，2014 年 6 期

曾超《唐代涪州刺史考》(《长江师范学院学报》，2015 年 3 期）

曾超，《白鹤梁题名人邓椿交际考》，《重庆三峡学院学报》，2015 年 04 期

曾超，《白鹤梁题刻溧水濮氏家族考察》，《重庆三峡学院学报》，2015 年 5 期

曾超《〈画继〉之白鹤梁题名人价值稽考》，《重庆三峡学院学报》，2016 年 5 期

曾超，《白鹤梁题名人萧星拱史迹稽考》，《三峡大学学报》，2017 年 1 期

王晓晖，《北宋涪州知州考略》，《长江师范学院学报》，2012 年 9 期

王晓晖，《白鹤梁题刻所见涪州知州吴革考辨》，《三峡大学学报》，2014 年 1 期

刘京臣，《宋代晁氏家族诗歌研究》，鲁东大学硕士学位论文，2007 年

刘京臣，《宋代晁氏家族诗歌特色论》，《西北师大学报（社会科学版）》，2009 年 3 期

刘京臣，《晁公溯诗歌探微》，《兰州教育学院学报》，2011 年 5 期

李朝军，《晁公武兄弟在渝事迹考》，《中华文化论坛》，2007 年 3 期

张剑，《晁公溯诗文简论》，《河南教育学院学报》，2005 年 4 期

王勇，《晁公溯诗歌研究》，东北师范大学硕士学位论文，2008 年

何新所，《宋代昭德晁氏家族文化传统研究》，《中州学刊》，2006 年 1 期

胡昌健，《涪陵白鹤梁"元符庚辰涪翁来"题刻考》，《四川文物》，2003 年 1 期

李金荣，《涪陵白鹤梁"元符庚辰涪翁来"考辨》，《重庆社会科学》，2006 年 5 期

汪长春，《涪陵市书画名人录》，中国人民政治协商会议四川省涪陵市委员会文史资料研究委员
　　会编《涪陵文史资料选辑》第三辑，内部资料，1987 年

编后记

方志乃一地之史，它记载一地之风情，对研究特定地域的政治、经济、军事、教育、文化、风俗等具有至为重要的参考价值。

历史上涪陵曾经多次编修方志，今存者即有清康熙五十三年（1714）《重庆府涪州志》四卷、清乾隆五十年（1785）《涪州志》十二卷、清道光二十五年（1845）《涪州志》十二卷、清同治九年（1870）《重修涪州志》十六卷、清光绪三十一年（1905）《涪乘启新》三卷、民国十七年（1928）《涪陵县续修涪州志》。这是一笔宝贵的历史文化资源，值得我们继承和弘扬。

2017年，中共中央办公厅、国务院办公厅印发《关于实施中华优秀传统文化传承发展工程的意见》，将古籍整理作为"中华优秀传统文化传承发展工程"之一。涪陵对此高度重视，积极组建专家团队，着手点校涪陵方志。

同治《重修涪州志》的点校，由于受知识、学历、水平、学科、领域的限制，特别是本人对佛学等缺乏研究，点校注解工作难免存在问题，敬请专家赐正。

校注人：曾超

2018年5月